Karl Theodor Dumont

Geschichte der Pfarreien der Erzdiöcese Köln

Karl Theodor Dumont

Geschichte der Pfarreien der Erzdiöcese Köln

ISBN/EAN: 9783743394810

Hergestellt in Europa, USA, Kanada, Australien, Japan

Cover: Foto ©ninafisch / pixelio.de

Weitere Bücher finden Sie auf **www.hansebooks.com**

Geschichte

der

Pfarreien der Erzdiöcese Köln.

Herausgegeben

von

Dr. Karl Theodor Dumont

Domcapitular zu Köln.

Nach den einzelnen Dekanaten geordnet.

XXIV.

Dekanat Hersel.

Druck und Verlag von J. P. Bachem.
Köln, 1885.

Geschichte

der

Pfarreien des Dekanates Hersel.

Von

German Hubert Christian Maaßen

Pfarrer in Hemmerich.

Druck und Verlag von J. P. Bachem.

Köln, 1885.

Vorwort.

— —

Nachdem die „Geschichte der Pfarreien des Dekanates Grevenbroich von Heinrich Hubert Giersberg" als Erstlingswerk in der Beschreibung der Pfarreien der Erzdiöcese Köln im Jahre 1883 erschienen war, kündigte Herr Domcapitular Dr. Dumont als erster Motor und Leiter des Gesammtunternehmens sofort durch Circular an die Herren Dechanten das demnächstige Erscheinen des zweiten Bandes an. Dieser zweite Band, in der Reihenfolge der Dekanate mit Nummer XXIV bezeichnet, liegt nunmehr in der Geschichte der Pfarreien des Dekanates Hersel vor.

Daß ich als Laie in der Geschichte, zumal in unsrer kritischen Zeit, es wagen durfte, ein mit so vielen und großen Schwierigkeiten verbundenes Werk zu übernehmen, würde einer Entschuldigung bedürfen, wenn ich nicht, wie es der Fall war, durch Acclamation der Herren Confratres unsres Dekanates dazu ausersehen worden wäre. Die Zustimmung des Herrn Dirigenten Dr. Dumont sowie die mir von competenter Seite zu Theil gewordenen Ermunterungen führten die Entscheidung herbei.

Für die Behandlung der Pfarrgeschichte überhaupt noch eine Lanze brechen zu wollen, ist kaum nothwendig, nachdem dieselbe von den berufensten Fachmännern als höchst fruchtbringend für die Geschichtsforschung anerkannt ist. Einer besondern Empfehlung bedarf die Pfarrgeschichte um so weniger, als gerade in den gegenwärtigen Zeitläuften kein Zweig der Wissenschaft so allgemein und mit solcher Vorliebe gepflegt wird, wie die Localgeschichte, und Localgeschichte ist die Pfarrgeschichte im eminenten Sinne. Ohne die Localgeschichte bleibt die eigene

Heimath dem Menschen ein unbekanntes Land. Mag er herumblättern in den Geschichtsbüchern aller Herren Länder, ohne sie hat er kaum eine blasse Ahnung von dem Leben seiner Vorfahren, kennt er nicht die Vergangenheit des Ortes, auf dem seine Wiege gestanden, und nicht die der Kirche, an welche sich die bedeutsamsten Erinnerungen seines Daseins knüpfen.

Die Pfarrgeschichte bietet aber nicht nur ein locales Interesse, sie bildet auch die natürlichste und nützlichste Vorstufe für die Geschichte des engern und weitern Vaterlandes, für die Geschichte der Diöcese und der Kirche überhaupt. Die in den einzelnen Ortschaften zerstreut liegenden Documente liefern die Bausteine, welche an dem großen Gebäude der allgemeinen Geschichte Verwendung finden.

Sind diese Erwägungen für die Geschichte sämmtlicher Pfarreien der Erzbiöcese maßgebend, so finden sie um so zutreffendere Anwendung in einem Dekanate, welches, wie das unsre, durch seine Lage und anderweite äußere Umstände in die größten Ereignisse vergangener Jahrhunderte verflochten war.

Ich erlaube mir hier an Einiges zu erinnern, was ich bereits in dem erwähnten Circular des Herrn Dr. Dumont auszusprechen Veranlassung genommen hatte.

„Das jetzige Dekanat Herzel (so hieß es da), im Herzen der Erzbiöcese und des ehemaligen Erzstifts Köln, am Ufer des Rheinstroms, war seit den ältesten Zeiten der Schauplatz großer Ereignisse. Einerseits nach der Kölner Metropole ausschauend, andererseits mit dem Sitze des Archidiakons Verona (Bonn) durch die engsten Bande verknüpft, hat das Dekanat stets glückliche und unglückliche Vorkommnisse mit den beiden Städten getheilt. Bereits in vorchristlicher Zeit hatte die rheinische Wasserstraße germanische Völker mit den Römern in den Kampf geführt, an der Stelle, welche durch Fruchtbarkeit des Bodens und Schönheit der Natur sich auszeichnete. Hier in unserm Dekanate war es, wo Cäsar über den Rheinstrom den Uebergang bewirkte. Hier war es auch, wo die Römer ihre Straßen wie Radien eines Kreises nach der Colonia und dem Bonner Castrum concentrirten. Auf denselben entsandte das christliche Rom die Sendboten des Glaubens und des Friedens in das deutsche Land [1]). Auf dem Boden zerstörter römischer Bauwerke, womit der kleine Landstrich unsers Dekanates über-

---

[1]) S. Seite 322—323.

säet war, erhoben sich nachgerade die Burgen christlicher Ritter mit ihren Kapellen, welche sich schließlich zu Pfarrkirchen erweiterten. Hieran reihten sich hin und wieder Klöster als Stätten des Gebetes, der Wohlthätigkeit, als Zufluchtsorte gegenüber den von der Außenwelt drohenden Gefahren.

„So klein also das Fleckchen Landes ist, worauf wir uns bewegen, so reich ist es an geschichtlichen Erinnerungen aus älterer und neuerer Zeit. Hier lebten und wirkten manche durch das Alter ihres Geschlechtes hervorragende Adels=familien, darunter zwei kurfürstliche Ministerialen, der Erbmarschall von Alster[1]) und die Herren von Hemberg, im mehr als hundertjährigen Besitze des Erb=kämmeramts, sodann die Oberjägermeister zu Rösberg. Einzelne Einheimische, wie Ritter Schilling zu Bornheim, Gräfin Alverabis zu Walberberg, auch Andere, welche auswärts ihren Sitz, aber im Bereich des Dekanates einen größern oder geringern Theil ihrer Güter hatten, wie Mechtildis von Sayn, sind als Wohl=thäter für ewige Zeiten in das Verzeichniß frommer Stifter eingetragen. Wie die Wohlthaten christlicher Frömmigkeit erfreuliche Spuren hinterlassen haben, so wurden den heimischen Fluren unsrer Gegend auch die Greuel des Krieges, Raub, Mord, Verwüstung und Zerstörung nicht erspart. Die traurigen Folgen der Reformationskriege zeigten sich noch lange nachher in der Armuth der Gemeinden und der Noth der Kirchen, der zerstörten Ordnung in den Schulen und der Verwilderung des Volkes.“

Herrn Dr. Dumont schien es nach dieser Darlegung nicht zweifelhaft, „die in Aussicht stehende Geschichte der Pfarreien des Dekanates Hersel werde einen erkleklichen Beitrag zur Geschichte des Rheinlandes und unsrer Erzdiöcese liefern und das bei weitem nicht erschöpfte Material der Geschichte unsres engern Vater=landes nicht unerheblich vermehren“. Ob und in wiefern diese Erwartung erfüllt sei, wird der Inhalt des Werkes darthun. Daß der Verfasser keine Mühe gescheut hat, das einschlägige Material möglichst vollständig zu sammeln und mit Sorgfalt zu verwerthen, wird dem geneigten Leser hoffentlich einleuchten. Nichts destoweniger wird sich hin und wieder manche Lücke bemerklich machen, so zwar, daß die geschichtliche Gründung einer Pfarrei oder der Zusammenhang

---

[1]) Das Marschallamt war mit der Herrlichkeit Alster unzertrennlich verbunden, daher waren die Herren von Alster während der ganzen Dauer des Kurfürstenthums im Besitze desselben. Anders verhielt es sich mit den Herren von Hemberg, welche nur so lange Erb=kämmerer waren, als sie die Burg Bachem besaßen. Vgl. S. 22 und 98—99.

älterer und neuerer Zustände und Thatsachen vermißt wird. Daher ist denn
auch die Behandlung der verschiedenen Pfarrgemeinden, abgesehen von besondern
Eigenthümlichkeiten, schon wegen des größern oder geringern Reichthums an
geschichtlichen Quellen eine ungleiche geworden. Lücken ausfüllen zu wollen,
wozu das Material absolut nicht vorhanden ist, wäre thörichtes Vorhaben. Wo
die Quelle versiecht, kann der Bach nicht fließen. Die älteste auf eine Pfarrstelle unseres Dekanates bezügliche Urkunde ist aus der karolingischen Zeit und
datirt vom 21. Mai 864 [1]), wiewohl es unzweifelhaft feststeht, daß das Christenthum in unserm Dekanat sich an das Römerthum anlehnt.

Um den Zusammenhang möglichst herzustellen, habe ich es daher für zweckmäßig erachtet, in den betreffenden Pfarreien jedesmal an die römischen Alter-
thümer anzuknüpfen, eventuell die Errichtung der christlichen Kirchen auf römischer
Grundlage nachzuweisen. Die so erwiesene Thatsache bringt eine höchst
beachtenswerthe Idee zum Ausdruck. Es ist der große Sieg der christlichen Kirche
über das im Kampfe untergegangene Heidenthum, durchgeführt vom Sitze des
Apostelfürsten Petrus zu Rom bis in die entlegensten Städte, Flecken und Dorf-
schaften [2]).

Für die Gründung der Kirchen und Pfarreien sowie für den spätern geschichtlichen Verlauf derselben ist der mittelalterliche und theilweise auch der neuere
Adel von hervorragender Bedeutung. Der alte Adel war nicht nur Träger der
höchsten Aemter des Erzstifts und der Erzdiöcese, er kommt auch in erster Linie
unter den Stiftern und Wohlthätern kirchlicher Einrichtungen in Betracht.. Durch
viele Jahrhunderte gingen die Geschicke der Kirche und des Adels mit einander
auf und ab, Hand in Hand. Daher bieten die adeligen Archive auch vielfach
das ausgiebigste Material für die Beschreibung der Pfarreien.

Was Anlage und Einrichtung anlangt, so werden Fachgelehrte vielleicht ein
durchgreifenderes Zusammenziehen durch Behandlung verwandter Gegenstände
unter gemeinsamen Gesichtspunkten wünschen. Aus praktischen Gründen hielt ich
dieses nur theilweise für durchführbar, im Allgemeinen nicht, und zwar zunächst
aus Rücksicht auf die große Zahl der am meisten interessirten Leser des Dekanates,
welche alles und jedes auf ihre Pfarre Bezügliche am liebsten übersichtlich zu-
sammengestellt sehen werden. Sodann würde durch das Zusammenziehen die

---

[1]) S. S. 155. — [2]) Annalen d. hist. Vereins, XXXVII 104—105.

Uebersicht des Ganzen nicht erleichtert und dazu das Nachschlagen im Einzelnen nur erschwert werden.

Es erübrigt, der weitern Fortsetzung des Gesammtwerkes reichsten Segen und ein glückliches Gedeihen zu wünschen. Zugleich möchte ich mir die Bemerkung erlauben, daß die Ausführung desselben keinen Aufschub gestattet, weil sonst das treffliche Motto, welches ich von meinem Vorgänger adoptirt habe: „Colligite fragmenta, ne pereant" [1]) (Sammelt die noch vorhandenen Fragmente, damit sie nicht zu Grunde gehen), keine Anwendung finden würde. Leider sind, wie ich aus Erfahrung weiß, durch Unkenntniß und Sorglosigkeit ihrer Besitzer viele werthvolle Documente verloren gegangen. Längere Verzögerung kann diese Gefahr nur vermehren. Sodann möchte ich spätere Verfasser noch aufmerksam machen, wie nothwendig es sei, die Archive an Ort und Stelle selbst durchzusehen. Sie werden darin manches scheinbar werthlose und doch sehr werthvolle Manuscript, oft die wichtigsten Notizen auf unansehnlichen Papierstreifen finden. Das sind sehr kostbare Fragmente, welche bei richtiger Behandlung, an die gehörige Stelle und in die angemessene Form gebracht, ein gar stattliches Werk vollbringen helfen.

Schließlich sage ich aufrichtigen, herzlichen Dank für die mir von vielen Seiten in der freundlichsten Weise durch Rath und That zu Theil gewordene Unterstützung.

Hemmerich, im Juni 1884.

German Hubert Christian Maaßen.

----

[1]) Mit demselben Spruch aus Johannes VI, 12 beginnt Cäsarius von Heisterbach den Prolog zu seinem „Dialogus Miraculorum".

Inhalts-Verzeichniß.

Anhang.

I. Allgemeines.

1. Einleitung.

Das Dekanat Hersel, ein Ausschnitt der ehemaligen großen Aargauer Christianität, bildet den nördlichen Theil des Kreises Bonn. Es hat in der Richtung von Süden nach Norden, von Witterschlick bis Walberberg, eine Länge von beiläufig drei Meilen oder 22½ Kilometer. Die ausgedehnteste Breite von zehn Kilometer wird im Westen bestimmt durch den Gebirgsrücken der Ville, gewöhnlich Vorgebirge genannt, im Osten durch den Rhein. Die Gegend ist durch Naturschönheit und Fruchtbarkeit des Bodens ausgezeichnet. Der in enge Grenzen gezogene Länderstrich behauptet vermöge seiner Lage eine hervorragende Bedeutung in der Geschichte, indem er die Geschicke der nahen Metropole des Erzstiftes, sowie die der alten Verona (Bonn) theilte. Auch die Geschichte des Adels, welcher von der Römerzeit her durch das christliche Mittelalter bis Ende des vorigen Jahrhunderts in hiesiger Gegend eine wichtige Rolle spielte, hat im Zusammenhange mit unserer Pfarrgeschichte dem Andenken der Nachwelt manches denkwürdige Ereigniß überliefert.

Wie der Name „Ville" andeutet, hatten bereits die Römer mit dem ihnen eigenen feinen Geschmack und praktischen Sinn sich am Vorgebirge die schönsten und passendsten Baustellen für ihre Landhäuser ausgewählt. Auch strategische Rücksichten mögen hier bei Niederlassungen und Anlegung kleiner Castelle in Betracht gekommen sein. Im Anschluß an die Villen und Castelle der Römer entstanden alle spätern Ortschaften. Es gibt kein Dorf im Dekanate Hersel, groß oder klein, in welchem die Römer nicht ansässig waren. „Die Denkmäler beweisen es" [1]).

---

[1]) Vgl. Die römische Staatsstraße von Trier bis Wesseling und der Römer-Canal am Vorgebirge. Separat-Abdruck aus „Annalen d. hist. Vereins", XXXVII 1—119.

Daher hat, wie Gelenius meint, „der von den Römern angebaute Gebirgszug, vulgo am Fürgebürg, die Namen römischer Heerführer angenommen". So zum Beispiel leitet dieser Schriftsteller Trippelsdorf von Trebellius, Cardorf von Carus, Gielsdorf (Gülsdorf) von Julius ab [1]).

Die römische Cultur wurde in der Hand der göttlichen Fürsehung ein Förderungsmittel der Gründung und Ausbreitung des Christenthums. Die römischen Straßen führten die Glaubensboten von Rom an den Rhein, und bald sehen wir christliche Soldaten den rheinischen Boden für die Sache des Evangeliums mit ihrem Blute befruchten. Die Hauptcolonien der Römer wurden die ersten Pflanzstätten der christlichen Religion. In erster Linie gingen Köln und Bonn mit dem Bekenntnisse des Glaubens voran; bald folgten die Bewohner der benachbarten ländlichen Ortschaften, vor Allen diejenigen unseres jetzigen Dekanates, welche sowohl durch ihre Lage, als durch den Einfluß der sie bewohnenden Persönlichkeiten zu beiden Städten in nächster Beziehung standen.

Anfangs traten Bekehrungen auf dem Lande nur vereinzelt auf. Massenübertritte fanden schwerlich statt. Der Druck der Verfolgung von Seiten der heidnischen Regierung ließ eine freie, dem Christenthum günstige Bewegung nicht aufkommen. Unter diesen Verhältnissen war für's erste an selbständige Pfarrkirchen unter der zerstreuten christlichen Landbevölkerung nicht zu denken. Es war also nichts natürlicher, als daß diese sich zunächst der städtischen Hauptkirche unterordnete, von welcher sie das Licht des Glaubens empfangen hatte.

Erst als Kaiser Constantin die freie Ausübung der christlichen Religion proclamirte, als die Zahl ihrer Anhänger sich in ungewöhnlicher Weise vermehrte, als die ausgedehnte Seelsorge an die Priester größere Anforderungen stellte, trat auch auf dem Lande mehr und mehr das Bedürfniß ein, Kirchen mit eigenen Seelsorgern zu gründen. So entstanden Kapellen oder kleinere Kirchen als Filialen der Haupt- oder Mutterkirchen. Die Filialen und ihre Priester blieben abhängig von der Mutterkirche und ihrem Vorsteher.

Binterim schreibt: „Da nun die christliche Religion die herrschende wurde, so wurden auch neue Kirchen nothwendig. Es war natürlich, daß die Stifter und Erbauer derselben ihre alten Seelsorger zu Bonn (oder Xanten) baten, ihnen für ihre neu errichteten Kirchen eigene Priester zu gestatten; daß der alte Seelsorger über den jungen eine gewisse ausbedungene oder unwidersprochene Aufsicht führte; daß er etwa vorfallende Zwiste richten und schlichten mußte; daß er seine Tochtergemeinden von Zeit zu Zeit besuchte und daß dies, da der Bischof in dieser Einrich-

---

[1]) Gelenius. De admiranda sacra et civili magnitudine Coloniae, 257.

tung für sich Erleichterung, für seine Kirche Nutzen fand, auf die Nachfolger überging, deren Rechte nach Verschiedenheit der Verhältnisse hier
erweitert, dort geschmälert wurden"[1]).

Hiernach gelangen wir zu dem Schluß, daß die meisten Kirchen-
gemeinden unseres Dekanates von der Hauptkirche zu Bonn ausgegangen
sind, daher denn auch ihre Abhängigkeit von der Jurisdiction des Bonner
Archidiakons, des Propstes am Cassiusstift, ihre Erklärung findet. Enger
knüpfte sich das Band der Abhängigkeit bei den Kirchen, welche dem
Cassiusstift incorporirt waren. Die Zahl der Incorporationen nahm
zu in dem Maße, wie das Stift zu größerm Vermögen und Ansehen
gelangte. Vorzüglichster Beförderer der Archidiakonalmacht und Mehrer
der Stiftsgüter war Propst Gerhard, Graf von Are, welcher sich durch
kunstvollen Ausbau der Bonner Münsterkirche ein seines großen Geistes
würdiges Denkmal errichtet hat[2]).

Einige Pfarrkirchen des Dekanates, wie Brenig, Merten, Rösberg,
welche ursprünglich der freien Collation des Erzbischofs, oder, wie
Walberberg, dem Patronat des Domcapitels als Zehntherren unterstanden, scheinen ihre erste Gründung der Kölner Hauptkirche zu verdanken.

In solchen Gemeinden übertrug der Erzbischof, beziehungsweise das
Domcapitel mit erzbischöflicher Zustimmung das Patronat mit dem
Zehntrecht gewöhnlich einem städtischen Stift oder einer klösterlichen
Corporation. So kam es, daß in den letzten Jahrhunderten vor der
Franzosenherrschaft nur zwei Pfarrstellen, Merten und Witterschlick, durch
freie erzbischöfliche Ernennung besetzt wurden. Das Nähere hierüber
wird die Geschichte der einzelnen Pfarreien nachweisen.

Die Frage nach dem Alter der Pfarreien läßt meistens eine genaue
Beantwortung vermissen. Die ältesten Nachrichten setzen das Bestehen
der Pfarrkirchen voraus und reichen nicht weiter als in das zehnte Jahrhundert zurück. Urkunden über Errichtung von Pfarrstellen sind in der Regel
viel jüngern Datums. Was die Gründung der ältern betrifft, so sind die
meisten nach Binterim in die Zeit der fränkischen Herrschaft zu verlegen[3]). Damals entstanden auf den Ruinen der römischen Villen und
Castelle die Burgen der christlichen Ritter des Mittelalters. Die Burgen
erhielten ihre Kapellen, die Kapellen, durch adelige Schenkungen dotirt,
erweiterten sich zu Pfarrkirchen.

---

[1]) Binterim und Mooren, Alte und neue Erzdiöcese Köln, I 28.
[2]) Niederrheinisches Jahrbuch von Dr. Lersch (1843), 219.
[3]) Binterim und Mooren, Alte und neue Erzdiöcese, I 25.

2. Quellen.

A. Ungedrucktes.

1. Urkunden, Kirchenbücher und sonstige Aktenstücke der Pfarrarchive des Dekanates. Die Urkunden dieser Archive sind durchgehends neuern Datums; selten reicht eine solche in das Mittelalter zurück. Der zerstörende Einfluß der Reformationskriege hat in bedauerlicher Weise aufgeräumt. Dazu kam in Keldenich, Urfeld und Wesseling die große Ueberschwemmung des Jahres 1784. In Urfeld ward im Jahre 1608 das Archiv der Geschworenen durch eine große Feuersbrunst vernichtet.

2. Das Archiv der adeligen Burg zu Hemmerich.

3. Das Archiv der Burg Rösberg.

4. Das Archiv der Kitzburg bei Walberberg.

5. Extractus maxime notabilium ex iuribus et statutis archidiaconalis et collegiatae ecclesiae sanctorum martyrum Cassii et Florentii, ein überaus werthvolles Manuscript in Form von Regesten, welches außer den vollständigen Dekanats-Statuten den Inhalt vieler dem Archiv der Münsterkirche zugehörigen, in Kriegszeiten verloren gegangener Urkunden mittheilt. Es ist beglaubigt von Canonicus Bodife, einem der letzten Mitglieder des Cassiusstifts.

6. Actuum capitularium protocolla ab anno 1605 sqq. aus dem Archiv des Cassiusstifts, jetzt in dem der Münsterkirche zu Bonn.

7. Aegidii Gelenii Farragines, Band XXIV und XXV, im Archiv der Stadt Köln.

8. Alfter, Barth. Blasius Joseph, Geographisch-historisches Lexicon des Erzstiftes Köln, Westphalen, Jülich und Berg, alphabetisch eingerichtet, im Archiv der Stadt Köln.

9. Genealogische Tafeln von Premier-Lieutenant Adjutant von Oidtman über die Herren von Hemberg und verschiedene andere Adelsgeschlechter.

10. Alfter contra capitulum Bonnense in puncto chrismatis. Im Archiv zu Schloß Dyck. 288. Band.

B. Gedrucktes.

1. Lacomblet, Theodor Joseph, Urkundenbuch für die Geschichte des Niederrheins. Düsseldorf 1840—1858. 4 Bde. 4°[1]).

---

[1]) Wo Lacomblet ohne nähere Bestimmung citirt wird, ist das Urkundenbuch zu verstehen, wo das Archiv (Nro. 2) gemeint ist, wird dieses besonders bemerkt werden.

2. Lacomblet, Theodor Joseph, Archiv für die Geschichte des Nieder=
rheins. Düsseldorf 1832—1866. 5 Bde. Neue Folge von Dr. W.
Harleß. 2 Bde. 1868 ff.

3. Günther, Wilh., Codex diplomaticus Rheno-Mosellanus. Coblenz
1822—1826. 5 Theile.

4. Aegidii Gelenii, De admiranda sacra et civili magnitudine
Coloniae. Coloniae Agrippinae 1645.

5. Eifflia illustrata von Johann Friedrich Schannat, herausgegeben
von Georg Bärsch. Köln 1824.

6. Dr. Anton Jos. Binterim und Jos. Hubert Mooren, Die alte
und neue Erzdiöceje Köln in Dekanate eingetheilt, mit den Stiften,
Dekanaten, Pfarreien und Vicarien sammt deren Einkommen und Colla=
toren. Mainz 1828. 4 Bde.

7. Höfer, L. F., Zeitschrift für Archivkunde. Hamburg. Jahrgang 1833.

8. Annalen des historischen Vereins für den Niederrhein, insbeson=
dere für die alte Erzdiöceje Köln. Köln 1855 ff.

9. Jahrbücher des Vereins von Alterthumsfreunden in Bonn.
Heft XLVII und XLVIII.

10 Kurkölnischer Hofkalender des Jahres 1786.

11. Organisation du diocèse d'Aix-la-Chapelle. Cologne 1804.

12. Handbuch für die Bewohner des Rhein= und Mosel=Departements.
Jahrgang 1812

13. Kirchlicher Anzeiger der Erzdiöceje Köln 1852 ff.; und Dumont,
Sammlung kirchlicher Erlasse. Köln 1874.

14. Dr. Dumont, Carolus Theodorus, Descriptio omnium archi-
dioecesis Coloniensis ecclesiarum parochialium, collegiatarum, abbatiarum et utriusque sexus conventuum regularium nec non celebrio-
rum capellarum (circa annum 1800) digesta. Coloniae 1879.

15. Annales Rodenses in der Histoire du Limbourg par Ernst.
Liège 1852.

16. Franquinet, G. D., Provincial-Archivaris, Beredeneerde In-
ventaris der oorkonden en bescheiden van de abdij Kloosterade en
van de adelijke vrouwenkloosters Marienthal en Sinnich. Maastricht 1868.

17. Geschichte der Grafen, jetzigen Fürsten zu Salm=Reifferscheid,
sowie ihrer Länder und Sitze nebst Genealogie derjenigen Familien, aus
denen sie ihre Frauen genommen, von A. Fahne. Köln 1866. 2 Bde.

3. Das Dekanat in älterer Zeit.

a. Ueber die Entstehung der Dekanate entnehmen wir von Bin=
terim Folgendes.

„Da nun mehrere Pfarrkirchen vorhanden waren, da so viele schon bestanden, daß der Archidiakon seine Aufsicht vertheilen mußte, traten die benachbarten Pfarrer in eine Verbindung zusammen. Einer unter ihnen führte statt des Archidiakons die Aufsicht. Die Verbindung bestand gewöhnlich nur aus zehn Gliedern, deshalb nannte man den Ersten decanus oder archipresbyter, entweder mit dem Zusatze civitatensis, Stadtdechant, oder vicanus, ruralis, plebanus, Landdechant. Der Sprengel wurde decania, decanatus, plebs, concilium, synodus, capitulum, christianitas, auch wohl diaconia genannt."

Man kann die Einrichtung der Dekanate in unserm Erzbisthum sicher auf den Anfang des neunten Jahrhunderts setzen[1]). Es bedurfte jedoch noch mancher Jahrzehnte, bevor die Rechte und Pflichten der Dechanten endgültig festgestellt und begrenzt waren. Die Synode zu Aachen vom Jahre 816 verordnet in Betreff der Priester, welche am grünen Donnerstage das Chrisma in der Stadtkirche abzuholen pflegten, daß von acht oder zehn in weiter Entfernung einer vom Bischof erwählt werde, welcher für sich und die Uebrigen das Chrisma überbringen solle[2]).

Hieran schließt sich eine weitere Verordnung der Synode zu Aachen vom Jahre 836, wonach die Bischöfe solche Erzpriester oder Dekane anstellen möchten, welche dem Kirchenwesen nützlich und nicht vielmehr nachtheilig seien[3]). Speciell wird unser Bonner oder Aargauer Dekanat in einer Urkunde vom Jahre 1067 erwähnt, wodurch Erzbischof Anno II. dem St. Georgsstift in Köln gewisse Rechte in demselben überträgt, und zwar das Dekanatsrecht über alle Pfarrkirchen, Mutterkirchen und Filialen mit der Pflicht der Unterwürfigkeit und aller Gerechtigkeit der Christianität, mit Ausnahme der Altaropfer, der hohen Gerichtsbarkeit, des Census zum Loskauf von Dienstleistungen und der Gefälle des vierten Jahres, welche mit dem Amte des Archidiakons verbunden waren; endlich den ganzen Zehnten von Waldungen, Strauchholz, gerodeten und ungerodeten Grundstücken im ganzen Dekanate[4]).

Die volle Unabhängigkeit scheint das Aargauer Dekanat unter dem Bonner Propst Gerhard von Are erlangt zu haben. Uebergriffe des Propstes von St. Gereon in seine Archidiakonalrechte gaben Gerhard Veranlassung zu Beschwerden: „Letzterer machte ihm den Vorrang bei feierlichen Processionen streitig, maßte sich Jurisdictionsrechte in den Landcapiteln Aar und Zülpich[5]) an, wiegelte die Geistlichkeit dieser

---

[1]) Binterim u. Mooren, Alte und neue Erzdiöcese Köln, I 35—36.

[2]) Binterim u. Mooren l. c. — [3]) Episcopi ministros non sectantes avaritiam per parochias suas constituant. — [4]) Lacomblet I 135.

[5]) Die Jurisdiction des Bonner Archidiakons erstreckte sich über vier große Dekanate, darunter Zülpich. S. unten.

Dekanate gegen den Propst von Bonn auf, wodurch demselben die Visi=
tation verweigert wurde. Hieraus läßt sich entnehmen, daß sowohl die
Gerechtsame der Archidiakone wie der Dechanten nicht genau geregelt
waren. Der Propst von Bonn reichte seine Beschwerde bei Papst Inno=
cenz II. ein. Der Papst nahm sich seiner an und schrieb an den Erzbischof
Bruno II., er möge die widerspenstigen Pfarrer zum Gehorsam ver=
weisen. Auch an die Geistlichen und Laien beider Dekanate erließ er
ein Schreiben mit dem Befehle, sich dem Archidiakon zu Bonn zu unter=
werfen und ihm die gebührende Ehre zu erweisen. Dem Archidiakon
gab er durch ein drittes Schreiben die Macht, die vier Dekanate Aar,
Zülpich, Eifel und Siegburg zu visitiren und nöthigenfalls die Ungehor=
samen zu excommuniciren[1]).

Die Entschiedenheit und die Energie, womit Propst Gerhard seine
Rechte zu wahren verstand, hatten einen durchschlagenden Erfolg. Sowohl
die dem St. Georgsstift von Anno II. verliehenen Rechte, als die von
dem Propst zu St. Gereon versuchten Eingriffe wurden vollständig beseitigt.

Die Amtsführung des Bonner Archidiakons war offenbar keine
leichte Aufgabe, indem sie sich über vier Christianitäten erstreckte, wovon
die des Aargau allein wenigstens sechs Mal größer war, als unser Her=
seler Dekanat. Daher trat das Bedürfniß, in den Dechanten thä=
tige Vertreter zu finden, immer fühlbarer hervor. Auch das Amt des
Dechanten erweiterte sich zusehends durch neue Pflichten und erforderte
eines ganzen Mannes ganze Kraft. Der Dechant war nicht mehr Vor=
gesetzter über zehn (Dekan), sondern über eine weit größere Zahl von
Pfarreien.

b. Die Eintheilung der Diöcese in Dekanate richtete sich nach
dem Umfange der Gaue. Die Grenzen des einen fielen mit denen des
andern zusammen. Bonngau und Aargau waren identisch, daher in
ältester Zeit auch die Bonner und Aargauer Christianität. Sie lag
zwischen dem Rhein, der Trier'schen Diöcese und den Dekanaten Eifel,
Zülpich und Bergheim. Sie erstreckte sich von Wesseling rheinaufwärts
über Bonn bis Breisig, hatte ihre südlichste Spitze jenseits der Ahr in
Kesseling, ging der Ahr entlang bis Dümpelfeld im Kreise Adenau und
von dort über Mutscheid in der höchsten Eifel an Euskirchen vorbei zur
nördlichen Spitze in Schwadorf bei Brühl zurück.

Das Aargauer Dekanat bestand im frühen Mittelalter aus 78
Pfarreien und mehreren Filialen, welche im liber valoris aus dem 14.
Jahrhundert mit der Taxe der Einkünfte und entsprechendem Zehnten

---

[1]) Binterim u. Mooren l. c. 31.

verzeichnet sind, darunter folgende zwölf, welche dem Dekanat Hersel angehören:

1. Valet VII marcas Weislich (Wesseling), pastor VIII solvit, IV denarios; VIII marcas vicarius solvit VII denarios. — 2. XII marcas Urver (Urfeld) pastor. — 3. X marc. Segtene pastor; X marc. vicarius. — 4. X marc. Brenich. — 5. X m Witterschlick pastor. — 6. III marcas ecclesia sancti Martini, VIII. m. vic. — 7. XVIII s(olidos?) Keldenich. — 8. IIII marcas Rudensberg (Rösberg) pastor. — 9. XX marcas Lessenich — 10. VIII marcas Waildorp (Waldorf). — 11. XX marcas Hersel pastor. — 12. Walburberge[1]).

c. Der Dechant wurde von den Pfarrern des Capitels gewählt. Wie der Propst von Bonn den Vorrang unter den Archidiakonen der Erzdiöcese behauptete, so nahm der Dechant der Aargauer Christianität die erste Stelle unter den Dechanten ein. Die Pfarrer des Capitels wie überhaupt alle untergeordneten Kleriker waren demselben als ihrem unmittelbaren Vorgesetzten nächst dem Erzbischof und Archidiakon zu Ehrfurcht und Gehorsam verpflichtet. Der Titel des Dechanten war „amplissimus dominus", seltener „eximius".

Als besonderes Privilegium erhielt der Aargauer Dechant von Erzbischof Friedrich III. das Recht[2]), die Pfarrstelle in Meckenheim zu besetzen, welche gleichzeitig mit Leymersdorf, Wadenheim, Rheidt und Lessenich dem Cassiusstift incorporirt wurde (8. Februar 1385). Dieses Recht ging später auf den Dechanten des neuerrichteten Dekanates Bonn über[3]).

Als im Verlaufe der Zeit die Dekanatsgeschäfte an Bedeutung und Ausdehnung zunahmen, wurde die Christianität in zwei Bezirke, die obere und die untere Kammer (camera), getheilt[4]). An der Spitze jeder Kammer stand ein Kämmerer (camerarius) als Gehülfe des Dechanten. Die Anstellung der Kämmerer erfolgte nach Wahl der betreffenden Pfarrer. Auf den Dekanats = Versammlungen rangirten dieselben nach dem Dechanten. Ihnen schlossen sich noch zwei andere Mitglieder des Capitels als Assessoren an. Zwei Verzeichnisse der Pfarreien, welche jeder der beiden Kammern zugetheilt waren, finden sich im Anhange[5]).

d. Die ältesten Statuten des Aargauer Dekanats waren aus dem Jahre 1173 datirt. In der ursprünglichen Form sind dieselben nicht mehr vorhanden. Aus innern Gründen geht hervor, daß das nach einer Copie im Extractus der Münsterkirche abgedruckte Exemplar[6]) im

---

[1]) Binterim u. Mooren, Alte u. neue Erzdiöcese Köln, I 130—131. — Bei Walberberg fehlt die Taxe, vielleicht weil das Kloster der Cistercienserinnen, welches das Patronat hatte, zehntfrei war.

[2]) Extractus lit. R. n. 18. — [3]) S. unten. — [4]) Das Nähere hierüber im Anhang, Nro. I, caput 19. — [5]) Anhang, Nro I und II. — [6]) Anhang, Nro. I.

spätern Verlaufe mehrere Veränderungen erfahren hatte. Jedoch ist die Jahreszahl 1173 beibehalten, offenbar aus Pietät gegen Propst Gerhard von Are (1116—1177), dessen alle innern und äußern Verhältnisse umfassender und gestaltender Geist auch bei Abfassung der ersten Statuten gewaltet hat. Sein hohes Ansehen spricht sich schon aus dem zweiten Capitel der Statuten selber aus, welches vorschreibt, daß der Aargauer Dechant und das Capitel am Dinstag nach Misericordia, dem zweiten Sonntag nach Ostern, das Jahrgedächtniß des Propstes Gerhard halten sollen, ein Akt der Pietät, wie er keinem andern Archidiakon vorschriftsmäßig zuerkannt wurde.

Die Statuten erhielten ihre Gültigkeit durch die Bestätigung des Erzbischofs. Die Bestätigung wurde erneuert, so oft ein neuer Erzbischof die Regierung antrat[1]. Abänderungen konnten von den Pfarrgeistlichen des Capitels in Vorschlag gebracht werden und unterstanden gleichfalls der erzbischöflichen Genehmigung.

Der Inhalt der Statuten bezieht sich hauptsächlich auf die Pflichten und Rechte der Dechanten, sodann auf die Pflichten des Pfarrklerus. „Der Dechant soll die Ausschreitungen seiner Untergebenen zügeln und, insofern dies nicht dem Erzbischof oder dem Archidiakon speciell vorbehalten ist, ihre Sitten verbessern." Mit dem größten Nachdruck wird den Pfarrern und ihren Stellvertretern die Beiwohnung der Dekanats-Versammlungen eingeschärft.

Die Capitelsordnung war folgende: Montags nach Invocabit, dem ersten Sonntag in der Fasten, wird zu Köln das Generalcapitel abgehalten. Daselbst erscheinen die Dechanten und Kämmerer und nehmen aufmerksam ihre Mandate entgegen. Am zweiten Mittwoch nach Reminiscere, dem zweiten Fastensonntage, soll sodann die Dekanats-Versammlung in der Barbara-Kapelle der Münsterkirche zu Bonn stattfinden, wo Dechant und Kämmerer die auf dem Capitel zu Köln verkündeten Verordnungen zur Kenntniß bringen. Anwesend sollen alle Pfarrer und ihre Stellvertreter sein, sowohl bei den Capitels-Verhandlungen als bei Tisch, und wofern sie nicht rechtmäßig entschuldigt sind, verfallen die Abwesenden den statutmäßig festgesetzten Strafen. Die Kosten und Gebühren für Dechant und Kämmerer werden vom gesammten Klerus, anwesend oder abwesend, ob letzteres mit oder ohne Entschuldigung, gleichmäßig getragen. Die Versammlung wurde durch feierliches Hochamt de Spiritu sancto vom Dechanten eingeleitet. Nach Eröffnung der Sitzung folgte der Vortrag eines Pfarrers über Leben und Amtspflichten der Seelsorger. Hieran reihte sich die Mittheilung der erzbischöflichen Verordnungen durch den

[1] l. c. caput 1.

Dechanten oder einen Kämmerer. Die Verhandlungen wurden mit Gebet eröffnet und geschlossen.

Am ersten Tage nach Remigius, den 2. October, fand zu Köln ein zweites Generalcapitel und im Anschluß hieran am Donnerstag nach Allerseelen zu Bonn eine zweite Dekanats-Versammlung statt. In den spätern Statuten vom Jahre 1573 ist die Vorschrift der zweiten Ver=sammlung weggefallen. Die Theilnahme des Dechanten und der Käm=merer an den Kölner General-Versammlungen wurde überhaupt nicht mehr verlangt. Die in der Zwischenzeit erlassenen erzbischöflichen Ver=ordnungen wurden dem Dechanten schriftlich zugestellt und auf dem Capitel zu Bonn zur weitern Kenntniß gebracht.

Die erneuerten Statuten von 1573 geben statt des Mittwochs nach Reminiscere als Termin der Capitelsversammlungen den Mittwoch nach dem weißen Sonntag an[1]), die noch zweihundert Jahre jüngere Descriptio von Dr. Dumont[2]) stellt den Termin auf Mittwoch nach Oculi, den dritten Fastensonntag. Seit 1745 war es nach Binterim[3]) der Dinstag vor Pfingsten. Die Verlegung in die schöne Jahreszeit findet ihre Erklä=rung in den schlechten Wegen und den weiten Entfernungen vieler Capitels=genossen.

Der Dechant hatte nach den ältern Statuten jedes Jahr in drei=zehn Kirchen des Dekanates Synode zu halten. Als solche waren unter andern die zu Löndorf, Fritzdorf, Wintscheid, Ruperath, Hilberath, Blas=weiler, Neukirchen (in silva) und Franken bestimmt. Die übrigen fünf sind nicht festzustellen[4]). Die Ortschaften in angemessener Entfernung von einander waren so gewählt, daß sämmtliche Kleriker ohne große Schwierigkeit der einen oder andern dieser Synoden im Verlaufe des Jahres beiwohnen konnten. Durch rege Theilnahme sollte der kirchliche Geist und das geistliche Leben im Klerus wie im Volke geweckt und gefördert werden.

c. Kirchenvisitationen von Seiten des Dechanten waren in den Statuten nicht vorgeschrieben, erfreuten sich aber seit dem neunten Jahr=hundert der höchsten kirchlichen Anerkennung und wurden durch verschie=dene Canones von allgemeinen Kirchen-Versammlungen und Provincial-Concilien[5]) geregelt. Die zuletzt auf dem Concil von Trient erlassenen Decrete brachten die Diöcesan-Statuten von Erzbischof Maximilian Heinrich zur Ausführung[6]). Hiernach sollte Zweck der Visitation sein, daß die gesunde

---

[1]) Anhang, Nro. II, caput 5. — [2]) Daselbst 41. — [3]) Binterim u. Mooren, Alte u. neue Erzdiöcese Köln, I 135. — [4]) Caput 18 der Statuten im Anhang, Nro. I.

[5]) Binterim, Concil. German., II 81; Conc. Lateran. III.; Conc. Trident., Sessio XXIV de reform. c. 3. — [6]) Decreta et statuta dioec. synodi de archi-diaconis et decanis, tit. V 143 sqq.

Lehre und der wahre Glaube im Geiste des Tridentinums vorgetragen und befestigt, gute Sitten eingepflanzt, schlechte ausgerottet, das Volk zu Religion, Friedfertigkeit und Tugend ermahnt, der Klerus reformirt und alles Andere zum Nutzen der Gläubigen angeordnet werde. „Die Archidiakonen und Landdechanten sowie alle andern Visitatoren sollen bei ihren Visitationsreisen Niemanden lästig werden durch zahlreiche Begleitung oder überflüssige Auslagen, sondern sich begnügen mit einfacher Bedienung und gewöhnlicher Speise nach den Verhältnissen derjenigen, welche besucht werden."

Die geistliche Oberaufsicht führte der Erzbischof oder in seinem Namen der Generalvicar, vicarius generalis in spiritualibus. Daher waren die Archidiakone gehalten, die auf die Visitation bezüglichen Actenstücke und Decrete binnen drei Monaten nach Abschluß an die erzbischöfliche Oberbehörde einzureichen. Auch sollte durch den Bericht nicht ausgeschlossen sein, daß der Generalvicar dieselben Kirchen, Ortschaften und Personen visitirte, welche der Archidiakon, wenn auch in demselben Jahre, schon besucht hatte[1]). Da der Generalvicar in der Regel mit der weihbischöflichen Würde bekleidet war, so gab ihm die Consecration von Kirchen und Altären, sowie die Spendung der Firmung häufig Gelegenheit, das kirchliche Leben aus nächster Anschauung kennen zu lernen.

Außerordentliche Visitationen wurden im Auftrage des Erzbischofs durch hierzu eigens ernannte Commissare abgehalten. Eine solche ordnete Erzbischof Salentin im Jahre 1565 für sämmtliche Kirchen der Erzdiöcese an Als Commissare fungirten der Generalvicar und spätere Weihbischof Theobald Craishel, Johann Swölgen, Dechant am St. Andrasstift, und Johann Geyr, Dechant an St. Aposteln zu Köln. Im Aargauer Dekanat kam dieselbe im Jahre 1569 zur Ausführung. Gelenius hat uns den betreffenden Visitationsbericht aufbewahrt[2]) und wird derselbe, sofern er unser Dekanat Hersel berührt, in der Pfarrgeschichte berücksichtigt werden.

4. Dechanten des Aargauer Dekanates.

Gunter, war Schiedsrichter bei Besetzung der Pfarrstelle zu Wevelinghoven 1216[3]).

Richard von Adendorn, war Schiedsmann in dem Streit über die Baupflicht zwischen Kloster und Gemeinde Walberberg 1478[4]).

[1]) Decreta et statuta dioecesanae synodi Coloniensis. Coloniae apud Joannem Busaeum 1667. — [2]) Farragines, XXIV 100 sqq.
[3]) Geschichte der Pfarreien des Def. Grevenbroich von H. H. Giersberg, 370.
[4]) S. die betr. Urkunde im Anhange.

Nicolaus Meyer, um 1600.

Paul Reeb, Pfarrer in Walberberg, 1617—1646.

Christian Vetter, Doctor der Theologie, Pfarrer zu Sinzig, errichtet eine Fundation für die Sinziger Hausarmen am 8. December 1659[1]).

Caspar Rittersbach, Pfarrer in Weilerswist, hielt Kirchen-visitation 1650 und 1684.

Leonard Offenberg, Pfarrer in Urfeld, bis 1722.

Wilhelm Schlösser, Pfarrer in Heimersheim an der Ahr, Dechant seit 1723, visitirte in Hemmerich 1730.

Abraham Schröder, Pfarrer in Oberbachem, 1734—1766.

N. Strunk, 1781.

Franz Lothar Tils, Pfarrer in Rheinbach, bis 1794.

Joseph Lemmen, Pfarrer in Ramershoven, 1794.

5. Theilung des Dekanates.

Unter dem Bonner Stiftspropst Herzog Ferdinand von Baiern und zwar vor seiner im Jahre 1612 erfolgten Erhebung auf den erzbischöflichen Stuhl, wurden aus dem Aargau zwanzig Pfarreien ausgeschieden, welche ein neues Dekanat Bonn, decanatum Burgi, bildeten.

Diese Pfarreien sind: 1. Alster. 2. Benel an der Ahr. 3. St. Remigius. 4. St. Gangolph. 5. St. Martin[2]). 6. St. Johann in Dietkirchen zu Bonn. 7. Carweiler. 8. Dottendorf. 9. Ersdorf. 10. Eckendorf. 11. Endenich. 12. Friesdorf. 13. Kessenich. 14. Lengsdorf. 15. Lessenich. 16. Leimersdorf. 17. Meckenheim. 18. Nierendorf. 19. Rüngsdorf. 20. Witterschlick. Davon gehören zum Dekanat Hersel: Alster, Lessenich mit den beiden Filialen Duisdorf und Gielsdorf und Witterschlick[3]).

Daß die zu große Ausdehnung der Aargauer Christianität nicht der einzige Grund dieser neuen Einrichtung war, geht daraus hervor, daß das Dekanat Bonn durchaus nicht in engem Kreise abgerundet war, sondern mehrere seiner Pfarrorte im Umkreise von Ahrweiler liegen. Nach Binterim scheint der Umstand maßgebend gewesen zu sein, daß sie meistens zum kurkölnischen Gebiete gehörten[4]). Der Dechant des Deka-nates Bonn wurde vom Archidiakon ernannt. Das Capitel hielt seine

---

[1]) Annalen d. hist. Vereins, XIII—XIV 255.

[2]) Die Kirchen St. Remigius auf dem Römerplatz, St. Gangolph auf der Westseite, St. Martin auf der Ostseite, dicht neben der Münsterkirche, wurden unter der Franzosen-herrschaft zerstört. Vgl. Annalen d. hist. Vereins, XIII—XIV 147 ff.

[3]) Dumont, Descriptio, 42; Binterim u. Mooren, Erzbiöcese Köln, I 135—136.

[4]) l. c. 135.

Versammlungen Montags nach Reminiscere, seit 1745 den Tag nach Misericordia in der ehemaligen Martinskirche ab[1]).

6. Dechanten des ehemaligen Dekanates Bonn.

Lambert Pütz, Pfarrer an St. Remigius, 1641—1647.

Ferdinand Eltens, 1678—1716, Pfarrer an St. Remigius, früher an St. Jacob in Köln.

Heribert Bauch, 1716—1740 an St. Remigius, früher an St. Martin in Bonn.

Franz Rudolph Hoynack, 1740—1754, Canonicus am Cassius-stift, Pfarrer an St. Remigius, früher an St. Martin.

Franz Wilhelm Schnitzeler, Canonicus, Pfarrer an St. Gangolph, † 1767.

N. Isbach, 1767—1781, Canonicus, Pfarrer an St. Remigius.

Johann Adolph Freusberg, seit 1767 Pfarrer an St. Martin, seit 1781 Dechant, begleitete den Erzbischof Maximilian Franz beim Heranrücken der Franzosen im October 1794 und kehrte nicht mehr zurück.

7. Die französische Cantonaleintheilung.

Die französische Revolution hielt im Jahre 1794 ihren Einzug in Köln und warf die alte Kirchenordnung vollständig über den Haufen. Die Erzdiöcese Köln hatte ihren Oberhirten verloren und wurde auf dem linken Rheinufer von dem Generalvicar von Horn-Goldschmidt bis 1796, sodann von dem Dechanten Werner Marx in Köln verwaltet. Die Archidiakonalverfassung war für immer beseitigt, somit hatte auch das alte Dekanat seine Bedeutung verloren. Die Dekane verdankten ja dem Archidiakon ihr Dasein und erhielten von demselben Weisungen und mancherlei Vollmachten. Alle kirchliche Autorität war durch die französische Umwälzung in den Staub getreten, der niedere Klerus der höhern Leitung und sichern Stütze beraubt. Der revolutionäre Geist des Unglaubens drang in die untersten Volksschichten hinein, mit den Thronen wurden zugleich die Altäre umgestürzt, die Göttin der Vernunft, in der Gestalt eines verächtlichen Weibsbildes, statt des lebendigen Gottes verehrt.

Wo die Noth am größten, da ist Gottes Hülfe am nächsten. Eine neue Ordnung der Dinge begann, als Napoleon Bonaparte es zu seiner Selbsterhaltung für zweckmäßig fand, mit Papst Pius VII.

[1]) l. c. 136.

ein Concordat zu schließen. In Folge desselben wurde durch die päpstliche Circumscriptionsbulle vom 29. November 1801 das Bisthum Aachen
errichtet und demselben das Gebiet des Roer- und des Rhein-Mosel-
Departements zugewiesen.

An die Stelle der Dekanate traten im Jahre 1804, der veränderten
bürgerlichen Landeseintheilung entsprechend, die Cantone, an die Stelle
der Dechanten die Cantonalpfarrer. Alle andern Pfarrer wurden als
Succursal- oder Hülfspfarrer betrachtet, und demnach das Staatsgehalt,
als Entschädigung für die vielen säcularisirten geistlichen Güter, möglichst
sparsam bemessen. Die zur Zeit der Organisation von 1804 bestehenden
vierzehn Pfarreien unseres jetzigen Dekanates waren theils mit dem
Canton Bonn, theils mit Brühl vereinigt. Maßgebend für die Vertheilung
war die Grenzlinie zwischen dem Roer- und Rhein-Mosel-Departement.
Sie ging von der Mündung der Sieg über den Rhein, über Schönau in
der Eifel bis Schleiden.

Der Canton Bonn auf der südlichen Seite der Grenzlinie im Rhein-
Mosel-Departement erhielt zwei Cantonspfarrer, einen für die Stadt,
Bonn intra, den andern für die Landkirchen, Bonn extra. Letzterer hatte
seinen Sitz in Lessenich als Cantonalpfarre.

Zu Bonn intra gehörten drei Kirchen: St. Martin, Dietkirchen,
St. Remigius; zu Bonn extra: Lessenich, Alster, Berkum, Endenich,
Friesdorf, Godesberg, Kessenich, Lengsdorf, Mehlem, Muffendorf, Nieder-
bachem, Oberbachem, Grau-Rheindorf, Rüngsdorf, Vilip, Witterschlick.
Die drei Pfarreien unseres Dekanates Lessenich, Alster, Witterschlick
bilden eine Bürgermeisterei. Die Pfarreien der drei übrigen Bürgermeistereien Hersel, Sechtem und Waldorf im Roer-Departemnut unterstanden dem Canton Brühl mit dem Sitze eines Friedensrichters (iuge
de paix).

Die Pfarreien des Cantons Brühl, 24 an der Zahl, waren: Brühl
Hauptpfarre, Berzdorf, Pingsdorf, Bochem, Fischenich, Kendenich, Her-
mülheim, Hürth, Gleuel, Meschenich, Immendorf, Sürdt, Rodenkirchen,
Keldenich, Hersel, Urfeld, Wesseling, Brenig, Hemmerich,
Waldorf, Sechtem, Rösberg, Merten, Walberberg[1]).

Die Cantonalpfarrer
a) von Bonn extra[2]):

Paul Karl Anton Dreesen, Oberpfarrer zu Lessenich, 1804 bis
1826.

----

[1]) Organisation du diocèse d'Aix-la-Chapelle, iustice de paix de Bruhl. Die
gesperrt gedruckten Ortsnamen sind Pfarrstellen des Dekanats Hersel.
[2]) Cantonalpfarrer der städtischen Kirchen war Ferdinand Löttgen, Pfarrer an St. Martin.

b) von Brühl:

Heinrich Gareis, 1804—1815, war vor 1793 Lehrer an der höhern Schule zu Neuß, später Professor an der Universität Bonn und kurfürstlicher Hofprediger, wurde am 20. September zum Pfarrer, später zum Oberpfarrer von Brühl ernannt, erwarb sich große Verdienste um den Unterricht der Jugend, verwaltete von 1797 bis 1798 anderthalb Jahr die Bürgermeisterei als maire agent und starb am 20. September 1815 im 32. Jahre seines Priesterthums, 57 Jahre alt.

Martin Göbels, 1815—1817, geboren am 12. September 1763, starb zu Brühl am 19. December 1817.

Bernhard Steinbüchel, 1818—1827, wurde nach der spätern Umschreibung der Erzbiöcese Dechant und Ehrendomherr.

8. Das Dekanat Hersel.

Das Bisthum Aachen unter Bischof Marcus Antonius Berdolet (1802—1809) und Johann Dionysius Franz Le Camus (1811—1814) wurde nach Vertreibung der Franzosen bis 1822 durch die Capitular-Vicare Martin Wilhelm Fonck und Michael Klinkenberg, und nach des Letztern Tode bis zum 20. Mai 1825 von Fonck allein verwaltet.

Durch die Bulle Pius VII.: „De salute animarum" wurde mit Zustimmung der königlich preußischen Staatsregierung das Aachener Bisthum unter dem 16. Juni 1821 aufgehoben und die Kölner Erzbiöcese mit verändertem Umfange wieder hergestellt. Erzbischof Ferdinand August vollzog durch Urkunde vom 24. Februar 1827 die Umschreibung der Erzbiöcese in 44 Dekanate.

Das Dekanat Hersel wurde gebildet aus 14 Pfarreien der alten Aargauer Christianität. Schwadorf als fünfzehnte, unter der Franzosen-herrschaft supprimirt, wurde mit Walberberg zu einer Pfarre vereinigt. Die 14 Pfarreien sind: Alfter, Brenig, Hemmerich, Hersel, Keldenich, Lessenich, Merten, Rösberg, Sechtem, Urfeld, Walberberg, Waldorf, Wesseling, Witterschlick. Als später errichtet kommen dazu noch zwei, Bornheim, ehemalige Filiale von Brenig, und Duisdorf, Filiale von Lessenich.

Begrenzt wird das Dekanat vom Rhein und den Dekanaten Bonn, Rheinbach, Lessenich und Brühl. Die Gesammtbevölkerung [1]) des Dekanats beträgt 19,761 (Katholiken 19,245, Protestanten 153, Juden 363).

Nach Bürgermeistereien geordnet, vertheilt sich die Einwohnerzahl, wie folgt:

---

[1]) Nach der letzten amtlichen Volkszählung.

1. Zur Bürgermeisterei Herfel gehören 4599: Herfel mit Uedorf 1274, Keldenich 397, Urfeld (722) mit Widdig (520) zusammen 1242, Wesseling 1686.

2. Zur Bürgermeisterei Oedekoven 4329: Leffenich mit Meßdorf (272), Oedekoven (488), Gielsdorf Rectorat (378) zusammen 1138; Alfter mit Olsdorf, Birrekoven 1964, dazu 1115 von Roisdorf, Bürgermeisterei Waldorf, zusammen 3079; Witterschlick, Heidchen, Volmershoven (990), Impekoven und Rammelshoven 237 = 1227.

3. Zur Bürgermeisterei Sechtem 4049: Sechtem 919, Merten (799) mit Trippelsdorf (436) = 1215; Rösberg 675, Walberberg 1221.

4. Zur Bürgermeisterei Waldorf 5464: Bornheim (1508) und Botzdorf (206) = 1714; Brenig (629) und Dersdorf (200) = 829. Hemmerich (379) und Cardorf (410) = 789. Waldorf (849) und Uellekoven (168) = 1017.

5. Zur Bürgermeisterei Poppelsdorf gehört nur Duisdorf mit 1320 Einwohnern.

9. Die Dechanten des Dekanates Herfel.

Paul Karl Anton Dreesen, ehemaliger Cantonalpfarrer zu Leffenich, Dechant seit 1827, resignirt 1831 [1]).

Nicolaus Joseph Pferzwen, 1831—1833, Pfarrer zu Merten.

Joseph Dortans, 1834—1855, Pfarrer zu Rösberg.

Chrysant Joseph Bierbaum, 1855—1868, Pfarrer zu Herfel.

Johann Hermann Joseph Schmittmann, 1868—1869, Pfarrer zu Sechtem, resignirt.

Jacob Münch, 1869—1873, Oberpfarrer zu Leffenich.

Theodor Sujen, 1873—1877, Pfarrer zu Herfel.

Peter Hamacher, Pfarrer zu Urfeld, seit 1877.

10. Die Definitoren.

Gemäß Vorschrift des Kölner Provincial-Concils vom Jahre 1860 [2]) wurden durch erzbischöfliche Decrete vom 14. und 21. Januar 1863 für jedes Dekanat zwei Definitoren ernannt, denen zunächst die Aufsicht über das Fabrikvermögen, cura fabricarum, obliegt, und die außerdem den Beirath und Beistand der Dechanten in Angelegenheiten von besonderer Wichtigkeit, namentlich in denjenigen bilden, die das ganze Capitel

---

[1]) Nähere Lebensumstände siehe in der betreffenden Pfarrgeschichte. — [2]) Pars II, cap. VII.

betreffen, sowie in Verhinderungsfällen oder im Auftrage des Erzbischofs deren Vertreter sind [1]).

Das Dekanat Hersel wurde demzufolge eingetheilt in die Definition A mit den Pfarreien: Alfter, Bornheim, Brenig, Duisdorf, Hersel, Lessenich, Waldorf und Witterschlick; und in die Definition B mit den Pfarreien: Hemmerich, Keldenich, Merten, Rösberg, Sechtem, Urfeld, Walberberg und Wesseling.

Die Definitoren der Definition A.

Jakob Münch, Oberpfarrer zu Lessenich, 1863—1869. — Theodor Sujen, Pfarrer zu Hersel, 1869—1873. — Dr. Hermann Joseph Schlömer, Pfarrer zu Duisdorf, seit 1873.

Die Definitoren der Definition B.

Johann Hermann Joseph Schmittmann, Pfarrer zu Sechtem, 1863—1868. — Winand Breuder, Pfarrer zu Rösberg, 1868—1873. — Peter Anton Hubert Hamacher, Pfarrer zu Urfeld, 1873 bis 1877. — Johann Wilhelm König, Pfarrer zu Sechtem, seit 1877.

11. Firmungen und bischöfliche Visitationen.

Nach den Statuten des Erzbischofs Maximilian Heinrich (1650 bis 1688) wurde das heilige Sacrament der Firmung vier Mal im Jahre zur Quatemperzeit und zu Pfingsten regelmäßig in der Minoritenkirche, seltener im Dom zu Köln gespendet, außerdem bei verschiedenen Anlässen, wie Consecrationen von Kirchen und Altären und Visitationen in Stadt- und Landkirchen. Die alten Firmregister beweisen, daß die dargebotene Gelegenheit zum Empfang der h. Firmung sehr häufig wahrgenommen wurde. So verging seit 1704 kaum ein Jahr, wo nicht Einzelne oder Mehrere aus Hemmerich von den Weihbischöfen Johann Werner Beyder (1704—1723) und Franz Kaspar von Franken-Siersdorf (1724—1770) gefirmt wurden. Vermuthlich bestand diese Praxis der öftern Firmung auch unter dem folgenden Weihbischof Karl Aloys von Königseck, welcher bis zu seinem Tode, am 24. Februar 1796, in Köln verblieb, nachdem der Kurfürst längst vor den Franzosen geflohen war. Hierauf trat in Folge der staatlichen und kirchlichen Umwälzung eine Unterbrechung ein.

Aus Fürsorge für die verwaiste Erzbiöcese consecrirte der Erzbischof Maximilian Franz zu Mergentheim den Domcapitular Freiherrn Clemens August von Merle am 9. Juli 1797 zum Weihbischof. Dieser versah zuerst in Köln, dann seit 1802 die bischöflichen Verrichtungen in Deutz.

---

[1]) Kirchlicher Anzeiger Nro. 8 vom 15. April 1863. Daselbst die Dienstinstruction für die Definitoren. Vgl. Dumont, Sammlung kirchlicher Erlasse, 289—295.

Nach von Merle, welcher am 4. Januar 1810 das Zeitliche segnete, ertheilte Weihbischof Caspar Maximilian von Münster die h. Firmung an Firmlinge aus Hemmerich in den Jahren 1816 und 1820. Die Angaben über Hemmerich mögen als Maßstab für andere Pfarrgemeinden hiesiger Gegend dienen. Durch die Diöcesan=Statuten Maximilian Heinrich's waren die Seelsorger angewiesen, an den der Firmung vorhergehenden Sonn= und Feiertagen in Predigt und Katechese die Firmlinge auf den würdigen Empfang des Sacramentes vorzubereiten[1]), sie zur Beicht anzuhalten, oder, wenn solche nicht möglich, wenigstens zu einer vollkommenen Reue zu disponiren. Schließlich sollten die Pfarrer oder ihre Stellvertreter dieselben in die für die Firmung bestimmten Kirchen führen. Wie es mit der Befolgung dieser Vorschriften vor hundert Jahren ausgesehen haben mag, ist nicht ersichtlich. Allein die Thatsache, daß einzelne Personen, sei es aus eigenem Antriebe, sei es auf Veranlassung der Eltern oder Pathen, zu verschiedenen Terminen eines Jahres sich zum Empfange der heiligen Firmung einstellten, läßt gegründeten Zweifel an einer ordnungsmäßigen Vorbereitung aufkommen.

Wie es damit in der französischen Zeit bestellt war, ist aus den Zeugnissen noch lebender Firmlinge von damals bekannt. Ohne geistliche Führung, nicht selten ohne Vorwissen des Ortspfarrers, begaben sich die Firmlinge, jeder mit seinem besondern Firmpathen, nach Köln oder Deutz in die bestimmte Kirche. Zuweilen trugen Mütter ihre Kinder auf den Armen zur Firmung, weil sie befürchteten, die Gelegenheit dazu würde in ihrem Leben nicht mehr wiederkehren[2]). Neben den Kindern standen erwachsene Männer und Frauen in der Reihe der Firmlinge, mitunter solche, denen das Alter längst das Haar gebleicht hatte. Eine Controle war unter diesen Umständen nicht möglich. Hierzu ein Beispiel. Zwei kleine Brüder, der eine ungefähr zehn, der andere acht Jahre alt, stellen sich in der Pfarrkirche zu Deutz bei der Firmung ein. Bischof von Merle trägt Bedenken, den jüngern zu firmen. Ein anwesender Privat= geistlicher erkennt die beiden Knaben als Kinder seines Pächters, legt Fürsprache ein, und beide werden gefirmt. Gewährsmann dieser Be= gebenheit ist ein noch lebender angesehener Mann in Sechtem, und dieser ist kein Anderer, als jener achtjährige Firmling. Wie aber stand es mit den vielen Andern, die keinen Fürsprecher hatten? Es war da der Firmbischof lediglich auf das Zeugniß des Pathen angewiesen.

Nachdem die heilige Handlung vollendet war, befestigte der Pathe seinem Firmlinge ein Firmband um die Stirne als das Symbol des

---

[1]) Decreta et statuta synodalia, tit. IV, c. II 7—8.

[2]) Diese Thatsache ist mir auf zuverlässigem Wege aus einem andern Decanate der Erzdiöcese berichtet worden.

Streiters Christi, der nun, durch die Gnade des heiligen Geistes gestärkt, tapfer gegen die Feinde des Heiles zu kämpfen entschlossen ist.

Als die Franzosen vertrieben und geordnete kirchliche Zustände zurückgekehrt waren, wurden unter Erzbischof Ferdinand August die Miß=bräuche, welche die ungünstigen Verhältnisse vergangener Zeiten herbei=geführt hatten, rasch beseitigt, die alten kirchlichen Vorschriften nach allen Richtungen zur Ausführung gebracht. Die Tage der Firmung sind hohe Festtage für die katholische Bevölkerung. Der Einzug des Bischofs in die Gemeinde ein Triumph. Die Firmlinge werden in feierlicher Pro=cession zur Kirche geleitet. Unter allgemeiner Theilnahme der von nah und fern herbeigeströmten Menge der Gläubigen nimmt die Feier einen eben so erhebenden als glänzenden Verlauf. Nach neuerm Gebrauch fungirt bei der Firmung nur ein Pathe für die männlichen und eine Pathin für die weiblichen Firmlinge jeder Pfarrgemeinde[1]).

Im Dekanate Hersel haben gefirmt:

Erzbischof Ferdinand August von Spiegel, Graf zum Desenberg und Canstein (1825—1835), am 19. Mai 1828 in der Münsterkirche zu Bonn.

Weihbischof Karl Adalbert Freiherr von Beier (1827—1842) in der Minoritenkirche zu Köln 1833, 1836, 1841 (?).

Weihbischof Anton Gottfried Claessen (1844—1847) in den Pfarrkirchen zu Wesseling, Alster und Hersel am 15, 16, 17. Sep=tember 1846.

Erzbischof Johannes Cardinal von Geissel bei der Consecration der Pfarrkirche zu Sechtem am 1. Juni 1852, am 2. Juni zu Hersel, hielt Capitelsversammlung und ertheilte am 3. Juni den übrigen Firm=lingen des Dekanates das h. Sacrament. Ihre Gesammtzahl betrug 2250.

Derselbe firmte am 11. September 1859 zu Sechtem die Firmlinge von Brenig, Hemmerich, Keldenich, Merten, Rösberg, Sechtem, Walber=berg, Waldorf und Wesseling, im Ganzen 1250; am 13. September zu Hersel jene aus Alster, Bornheim Duisdorf, Hersel, Lessenich, Urfeld, Witterschlick, 1500 an der Zahl.

Erzbischof Paulus Melchers firmte am 25. October 1867 zu Wesseling, am 26. zu Sechtem für Sechtem und Walberberg 263, am 3. November zu Urfeld 233, am 4. November zu Witterschlick 185, am 5. November zu Hersel 224 Firmlinge dieser Pfarre und 30 Pen=sionäre des Ursulinenklosters.

Weihbischof Johann Anton Friedrich Baudri firmte am 27. October desselben Jahres, nach Consecration der Kirche zu Merten, daselbst

[1]) Dumont, Sammlung kirchlicher Erlasse, 36—38; 262—266.

230, am 28 October zu Rösberg 300 Firmlinge aus Rösberg und Hemmerich, am 29. zu Brenig die von Brenig, Bornheim und Waldorf (circa 400), am 30. October zu Alfter die dortigen Firmlinge, 417 an der Zahl. Am 31. October firmte derselbe nach der Consecration der Kirche und dreier Altäre zu Duisdorf 300 Firmlinge aus Duisdorf und Lessenich. Die Gesammtzahl der 1867 im Dekanate Gefirmten betrug circa 2880.

Die letzte Firmungsreise des Erzbischofs Paulus in das Dekanat Hersel erfolgte im Jahre 1872. Seine erzbischöflichen Gnaden spendeten das h. Sacrament zu Wesseling am 14. August, zu Walberberg am 15., zu Merten am 16., zu Bornheim am 18., zu Hersel am 19., zu Lessenich am 20. und zu Duisdorf am 21. August. Die Gesammtzahl der im Dekanate Gefirmten betrug 1880. Am 21. August wurde Nachmittags im Pfarrhause zu Lessenich bei dem Dechanten Münch die Dekanats-Conferenz unter dem Vorsitz des Herrn Erzbischofs abgehalten.

Bei Gelegenheit der Firmung wurde in allen Pfarreien und Kirchen sowie in denjenigen Kapellen, in welchen das h. Sacrament aufbewahrt wird, und in sonstigen kirchlichen Anstalten die canonische Visitation vorgenommen. Die Schulen wurden mit Vorliebe von Seiner erzbischöflichen Gnaden besucht.

Seit der am 28. Juni 1876 staatlicherseits erfolgten Absetzung des Erzbischofs Paulus Melchers hat im Erzbisthum Köln die Spendung des h. Sacramentes der Firmung bis heute überhaupt nicht mehr stattfinden können.

II. Die Pfarreien.

1. Alster.

Alster, in mittelalterlichen Urkunden Alvetra [1]), Alvetre [2]), Halechtere [3]) und Alstre [4]), Pfarrdorf mit 1964 Einwohnern am Fuße des Vorgebirges, ist beinahe eine Meile von Bonn entfernt. Von der Höhe des Gebirges betrachtet bietet der Rhein mit der Stadt Bonn, dem Kreuzberg und dem Siebengebirge ein großartiges Panorama. Die Rheinebene nach Osten erhöht durch den Gegensatz zu den Gebirgshöhen die Mannchfaltigkeit und Schönheit der Formen. An den prachtvollen Hochwald schließt sich in der nächsten Umgebung des Ortes ein fruchtbares Erdreich, in den Abhängen als Gemüse-, Obst- und Weingärten bepflanzt, in der Ebene als Ackerland bebaut. Eine Mühle mitten im Dorfe ist altes Besitzthum der Grafen, jetzt Fürsten Salm.

Stramberg nennt Alster eine der ältesten Niederlassungen am Unterrhein [5]). Gelenius leitet Alvetre von Albanus Vetus ab und bringt damit den römischen Adel von Alster in Verbindung [6]). Ob der berühmte Historiker hierin das Richtige getroffen hat, wollen wir nicht entscheiden. So viel ist gewiß, daß die Römer in Alster ansässig waren [7]). Westlich vom Orte, in den fürstlich Salm'schen Waldungen befindet sich zur Seite einer tiefen Schlucht auf erhöhter Ebene eine alte verlassene Baustelle, von künstlichen Gräben eingefaßt. Sie führt den Namen Altenburg, obwohl überirdische Reste einer Burg nicht mehr vorhanden sind. Im

---

[1]) 1067 bei Lacomblet I 135, und 1138. — [2]) 1116 - 1200 l. c. an vielen Stellen; auch bei Gelenius 1645. — [3]) 1116. — [4]) 1197. — [5]) Denkwürdiger und nützlicher Antiquarius. 3. Abth., 12. Bd., S. 119. — [6]) Gel., De adm. magnit. Coloniae, 257.

[7]) Vgl. „Römische Staatsstraße von Trier bis Wesseling und der Römer-Canal am Vorgebirge" in den Annalen des historischen Vereins, XXXVII 91—92.

Mittelalter stand hier die Ritterburg der Herren von Alster [1]). Der Name Altenburg erinnert an viele ähnliche Stellen, wo die Römer eine Burg zuerst errichtet hatten.

Nach der Altenburg bei Alster ging vom Römerhof aus der großen Eifeler Wasserleitung ein Nebencanal, eine Bestätigung für das ehemalige Vorhandensein eines großen römischen Bauwerkes. Im Orte selbst finden sich spärliche römische Baureste in der Nähe der Kirche. Daselbst fand Pfarrer Meuser in einem Gefäß römische und mittelalterliche Münzen.

Alster war eine kurfürstliche Lehnsherrschaft mit der Gerichtsbarkeit über Alster, Roisdorf, Birrekoven, Olsdorf, Metternich und Endenich [2]). Die Herren von Alster bekleideten das Erbmarschallamt des Kölner Erzstifts, eine der höchsten und einträglichsten Ehrenstellen [3]). Der Erbmarschall hatte das Recht, 1. das Pferd, welches der Kaiser bei der Krönung zu Aachen geritten hatte, für sich in Besitz zu nehmen; 2. nach dem Tode des Erzbischofs dessen Leibwagen nebst Gespann sich anzueignen; 3. von den Aebten und Aebtissinnen der Benedictiner des Erzstifts Inthronisationsgelder zu erheben; 4. den Landtag in gewissen Fällen zu berufen und auf demselben den Vorsitz zu führen [4]).

Die Herren von Alster führten im goldenen Felde ihres Wappens drei rothe Balken, auf denen ein silberner, goldgekrönter Löwe rechts fortschreitet. Der gekrönte Helm war mit einem silbernen Rehfuß verziert.

Als Lehnsträger der Herrlichkeit kommt zuerst Hermann von Alster in Urkunden von 1116—1120 nicht weniger als achtzehn Mal als Zeuge vor [5]).

Hermann und Johann von Alvetre sind Zeugen 1128, als Erzbischof Friedrich I. den Streit schlichtete, den die Abtei St. Pantaleon in Köln mit dem Apostelstift wegen eines Fischteiches führte [6]).

Goswin von Alster, 1138 und 1185. Im Jahre 1188 vergab Erzbischof Philipp das dem Erzstift lehnbare von seinem getreuen Goswin besessene Haus zu Alster an Propst Lothar und das Cassiusstift zu Bonn. Dieses Haus soll Goswin fortan als Afterlehn besitzen.

---

[1]) Denkwürdiger rheinischer Antiquarius, 3. Abth., 12. Band, S. 120.

[2]) Lacomblet, Archiv, neue Folge, 1. B., 2. Heft. Walter, Erzstift Köln, 112. Das Weisthum der Herrlichkeit Alster, vor mehrern Jahren im Besitz von Privaten, ist, so viel bekannt, nur noch in einer Abschrift des Canonicus Herrn Dr. Kessel zu Aachen vorhanden. Einsicht dieser Abschrift war dem Verfasser nicht gestattet.

[3]) Drei andere kurfürstliche Hofchargen waren die Aemter des Erbkämmerers, des Truchseß und des Kellners.

[4]) Annalen des historischen Vereins, XXVI—XXVII 317 ff.

[5]) Lac. I, Register, 406. — [6]) Thomas, Geschichte von St. Mauritius in Köln, Anm. 78.

Erzbischof Adolph I. schenkt dem Kloster Füssenich 1197 verschiedene Grundstücke, welche Ritter Hermann von Alster zu Lehen gehabt [1]). Dieser Hermann findet sich zuerst als Marschall „Herimannus de Alvetre marescalcus" unterschrieben [2]).

Im Jahre 1216 bestätigt Erzbischof Engelbert I. der Abtei Füssenich das ihr von Hermann geschenkte Patronat zu Bettenhoven und den Zehnten zu Rath [3]).

Hermann befehligt 1217 unter dem Grafen von Holland die Nachhut gegen die Saracenen [4]). Sein Sohn

Goswin, auch Gottfried genannt, seit 1236 Marschall, heirathet eine Tochter des Ritters Schilling, Vogt zu Bornheim [5]).

Hermann, Goswin's Sohn, war Marschall um das Jahr 1259. Dessen Bruder

Goswin heirathete Sara, wohnte in Bornheim, war Marschall 1279. Ritter Goswin und seine Gemahlin erlassen der Commende Johannes und Cordula zu Köln die von einem Lehen zu Olsdorf auf den Hof zu Endenich pflichtigen Gefälle und Dienstleistungen [6]).

Konrad (Cono) war als Marschall 1308 bei der Krönung Heinrich's VII. in Aachen, 1333 bei dem feierlichen Einzug des Erzbischofs Walram in Köln und untersiegelte den Vertrag desselben mit der Stadt vom 29. März 1334 [7]).

Ritter Johann, Sohn des Vorigen, Marschall 1342, war Richter in Sachen des Judengeleits, heirathete Ricardis von Kerpen. Sie bewohnten Haus Brunshorn in der Breitestraße zu Köln, welches sie für drei Mark jährlich auf Lebenszeit gemiethet hatten [8]). Sein Sohn

Konrad, Marschall 1373, heirathete Maria von Hamal; er starb vor 1399 [9]).

Johann von Alster heirathete Maria von der Mark.

Die Erbtochter Maria (nach Andern Ricardis) heirathete 1435 [10]) Wilhelm von Wevelinghoven und brachte ihm die Herrschaft Alster und das Erbmarschallamt in die Ehe. Aus dieser Verbindung entsproß Irmgardis, welche 1445 Johann VI. von Salm-Reifferscheid heirathet. „Diesem überträgt Wilhelm Schloß und Herrlichkeit Alster mit allem

---

[1]) Lac. I 390. — [2]) l. c. I 386. — [3]) l. c. II 33. — [4]) Denkwürdiger rheinischer Antiquarius l. c. — [5]) S. unter Bornheim. — [6]) Lac. II 331. — [7]) Annalen d. hist. Vereins l. c. 319. — [8]) Rheinischer Antiquarius l. c.

[9]) Konrad's Tochter Ricardis war Nonne zu St. Clara in Köln. Dietrich, sein Bruder, wohnte in dem ererbten Hause Scherfgin in der Glöckergasse. Ein anderer Bruder, Wilhelm, war Herr von Hamal.

[10]) Vgl. Rheinischer Antiquarius l. c. 121. — Annalen des historischen Vereins l. c. 318.

Zubehör, insbesondere dem Erbmarschallamte, so wie es als Lehen von dem hochmächtigen Fürsten Herrn Erzbischof Dietrich herrührt" [1]).

So gelangte die Herrschaft an die Grafen und spätern Fürsten Salm, welche sich seitdem in ihrem ununterbrochenen Besitze behauptet haben. Aus ihrer Geschichte ist als merkwürdig Folgendes zu erwähnen. In dem Kriege des Erzbischofs Ruprecht von der Pfalz gegen verschiedene Pfandherren, darunter Graf Johann VII., ging Alfter demselben verloren. Die Burg wurde durch Brand zerstört 1468. Schiedsspruch und Sühne vom 3. October 1470 stellten die Präliminarien des Friedens fest. Ein endgültiger Vertrag kam erst unter Erzbischof Hermann, Ruprecht's Nachfolger, mit Johann's VII. Sohne, Peter Salm, zu Stande. Ihm wurde die Herrlichkeit als Lehen, wie von Alters hergebracht, jedoch mit Ausschluß der hohen Jagd auf der Ville, zurückgegeben und das Erbmarschallamt neuerdings bestätigt. Als Bedingung hatte der Graf verschiedene Zahlungen zu leisten [2]).

Von der Zerstörung im Jahre 1468 schreibt sich die Verlegung der Burg von der römischen Baustelle [3]) und die Erbauung des Schlosses neben der Kirche her. Wenn von Stramberg sagt, die alte Burg sei vom Kurfürsten als Aufenthalt von Räubern zerstört worden [4]), so wird diese Behauptung durch den Krieg Ruprecht's gegen Johann VII. hinfällig.

Graf Peter war anwesend bei der Wahl des Kaisers Maximilian I. zu Frankfurt, bei seiner Krönung zu Aachen im Jahre 1486 und erhielt das Pferd, welches der Kaiser geritten hatte.

Johann VIII. (1505—1537), Sohn des Grafen Peter und der Regina Gräfin von Sayn, heirathete Anna Gräfin von Hoya, war bei der Krönung Karl's V. in Aachen 1520. Im Kriege des Kaisers gegen König Franz I. gerieth er in französische Gefangenschaft und wurde gegen ein Lösegeld von 14000 Franken freigegeben [5]).

Aus der Ehe seines Sohnes Johann IX. (1537—1559) mit Elisabeth Gräfin von Henneberg stammt der als tapferer Führer aus dem Truchseß'schen Kriege bekannte Graf Werner Salm. Sein Kampf richtete sich vorzugsweise gegen Adolph von Neuenar, welcher ihm sein Erbrecht auf Bedburg streitig machte. Als nämlich Graf Hermann von Neuenar am 4. December 1578 starb, nahm Adolph, ein fanatischer Anhänger des abgefallenen Erzbischofs Gebhard von Waldburg, Namens seiner Gattin Walburgis, der Schwester Hermann's, bereits am folgenden Tage, den 5. December, Schloß und Herrschaft Bedburg in Besitz. Graf

[1]) Annalen l. c. — [2]) Fahne, Geschichte der Grafen Salm, II 253. — [3]) S. oben, vgl. Fahne II 242. — [4]) Rheinischer Antiquarius, 3. Abtheilung, 12. Bd., S. 120. — [5]) Fahne l. c. II 274.

Werner erkannte die weibliche Erbfolge nicht an, machte seinerseits berechtigte Ansprüche geltend und nahm Bedburg nach sieben Tagen mit Gewalt ein. Da erschien Adolph mit Hülfe holländischer Truppen, eroberte das Schloß, nahm den Grafen Werner gefangen und überlieferte ihn dem Kurfürsten Gebhard, der ihn zu Kaiserswerth einsperren ließ. Das Reichskammergericht befahl auf Antrag des Gefangenen dem Kurfürsten unter dem 14. April 1580, denselben sofort in Freiheit zu setzen[1]), und setzte dem Grafen Adolph Termin, die Entscheidung des hohen Gerichtshofes entgegen zu nehmen.

Der so befreite Graf Werner stellte sich nun im Kampfe zwischen dem abgesetzten Erzbischof Gebhard und dem rechtmäßig berufenen Ernst von Baiern mit aller Entschiedenheit auf die Seite des Letztern. Karl Truchseß besetzte Bonn, das feste Bollwerck zum Schutze Gebhard's. Im Auftrage des Kölner Domcapitels warb Werner Salm Truppen zum Gegenkampfe. Die Folge war, daß Karl Truchseß über das Schloß Alfter herfiel und es nebst dem nahen Nonnenkloster ausplünderte und in Brand steckte. Marschall Werner hatte sich gegen Ende März 1583 einer von Karl Truchseß zu Mehlem angelegten Pulvermühle bemächtigt, mußte aber am folgenden Tage, von Karl überfallen, mit Verlust des Gepäcks die Flucht ergreifen, unterließ aber nicht, die Pulvermühle vorher in die Luft zu sprengen, wodurch der am Rhein gelegene Theil von Mehlem in Flammen aufging[2]).

Der schließliche Ausgang des Krieges war für die Sache des Erzbischofs Ernst und somit des Grafen Werner ein günstiger. Die feindliche Besatzung von Bonn ergab sich Ende Januar 1584. Hierauf erschienen am 5. März die kurfürstlichen Truppen vor Bedburg und nahmen es mit Gewalt[3]). Der errungene Sieg war für die Katholiken unseres engern Vaterlandes die Bürgschaft für die Erhaltung ihres h. Glaubens. Freilich mochte für den Erbmarschall Werner auch die Herrschaft Bedburg als Motiv seiner Kämpfe schwer in's Gewicht fallen. Allein wie ständе es bei uns mit der katholischen Religion, wenn die Würzel des Krieges anders gefallen wären?

Erzbischof Ernst belehnte Grafen Werner Salm am 25. October 1588 mit Bedburg und am 3. November mit Schloß und Herrlichkeit Hackenbroich, welche er „nach sieghafter Einnahme und Eroberung gegen

---

[1]) Fahne l. c. II 293. — [2]) Annalen d. hist. Vereins, XXXVI 133.

[3]) Adolph von Neuenar, der seine Feindseligkeiten gegen die Katholiken, trotz seiner Niederlage, in holländischen Diensten noch mehrere Jahre fortsetzte, fand ein trauriges Ende, indem er, bei einer Explosion zu Arnheim tödlich verwundet, nach drei Tagen am 17. October 1589 starb. Weidenbach, Die Grafen von Are, Hochstaden und Neuenare. Bonn bei Habicht 1845, 120—127.

Grave Adolphen von Neuenar, ſeines und des Erzſtiftes Widerſachers und Rebellen, vermittels göttlicher Gnaden und dem Schwert erhalten."

Durch kaiſerliches Diplom vom 26. Januar 1628 erhielt Graf Werner als Auszeichnung und Anerkennung den Titel „Alter Graf" (Altgraf) mit dem damals ſeltenen Prädicat „Hochgeboren". Er ſtarb 1629.

Erich Adolph, Werner's Sohn, heirathet Magdalena Landgräfin von Heſſen 1646, erwirbt ſich Verdienſte um Gründung der Schulvicarie zu Alſter[1]), ſtiftet unterm 17. Mai 1672 eine Wochenmeſſe an das Auguſtinerkloſter zu Bedburg.

Franz Wilhelm ſtellt 1695 zu Alſter einen Küſter an, erhält von Kaiſer Karl VI. „wegen der Verdienſte ſeines Urahnen Werner und ſeiner eigenen verſtändigen und geſchickten Ausführung kaiſerlicher Auf⸗ träge" den Titel Hochgeboren 1713. Er ſtarb am 4. Juli 1734.

Karl Anton, geboren 1697, ſtarb 1755.

Johann Franz Wilhelm, Sohn Ernſt Salentin's, Bruders von Erich Adolph, geboren 28. December 1714, erwarb Herrſchaft und Erb⸗ marſchallamt.

Letzter Erbmarſchall war Altgraf Sigismund, Oberhofmeiſter des letzten Kurfürſten Max Franz, geboren 24. Juni 1735, er ſtarb 1798.

Graf Karl Joſeph, Sohn des k. k. General⸗Feldmarſchalls Leopold Salm († 1757), Karl Anton's Neffe, wird von Kaiſer Leopold II. am 12. October 1790 in den Reichsfürſtenſtand erhoben[2]). Das Beſtätigungsdiplom Franz II. vom 7. Januar 1804 hebt hervor, daß „das Haus Salm, eines der älteſten gräflichen Häuſer Deutſchlands, . . . ſich von jeher durch ritterliche Thaten in Kriegszeiten, durch er⸗ worbene anſehnliche Militair⸗ und Civil⸗Ehrenſtellen ſowie durch uner⸗ ſchütterliche Treue und Anhänglichkeit gegen das Reichsoberhaupt ganz beſonders ausgezeichnet habe. Unter Anderm hat Kaiſer Karl V. dem Grafen Nicolaus von Salm wegen Gefangennehmung des Königs Franz I. von Frankreich in der Schlacht bei Pavia 1525[3]) ein eigenes Diplom ausfertigen, Kaiſer Ferdinand I. aber ein marmornes Mauſoleum in der Hofpfarrkirche zu Wien zum ewigen Denkmal errichten laſſen . . .[4]).

Im Jahre 1816 erhob König Friedrich Wilhelm III. von Preußen den Altgrafen Joſeph zu Salm⸗Reifferſcheid in den Fürſtenſtand und dehnte das Privilegium auf deſſen Descendenten beiderlei Geſchlechts aus mit allen entſprechenden Titulaturen. Dem Fürſten Joſeph Salm,

---

[1]) Annalen d. hiſt. Vereins, XX 237. — [2]) Diplom bei Fahne l. c. 331.

[3]) Nicolaus Salm war ſpäter Anführer der kaiſerlichen Truppen im Bauernkrieg, unterdrückte den Aufſtand in Steiermark und übte ſtrenges Gericht gegen die Beſiegten. S. Janſſen, Geſchichte des deutſchen Volkes, 2. Bd., 558—559.

[4]) Fahne l. c. 333.

Sohn des Grafen Johann Franz Wilhelm (geb. 1773, gestorben zu Nizza 21. März 1861), verdankt das Rheinland die Erhaltung der rheinischen Gesetzgebung [1]).

Jetziger Besitzer der Burg Alster ist Fürst Alfred, Sohn des Fürsten Franz, Joseph's Neffen, und der Walpurga Fürstin von Waldburg=Zeil= Wurzach [2]).

Kirchliche Verhältnisse.

Alster war vor Errichtung der Pfarre (gegen 1620) eine Filiale von Lessenich mit einer Kapelle und einem Deservitor. Neben der Kapelle bestand bereits im 12. Jahrhundert ein Kloster der Augustinerinnen, in welchem das Haupt der h. Anna aufbewahrt wurde. Im Jahre 1212 fand die Uebertragung dieser Reliquie nach Mainz statt [3]), von wo sie dann im Jahre 1500 nach Düren kam.

Der an die karolingische Zeit anknüpfende liber collatorum nennt Alster unter den Kirchen, welche dem Cassiusstift incorporirt waren und vom Dekan und Capitel des Stifts besetzt wurden [4]). Wie im Pfarrort Lessenich, so war das Cassiusstift in Alster und Roisdorf seit unvordenk= lichen Zeiten im Besitze des großen Zehnten von trockenen und nassen Früchten. Im Jahre 1131 bestätigte Papst Innocenz II. dem Stift die Kirche zu Lessenich sammt ihren Kapellen und zugehörigen Zehnten. In der bezüglichen Urkunde [5]) ist zwar keine dieser Kapellen genannt. Aber ohne Zweifel war Alster, als die bedeutendste Filiale, darunter einbegriffen.

Das Verhältniß zur Mutterkirche hatte sich im 15. Jahrhundert praktisch in folgender Weise entwickelt. Ein Kaplan, der seinen Wohnsitz zu Lessenich, zeitweilig zu Meßdorf und seit 1600 zu Alster hatte, versah im Auftrag des Pfarrers die Seelsorge. Zur Spendung der h. Taufe und der h. Oelung mußte er jedes Mal das h. Oel und Chrisma in der Pfarrkirche zu Lessenich abholen und nach vollbrachter Handlung dorthin zurückbringen. Bedenkt man die weite Entfernung von Lessenich bis Alster, so ist es einleuchtend, wie sehr diese Einrichtung die Ertheilung der Sacramente erschwerte. Die Arbeiten der Seelsorge wurden noch vermehrt durch die Ansprüche der Klosterschwestern. Die zwischen der Gemeinde und dem Kloster getheilte Seelsorge gab Anlaß zu Verwickelungen und Streitigkeiten der Grafen Salm mit den Stifts= herren zu Bonn. Im Jahre 1487 übertrug Graf Peter Salm die Stif= tungen, welche seine Vorfahren dem Altar unserer lieben Frau in der Kapelle zu Alster zugewendet hatten, der ehrwürdigen Mutter und den

---

[1]) l. c 336. — [2]) l. c. l. Bd., 1. Abth., 123. — [3]) S. unten Annakloster. — [4]) Binterim u. Mooren, Erzdiöcese Köln, I 341. — [5]) Günther I 210 ff.

Conventsschwestern des Klosters, „damit dieselben einen Priester anstellen und aus den Einkünften besolden, der beim Convent wohnen möge," mit der Verpflichtung, jeden Dinstag und Donnerstag für seine und seiner Vorfahren Seelen die h. Messe zu lesen. Die Nonnen sollten auch das Recht haben, „den Priester nach Gutdünken wieder abzusetzen[1]), sowie sämmtliche Renten und Gülden des Altars oder Officiums an sich zu nehmen".

In diesem Vorgeben des Grafen schien die Absicht vorzuwalten, die Abhängigkeit von der Pfarrkirche zu lockern und einen selbständigen Priester für Alster zu gewinnen. Dieses wurde von den Bonner Stiftsherren als Eingriff in ihr Patronat und vom Pfarrer zu Lessenich als Schmälerung seiner Pfarrrechte zurückgewiesen.

Graf Werner, der ruhmgekrönte Kämpfer im Truchseß'schen Krieg, eröffnete im Jahre 1605 auf kirchlichem Gebiete gegen das Capitel des Bonner Cassinsstifts den Kampf. Der Graf beanspruchte: 1. Pfarrrechte für Alster, 2. das Chrisma, 3. den Zehnten, 4. daß seine Unterthanen nicht zur Synode verpflichtet seien. Dieser vierte Punkt wurde als minder wichtig nicht weiter in Betracht gezogen, um so mehr über die drei ersten Forderungen gestritten.

Den ersten Gegenstand anlangend, wird der Leser bisher wenig von Pfarrrechten in Alster bemerkt haben, wohl einen Hülfspriester, der aber anfangs in Alster nicht einmal Domicil hatte, und eine Kapelle ohne das h. Chrisma. Noch im Jahre 1569 wurde Alster bei der erzbischöflichen Visitation mit einer Kapelle unter Lessenich aufgeführt.

Das Bonner Stiftscapitel legte die Streitsache der erzbischöflichen Curie zur Entscheidung vor. Durch Zeugen wurde vor dem Kölner Official am 28. Mai 1607 in 23 Artikeln der Beweis geliefert, daß Alster bis dahin niemals Pfarrrechte besessen habe, noch zur Zeit dergleichen besitze, sondern altem Herkommen gemäß eine Filiale von Lessenich sei; daß ferner dem Dekan und Capitel zu Bonn, oder in ihrem Namen dem zeitigen magister curtium das Besetzungsrecht zustehe, vermöge dessen sie den zeitigen Hülfsgeistlichen Johann Schwanenberg als Kaplan und nicht als Pastor angestellt hätten. Als Kaplan würde ihm auch vom Capitel ein gewisses Stipendium gezahlt[2]).

Die zweite Forderung des Grafen, das h. Oel und Chrisma in der Kapelle aufbewahren zu dürfen, schien eine sehr begründete zu sein,

---

[1]) Als Grund ist angegeben „damit sie (die Nonnen) ein begnügen haben, uffi sich begebe, daß der priester sich nicht gebührlich enthielte, nae urber und nuß des convents". (!) — Urkunde „gegeben in dem Jahr unseres Herrn 1447 auf Donnerstag abend s. Matthäus des h. Apostels und Evangelisten". Schloßarchiv zur Dyck.

[2]) Acten im Schloßarchiv zur Dyck.

worin alle Einwohner von Alster, die Kirchenvorsteher an der Spitze, übereinstimmten. In ihrem Namen richtete Graf Werner dieserhalb ein Gesuch an den päpstlichen Nuntius. Als Gründe machte er geltend die weiten Entfernungen von der Kirche zu Lessenich; die Zugänge seien von allen Seiten durch Wegelagerer unsicher[1]) und Gefahr vorhanden, für Kinder ohne Taufe, für Erwachsene ohne h. Oelung zu sterben. Zugleich bemerkte er, daß der Vorgänger des Nuntius bereits vor dreißig Jahren der Kirche zu Alster wegen ausgebrochener Kriegsunruhen die Aufbewahrung der verlangten Sacramentalien gestattet habe. Damals hatte der Kölner Canonicus Johannes von Salm, Bruder des Grafen Werner, diese Vergünstigung von dem Kölner Nuntius Giovanni Francesco Bonomo (1583—1587) erwirkt[2]).

Mit Rücksicht auf die angeführten Gründe und unter besonderer Anerkennung der Verdienste des Grafen um die katholische Religion verleiht der Nuntius dem Pfarrer (?) auf ewige Zeiten das Recht, gleich andern Pfarrern das h. Chrisma in Köln zu holen, in seiner eigenen Kirche aufzubewahren und sich dessen zu bedienen (25. August 1611)[3]).

Man sieht es dieser Entscheidung an, daß der Nuntius übel berichtet war, indem er einen Pfarrer voraussetzt, der nicht vorhanden war. Und ferner: die dem Bonner Archidiakon untergebenen Pfarrer empfingen nicht das Chrisma zu Köln, sondern in der Münsterkirche zu Bonn. Erzbischof Ferdinand macht dem Grafen ernsthafte Vorstellungen, daß er sich in geistliche und kirchliche Angelegenheiten einmische, Gebote und Verbote erlasse, welche dem erzbischöflichen Stuhle zuständig seien. So habe er dem Kaplan zu Alster untersagt, das h. Chrisma in Lessenich zu holen, was zu allerhand Unzuträglichkeiten führe. Kurz, es solle bei dem alten Herkommen, das Chrisma in Lessenich zu holen, sein Bewenden haben[4]). Graf Salm übersendet dem Erzbischof eine motivirte Entschuldigung und erneuert die Bitte, das Chrisma in Köln zu verabfolgen. Eine Antwort liegt nicht vor.

Hierauf ertheilte der Nuntius die Erlaubniß, das Chrisma in der Collegiatkirche zu Bonn in Empfang zu nehmen[5]). Der Stiftsdechant verweigerte es und verwies die Petenten nach Lessenich. Die Halbwinnerin des Clarenhofs zu Roisdorf, Gerhard Quästus und Johann Fleck zu Alster starben im Laufe des Jahres 1613 ohne die letzte Oelung. Hierüber erbittert, brachten die Bewohner von Alster ihre Kinder nach Brenig zur Taufe. Da dieses mit vielen Umständen verbunden war

---

[1]) Vgl. Annalen des hist. Vereins, XX 236. — [2]) Acten zur Dyck l. c.

[3]) Unterschrift: Antonius, episcopus Vigiliarum, nuntius apostolicus.

[4]) „Datum auf unserm Schloß Brül ahm 15 März 1613."

[5]) Acten zu Schloß Dyck. Die Urkunde ist datirt „Lüttich vom 14. Juli 1613".

und dem Paſtor von Brenig Verlegenheiten bereitete, ſo ließ der Graf die h. Oele von Reifferſcheid, ſeinem Stammſitze in der Eifel, herüber=
ſchicken. Dem Kaplan unterſagten die geiſtlichen Behörden, ſich derſelben zu bedienen.

Abermals verſuchte der Graf durch einen Vergleich mit den Stifts=
herren zum Ziele zu gelangen; wie immer — ohne Erfolg. Schließlich erfolgte unter dem 4. October 1613 ein Decret des Nuntins folgenden Inhalts: „Wir wollen und verordnen, daß der Deſervitor in Alſter nicht in der Kölner Metropolitankirche, auch nicht in der Collegiatkirche zu Bonn, ſondern in der Pfarrkirche zu Leſſenich als Mutterkirche das Chrisma erbitten, von dort abholen und in einer beſondern Pyxis in ſeiner Kapelle unterbringen und aufbewahren ſoll, und daß die Kirche zu Leſſenich in dieſer Beziehung dem Petenten keine Schwierigkeiten machen dürfe wegen Gefahr des Seelenheils, worin die Einwohner von Alſter in Ermangelung des Chrisma ſchweben; widrigenfalls ertheilen wir dem Deſervitor die Erlaubniß und Befugniß, das h. Chrisma in der Metropolitankirche zu Köln zu entnehmen“ [1]). Graf Salm nahm die Entſcheidung unter „aus=
drücklicher Proteſtation“ mit dem Vorbehalte an, daß dadurch „weder ihm, noch ſeinen Nachkommen präjudicirt und dieſelbe während noch ſchweben=
der Streitigkeit ihnen in possessorio oder petitorio nicht zum Nachtheile ſolle gedeutet werden“.

Der Gegenſtand dieſes Streites wurde für alle Zukunft beſeitigt, als gegen das Jahr 1620 Alſter einen ſelbſtändigen Pfarrer erhielt.

Den Zehnten drittens hatten die Grafen Salm dem Caſſiusſtift ſchon lange ſtreitig gemacht. Unter Graf Johann VIII. gab das kurfürſtliche Hofgericht durch Receß vom Jahre 1527 beiden Parteien auf, je zwei Grafen als Schiedsrichter zu wählen. Graf Salm wählte Wilhelm von Neuenar und Johann von Wied; das Bonner Capitel den Chorbiſchof von Bühlingen und den Domcapitular Georg Sayn von Wittgenſtein. Die Verhandlungen dauerten bis Ende 1528. Reſultat derſelben war, daß Graf Johann Salm dem Caſſiusſtift am 13. December das Recht auf Frucht= und Weinzehnten zuerkannte. Er gab ſogar eine vertrags=
mäßige Erklärung ab, wodurch er dieſes Recht für ſich und ſeine Nach=
kommen anerkannte [2]).

Allein bald traten neue Verwickelungen ein, indem die Einwohner von Alſter ſich einigten, den Fruchtzehnten der Kirche bei der Ausſtellung im Jahre 1553 nicht zu pachten. Noch mehr: ſie ſchloſſen einen förm=
lichen Vertrag, daß Niemand gegen Bezahlung dem Caſſiusſtift Dienſte leiſten dürfe und zwar unter Strafe von einem Fuder Wein.

---

[1]) Annalen d. hiſt. Vereins, XX 235 ff. — [2]) Extractus unter lit. A.

Der Wein ist zu allen Zeiten ein sehr beliebtes Getränk gewesen. „Als die Alfterer vernommen, daß die von Oedekoven den Zehnten gepachtet, haben sie die Gemeinde auf den 2. August 1555 bei einander beschieden und ein Fuder Wein ausgetrunken." So lautet die Klage der Bonner Stiftsherren an den Kurfürsten[1]).

Unter Werner Salm erreichte der Streit den höchsten Grad der Heftigkeit. Der Graf wurde 1605 vom Kölner Official verurtheilt, dem Bonner Capitel vier Fuder Wein für entzogenen Zehnten zu erstatten.

Am 24. October wollten die Canoniker Schinkel und Theodor Bisterfeld den Zehnten von des Grafen und der Unterthanen Weingüter einsammeln. Darüber gerieth der Graf in solche Wuth, daß er den Canonicus Schinkel „nicht allein blau und blutig abrichtete", sondern ihm auch mit blanker Waffe der Art zusetzte, daß er zur Rettung seines Lebens die Flucht ergreifen mußte. Der Graf wurde von dem erzbischöf= lichen Coadjutor Ferdinand unter Strafe von 400 Goldgulden verurtheilt, den vorenthaltenen Zehnten sofort zu restituiren. Ueber die „nach allen Rechten verbotene und für eine gräfliche Person, zumal für des Erzstifts Erbmarschall in keiner Weise sich gebührende Mißhandlung Schinkel's habe er sich binnen sechs Tagen zu verantworten"[2]).

Der Graf zog es vor, seine kurfürstliche Durchlaucht zu bitten, diese beiden Sachen an den ordentlichen Rechtsweg zu dimittiren; derselbe möge der bereits eingewandten Appellation und Protestation ihren Gang lassen. Der weitere Verlauf des Processes ist nicht aufgezeichnet. So viel ist gewiß, daß das Bonner Stift sein Zehntrecht bis in die letzte Zeit seines Bestehens behalten hat. Zum Beweise dient nachstehender Auszug eines Protokolls vom 29. Juni 1755: „Den Zehnten in Alfter hat von den Stiftsherren gepachtet Wilhelm Hennes unter Bürgschaft von Wilhelm Hennes und Franz Goust für 8 Malter Weizen, 145 Malter Roggen, 8 Malter Gerste, 5 Malter Hafer, 6 Malter Erbsen. Den Zehnten von Roisdorf Michael Erven unter Bürgschaft von Wilhelm Hennes und Johann Siebertz für 2 Malter Weizen, 82 Malter Roggen, 10 Malter Gerste"[3]).

Kapelle und Pfarrkirche zum h. Matthäus.

Die Gründung der uralten Kapelle oder der nach einander erbauten Kapellen und der spätern Pfarrkirche ist beim Mangel von Documenten in keiner Weise zu ermitteln. Auch ist es zweifelhaft, ob die Rücksicht

---

[1]) Protokollbuch des Cassiusstifts. — [2]) Urkunde vom 29. October 1605 im Archiv der Münsterkirche. — [3]) Aus dem Protokollbuch des Cassiusstifts.

auf das Kloster oder die öffentliche Seelsorge die erste Anregung dazu gegeben hat. Für letztere Annahme scheint der Umstand zu sprechen, daß der h. Matthäus an erster und die h. Anna, nach welcher das Kloster benannt ist, an zweiter Stelle als Patron gefeiert wird. In beiden Fällen wird der einflußreiche Herr von Alster, wie gewöhnlich, die Initiative ergriffen haben.

Die letzte Kapelle diente seit 1620 als Pfarrkirche. Sie war gegen Ende des vorigen Jahrhunderts in baulosem Zustande, so daß der Einsturz zu befürchten stand und der Neubau zur Nothwendigkeit wurde[1]. Wie bei Errichtung öffentlicher Bauten fast regelmäßig Streitigkeiten wegen Aufbringung der Kosten entstehen, so damals zwischen den Bonner Stiftsherren und der Gemeinde Alster.

Die Bonner Juristen-Facultät entschied am 15. Juni 1787: „Wir sind der Meinung Rechtens, daß das Stift, dem die Kirche Alster mit dem Zehnten incorporirt ist, ganz gewiß provisorisch zum Kirchenbau verpflichtet ist, unter Vorbehalt des ordentlichen Proceßverfahrens und des Regresses an die Gemeinde, und wenn dasselbe nicht beweisen wird, daß die fragliche Kirche eine bloß auf Verlangen und zur Bequemlichkeit des Volkes errichtete Kapelle und keine wahre Pfarrkirche ist, welches ohnehin den angeführten Gründen nach äußerst beschwerlich sein wird, auch definitiv zu verurtheilen sei.“

Die Stiftsherren aber eilten nicht mit dem Bau, und so folgte endlich am 25. August 1790 die Entscheidung des kurfürstlichen Fiscals zu Köln, „daß dem Archidiakonalstifte die Erbauung der Kirche obliege und mit derselben innerhalb sechs Wochen der Anfang zu machen sei, jedoch vorbehaltlich des Recesses an das ordentliche Gericht“. Die für Aktenversendung verwandten Kosten wurden der Gemeinde, die Compensirung der übrigen Proceßkosten den Stiftsherren zur Last gelegt.[2] Samstag den 16. April 1791 wurde auf Einklagen des Stifts und kurfürstlichen Befehl eine Commissions-Sitzung wegen des Kirchthurms und sonstigen „Beilagen“ gehalten, wobei unparteiische Hofräthe und Werkmeister und als Vertreter der Gemeinde Schöffen und Vorsteher sich betheiligten. Man einigte sich dahin, daß das Stift den Thurm erbauen, hingegen die Gemeinde dem Stifte den alten Thurm überlassen, 1850 Reichsthaler[3] Baukosten vergüten und das Ausnehmen und Aufhängen der Glocken besorgen solle. Sofort begannen die Vorbereitungen zum Neubau. Die Kapelle wurde abgebrochen, das hochwürdigste Gut

---

[1] Annalen d. hist. Vereins, XX 241. — [2] Annalen d. hist. Vereins, XX 241 ff.
[3] Diese Baukosten, nach unserm Gelde berechnet, betragen ca. 4255 M. (1 Rthlr. = 58⅓ Stüber = 2 M. 30 Pf.).

im Kloster aufbewahrt, der Gottesdienst seit Sonntag den ersten Mai in der Klosterscheune gehalten und am 30. Juni 1791 mit aller Feierlichkeit der Grundstein zu der neuen Kirche gelegt. Am 8. December 1791 konnte das erste Hochamt in derselben gehalten werden. Im Jahre 1792 kam der Thurm zur Ausführung. Ganz fertig wurde die Kirche im Jahre 1793. Die Gemeinde konnte sich freuen; denn bald kamen die Franzosen an den Rhein, welche viel größere Lust zeigten, alte Kirchen zu zerstören, als neue zu erbauen.

Die Kirche ist ohne alle architektonische Zierde, das Innere ein geräumiger Saal, etwa 70 Fuß lang, 38 Fuß breit, 20 Fuß hoch. Der Thurm mit gebogenem Helm paßt zum stillosen Ganzen. In der Kirche sind drei Altäre. Ein Gemälde im Hauptaltar stellt den h. Apostel Mathias [1]) vor, darüber die Trinität aus der holländischen Malerschule. Der Nebenaltar auf der Evangelienseite zeigt eine Copie der Madonna, Brustbild nach Raphael; der auf der Epistelseite die h. Anna, gemalt von Baudri. Zu bemerken ist eine werthvolle Holzsculptur der h. Anna mit Maria und dem Jesukinde. Die Monstranz ist in schönem Renaissancestil gefertigt. Eine kunstvolle mittelalterliche Stickerei, die Enthauptung des h. Johannes, befindet sich auf einem rothen Chormantel. Ein altes Ostensorium enthält Reliquien der h. Anna. Im Jahre 1882 erhielt die Kirche eine schöne neue Orgel zum Preise von 4150 Mark von Meister Kalscheuer zu Nörvenich, durch Gutachten des Seminarlehrers Piel zu Boppard als gelungenes Werk anerkannt.

Die Glocken.

1. Die große Glocke trägt die Inschrift:

Dir singen alle Engel — die Himmel und alle Gewalthabende

S. T. S. I. S. M. S. A. S. P. T. S. P.

S. T. S. I. S. M. S. P. S. S. [2])

Dem dreieinigen Gott — der allerheiligsten Jungfrau Maria — dem h Mathäo und h. Huberto — unsern Patronen —

Heiliger Mathäus heiss ich

M. Peter Fuchs v. Cöllen goss mich

Zum Dienst Gottes ruff' ich

Das Ungewitter vertreib ich.

Der Inschrift gegenüber im Muttergottesbild: Regina coeli. 1719.

---

[1]) Nicht zu verwechseln mit dem Patron der Kirche, dem h. Matthäus.

[2]) Die Buchstaben bezeichnen wahrscheinlich die Schenkgeber aus der gräflichen Familie von Salm.

2. Graf Joseph von Salm, Herr zu Dick, Hackenbroich, Alfter und unser geistlicher Herr Pastor J. Rolshoven.

Aber die Gemeinde bezahlet mich
Bei Wiedererbauung der Kirche ward ich gemacht
S. Maria Patronin der Bruderschaft des h. Rosenkranzes
S. Hubertus zweiter Patron heiss ich
Zum Dienste Gottes ruf ich
Für giftigen Hundsbiss bewahre ich
C. de Forest, N. Simon, G. Druot von ons gegossen 1792.

3. Johannes Josephus Meyer, Dechant zu Bonn. Aus Mitteln der Gemeinde zu Alfter 1791.

S. Donatus und s. Agatha heisse ich
Den Lebenden wie den Todten diene ich
Von Ungewitter wie von Feuersbrunst befreie ich.

Stiftungen. Andachten.

Der Pfarrer hat 135 gestiftete Sangmessen und 58 Lesemessen, der Vicar 75 Lesemessen zu halten. Fernere Stiftungen sind: 1. Die Charfreitags=Andacht. 2. Die Allerseelen=Andacht. Durch Urkunde vom 24. October 1783[1]) verstärkten die Eheleute Hofkammerrath Johann Philipp Neri Maria Vogel und Philippine Franzano die von des Erstern Schwester gestifteten Schenkungen einer neuntägigen Allerseelen= Andacht und verpflichten ihren Halbwinner, von ihrem, von Gerichtslast freien Meierhof in der Holzgasse und Weingut dem Pastor 2 Reichs= thaler 30 Stüber und dem Offermann 30 Stüber zu zahlen. 3. Die Rosenkranz=Bruderschaft mit monatlicher Andacht und Messe bestand schon unter Pastor M. Fenser. Dazu kam eine Meßstiftung von Pfarrer Conrad Schmitz. 4. Der Franciscus=Xaverius Verein nebst Andacht.

Eine Volksmission wurde auf Veranlassung des Pfarrers Schmitz im Jahre 1857 vom ersten bis dritten Fastensonntage durch die Laza- risten=Patres Müngersdorf, Vogels und Nichen abgehalten.

Kirchhöfe.

Wie die Filialen Duisdorf und Gielsdorf, so wird auch Alfter in ältester Zeit an der Pfarrkirche zu Lessenich seine Begräbnißstätte gehabt haben. Mit dem ersten Pfarrer erhielt es um 1620 seinen eigenen Friedhof. Derselbe umgibt die Kirche zwischen dem Schloß und dem Kloster und ist ringsum von einer Mauer umgeben, welche jedoch die Passage aus dem Dorfe auf die Anhöhe gestattet.

---

[1]) Aus dem Gerichtsprotokoll zu Alfter.

Der alte Kirchhof war augenscheinlich für die ausgedehnte Pfarr=
gemeinde viel zu klein. Daher wurden im Jahre 1872 zwei neue
Kirchhöfe, der eine oberhalb des Pfarrdorfes, der andere zu Roisdorf
in der Nähe der Eisenbahn, angelegt. Der alte Kirchhof gehört der
Pfarrkirche, die beiden neuen sind Eigenthum der Civilgemeinde. Außer
verschiedenen Grabmälern steht auf dem alten Kirchhofe das sogenannte
Vesperbild, ein Heiligenhäuschen mit dem Bilde der schmerzhaften Mutter
in terra cotta; ferner das Denkmal sechs Gefallener aus dem österreichi=
schen und französischen Kriege mit der Jahreszahl 1872.

Vor dem Eingange des neuen Kirchhofs zu Alfter befindet sich
seitwärts das aus dem Kloster herstammende und nach demselben benannte
Annakreuz mit adeligem Wappen; zu Roisdorf an der Straße ein
Heiligenhäuschen mit dem Bilde „Maria Hilf", welches von frommen
Betern der Pfarre wie von Auswärtigen in ihren Anliegen besucht wird.

Annakloster.

Länger als siebenhundert Jahre lag südwestlich von der Kirche
ein Kloster der Augustinerinnen unter dem Schutze der h. Anna. Die
h. Anna stand im Mittelalter überhaupt in hoher Verehrung, daher ihr
Kirchen und Altäre in großer Zahl geweiht waren, Bruderschaften und
fromme Stiftungen hin und wieder zu ihrer Ehre errichtet wurden.
Vielleicht ist das Annakloster in Alfter für die nächste Umgebung der
Anlaß geworden zur größern Verherrlichung unserer Heiligen. Denn
dieses Kloster war bis 1212 im Besitze des Hauptes der h. Anna, wel=
ches gegenwärtig in Düren aufbewahrt wird [1]. Wie die Annakirche zu
Düren in gegenwärtiger Zeit, so war ohne Zweifel im zwölften Jahr=
hundert die Klosterkirche zu Alfter einer der besuchtesten Wallfahrtsorte
und der Name Annakloster gewiß sehr gerechtfertigt. Er war es ferner,
weil die gottgeweihten Klosterschwestern in der h. Anna ihre geistige
Mutter und Beschützerin verehrten. In dem Kloster fanden die Töchter
der bessern Stände Gelegenheit zu höherer Ausbildung, die weibliche
Jugend der Pfarrgemeinde Unterricht in den Elementarfächern und Hand=
arbeiten. Auch sie stand unter dem Schutze der Mutter Anna, die ja
selbst auf unzähligen Bildern als Lehrerin des Mariakindes darge=
stellt wird.

Die h. Anna steht endlich auch in Beziehung zum Erbmarschall in
Alfter, denn sie ist Patronin der Stallknechte, und der Marschall war

[1] Barentrap, Kölnisches Literaturleben, 17; Jacobi Polii Exegeticon s. Annae,
cap. 27; Annalen d. hist. Vereins, XXI—XXII 93 und 97; Bonn, Rumpel und Fisch=
bach, Geschichte der Stadt Düren, 250.

das Oberhaupt derselben. Hiernach wäre es nicht unwahrscheinlich, daß die Gründung des Klosters mit den adeligen Herren von Alster in Verbindung gestanden, und diese sogar dem Kloster durch ihren Einfluß zu der werthvollen Reliquie von der h. Anna verholfen hätten. Unaufgeklärt, wie die Ueberbringung der Reliquie nach Alster, ist auch die Uebertragung im Jahre 1212 von Alster nach Mainz. Die kleine Aachener Chronik könnte zu der Vermuthung führen, eine Entwendung habe stattgefunden, wie es später in Mainz der Fall war. Darin wird nämlich berichtet: „1500 in den avent ward s. Annen heupf zo Meynts genommen und ward zo Duiren bracht van einen Steinmetzer, da eme we ehren gedain ward dan zo Meynts, item id was auch vormals genommen zo Alffter by Bon us der kirchen" [1]).

Heimliche oder gewaltsame Entwendungen von Reliquien waren in frühern Zeiten um so häufiger, je größer die Verehrung, welche man den Heiligen zollte. So verschwanden in Walberberg zur Zeit des dreißigjährigen Krieges die Reliquien des h. Jodocus und in Wesseling die des h. Balderich. Ein Versuch, die Leiche des seligen Ailbertus aus Sechtem zu entführen, scheiterte an dem entschiedenen Widerstande der Bewohner dieses Dorfes. Vielleicht tragen diese Zeilen dazu bei, kundige Geschichtsforscher zu nähern Aufschlüssen zu veranlassen.

Aus der Statistik des Klosters sind nur einige vereinzelte Angaben bekannt: 1510 Margaretha von Engel, Priorin[2]). Elisabeth von Salm-Reifferscheid, Schwester des Grafen Johann VIII, wurde 1510 eingekleidet.

1551 Katharina von Schlicknm, Priorin. Sie erhält durch Cession von Max von Gymnich und seiner Gattin Katharina von Effern einen Theil ihrer Rente aus der Herrlichkeit Alster (9. März 1551). — 1608 Kunigundis (?). 1609 Agnes von Kempis, Tochter des 1569 von Kaiser Maximilian II. geadelten Peter von Kempis zur Sternenburg bei Bonn, Amtmann zu Godesberg und Mehlem, Kanzler der Bisthümer Hildesheim und Paderborn. Sie starb als Jubilarin am 5. August 1617. 1654 waren im Kloster 15 Personen. 1721 Christina Römers, Katharina Weißhausen und noch sechs Schwestern. 1731 fünfzehn Personen. 1759 Maria Theresia Bodise, Priorin; Anna Christina Dietzgen, Subpriorin; Helene Konl, Cellaria; Anna Katharina Wabenins, Meisterin, und eilf Schwestern.

Ueber das Vermögen des Klosters ist Folgendes aufgezeichnet. Im Jahre 1510 genehmigte die Vorsteherin Margaretha von Engel und

---

[1]) Annalen d. hist. Vereins, XXI—XXII 93.
[2]) Die Vorsteherin oder Priorin wurde gewöhnlich „Mater<abbr>ſche</abbr>" titulirt.

der Convent, daß Johann von Reiſſerſcheid 4 Ohm Wein, welche er ihnen aus ſeinem Gute zu Roisdorf überlaſſen hatte, mit 200 Gold=gulden wieder an ſich löſe [1]).

Nach von Stramberg gehörten zum Kloſter 89 Morgen Ackerland, 3½ Morgen Wieſen, 4 Morgen Weinberg [2]). Hierzu kamen einige Wal=dungen, welche jetzt zur Staatsdomaine gehören [3]). Die Länderei, welche ehemals von einem Halbwinner des Kloſters beackert wurde, ging bei der Säculariſation durch Kauf an den Pächter Wilhelm Krätz über. Der alte Pachthof und ein alterthümliches Wohnhaus neben der Kirche iſt alles, was als Erinnerung an das Annakloſter noch übrig blieb. Unter den im Pfarrbezirk Alſter eingezogenen geiſtlichen Gütern ſind noch zu erwähnen die der drei Klöſter: St. Clara in Köln, der Prämonſtraten=ſerinnen des Kloſters Mariaſtern zu Eſſig, im Kreiſe Rheinbach, und jene deſſelben Ordens zu Wenau bei Düren. Auch dieſe beſaßen Waldungen zu Alſter, welche jetzt einen Theil der königlichen Domaine bilden.

Kapläne der Filialkirche und Deſervitoren des Annakloſters

Mit der Stiftung des Altardienſtes und der Uebertragung der dazu beſtimmten Güter an den Kloſterconvent hatte Graf Salm ſeine Abſicht, für den Kaplan im Kloſter eine Wohnung zu verſchaffen, nicht erreicht. In den Streitigkeiten, welche Graf Werner mehr als hundert Jahre ſpäter wegen der Pfarrrechte der Gemeinde Alſter führte, wurde durch Zeugniß neunzigjähriger Einwohner der Beweis erbracht, daß ſeit Menſchengedenken die Kapläne, namentlich Johann Schwenk aus Bonn, Rütger Kerlich, Johann Henſeler mit dem Beinamen Domherr (Thumb=her), Wilhelm von Aldenkirchen, alle in Leſſenich gewohnt hatten. Nur der nächſte Nachfolger, Georg Hamburg, machte eine Ausnahme. Er hatte Wohnung bei ſeinen Eltern zu Meßdorf, die wahrſcheinlich Pächter des Bonner Stiftsgutes waren. War er zu Alſter in der Seelſorge be=ſchäftigt, ſo benutzte er dort ein Zimmer, nach ihm „Jörgens=Kammer" genannt. Später miethete er in Alſter ein Haus, worin er die Jugend unterrichtete. Er ſtarb als Pfarrer von Hackenbroich, einer Herrſchaft der Grafen Salm, im Jahre 1607.

Johann Schwanenberg war der erſte Kaplan, welcher im Kloſter neben der Mädchenſchule Wohnung erhielt. Er war bis zum Antritt der Kaplanei Pfarrer in Buel (Benel an der Ahr) geweſen, an einer dem Caſſinsſtift incorporirten Kirche, und wegen Streitigkeiten mit der Pfarrgemeinde vom Bonner Capitel nach Alſter verſetzt worden.

---

[1]) Archiv zu Schloß Dyck; Fahne I 116. — [2]) Rhein. Antiquarius l. c. 118. — [3]) Amtlicher Bericht des Bürgermeiſterei=Amts Oedekoven.

Am 20. December 1574 stellte er an dasselbe auf Zureden des Grafen Werner das Gesuch um Verbesserung seiner Competenz. Die Canoniker Vicede und von Pallant wurden nach Alfter committirt, um mit dem Kaplan persönliche Rücksprache zu nehmen. Nachdem Schwanenberg eine weit abschweifende Unterhaltung geführt hatte, beschränkte er schließlich seine ganze Forderung auf eine Toga, einen Talar, wie ihn die Pastores tragen, und zwar einen für sofort und in der Folge alle zwei Jahre einen solchen. Die Stiftsherren zu Bonn waren der Ansicht, daß der Kaplan mit der bisherigen Competenz sein Auskommen habe, bewilligten ihm ein für alle Mal eine Toga mit dem Bemerken, er möge sie mit solchen Anträgen ferner nicht mehr belästigen. Ein Johann von Swanenberg aus Alfter war von 1588—1602 Pfarrer zu Bedburdyck. Ist dieser mit unserm Schwanenberg identisch, so hat er beide Stellen zugleich inne gehabt und eine derselben durch einen Stellvertreter versehen lassen. In Alfter fungirte er bis 1608.

Hermann Außem, 1608—1610. Graf Werner führt Klage bei dem Bonner Capitel, daß es eine unqualificirte Persönlichkeit ange= stellt habe. Das Capitel weist die Klage als unbegründet zurück. Herr Außem sei durch ansehnliche, vornehme und gelehrte Herren seiner Bil= dung (Erudition), ehelicher Geburt und ehrbaren Wandels wegen recom= mandirt. Auch hätten sie selber ihn in Umgang, Manieren und Sitten so gefunden, daß sie ihm die Kirchenverwaltung anvertraut, und ferner durch gelehrte Canoniker und Doctoren sich aus kirchlichen Diensten, besonders der Predigt, überzeugt, daß der Kaplan in jeder Beziehung seiner amtlichen Stellung gewachsen sei. Ohne Stütze beim Grafen, von den Nonnen der Wohnung im Kloster beraubt, sah sich der Kaplan nach einer andern Stelle um. Eine solche fand er zu Rüngsdorf. Die kurze Zeit seines klösterlichen Aufenthaltes hatte gezeigt, welche Uebelstände derselbe im Gefolge habe. Eine den Nonnen unliebsame Visitation des Klosters fand statt. Die Jungfrauen waren beschuldigt, daß bisweilen Mannspersonen bis spät Abends mit ihnen im Kloster Wein tränken. Die Nonnen suchten die Klage als „Hermanns Reden" zu entkräften. Weitere nachtheilige Folgen für das Kloster scheint die Visitation nicht gehabt zu haben.

Tilmann Hien, 1610—1615. Da die Nonnen ihm keine Wohnung einräumten, weil sie von seinem Vorgänger schon „genugsam geplagt und belästigt worden", so wendet sich Hien an den Grafen mit der Bitte, ihm gnädigst eine Zeitlang das kleine Thürmlein als Woh= nung zu vergönnen, und verspricht, „jährlich einen billichen Pfenning, so ihm auferlegt würde, sicherlich zu entrichten". Der Graf gewährt die Bitte mit dem Hinzufügen, der Kaplan möge solche Gnad zu keiner

Consequenz deuten und wegen etwa gewünschter Leibesverpflegung sich mit seinem Kellner[1]) vergleichen. Am 26. März 1610 bezog Hien die Wohnung im Thürmchen, und am 15. November 1611 petitionirt er wiederum an den Grafen um eine vacant gewordene Wohnung im Kloster; hierauf am 15. September 1612 an die Bonner Stiftsherren um Erhöhung des „Salariums" und Beschaffung einer Dienstwohnung. Die Antwort war, „der Officiant möge zu gebührlicher Zeit die Früchte nach Bonn liefern und nach altem Gebrauch in Leſſenich wohnen, so würde er dort Wohnung erhalten". Im Juni 1615 wurde dem Kaplan Tilmann Hien von dem Kurfürsten zu Brandenburg und Neuburg die Pfarre Erstorf bei Rheinbach übertragen.

Pfarrstelle.

Der unerquickliche Streit des Grafen Werner Salm mit den Bonner Stiftherren fand in der Errichtung der Pfarrstelle den erwünschten Abſchluß. Nun konnte die Seelsorge besser geordnet und mit geringerer Schwierigkeit geführt werden. Auffallender Weise findet sich weder in den sonst so weitläufigen Akten des Fürstlich-Salm'schen Archivs, noch in den Protokollen des Cassiusstifts über den für Alster höchst wichtigen Vorgang etwas aufgezeichnet. Er fällt zwischen 1615 und 1624. Im Jahre 1615 hatte Kaplan Hien Alster verlassen, und 1624 datirt Hilger Durenins ein von ihm verfaßtes Register. Es ist dieses ein Verzeichniß der Einkünfte, welche mit einem Altardienst in der Münsterkirche verbunden waren. Ein Altar des h. Stephanus in der Kirche der heiligen Cassius und Florentius war nämlich im Jahre 1607 errichtet und vom Dechanten Peter Linkens im Auftrag des Erzbischofs Ernst der Filialkirche in Alster incorporirt worden[2]). Durenins blieb auch Seelsorger des Klosters. Daher nennt er sich auf dem Register „Rector jenes Altars und zugleich Pastor und Präfect des Klosters in Alster"[3]). Die Incorporirung des Stephansaltars sollte ohne Zweifel eine Aufbesserung der Kaplanei bewirken.

Die Einkünfte des Pfarrers betrugen um die Mitte des 18. Jahrhunderts 230 Reichsthaler[4]). Mit Aufhebung des Cassiusstifts und des Zehnten ging ein bedeutender Theil des geringen Einkommens verloren. Die preußische Regierung zahlte nach Einziehung der Dotalgüter jährlich

---

[1]) Kellner = Rentmeister. — [2]) Errichtungsurkunde vom 23. Nov. 1607.

[3]) „Registrum vel reditus vicariae sancti Cassii et Florentii per me Hilger Durenium, altaris eiusdem rectorem simulque pastorem ac monasterii praefectum in Alster." Das Register befindet sich auf dem Bürgermeisteramt.

[4]) Nach einer „Handschrift des vorigen Jahrhunderts aus Darmstadt, Archidiaconatus Bonnensis" von Joh. Freudenberg.

162⅔ Thaler oder 487 Mark, im Jahre 1874 183 Mark mehr. Das Gesetz vom 22. April 1875 entzog dem Pfarrer diese Competenz. Am 28. März 1884 verkündeten die Zeitungen, die Gehaltsperre sei für die Kölnische Erzdiöcese vom 1. Januar dieses Jahres ab durch Beschluß des Staatsministeriums aufgehoben.

Eine eigene Wohnung erhielten die Pfarrer der ersten 150 Jahre ebenso wenig wie vorhin die Kapläne. Daher mußte denn auch bei jedem Personenwechsel um die Wohnung im Kloster auf's neue gekämpft werden. Als im Jahre 1694 der neuernannte Pfarrer Schäfer ein Wittum oder Pfarrhaus verlangte, „mit der Bedingniß, daß er besagtes Kloster in geistlichen wie in leiblichen Dingen bedienen wolle," gaben Priorin und Conventualen zur Antwort, die Domicilirung und Verpflegung der frühern Pastoren sei nicht aus Verpflichtung, sondern aus unverbindlicher Liberalität geschehen. Pastor Schäfer fand jedoch provisorisch und vorbehaltlich aller Rechte Aufnahme im Kloster, wobei die Priorin sich vertröstete, „das Capitel zu Bonn werde, zumal bei der verderblichen Kriegszeit, eine Beisteuer bewilligen".

Auch Schäfer's Nachfolger, Jacob Eschweiler und Ferdinand Moll, erhielten Wohnung im Kloster. Dann aber wurde Daniel Kouhl im Jahre 1746 mit aller Entschiedenheit abgewiesen.

Im Jahre 1760 wendet sich Pastor Löltgen an den Kurfürsten mit der Bitte, „er möge die Pfarrgenossen veranlassen, ihm eine convenirende Wohnung zu bauen, zumal das schlechte Haus, das er von Jacob Eulen absque consequentia gepachtet, gekündet worden sei". Als Antwort kam das Decret des Generalvicars: „In Gefolg von einem churfürstlichen an uns unter'm 15. März ergangen gnädigsten Befehl wird ihnen Pfarrgenossen der Pfarr Alster hiemit ernstlich aufgegeben, binnen vierzehn Tagen Zeit ihrem Herrn Pastoren eine bequeme Wohnung in so lang anzuschaffen, bis daran eine neue wohleingerichtete Pastoralbehausung auf genannter Pfarrgenossen Kosten wird aufgebaut sein. Gegeben Cöllen den 15. April 1760.

gez. v. Siersdorff, vic. gen."

Vorsteher und Gemeinde erklärten hierauf in öffentlicher Versammlung, lieber nach Leffenich in die Kirche gehen zu wollen, als dem Decret Folge zu leisten. „Nicht die Gemeinde, sondern das Bonner Capitel sei zum Baue verpflichtet." Auf die von der Gemeinde eingelegte Appellation erklärte der Official durch Sentenz von 1760 und 1763 dieselbe wiederholt für baupflichtig und drohte bei fortgesetzter Renitenz 1765 mit kirchlichen Strafen, wofern nicht binnen 15 Tagen eine passende Wohnung beschafft, die Hausmiethe bezahlt und die Kosten des Verfahrens nebst Gebühren für Ausfertigung des Urtheils mit 55 Florin erlegt seien.

Auf das energische Vorgehen der Curie erhielt der Pfarrer endlich eine Wohnung. Es war ein altes Bauernhaus am untern Ende des jetzigen Pfarrgartens, welches man zu diesem Zweck ankaufte und nothdürftig einrichtete. Es genügte so wenig, daß Pastor Conrad Schmitz und seine Nachfolger ein von der Gemeinde gemiethetes Haus bewohnten. Eine Zeitlang diente es als Vicarie und wurde nach Erbauung des neuen stattlichen Pfarrhauses im Jahre 1875 abgebrochen. Kaum dürfte eine zweite Pastorat mit so langer und kriegerischer Geschichte anzutreffen sein, wie jene in Alfter. Möge über dem schönen neuen Pfarrhause ewiger Friede walten!

Pfarrer von Alfter.

Hilger (Hilarius) Durenius aus Godesberg, legt 1628 ein Taufbuch an[1]), beschwert sich am 29. November 1641 bei dem Bonner Capitel über rückständige Zahlungen.

Johann Geenen, † 1694, stiftet mit 200 kölnischen Rthlrn. eine Freitagsmesse in Gielsdorf. Die Annalen des historischen Vereins bezeichnen ihn irrthümlich als ersten Pfarrer[2]). Derselbe stammte aus einer angesehenen Familie zu Calcar. Seine Eltern hatten in der dortigen Pfarrkirche eine Familiengruft. Geenen war im Jahre 1667 Pastor zu Kessenich bei Bonn. Um diese Zeit stiftete er mit 300 Thlrn. eine h. Messe an den Kreuzaltar zu Calcar, Mittwochs um 7 Uhr zu halten. Sein Testament[3]), errichtet am 1. November 1693, nennt als Haupterbin seine Nichte Gisken (Gisberta) Geenen. Er legirte seiner Schwester Elisabeth sein Gold und Silber, den Dominicanern zu Calcar 1000 Thaler zu 70 Albus zur Erbauung eines Marien-Altars und den gleichen Betrag zur Ausschmückung ihrer Kirche; den Jesuiten zu Bonn 1000 Thlr. zur Erhaltung ihres Collegs; den Waisenkindern zu Calcar 200 Thlr.; den Franciscanern zu Bonn 1000 Thlr.; den Birgitten zu Calcar 50 Thlr.; den Armen zu Bonn, Kessenich, Alfter je 100 Thaler; den Kapuzinern zu Bonn 100 Thlr.; dem Sohne seiner Schwester Lambert Kaufmann, Goldschmied, 100 Thlr.; dem Kloster St. Anna zu Alfter 100 Thlr.; zu einer wöchentlichen Messe in der Pfarrkirche zu Alfter, vom Frühmesser jeden Samstag zu Ehren der Mutter Gottes zu halten, 200 Thlr.; zum Hospitalbau in Bonn zwei Obligationen ad 200 und 100 Thlr. Den Frühmesser Ferdinand Kohlen setzt er zum Executor

---

des Testaments ein und legirt ihm für seine Mühe 10 Thaler und den besten Tuchrock. Greuen wurde im Kirchenchor zu Alfter beerdigt.

Wilhelm Schäfer (Scheffer) (1694—1720), war Wohlthäter der Kapelle in Birrekoven, stiftet eine Wochenmesse, schenkt 2218 Dahler kölnisch zur Vicarie.

Johann Jacob Eschweiler, bis 1731, stiftet 27. Februar dieses Jahres 100 köln. Dahler zu vier Anniversarien und eben so viel zu einem Altar.

Ferdinand Moll (1731—1746), war früher Primissar in Gielsdorf, wird 1746 Kaplan an St. Remigius zu Bonn.

Daniel Kouhl [1]) (1746—1747). Am 10. December 1746 ernannt, macht er am 23. desselben Monats Anzeige, daß die Nonnen ihn weder zum Rector annehmen, noch ihm Kost und Wohnung geben wollen. In Folge dessen verläßt er die Stelle.

Johann Jacob Löltgen, 1751—1762.

Ferdinand Löltgen, 1762—1776.

Johann Georg Lucas aus Bonn, 1776—1777.

Heinrich Jenjer, 1777—1780.

Theodor Joseph Rolshoven, 1780—1804. Da er das canonische Alter nicht hatte, so fungirten Joseph Conradi, seit 1781 J. J. Pastor an St. Katharina in der Archidiakonalkirche zu Bonn, als Pfarrverwalter, seit 19. Aug. 1780 Vicar Nelles am Cassinsstift. Rolshoven wurde am 27. September 1780 installirt.

Kaspar Reger (1804—1825) machte sich verdient um das Kirchenvermögen durch Sicherstellung und Ablösung von Renten, besonders Weinrenten.

Mathias Werner Feucht (1825—1831), geboren in Echtz 1796, war später Pfarrer in Straberg und Kraudorf, seit 1862 in Antweiler, woselbst er am 24. Januar 1870 starb.

Johann Christian Hermanns (1831—32), geboren zu Gangelt 8. Juni 1798, wurde Priester am 8. Mai 1822, Stiftsherr in Aachen seit 15. Februar 1854, wo er am 21. December 1853 starb.

Johann Wilhelm Contzen (1832—1837), geboren zu Köln 29. August 1801, zum Priester geweiht 28. Mai 1825, Pfarrer in Blatzheim seit 1. Juli 1837; er war auch Schulpfleger im Kreise Bergheim und starb im Juni 1882.

Johann Lecomte (1837—1840), geboren 27. December 1782, wurde Priester 10. September 1810, seit 1840 Pfarrer in Walhorn (†).

[1]) Ein J. Daniel Kouhl war später Rector in Gielsdorf.

August Ulrich Thierry (1840—1841), geboren zu Aachen am 15. August 1805, Priester 14. April 1830, seit 24. December 1841 Pfarrer in Alsdorf, starb am 16. Januar 1883.

Vicar Hübbers verwaltete die Pfarre bis Juni 1843.

Franz Xaver Wilhelm Meuser (1843—1853), geboren zu Burtscheid am 28. Februar 1805, wurde Priester 28. September 1830, Oberpfarrer zu Kerpen 1853, am 1. Juni 1856 Pfarrer zu Freialden= hoven und starb am 18. Mai 1876. Meuser war Geschichtskenner, besaß eine sehr werthvolle Bibliothek, welche Professor Dr. Floß zu Bonn später käuflich erwarb. Meuser schrieb in die Bonner „Theologische Zeitschrift". Ferner: „Geschichte des Abfalls der griechischen von der lateinischen Kirche. Nach Maimbourg bearbeitet und fortgesetzt. Aachen 1844."

Konrad Schmitz (1853—1865), geboren zu Köln 9. Januar 1814, Priester 31. Mai 1839, später Kaplan an St. Andreas zu Köln, seit 31. März 1865 Pfarrer in Kirchtroisdorf, seit 19. Juli 1872 in Vettweiß. Er zeichnet sich durch Wohlthätigkeit rühmlich aus.

Johann Hubert Kessel, Doctor der Theologie (1865—1872), geboren zu Hubbelrath am 3. März 1828, wurde Priester 4. September 1854, Kaplan an St. Alban in Köln, von 1872—1873 Pfarrer an St. Johann in Köln, hierauf seit dem 30. Mai 1873 Stiftscanonicus zu Aachen. Er schrieb einen Commentar zum Buche Kohelet, eine Ge= schichte der h. Ursula, gab die Antiquitates monasterii s. Martini maioris heraus, Köln 1862, und schrieb verschiedene Artikel in die Jahrbücher des Bonner Alterthumsvereins, in die Zeitschrift des Aachener Geschichts= vereins sowie in noch andere Zeitschriften.

Max Joseph Jörissen (seit 1872), geboren in Aachen am 8. September 1837, wurde Priester am 15. April 1860, hierauf Kaplan in Viersen bis 1. August 1872. Er beförderte in uneigennützigster Weise den Neubau der Kirche zu Roisdorf und die in Aussicht stehende Er= richtung dieses Nebenortes zu einer selbständigen Pfarrstelle.

Schulvicarie.

Der Pfarrer von Lessenich war nach altem Herkommen verpflichtet, am Feste seines Pfarrpatrons Laurentius, den 10. August, den Ein= wohnern von Alfter jährlich „ein Gastmahl" zu geben. Wegen vieler Mißbräuche wurde dasselbe abgeschafft und als Ablöse im Jahre 1658 der Gemeinde Alfter vom Bonner Cassiusstift die Summe von 800 kölnischen Thalern[1]) gezahlt[2]). Nach zwölf Jahren war dieses Capital,

---

[1]) Durchschnittlicher Werth eines kölnischen Thalers zu 39 Stüber ist 1 Mark 53½ Pfennig. — [2]) Annalen d. hist. Vereins, XX 237.

in gerichtlichen Verschreibungen auf die Gemeinde Alster lautend, auf 1000 Dahler gestiegen. Graf Erich Adolph ging mit dem Gedanken um, diesen Betrag zur Gründung eines Primissariats nebst Knabenschule zu verwenden. Zu dem gleichen Zweck vermachten Eheleute Mathias Breuer und Margaretha Joisten ein an der Dorfstraße der neuen Schule gegenüber gelegenes Haus nebst Hofraum. Die Stiftung beider Fonds wurde auf Antrag des Grafen von Erzbischof Maximilian Heinrich am 3. Juni 1671 genehmigt [1]).

In einem Schreiben vom 1. Juni 1800 an den Grafen Salm führt Pastor Rolshoven bittere Beschwerde, daß altersschwache und unfähige Beneficiaten seit langer Zeit die Vicarie inne gehabt. Dieses mochte ein Hauptgrund gewesen sein, weshalb Hofkammerrath Vogel nicht lange vor dem Ausbruch der französischen Revolution ein Legat von 3600 Thalern nebst Wohnung für einen dritten Geistlichen stiftete [2]). In der That aber hat Alster seitdem in längern Vacaturen sogar den zweiten Geistlichen entbehren müssen, weil die Stiftungsgelder ihren Zwecken entfremdet wurden. Hierüber findet sich im Kirchenarchiv nachstehendes Actenstück vom 10. August 1810: „Der Frühmesser hatte gemäß Concordat Frankreichs mit Pius VII. jährlich 56 Frühmessen zu lesen. Dies hörte auf, da im kaiserlichen Decret den Gemeinden die Capitalien geschenkt, mithin diese Schuld als getilgt angesehen werden konnte." So waren die Einkünfte der Frühmessenstiftung, welche ehemals 92 kölnische Reichsthaler betragen hatten, nach einem Bericht des Pastors Feucht vom 28. Mai 1827 auf 19 Thaler reducirt. Die Einkünfte der Vogelschen Stiftung wurden bis in die dreißiger Jahre dem dotationslosen Pfarrer überwiesen. Zu alledem verlangte die Gemeinde bei eingetretener Vacatur noch die Abtretung der Vicariewohnung, nachdem sie ein neues Schulhaus errichtet hatte. Hierauf erfolgte nachstehendes ablehnende Schreiben des General=Vicariats:

„Da gemäß Bericht vom 14. l. Monats (September 1831) in dem neuen Schulgebäude für eine passende Wohnung eines zweiten Geistlichen nicht gesorgt ist, so kann das zur Frühmesse gehörige Haus der Gemeinde keineswegs abgetreten werden, sondern wird Kirchenvorstand wiederholt angewiesen, dasselbe während der Vacanz der Frühmessenstiftung den gesetzlichen Bestimmungen gemäß zu vermiethen und den Ertrag zum Besten der Frühmessenstiftung in der Kirchenkasse zu vereinnahmen. Hinsichtlich der Fonds der Stiftung müssen wir dem Kirchenvorstande bemerken, daß die Gemeinde nach dem neuen Schulden-

Gesetz vom 7. März 1822 verpflichtet ist, die Schuld an die Frühmessenstiftung wieder anzuerkennen und zu verzinsen.

Köln, den 19. September 1831.

Das Erzbischöfliche General=Vicariat gez. Hüsgen."

Resultatlos wurden die Verhandlungen bis 1836 fortgesetzt. Dann
kommt abwechselnd ein neuer Vicar und wiederum eine Vacatur. Gegen
1856 traten leidliche Zustände ein. Das Einkommen der Vogel'schen
Stiftung wurde von der Gemeinde auf 750 Mark erhöht, als Wohnung
statt der abgebrochenen Vicarie das alte Pfarrhaus eingeräumt, zuletzt
dem jetzigen Vicar ein anständiges Haus gemiethet. „Das Ende krönt
das Werk": Jetzt eben, im Mai 1884, ist das Mauerwerk einer schönen
geräumigen Vicariewohnung auf der alten Baustelle unterhalb der Kirche
vollendet. Die Verpflichtung zum Schulunterricht ist seit Pastor Rolshoven erloschen.

Als Schulvicare werden genannt: Ferdinand Kuhl[1]), Stifter
eines Anniversars und einer Lesemesse, 1727. Lepage (1740—1750).
Wesseling (1782—1783). Philipp Cronenberg aus Alster, desig-
nirt 1786, nahm, weil noch nicht qualificirt, den Johann Baptist
Cremer als Stellvertreter bis 1797. Hierauf trat Cronenberg in
Thätigkeit.

Seit 1800 Reger, früher Lehrer an der Bonner Münsterschule,
wo er sich auf den geistlichen Stand vorbereitete. Er ward Vicar, ohne
die Lehrerstelle zu erhalten. Dasselbe gilt für Reger's Nachfolger. Diese
waren zunächst Vicar Palm aus Godorf seit 1802, Kleu 1807, Kirchrath 1811.

Johann Michael Offermann, geboren zu Köln am 14. Juni
1809, zum Priester geweiht am 27. Februar 1836, hierauf kurze Zeit
in Alster, seit 1846 Rector an der Kapelle zu Euchen, Pfarre Broich.

Johann Hübbers bis 1838, geboren zu Kessel 1794, Priester
am 1. März 1824, 1843 Pfarrer zu Schönau in der Eifel (†).

Franz Aloys Hubert Herren (1856—1868), geboren zu Aachen
20. Juni 1832, wurde Priester 30. August 1856, am 5. September 1868
Pfarrer zu Meierode, starb dort 27. Juni 1871.

Wilhelm Friedrich Bäumker (1868—1869), geboren zu Elberfeld 25. Oktober 1842, Priester 1. September 1867, seit September 1869
Vicar in Niederkrüchten, als kirchenmusikalischer Schriftsteller bekannt.

Johann Wilhelm Hubert Correns (seit 1869), geboren zu
Barmen bei Aldenhoven am 22. Januar 1845, wurde Priester am

---

[1]) Kommt bereits 1693 im Testament des Pfarrers Geenen als Executor vor.

24. August 1869 und erhielt seine Ernennung als Vicar nach Alfter am 20. September 1869.

Nebenorte (Olsdorf, Birrekoven, Roisdorf).

1. Olsdorf.

Olsdorf, in alten Urkunden auch Alsdorf, mit 170 Einwohnern, 6 Minuten oberhalb Alfter. Alte Adelsfamilien hatten dort Besitzungen.

2. Birrekoven.

Birrekoven, seitwärts von Gielsdorf auf der Höhe, ungefähr 30 Minuten von der Pfarrkirche, hat 90 Einwohner in 11 Häusern. Der kleine Ort begeht Mariä Opferung als Festtag, wobei Alfter seine Theilnahme durch Beflaggen der Häuser und Beiwohnung des Gottesdienstes in der Kapelle zu Birrekoven bekundet.

Die Geschichte dieser Kapelle von „Mariä Opferung" ist folgende: Die Einwohner pflegten vor einem hölzernen Kreuze unter freiem Himmel eine gemeinschaftliche Abendandacht zu halten. Dieser fromme Gebrauch brachte den Plan in Anregung, „zur Vermehrung der Liebe zu Jesus und Maria" an Stelle des Kreuzes eine Kapelle zu errichten. Der Plan kam 1713 unter Beihülfe mehrerer Wohlthäter zur Ausführung. Als solche werden genannt: Thomas Bianden, Scheffen der Herrlichkeit, als eifriger Vorbeter gerühmt, der das Meiste beigetragen; Werner Werber, Vicar am Münsterstift und zu Gielsdorf, der die Paramente beschaffte; Pastor Wilhelm Schäfer zu Alfter; Mathias Löffel, Jäger der Herrlichkeit, und sein Sohn Johannes. Vicar Werber erhielt von General-Vicar de Renz die Erlaubniß, in dem Kapellchen die h. Messe zu celebriren[1]; Anna Inntersdorf stiftete gegen 1758 100 Dahler für Beleuchtung der Kirche zu Alfter und der Kapelle zu Birrekoven, und weitere hundert Dahler zu 2 Messen auf Mariä Opferung und den folgenden Tag, vom Pfarrer und Vicar zu halten. Die Kapelle, in Holzfachwerk errichtet, wurde im Jahre 1877 durch ein steinernes Gebäude ersetzt.

3. Roisdorf.

Roisdorf, mit einer Eisenbahnstation, liegt tief am Fuße des Vorgebirges. Die Zahl der Einwohner ist seit 1844, vorzüglich durch die Anlage der Glanzlederfabrik von Gammersbach, von 610 auf 1115 gestiegen.

Daß die Römer sich in Roisdorf angesiedelt haben, ist unbestrittene Thatsache. Die römische Heerstraße von Aachen über Düren, Lechenich,

[1] Urkunde vom 28. Juni 1720 in „Annalen d. hist. Vereins", XX 244—245.

Brenig, Bornheim führte über Roisdorf und Buschdorf nach Bonn. Wenn Dr. Kauhlen in seiner medicinischen Abhandlung die Ansicht vertritt, die Römer hätten bereits die Roisdorfer Mineral-Quellen gekannt, wenn ferner Dr. Kessel meint [1]), der Ort sei zur Römerzeit bedeutender gewesen als heute, so soll hierüber nicht weiter discutirt werden.

Die Geschichte von Roisdorf von den Römern her bis spät in's Mittelalter ist sehr lückenhaft. Erst in einer Urkunde vom 29. October 1373 wird ein Ritter Gumbrecht von Roisdorf neben Konrad von Alster genannt.

Gombertus (Gumprecht) von Roisdorf und seine Gemahlin Sophia von Gymnich verkaufen 1390 den Zehnten von 91 Morgen Wingert in Wedekoven, 150 und 77 Morgen Ackerland zwischen Duisdorf und Wedekoven, dazu eine Rente von einigen Hühnern und 33 Florin, lastend auf gewissen Hofstätten in letzterer Ortschaft, womit sie vom Propst zu Bonn belehnt waren, an die Provisoren des Hospitals zum h. Andreas in Köln.

Die Herren von Wolf zu Bergheimerdorf kaufen von Johann von Wevelinghoven den Grund und Boden zu Roisdorf, worauf sie die nach ihnen benannte Burg gegen 1440 erbauten. Als freiadeliger Rittersitz besaß die Burg Privilegien. Das Geschlecht der von Wolf starb im 18. Jahrhundert aus. Im Jahre 1716 kaufte Walbott-Bassenheim zu Bornheim die Burg. Nach von Carnap kam sie an die Familie von Wittgenstein in Köln.

Erzbischof Arnold II. (1151—1156) hatte in Roisdorf einen Hof, den er seiner Schwester Hadwig, Abtissin zu Rheindorf und Essen, übererbte [2]).

Kloster St. Clara in Köln besaß daselbst einen Hof, noch jetzt Clarenhof genannt, mit circa 130 Morgen Land, 1 Morgen Wiese und 3 Morgen Weingarten. Der Pächter Wilhelm Jüssen, Großvater des gegenwärtigen Besitzers, kaufte denselben von der französischen Domainen-Verwaltung im Jahre 1805.

Aus neuerer Zeit sind zu erwähnen die Villa Wittgenstein mit prachtvollen Gartenanlagen und die des Grafen Mörner in romantischer Lage als herrliche Zierden von Roisdorf.

Die Mineralquelle.

Das Roisdorfer Wasser ist weltbekannt und wird von medicinischen Autoritäten wegen seiner Heilkraft gerühmt [3]). Die Versendung des

---

[1]) Bonner Jahrbücher, LVIII 169. — [2]) Lac. I 269.

[3]) In neuester Zeit von Bischof, Harleß, Freytag, Walther, Velten, Wolf u. A.

Mineralwassers erstreckt sich weit über Deutschlands Grenzen, über Holland und England nach America und Ostindien.

Daß die adeligen Herren von Alster den Besitz des Roisdorfer Brunnens zu schätzen wußten, geht aus geschichtlichen Zeugnissen hervor. Unter Anderm wird erwähnt, daß Graf Johann VIII. von Salm und seine Gemahlin Anna sich 1513 durch ihre Anlagen um denselben verdient gemacht haben. Eine kurze Zeit (etwa 35 Jahre) war der Mineralbrunnen durch Ankauf Eigenthum des Freiherrn Gerhard von Carnap und fiel sodann wieder an den Fürsten Salm zurück. Nach einer Analyse des Professors Dr. Bischof [1] vom Jahre 1826 enthält das Mineralwasser in 10000 Theilen: Kohlensaures Natron 7,8654, Schwefelsaures Natron 4,7822, Kochsalz 19,0100, Phosphorsaures Natron 0,0658, Kohlensauren Kalk 2,8212, Kohlensaures Eisenoxydul nebst Spuren von Manganoxydul 0,0725, Thonerde 0,0104, Kieselerde 0,1615. In Summa 38,7744. Eine spätere Analyse von Moritz Freytag aus dem Jahre 1876 zeigt nur geringe Abweichungen.

Kapelle und Kirche zum h. Sebastianus.

Zu einer Kapelle in Roisdorf wurde am 23. Juli 1772 mit erzbischöflicher Erlaubniß unter Pastor Lucas der erste Stein gelegt und der Bau rasch vollendet, so daß mit Ermächtigung des Generalvicars Karl Aloys von Königseck die Einweihung durch den Pfarrer am 12. März 1773 vollzogen werden konnte [2]. Als Motiv der Erbauung wird angegeben, daß der gemeinschaftliche Rosenkranz bequemer könne gebetet werden; hingegen sollten keine Anniversarien oder Sonn- und Feiertags-Frühmessen an die Kapelle gestiftet, Wachslichter, als zur Pfarrkirche gehörig, nicht geopfert werden. Die h. Messe zu lesen, war nur an Werktagen gestattet, eine Beschränkung, welche durch die neuere Praxis beseitigt wurde. Bis heute sind sechs Messen an die Kapelle gestiftet.

Gegen 1867 sprach sich das längst empfundene Bedürfniß einer selbständigen Pfarre in öffentlicher Versammlung zu Roisdorf aus. Sofort wurde die Erbauung einer größern Kirche beschlossen und freiwillige Beiträge zu dem Baue gezeichnet. Die Opferwilligkeit der Roisdorfer brachte es dahin, daß am 19. Juli 1874 die feierliche Grundsteinlegung stattfinden konnte. Inzwischen brachten die Kammern zu Berlin Gesetze, welche die Hoffnung auf baldige Errichtung des Pfarrsystems im Keime zu ersticken drohten. Diese und andere von der könig_

---

[1] Dr. Gustav Bischof, Die Mineralquellen zu Roisdorf. Bonn 1826.

[2] Urkunde des Pfarrers Lucas über Genehmigung, Grundsteinlegung und Einweihung in „Annalen des hist. Vereins". XX 243.

lichen Regierung erhobenen Schwierigkeiten hinderten nicht, daß der Bau rasch und muthig vollendet wurde. Am 1. Mai 1876 vollzog Pfarrer Jörissen die Benediction unter allgemeinster Theilnahme mit den innigsten Wünschen und den herzlichsten Gebeten, es möchten nun auch die Hindernisse beseitigt werden, welche der baldigen Berufung eines Pfarrers an die neue Kirche zum h. Sebastianus entgegenstehen.

Die Kirche steht in der Nähe der alten Kapelle auf der Stelle der ehemaligen Zehntscheune. Der Bauplatz ist das Geschenk der Frau Bürgermeister Witthoff in Bornheim. Den Plan hat Baumeister Nagelschmitt entworfen. Die Kirche ist dreischiffig, im romanischen Stil erbaut. Die Baukosten betrugen bis 1879 einschließlich des Mobilars 40185 Mark. Der Thurm harrt noch der Ausführung. Eine Orgel zu 1200 Mark und der Hochaltar wurden aus dem aufgehobenen Kloster zur ewigen Anbetung in Bonn käuflich erworben. Stiftungen und Revenüen der Kirche sind unbedeutend.

Die Errichtung einer Pfarre zu Roisdorf ist wegen der zur Zeit in Preußen herrschenden kirchenpolitischen Gesetzgebung unmöglich.

Küsterstelle.

Der in allen kirchlichen Angelegenheiten überwiegende Einfluß der Grafen Salm trat besonders bei Besetzung der Lehrer- und Küsterstelle hervor. „Nachdem Michael Heimbach bei jüngster Anwesenheit des Grafen Franz Wilhelm 1695 in Alfter aus gewissen ihm vor Augen gestellter Motive von selbst vom Opferdienst abgestanden, so stellt dieser, auf die von Herrn Pastor und Unterthanen geschehene inständige und unterthänige Recommandation, Wilhelm Dominik den Jüngern zu solchem Dienst gnädig an." Graf Johann Franz Wilhelm verleiht am 5. Januar 1761 die nach Absterben des Christian Clemens vacante Küsterstelle dessen einzigem Sohne. Seit 1770 vererbte sich die Küsterei in der Familie Hennes bis 1882. Ein Verzeichniß von 1823 gibt die Bezüge wie nachstehend an:

	Thlr.	Gr.	Pfg.
Gebühren von hh. Messen 1778 Stüber	22	23	10
2 halbe Morgen Land zu	5	—	—
Vom Opfersammeln an Fest- und Bruderschaftstagen . .	1	—	—
Für Läuten und Bedienung des Pfarrers von jedem Hause			
4 Maß weißen Wein oder 9 Stüber	24	13	10
Von jedem Hause 1 Bürde Rahmen (Holz) . . .	8	10	4
Ostereier berechnet zu	3	4	6
Aus der Kirchenkasse für Stiftungsmessen . . .	15	—	—
Summa Thlr.	79	22	8

Dazu kommen zufällige Gebühren von Taufen, Copulationen, Beer=
digungen. Die Einnahme von Landpacht iſt ſeit 1823 geſtiegen. Eine
Dienſtwohnung iſt nicht vorhanden.

Die Schulen.

1. In Alſter. Dem Frühmeſſer wurde ſtiftungsmäßig die zu „mehrerer
Gottes Ehren und Auferbauung des gemeinen Mannes hochnöthige Unter=
weiſung der Jugend in chriſtkatholiſchem Glauben" übertragen. Zugleich wird
die Intention der Eheleute Mathias Breuer und der Margaretha Foiſten,
Schenkgeber des Vicarie= und Schulhauſes, ausgeſprochen, daß darin
„eine gemeine Schule gehalten und die Jugend gegen die dem Früh=
meſſer von den Eltern widerfahrende Belohnung im Leſen, Schreiben
und katholiſchen Glauben täglich inſtruirt und erzogen werde. Der Früh=
meſſer ſolle auch verpflichtet ſein, dieſelben Sonn= und Feiertags zur
Meſſe und Nachmittags zu unſerer lieben Frauen Litanei und Miſerere
zu führen". Von der erzbiſchöflichen Beſtätigung im Jahre 1671 iſt
bereits Erwähnung geſchehen. Da die Mädchen im Kloſter unterrichtet
wurden, ſo hatte der Primiſſar, außer dem gemeinſchaftlichen Religions-
Unterrichte, nur Schule für die Knaben zu halten. Aber auch ſo war
die Einrichtung der Schule für die ausgedehnte Pfarre Alſter und Roisdorf ungenügend. Im Jahre 1750 hatte dieſelbe in 170 Häuſern 1260
Einwohner. Die Frühmeſſer, oft wegen Altersſchwäche kaum im Stande,
den Kirchendienſt zu verſehen, und ohne Beruf für den Lehrſtand, gaben
nicht ſelten Anlaß zu Klagen über Unwiſſenheit und Verwilderung.
Allerdings hatten dieſelben in ſolchen Fällen im Schulunterricht ihre
Vertreter. Aber dieſe waren meiſtens Männer von gewöhnlicher Bildung
und ohne das für Erziehung der Kinder erforderliche Maß von Autorität.

Unter preußiſcher Regierung iſt die Schule von Alſter, mit Aus-
ſchluß von Roisdorf, von einer einklaſſigen mit einem Lehrer zu einer
dreiklaſſigen, zuerſt 1865 mit drei, jetzt mit fünf Lehrkräften fortgeſchritten.
Knaben und Mädchen ſind in der Oberklaſſe getrennt, in den beiden
untern combinirt. Die in den dreißiger Jahren erbaute Schule iſt jetzt
zur Wohnung eingerichtet. Ein neues Schulhaus mit vier Sälen datirt
aus dem Jahre 1865. 1882 kam geſondert von demſelben ein fünfter
Saal für die Anfänger nebſt Wohnung für einen Lehrer hinzu.

Nach Aufhebung der Schulvicarie im Jahre 1802 wurde der ehe=
malige Hülfslehrer zum einzigen ordentlichen Lehrer beſtellt; ſeit 1832
war Gregor Linden († 1881) erſter, Clemens zweiter Lehrer. 1865 wurde
als erſte Lehrerin Thereſia Ewig an die gemiſchte Unterklaſſe, Wiede=
meier an die Mittelklaſſe berufen. Erſter Lehrer iſt ſeit 1880 Peter
Baum aus Roisdorf, zweiter Anton Trimborn aus Bornheim, dritter

Anton Sechtem aus Merten; erste Lehrerin Theresia Ewig, zweite
Katharina Ließem.

2. In Roisdorf gab es vor 1811 keine Schule. Die Kinder des
Ortes wurden in Alster unterrichtet. Dann eröffnete Lehrer Billstein
eine Schule in dem Privathause von Mühlens. Auch der 1816 von der
preußischen Regierung berufene Hilger Thiesen setzte den Unterricht bis
1837 in einem Privathause fort. Die Gemeinde richtete nun ein älteres
Wohnhaus zur Schule ein. Auf Lehrer Thiesen folgte im Jahre 1840
Andreas Impekoven, im Jahre 1858 Andreas Schramm. Die Zahl
der Schulkinder, unter Impekoven 100, stieg unter Schramm auf 180.

Das Schulhaus wurde im Jahre 1864 mit einem zweiten Saal
nebst Wohnung für den Lehrer und eine anzustellende Lehrerin erweitert.
Am 25. August 1865 fand nach einem feierlichen Hochamt die kirchliche
Einweihung durch Pfarrer Dr. Kessel in Anwesenheit des Bürgermeisters
Witthoff und der Localbehörden statt. Es wehte noch warmer christlicher
Geist in der Schule. Dem Lehrer Schramm wurden die Knaben, der
Lehrerin Francisca Böhme die Mädchen überwiesen. Seit 1877 wirkt
eine dritte Lehrkraft an gemischter Unterklasse, während die Oberklassen
getrennt fortbestehen. Seit August 1880 ist an Schramm's Stelle Joseph
Habbig aus Mohrenhoven thätig. An der Unterklasse war zuerst
Fräulein Bacher, seit 1881 Anna Wolf aus Wetzlar Lehrerin. Die Pfarr=
geistlichen von Alster ertheilen, durch die Maigesetze unbehindert, den
planmäßigen Religionsunterricht.

2. Bornheim.

Bornheim an der Bonnstraße, zwei Kilometer von der Station Roisdorf, 7½ Kilometer von der Kreisstadt Bonn, hat mit Botzdorf und Hodorf 1714 Einwohner, darunter 18 Protestanten und 105 Juden. Die Bürgermeister von Waldorf hatten meistens in Bornheim ihren Wohnsitz und werden ihn in Zukunft daselbst behalten, nachdem ihnen in dem neu erbauten „Rathhaus" 1883 eine Amtswohnung auf Kosten der zuständigen Gemeinden errichtet ist. Mit Ausnahme der Juden, welche sich fast ausschließlich auf Handelsgeschäfte verlegen, sind die Einwohner theils mit Gärtnerei und Ackerbau, theils in der Fabrik zu Roisdorf beschäftigt. Am nördlichen Ende erreicht ein auf der Höhe entspringender Bach das Dorf. Zwei Mühlen bei Brenig, eine bei Bornheim verdanken ihm ihre Triebkraft. Schloßartige Ruinen am Sechtemer Wege sind Reste — einer Windmühle.

Baureste aus der Römerzeit finden sich vorherrschend in höhern Lagen zwischen Bornheim, Botzdorf und dem „Acker". Kern und Mittelpunkt der römischen Niederlassung war ohne Zweifel die Baustelle der Burg und der alten Kirche. Ihre Spuren sind jedoch durch viele spätere Veränderungen dort meistens verwischt. Hier entstand auf römischer Grundlage im frühen Mittelalter eine kurfürstliche Lehnsherrschaft mit den Hundschaften Bornheim, Hodorf, Brenig und Dersdorf. Das Weisthum von Bornheim[1]) erkennt dem Junker die Erbvogtei, freie Gerichtsbarkeit mit Gewalt über Leben und Tod. Er ernannte Richter und Schöffen. Von der Ritterburg sind in dem Hofraum weitläufige unterirdische Gänge vorhanden und in denselben zellenartig abgetheilte Räume, welche augenscheinlich als Gefängniß dienten. Das in dem Mauerwerk erkenbare römische Material bezeugt das hohe Alter.

Die Ritter von Bornheim waren dem Kurfürsten zur Heeresfolge verpflichtet. Sieben von der Burg abhängige Hofgüter, darunter der

---

[1]) Lac., Archiv, VI 353 ff.

Rankenberg, zwei Höfe zu Dersdorf, der Sinnicher Hof zu Bornheim, der des Klosters Wenau in Hodorf, hatten im Kriegsfalle auf des Ritters Botschaft ein Pferd und einen gewappneten Mann zu stellen.

Unter den Herren von Bornheim ist Ritter Wilhelm Schilling (Solidus), genannt von Buschfeld, Stifter des nach ihm benannten Klosters Schillingskapellen im Kreise Rheinbach, die berühmteste Persönlichkeit [1]. Als Freund des Kölner Kurfürsten tritt er in einer Urkunde von 1173 als Zeuge auf. In einer andern von 1197 zählt Erzbischof Adolph die Güter, als Aecker, Weingärten, Waldungen, Renten auf, womit Ritter Schilling das Kloster Kapellen beschenkte. Aus unserm Dekanate bemerken wir das Allodialgut zu Sechtem und Waldorf, das Allodial= und zinspflichtige Gut (Laizgut) zu Dersdorf, sechs Morgen Ackerland, Weingärten und eine Mühle zu Hersel, sieben Morgen, eine Rente von zwei Schillingen in Widdig, ein Morgen Weingarten, acht Malter Weizen und Roggen nebst achtzehn Denaren an Jahreszins zu Bornheim. Wilhelm Schilling's gleichnamiger Sohn verzichtet vor dem Erzbischof auf die dem Kloster geschenkten Güter.

Ein wunderbares Bild „unserer lieben Frauen zwischen zwei brennenden Wachskerzen" soll dem Ritter auf der Jagd erschienen und die Veranlassung geworden sein, an derselben Stelle das Kloster zu erbauen [2]. Wilhelm Schilling, dessen Gemahlin Aleidis und seine Töchter Beatrice und Lätitia, diese als erste Abtissin, fanden ihre Ruhestätte in der Klosterkirche. Kirche und Kloster, fast ganz aus Bruchstücken des Römer=Canals erbaut, wurden im Jahre 1811 abgebrochen. In der Kapelle, welche noch als schwache Erinnerung längst geschwundener Größe geblieben ist, liest man an der Ruhestätte des Stifters auf einem Balken in vergoldeten Buchstaben die Inschrift:

„In hoc loco generosus dominus Wilhelm Schilling de Buschfeldt, miles et dominus in Bornhem, fundator huius monasterii Statuam B(eatae) V(irginis) Mariae invenit 1190."

Durch Heirath einer Tochter Schilling's ging die Herrschaft Bornheim an Goswin von Alfter über [3].

Hermann von Bornheim, kurfürstlicher Kämmerer, unterschrieb die Urkunde vom Jahre 1240, wodurch Erzbischof Konrad von Hochstaden dem Kloster Kapellen 60 Morgen Land zu Esch zusicherte [4]. Es folgten in der Herrschaft Everhard von Bornheim, Schöffe zu Köln seit 17. April 1259 [5].

---

[1] Ueber das Frauenkloster Schillingskapellen vgl. Annalen d. hist. Vereins, XXXII 133.
[2] Vgl. über die Legende das alte Gedicht, mitgetheilt von Merlo l. c.
[3] Rhein. Antiquarius, 3. Abth., 12. Bd., S. 121. — [4] Lac. IV, 800. — [5] Rhein. Antiqu. l. c.

Erbmarschall Goswin von Alster (1279), Dietrich Luf von Cleve, Graf von Hülchrath, und Lysa, dessen Gemahlin, verkaufen dem Erzbischof Wickbold Gericht, Herrlichkeit und Vogtei zu Bornheim, Bonn und Ahrweiler auf Wiederverkauf binnen sechs Jahren den 28. Juli 1303 [1]).

In der ersten Hälfte des 14. Jahrhunderts kam die Herrschaft an Johann Scheiffard von Merode, indem er die Erbtochter von Bornheim heirathete. Aus dem Geschlechte der Merode folgten vom Vater zum Sohne fortschreitend: Heinrich, Friedrich, Konrad, Rainer, Ulrich († 1549), Werner, Adolph, Wilhelm, der letzte Scheiffard. Eine Glocke der Kirche zu Brenig aus dem Jahre 1614 trägt den Namen Wilhelm Scheiffard von Merode und seiner Gattin Sophia Quadt von Landskron.

Wilhelm's Tochter Katharina Margaretha heirathete 1680 Hans Wilhelm Walbott, Sohn Johann's zu Ollbrück. Sie wurde die Stammmutter der Walbott-Bassenheim, welche bis zur französischen Zeit die Herrschaft Bornheim inne hatten [2]).

Vorzügliche Verdienste um Kirche und Vaterland erwarb sich Freiherr Johann Jacob von Walbott, Sohn Ferdinand's und der Odilia Godefrida von Renschenberg. Daher wurde er vom Kurfürsten Clemens August zum Conferentialminister, Hofkammerpräsidenten, Amtmann zu Brühl und zum Administrator des Amtes Hülchrath ernannt und als Commandeur des St. Michaelsordens decorirt. Er war ein besonderer Wohlthäter der Armen; auch ließ er die beinahe zu Ruinen gewordenen Kirchen zu Bornheim und Brenig auf eigene Kosten herstellen. Sein Wappen erblickt man in den Kirchenfenstern zu Hersel nebst dem seiner Gemahlin (Maria Anna [Adolphine] von Wolff-Metternich) in gebranntem Glase unter den Schenkgebern. Zu früh ereilte ihn der Tod am 29. September 1755 im Alter von 66 Jahren [3]).

Clemens August, Johann Jacobs einziger Sohn, geboren am 4. December 1731, wurde Amtmann zu Brühl und hatte Sitz im Landtag wegen Bornheim sowie der Rittergüter zu Buschdorf, Dersdorf und Roisdorf. Im Jahre 1786 war er Richter und „Oberkellner", auch Schultheiß zu Merten und Trippelsdorf. Unter seinem Sohne Max Friedrich von Walbott wurde die Herrlichkeit Bornheim von den Franzosen begraben. Sie ernannten den Herrn von Bornheim zum Bürgermeister (maire) von Waldorf. Ansprüche eines ältern Bruders Franz Karl brachten später seine Kinder um den Güterbesitz. Der Hergang wird von Stramberg also berichtet: „Der Vater Clemens August hatte seinem Sohne Max

---

[1]) Lac. III, 30. — [2]) Bärsch, Eiflia illustrata, 3. Bd., 1. Abth., S. 508. — [3]) Von Mering, Kurfürst Clemens August, 89.

Friedrich 1788 die Verwaltung des Vermögens übergeben. Aber der ältere Sohn Franz Karl resignirte noch vor des Vaters Ableben auf seine Dompräbenden zu Hildesheim und Paderborn und vermählte sich 1791 mit einem Fräulein von Elverfeld. Er erhob um den väterlichen Nachlaß einen Rechtsstreit, der in Wetzlar begonnen, nach einer Ruhe von beinahe 24 Jahren von des 1804 verstorbenen Franz Karl Wittwe und ihren Kindern 1822 wieder in Anregung gebracht wurde. Sie erstritt Königsfeld, welches dessen Besitzer Johann Adolph dem Clemens August, seinem Vetter, vermacht hatte. Bornheim, Roisdorf und die nördliche Hälfte von Olbrück hatten schon früher verkauft werden müssen." Käufer der Bornheimer Güter war Budde in Köln. Die spätern Besitzer sind: Freiherr Gerhard von Carnap[1]), Bürgermeister von 1837 bis 1861, Heinrich Graf Boos-Waldeck, Bürgermeister von 1861 bis 1864, Freiherr von Diergardt seit 1871.

Stifts= und Klostergüter.

1. Der Frohnhof oder Zehnthof von St. Cäcilien in Köln mit 140 Morgen Land, südöstlich von der Burg.

2. Güter und Zehnten, welche Bischof Heraklius von Lüttich (959—971), ehemaliger Propst zu Bonn, dem Martinsstift zu Lüttich geschenkt hatte[2]).

3. Der Hof des Cassiusstifts, demselben von Innocenz II. im Jahre 1131 bestätigt[3]).

4. Güter des Klosters Heisterbach 1244[4]).

5. Der Kunibertshof nebst dem Hause Niederlich zu Köln, von Friedegundis und ihrem Sohne Gerhard dem Stift im Jahre 1127 geschenkt[5]).

6. Der Apostelhof mit 200 Morgen Ackerland und 6 Morgen Weinberg im Busackergut am „Kirchweg". Dem Apostelstift gehörte auch das Lausgütchen mit 13 Morgen und das Riesengütchen mit 10 Morgen Weingarten.

7. Der Augustinerhof und

8. Der Karthäuserhof mit 60 Morgen, beide am Ausgange nach Hersel.

9. Der Kreuzhof mit 60 Morgen, unweit der Schule. Dazu gehörten Schmitpetergut mit 10, Oertelsgütchen mit 10 und Paulgütchen mit 30 Morgen.

---

[1]) Die Burggüter beschränken sich seit von Carnap nur auf Bornheim. Der Rautenberg, der Römerhof, Dützhof, Wolfsburg, Dickopshof und andere wurden veräußert.
[2]) Annalen d. hist. Vereins, XXXIV 68 ff. — [3]) Günther I 210.
[4]) Annalen d. hist. Vereins, l. c. 81. — [5]) Gelenius, Farrag., XXV.

10. Der Ahrweilerhof des Klosters Wenau in der Hundschaft Hodorf.

11. Der Klosterather Hof (Strohzgut) mit 30 Morgen gehörte früher dem Frauenstift zu Sinnich bei Lüttich, wurde durch Vertrag vom 10. Februar 1558 nebst andern Gütern von Abt Leonhard Dammerscheid zu Klosterath gegen den Zehnten zu Tenten eingetauscht[1]).

12. Das Ohlersgütchen des Klosters Burbach mit 16 Morgen.

13. Der Clarenhof, an der ersten Kreuzwegstation nach Brenig. Sämmtliche Güter wurden von den Franzosen verkauft.

Kirchliche Verhältnisse.

Bornheim war bis 1859 Filiale von Brenig[2]). Es hatte im 14. Jahrhundert einen Seelsorger, welcher vom Erzbischof durch freie Ernennung berufen wurde[3]). Wahrscheinlich hat ein solcher schon dort bestanden, als Erzbischof Wichfried im Jahre 941 dem Cäcilienkloster zu Köln die Pfarrkirche zu Brenig mit dem Zehnten übertrug[4]). In der Schenkung war Bornheim mit seinem Zehnten eingeschlossen. Der Zehnt= hof lag in der Nähe der Bornheimer Kirche. An dieser Kirche bestanden zahlreiche alte Stiftungen und Renten in Geld und Naturallieferungen. Lage und Bauart der alten Kirche deuten auf eine adelige Gründung der Ritterburg, deren Kapelle sie ursprünglich gewesen zu sein scheint.

Zur Zeit der Reformation bestand zu Bornheim kein geistlicher Deservitor mehr. Die im Gefolge der langwierigen Kriege eingetretene Verarmung hat hierzu nicht wenig mitgewirkt. Wir finden es daher sehr erklärlich, daß der Pfarrer von Brenig seitdem die ganze Seelsorge, auch für die Filiale, auf seine Schultern nahm. So blieb es bis zum Jahre 1720, wo Leonard Offenberg eine Frühmessenstiftung an der Kirche zu Bornheim errichtete.

Die Kapelle und spätere Pfarrkirche zum h. Servatius.

Am östlichen Ende von Bornheim, durch gemeinsame Ringmauer mit der Ritterburg vereinigt, lag die durch mancherlei Veränderungen vielgestaltige Kirche hoch und frei, umgeben von der Ruhestätte der Ent= schlafenen. Das romanische Chor der dreischiffigen Kirche zeichnete sich durch schöne Formen vor allen Theilen aus und gehörte sonder Zweifel der Zeit an, wo die Burgherren sich eine Kapelle eingerichtet hatten. Hauptschiff, Nebenschiffe sammt dem Thurm waren im Verlauf der Jahr= hunderte angebaut, wie es das Bedürfniß der erweiterten Seelsorge erfor=

---

[1]) Histoire de Limbourg, VII 121.
[2]) Binterim u. Mooren, Erzdiöcese Köln, I 133. — [3]) l. c. 331. — [4]) Lac. I 51.

derte. Von architektonischer Schönheit, wie die alten romanischen und gothischen Bauwerke sie aufweisen, war man in den letzten Jahrhunderten sehr weit entfernt, weshalb die spätern Zusätze mit den ältesten Bautheilen in keiner Weise zu vergleichen sind. Die Kirche wurde im Jahre 1872 abgebrochen und die Baustelle mit dem Park der von Diergardt'schen Burg vereinigt.

Die neue Kirche.

Kaum hatte Bornheim im Jahre 1859 den ersten Pfarrer erhalten, als der Bau einer neuen, größern Kirche in Aussicht genommen wurde. Bürgermeister Franz Witthoff (1864—1870) nahm die Sache mit Begeisterung auf. Mit ihm wetteiferte seine Gemahlin Katharina, geborene Froitzheim, durch Freigebigkeit und eben so emsiges wie bescheidenes Einsammeln von Geldmitteln. Das Beispiel wirkte. Selten hat eine Gemeinde in kürzerer Zeit eine so ansehnliche Bausumme zusammengebracht, wie Bornheim.

Schon im Jahre 1865 wurde der Bau in Angriff genommen und die Kirche alsdann am 13. Mai 1866, am Feste des h. Servatius, durch den Weihbischof Dr. Baudri feierlich consecrirt. Die Baustelle in der Mitte des Dorfes, oberhalb der Schule, ist glücklich gewählt. Die erhabene Lage macht dem weitsehenden Auge das Bauwerk fast von Köln aus sichtbar. Die Kirche ist nach dem Plane des Kreisbaumeisters Thoman in gothischer Kreuzform erbaut. Durch den Haupteingang im Thurm gelangt man in das Langschiff, durch Seitenthüren in das Querschiff. Eine dreischiffige Kirche wäre für das steigende Bedürfniß wie für die richtige Vertheilung der Kirchenbesucher zweckmäßiger gewesen. Der Eingang am Thurme genügt nicht, die beiden andern sind unpraktisch. Der Bau imponirt durch seine Höhe. Schade, daß der Thurm an unharmonischer Gliederung leidet. Der Bau kostet 18,000 Thaler. Die königliche Regierung schenkte 1000 Thaler; weitere 1000 Thaler waren der Erlös für den Bauplatz der alten Kirche und des umliegenden Kirchhofs. Den Rest zahlten, von großmüthigen Wohlthätern unterstützt, die Einwohner der Pfarre. Zu der Ausstattung der Kirche schenkten: Graf Boos-Waldeck den Hauptaltar in gothischer Schnitzarbeit, Eheleute Witthoff den Muttergottesaltar, Heinrich am-Zehnhoff den der h. Anna, Frau Bollig 100 Thaler zu der Kanzel. Nachträglich ließ Frau Witthoff das Innere der Kirche durch Kaplan Göbbels in Köln mit Wandmalerei vollständig ausschmücken [1]).

---

1) Als Merkwürdigkeit mag hier erwähnt werden, daß mit den Katholiken gleichzeitig die Protestanten eine neue Kirche und die Juden eine Synagoge erbauten.

Der h. Servatius, dem der Hochaltar geweiht ist, wird als erster Patron, die h. Anna als zweite Patronin gefeiert. Augenscheinlich sind die Titel der Altäre uralt und aus der frühern Kirche in die neue her= übergenommen.

Die Kirche gelangte auf Verwenden des Rectors Friedrich Wilhelm Hubert Rothes (1854—1859) in den Besitz einer Partikel vom h. Kreuz nebst Ostensorium und Authentik. Die Reliquie ist das Geschenk der zu Botzdorf begüterten Familie Jansen unter dem Pfauen in Köln.

Während des Neubaues erhielt die Kirche drei neue Glocken mit folgenden Inschriften:

1. „Administrantibus fabricam Franz de Othegraven parocho — Henrico comite de Boos-Waldeck praeside — Henrico am Zehnhoff, Franz Claren, Joh. Fleischer, Matth. Gross — Franzisco Witthoff consule. (Bild mit Adler.)

Sancto Servatio, episcopo, ecclesiae Bornhemensis patrono, a. d. MDCCCLXV. quum nova ecclesia exstructa esset, cum duabus aliis, sumtibus fabricae, per Andream Rodenkirchen Duitensem."

2. „Beatae Annae, matri genitricis Dei, patronae ecclesiae Born- hemensis secundariae, a. d. MDCCCLXV."

3. „Sancto Donato, episcopo et martyri, patrono pagi huius Bornhemensis. (Bild mit Palme und Schwert.) A. d. MDCCCLXV."

Die Töne der Glocken sind: G, B, C.

Stiftungen.

Als „alte Fundation" zahlte Haus Bornheim jährlich 28 Reichs= thaler, wofür jede Woche drei heilige Messen am St. Anna=Altar für die „adelige Familie" in der Bornheimer Kirche sollten gelesen werden [1]). Der Pfarrer hat aus älterer und neuerer Zeit 84, theils Sangmessen, theils Lesemessen, stiftungsmäßig zu halten. Eine Allerseelen=Andacht mit Octav und sacramentalischem Segen mit einmaliger Application der h. Messe ist von der Familie Witthoff gestiftet. Die Andacht zur schmerz= haften Mutter an sieben Freitagen, beginnend nach Aschermittwoch, nebst einer Segensmesse wurde von Agnes Froitzheim gestiftet.

Bruderschaften und Vereine.

1. Die in der Pfarrkirche zu Brenig 1711 eingeführte Bruderschaft von Jesus, Maria und Joseph zur Beförderung der christlichen Lehre wurde später auch in die Filialkirche verpflanzt. Diese unter Papst Pius V.

---

[1]) Kirchenbuch von Brenig.

entstandene Bruderschaft hatte den Zweck, durch gründlichen Religions=
unterricht der Gefahr entgegenzutreten, welche dem katholischen Glauben
in Folge der Reformation den Untergang drohte. Die Kölner Erz=
bischöfe von Ferdinand bis Clemens August von Baiern waren bemüht,
durch eindringliche Verordnungen die Einführung der Bruderschaft in
der Erzdiöcese möglichst zu befördern. In unserm Dekanate fand sie die
allgemeinste Verbreitung seit 1700.

2. Der Verein vom heiligen Franciscus Xaverius bestand unter
Rector Rothes aus hundert Mitgliedern, welche regelmäßige Beiträge
zu Missionszwecken zahlten. Die Feste Kreuzerfindung (3. Mai), Kreuz=
erhöhung (14. September) und das des h. Franciscus (3. December) wurden
durch gemeinschaftliche Communion, Hochamt mit Predigt und nachmit=
tägige Andacht festlich begangen. Allmälig sind diese frommen Uebungen
in Abnahme gekommen.

3. Die Bruderschaft vom unbefleckten Herzen Maria's zur Bekeh=
rung der Sünder, ebenfalls mit besonderer Andacht für jeden Monat,
wurde von Pfarrer Schmitz (1859—1864) eingeführt.

4. Die Bruderschaft vom h. Erzengel Michael, zum Schutze der
katholischen Kirche gegen die feindlichen Angriffe, ist unter Papst Pius IX.
in's Leben getreten[1]).

Der Verein christlicher Mütter sowie der Verein der h. Kindheit
Jesu zur Rettung der Heidenkinder datiren ihre Entstehung aus jüng=
ster Zeit.

Processionen.

1. „Die Bornheimer Gottestracht" am Christi Himmelfahrtsfeste,
auf einer alten Stiftung beruhend, wurde gleich der Breniger Frohn=
leichnamsprocession von jeher mit ausnehmender Feierlichkeit begangen.
Für sämmtliche Officianten, vom Pfarrer und den assistirenden Geist=
lichen bis zu den Trägern von Fahnen, Bildern und Kerzen, waren im
Zinsregister der Kirche besondere Gebühren bestimmt.

„Bei Bornheimer gottestracht," so heisst es da, „gibt kirchmeister
aus kirchenrenten den also genannten kinderheiligen[2]) 20 mass bier
ad 20 groschen werth — Muttergottes-bildträger mit vortragender
kerz 8 albus. S. Anna bild mit kerz 8 albus. S. Servatii bild mit
kerz 8 albus, Muttergottesbild von Brenig mit kerz 8 albus, s. Catha-
rinabild mit kerz 8 albus; Osterkerz, 2 kleine fahnen, kreuz, ieder
2 albus, facit 8 albus; leucht, gottesschell etc. in allem 4 albus. —

---

[1]) Dumont, Sammlung kirchlicher Erlasse, 199—202.
[2]) „Kinderheilige" sind höchst wahrscheinlich die kleinen Mädchen, welche mit Blumen=
körbchen, kirchlichen Symbolen (Heiligenbildern?) die Procession begleiteten.

Himmelsträger 24 alb., bamschläger [1]) 6 alb., crucifixträger 2, noch 1 kreuzträger 2 alb. — Jeder offermann hat anstatt des kirchenessens, nun abrogirt, ein mass wein, wie auch h. primissarius und herr organist d. i. der primissar zu Brenig. Jeder chorsänger . . . . . Herr pastor hat davon, wie von alters her, ein kopfstück."

Zusatz am Rande: „1727 assignirte hr. pastor den 2 offermanns, iedem 12 albus, den herren geistlichen gleich den chorsängern, iedem ½ mass wein."

Die Procession der sogenannten Mädchenheiligen [2]) wird am Himmel= fahrtsfeste nach beendigter Vesper durch den Ort und die umliegenden Fluren gehalten.

Eine Procession zieht zu Mariä Heimsuchung nach dem Kalvarien= berg bei Ahrweiler; sie wurde ehemals, zuletzt unter Pastor Schmitz, von dem Ortsgeistlichen begleitet, später nicht mehr.

Kirchhof.

Auf dem Friedhof an der alten Kirche wurden die Leichen des öst= lichen Theiles von Bornheim bis zur Apotheke, in letzter Zeit vor 1848 bis an den Krenzhof beerdigt; die von der Kirche weiter Entfernten auf dem Breniger Kirchhof, und zwar von den Verstorbenen des Pfarrortes getrennt. Freiherr von Carnap schenkte, weil der alte Kirchhof nicht genügte, vielleicht auch, weil ihm die Nähe desselben unangenehm war, ein größeres Grundstück ostwärts vom Ort zu einem neuen Kirchhof. Pastor Emans benedicirte denselben am 21. Mai 1848 mit erzbischöf= licher Erlaubniß [3]). Ein großes steinernes Kreuz, vorzugsweise das Kirchhofs= kreuz genannt, ist das Geschenk des mehrerwähnten Bürgermeisters Witthoff. Als Freiherr von Diergardt im Jahre 1872 den alten Kirchhof ankaufte, wurden die Gebeine von dort auf den neuen übertragen. Ein aus der alten Kirchhofsmauer herübergenommenes Kreuz bezeichnet durch Inschrift die neue Ruhestätte. Am Wege vor dem Kirchhofe befindet sich ein Hei= ligenhäuschen mit der schmerzhaften Mutter in Plastik.

Die Juden haben ihren Kirchhof im westlichen Abhang oberhalb Bornheim.

----

[1]) Bamschlagen == beiern ist die bei feierlichen Processionen und kirchlichen Festen, be= sonders in der österlichen Zeit, übliche Art, die Glocken zu schlagen.

[2]) Der Name „Mädchenheiligen" bezieht sich auf die Theilnehmer an der nachmit= täglichen Procession am Himmelfahrtsfeste, welche nur aus Mädchen, kleinen und erwachsenen, besteht. Keine Bilder, nur Kreuz und Fahne werden dabei umgetragen.

[3]) Aufzeichnung des Pfarrers Emans im Breniger Sterberegister.

Donatuskapelle.

Die vorhin mitgetheilte Inschrift einer Glocke nennt den h. Mar=
tyrer und Bischof Donatus als Patron des Ortes Bornheim. Zu
Ehren dieses Heiligen war an der Ringmauer der freiherrlichen Burg
nach der Rheinseite eine öffentliche Kapelle errichtet, welche wahrscheinlich
dem vielgenannten Wohlthäter Johann Jacob von Walbott ihre Ent=
stehung verdankte. Laut Stiftung desselben vom 2. Juni 1742 sollte
alljährig des Sonntags vor Mariä Himmelfahrt die Feier der Ka=
pellenweihe in der Weise stattfinden, „daß der Pfarrer aus der Bre=
niger Pfarrkirche das Sanctissimum in die Donatuskapelle tragen, da=
selbst das Pastoral=heilige Meßamt nebst Vesper feierlich halten und
nach der Vesper das hochwürdigste Gut processionaliter in die Born=
heimer Kirche bringen und schließlich damit den Segen geben solle" [1].

Die spätere Praxis verlegte die Feier vom Sonntag auf den
7. August, den eigentlichen Festtag des h. Martyrers Donatus.

Die Feier bestand, bis der protestantische Herr von Carnap mit
der Burg die dazu gehörige Kapelle käuflich an sich brachte. Die Statue
trug Rector Elkemann aus der Kapelle, die Feier unterblieb. Mit der
gräflichen Herrschaft von Boos zog wieder katholisches Leben in die
Burg. Der Graf ließ die Kapelle renoviren. Pfarrer Schmitz veran=
laßte die abermalige Einweihung. Feierlicher Umgang mit dem hoch=
würdigsten Gut, Hochamt mit Ministranten, Predigt im Freien fanden
wieder statt. Pastor Elkemann, zur Zeit in Worringen, erschien in der
besondern Absicht, um das Bild des Heiligen, welches er vormals aus
der Kapelle hinausgetragen, in seine frühere Stelle wieder einzusetzen.
Die Freude über die Herstellung der Kapelle und die Rehabilitation des
h. Donatus war von kurzer Dauer. Freiherr von Diergardt ließ die
Kapelle vollends abbrechen und an ihrer Stelle eine Bewässerungs=
maschine zu seinen Gärten errichten. Das Donatusfest wird seitdem in
der Pfarrkirche gefeiert. Eine Procession findet dabei nicht mehr statt.

Burgkapelle.

Burg und Kapelle im Innern (Hauskapelle) scheinen nicht über zwei=
hundert Jahre bestanden zu haben. Aeltere Nachrichten fehlen. Unter
Jacob von Walbott ist im Breniger Kirchenbuch zuerst von einem Haus=
kaplan (sacellanus domesticus) Johann Kummer die Rede. Vor Er=
richtung der Frühmessenstiftung (1720) leistete er Aushülfe in der Filial=
kirche. Der Kaplan hatte Tages nach dem Feste der Einweihung der

---

[1] Urkunden und Rentbuch der Pfarrkirche zu Brenig. 146.

Donatuskapelle (f. oben) eine h. Messe der Walbott'schen Stiftung in der=
selben zu lesen. Krummer stiftete eine Jahrmesse an die Kirche zu Born=
heim. Er starb am 22. April 1730[1]).

Unter von Carnap war die Kapelle ohne Gottesdienst. Graf Boos
ließ dieselbe wieder zu ihrem Rechte kommen. Als im Jahre 1866 mit
der neuen Kirche der Pfarrgottesdienst weiter von der Burg verlegt
wurde, erwirkte die fromme Gräfin Boos, geborene von Lerchenfeld, das
Privilegium, das h. Sacrament in der Hauskapelle aufbewahren zu
lassen, um so ihren Gott nach Herzenslust besuchen und ehren zu
können. Seit 1859 war Kaplan dieser Herrschaft ein kränklicher Herr aus
Koblenz, 1860 Johann Anton Peter Koll aus Bonn, 1869 Theodor
Schmitz aus Rheidt. Auch diese Kapelle wurde unter von Diergardt
im Jahre 1870 zerstört.

Primissariat. Vicarie.

Pastor Leonard Offenberg in Urfeld stiftete im Jahre 1720 tausend
Reichsthaler zu einer Sonn= und Feiertags=Frühmesse in Bornheim. Die
erzbischöfliche Bestätigung erfolgte am 4. März desselben Jahres. Ver=
schiedene Wohlthäter vermehrten die Fonds. Mit dem Frühmessendienst
war der Schulunterricht verbunden. Eine Wohnung für den Primissar
wurde 1740 in der Orbachstraße, hundert Jahre später (1840) ein neues
Vicariehaus der Burg gegenüber errichtet. Peter Geller gab Bauplatz
und Garten dazu her und erhielt die alte Vicariewohnung in Tausch.
Herr von Carnap schenkte die Ziegelsteine. Dieses Haus diente von 1859
bis 1867 als Pfarrwohnung. Ein Vicar war damals nicht zur Stelle.
Dann wurde bei Verlegung der Pfarrwohnung die Vicarie verkauft, und
so war im Jahre 1873 der neue Vicar genöthigt, sich eine Wohnung
gegen Entschädigung zu miethen.

Die Dienstleistungen des Primissars erweiterten sich allmälig zur
Ausübung der Seelsorge. Daher wird sein Name zu Anfang des
18. Jahrhunderts in Curatvicar umgewandelt. Die spätere Praxis ging
noch weiter über die Rechte und Pflichten eines Vicars hinaus. Der
Vicar ließ die heiligen Oele für Bornheim und Brenig beim Dechanten
abholen, vollzog die Taufweihe an den Vorabenden von Ostern und
Pfingsten, segnete Ehen ein, spendete die österliche Communion, hielt
Beerdigungen und Exequien. Nur an den Festen zu Ostern, Pfingsten
und des Pfarrpatrons hielt der Rector die h. Messe und Vesper in der
Pfarrkirche, sonst immer in Bornheim. Diese Ausdehnung der seelsorg=
lichen Rechte gründete sich vorzüglich auf die Verlegung der Pfarrwoh=

---

[1]) Urkundenbuch der Pfarrkirche zu Brenig.

nung von Hodorf nach Brenig im Jahre 1835. Die Lage von Hodorf, ungefähr in der Mitte von beiden Kirchen zwischen Brenig und Bornheim, erleichterte den Verkehr des Pfarrers mit der Filiale. Die größere Entfernung nach Verlegung des Wohnsitzes veranlaßte ihn, dem Rector ausgedehntere Vollmachten zu übertragen.

Ueber das Vermögen der Vicarie liegt aus der französischen Zeit folgendes Verzeichniß vor: die Einnahme von Haus und Garten berechnet zu 10 Rthlr. jährlich, 12 Morgen Land 36 Rthlr., 2½ Morgen Weingarten 4 Rthlr., 3¼ Morgen Pflanzort 2 Rthlr., 4—8 Morgen Busch 2 Rthlr.

Nach Erhebung der Pfarrstelle blieb die Vicarie bis 1873 unbesetzt. Um die Anstellung eines Hülfsgeistlichen zu ermöglichen, schenkte Pastor Müller zu Waldorf 3000 Mark. Frau Witthoff gab nach Ernennung des Vicars am 15. Mai 1873 einen Jahresbeitrag von 225 Mark, leider nur auf kurze Zeit — bis 1878, da der Vicar, im Jahre 1878 durch frühen Tod abberufen, in Folge der Maigesetze von 1873 und 1874 keinen Nachfolger erhielt.

Primissare. Rectoren.

Christian Balchram, stiftet am 22. März 1721 ein Anniversar, vom Pastor, und eine Lesemesse, vom Vicar zu halten, sowie 13 Reichsthaler für die Armen. Nach Balchram ist die Reihenfolge nicht nachzuweisen.

Mathias Friedrichs, 1771.

Adam Matheisen, Schulvicar, 1788—1803.

Wilhelm Faust, ehemaliger Kapuziner, 1804.

Johann Hummelsheim, 1805—1812, später Pfarrer zu Brenig und Urfeld; er starb 1846 als Vicar zu Hemmerich.

Peter Hack, seit 1818 Pfarrer zu Brenig.

Johann Meyers aus Luxemburg, 1826, wurde als Vicar nach Witterschlick versetzt, starb als Pfarrer zu Meschenich am 19. Januar 1861.

Peter Joseph Elkemann, 1831—1840, später Pfarrer zu Brenig, seit 1845 Pfarrer zu Worringen, wo er am 8. December 1874 starb.

Joseph Heider, 1840—1850, geboren zu Köln am 8. December 1813, von Bornheim als Oberpfarrer nach Schleiden berufen, 1854 als Pfarrer nach Richterich befördert, starb am 27. Februar 1860.

Michael Hermann Jörissen, 1851, geboren zu Rickelrath 1812, Priester 1843, war nur wenige Monate zu Bornheim.

Peter Metzdorf (vom 8. Januar 1850 bis 20. December 1853), aus Nevel bei Trier, Rector zu Nidrum, Pfarre Bütgenbach, sodann

Rector zu Stürzelberg, Pfarre Zons, und zuletzt Pfarrer zu Glessen, wo er am 24. Juli 1877, 65 Jahre alt, starb. ·

Friedrich Wilhelm Hubert Rothes, 1854—1859, geboren zu Bockum am 5. Mai 1822, wurde Priester am 2. September 1852, Rector zu Bracht, Pfarre Reuland, sodann Vicar zu Grefrath, seit 1869 Pfarrer zu Hilberath, wo er am 2. Mai 1882 starb.

Pfarrstelle.

Die Erfüllung eines Wunsches hat meistens neue, weitergehende Wünsche im Gefolge. Die Pfarrgeschichte von Bornheim kann mit zum Beweise dienen. Als die Facultäten ihres Rectors über das gewöhnliche Maß erweitert waren, stellte sich alsbald das Verlangen ein, einen selb=ständigen Pfarrer in ihrer Mitte zu haben. Seitens der königlichen Regierung gab der Oberpräsident der Rheinprovinz die Geneigtheit zu erkennen, das normalmäßige Succursalgehalt zu bewilligen, wofern das Bedürfniß nachgewiesen würde[1]). Der Bürgermeister von Waldorf, Herr von Carnap, secundirte, „die Bewilligung seitens des Staates sei eine Wohlthat, wodurch dem dringendsten Bedürfnisse der Gemeinde abgeholfen würde". Pfarrer Elkemann widersprach. Er wies auf die Nachtheile hin, welche der Pfarrkirche, dem Pfarrer und Küster von Brenig aus der Trennung erwachsen würden. Die Frage nach dem Bedürfniß beant=worte Elkemann mit „Nein"; gleichwohl hielt er die Erhebung Born=heim's zur Pfarre für wünschenswerth und versicherte, dieselbe unter Aufwendung aller seiner Kräfte befördern zu wollen[2]). Die Angelegen=heit ruhte, bis Pfarrer Stempels (1850—1870) jeden Widerspruch auf=gab. Die Verhandlungen mit der erzbischöflichen Behörde ·gelangten im Jahre 1856 zum Abschluß. Dem Pfarrer Stempels wurde eine jähr=liche Entschädigung von dreißig Thalern, dem zu ernennenden Pfarrer von Bornheim 300 Thaler aus der Gemeindekasse zugesichert. Von der Bewilligung eines Staatsgehaltes war keine Rede mehr.

Durch den Landdechanten Bierbaum erfolgte am 9. Juni 1859 die feierliche Publication der von Seiner Eminenz dem hochwürdigsten Herrn Cardinal und Erzbischof Johannes unter'm 25. März vollzogenen Urkunde über die Erhebung der Kapelle zu Bornheim, Pfarre Brenig, zu einer selbständigen Succursal=Pfarrkirche, sowie die Einführung des Ka-

---

[1]) Schreiben des königl. Landrathsamtes vom 16. Juni 1841, citirt von Pfarrer Elkemann.

[2]) Memorandum des Pfarrers Elkemann in der Pfarrangelegenheit Bornheim im Archiv der Pfarrkirche zu Brenig.

plans Anton Schmitz an St. Remigius zu Bonn als ersten Pfarrers der neuen Pfarrgemeinde.

Die Urkunde über die Erhebung der Kapelle zu Bornheim zur Pfarrkirche lautet, wie folgt.

„Johannes, der heiligen Römischen Kirche unter dem Titel des h. Laurentius auf dem Viminal Cardinal=Priester von Geissel, durch Gottes Barmherzigkeit und die Gnade des Apostolischen Stuhles Erz= bischof von Köln, desselben h. apostolischen Stuhles geborener Legat, Allen Gegenwärtigen und Zukünftigen Gruß und Segen im Herrn!

„Bei dem lebendigen Bewußtsein, daß alle Wohlfahrt der mensch= lichen Gesellschaft allezeit nur auf der tiefsten Grundlage der Religion beruht, muß es Uns stets zur hohen Freude gereichen, wenn Uns die Gelegenheit geboten wird, solche Einrichtungen zu treffen, welche in Mitte der Uns anvertrauten Heerde das religiöse Leben zu pflegen und zu heben und dadurch zugleich ein gesegnetes Gedeihen für die Kirche und den Staat, die Gemeinde und die Familie, an der Hand derselben Kirche am sichersten und wirksamsten anzubahnen und zu fördern geeignet sind. Zu solchen Einrichtungen zählen Wir besonders die Gründung neuer Pfarreien, durch welche den Gemeinden ein eigener Hirt und Seelsorger vorgesetzt wird, damit er, die Lehre des Evangeliums verkündend und die Gnadenmittel spendend, durch Wort und Beispiel auf dem Wege des christlichen Lebens ihnen vorgehe und die Gläubigen, als seine Pfarr= kinder in Ehrerbietung und Liebe sich enge an ihn anschließend, zum Heile ihm nachfolgen. Eine solche Freude erfüllt auch heute Unser ober= hirtliches Herz, indem es Uns gestattet ist, einer Gemeinde die Wohlthat eines eigenen Pfarrers zu gewähren, welchen dieselbe bisher in ihrer unmittelbaren Mitte entbehrt hat.

„Schon seit mehrern Jahren ging nämlich das eifrige Streben der Gemeinde Bornheim, die seither in dem an der Kirche zu Brenig ange= stellten Seelsorger ihren Pfarrer verehrte, darauf hin, ihre Kapelle zu dem Range einer Pfarrkirche erhoben zu sehen. Dieses lobenswerthe Streben fand sowohl in der bedeutenden Seelenzahl der Gemeinde, als auch in der durch die Entfernung und gebirgige Beschaffenheit der Gegend erschwerten Verbindung mit der Pfarrkirche zu Brenig seine volle Berech= tigung. Da jedoch zu den zu einer solchen Errichtung bedingten Kosten die vorhandenen Fonds ihrer Kapelle nicht hinreichend waren, so hat die Gemeinde kraft des Gemeinderathsbeschlusses vom 24. April 1857 sich verbindlich gemacht, das jährliche Gehalt für den anzustellenden Pfarrer im Betrage von dreihundert Thalern, sowie die für den jetzigen Pfarrer und Küster an der bisherigen Mutterkirche zu Brenig ermittelte und für die Dauer ihrer amtlichen Function daselbst geltende Entschädigung von jährlich zwei und dreißig Thalern zehn Silbergroschen resp. zehn Thalern durch eine Steuerumlage zu beschaffen. Durch diese Uebernahme sind indessen die bisherigen Beiträge der Gemeindebewohner zu den religiösen Bedürfnissen nur um ein Geringes gesteigert worden, indem sie bisher im Verein mit den übrigen Pfarrgenossen sowohl den Zuschuß zum Pfarr= gehalt von Brenig, als auch das Vicariegehalt aufbringen mußten, im Uebrigen schon eine Wohnung mit Garten für den anzustellenden Pfarrer und ein besonderer Kirchhof für die Gemeinde vorhanden ist, und bei der Kapelle hinreichende Fonds zur Unterhaltung des Gottesdienstes sich befinden. Mit Rücksicht hierauf hat denn auch die Königliche Regierung die landesherrliche Genehmigung des neuen Pfarrsystems erwirkt für Bornheim=Botzdorf, welche durch allerhöchsten Erlaß vom 29. November v. J. ertheilt wurde, nachdem schon früher die intendirte Lostrennung bei dem Pfarrer und Kirchenvorstande zu Brenig keine wesentlichen Be= denken gefunden hatte.

„Nachdem daher im Vorstehenden die erforderlichen canonischen Be= dingungen zur Errichtung einer selbstständigen Pfarrei gegeben sind, und Wir von der Vollführung des frommen und mit vielem Eifer verfolgten Werkes einen nicht geringen Nutzen für das Seelenheil Unserer Erz= diöcesanen in Bornheim=Botzdorf erhoffen, so haben Wir, eingedenk Un= serer Pflicht, überall, wo es das ewige Wohl der Unserm Hirtenstabe anvertrauten Gläubigen gilt, dasselbe mit Unserm oberhirtlichen Ansehen zu befestigen und zu mehren, kraft eben desselben Oberhirtenamtes und auf den Grund der allgemeinen Uns zustehenden canonischen Befugnisse sowie der durch die h. Kirchenversammlung von Trient sess. XXI c. 4 de reformatione Uns ertheilten Vollmacht beschlossen und beschließen andurch:

„Die Kapelle zu Bornheim ist aus ihrer kirchlichen Verbindung mit der bisherigen Mutterkirche zu Brenig gelöst, wie nicht minder jener Theil der Pfarrgemeinde Brenig, welcher vom Hexen=Kiesgruben= und grünen Wege an bis zum Wege von Brenig nach Bornheim und von da ab dem Hohlwege in östlicher Richtung eine Strecke nach bis an den Weg zum Acker, diesem nach dicht beim Acker vorbei bis zur Judengasse und durch die Brenigergasse bis zum Schlaußenkreuz auf der Seite von Bornheim gelegen ist.

„Wir erheben zugleich gedachte Kapelle zu einer Succursal=Pfarr= kirche mit allen Rechten und Pflichten, welche einer solchen nach der bestehenden Verfassung Unserer Erzdiöcese zukommen und obliegen, und weisen ihr als Pfarrsprengel den oben bezeichneten Theil zu.

„Wir bestimmen die seitherige Rectorswohnung nebst Appartinentien als Amtswohnung für den Pfarrer und als Congrua einen kostenfreien jährlichen Pfarrgehalt von dreihundert Thalern, für deren Aufbringung die neue Pfarrgemeinde zu sorgen hat. Wir entbinden zugleich, mit Ausnahme der nach oben angegebener Modification zu leistenden Entschädigung an den Pfarrer von Brenig von zwei und dreißig Thalern zehn Silbergroschen resp. zehn Thalern, die neue Pfarrgemeinde von jeder weitern Verpflichtung gegen die frühere Mutterkirche, sowie Wir auch die frühern Verpflichtungen der letztern gegen erstere hiermit aufheben und der Gemeinde Brenig allein die Bestreitung der Pfarrgehaltszulage überlassen.

„Wir verordnen endlich, daß das der ehemaligen Kapelle zugehörige Vermögen dem Kirchenvorstande der neuen Pfarrkirche zur Verwaltung übergeben werde. Nachdem Wir nunmehr in vorstehender Weise dem Wunsche der geliebten Pfarrkinder zu Bornheim gern willfahrt haben, ist es auch Unsere zuversichtliche Hoffnung und Unser eifrigster Wunsch, daß sie mit dem seither bewährten Eifer nach allem Guten streben und die geistigen Vortheile, welche ihnen mit der neuen Einrichtung dargeboten sind, mit dankbarem Herzen und zu ihrem eigenen Seelenheile sich recht zu Nutze machen mögen, und ertheilen Wir ihnen dazu als ein Zeichen Unseres besondern Wohlwollens den oberhirtlichen Segen. Gelobt sei Jesus Christus!

„Gegeben zu Köln unter Unserer Unterschrift und Beidrückung Unseres Insiegels am Feste der Verkündigung Mariä, den 25. März eintausend achthundert neun und fünfzig.

L. S.   Johannes Cardinal von Geissel."

Die Pfarrer. Ein Vicar.

Anton Schmitz (1859—1864), geboren zu Köln am 25. Januar 1826, zum Priester geweiht am 14. September 1851, hierauf Kaplan an St. Remigius (Minoritenkirche) zu Bonn. Derselbe ist seit 1864 Pfarrer zu Wipperfürth und seit dem 27. December 1870 Dechant des gleichnamigen Dekanates. Er ließ 1861 achttägige Exercitien für Frauen und Jungfrauen sowie für Männer und Jünglinge durch den Lazaristenpater Richen halten. 1862 folgte eine dreitägige Geisteserneuerung.

Franz Hubert von Othegraven (1864—71), geboren zu Richterich am 28. Januar 1826, zum Priester geweiht am 14. September 1851, Lehrer an der Domschule zu Aachen, Rector und Religionslehrer im Pensionat der Salvatorschwestern zu Münstereifel, nach Bornheim berufen am 31. Januar 1864. Nach Erbauung der neuen Kirche wurde die Wohnung in der Orbachstraße für 2000 Thaler an Johann Kuhl verkauft und dem Pfarrer 1867 das für 6000 Thaler von demselben

(Kuhl) erworbene geräumige Haus neben der Schule als Pfarrwohnung
überwiesen. v. Othegraven starb als Pfarrer zu Mülheim a. Rh. am
7. Juni 1882.

Die Jesuiten Drecker, Frei und Surmann hielten 1869 vom 26. Sep=
tember bis 3. October eine Mission ab.

Heinrich August Feldhaus, geboren zu Neuß am 4. August
1826, zum Priester geweiht am 18. April 1852, Kaplan an der Anna=
kirche zu Düren, später zu Freialdenhoven, wurde am 15. April 1871
zum Pfarrer ernannt.

Am 15. Mai 1873 wurde der seitherige Hauskaplan zu Schloß
Rath bei Düren, Wilhelm Bahn aus Hennef, zum Vicar von Born=
heim ernannt. Eine Abnehmungskrankheit setzte bereits im November 1878
seinem großen Seeleneifer ein Ziel. Die Maigesetze machten die Wieder=
besetzung der Vicariestelle, abgesehen von sonstigen Schwierigkeiten, un=
möglich.

Kloster „Maria=Hilf".

Im Jahre 1883 wurde die Tapetenfabrik von Froitzheim, Firma
Wittgenstein, welche einige Jahrzehnte hindurch einer beträchtlichen
Anzahl von Männern und Jünglingen aus Bornheim gesicherten Lebens=
unterhalt verschafft hatte, geschlossen. Nun konnte die Eigenthümerin,
Frau Bürgermeister Kath. Witthoff, geb. Froitzheim, einen lange gehegten
Herzenswunsch erfüllen und der Pfarrgemeinde sowie der ganzen Um=
gegend die Pflege der armen Kranken durch Ordensschwestern ermöglichen,
indem sie Wohnhaus nebst Garten und Fabrikgebäude um billigen Preis
an die barmherzigen Schwestern von der Regel des h. Augustinus
verkaufte, die ihr Mutterhaus zu Köln auf der Severinstraße 73 und
ihren großartigen Wirkungskreis im dortigen Bürgerhospital haben.
Durch Ministerial=Rescript vom 25. Juli 1883 wurde den genannten
Schwestern die Ordensniederlassung und die Errichtung eines Kranken=
hauses für Kranke beiderlei Geschlechts und aller Confessionen gestattet.
Am 10. October desselben Jahres wurde das Kloster nach vorher=
gegangener kirchlicher Einsegnung mit drei Schwestern eröffnet. Möge
das Haus eine Stätte christlicher Wohlthätigkeit und des Segens für
Bornheim und die ganze Umgegend sein und bleiben!

Küsterstelle.

Das zu Anfang des vorigen Jahrhunderts angelegte Breniger Rent=
buch enthält folgende Einkünfte des „Bornheimer Offermanns":

„Der Kirchweg hinter dem Apostelhof gehört in den Offermanns-dienst, dessen soll der Offermann auf alle Hochzeiten (höchste Kirchenfeste) und Festtage die Hochmeß singen.

Item drei Viertel Lands am alten Weier, welche Jacob Anding wegen seines Offermannsdienstes neben dem Land am Kirchweg genießt.

Item von drei Viertel Lands auf des Herrn zu Bornheimb drei Morgen die Weide am alten Weier, und zwar auf dem mittelsten Morgen den Zehnten.

An Korn-Garben jährlich im Arnd [1]) vom Haus Bornheim oder deren Länderei 10 Garben, Apostel-Herren-Hof 10 G., Kleehof 3 G., Herrn Junkersdorfs Erben 1 G., Frohnhof 10 G., Wittib Schmitz von ihrem Herren-Geilen-Gut 3 G., Karthäuser Hof 3 G., Harsten Erben und Wittib Kemp 1 G., Kreuzherren-Hof zu Hodorf 1 G., Wenauer Hof zu Hodorf 2 G., Klosterather Hof 1 G.

Item aus jedem Haus zu Bornheim und Botzdorf im Herbst zwei Maß Wein. Die Jura von Sangmessen, wie in den Stiftungen zu sehen. Von Diensten bei Kindtaufen 4 Albus nebst einem Honorar von Pathen und Gotten. Vom Copuliren 20 Albus. Von Begräbnissen ein Viertel dessen, was Herr Pastor in toto bekommt."

Mißhelligkeiten wegen der Grenzen der Küsterei-Bezirke von Born-heim und Brenig veranlaßten den Orts- und Kirchenvorstand unter dem Vorsitze des Bürgermeisters Menser und des Pfarrers Langen, am 16. August 1825 zu beschließen, wie folgt: Zum Küsterei-Bezirk Born-heim gehört a) ganz Botzdorf, b) Dorf Bornheim bis auf die Königs-straße, rechter Hand bis an den Kreuzhof, auf der nämlichen Straße bis an das Haus des Bernhard Syberz, welches nach Brenig gehört. Das Uebrige mit Einschluß von Hodorf gehört nach Brenig.

Nach obiger Eintheilung, welche von Alters her bestanden hat, sollen alle Verrichtungen der Küster ausgeführt werden. Die in dem Kirchenbuche ausgeworfenen Gebühren für den Küster zu Bornheim — von jedem Hause dreizehn Albus — sollen ohne Widerrede entrichtet werden.

Schule.

Nach der Offenberg'schen Stiftung hatte seit 1720 der Frühmesser die Schule zu halten. Von 1760—1770 gab der Küster unter Leitung des Vicars in einem 120 Quadratfuß großen Kämmerchen während der Wintermonate Unterricht im Lesen und Schreiben. 1770 wurde die

---

[1]) Arndt == Ernte.

Schule in die Vicarie verlegt, der Unterricht vom Vicar, nach seinem Geburtsort „Bliesheimer" genannt, ertheilt. Matheisen (1788—1803) und Faust (1804) waren die letzten Schulvicare. Ueber die Schulbildung in damaliger Zeit hat Lehrer Johann Wallraf[1]) interessante Aufzeichnungen hinterlassen. „Ich kam," schreibt derselbe, „als Kind wenig in die Schule, im Sommer gar nicht, habe auch in der Schule nichts vom Schreiben und Rechnen gelernt. Mit zehn Jahren besuchte ich die Schule nicht mehr und hatte kaum so viel gelernt, daß ich ein Gebetbuch brauchen konnte. Das war im Jahre 1780." Vom vierzehnten bis dreißigsten Jahre diente Wallraf als Knecht, ging hierauf zu einem Wagner (Stellmacher) in die Lehre und verblieb vier Jahre bei ihm. „An Sonn- und Feiertagen" erzählt Wallraf weiter, „und in sonstigen müßigen Stunden übte ich mich im Schreiben und Rechnen, schrieb Gebet- und andere Bücher und verkaufte sie für Geld; und wo Einer war, der mich etwas »lernen« konnte, da nahm ich Unterricht. Mit Anfang des 19. Jahrhunderts habe ich zu Waldorf der französischen Abendschul beigewohnt[2]). Im Jahre 1804 sollte ich bei dem Kaiser Napoleon als Nationalgarde dienen. Da hat Max Friedrich Walbott, Herr zu Bornheim, welcher damals Maire von Waldorf war, mich mit der gesammten Municipalität zum Schullehrer in Bornheim ernannt. Mit 22 der damaligen Lehrer habe ich zu Brühl vor Professor Braun aus Aachen die Prüfung abgelegt und bin mit 13 angestellt worden, 9 wurden abgewiesen. Da bin ich 8 Jahre Schullehrer in Bornheim gewesen. Viele Früchte für die damalige Zeit im Lesen, Schreiben und Rechnen sind in meiner Schule gesammelt worden. . . . Denn Kinder von Sechtem und Roisdorf kamen nach Bornheim in die Schule. Schulzwang war noch nicht. Die Eltern schickten ihre Kinder, wann sie wollten, und doch nur im Winter."

Nach Wallraf wurde 1813 Andreas Flohr Lehrer und Küster, und war bis zur Errichtung des Schulhauses 1833 die einzige Lehrkraft. Im Jahre 1836 wurde eine zweite Klasse errichtet und Flohr Unterlehrer. Er feierte 1863 sein fünfzigjähriges Dienstjubiläum, wurde decorirt und dankte um 1870 ab. Die Oberklasse leitet seit 1847 Heinrich Trimborn. 1882 hatte auch er, und zwar noch rüstig und stark, 50 Jahre im Dienste der Schule gestanden. Ein von der Gemeinde veranstaltetes Fest bewies ihm die schuldige Anerkennung.

---

[1]) „Besondere Anmerkungen" als Anhang zu einem selbstverfaßten Erbauungsbuch, geschrieben im Alter von 82 Jahren.

[2]) George Majéres aus der Diöcese Lüttich war damals Vicar in Waldorf und ertheilte vermuthlich französischen Unterricht.

1869 wurde für die größern Mädchen eine Lehrerin angestellt, nicht lange nachher eine zweite.

Nachtrag.

Lehrer Wallraf hat nicht nur die Merkwürdigkeiten der Schule, sondern aus seiner Zeitgeschichte manches, was für Bornheim und auch wohl für weitere Kreise der Mittheilung werth ist, aufgezeichnet, darunter Folgendes über die Greuel der französischen Revolution.

„Die Bilder Christi und der Heiligen wurden zerschmettert, die Kreuze von den Kirchthürmen weggerissen, Sonn- und Festtage abgeschafft, der Gottesdienst verboten, die Geistlichen verfolgt und ermordet, Jahr, Monate, Wochen und Tage verändert, mit einem Worte, ein neuer Kalender gemacht. Die Woche hatte zehn Tage, Dekade genannt. Der zehnte Tag war Ruhetag und mußte gefeiert werden. Am Sonntag wurde gearbeitet. Jeder Monat hatte drei Wochen. Am Ende des Jahres waren noch fünf Tage übrig; diese wurden als Ergötzungstage gefeiert. Dieses währte, bis Napoleon Bonaparte aus Aegypten nach Frankreich zurückkam und das Directorium den Rath der 500 zu Paris stürzte. Da tönten die evangelischen Worte von allen Kanzeln herab: Der Herr hat Alles wohlgethan. Mark. VII. 37.“

„Im Jahre 1816,“ so schreibt der vom Lehrer zum Gemeindevorsteher fortgeschrittene Wallraf weiter, „richtete ich die von den Franzosen niedergerissenen und zerbrochenen Denkmäler des Christenthums wieder auf, so die sieben Fußfälle von Brenig nach Bornheim. Das Bild des kreuztragenden Christus, welches aus dem Heiligenhäuschen hinweggenommen, an der Kirchhofsmauer aufgehangen und dem Schnee und Regen lange Jahre hindurch ausgesetzt worden war, ließ ich durch Maler Pfeiffer in Brühl ausbessern und in das wiederhergestellte Heiligenhäuschen zurückbringen. Zu diesen und andern Restaurationsarbeiten haben einige fromme Leute beigesteuert.“

Die in diesem Berichte erwähnten Fußfälle, von Jacob von Walbott 1746 errichtet, waren 12 Fuß hohe steinerne Kreuze mit adeligem Wappen: 1. auf dem Kirchhof zu Brenig, 2. in den Benden daselbst, 3. unter dem Rankenberg, 4. an der Bonn-Brühler Straße, 5. an der Kiesgrube bei Bornheim, 6. Kreuz-Kreuz daselbst im Felde, 7. Apostelkreuz im Uelchen. Hier ist anzuschließen ein ähnliches Kreuz an der Oel- vulgo Ohligsgasse, dem Wege nach Hersel. Im Jahre 1871 warf ein Sturm dasselbe ab, es fiel auf die Tochter eines Kesselflickers aus Trippelsdorf. Sie starb und wurde in Bornheim beerdigt. Am Ausgang von Bornheim nach Sechtem wurde in demselben Jahre die Gertrud Schwadorf aus Bornheim vom Blitz erschlagen. Ihre Angehörigen errichteten zum Andenken ein Kreuz an der Stelle. Die Verunglückte stand eben im Begriffe zu heirathen, als der tödtliche Schlag sie traf. Dasselbe wird von der Unglücksgefährtin aus Trippelsdorf berichtet.

Erwähnung verdienen schließlich: das Missionskreuz vor der Kirche, ein anderes an erhabener Stelle zu Botzdorf, das des „Christian Wessels" an der Apotheke, und das schöne gothische Kreuz der Eheleute am Zehnhoff in Bornheim.

3. Brenig.

Brenig liegt, von der Hundschaft Hoborf bei Bornheim aufsteigend, in westlicher Richtung auf vorspringender Gebirgszunge, 23 Kilometer von Köln, 11½ Kilometer von Bonn, 3 Kilometer von der Station Roisborf. Der Pfarrort mit „dem Acker" hat 629 katholische Einwohner. Die Villa Rankenberg des Herrn von Kempis liegt tiefer im Abhang nach Norden in gewähltester Lage, im weitern Anschluß Dersdorf, oberhalb von Dersdorf die unter dem Namen „Bisdorfer Hof" bekannten Gehöfte, 2 Kilometer vom Pfarrort nach Süden der Römerhof, sie zählen insgesammt 200 Seelen. In dem tiefen südöstlichen Thaleinschnitt befinden sich zwei Mühlen, von dem bei Bornheim erwähnten Bache getrieben.

Die klassische Lage des Pfarrortes läßt von vornherein eine römische Ansiedelung in Brenig vermuthen. In der That hatten die Römer die schönste Stelle an der Kirche zur Anlage einer bedeutenden Villa ausersehen, deren Substructionen nebst Bad und Brunnen in jüngster Zeit aufgefunden wurden und theilweise neben und unter der Schule und der Kirche noch vorhanden sind. Der Römerhof verdankt seinen Namen dem Römer-Canal, auf dessen Rücken seine westliche Seitenmauer errichtet ist. Die Villa an der Kirche wurde aus diesem Canal durch eine besondere Nebenleitung von höherer Stelle mit Wasser versorgt[1]). Die über Brenig führende Aachener Straße wurde bereits unter Roisborf erwähnt. Daß dieselbe römischen Ursprunges ist, beweisen zahlreiche zur Seite der Straße in der Nähe des Bisdorfer Hofes aufgefundene Gräber mit den dabei üblichen Urnen, Aschenkrügen und Glasgefäßen.

Die Kölner Erzbischöfe waren im frühen Mittelalter im Besitze der Kirche und des Zehnten von Brenig. Im Jahre 941 übertrug Erzbischof Wichfried beide dem Cäcilienkloster zu Köln. Die Pfarre

---

[1]) Röm. Staatsstr., Annalen d. hist. Vereins, XXXVII 54.

unterstand ihrem ganzen Umfange nach der Herrschaft und Gerichts=
barkeit der Burgherren zu Bornheim ¹). Ein eigenes Hofgericht war
mit dem Gut von St. Aposteln in Köln verbunden ²). Es bestand aus
sechs Geschworenen, deren zwei von der Burg Bornheim, zwei von den
Dützhöfen, zwei von dem Gut des Kunibertsstifts gestellt wurden. Der
Apostelhof gestattete flüchtigen Verbrechern freies Asyl. Der Domhof
zu Nettekoven bei Witterschlick, der Hof der Deutschordensherren zu Hersel
und Gut Kreuzacker der Jungfrauen zu Kapellen waren dem Apostelhof
kurmütig ³).

Die Apostelherren waren verpflichtet, der Gemeinde eine Lehm=
grube zur Verfügung zu stellen sowie den Friedhof und Frohnpütz in bau=
lichem Zustande zu erhalten. Die Einwohner hatten das Recht, ihre
Kühe „von Mertenstag bis halben März auf Frohnhofs Weide zu
treiben“. Dagegen empfingen die Frohnherren Wein= und Kornpachten,
zu Martini Hühner und Pfenningsgeld, auf St. Stephanstag Haferpacht.
— Die Geschworenen erhielten Montags nach Martini von den Herren
ein Malter Weizen, „daß sie ihnen ihre Gerechtigkeit helfen weisen und
halten.“

Außer dem Apostelhof waren in der Pfarre noch folgende Güter.
Der Kunibertshof oder Schornshof am obern Ende des Pfarrortes
mit 125 Morgen Der Hof der Cistercienserinnen zu Burbach bei
Gleuel, genannt Mariabaum, mit 25 Morgen ⁴). Der Klosterather Hof mit
24 Morgen. Der Hof der Cistercienserinnen zu Blatzheim, Bertramsgut, mit
18 Morgen ⁵). Der Karthäuserhof zu Bisdorf ⁶) mit 170 Morgen
darunter mehrere Weingärten. Der Hof der Frohnleichnamsherren in Köln,
vormals Dremmergut genannt, zu Dersdorf, eines der Güter, welche zu
Kriegszeit einen bewaffneten Reiter nebst Pferd zu stellen hatten, wie dies
bei dem Gute des Jacob von der Maesen (Maes) zu Dersdorf der Fall
war. Der Jesuitenhof, genannt Feldhof, an der Bonnstraße, mit 60
Morgen. Das Ungasser Gut mit einer freien Schäferei. Kloster Diet=
kirchen hatte unter Abtissin Irmentrudis zwei Morgen Weingarten.

---

¹) S. unter Bornheim und Anhang XI. — ²) Breniger Weisthum, Annalen des
hist. Vereins, XI—XII 109.
³) Kurmut war eine Abgabe, welche nach Ableben des Nutznießers eines Hofes
aus der Hinterlassenschaft an den Gutsherrn geliefert wurde. Sie bestand in dem besten
Pferd, der besten Kuh oder einer Geldlage (silberner Pflug), für Frauen in dem Kleide
oder in Werthsachen, welche die Herrschaft sich wählte (kürte).
⁴) Vgl. Dumont, Descriptio, 36. — ⁵) Vgl. über Klosterath unter Hersel u. Sechtem.
⁶) Bisdorfer Hof das „praedium Carthusianorum“ bei Gelenius, De adm.
magnit. Col., 256. — Ueber die Herren von Bisdorf oder Bulisdorf vgl. Lac. IV 649
und Annalen l. c.

Die Kreuzherren gaben der Kirche zu Brenig von ihrem Eigenthum „am Gericht" (Apostelhof?) ein halbes Pfund Wachs, die Frohnleichnamsherren von ihrem Hofrecht zu Tersdorf 6½ Pfund Oel.

Pfarrkirche und Kloster.

Die Kirche auf römischer Grundlage, ursprünglich einschiffig, in Tuffstein, ist wahrscheinlich dieselbe, welche Erzbischof Wichfrid im Jahre 941 dem Cäcilienkloster schenkte [1]). Auf der Nordseite bauten die Stiftsdamen ein Kloster für drei Schwestern an, sodann am westlichen Eingang, zwischen Kirche und Kloster die Mitte haltend, einen unverhältnißmäßig hohen und breiten gothischen Thurm, hierzu kamen viel später das Chor, die Seitenabhänge, zuletzt neben dem Chor, der Sacristei gegenüber, eine Bethalle. Nur der Thurm zeigt reinere, stilgerechte Formen. Alles ist ohne einheitlichen Plan zusammengesetzt. Die spätesten Bautheile verrathen sehr deutlich die Armuth und Geschmacklosigkeit, welche nach der Reformation eingetreten waren.

Die Kirche war im 17. Jahrhundert baulos geworden, so daß sie fast einer Ruine ähnlich sah. Freiherr Johann Jacob von Walbott ließ dieselbe im Jahre 1719 auf seine Kosten herstellen. Die Reparaturen waren so durchgreifend, daß erneute Einweihung erforderlich schien. Ob und wann dieselbe stattgefunden hat, ist nicht zu erweisen. Im Jahre 1724 nämlich ertheilte das erzbischöfliche General=Vicariat den betreffenden Priestern die Erlaubniß, in der „neu erbauten, noch nicht benedicirten Kirche zu Brenig auf einem tragbaren Altar die h. Messe zu celebriren, bis die Benediction stattgefunden haben würde" [2]). Weitere Nachrichten liegen nicht vor.

Der Kirchthurm drohte zu Anfang unseres Jahrhunderts den Einsturz. Man erzählt: „Während der Priester bei gefüllter Kirche das h. Meßopfer darbrachte, erscholl plötzlich der Ruf in der Versammlung: ›der Thurm fängt an zu wanken‹. Alles stürzte hinaus. Nur der Priester am Altare blieb, bis die h. Handlung vollendet war." In der Folge wurde das oberste Stockwerk des Thurmes abgetragen — eine Operation, welche die Noth entschuldigt, obschon sie zur Verschönerung des Thurmes nicht beigetragen hat.

---

[1]) Lac. I 51.
[2]) Die Urkunde lautet: „Vice et authoritate serenissimi et reverendissimi archiepiscopi ac principis Colon. domini nostri Clementis Augusti. utriusque Bavariae ducis, praesentium tenore reverendo domino pastori in Brenich, uti et aliis dominis pastoribus sive sacerdotibus tam saecularibus quam regularibus conceditur licentia in neoconstructa ecclesia parochiali in Brenich nondum benedicta celebrandi super altari portatili, usque dum sit benedicta. In fidem signatum. Coloniae 6. Aprilis 1724. L. S. J. Arlem v. g."

Die Jungfrauen von St. Cäcilien waren kaum einige Jahre in den Besitz der Breniger Kirche gelangt, als Erzbischof Bruno im Jahre 954 ihrer Mutterkirche zu Köln die Reliquien des h. Bischofs und Martyrers Evergislus aus Tongern überbrachte [1]. Die Pietät gegen die Klosterkirche zu Köln führte diesen Heiligen auch als Patron der Tochter= kirche zu Brenig ein. Sein Fest wird an beiden Stellen am 24. October gefeiert.

Geschichtliche Documente über das Kloster zu Brenig liegen nicht vor. Die Ueberlieferung beschränkt sich auf eine Reliquie, welche von den Nonnen in Cäcilien nach Brenig übertragen wurde: Blut des gött- lichen Erlösers, der Gegenstand der höchsten und allgemeinsten Verehrung in der Pfarrkirche. An einem besondern Feste strömten Pilger von nah und fern herbei, um den Tribut der Liebe und Anbetung dem göttlichen Lamme darzubringen, welches sein kostbares Blut am Stamme des h. Kreuzes für das Heil der Welt vergossen hat. An solchen Tagen konnte man an siebenzig Fahnen von Processionen zählen, welche zum h. Blute nach Brenig wallfahrteten. Priester benachbarter Pfarreien und Klöster waren mit dem Ortspfarrer thätig am Altare, im Beichtstuhle, auf der Kanzel. Weil die Kirche die Menge der Andächtigen nicht faßte, so wurde die Predigt im Freien gehalten. Zwei steinerne Träger, welche die improvisirte Kanzel trugen, sind in dem Thurme nach dem Kirchhofe noch als Erinnerung geblieben.

Nach Aufhebung der Klöster (1802) verließen die Stiftsdamen aus St. Cäcilien ihre Niederlassung zu Brenig, und mit ihnen ging die Reliquie des h. Blutes der Kirche verloren, der Trost heilsdurstiger Seelen und reumüthiger Büßer. Von dem Klostergebäude ist nichts mehr vorhanden. Die durch den Abbruch gestörte Symmetrie der Kirche läßt dieselbe in unangenehmer Weise vermissen.

An den Bericht über das h. Blut schließen wir den über drei andere Reliquien an.

1. Johann Jacob von Walbott schenkte der Kirche zu Brenig Reli- quien der heiligen Martyrer Deodatus, Placidus, Illuminatus, der Heili- gen Florida, Abundantia, Deodata, alle in einem Kästchen, welche er vom h. Vater zu Rom 1719 erhalten hatte. Die Echtheit wurde vom Kölner Generalvicar beglaubigt. Margaretha Moll stiftete eine h. Messe, welche am Feste des h. Placidus (5. October) unter Ausstellung der Reliquien gehalten wurde. Eine ähnliche Stiftung machte auf Anregung des Pastors Pörtgen die Sibylla Kirchartz.

---

[1] Vgl. Gelen.. De adm. magnit. Col., 353. Surius de s. Brunone, XVIII.

2. Eine Partikel des h. Evergislus wurde von Pastor Huick (1835—1840) aus St. Peter in Köln besorgt.

3. Partikeln der Gebeine des h. Sebastianus wurden durch Pastor Ellemann im Jahre 1853 von Rom überbracht (s. Anhang Nro. VI, 1). Auf Grund beigefügter Authentik ertheilte der Generalvicar, Weihbischof Dr. Baudri, unter dem 16. Januar 1854 die Erlaubniß, die Reliquien auszustellen und zu verehren.

Glocken-Inschriften.

1. Sancte spiritus heisschen ich.
   tzo den deinst Gotz roiffen ich.
   De doeden beclagen ich.
   blix hagel donner vedriven ich.
   Hinrich van Coellen guis mich.
   Teil Heidges van Bornheim
   Join an der Linden kirchmeister
   1553.
   St. Evergisle bitt für uns.

Auf der andern Seite:

   S. Servati bitt für uns.

Darüber auf jeder Seite des betreffenden Heiligen Bild.

   Anno 1735 verunglückte ich
   Da war zu lesen die alte inschrift auf mich
   Den alten namen behalte ich
   Und hat von neuem gegossen mich
   Von Malmedy Martin Legros in Brenich 1754
            H. Pörtgen pastor — iubilarius
   Das zeIChen † bLeIbe eIn sChIrM

Johannes Jacobus Freiherr von Walbott-Bassenheim herr zu Bornheim u. ihro churfürstliche durchlaucht Stats und conferentialminister, kammerpraesident, amtmann zu Brühl, und Catharina Adolphina Freifrau von Walbott-Bassenheim geborene Freiin von Gymnich.

2. Sub regimine Clementis Augusti 1. b. de Walbott in Bornheim et Wilhelminae Josephae Etimundae de Loë in Wissen refundebar.

D. Horchem pastor et Ebhard satrapa, verunglückt 1775 und durch Philipp Maass zweimal verdorben, iedoch mit Gottes hülfe das dritte mal der guss gelungen und dedicirt h. Sebastiano 1776 von Martin Legros.

3. St. Evergisle tuorum memor operum sta pro tuorum vita pauperum coram summo judice. anno 1614.

Wilhelm Scheiffard de Merode und Sophia Quad von Landskron geboren dochter zu Meil und Domberg und Frau zu Bornheim.
Abraham Gaillot von Flamersheim gos mich.

Die Töne Es, F, B sind von seltenem Wohlklang.

Ein altes Denkmal ist das in Stein gehauene Wappen Ritter
Wilhelm Schilling's, des Stifters von Kloster Kapellen, eingemauert in
den Unterbau des Heiligenhäuschens der schmerzhaften Mutter auf freiem
Platz am Plönhof (Apostelhof). Es hat vier liegende Kreuze im Felde [1])
und stammt aus der zerstörten Kirche zu Kapellen.

Stiftungen.

Als Heinrich Pörtgen im Jahre 1698 die Pfarrstelle antrat, gab
es an der Kirche zu Brenig fast keine Stiftungen. Durch seine lang-
jährigen Bemühungen und eigene Opferwilligkeit wurden die meisten der
jetzt vorhandenen in's Leben gerufen sowie auch das Primissariat, dessen
Fonds unter französischer Herrschaft verloren gingen. Die Zahl der
Sangmessen betrug unter Pastor Stempels 89, die der Lesemessen 88.
Erstere sind seitdem um einige neue vermehrt worden. Fräulein Maria
Anna Schreiber (gestorben 28. Mai 1879) vermachte 1500 Mark zu
vier Sangmessen und einer Armenspende.

Bruderschaften.

1. Die Bruderschaft von Jesus, Maria, Joseph wurde unter Pastor
Pörtgen im Jahre 1711 eingeführt. Die Erträge von Opfergeldern
waren am 3. März 1737 zu einem Capital von hundert Reichsthalern
angewachsen, dessen Zinsen als Stipendium einer Frühmesse verwendet
wurden, welche der Vicar an dem ersten Sonntage jeden Monats für
die Wohlthäter zu lesen hatte. — 2. Die Bruderschaft vom h. Herzen
Maria's zählte nach ihrer Einführung unter Pastor Stempels 530 Mitglieder. — 3. Der Franciscusverein mit 40 Mitgliedern, von demselben
eingeführt, hat eine durchschnittliche Einnahme von 87 Mark. — 4. Die
Bruderschaft vom h. Erzengel Michael.

Processionen.

1. Die „Gottestracht" am sechsten Sonntag nach Ostern war
der drei Tage früher in Bornheim gehaltenen ähnlich. Außer Kreuzen
und Fahnen wurden die Bilder der Muttergottes, des h. Evergislus, des
h. Sebastianus, der h. Katharina, noch ein Bild der Muttergottes und

---

[1]) Vgl. Gelen., De adm. magnit. Col., 161.

der h. Anna aus Bornheim, jedes von einer Kerze begleitet, getragen. Der Bürgermeister trug die Osterkerze und erhielt, wie jeder andere Träger, bestimmte Gebühren aus Kirchenrenten. Vor Errichtung der Vicarie (1722) „sublevirten bei der Procession zwei Franciscaner aus Brühl und hatten freie Station auf Kosten der Kirche". Später fungirten statt der Patres der Primissar von Bornheim und „Herr Orgelist" von Brenig und erhielten jeder ein Maß Wein.

2. Die Hagelfeier an den Bitttagen vor Christi Himmelfahrt war mit einer großen Brodspende verbunden. Gespendet wurden: Vom Hause Bornheim 4 Brode, vom Apostelhof in Bornheim 4, vom Frohnhof 4, vom Kreuzhof 2, vom Kleehof 2, von Herrn Blankenheim 1, von Wilhelm Pohl 2, vom Wenauerhof 4, vom Burbacher Hof in Brenig 1, vom Clarenhof 3 Weck und 4 Brode, vom Klosteratherhof 2 Brode, vom Kunibertshof 4, vom Apostelhof 4, vom Bisdorferhof 4, vom Rankenbergerhof 2, von Herrn Klein zu Dersdorf 2, vom Jesuitenhof 3 Weck und 2 Brode, vom Karthäuserhof in Bornheim 6 Albus für Weck, von Hermann Bey's Wittib und Erben 1 Sümmer Korn, von Frohnfrau Wittib Schmitz Erben wegen Geilensgut 2 Sümmer Korn. Von jedem Morgen Weingarten wurden 2 Albus entrichtet.

3. Nach Kloster Kapellen finden Bittgänge statt, theils um nützlichen Regen zu erflehen, theils um schädlichen abzuwenden.

4. Nach „Maria Hilf", Kapelle bei Koblenz, pilgern alljährlich 60—70 Personen ohne geistliche Führung.

Kirchhof.

Kirche und Kloster waren von dem Friedhof umgeben und nach Abbruch des letztern der Begräbnißplatz erweitert. Ein halbkreisförmiger Thorbogen in der nördlichen Ringmauer des Kirchhofs bezeichnet den Eingang zum Kloster.

Von der Verpflichtung der Apostelherren, den Kirchhof und die Mauer in gutem Zustande zu erhalten, war schon vorher die Rede. Für Excommunicirte war ein ungeweihter Platz reservirt. „Obs sach were," so meldet das Weißthum, „dass jemand mit geistlichen Mandaten beschlagen were, dass er in dem bandt were und sterbe, dass man ihn darauf begrüff, bis ihm sein freundt auf die geweihte platz hülfen." Auf dem Kirchhof fanden bis 1859 außer den Pfarrangehörigen des heutigen Bestandes die von Hodorf und eines Theiles von Bornheim ihre Ruhestätte.

Im Jahre 1848 wurde im südlichen Abhange neben der Kirche ein Civilkirchhof angelegt, von Pastor Emans am 17. December benedicirt und mit dem alten Kirchhof als Begräbnißstätte benutzt. Die

Kölner Regierung ließ 1862 durch den Bürgermeister die Beschlagnahme
des letztern als Eigenthum der Civilgemeinde aussprechen. Aber eben
dieser Ausspruch beweist, daß der alte Kirchhof nicht der Civilgemeinde,
sondern der Pfarrkirche gehörte. Endlich erklärte Bürgermeister Dengler
1883 jede Beerdigung auf dem alten Kirchhof als unstatthaft und veranlaßte
den abermaligen Ankauf eines etwas tiefer gelegenen Grundstücks als
Ergänzung zum Civilkirchhof. Sanitätspolizeiliche Gründe können dabei
nicht in Betracht kommen, das beweisen die Gutachten medicinischer
Autoritäten neuesten Datums.

Pfarrstelle.

Das Cäcilienstift zu Köln übernahm mit dem Zehnten der Kirche
das Recht, den Pfarrer zu präsentiren, und die Pflicht, denselben zu
besolden. Die Abtissin des Stifts mit dem Stiftscapitel blieb im Besitze des Patronats zu Brenig bis zur französischen Säcularisation[1]). Vor
der Säcularisation bezog der Pfarrer aus dem Zehnten jährlich 20 Malter
Korn, 20 Malter Hafer, 100 Dahler kölnisch, etwa 153 Mark[2]). Statt
dieser Einnahme erhielt der Pfarrer 134 Thaler Staatsgehalt, später
noch einen Zuschuß von 12 Thalern. Eine Gemeindezulage von 78
Thalern nebst 18 Thalern Landpacht brachten unter Pastor Stempels
das Pfarrgehalt auf 242 Thaler[3]).

Die Pfarrwohnung lag bis 1834 zu Hodorf bei Bornheim, fast
in gleicher Entfernung von der Pfarrkirche und der Filiale. Die Lage
war offenbar gewählt mit Rücksicht auf die überwiegende Bevölkerung
von Bornheim, desto unbequemer für den Pfarrer, welcher die Höhe zur
Pfarrkirche zu ersteigen hatte, sowie für die Einwohner von Brenig wegen
ihrer Entfernung vom Pfarrhause.

Vorzüglich dem Bürgermeister Jakob Meuser[4]) (1806—1832) ist
es zu verdanken, daß die Pfarrwohnung von Hodorf nach Brenig verlegt
wurde. Herr Meuser schenkte zu diesem Zweck 600 Thaler pr. Courant.
In schönster Lage wurde Hausplatz und Garten von Johann Klemmer
angekauft und das alte in Fachwerk bestehende Pfarrhaus im Jahre
1835 neu errichtet.

Gerhard Pingen war der erste Pfarrer, welcher an der Pfarrkirche
seine Wohnung aufschlug. Um das Jahr 1863 wurde die Pfarrwohnung durch einen Querbau erweitert, im Erdgeschoß ein größeres Zimmer, im
obern zwei Zimmer enthaltend. Der ganz in Stein aufgeführte Anbau

---

[1]) Dumont, Descriptio, 6. — [2]) Amtlicher Bericht an das General-Vicarial zu Köln im Kirchenarchiv. — [3]) Bericht des Pfarrers Stempels. — [4]) Meuser bewohnte das ihm zugehörige Gütchen bei Uellekoven.

erhöht den Werth und die Schönheit des Ganzen. Die Kosten, welche die Gemeindekasse zu übernehmen hatte, betrugen 1300 Thaler. Eine dankenswerthe Zugabe war die Stiftung der Eheleute Theodor Wiß= kirchen und der Margaretha Söntgen zu Dersdorf, bestehend in einem Garten neben dem Kirchhof, dem Pfarrhause gegenüber. Der Pfarrer hat als Nutznießer jährlich zwei heilige Messen zu halten.

Pfarrer.

Heinrich Runderath, Rector zum h. Michael an der Münster= kirche zu Bonn, wurde vom Archidiakon investirt am 30. December 1606.

Gerhard Krähmer, bis 1688.

Anton Cormans, gestorben 1698.

Heinrich Pörtgen, 1698—1762. — Ueber die eigene Thätigkeit berichtet Pörtgen, wie folgt: „Als ich im Jahre 1698 die Pfarrstelle antrat, waren fast keine Stiftungen vorhanden, auch keine Tauf= und Sterbe=Register und keine andern Pfarreinkünfte, als die, welche das Capitel von St. Cäcilien gewährte. Im Verlauf der Zeit, nämlich bis in's vierzigste Jahr, habe ich einige wenige verlorene Güter wieder er= langt, gutgesinnte Menschen zur Errichtung von (den hier verzeichneten) Stiftungen veranlaßt, sogar den Herrn Pastor von Urfeld, Leonard Offen= berg, meinen Dechanten, bewogen, zu Bornheim das Primissariat zu stiften. Ich selbst mußte mit gutem Beispiele vorangehen, indem ich den Ordinationstitel für das geistliche Beneficium des Organisten (Vicars) zu Brenig stellte. So möge der barmherzige Gott mir, unwürdigem Pfarrer, weiter helfen." [1] Kein anderer Pfarrer des Dekanats hat so lange (64 Jahre), wie Pörtgen, an einer Stelle gewirkt.

Everhard Horichem, Assessor des Aargauer Capitels, 1762—1812.

Johann Hummelsheim, 1812—1818, früher Rector in Bornheim, später in Urfeld.

Peter Hack, 1818—1822.

Nach seiner Versetzung verlangte die erzbischöfliche Behörde Gehalts= erhöhung, wie es scheint, ohne Erfolg. Die Pfarrstelle blieb bis in's vierte Jahr vacant. Vicar Meier zu Bornheim führte die Verwaltung.

J. R. Langen, 1825—1826.

N. Biet, gestorben 1828. Nach seinem Tode wurde Gerhard Pingen, Vicar zu Waldorf, Pfarrverwalter.

Gottfried Hendrichs, 1828—1829, geboren zu Sechtem, war ehemals Benedictiner an St. Martin zu Köln.

---

[1] Das Original findet sich in lateinischer Sprache im Urkundenbuche der Pfarrkirche.

Gerhard Pingen, 1830—1835, später Pfarrer in Frießheim.

Nicolaus Huick, 1836—1839, war Schulpfleger des Kreises Bonn und starb zu Brenig.

Peter Joseph Elkemann, 1840—1845, geboren zu Köln am 8. December 1805, zum Priester geweiht 12. April 1831, 30. Juli Vicar zu Bornheim, von Brenig nach Worringen befördert; er war Mitglied des Abgeordnetenhauses, starb am 8. December, seinem Geburtstage, im Jahre 1874.

Johann Heinrich Emans, 1846—1850, geboren zu Köln am 9. Januar 1810, wurde Priester am 28. April 1835, von Brenig nach Honnef befördert, seit 5. November 1855 Dechant des Dekanates Königswinter. Emans starb am 12. März 1879.

Peter Stempels, 1850—1870, geboren zu Helzingen, im Großherzogthum Luxemburg, am 10. October 1806, wurde Priester am 17. December 1836, hierauf Rector zu Godorf, dann Vicar zu Wipperfürth, bis zu seiner Berufung nach Brenig Pfarrer in Herchen, seit 26. März 1870 in Frießheim, Dekanat Lechenich. Er ließ im Jahre 1862 durch die Lazaristen Nelsen, Stollenwerk und Roth eine Mission abhalten. Das Kirchhofskreuz von 1716 wurde als Missionskreuz geweiht. Im Anschluß an die Mission wurden die Kreuzweg-Stationen, von Godorf nach der Pfarrkirche aufsteigend, errichtet, das Mauerwerk einzelner Stationen nach freier Wahl frommer Schenkgeber, die Bilder in terra cotta durch allgemeine Beiträge beschafft. Pater Nelsen vollzog die Benediction.

Johann Arnold Mörs, 1870—1875, geboren zu München-Gladbach am 28. April 1815, wurde Priester am 10. April 1840, seit 13. November 1852 Pfarrer zu Lommersdorf, 10. Juni 1865 zu Immendorf, Dekanat Brühl, 3. Mai 1870 zu Brenig, wo er am 25. Februar 1875 starb.

Die Maigesetze von 1873 und 1874 verhindern bis heute die Wiederbesetzung der Pfarrstelle. Verschiedene Priester der Umgegend leisten Aushülfe.

Kurz nach Emanation der Maigesetze von 1874 feierte der am 24. August desselben Jahres zum Priester geweihte Gottfried Claren seine Primiz in der Pfarrkirche zu Brenig, wo er die h. Taufe empfangen hatte. An die Anstellung des Neugeweihten auf heimischem Boden war unter den obwaltenden staatlichen Hindernissen nicht zu denken. Daher ging Claren in freiwillige Verbannung und fand in Würtemberg Aufnahme als Redacteur einer katholischen Zeitung. Zu einem vorübergehenden Aufenthalte in die Heimath zurückgekehrt, besuchte er seine Schwester, zur Zeit Lehrerin in Rösberg, und las bei dieser Gelegenheit in der dortigen Pfarrkirche die h. Messe. Gendarm, Oberprocurator und das Bonner Gericht, alles gerieth sofort gegen den gesetzwidrigen Priester in Bewegung. Unterdessen suchte Herr Claren in Würtemberg das Feld seiner Thätigkeit wieder auf, wurde nach Bonn vor Gericht citirt, und da er nicht erschien, in contumaciam zu 10 Mark Geldbuße und in die nicht unbedeutenden Kosten verurtheilt.

Primissariat. Vicarie.

Den ersten Grund zu einer Frühmessen=Stiftung legte Pastor Krähmer, indem er 1½ Viertel Morgen Weingarten schenkte. Hierzu kamen 27 Dahler von Reiner Kerz. Auf Verwenden des Pastors Pörtgen schenkte Johann Jacob von Walbott seine bei Brenig gelegene Oelmühle nebst 2¼ Morgen Grund mit dem Vorbehalt, daß „Excellenz und dero Nachkommen in sothaner Mühle den Oelschlag umsonst haben sollen". Pastor Pörtgen gab „als Beisteuer" zu der Stiftung sein Haus zu Hodorf nebst Garten und Weingarten, im ganzen zwei Morgen Grundfläche. Das freiherr= liche Schöffengericht Bornheim nahm über sämmtliche Schenkungen am 12. Februar 1722[1]) Protokoll auf und berechnete die Einkünfte derselben auf 50 Reichsthaler jährlich. Die Genehmigung des Generalvicars de Reux erfolgte am 4. Juni unter folgenden Bestimmungen:[2])

1. Patron des Beneficiums ist Stifter Pastor Heinrich Pörtgen, nach dessen Ableben Freiherr von Walbott zu Bornheim und seine Rechts= nachfolger. Erster Beneficiat ist der vom Pfarrer vorgeschlagene Engelbert Iserlohe. In Zukunft sind als „Rectoren zu ernennen und durch erz= bischöfliche Vollmacht solche anzustellen, welche das hinreichende Alter haben, um binnen Jahresfrist die Priesterweihe empfangen zu können."

2. Der Beneficiat hat an allen Sonn= und Festtagen bei der h. Messe und an höhern Festen auf Anordnung des Pastors auch in der Vesper die Orgel zu spielen.

3. Er soll am ersten Montag jeden Monats in frühester Morgen· stunde die h. Messe für die Verstorbenen der freiherrlichen Familie von Walbott sowie für den Pastor Heinrich Pörtgen und Gerhard Krähmer als Stifter celebriren.

4. Desgleichen eine h. Messe nach dem Feste des h. Sebastianus in der Pfarrkirche zu Brenig und eine zweite am Altare dieses Heiligen in der Kirche zu Bornheim für Mathias Bogen und Reiner Kerz als Wohlthäter celebriren.

---

[1]) Unterzeichnet haben: „Heinrich Hohn, ältister Scheffen, Godderth Klaren, Christian Wasserschaft, Theiß Schallenberg, Joan Roggendorff, Christian Teissen, Johannes Josten." Beglaubigte Abschrift im Urkundenbuch zu Brenig, 156—157. — [2]) l. c. 157.

In der Urkunde wird schließlich genehmigt, daß ein Theil der Oel-renten der Kirche zu Bornheim in Brenig Verwendung finden, so wie 16 Florin 16 Albus, welche früher nach stattgefundener Gottestracht verzehrt wurden, zur Erhaltung und Ausbesserung der Orgel gebraucht werden sollen.

Zu der Stiftung kamen später 200 Reichsthaler des Heinrich Körber für sieben Messen an den Festtagen der Mutter Gottes und des h. Joseph.

Die Vicariegüter, vier Morgen Ackerland und vier Morgen Wein-berg, wurden von der französischen Regierung eingezogen und verkauft. Um sie der Vicarie zu erhalten, wurde eine Deputation mit dreißig Kronenthalern zum Verkaufstermin nach Aachen gesandt. Die Deputirten kehrten unverrichteter Sache, ohne die dreißig Kronen zurück. Man ver-muthet, sie seien nicht bis Aachen gekommen. Vier Einwohner steigerten die Grundstücke an und erboten sich, dieselben gegen Erstattung des geringen Kaufpreises der Vicarie zurückzugeben. Die Gemeinde nahm dies Anerbieten nicht an, und so gingen die Güter der Vicarie für immer verloren.

Beneficiaten.

Engelbert Iserlohe, „Beneficiat und Organist", auf Vorschlag des Pastors Pörtgen designirt am 4. Juni 1722, im folgenden Jahre zum Priester geweiht, starb am 30. September 1727, 30 Jahre alt.

Philipp Pörtgen, wahrscheinlich der Neffe des Pfarrers. Sein Name findet sich unter den Wohlthätern der Kirche zu Hersel auf einem gemalten Fenster aus dem Jahre 1748.

Thomas Virnich, Beneficiat zu Berg bei Nideggen und Brenig, macht eine Messenstiftung an die Pfarrkirche zu Hemmerich, starb am 7. Juli 1769, 69 Jahre alt, im 37. Jahre seines Priesterstandes.

N. Dobeler, wanderte beim Anrücken der Franzosen im Jahre 1794 aus. Am 22. November schloß der Kirchenvorstand einen Vertrag mit Franz Viehoff „für 56 Reichsthaler zu deserviren".

N. Kirchrath, wird 1811 Vicar in Alster, starb 1827.

N. Manß, der letzte Vicar von Brenig, vermuthlich bis 1807, wo die Güter der Vicarie verloren gingen.

Küsterei.

Nach dem Breniger Kirchenbuch hatte der Offermann um 1750 eine Wohnung mit Gärtchen neben der Kirche und bezog von jedem Hause in Brenig, Dersdorf und Hodorf jährlich ein Viertel Wein, oder „wann kein Wein gewachsen, 26 Albus, später statt des Weines „sti'o ferreo" 30 Albus". Die Einwohner von Hodorf weigerten sich 1819, dem Breniger

Küster die Gebühren zu zahlen. Auf die hierüber vom Kirchenvorstande erhobene Klage verurtheilte das Friedensgericht zu Brühl am 27. Februar 1820 die Verklagten, die Rückstände nebst Kosten zu zahlen. Durch Beschluß des Orts- und Kirchenvorstandes vom 16. August 1825 wurden dem Küster die Ortschaften Brenig, Dersdorf und Hodorf als zuständiger Bezirk zugewiesen, und die Bezüge aus jedem Hause auf 26 Albus, doppelt so viel, als die des Bornheimer Offermanns, festgesetzt. Gegenwärtig bezieht der Küster sein festes Einkommen mit 90 Mark aus der Kirchenkasse und von jedem Hause 75 Reichspfennige.

Schule.

Bis zu Anfang des neunzehnten Jahrhunderts war die Schule mit der Küsterstelle verbunden. Gegen 1800 heirathete ein Meisterknecht Namens Kranz vom Swisterhof die Wittwe des Breniger Offermanns und wurde Lehrer und Küster. Nach dessen Tode (1805) stellte Pastor Horichem den Johann Klemmer als Küster an, fand aber Widerspruch wegen der Schule beim Bürgermeister von Walbott, welcher einen gewissen Linden als Lehrer einsetzte. Linden trat um das Jahr 1809 zurück, und nun wurde dem Klemmer auch der Schulunterricht übertragen. Ihm folgte 1834 sein Sohn Johann Joseph, ein eben so begabter als allseitig durchgebildeter Lehrer, ein Muster des Fleißes und der Ordnungsliebe. Vor seinem Eintritt in's Seminar hatte Klemmer sich in Köln die Qualification für den Taubstummen-Unterricht erworben. Im Jahre 1848 hatte er fünf taubstumme Kinder, darunter zwei Judenmädchen, im Unterricht. 1847 wurde ein Hülfslehrer berufen und an die 1830 errichtete Schule ein zweiter Saal angebaut. An die Stelle des Hülfslehrers, eines Präparanden, trat 1865 eine Lehrerin, Maria Anna Claren, Klemmer's Schülerin. Ihr erfolgreiches Wirken im Unterricht und in der Erziehung der weiblichen Jugend gereichte der Gemeinde zum Segen. Nach Klemmer's Tode, am 14. December 1874, folgte ein aus Baden eingewanderter Lehrer, Ostermeier, der nach ganz kurzer Dienstzeit entlassen wurde, 1875 Nicolaus Junglaß, im September 1880 Theodor Hennes aus Bayenthal, durch frühern Besuch der Gewerbeschule in den Realfächern vorzüglich bewandert.

4. Duisdorf.

Duisdorf, in ältern Urkunden Dudesdorf und Deusdorf [1]), eine Stunde von Bonn an der Landstraße nach Euskirchen und Rheinbach, mit einer Station der Bonn-Euskirchener Eisenbahn.

Duisdorf zählt mit Medinghoven oder Medekoven, einem uralten herrschaftlichen Landsitz am Fuße des Hardtberges, 1280 Katholiken, 3 Protestanten, 27 Juden.

In der kurfürstlichen Zeit war Duisdorf der Sitz eines zum Amte Bonn gehörigen Dingstuls oder Schöffengerichts, dessen Jurisdiction sich außer dem Orte selbst über Lengsdorf, Impekoven, Oedekoven, Meßdorf, Lessenich, Uckesdorf und Röttgen erstreckte [2]). Die Lage neben der rö= mischen Heerstraße und Spuren von militairischen Befestigungen auf den Höhen begründen die Vermuthung einer römischen Niederlassung in Duisdorf.

Der Adel von Duisdorf ist in seinen Anfängen nicht nachweisbar. Johann von Dudisdorp war um 1350 Schöffe von Bonn [3]). Ein Ritter gleichen Namens, Johann von Dudisdorp, armiger, verkauft dem Cassius= stift am 23. October 1428 mehrere Güter [4]). Engelbert von Orsbeck hatte einen Hof zu Medekoven, oberhalb Duisdorf, angrenzend an die Güter des Münsterstifts, womit Gombertus von Roisdorf belehnt war [5]). Das Stiftscapitel zu Bonn verlehnt 1439 dem Rembold von Dudesdorf, dem Alten und Kühnen (Kunigunde), Eheleuten, genselten Rembolds Sohn und Elsen (Elisabeth), Eheleuten, 2½ Viertel Weingarts, 1 Morgen Land und eine Hofstadt zu Dudesdorp an der Kapelle, 6 Morgen Broich)

---

[1]) Annalen d. hist. Vereins, XXI 89. Extractus unter Lessenich Nr. 2.

[2]) Die Angabe im Rhein. Antiquarius, daß auch Gielsdorf dem Dingstul Duisdorf untergeben war, steht mit Harleß in Widerspruch, welcher Gielsdorf mit einem Dingstul unter Amt Brühl aufführt. Lac., Archiv, neue Folge, 1. Bd., 2. H.

[3]) Annalen d. hist. Vereins, XXI 89. — [4]) Extractus unter lit. L. Lessenich, Nr. 2.

[5]) l. c. Urkunde vom 22. Juli 1390.

oberhalb Dudesdorp, wofür jährlich termino Remigii von der Hofstadt 1 Malter Weizen, von der übrigen Erbschaft 4 Malter Korn zu zahlen [1]).

Duisdorf war in älterer Zeit eine Filiale von Lessenich und dem Cassiusstift zehntpflichtig. Ueber die Zehnteinkünfte liegt ein Verpachtungsprotokoll vom 29. Juni 1755 mit folgenden Angaben vor: Lambert Hennes pachtet den Zehnten unter Bürgschaft von Johann Herkenbusch und Johann Hennes für 5 Malter Weizen, 95 Malter Korn, 9 Malter Gerste, 2 Malter Hafer, 1 Malter Erbsen [2]).

Außer dem Cassiusstift waren zu Duisdorf begütert das Brigittenkloster zu Köln und die Minoriten zu Bonn.

Von weltlichen Besitzern sind noch zu erwähnen: Freiherr Scheiffard von Merode-Alner mit einem adeligen Sitz, 130³/₄ Morgen groß, davon 11 Morgen in Meßdorf, 6¹/₂ Morgen Benden und Baumgarten, 10¹/₂ Morgen Weingarten und anderes Land: Freiherr von Quadt zu Buschfeld hatte einen Hof mit 77³/₄ Morgen Ackerland, davon 8³/₄ M. zu Meßdorf, 6³/₄ Morgen Benden, 1³/₄ Morgen Weingarten.

Das jetzige von Böselager'sche Gut, die Duisdorfer Burg, ist groß 250 Morgen und wahrscheinlich aus beiden vorstehenden Besitzungen zusammengesetzt. Das Scheiffard'sche Gut war am 6. September 1606 durch Heirath des Wallraf Scheiffard von Merode zu Alner, kaiserlichen Rittmeisters, mit Elisabeth Spies von Büllesheim, Tochter Adolph's, Amtmann zu Schönstein, an die Merode gekommen. Durch Heirath der Maria Wilhelmina Margaretha Freiin Scheiffard von Merode, Erbin zu Alner, Merten [3]) und Duisdorf, mit Daniel Salentin von Spies-Büllesheim (gestorben 1711) kam Duisdorf an die Spies-Satzfei-Alner. Letztere verloren durch einen langwierigen Proceß mit dem Grafen Hatzfeld Merten und Alner und mußten in Folge dessen auch wohl Duisdorf verkaufen, welches im Jahre 1772 Freiherr von der Heiden, genannt Belderbusch, erwarb. Durch Erbschaft ging das Rittergut in den Besitz der Freiherren von Böselager über [4]).

Mit dem Adelssitz waren ehemals die Privilegien der Steuerfreiheit und der Qualification zum Landtag verbunden [5]).

Kapelle zum h. Rochus.

Pastor Honecker von Lessenich (1771—1803) gibt uns Nachricht von einer Kapelle zu Duisdorf, welche zu seiner Zeit bestand. Es war dieselbe,

---

[1]) l. c. Urk. d. d. 3. Febr. 1439.
[2]) Ex protocollis eccl. colleg. Archidiac. de anno 1755.
[3]) Alner und Merten an der Sieg. — [4]) Mittheilungen des Herrn v. Oidtman.
[5]) Historisch-geographische Beschreibung des Erzstifts. Frankfurt und Leipzig. 1783, S. 201.

welche von 1858 bis 1862 noch als Pfarrkirche diente, aber nicht mehr jene ältere, welche, wie vorhin angedeutet, in einer Urkunde von 1439 erwähnt wird.

Die Kapelle wurde zur Zeit der Pest aus frommen Gaben zur größern Ehre Gottes und zu Ehren des h. Rochus erbaut. Verschiedene Wohlthäter brachten durch freiwillige Spenden ein Capital zusammen, dessen jährliche Einkünfte, 99 kölnische Thaler, zum Unterhalte eines Frühmessers bestimmt waren.

Die Zeit der Erbauung der Kapelle fällt in die letzten Decennien des 17. Jahrhunderts. Im Jahre 1665 grassirte die Pest in hiesiger Gegend [1], und diese war es wahrscheinlich, welche zu dem Baue die Anregung gab. Nicht lange nachher, im Jahre 1693, stiftete der Pfarrer zu Lessenich, Johann Bianden, mit 3½ Viertel Land ein Anniversar an die Kapelle. Dieselbe muß also damals erbaut gewesen sein. Fernere Stiftungen waren: Zwei Anniversarien (anniversarium duplex) des Johann Hennes mit 3 Viertel Land, zwei Seelenmessen des Paul Küster mit 100 Reichsthalern gestiftet. Peter Hammer stiftete eine Lesemesse auf den ersten Freitag nach Ostern, Adolph Faßbender eine solche auf den 1. Juli, Wilhelm Schumacher zwei h. Messen, zu lesen um die Zeit des Festes des h. Rochus.

Primissariat. Schulvicarie.

Als die Revenüen der Stiftungsgelder auf 60 Reichsthaler gestiegen waren, genehmigte der Generalvicar Petrus Gervinus von Francken-Sierstorff durch Urkunde vom 15. October 1756 die Errichtung einer Frühmessenstiftung an der Kapelle zu Duisdorf in der Form eines Beneficiums, und ferner, daß dem Kleriker Benedict Kölges dasselbe als Titel für die zu empfangende Priesterweihe übertragen werden solle [2]. Der Beneficiat war verpflichtet, an Sonn- und Feiertagen die h. Messe in der Kapelle zu celebriren, und zwar um dieselbe Stunde, wie der Pfarrer in Lessenich. An den hohen Festtagen Ostern, Pfingsten, der heiligen Laurentius und Nicolaus, als Patronen der Pfarrkirche, Mariä Himmelfahrt, Allerheiligen, Allerseelen, am ersten Sonntag jeden Monats, an welchem die Bruderschaft von Jesus, Maria und Joseph gehalten wird, sowie am folgenden Montag, wo das h. Meßopfer für die verstorbenen Mitglieder derselben dargebracht wird; am Feste des h. Herzens Jesu, am Sonntag nach der Frohnleichnamsoctav, beim 40- und 13-stün-

---

[1] In Hemmerich und Umgegend wüthete damals die Pest so furchtbar, daß die Pfarrer wegen unvorhergesehener Sterbefälle es nicht wagten, aus ihren Gemeinden zu gehen.

[2] Original-Urkunde im Archiv der Pfarrkirche.

digen Gebet solle der Beneficiat zu einer der Andacht des Volkes ent=
sprechenden, vom Pfarrer zu bestimmenden Stunde in der Pfarrkirche
celebriren.

Die Ausübung der cura oder eigentlichen Seelsorge wurde erst unter
Pastor Honecker mit der Frühmesse verbunden und der Beneficiat zugleich
verpflichtet, gegen billige Vergütung die Jugend zu unterrichten. Das
Besetzungsrecht übten der Pfarrer zu Lessenich und zwei Schöffen aus
Duisdorf. Das von Pastor Honecker zu 99 kölnische Dahler berechnete
Einkommen wurde angeblich seit 1785 durch Zuschüsse der Ortseinwohner
aufgebessert. Das Gesammteinkommen bestand in der französischen Zeit
in 180 Franken jährlicher Zinsen von 4500 Franken.

Unterdessen waren zu den obigen in der Errichtungs = Urkunde
aufgeführten Verpflichtungen noch 52 Mittwochs= und 26 Samstags=
Messen für Stifter und Wohlthäter hinzugekommen.

An die Kapelle an der Dorfstraße neben der Pfarrkirche war eine
Schulvicarie angebaut. Nach Aufhebung der geistlichen Lehrerstelle
wohnten die Vicare im obern Stockwerke, und es diente das weitläufige
Gebäude bis zum Neubau zugleich als Schule, Lehrer= und Küsterwohnung.

Von Primissaren ist nur Benedict Kölges bekannt.

Das unter französischer Herrschaft aufgehobene Beneficium wurde
später in eine Vicarie umgewandelt und das Einkommen durch Gemeinde=
zulage ergänzt.

Vicare.

Felix August Braun, 1825—1841, war geboren zu Ende=
nich im Jahre 1777, widmete sich nach Unterbrechung der ersten Stu=
dien der Rothgerberei, durchreiste 8 Jahre lang Deutschland, den größten
Theil Ungarns und Böhmens und begann nach der Rückkehr auf Anlaß
seines Oheims, Hermann Joseph Braun, ehemaligen insulirten Abts zu
St. Pantaleon, von neuem seine Vorbereitung auf den geistlichen Stand.
Im Alter von 40 Jahren wurde er zu Münster zum Priester geweiht,
hierauf Vicar zu Stoßheim, Rector zu Queckenberg, zuletzt zu Duis=
dorf. Nach unermüdlichem Wirken zog er sich schließlich nach Bonn
zurück und lebte noch 7 Jahre, stets zu gottesdienstlicher Aushülfe bereit.
Er starb am 8. April 1848.

Heinrich Joseph Beumers, bis 1847; geboren am 25. Sep=
tember 1803 zu Scheivendahl, Pfarre Waldenrath, zum Priester geweiht
am 14. April 1830, seit 1847 Pfarrer zu Schmidt, Dekanat Montjoie.

Dr. Hermann Joseph Schlömer, bis 1849, s. unter Pfarrer.

Dr. Franz Philipp Kaulen, 1850—1852, geboren zu
Düsseldorf am 20. März 1827, zum Priester geweiht am 3. September

1850, Rector zu Pützchen, Pfarre Vilich, später Repetent im erzbischöf=
lichen Convict und Privatdocent, jetzt Professor der Theologie an der
Universität Bonn, seltener Sprachkenner, besonders als Orientalist aus=
gezeichnet. Von seinen Werken nennen wir: Die Einleitung in die h.
Schrift, — Die Mandschura=Grammatik, — Die Sprachverwirrung zu Babel,
1861, — Librum Jonae prophetae exposuit, 1862, — Geschichte der
Vulgata, 1868, — Handbuch der Vulgata, eine systematische Darstel=
lung ihres lateinischen Sprachcharakters, — Assyrien und Babylonien
nach den neuesten Entdeckungen, — Neue Uebersetzung des Flavius Josephus,
— Legende von dem seligen Hermann Joseph, — St. Francisci Blüthen=
gärtlein. Der gelehrte Verfasser ist gegenwärtig mit der Redaction der
2. Auflage des Kirchenlexicons von Wetzer und Welte beschäftigt, welches
10 starke Bände umfassen soll.

Ludwig Joseph Hubert Schmitz, 1852—1854; geboren
zu Jülich am 14. Mai 1826, wurde Priester am 2. September 1852,
seit 1854 Vicar zu Elsgen, starb dort am 21. November 1862.

Michael Joseph Zimar, 1854—1857; geboren zu Eupen
am 16. April 1830, wurde Priester am 4. September 1854, 1857
Kaplan an St. Ursula zu Köln, seit 1865 Pfarrer zu Niederdollendorf.

Die Kapelle zum h. Rochus als Pfarrkirche.

Die Bevölkerung von Duisdorf hatte sich in den letzten Jahrzehnten
so auffallend vermehrt, daß, zumal bei der sonstigen Ausdehnung der
Pfarre Lessenich, das Bedürfniß einer selbständigen Pfarre Duisdorf
immer fühlbarer wurde.

„Der alte katholische Sinn und Glaube, welcher vordem Dome und
Pfarrkirchen gegründet, lebte zur Zeit auch in Duisdorf fort und erfreute
sich daselbst neuer segensvoller Schöpfungen, wie in den guten alten
Tagen" [1]). Diesen schönen Worten des verewigten Cardinals von Geissel
füge ich das Geschichtliche von der Erhebung der Kapelle zu Duisdorf
zur Pfarrkirche, von derselben hohen Hand geschrieben, bei als Denkmal
für den Erzbischof und für Alle, welche sich um Kirche und Pfarre Duis=
dorf verdient gemacht haben.

. . . „Die frommen Absichten der Gemeinde Duisdorf, die auf
Errichtung eines besondern Pfarrsystems daselbst hinzielten, konnten sich
Unseres vollen Beifalls vergewissert halten, und haben Wir nicht unter=
lassen, so viel es von Unserer Seite geschehen konnte, dieselben zu fördern
und zu unterstützen. Wohl waren die Schwierigkeiten, welche dem lobens=

---

[1]) Errichtungs=Urkunde der Pfarre Duisdorf vom 21. November 1858 im Archiv der
Pfarrkirche zu Lessenich.

werthen Unternehmen entgegenstanden, groß, allein größer noch die Opfer=
willigkeit und Ausdauer der gesammten Einwohnerschaft in ihrer Besei·
tigung. Da nämlich die an sich schwachen Einnahmen der seitherigen
Kapelle zu Duisdorf kaum die nothwendigen Mittel zur Bestreitung der
laufenden Kirchenbedürfnisse, geschweige die Besoldung eines Pfarrers
darboten, so hat der dortige Gemeinderath durch seinen Beschluß vom
26. Januar vorigen Jahres (1857) die jährliche Besoldung des anzu·
stellenden Pfarrers von 300 Thlrn. sowie die Deckung des in den Aus=
gaben sich herausstellenden Deficits auf das Gemeinde=Budget übernommen.
Jedoch waren diese nicht die einzigen Leistungen, welche von der Ge=
meinde zur Verwirklichung ihres frommen Wunsches erfordert wurden.
Denn außer der Amtswohnung für den Pfarrer mußte an die Stelle
ihrer kleinen und unansehnlichen Kapelle ein geräumiges und der erhabenen Feier ihrer Geheimnisse mehr entsprechendes Gotteshaus gebaut
werden. Zu diesem Zwecke hat bis jetzt die unermüdliche Opferwilligkeit
und große Begeisterung für die fromme Sache einen Fonds von 7000
Thalern zusammengebracht und die nothwendige Zahl von Ziegelsteinen
bereit gestellt, so daß bei der Absicht der Gemeinde, die noch fehlende
Bausumme durch Aufnahme eines Capitals zu beschaffen, der Neubau
der Kirche und des Pfarrhauses auf dem schon angekauften Grundstücke
in allernächster Zeit in Angriff genommen werden kann.

„Um nun dem so löblichen Eifer der Gemeinde Duisdorf auch Unsere
oberhirtliche Anerkennung widerfahren zu lassen, wie auch, um ihren
religiösen Bedürfnissen gerechte Befriedigung zu gewähren, und, nachdem
die Zustimmung der Mutterkirche zu Lessenich sowie die Verzichtleistung
des Oberpfarrers Münch auf jegliche Entschädigung für den Verlust an
Stolgebühren, d. d. 15. Juni 1856, abgegeben und von Uns ange=
nommen, und nachdem ferner die landesherrliche Genehmigung zur Errichtung eines eigenen Pfarrsystems in Duisdorf unter dem 12. September
laufenden Jahres erfolgt ist, so haben Wir in Anbetracht der segens=
reichen Folgen dieser Veränderung . . . für gut befunden, schon jetzt,
noch vor Vollendung der nothwendigen Neubauten, die Kapellengemeinde
zu einer Pfarrgemeinde zu erheben.

„Gegeben zu Köln unter Unserer Unterschrift und Beidrückung Unseres
Insiegels am Feste der Aufopferung der allerseligsten Jungfrau und
Gottesmutter, den 21. November 1858.

    L. S.   Johannes Cardinal von Geissel.“

Am 27. December, dem Feste des h. Apostels und Evangelisten
Johannes, wurde die Errichtungs=Urkunde Seiner Eminenz nach feier-
lichem Gottesdienste in der Kapelle durch den Landdechanten Herrn
Bierbaum verkündigt, und zugleich der erste Pfarrer in der Person des

seitherigen Kaplans an St. Cunibert zu Köln, Bernhard Corsten, in die neue Pfarrstelle eingeführt.

Pfarrkirche zum h. Rochus.

Nach Errichtung der Pfarrstelle vergingen noch drei Jahre, bevor der Kirchenbau in Angriff genommen werden konnte. Dieses geschah im Jahre 1861. Im Sommer des folgenden Jahres war der Bau vollendet, und bereits am 10. August, dem Feste des h. Laurentius, des Patrons der Kirche zu Lessenich, fand die Benediction des neuen Gotteshauses statt. Die feierliche Consecration der Kirche und dreier Altäre vollzog Herr Weihbischof Dr. Baudri am 31. October 1867 und ertheilte nach dem Weiheakte ungefähr 300 Firmlingen aus Duisdorf und Lessenich das h. Sacrament der Firmung.

Die Lage der Kirche ist sehr schön. Wahrscheinlich um die alte Kapelle mit annexen Wohnungen für Lehrer und Küster und die Schule bis nach Vollendung der Kirche benutzen zu können, verlegte man die Baustelle nach Bedürfniß von der Dorfstraße zurück. Als nun die Kirche fertig war, und die Kapelle sammt allen Nebengebäuden abgebrochen, war vor der Fronte ein großer freier Raum, ein ca. 1½ Morgen fassendes Rechteck gewonnen, zur Linken an der Dorfstraße die neue Pfarrwohnung, zur Rechten das Schulgebäude.

Die Kirche ist dreischiffig im romanischen Stil nach dem Plan des Kreisbaumeisters Thoman erbaut. Der Thurm liegt in der Fronte, das Chor demselben südlich gegenüber. Zu rühmen sind die architektonischen Formen und die wohlthuende Harmonie der innern Verhältnisse. Die Gesammtlänge beträgt 120 Fuß im Innern, davon kommen auf das Chor 34, das Schiff 70, den Thurm 16 Fuß. Die Höhe des Mittelschiffes beträgt 41½ Fuß, die Breite 21½ Fuß; die Höhe der Seitenschiffe 18 Fuß, die Breite 10 Fuß; die Höhe des Chors 35 Fuß, die Breite 21 Fuß. Der Thurm ist im Mauerwerk 80, im Ganzen 140 Fuß hoch. Die Ausstattung der Kirche ist des schönen Bauwerks würdig, geschmackvoll und passend.

Pfarrer Dr. Schlömer hat das besondere Verdienst, prachtvolle gestickte Paramente beschafft zu haben.

Die Altäre. Der Hochaltar ist dem gekreuzigten Erlöser, der Nebenaltar auf der Evangelienseite der Mutter Gottes, der andere auf der Epistelseite dem h. Rochus, dem Patron der Pfarre, geweiht. Die Altäre sind aus gelblich grauem Sandstein gefertigt. Der Tisch des Hochaltars ruht auf Säulchen von schwarzem, gelblich untermischtem Marmor, die der Nebenaltäre auf solchen von Granit. Seitwärts vom Tabernakel stehen je zwei lateinische Kirchenväter, darüber Christus am

Kreuz, Maria und Johannes zur Seite; sämmtliche Statuen in weißem französischem Stein. Der Altaraufsatz auf der Evangelienseite enthält im Medaillon das Brustbild des auferstandenen Erlösers mit der Siegesfahne, auf der Epistelseite „Ecce homo". Die Kanzel, ebenfalls aus Stein, zeigt im Umkreise die vier Evangelisten in sitzender Stellung.

In allerjüngster Zeit 1882 erhielt die Kirche drei neue Glocken aus der Gießerei des Meisters Edelbrock in Gescher bei Coesfeld im Gewicht von je 1788, 1223, 866 Pfund. Die Kosten im Betrage von beinahe 6000 Mark wurden theils aus freiwilligen Gaben, theils aus dem Erlös der alten Schulvicarie bestritten. Die Inschriften lauten:

1. PIA VIRGO MARIA
   SVCCVRRE HIS PAROCHIANIS
   FILIIS TIBI DEVOTIS

2. SANCTE IOSEPH SANCTAE FAMILIAE
   CVSTOS
   PROVIDE VARIOS TVERE RVRIS
   OPERARIOS

3. SANCTE ROCHE QVI LEPROSOS
   PROTEGIS — VVLNERIBVS NOSTRIS
   SPIRITALIBVS MEDERE.

Die Töne in regelrechter Scala sind Es, F, G.

Gestiftet sind: Zu dem frühern Primissariat 149 Lesemessen, zur Pfarrstelle 13 Lesemessen, 77 Sangmessen, und zwar 17 Anniversarien, 4 Quartalmessen und 59 an den Donnerstagen und in der Frohnleich=namsoctav zu haltende Segensmessen.

Es bestehen drei gestiftete Abend=Andachten: 1. An den sechs ersten Freitagen der Fastenzeit zur Bekehrung der Sünder. 2. Die Maiandacht an Sonn= und Feiertagen. 3. In der Allerseelenoctav.

Die Bruderschaften vom unbefleckten Herzen Maria's und vom h. Erzengel Michael mit monatlicher Andacht und das Gebetsapostolat wurden durch den Pfarrer in neuerer Zeit in's Leben gerufen. Außer den allgemeinen üblichen Processionen besteht in Duisdorf die Römer=fahrt am Palmsonntage.

Kirchhof.

Vor Errichtung der Pfarrstelle fanden die Beerdigungen auf dem Friedhof zu Lessenich statt. Bald nachher schenkten die Eheleute Peter Piel und Katharina Steinhauer ein an der Straße nach Bonn ge=legenes Grundstück, einen Morgen groß, zum Kirchhof und zwar als Eigenthum der Pfarrkirche. Der Cultusminister von Mühler ge=nehmigte die Schenkung. Somit ist das Eigenthum der Pfarrkirche durch ministerielle Entscheidung anerkannt.

Die Pfarrer.

Bernhard Hubert Corsten, geboren zu Erkelenz am 24. November 1818, studirte an der Universität zu München, wurde am 3. September 1848 in Köln zum Priester geweiht, hierauf Vicar zu Klein-Gladbach nahe bei seiner Heimath, am 3. Januar 1854 Kaplan an St. Cunibert in Köln, am 27. December 1858 als erster Pfarrer von Duisdorf eingeführt, seit 8. November 1861 Pfarrer zu Roërdorf, Dekanat Aldenhoven, seit 9. Juni 1871 zu Karken, Dekanat Wassenberg, wo er am 9. Mai 1880 starb. Er wirkte überall mit unermüdlichem Seeleneifer.

Hermann Joseph Schlömer, geboren zu Düsseldorf am 3. Mai 1815, studirte im Collegium Germanicum zu Rom, wurde daselbst am 22. März 1845 zum Priester geweiht und zum Doctor der Theologie promovirt. In die Heimath zurückgekehrt, wurde er zum Rector an der Kapelle zu Duisdorf ernannt und stiftete den „Rochusverein" zur Beschaffung eines Kirchenbaufonds. Hierdurch legte er zugleich den Grund zur demnächstigen Errichtung der Pfarrstelle. Von Duisdorf ging Dr. Schlömer im Jahre 1849 als Kaplan nach St. Columba in Köln und kehrte beinahe 13 Jahre später an die frühere Stelle als Pfarrer zurück. Die Ernennung ist datirt vom 5. April 1862. Seit 15. August 1873 ist Dr. Schlömer erster Definitor des Dekanats.

Der Küster bezieht außer den zufälligen Gebühren als festes Einkommen 75 Mark. Der Pfarrer verzichtet zu seinen Gunsten auf die Ostereier.

Schule.

Eine Schulvicarie war unter Pastor Honecker kaum eingerichtet, als dieselbe alsbald wieder durch die französischen Neuerungen verdrängt wurde. Eine Zeit lang war Stillstand. Dann wirkte unter preußischer Regierung lange als einzige Lehrkraft ein gewisser Krips, der nach dem Gebrauch alter patriarchalischer Zeit abwechselnd von Haus zu Haus sein Essen einnahm. Später wurde dem Lehrer ein Präparand als Gehülfe beigegeben. Nach Erbauung des neuen Schulhauses, um das Jahr 1870, erfolgte bald auch die Anstellung einer Lehrerin, mehrere Jahre später kam eine zweite Lehrerin hinzu. Letztere unterrichtet die gemischte Unterklasse, während in der Oberklasse Knaben und Mädchen getrennt sind.

Dem Pfarrer wurde unter Minister Falk Schulinspection und Religionsunterricht in der Schule genommen, jedoch der letztere 1880 wieder zurückgegeben. Die Local-Schulinspection befindet sich in den Händen eines Privatmannes.

5. Hemmerich.

Hemmerich, im Mittelalter Hemberg[1] (1210) und Heymberg, später Hembrich und Hemberich, auf dem Höhenrande des Vorgebirges, eine Stunde von der Station Sechtem, 15 Kilometer von Bonn, 22½ Kilometer von Köln, hat 387 Einwohner, mit Cardorf zusammen 800. Der zwischen beiden Ortschaften nach Osten geneigte Abhang war bis 1848 mit Weingärten bedeckt. Ungünstige Weinjahre hatten die gute Folge, daß die Weinstöcke den Obstbäumen und Gemüsepflanzungen das Feld räumten welche reichern und regelmäßigern Ertrag liefern. Die im manchfaltigsten Wechsel prangende Aussicht wird im Frühlinge durch unendlichen Blüthenreichthum verklärt.

Das Höhenplateau bietet nach Westen auf eine halbe Stunde ein ununterbrochenes Ackerfeld. Hieran schließt sich der Villenwald, an dessen Grenze in den Feldern zahlreiche römische Baureste zu Tage treten. Die Funde vermehren sich in dem Maße, wie die Waldungen weiter gerodet werden. Die von Trier nach Wesseling an den Rhein geführte Römerstraße durchschneidet das Plateau zwischen den Gemarkungen von Hemmerich und Rösberg in südwestlicher Richtung.

Hemmerich und Cardorf unterstanden dem kurfürstlichen Schöffengericht (Dingstul) zu Waldorf im Amte Bonn. Seit dem frühen Mittelalter hatten die Herren von Hemberg im Pfarrort ihre Ritterburg auf römischer Grundlage[2]. Sie führten, wie die von Metternich, drei Muscheln im Wappen, was auf gemeinsamen Ursprung hindeutet. Mit dem Adelssitz war Sitz und Stimme im kurfürstlichen Landtag, theilweise Freiheit von Steuern und Kriegslasten verbunden[3].

---

[1] Rhein. Antiquarius, 3. Abth., 12. Bd., 294. Lac. II, 508. III, 88, 122.

[2] Das Nähere in „Annalen d. hist. Vereins", XXXVII. Um 1645 standen nach Gelenius noch Ruinen einer uralten Ritterburg neben der Kirche. Gelen., de adm. magnitudine Col. 256. — [3] Historisch-geographische Beschreibung des Erzstifts, 187.

Aus der Adelsgeschichte von Hemmerich ist Nachstehendes zu berichten. Albero von Hemberg (1210) erwirbt durch Heirath mit Margaretha von Zons mehrere Häuser in Köln [1].

Pavin von Hemmerich focht als Kriegsoberster (militaris) für Erzbischof Sigfried in der Schlacht bei Worringen. Dieser mußte in der Sühne vom 19. Mai 1289 dem Grafen von Berg als Sieger versprechen, daß er den Pavin und andere Kampfgenossen in den Schlössern des Erzstifts gegen den Grafen und dessen Verbündete nicht schützen werde [2]. Erzbischof Heinrich II. bestellt Pavin als Schiedsmann in dem mit Reinold von Montjoie und Valkenburg errichteten Vertrag vom 23. Februar 1313 [3].

In dem Schiedsspruch zwischen Erzbischof Heinrich II. von Köln, dem Grafen Engelbert von der Mark, Mechtildis des Grafen Otto's Wittwe und deren Tochter Irmgard auf einer Seite, und dem Grafen Gerard von Jülich, Dietrich von Cleve und dem Herrn Gottfried von Heinsberg auf der andern Seite, über manchfache Streitpunkte wird erkannt, daß Pavin die beiden Pferde zurückerhalten solle, welche ihm das Gesinde des Grafen von Jülich bei Pingsheim genommen hatte. 29. October 1317 [4].

Ritter Pavin der Alte und sein Bruder Pavin „der Junge" sowie des Erstern Kinder Wirich und Kunigunde verkaufen einen Hof zu Hemberg an das Severinstift zu Köln 1365 [5].

„Vor Ruprecht von Gottes Gnaden römischen König" erklärt Ritter Werner von Bachem, daß er das Erbkämmeramt mit der Burg Bachem (bei Frechen) mit allen Zubehörungen dem Erzbischof Friedrich zu Köln mit freiem Willen gänzlich aufgegeben, und der Erzbischof mit dem Erbkämmeramt Pahe (Pavin) von Hemberg, den jungen Ritter und seine Erben belehnt habe [6]. Nach dieser Belehnung wurde die Burg Bachem von ihren neuen Besitzern „Hemmerich" genannt. Bis heute hat die Besitzung diesen Namen behalten, wiewohl die Ritterburg lange der Zerstörung anheim gefallen ist.

Arnold von Hemmerich, Erbkämmerer, und dessen Brüder Heinrich

---

[1] Fahne, Gesch. der Köln-Jülich-Bergischen Adelsgeschlechter, 1. Theil, 146. Rhein. Antiquarius, 3. Abth., 12. Bd., 294. — [2] Lac. II 508. — [3] l. c. III 88. — [4] l. c. III 122.

[5] Dieser Hof ist nicht zu verwechseln mit dem Burghof, was von Stramberg zu thun scheint. Vgl. Rhein. Antiquarius l. c.

[6] Urkund geben zu Bacherach auf st. Margarethentag der heiligen Jungfrau, nach Christi geburt 1402, unsers reiches im andern. Abschrift bei Gelenius, Farragines, XXV 249.

und Gerhard, Söhne Pavin's des Jungen, schenken ihren Hof zu Waldorf den Karthäusern in Köln 1410[1]).

Johann und Engelbert, Söhne Arnold's und seiner Gemahlin Ida von Orsbeck, übernahmen den Stammsitz Hemberg. Johann, der ältere der Brüder, erhielt nach des Vaters Tode die Burg Bachem und das damit verbundene Erbkämmeramt. Er heirathete am 26. April 1440 Lysbeth Spede (von Spee), Sibert's Tochter zu Velde bei Kempen, und beide kaufen Thoynsbachem. Johann brachte in die Ehe den Genneper=hof bei Kempen, eine Rente von 10 Gulden aus dem Hof Thoynsbachem und 10 Ohm Wein jährlich aus Trippelsdorf bei St. Merten; Lysbeth brachte Haus und Hof zu Velde, den Hof Neersdom mit dem Rott und den Hof zu Vorst bei Mörs.

Engelbert, Johann's Bruder, erhielt nach des Vaters Tode (1447) das Gut Hemberg.

Auf Johann folgte dessen gleichnamiger Sohn, der letzte Erbkämmerer aus dem Hause von Hemberg. Nach zweimaliger kinderloser Ehe mit Irmgard von Honseler und Maria von Berg genannt Trips, Tochter Daems (1516), übertrug er die Würde des Erbkämmerers an Rütger von Velbrück[2]) zu Metternich, Sohn Ludolph's und der Christina von Hemberg. Maria brachte außer ihren Höfen zu Gülpen und Horbach den Zehnten von Sinnich und Teuffen, Diöcese Lüttich, in die Ehe. Dieser Zehnte kam von Ernst Johann von Berg-Trips an die Abtei Klosterath und durch Tausch 1558 an das Kloster zu Sinnich[3]).

Von Engelbert's vier Söhnen waren bei der Erbschaft von Hemmerich betheiligt Arnold und Heinrich[4]). Arnold hatte von seiner Gemahlin aus dem Geschlecht der von Ockershausen, genannt Höse, eine Tochter Anna, welche Bernhard von Velbrück zu Garath[5]) heirathete. Als Arnold

---

[1]) Arnold war Zeuge, als Wilhelm von Wevelinghoven seinem Eidam Johann von Salm die Herrschaft Alster und das Marschallamt übertrug. Vgl. Annalen d. historischen Vereins, XXVI 318.

[2]) Vor 1645 war durch Heirath einer Tochter Johannes von Velbrück Burg Hemme-rich zu Bachem mit dem Erbkämmeramt an Adolph Sigismund von Frentz übergegangen. Nach Aussterben seiner männlichen Descendenten 1732 belehnte Clemens August als Erb-kämmerer Ferdinand Graf von Plettenberg, gest. 1737. 1771 erwarb Burg und Amt Lothar Freiherr von Fürstenberg für 4000 Pistolen.

[3]) S. oben „Stifts- u. Klostergüter" unter Bornheim. Vgl. Annales Rodenses, 121.

[4]) Ein Sohn Gerhard starb kinderlos; Engelbert, der Jüngste, zog nach Liesland. Heinrich, der zweitälteste, wurde 1487 von Erzbischof Hermann mit dem Lovenburger Gut im Kirchspiel Vorst und Karst im Amt Liedberg belehnt. Durch ihn pflanzte sich das Geschlecht der von Hemberg bis in's 17. Jahrhundert fort. 1652 war Jacob von Hem-merich Canonicus im Domstift Corvei (Ledebur, Staatslexicon).

[5]) Garath in der Pfarre Montheim, bei Station Langenfeld.

1509 starb, erhielten genannte Ehegatten durch Vergleich mit Onkel
Heinrich Haus Hemberg, 6 Morgen Benden zu Odendorf, den Hof zu
Hoven[1] sammt den Pachten zu Metternich, Wilre (Weilerswist), Heimerz-
heim und den Tomberg'schen Gärten zu Cardorf, ferner von Johann
Quadt zu Tomberg die Cardorfer Güter.

Das Rittergut blieb ein Jahrhundert im Besitz der von Velbrück.

Bernhard von Velbrück, Herr zu Metternich, Garath und Hemmerich
war der letzte männliche Besitzer seines Geschlechts. Durch Heirath seiner
Tochter Anna kam der Adelsitz an

Gumprecht von Gevertzan, Herrn zu Attenbach, Amtmann zu
Blankenberg 1611. Ihm folgte Wilhelm Arnold von Gevertzan. Dieser
beschwert sich 1640, daß der freiadelige Sitz trotz kurfürstlichem Receß
von der Gemeinde Hemmerich=Cardorf mit Einquartierung belastet werde[2].

Edmund Johann von Gevertzan zu Hemmerich, Mitbesitzer von
Attenbach, heirathet Elisabeth, Tochter Johann's von der Ehren zu Gleich
und der Katharina von Merode[3].

Beide verkaufen den ihnen in Theilung hinterlassenen Adelsitz mit
allen Zubehörungen „dem hochwürdigen, wohledeln und hochgelehrten"
Johann von Francken=Sierstorff, Capitular der Domkirche und Regens
des Laurentiner Gymnasiums in Köln, am 21. August 1677[4]. Zu
der Burg gehörten damals 126 Morgen Ackerland, 60 Morgen Wald,
Haus=, Wein= und Obstgärten, Fischerei, freie Jagd, verschiedene Grund=
pachten, Renten in Geld, Gänsen, Hühnern, Kapaunen, Korn und Hafer[5].

Herr von Francken=Sierstorff († 21. August 1696) verordnet durch
Testament, daß sein freiadeliges Gut mit allem Zubehör, Zehnten und
andern Rechten verkauft und der Erlös zum Troste der Hausarmen und
Nothleidenden solle verwendet werden.

Am 12. December 1696 bekundet Ferdinand Rensing, Vogt zu
Liedberg, er habe den uralten freiadeligen Sitz Hemmerich von „unserm
gnädigsten Kurfürsten nebst allen Gerechtsamen an sich gebracht"[6]. Durch

---

[1]) richtiger „Hovener Hof".

[2]) Hierüber wurde der Proceß unter dem spätern Besitzer Ferd. Rensing weiter geführt,
und, wie es scheint, unter dessen Erben gegen Kläger entschieden.

[3]) Ihre Kinder waren: 1. Heinrich Alexander, heirathet Anna Elisabeth v. Siegenhoven,
2. Anna Mathilde Stiftsdame zu Wilich, 3. Katharina Elisabeth, Nonne zu Gnadenthal,
4. Anna Eleonore, geb. zu Hemmerich 31. Januar 1670, heirathet Jacob Ludwig Lorquenghien
zu Laach, in zweiter Ehe Wimar von Roßbach gen. Breidenbach (Freiherrnkalender 1859).

[4]) Pergament-Urkunde der Burg. Unterschriften: Notarius Ludolph de Groote,
Franz-Caspar-Francken-Sierstorff, Joes Frühe, pastor in Hemmerich.

[5]) Akten der Burg.

[6]) Das Gut wurde aus unbekannten Gründen im Jahre 1698 öffentlich zum Verlauf
ausgestellt. Vermuthlich geschah dieses aus Rücksicht für die Erben. Der kurfürstliche

Heirath der Enkelin[1]) Rensing's, Maria Elisabeth, erwarb Caspar von und zum Pütz[2]) die Herrschaft. Es folgte ihr Sohn

Johann Caspar Joseph, Herr zu Hemmerich, Groß-Aldendorf und Barloch, Bürgermeister zu Köln 1756, 1762, 1765, starb am 23. October 1770. Sein Sohn

Johann Mathias von und zum Pütz heirathet am 30. September 1765 Maria Katharina Henriette von Merle. Die aus dieser Ehe entsprossenen Söhne, 1. Clemens August Maria, Licentiat der Rechte, 2. Johann Arnold Anthelmus Balthasar, Stifter der Vicarie zu Hemmerich, 3. Johann Mathias Melchior, Canonicus zu Bonn und Dechant zu Soest, verkaufen die Burg 1813 an Leonard du Neveu de Vuambez zu Köln für 17896 Franken 56 Centimes. Im Jahre 1819 erwarb Kaufmann Clemens August Selner in Köln dieselbe mit 160 Morgen Land, 125 Morgen Busch. Von diesem 1824

Carl Freiherr von Nordeck, von 1832—1837 Bürgermeister von Waldorf († 7. November 1853). Unter seinem Sohne Rudolph brannte am 13. September 1869 das gegen 1730 von Wittwe zum Pütz erbaute Burghaus ab. Die Schwester des Burgherrn, Maria von Nordeck, trug tödtliche Brandwunden davon und starb acht Tage nachher in der Vicarie, wo sie bei Vicar Mathias Tesch Aufnahme gefunden hatte. Die Burg wurde auf alter Grundlage neu aufgebaut. Freiherr Rudolph von Nordeck starb am 17. Mai 1878 zu Sandfort in Westfalen, nach kurzem Besuche bei seinen Verwandten. Seine Gemahlin Eleonore Elise Louise Caroline, geborene Freiin von Plettenberg, bewohnt seitdem mit ihren Kindern, 1. Carl Gisbert Wilhelm, 2. Mathilde Louise Wilhelmine, 3. Adelheid Bertha Elise von Nordeck, das an alten und großen Erinnerungen reiche Burghaus.

Andere alte Besitzungen:

1. Gerlach von Dollendorf trägt dem Grafen Walram von Jülich seine Güter zu Waldorf und Hemmerich (Heymberg), wovon ihm jährlich sechs Fuder Wein geliefert wurden, zu Lehen auf, 17. März 1278[3]).

Oberjägermeister Dietrich Adolph von Weichs bot den höchsten Preis mit 2427 Rthlrn. zu 78 Albus. Der Kauf scheint nicht ratificirt worden zu sein. So blieb Rensing Eigenthümer.

[1]) Alfter nennt sie Tochter Rensing's im Widerspruch mit den Akten der Burg.

[2]) Die von Pütz stammen aus einer Bürgerfamilie zu Düren, wo ihr Stammvater Mathias zum Pütz Bürgermeister war. Johann zum Pütz erhielt von Kaiser Ferdinand unter dem 12. December 1606 das Diplom des Reichsadels. Das Wappen zeigt in Gold einen roth gemauerten Ziehbrunnen, dessen Kette über ein Rad läuft, Helm mit rothgoldenen Decken, goldene Flügel. Die von Pütz gaben der Stadt Köln mehrere Bürgermeister. Maria Elise von Pütz († 1712) war an Bürgermeister Johann von Imstenrath, Maria Ursula († 1768) an Bürgermeister Maria Franz Gabriel de Groote verheirathet.

[3]) Lac. II 423.

2. Johann Schönberg, Ritter zu Schovenberg, besaß Weingärten zu Hemberg, welche er dem Herzog von Jülich zu Lehen stellt [1]).

3. Der Eschweilerhof war 1645 Eigenthum des Freiherrn zu Alsdorff und Hürth, bis 1724 des Stiftsherrn Wilhelm Joseph von Maes an St. Gereon zu Köln und seiner Schwester Margaretha, später der zum Pütz. „Freiherr zu Alsdorff und Hürth stellt durch Urkunde des Schöffengerichts zu Waldorf den Eschweiler Hof in einem Vertrag, den Hürther Bach betreffend, der Stadt Köln zum Unterpfand [2]). Der Hof, unter von und zum Pütz abgebrochen, lag an der untern Seite des Dorfes neben der Burgwiese. Eine Erinnerung an den Hof ist das Eschweiler Kreuz auf der Südseite.

4. Lölgens Hof, vormaliges Eigenthum des Herrn von Friesheim [3]).

Im Archiv der Stadt Köln befindet sich folgendes

Verzeichniß geistlicher Güter
zu Hemmerich und Cardorf vom Jahre 1671.

Das Capitel St. Severin in Köln:

	f(lorin)			
Hof [4]) hält ³/₄ im Grund [5])	f(lorin) —	„ —	6
Artland 97½ Morgen	f. 4 —	1 —	6
Pfarrhof hält 1½ Pint	f. „ —	„ —	8
Artland ²/₄ und 2 Pint	f. „ —	3 —	„.
Abtei Knechtsteden:			
Haus hält ³/₄ im Grund	f. „ —	1 —	6
Artland 11³/₄ Morgen	f. „ —	11 —	9.
Carthäuser:			
Haus hält ¼ M. [6])	f. „ —	6 —	9
Weingarten 4½ M.	f. „ —	3 —	4.
Kloster Benden:			
Haus hält ½ M. 2 P.	f. „ —	„ —	4
Weingarten 3¼ M. 2 P.	f „ —	19 —	10
Baumgarten (Benden) 2 M.	f. „ —	4 —	„.
Pastorey zu Waldorf:			
Artland 8³/₄ M. 2 P.	f. „ —	8 —	11
Baumgarten, Benden ¼ M. 2 P.	f. „ —	„ —	8
Pastor S. Martini 3¼ M.	f. „ —	3 —	3.

---

[1]) l. c. III 678. Vgl. daselbst die Note S. 576. — [2]) Annalen d. hist. Vereins, XVIII 203. — [3]) Vgl. unten Decimatoren

[4]) Ueber den Ankauf des Severinshofs im Jahre 1365 vgl. oben.

[5]) Zu florin wahrscheinlich albus und heller zu ergänzen.

[6]) Jetzt Eigenthum des Ortsvorstehers Lux.

Regulares zu Neuß:
Weingärten ³/₄ M.   f.   „ — 4 — 6
    Mariengarten:
Artland 1 M.   f.   „ — 1 — „
    Vicarie S. Margaretha:
Weingarten ³/₄ M.   f.   „ — 4 — 6
Weingärten des Capitels St. Severin
    1 ¹/₄ M.   f.   „ — 7 — 6
Weingärten des Canonicus Werden
    an St. Andreas ¹/₂ M.   f.   „ — 3 — „
Weingärten der Gesellschaft Jesu
    3²/₄ M. 2 P.   f.   „ — 20 — 9
                        Summa 9 — 20 — 1.

Als Ergänzung ist dem Verzeichniß aus späterer Zeit beizufügen: Der Jesuitenhof, genannt Altenberg, mit 25 Morgen, jetzt als säcularisirtes Gut im Besitz der Kölner Schulverwaltung. Der Name Altenberg ist zurückzuführen auf eine römische Burg, deren Substructionen noch theilweise erhalten sind[1].

Der Kreuzhof, durch Säcularisation unter französischer Herrschaft in den Besitz der Familie Brenig und durch Heirath in den des Bartho= lomäus Stupp übergegangen. Die Güter wurden vor einigen Jahren parzellirt und einzeln verkauft.

Kirchliche Verhältnisse.

Hemmerich mit einer uralten Kapelle war bis 1569 eine Filiale von Sechtem und hatte einen geistlichen Rector, welcher das h. Oel beim Dechanten zu Bonn in Empfang nahm[2]. Mit dem Rectorat war, wie Gelenius berichtet, (wenigstens zeitweilig) die Vicarie zur h. Barbara in Merten verbunden, welche von dem Personalisten zu Sechtem besetzt wurde[3]. Kurz nach der im Jahre 1569 abgehaltenen erzbischöflichen Visitation scheint die Kapelle zur Pfarrkirche erhoben worden zu sein. Denn das Verzeichniß der Aargauer Dekanats=Statuten vom Jahre 1573 führt Hemmerich unter den Pfarreien auf. Das Stift Dietkirchen, welches das Patronat der Mutterkirche zu Sechtem besaß, übte dasselbe auch später an der selbständig gewordenen Tochterkirche zu Hemmerich[4]. Von Dietkirchen rührt ohne Zweifel auch das Dotationsland der Pfarrstelle und ein Theil des mit derselben verbundenen Zehnten her. Schon die Lage

---

[1] Vgl. Annalen d. hist. Vereins, XXXVII 5, 17 ff.
[2] Anhang, Nro. I, cap. 19. — [3] Gelen., Farragines XXIV 100. — [4] Vgl. „Personat" unter Sechtem und Dumont, Descriptio, 12.

des größten dazu gehörigen Grundstückes bei Waldorf, welches ebenmäßig vom Bonner Stift abhängig war, spricht deutlich für diese Behauptung. Aber diese Dotation war keineswegs bedeutend. Deshalb wandten auswärtige Geistliche, unter denen Canonicus Heinrich Scheifgen an St. Aposteln als Wohlthäter hervorragt, und verschiedene benachbarte Pfarrer der armen Kirche und ihrem Seelsorger ihre Stiftungen zu.

Als Zehntherren finden sich in einem von Pastor Hilgers (1630 bis 1664) angelegten Kirchenbuch aufgezeichnet: 1. Graf M. von Manderscheid, Erbgenahme Herr Cronenberg, modo von Weichs, Herr zu Rößberg. 2. Herr von der Leyen, modo Andreas von Francken-Sierstorff. 3. Herr von Alstorff (1600), modo Herr Maes (1724), später Wittwe zum Pütz. 4. Herr von Friesheim, Erbgenahme Peter Heusch, Voigt von Waldorf, 1618. Die Zehntherren hatten außer der Baupflicht jährlich zwölf Maß Oel an die Kirche zu liefern.

Der Pfarrer von Waldorf bezog die dritte Garbe aus dem Zehnten von acht Morgen Land der Hemmericher Burg. Dem Pfarrer Herkenrath wurde dieses Recht im Jahre 1727 bestritten. Er erhob Klage bei der erzbischöflichen Curie, worauf der Official zu seinen Gunsten entschied [1]). Ueber denselben Gegenstand schrieb später dessen Nachfolger Birkesdorf (1749—1797): „Ich bin zweimal wegen des Zehnten angesochten worden. Die Gegner aber haben nichts ausgerichtet" [2]). „In einigen Ländereien sammelten die drei Ortschaften Waldorf, Cardorf, Hemmerich mixtim den Zehnten, zeitiger Pastor in Waldorf genießt einige Früchte aus dem Zehnten im Hemmericher Feld, hingegen die Decimatoren in Hemmerich einige Früchte und Wein im Waldorfer."

Außer den Genannten waren noch die Karthäuser und die Stiftsherren von St. Cunibert in Köln zu (kleinen?) Zehnten berechtigt.

Kirche zum h. Aegidius.

Alte Kirchen sind stumme und doch in ihrer Art beredte Zeugen für das, was unsere Vorfahren geschaffen oder unterlassen haben. Den Anfang der Kirche zu Hemmerich machte eine Kapelle der Ritter von Hemberg. Sie war auf dem Grunde der Burg neben derselben erbaut und umfaßte nur das Chor der gegenwärtigen Kirche. Die Apsis im gothischen Stil zeigt im Schlußstein der Wölbung das adelige Wappen. An die Apsis schließt sich im Gevierte ein älterer Bestandtheil, welcher, wie spätere Veränderungen beweisen, ursprünglich nicht zur Kapelle be-

---

[1]) Original-Urkunde vom 2. Juli 1727 mit Siegel des Officialats und Unterschrift des Notars Johann Georg Tils im Archiv der Kirche zu Waldorf.

[2]) Notiz auf der Rückseite der erzbischöflichen Entscheidung.

stimmt war. Die starken Mauern desselben wurden nach allen Seiten bogenförmig durchbrochen, um die Chornische, das spätere Kirchenschiff, links eine Bethalle, und rechts die Sacristei mit dem Chor zu verbinden. In Folge des Durchbruches sind die Bogen sowie die in den vier Mauerecken angebrachten Säulen unregelmäßig. Das Gevierte des Chors war nach diesen Andeutungen vermuthlich vormals der Unterbau eines Thurmes, der als Gefängniß dienen mochte.

Der dem Chor an der Westseite gegenüberstehende Thurm der Kirche deckt sich nach außen mit der Giebelmauer der Kirche. Im Innern ruht derselbe auf zwei mächtigen, acht Fuß breiten Pfeilern. Der Pfeiler rechts vom Eingange zeigt über dem Boden den Rest einer römischen Gußmauer. War die Mauer ursprünglich an dieser Stelle errichtet, was die ungewöhnliche Größe des Bruchstücks zu beglaubigen scheint, so hat auch im Mittelalter zwischen Thurm und Chor ein Gebäude gestanden, welches später das Schiff der Kirche geworden ist. Das Schiff, größtentheils aus Tuff, scheint, wie viele Kirchen des Mittelalters, aus den Ueberresten eines römischen Bauwerkes zu bestehen. Auf dem felsenfesten Unterbau des Thurmes wurde im Jahre 1750 von der Gemeinde das obere Stockwerk in Ziegelsteinen errichtet, und zu diesem Zwecke aus der Stiftung Donnerstags-Segensmesse ein Capital von 300 Reichsthalern aufgenommen. Im August 1854 schlug der Blitz in den Thurm und zündete. Der Brandschaden, der übrigens durch schnelles Löschen sich auf eine geringe Summe beschränkte, wurde von der Feuer-Versicherung ausgeglichen.

Die Hauptdecimatoren waren verpflichtet, das Schiff der Kirche in Dach und Fach zu halten[1]). Daß dieselben ihre Schuldigkeit nicht thaten, beweisen die begründeten Klagen über den jämmerlichen Zustand der Kirche. „In Hemmerich ecclesia pauperula" schreibt Gelenius[2]), „eine armselige Kirche". Und so blieb es bis in die ersten Jahrzehnte des 19. Jahrhunderts.

Im Jahre 1790 führten die Pfarreingesessenen Klage gegen die Zehntherren wegen „unterlassener Reparation". Erzbischof Max Franz ließ durch seinen Official von Herresdorf die Sache summarisch untersuchen und „bei vorhandener Gefahr auf dem Verzug" durch provisorische Anordnungen das Rechtliche auf die schleunigste Art verfügen[3]). Hierauf erklärte Freiherr Clemens August von Weichs, „er habe bereits vor sechs Jahren dem Pfarrer seine Bereitwilligkeit zur Reparatur bedeuten lassen, wofern die Condecimatoren, darunter Herr zum Pütz und

[1]) Kirchenbuch des Pastors Hilgers. — [2]) Gelen., Farragines, XXIV 160. — [3]) Abschrift der Urkunde vom 26. März 1790 im Archiv der Pfarrkirche.

Canonicus Zimmermann, ebenmäßig ihre Schuldigkeit prästiren wollten," und beklagt sich über den Pastor, daß er solches der Gemeinde nicht angezeigt, und über die Bauern, daß sie so grob gewesen, seine churfürstliche Durchlaucht deshalb zu beunruhigen." Diesem Schreiben folgte nach zwölf Tagen ein anderes, worin Herr von Weichs behauptet, „daß die Gemeinde Hemmerich die beiden Abhänge bisher habe decken lassen, wofür der Dachdecker jährlich einen Gulden bekommen habe, weil aber dieser Gulden einige Jahre nicht bezahlt worden, so wäre auch die Arbeit unterblieben und das Dachwerk in völligen Verfall gerathen.

Unter diesen Umständen brach die französische Invasion herein, welche die Rechte der Zehntherren aufhob und sie ihrer Verbindlichkeit entledigte.

Der im Jahre 1804 ernannte Pastor Lingen gibt uns einen Begriff von dem Aussehen der Kirche in jener Zeit. „Bei dem Antritt der Stelle," schreibt er, „wurde ich mit der größten Freude empfangen, aber von Schmerz ergriffen, als ich die innen und außen zerstörte Kirche sah. Es war eigentlich keine Kirche, sondern eine Spelunke. Daher war ich sofort bedacht, sie herstellen zu lassen. Bischof Marcus Antonius Berdolet unterstützte das Werk durch Wort und That. Die Gemeinde Hemmerich führte es mit Hülfe von Collecten aus. Der Bischof schenkte mir eine Glocke von 500 Pfund, welche zur Bestreitung der Baukosten verkauft wurde, die zwei Seitenaltäre der h. Apollonia und der h. Barbara aus der supprimirten Gangolphskirche in Bonn, die Kanzel und den Beichtstuhl aus derselben. Endlich schenkte der Bischof drei Alben, zehn Caseln, eine Chorkappe und eine schwarze Kapelle. Den Hochaltar erwarb ich von den Karthäusern für 34 Kronenthaler."

Hierauf wurde die Kirche innen und außen getüncht und vor dem Agathafeste des Jahres 1806 war sie wie neu. Die ganze Reparatur kostete an 2300 Franken. Gewiß verdient der fromme Eifer, womit Pastor Lingen die Restauration der Kirche betrieb, alles Lob. Allein damit waren die wesentlichen Mängel des Gebäudes nicht gehoben. Die Seitenabhänge waren ungleich, mit dem Hauptschiff verschiedenartig verbunden, und ließen durch niedrige Fenster nur spärliches Licht in das Innere dringen. Der Mauerbogen zur Linken unter der Orgelbühne war noch nicht gebrochen, also von dieser Seite gar kein Licht. Dieses geschah erst unter Pastor Peters, nicht ohne Gefahr, indem Nachsturz des mit äußerster Anstrengung durchbrochenen Mauerwerks zu befürchten war. Indessen ging die Arbeit ohne Unfall von statten. Nun wurden oben in der Mauer zur Rechten zwei, zur Linken ein Fenster angebracht und diesen entsprechend drei Dachfenster, so daß das Licht durch Dach und Mauer in das Herz der Kirche einfällt. Schließlich wurde der Anstrich und die Decoration der Altäre aus freiwilligen Beiträgen zu 200 Thalern er-

neuert. Damit war so viel geschehen, als die mangelhafte Construction
der Kirche erlaubte. Bei alledem fehlt nichts so sehr, als ein neues
würdiges Gotteshaus. Den Anfang zum Neubau machte der jetzige
Pfarrer durch Anregung zu freiwilligen Beiträgen. Die Ungunst der
Verhältnisse ließ das Vorhaben nicht zur Ausführung kommen. Da die
Gemeindevertretung einen im Januar 1882 zum Geschenke angebotenen
Bauplatz nebst einer größern Geldsumme aus Parteirücksichten für Cardorf
nicht angenommen hat, so ist der Kirchenbau in ungewisse Ferne gerückt.

Die Kirche hat zwei für das h. Opfer bestimmte Altäre (altaria
fixa). Der von Pastor Lingen erworbene kunstlose Aufsatz des Hochaltars zeigte den leeren Raum über dem Tabernakel, wo einst ein Gemälde und später die Statue des h. Aegidius seine Stelle einnahm.
Der Aufsatz wurde 1878 durch einen neuen gothisch geschnitzten ersetzt.
Der andere ist der Muttergottesaltar im Seitenschiff auf der Evangelienseite in Roccoco mit der Statue der h. Jungfrau, das Jesukind auf dem
Arme, niedlich in Holz geschnitzt.

Die oben erwähnten Nebenaltäre der h. Apollonia und der h. Barbara waren nie für den Gottesdienst in Gebrauch und bei dem Mangel
an Raum sehr überflüssig. Daher wurden denn auch vor mehrern Jahren
die Altartische entfernt, die reichverzierten Aufsätze im Roccocostil als
Zierrath an der alten Stelle belassen.

Eine alte aus dem Franciscanerkloster zu Schleiden herstammende
Orgel wurde im Jahre 1828 einschließlich der Reparatur und Aufstel-
lungskosten für 190 Thaler angekauft. Im Jahre 1864 lieferte Meister
Dauzenberg zu Linnich ein neues solides Werk für 1000 Thaler, welche
theils aus freiwilligen Beiträgen, theils aus Ersparnissen der Kirche
gezahlt wurden.

Glocken=Inschriften.

1. hoC sIgno VInCes. sVperet qVaM
proVoCo prone In CrVCe LIbato
sangVIne tInCta CohorS

Bild: Christus am Kreuz, an dessen Fuße Maria Magdalena.

Inschrift der andern Seite:

orDo resVe VeLIt qVotIes agItabor egentI
aVCta taCta sono VIrgo MarIa foVe (1786)
CH. VIrnICh pastor

Die Bilder der Himmelskönigin und des Heilandes mit der Welt-
kugel getrennt neben einander. Darunter: n. SImon Me feCIt. Die
äußere Höhe ist 97, der größte Durchmesser 110 Cm.[1]

---

[1] An beschädigter Stelle wurde die Glocke durch einen Ueberguß verstärkt 1786.

2. In honorem sanCtI aeGIDII abbatIs
aC paroChIae nostrae patronI (1808),
Perillustris atque generosus Arnoldus l. b. von Pütz atque Margaretha Biegelstein nata Bastians patrini astiterunt.

Goss mich P. Boitel & G. Renaud.

Höhe 74 Cm., Durchmesser 92 Cm.

3. Für blitz und ungewitter, s. Roche für die leidige pest, und was bitter, beschirme uns. Auch s. Agatha, schenk uns deine Gunst wende ab die feuersbrunst. Vergnuge . . . und nachwelt was hier geste teusch oder latein, was dir gefall.

G. H. Maess in Hemmerich. Hermanus Brenich und Anna als path und got. Maria Brucks, Johann Scheffer, Anna Hommelshaus. junfer Catharina Eva Uermichs.

Die Glocke wurde, nach vorliegendem Contract zu schließen, im Jahre 1774 gegossen. Die Töne der Glocken sind: G, A, H¹/₈.

Mit Genehmigung des erzbischöflichen Generalvicariats und mit Rücksicht auf die von der adeligen Familie der Pfarrgemeinde erwiesenen Wohlthaten wurde bei der Beerdigung der (protestantischen) Dame, Maria Freiin von Nordeck, im September 1869 das Läuten gestattet und dabei als Bedingung die Erklärung verlangt, daß aus dem Gebrauch der Glocken keinerlei Eigenthumsrecht auf dieselben herzuleiten sei. Dasselbe geschah beim Begräbniß des am 22. April 1875 verstorbenen Kindes Adolph von Nordeck, nachdem der Vater die verlangte Erklärung schriftlich abgegeben hatte.

Kunstgegenstände.

In der Kirche befinden sich folgende Gemälde:

1. Der h. Aegidius, der h. Antonius, die Krönung Maria's in der flachen Decke des Mittelschiffs.

2. Der h. Franciscus, die h. Barbara, über Lebensgröße, stammen wahrscheinlich aus einer ehemaligen Klosterkirche.

3. Die h. Walburgis, etwa 2³/₄ Fuß hoch, ein anmuthiges Bild von guter Hand.

4. Die Martyrer von Gorcum, 1,82 Meter breit, 1,13 Meter hoch. Das Gemälde hat für unsere Pfarrgeschichte besondern Werth wegen verwandtschaftlicher Beziehung des Haupthelden, des Franciscaner-Guardians Nicolaus Pyck, zu der Burgherrschaft der von Merle und zum Pütz, von denen es den Weg in die Pfarrkirche gefunden hat. Das Bild trägt die Inschrift:

Gloriosum certamen b. Nicolai Pyck guardiani et reliquorum martyrum Gorcumensium, qui pro fide catholica anno 1572. 9. Julii

animam posuerunt. — Andreas Therlaen a Lennep I. V. D. serenissimi Neoburgici a consiliis et Anna Maria de Bruyn . . . nekefor
conjuges, huius martyris affinis et cognata. D. D.

Zu Deutsch: „Der glorreiche Kampf des seligen Guardians Nicolaus
Pyck und der übrigen Märtyrer von Gorcum, welche am 9. Juli 1572
für den katholischen Glauben ihr Leben geopfert haben. — Andreas
Therlaen von Lennep, beider Rechte Doctor, Rathsherr des Durchlauchtigsten Herrn von Neuburg, und Anna Maria de Bruyn . . . Eheleute,
diesem Märtyrer verschwägert und blutsverwandt, Stifter.

Die Verwandtschaft der Freifrau Maria Katharina Henriette von
Merle, Gemahlin des Freiherrn Johann Mathias von und zum Pütz,
mit genannten Stiftern wurde mittels eines Stammbaumes nachgewiesen,
als beim Aussterben der von Lennep im Jahre 1779 die von Merle
ihre Erbansprüche geltend machten. Die Erbgüter, zu Sechtem gelegen,
stammen aus der Besitzung der Grafen von Manderscheid, und wurden
später, 1834, von Herrn Johann Arnold zum Pütz der hiesigen Pfarrkirche als Totalgut der Vicarie ¹) übertragen. Außerdem hat der Stammbaum noch Berührungspunkte für die Geschichte von Hemmerich und
Waldorf. Käufer der Manderscheid'schen Güter war im Jahre 1580
Dr. Franz Cronenberg. Auf ihn folgt im Besitz

Johann Michael von Cronenberg ²)
Gemahlin: Lucia Phingshorn

Gertrud von Cronenberg
heirathet: Adrian de Bruyn

Anna Maria de Bruyn
heirathet: Andreas von Therlaen-Lennep

Maria Agnes von Therlaen-Lennep
heirathet: Heinrich Andreas von Schneit

Sibylla Theresia von Schneit † 1717	Johann Andreas von Schneit († 1715) heirathet Maria Christina Theresia von Mockel
Peter Joseph Franz von Schneit Malteserritter, geb. 1711	Philipp Wilhelm Andreas Joseph von Schneit, starb kinderlos 1. Februar 1779.

---

¹) Man siehe hierüber unten.
²) Joh. Mich. von Cronenberg war 1633 Bürgermeister von Köln, in verschiedenen
Jahrgängen die Verwandten von Pingshorn, von Lennep, von Mockel, von Pütz.

Hieran schließen sich als Erben die von Merle.

5. Die (vierzehn) Stationsbilder des Kreuzwegs von Maler Berz in München nach Führich, ein Vermächtniß der am 11. März 1883 verstorbenen Fräulein Mathilde Schüller. Jedes Bild ist circa drei Fuß hoch. Die schönen Gemälde sind als Zierde der Kirche wie als Mittel der Erbauung gleich werthvoll. Die Kosten betrugen 800 Mark.

6. Den Gemälden schließen wir als Kunstwerk an ein in Alabaster geschnittenes Todtengerippe in liegender Stellung, der Kopf von vollendeter Schönheit, das Ganze, mit Ausnahme eines ausgebesserten Schadens, im natürlichen Ebenmaß. Die Figur ist wahrscheinlich in älterer Zeit bei Leichenbegängnissen in der Kirche ausgestellt worden.

Reliquien.

1. Eine 6½ Cm. hohe Partikel vom Arme des h. Aegidius mit silberner Einfassung an den Enden. Letztere trägt unten die Inschrift „De brachio s. Egidij“. Die Reliquie stammt aus dem Kloster des h. Ignatius in der Stolkgasse zu Köln und kam 1807 mit Bescheinigung der Echtheit an die Pfarrkirche. Man sehe die Urkunden im Anhange VI. Das alte hölzerne Ostensorium wurde 1862 durch ein messingvergoldetes ersetzt.

2. Eine Partikel der h. Agatha in silbervergoldetem Ostensorium mit der Inschrift „S. Agathae V. M.“ auf seidenem Streifen. Der Fuß des Ostensoriums trägt das zum Pütz'sche Wappen.

Stiftungen.

Die Zahl der gestifteten Sangmessen ist 136, die der Lesemessen, welche ursprünglich auch meistens Hochämter waren, 81. Besondere Erwähnung verdient

1. Die Donnerstags-Segensmesse, gestiftet 1747 von den Eheleuten Johann Graman und Elisabeth Kalter. Die Zahl der Applicationen wurde im Laufe der Zeit von 52 auf 21 reducirt. Das dazu gehörige Capital beträgt 460 Thaler. Zur Erbauung des Kirchthurms nahm die Gemeinde im Jahre 1750 aus dieser Stiftung 300 Reichsthaler auf. In der Befürchtung, das zum Unterpfand gestellte Haideland möchte verloren gehen, übertrug die Gemeinde dieses Land nach gleichmäßiger Vertheilung an die Einwohner und verpflichtete dieselben, der Kirche den ratirlichen Theil des aufgenommenen Capitals zurückzuzahlen. So wurde die Schuld getilgt und die Ortseingesessenen sind Eigenthümer des Haidelandes geworden.

2. Die Samstagsmesse zu Ehren der Mutter Gottes, gestiftet von Pastor Johann Frühe (1671—1701) mit 1½ Kölner Morgen Weingarten, jetzt Pflanzgrund, und mehrern Buschparzellen. Franz Caspar von Francken-Sierstorff fügte noch 50 kölnische Dahler hinzu, wofür später eine Parzelle zum Pfarrgarten angekauft wurde.

3. Die Scheifgenstiftung. Heinrich Scheifgen aus Rösberg, erst Vicar, später Canonicus zu St. Aposteln und Lehrer der freien Künste, stiftete 1607 verschiedene Häuser, Gärten, Holzungen, Capitalien und Renten zu einem ewigen Jahrgedächtnisse und einer Spende für je fünf Arme aus den Pfarreien Hemmerich, Rösberg, Waldorf und Metternich. Die Pfarrer der drei letztern Gemeinden sollen zu der Memorie mit ihren Küstern nach Hemmerich kommen und daselbst die h. Messe lesen, die Küster sollen die laudes singen helfen. Jeder Pfarrer bringt fünf Hausarme nach seiner Wahl mit, welche nach vollendetem Gottesdienste ihr Almosen empfangen. Der Pfarrer von Hemmerich leitete die Verwaltung. Er versammelte alljährlich in seiner Wohnung die drei andern zuständigen Pfarrer, den Vogt von Waldorf, den Schultheißen von Rösberg und Metternich zur Rechnungsablage. Später wurden die liegenden Güter verkauft und die Armencapitalien, in Rösberg sogar die Messenfonds, in die Communalkasse übertragen. In Hemmerich erhält der Pfarrer auf Grund der Stiftungsurkunde und auf seine specielle Reclamation die Zinsen für die Armen aus der Gemeindekasse. Zwei andere bedeutende Armenstiftungen sind die Aegidiusspende und die Hagelfeier.

4. Die Aegidiusspende des Herrn Hüsgen bestand bereits vor 1651, wo Pastor Hilgers dieselbe in sein Kirchenbuch eintrug. Sie bestand in einer Rente von 3 Maltern Korn, lastend auf dem Lölgens- (auch Lorbuscher-)Hof, von dem das Brod gebacken dem Pfarrer vor dem Patronsfeste des h. Aegidius in's Haus gebracht wurde. Der Pfarrer hatte das Brod von 2 Maltern nach der Predigt am Aegidiusfeste an die Armen zu vertheilen und erhielt „für die Aufsicht" drei Sümmer Korn, der Küster ein Sümmer.

Freiherr Ferdinand Joseph von Weichs und seine Gemahlin Carolina Gräfin von Velbrück kauften den Hof zu Hemmerich von Lölgen's Erben und übernahmen damit die Armenspende. „Damit unfehlbar bis zu ewigen Tagen die Armen dieser christmildester Stiftung gesichert bleiben mögen, so verschreiben und verpfänden vorbenannte Ankäufer circa zehn Morgen Ackerland." „Später verkauften Herr und Frau von Weichs die verpfändeten Liegenschaften an Eheleute Peter Werker und Anna Gertrud Billig zu Hemmerich und diese verpflichteten sich, Tags vor Aegidius das Brod von 3 Maltern wohl gebacken in die Pastorat zu

Hemmerich ewig und erblich zu liefern" 1750 [1]). Erben Werker lösten zufolge gerichtlichen Erkenntnisses vom 16. Februar 1853 die Rente mit 444 Thaler 3 Sgr. 4 Pf. ab. Das Capital floß in die Gemeindekasse. Als 1871 das neue Armengesetz erschien, hielt der Gemeinderath es für unzulässig, den Pfarrer in den Armenvorstand zu wählen. Da reclamirte dieser die seiner Aufsicht stiftungsmäßig unterstehenden Armengelder. Sie wurden ihm verweigert, weil er „keine legalen Urkunden" vorgelegt habe.

5. Die Hagelfeier oder Isenkrämer's Armenstiftung. Wie der kirchliche Charakter der Aegidiusspende durch die Verbindung mit dem Patronsfeste, so tritt derselbe bei der Stiftung Isenkrämer's durch ihren Zusammenhang mit einer Procession hervor, welche am vierten Sonntag nach Ostern zur Abwendung des Hagels und anderer schädlicher Einflüsse von den Feldern alljährlich stiftungsmäßig gehalten wird. Mit dieser Procession war eine Kornrente von drei Maltern für die Armen, lastend auf verschiedenen Grundstücken zu Trippelsdorf, verbunden. Die Verwaltung der Stiftung nahm den gleichen Verlauf, wie die Aegidiusspende. Bei der Ablöse wurden die alten Kirchenbücher „als glaubwürdig" [2]) zu Grunde gelegt. Als aber der Pfarrer auf Grund derselben Kirchenbücher die Vertheilung der Armengelder beanspruchte, schienen sie die Glaubwürdigkeit verloren zu haben. Die Gelder wurden ihm verweigert, weil er „keine legalen Urkunden" vorgelegt habe. Unterdessen bezieht der Pfarrer seine Gebühren für die geistlichen Verrichtungen und „Aufsicht" über das Stiftungsvermögen nach altem Herkommen ungeschmälert fort.

Processionen.

1. Die Hagelfeier-Procession nimmt ihren Ausgang von der Kirche, durchzieht auf dem Heerweg das Hemmericher Feld bis an die Grenze der Rösberger Gemarkung und wendet sich von dort, dem grünen Weg folgend, wieder der Kirche zu. Die Richtung ist durch vier hölzerne Kreuze gezeichnet, welche bei der Procession als Stationen zur Verehrung der heiligen fünf Wunden dienen: 1. das Eschweiler Kreuz, südlich vom Dorf, 2. das Zweigrabenskreuz am Durchschnitt des Heerwegs und der Metternicher Straße, 3. das rothe Kreuz am grünen Weg, 4. das vierte zwischen Rösberg und Hemmerich. Dechant Dreesen übermittelte

---

[1]) Protokoll im Gerichtsbuch der Herrlichkeit Rösberg vom 25. November 1750.

[2]) In einem Schreiben des Landrathsamts vom 30. November 1822 an den Bürgermeister von Waldorf heißt es: „Das alte Kirchenbuch weiset den Weg und verdient allen Glauben." Abschrift im Kirchenarchiv.

dem Pfarrer im Jahre 1828 zu der Procession, welche übrigens durch altes Herkommen sanctionirt war, die neuerdings erbetene Genehmigung des Generalvicars: „Auf Ihren Bericht vom 24. dieses Monats (April) erlauben wir dem zeitlichen Pfarrer in Hemmerich, die dort seit undenklichen Zeiten eingeführte und auf den vierten Sonntag nach Ostern festgesetzte Procession, weil eine bedeutende Brodspende an die Armen stiftungsmäßig damit verbunden ist, künftig am vierten Sonntag nach Ostern, jedoch innerhalb der Pfarrgrenzen, sine sanctissimo (ohne das hochwürdigste Gut) zu halten [1].

2. Eine ehemalige Procession in der Kreuzwoche. Die Bittgänge am Marcusfeste und in der Kreuzwoche werden in allgemein üblicher Weise gehalten. Ueber eine eigenthümliche Abweichung von dem Gebrauch unserer Tage berichtet eine Urkunde des Generalvicars de Reux aus dem Jahre 1729 [2]: „Am Dinstag in der Kreuzwoche zogen die Pfarrgenossen von Hemmerich, Waldorf, Sechtem, Rösberg und Merten nach beendigter h. Messe nach Walberberg, wo sie einer zweiten Messe beiwohnten. Hier schlossen sich den genannten Pfarreien die von Schwadorf und Berzdorf an und begaben sich, alle vereint, nach der Kirche zu Pingsdorf bei Brühl. Das Zusammenströmen einer so zahlreichen Volksmenge verlief nicht ohne Unordnung und Störung. Daher verordnete der Generalvicar, unter Hinweis auf die Synodalstatuten, zur Förderung der Andacht und Verhütung von Aergernissen: „Die Pfarrer von Hemmerich, Waldorf, Rösberg, Merten und Sechtem haben Anordnung zu treffen, daß ihre Pfarrkinder, nachdem die h. Messe in ihrem Pfarrort beendigt ist, nach Walberberg ziehen, daselbst dem Hochamte beiwohnen und dann mit ihren Fahnen in gebührender Sittsamkeit und Andacht nach Hause zurückkehren, die Processionen von Walberberg, Schwadorf und Berzdorf aber eben so sittsam und andächtig nach Pingsdorf geführt werden. Uebrigens sollen die Pfarrer die so abgekürzten Processionen mit solcher Mäßigung und Vorsicht ausführen, daß jedes Aergerniß und Murren des Volkes vermieden werde." Nach dieser Verordnung scheint die auswärts geführte Procession bald außer Uebung gekommen zu sein. Die gegenwärtige Generation erinnert sich derselben nicht mehr.

3. Die Barweiler Procession. Barweiler ist ein Dorf in der höchsten Eifel, im Kreise Adenau, ein von frommen Verehrern der Mutter Gottes besuchter alter Wallfahrtsort. Seit dem Jahre 1751 besteht eine Procession, veranlaßt durch eine Viehseuche, nach jenem Orte mit Genehmigung des Generalvicars von Francken-Sierstorff. In der Uebersetzung

[1] Urkunde des Generalvicars Hüsgen vom 29. April 1828.
[2] Urkunde vom 14. Mai 1729 im Anhang, Nro. V.

lautet dieselbe also: „In Vertretung und Vollmacht des erzbischöflichen Ordinariats wird dem hochwürdigen Herrn J. C. Frangenheim, Pastor . . . in Hemmerich, die Erlaubniß ertheilt, zur Abwendung der jetzt auch in der Nachbarschaft herrschenden Viehseuche und anderer Geißeln des göttlichen Zornes, die Pfarrkirche zu Barweiler, berühmt durch die Verehrung der unbefleckten Jungfrau, processionsweise mit Kreuz und Fahne zu besuchen, jedoch so, daß, fern von jedem Mißbrauch, alles und jedes, was die Synodalstatuten in dieser Beziehung vorschreiben, beobachtet werden soll. Gegenwärtiges hat nur einmalige Gültigkeit. Köln, den 2. August 1751."

Auf das vom Pfarrer ausgestellte Zeugniß über Eifer, große Andacht und gute Ordnung der im ersten Jahre ausgeführten Procession wurde im Jahre 1752 die Erlaubniß auf drei weitere Jahre erneuert, was auch für die Jahre 1755, 1758, 1761 der Fall war. Endlich wurde von Erzbischof Clemens August im Jahre 1837 „die Wallfahrt ein für alle Mal unter dem Beding gestattet, daß ein Geistlicher, welcher Ordnung, Zucht und Erbaulichkeit bewacht, dieselbe begleite, mit dem Bemerken, daß die Wallfahrer, insofern es seitens der weltlichen Behörden einer Erlaubniß bedarf, diese sich selbst zu erbitten haben."

Bruderschaften.

1. Die Bruderschaft des h. Sebastianus mit einer jährlichen Segensmesse und mehrern Grundrenten ist wenigstens so alt, als die Pfarre. Die Sebastianus-Bruderschaften erfüllten unter anderm später wohl auch den Zweck, die Frohnleichnams-Procession vor böswilligen Störungen zu schützen, wozu in confessionell gemischten Gegenden nach der Reformation Veranlassung war. In unserer rein katholischen Gegend war eine solche Gefahr kaum vorhanden; jedoch besteht eine Hindeutung darauf in den Schützen-Gesellschaften, welche die Bruderschaft unter dem Patronat des h. Sebastianus bildeten. Dieser Heilige wird übrigens auch als Beschützer gegen die Pest angerufen, daher die Verehrung desselben im Volke eine so ausgedehnte Verbreitung gefunden haben mag. In Brenig, Roisdorf und Wesseling wird das Fest des h. Sebastianus am 20. Januar feierlich begangen; ebenso in vielen andern Kirchen der Erzdiöcese.

2. Die Bruderschaft von Jesus, Maria und Joseph, im Anfange des 18. Jahrhunderts errichtet, von Pastor Lingen am 3. November 1811 erneuert, ist durch regste Theilnahme an den monatlichen Andachten und durch häufigen Empfang der hh. Sacramente ausgezeichnet. Die halbjährigen Versammlungen finden am Dreifaltigkeits-Sonntage und am ersten Sonntage nach Allerheiligen statt.

3. Die Bruderschaft vom h. Franciscus Xaverius mit monat=
licher Andacht und Collecte für die katholischen Missionen geht Hand in
Hand mit dem Verein gleichen Namens; letzterer zählt 22 Mitglieder.

4. Die Bruderschaft vom h. Erzengel Michael und 5. das
Gebets=Apostolat.

Der Kirchhof.

Der uralte Kirchhof um die Kirche ist von einer Mauer aus Tuff,
Bruchstücken des Römercanals und verschiedenen andern alten Bauresten
eingeschlossen. Die Kirchenbücher bezeichnen denselben als unzweifelhaftes
Eigenthum der Pfarrkirche. Am 10. April 1862 erklärte der Ortsvor=
stand im Auftrage der kgl. Regierung den Kirchhof für Civileigenthum
der Gemeinde, wogegen der Kirchenvorstand am 14. März 1863 beim
Bürgermeister gerichtlich protestirte. In demselben Jahre ließ Wittwe
Walburga Biegelstein ihrem verstorbenen Ehegatten Hermann Joseph
Jüssen auf einem vom Kirchenvorstande angekauften Platz ein Grabkreuz
errichten, welches zum Kirchhofskreuz bestimmt war und mit erzbischöf=
licher Genehmigung als solches benedicirt wurde. Das Bürgermeister=
Amt erhob Klage gegen die Schenkgeberin wegen unbefugter Errichtung
des Kreuzes. Der Polizeirichter verurtheilte die Verklagte, weil sie ohne
polizeiliche Erlaubniß das Kreuz errichtet habe, während er die Eigen=
thumsfrage des Kirchhofes unberührt ließ. Nichtsdestoweniger wurde
Frau Jüssen genöthigt, der Civilgemeinde sieben Thaler für den Platz
zu zahlen. Der Kirchenvorstand ließ kurz nachher den Kirchhof, welcher
als offene Passage für Fußgänger gedient hatte, durch zwei neue Thüren
vollständig absperren und besorgte bis auf den heutigen Tag alle noth=
wendigen Reparaturen an der Ringmauer auf Kosten der Kirche ohne
Widerspruch von Seiten der Civilbehörde.

Aus jüngster Zeit sind einige schöne Denkmäler zu erwähnen: Ein
Kreuz in Marmor, zum Andenken an Joseph Liebertz, welcher am 19. Ja=
nuar 1877 zu Stoffeln bei Düsseldorf meuchlings erschlagen und zu Hem=
merich beerdigt wurde; das Kreuz der Eheleute Barthel Stupp und
Elisabeth Brenig, der Eheleute Heinrich Joseph Schüller und Anna
Maria Biegelstein sowie das ihrer Tochter Mathilde.

Vor der französischen Zeit wurden die Priester und Adeligen in der
Kirche beigesetzt. Seit Pastor Lingen geschieht dies auf dem Friedhof an
einer besondern Stelle. Hieran schließen sich die Gräber der Familie
von Nordeck an der westlichen Umfassungsmauer.

In dem Kriege mit Frankreich sind 1870—1871 aus unserer kleinen
Gemeinde acht junge Männer gefallen, welche in fremder Erde ruhen:

Die Brüder Michael und Johann Köhl, Friedrich Jühlen, Johann Wie-
land, Heinrich Bilich, Gottfried Pütz, sämmtlich aus Cardorf, Heinrich
Schäfer und Heinrich Kentenich aus Hemmerich.

Pfarrstelle.

Der Kirche gegenüber liegt im Winkel zweier Dorfstraßen die Pfarrwohnung. Die unvortheilhafte Schilderung, welche Pastor Lingen im
Jahre 1804 von der Kirche machte, paßte so ziemlich auch auf das ruinirte
Haus, die Stallungen, das Backhaus. Pastor Plenz, Lingen's Vorgänger, hatte im Jahre 1796 mit Vorwissen und Erlaubniß der Abtissin
in Dietkirchen, „seiner gnädigen Collatrix," hundert und im September 1798
wieder fünfzig Dahler zum Pastoratbau verwendet, die er oder sein Nachfolger innerhalb zwölf Jahren wieder „ergänzen" sollte, und wofür bis
dahin die Pastoralgüter verstrickt blieben. Aber nach alledem war dennoch unter Plenz' Nachfolger alles zerfallen. Von der Regierung erging
nun dem neuen französischen Gesetze[1]) zufolge der Befehl an die Gemeinde,
die Gebäulichkeiten zu renoviren. „Da kamen," so erzählt Pastor Lingen,
„die Vorgesetzten zu mir mit der Aeußerung, sie wollten alles verkaufen
und neu bauen, allein nichts geschah. Für das verkaufte Gebäude bekamen
sie 130 Franken. Sogar die Kühkump wurde verkauft, aber nichts
gemacht." Deshalb war Lingen genöthigt, selbst die Kosten vorzulegen,
um die Wohnung nothdürftig herzustellen. Vierzig Franken erhielt er
von der Gemeinde zurück, 130 waren im Jahre 1812 noch rückständig.

Das Pfarrhaus war nach der spätern Beschreibung des Pastors
Hassel (1831—1845) in Lehmfachwerk ausgeführt, links vom Eingange
zwei Stübchen, rechts ein „Saal" von 11 zu 18 Fuß, dazwischen die
Küche, der Keller ungewölbt. Erst im Jahre 1854 wurde zum Neubau
geschritten. Das geräumige Pfarrhaus ist nach den Vorschlägen des
Pastors Peters und dem Plane des Kreisbaumeisters Schopen errichtet.
Die Baukosten betrugen 2300 Thaler ohne die Fuhren, welche unent-
geltlich geleistet wurden. Dankende Anerkennung verdient, daß auch der
nichtkatholische Freiherr Carl von Nordeck zu den Kosten freiwillig
seinen Beitrag hergab. Das Haus leidet nach der West- und Nordseite
an Feuchtigkeit: eine Warnung an die Gemeinden, aus allzugroßer Spar-
samkeit blasse Steine statt der hartgebrannten vermauern zu lassen.

Mauer und Gitter zum Abschluß des Hofraums sind nachträglich
im Jahre 1869 ausgeführt worden. Die Gemeinde trug zwei Drittel

---

[1]) Decret vom 30. December 1809, Art. 92, Nr. 2. Vgl. Hüffer, „Die Verpflichtung der Civilgemeinden zum Bau und zur Ausbesserung der Pfarrhäuser, Münster 1859".
S. 25—27. Carl de Syo, „Das die Kirchenfabriken betreffende Decret vom 30. December
1809." S. 202 ff.

der Kosten, den Rest ergänzte eine freiwillige Gabe. Der Garten gehört theils zum Dotationsfonds der Pfarrstelle, theils zu Stiftungen. Eine Parzelle an der Corporalsgasse ist einstweilen Privateigenthum des Pfarrers.

Die Dotationsgüter bestehen in circa 12 Morgen Ackerland und Holzung und den aus verkauftem Stammholz gebildeten Capitalien. Der größte Theil der Güter, wenn nicht alle, rühren vom Kloster Dietkirchen her, welches seit Gründung der Pfarrstelle das Patronat übte. Hieraus erklärt sich auch, daß der Pfarrer aus Sechtem, welches ebenmäßig von Dietkirchen abhängig und die Mutterkirche von Hemmerich war, eine im Jahre 1866 abgelöste Kornrente bezog. Das bedeutendste Grundstück der Pfarrstelle liegt bei Waldorf, wo Dietkirchen wie in Sechtem den Zehnthof und das Patronat hatte. Hierin eine weitere Bestätigung dafür, daß die Dotation von dort ihren Ursprung hatte.

Der Staat zahlt jährlich die mit den Rheinlanden übernommene Verpflichtung mit 500 Franken, berechnet zu 376 Mark. Das Staatsgehalt, seit 1876 gesperrt, ist seit dem 1. Januar 1884 wieder flüssig geworden nebst einer persönlichen, eventuell auf Widerruf bewilligten Zulage von 180 Mark.

Die Pfarrer.

Arnold Negri, präsentirt zu der Pfarrstelle am 25. Juli 1605.

Aegidius Divurt, am 25. März 1614.

Mathias Fabritius Bleißem, am 11. Mai 1630.

Christophorus Hilgers, 1632—1664. Von ihm besitzen wir die ältesten Rentbücher in schöner Schrift. Er war später Pastor in Waldorf.

Martin Kasem . . . . 1666 und 1667 . . .

Johannes Frühe. Sein Vater Peter starb zu Hemmerich am 25. December 1673, seine Mutter Anna Pütz am 8. April 1674. Er legte 1673 das älteste Tauf-, Copulations- und Sterbe-Register an, stiftete um 1690 die Samstagsmesse zu Ehren der h. Jungfrau. Wahrscheinlich stammt J. Frühe aus „dem Altenberg". Denn die Stiftungsgüter liegen regelmäßig neben den eben dort her rührenden Jesuitengütern[1]). Er starb im Jahre 1701.

Franz Caspar Frangenheim, 1701—1753, Sohn der Eheleute Heinrich und der Margaretha Löffel, Pächter des Burghofs. Der Burgherr Franz Caspar von Francken-Sierstorff, Dechant an St. Severin zu Köln, war Pathe bei seiner Taufe am 9. October 1671. Er wurde Priester am 25. Juli 1695, dann Primissar zu Urfeld, am 25. Februar

[1]) Vergleiche oben „Verzeichniß der geistlichen Güter."

1701 Pastor in Hemmerich, später Kämmerer des Dekanats-Capitels und feierte am 12. September 1745 sein fünfzigjähriges Priester-Jubiläum. Der Ober-Jägermeister Freiherr von Weichs zu Rösberg bestritt die Kosten der Festlichkeiten. Frangenheim schrieb Kirchenbücher, Urkunden in Stiftungs- und Privatsachen, darunter viele Testamente, welche amtliche Gültigkeit hatten. Aus einem Codicill zu seinem Testament entnehmen wir: „Auch ist mein Will, daß mein entseelter Leichnamb außer dem Chor in cornu epistolae begraben werde, verlange kein Leichpredig, sondern ein suffragium pro magno peccatore, Fürbitte für einen großen Sünder". Er vermachte zu seinem Begräbniß: „den Armen Brod von einem Malter Korn, den Patres in Brühl ebenfalls ein Malter, den Schulkindern einen Weck à 2 Stüber, dem Schulmeister einen Weck à 4 Stüber".

Theodor Schröder, 1753—1759, aus Luxemburg, kommt 1746 im Testament Frangenheim's als Priester vor, war demnach wohl Hülfsgeistlicher des alten Pfarrers; derselbe war vorher Kaplan an St. Brigida in Köln, später (1760—62) Pfarrer in Sechtem.

Christian Virnich, 1760—1796, stiftet ein Anniversar mit fünf Pinten Land im Rott.

Peter Joseph Plenz, 1796—1804, wurde bei der neuen Organisation der Franzosen der Pfarrstelle enthoben.

Hermann Joseph Lingen, 1804—1819, ehemaliger Kapuziner in Aachen, zugleich zwei Jahre Sonntagsprediger an der dortigen Münsterkirche. Er starb am 25. September 1819. „Pastor zelosissimus", „ein sehr seeleneifriger Pastor", lautet die Inschrift auf seinem Grabkreuz und das vom Dechanten Dortans in das Sterberegister eingetragene Prädicat des guten Hirten.

Erasmus Joseph Gülden, 1820—1821, geboren in Köln, trat 1779 in den Franciscaner-Orden, seit 1802 im Dom adscribirt, war Beichtvater des Seminars, sechs Jahre Kaplan an St. Peter, kam „von Alter gebrochen" nach Hemmerich, 1821 als Pastor nach Metternich, legte 1830 die Pfarrstelle nieder und verlebte den Rest seiner Jahre in Waldorf; er starb am 28. Mai 1836.

Johann Mathias Simes, 1822—1829, geb. zu Waldniel am 8. Februar 1787, zum Priester geweiht in Münster am 20. Mai 1815, hierauf Vicar in Boisheim, bis 1822 kurze Zeit Pfarrer zu Contzen, wurde am 1. October 1829 von Hemmerich als Oberpfarrer nach Niederkrüchten befördert, erhielt den rothen Adlerorden dritter Klasse mit der Schleife und starb am 3. Januar 1866.

Johann Sebastian Benjamin Leuffen, 1829—1831, stiftete an die Kirche zu Hemmerich und zu Neuhonrath, wo er früher Pfarrer gewesen war, ein Anniversar. Er starb als Pfarrer zu Güsten am 26. März 1845.

Wilhelm Hassel, 1831—1845, geboren zu Uedesheim am 20. Februar 1797, studirte zu Münster, wurde am 1. Mai 1820 zum Priester geweiht, war fünf Jahre Vicar in Helenabrunn, 6 Jahre Pfarrer in Inden, 14 Jahre in Hemmerich, seit 1845 in Oberempt und starb am 26. März 1865. In der Verwaltung wie in der Seelsorge war er sehr thätig.

Peter Mathias Peters, 1845—1862, geboren zu München-Gladbach am 22. December 1802, wurde Priester am 14. April 1830, war 15 Jahre Vicar in Morken, seit 4. Juni 1862 Pfarrer in Hemmerich, seit Januar 1862 in Mündt, starb am 28. September 1864. Er stiftete ein Anniversar mit einer Parzelle im Pastoratsgarten und einem Pflanzstück auf dem Klinkenberg. Die Erben legten noch 30 Mark hinzu.

German Hubert Christian Maaßen, seit 1862, geboren zu Haaren bei Aachen am 18. September 1825, zum Priester geweiht am 2. September 1852, war 4 Jahre Vicar in Ratheim, 2 Jahre in Rodenkirchen, seit August 1858 Hauskaplan zu Ehreshofen, seit 28. April 1862 Pfarrer zu Hemmerich, von 1867 im December bis August 1874 Schulpfleger des Dekanates Hersel, sodann mit Dankschreiben königlicher Regierung in Folge der Falk'schen Schulverordnungen als solcher entlassen.

Primissariat. Vicarie.

Mit Errichtung der Pfarrstelle war das alte Beneficium der Filiale erloschen. Wahrscheinlich sind damit zugleich die Dotationsgüter des vormaligen Deservitors an der Kapelle zu Hemmerich zum Pfarrgut verwendet worden. Sollte ein Hülfspriester berufen werden, so waren neue Mittel zu seinem Unterhalte nothwendig. Eine gelegentliche Notiz aus den Akten des Kirchenarchivs zu Merten meldet, daß um 1730 ein Kaplan unter Pastor Frangenheim in Hemmerich fungirte. Im Jahre 1733 stiftete Franz Völkerath, „Kaufmann und Wechseler" zu Köln, 600 Reichsthaler zu einer Sonn- und Feiertags-Frühmesse in Hemmerich.

Freiherr Johann Caspar von und zum Pütz kaufte 1752 von Ferdinand Joseph von Weichs 1¼ Morgen Land „behufs einer auf ewig in Hemmerich zu stiftenden Frühmesse für 140 kölnische Dahler".

Ein kleines Vermächtniß der im Dienste der Herrschaft zum Pütz verstorbenen Jungfrau Christina Rautens erhielt dieselbe Bestimmung.

Sigismund Nierendorf, ebenfalls Diener in der Burg, vermachte durch notarielles Testament vom 21. März 1752 600 Reichsthaler zu zwei wöchentlichen Messen an die zu errichtende Vicarie[1]), endlich Nicolaus Schorn 100 Reichsthaler für jährlich zu haltende 13 Lesemessen, welche im Jahre 1863 auf sieben reducirt wurden.

Gebrüder Johann Caspar Joseph und Heinrich Balthasar zum Pütz treten im Jahre 1733 als Collatoren der Nierendorf'schen Stiftung auf. Richtiger wären sie wohl als Inhaber und Verwalter der Nierendorf'schen Stiftungsgüter bezeichnet worden.

Dem Primissariat setzte Arnold Balthasar Anthelmus Freiherr von und zum Pütz durch Stiftung der Vicarie die goldene Krone auf. Als Priester hatte er von 1802 bis 1822 selbst die bescheidene Stelle eines Frühmessers in seinem Geburtsorte versehen. In einer Sitzung des Kirchenvorstandes übergab er in der Absicht, seinen Wohnsitz nach Köln zu verlegen, am 6. October 1822 die von ihm bisher verwalteten Capitalien der Frühmessenstiftungen sammt den bezüglichen Urkunden[2]). Die Vicarie betreffend, schrieb Herr zum Pütz zu seinem eigenhändigen Testament vom 20. November 1829 am 30. desselben Monats folgende „Besondere Verfügung":

„Um die Frühmesse zu Hemmerich zu verbessern und zu einer Curatvicarie zu erheben, will ich hiermit besagte Stiftung vergrößern, jedoch mit dem Beding, daß ein zukünftiger Herr Vicarius zu Hemmerich curam animarum haben und in Gemeinschaft mit dem zeitlichen Herrn Pfarrer daselbst und auf dessen Ersuchen und Anordnung ausüben soll und muß, und vermache zu derselben in Voraussetzung dieser Bedingung folgende Gegenstände;" welche hier nur in summarischem Auszug angegeben werden: 1. Das ehemals vom Stifter bewohnte Haus in der Corporalsgasse mit Landwirthschaftsgebäuden, Kelterhaus und Garten. 2. Die im Testament benannten Grundstücke in der Gemeinde Hemmerich, bestehend in Pflanzgrund, Weinbergen, Ackerland und Waldungen, messend mit dem Hausgarten 42 Morgen 30 Ruthen preußisch in 37 Parzellen. 3. 32 Morgen 76 Ruthen Ackerland in der Gemeinde Sechtem in 20 Parzellen[3]). „Für das hier oben angeführte Vermächtniß soll ein zeitlicher Herr Vicarius gehalten sein, alljährig und zu ewigen Zeiten circa diem mortis meae zum Trost meiner Seele und der Seelen meiner ver-

---

[1]) Aus Nierendorf's Stiftungsgeldern kaufte Johann Caspar Joseph von und zum Pütz als Testamentsexecutor von Ferdinand Joseph von und zu Weichs, Herrn zu Rösberg, zehn Morgen Land für 1125 Thaler à 40 Stüber, den Morgen zu 112½ Thaler. Pergamenturkunde v. 20. August 1752 im Kirchenarchiv.

[2]) Befinden sich im Kirchenarchiv.

[3]) Die Güter zu Sechtem erwarb der Vogt Dr. Franz Cronenberg 1580 von Dietrich Graf zu Manderscheid-Blankenheim und vererbte dieselben an die von Schneit und durch sie an M. Katharina Henriette von Merle, Mutter des Stifters. Siehe oben den Stammbaum.

storbenen Anverwandten ein singendes Jahrgedächtniß nebst laudes zu halten."

Primissare. — Vicare.

Heinrich Kritis, starb am 30. März 1734, nachdem er Morgens noch die h. Messe gelesen hatte, versehen mit der h. Oelung.

Johann Peter Clemens unterschrieb als Zeuge die Urkunde über Johann Graman's Donnerstags-Messenstiftung vom 4. Februar 1748 und war Executor der Stifterin Christina Rautens 1753.

Johann Nicolaus Breuer, vor 1802.

Johann Petrus Gobel, 1802—1810, aus Ernsch an der Mosel, ehemaliger Franciscaner zu Brühl unter dem Namen Pater Hilarian; er war nach Unterdrückung des Klosters Hülfspriester in Hemmerich und starb am 17. Juli 1810.

Johann Arnold Anthelmus Balthasar Freiherr von und zum Pütz, geb. zu Hemmerich am 25. October 1771, legte am 31. Juli 1791 in der freiadeligen Abtei Hamborn (bei Duisburg) die Gelübde ab und ward in Münster am 28. Februar 1795 zum Priester geweiht. Nach Aufhebung der Abtei 1802 kehrte er nach Hemmerich zurück und erfüllte bis 1822 die Obliegenheiten der Frühmessenstiftung. Er starb zu Köln am 5. November 1834 und wurde seinem Willen gemäß auf dem Friedhofe zu Hemmerich zur Seite seiner Mutter und seines Bruders Mathias Melchior, ehemaligem Dechanten zu Soest, am 8. November beerdigt. Drei einfache steinerne Kreuze bezeichnen die Ruhestätten. Möge die Pfarrgemeinde dem hochherzigen Stifter der Vicarie stets ein dankbares, gesegnetes Andenken bewahren!

Als Vicare der von Pütz'schen Stiftung fungirten:

Johann Hummelsheim, 1835—1846, früher Rector in Bornheim und Pfarrer in Brenig und in Urfeld. Er starb am 21. April 1846.

Mathias Wilhelm Tesch, 1847—1876, geboren zu Niederelvenich am 2. Februar 1802, zum Priester geweiht am 17. September 1843, bis 4. Juni 1847 Vicar zu Vorr, stiftete eine Jahrmesse zu Hemmerich, starb am 16. Mai 1876. Die Vicarie blieb seither wegen der Maigesetze unbesetzt.

Cardorf.

Cardorf, Cari pagus, einen Kilometer unterhalb Hemmerich, mit 410 katholischen Einwohnern. Der gute Mirgelboden, von der Morgensonne begünstigt, ist für Gärten und Obstbäume sehr ergiebig und liefert viele Producte auf den Kölner Markt.

Bei Cardorf bemerkt Gelenius [1]): „Ich nenne es nach dem lateinischen Namen, Dorf des Carus, denn der Höhenzug des Vorgebirges war von den Römern bebaut, was Denkmäler beweisen, und hatte die Namen römischer Heerführer angenommen." Gelenius konnte vor 250 Jahren, wo die neuere Cultur weniger aufgeräumt hatte, eine reichere Fülle von römischen Alterthümern am Vorgebirge sehen. Aber auch heute noch sind deren in und um Cardorf für den kundigen Forscher so viele vorhanden, daß er aus eigener Anschauung des Gelenius Ausspruch bestätigt findet. Aus verschiedenen Bauresten erhellt, daß die Anlage der Wege und der Ortschaft auf die Römer zurückzuführen ist. Cardorf wird mitten vom Römerkanal durchschnitten. Interessant ist die genaue Angabe der Durchgangsstelle bei Gelenius, welche heute noch durch deutliche Spuren gezeichnet und bekannt ist. Er schreibt: „Der Canal befindet sich zu Cardorf im Hofe des Präfecten neben dem Brunnen (jetzt Pumpe) und im Keller. Es ist jetzt das Haus der Gebrüder Schäfer.

Herrschaftliche Güter in Cardorf.

1. Ein Weingut des Erzbischofs Arnold II., welches jährlich zwei Ohm einbrachte. Arnold erwarb dasselbe von Wilhelm von Uregenze (?) und Wilhelm von Stalburg; von ihm erbte es seine Schwester Hadewig, Abtissin zu Essen, 1157 [2]).

2. Die Güter der Herren von Hemberg. Arnold der Erbkämmerer erbte dieselben von Pavin dem Jungen 1442.

3. Weingärten der Herren von Tomberg, welche Friedrich von Tomberg dem Heinrich von Hemberg (1410—1428) verschrieb.

4. Bernhard von Velbrück und Anna von Hemberg erhielten 1511 die Cardorfer Güter von Johann Quadt zu Tomberg und Landskron zu Lehen.

4. Die Karthäuser zu Köln hatten einen Hof mit Gärten, Weinbergen und Ackerland, jetzt Besitzthum des Ortsvorstehers Mathias Lutz. Sie hatten den Hof wahrscheinlich aus den von Hemberg'schen Gütern als Geschenk erhalten.

Kreuz.

Ein steinernes Kreuz „an der Linde", neben dem ehemaligen Karthäuserhof, bezeichnet die letzte Station der Frohnleichnamsprocession.

———

[1]) De adm. magnit. Col., 256.
[2]) Lac. I 269. Kaiser Friedrich bestätigt in der Urkunde, datirt vom 17. September 1156, der Hadwig unter andern die vom Erzbischof ererbten Güter zu Cardorf und Roisdorf.

Es trägt die Inschrift: „Wanderer, so lebe, wie ein Mensch, der einstens selig sterben soll. So lebte, so starb die hochwohlgeborene Fräulein Maria Theresia zum Pütz am 7. Juni 1779, geboren . . .“ Hierzu gibt das Sterberegister diese Ergänzung: „Die adelige Jungfrau Maria Theresia zum Pütz begleitete ihre Mutter, als sie nach Köln fahren wollte, bis zur Cardorfer Linde, und da sie dieselbe noch weiter begleiten wollte, versuchte sie, in den Wagen zu steigen. Der Versuch mißlang. Sie gerieth unter ein Rad, wurde auf die jämmerlichste Weise zerdrückt und zermalmt und starb eines plötzlichen Todes.“

Ein Heiligenhäuschen zu Ehren Jesu, Maria und Joseph, in der Nähe der Bonnstraße errichtet, ist ebenfalls Station und zwar die dritte bei der Frohnleichnams-Procession.

Schule in Cardorf.

Cardorf erhielt 1865 eine einklassige Elementarschule. Der Bauplatz nebst Garten, einen halben Morgen groß, mit einer Messenstiftung von Johann Kaymer belastet, wurde der Gemeinde vom Kirchenvorstande mit erzbischöflicher Genehmigung vom 3. Mai 1864 für 180 Thaler überlassen. Erster Lehrer war Theodor Hemmersbach (bis 1869), jetzt Lehrer im Lehrerinnen-Seminar zu Xanten. Ihm folgte bis 1875 Mathias Joist, jetzt Director der Ackerbauschule zu Büttgenbach; dann Peter Ohrem; seit 1882 Christian Schell.

Küsterstelle.

Der „Offermann“ bezog in älterer Zeit aus jedem Hause ein Brod und zwei Maß Wein. Durch Vertrag vom 15. December 1855 sicherte ihm die Gemeinde als Ersatz für den Ausfall dieser Rente von jeder katholischen Familie acht Silbergroschen (= 80 Rpfg.) zu. Die Einziehung hatte der Küster anfangs selbst zu besorgen, später erfolgte dieselbe durch den Communalempfänger. Nach dem neuen Gesetz über die kirchliche Vermögensverwaltung versagte der Staat jede Mitwirkung bei der Einnahme und Auszahlung sowohl der Rente als auch einer Gemeindezulage von fünf Thalern, welche dem Küster nach dem Jahre 1845 bewilligt worden war. Eine Dienstwohnung ist nicht vorhanden. Von der Samstagsmesse hat der Küster die Abnutzung von 106 Ruthen Pflanzgrund, außerdem circa 100 Mark von Stiftungen. Sonstiges Einkommen ist zufällig.

Küster waren: Jacob Floren, gest. 1. März 1700. Johann Frings, gest. 1760—1777. Andreas Heiliger, Schwiegersohn des Vorigen, gest. 11. April 1831, 88 Jahre alt. Peter Joseph Heiliger, gest. 20. September 1861. Engelbert Heiliger.

Schule in Hemmerich.

Hemmerich und Cardorf hatten bis 1865 eine gemeinsame Schule im Pfarrorte. Das Schulhaus stand neben der Kirche, wie man sagt, theils auf dem Kirchhof, theils im Burggarten. „Um nicht durch das unachtsame Steinwerfen und andere Ausgelassenheit der Kinder ferner in Verdruß und Schaden zu kommen," übertrug Johann Franz Caspar zum Pütz der Gemeinde 1748 „ein entfernteres, auf freiadeligem Grunde zur Schule bequem erbautes Haus" in der Corporalsgasse und erhielt das alte Schulgebäude in Tausch unter Vorbehalt, „daß die arme Wittib Maria Kochs, wie jetzt, so lebenslänglich darin ihre freie Wohnung haben solle" [1]). Später stand die Schule an der südwestlichen Ecke des Kirchhofs. Im Jahre 1835 wurde eine alte Brennerei, wo jetzt die Schule steht, als solche eingerichtet. Der neue Schulsaal datirt aus dem Jahre 1871. Eine Lehrerwohnung besteht nicht.

Als Lehrer waren, wie fast in allen andern Landgemeinden, bis zur Franzosenzeit die Küster thätig, zuletzt Andreas Heiliger, nach diesem Gerhard Raymer 1805. Pfarrer Lingen leitete einen Candidaten Schmitz zum Unterrichten an. Hierauf wurde zuerst Lehrer Balkhausen von der preußischen Regierung berufen; nach ihm Peter Büsch aus Schleiden, der als erster Organist (1828) genannt wird, 1830 Lehrer Wolf, etwas später Buchbinder. Die Schulchronik nennt hierauf als Hülfslehrer in rascher Folge mehrere Aspiranten: Schrattenholz, Feckelsberg, Klemmer aus Breniz, Voigt aus Stoitzheim. In zwischenzeitlichen Vacanzen ertheilte Pastor Hassel den Unterricht. Lehrer Dick aus Godesberg (1834) wurde bald nach Vochem versetzt und nicht lange nachher zwischen Hemmerich und Sechtem eines frühen Morgens todt aufgefunden. Peter Küpper aus Weilerswist arbeitete mit einem Präparanden als Unterlehrer bis zur Errichtung der neuen Schule in Cardorf 1865, wo das einklassige System wieder eingeführt wurde. Nach 47 jähriger Wirksamkeit wurde Lehrer Küpper im Jahre 1881 pensionirt. Sein Nachfolger ist Heinrich Stolzem.

Den Religionsunterricht ertheilte der Pfarrer und Vicar früher für sämmtliche Kinder in der Schule zu Hemmerich, nach Errichtung der Schule in Cardorf in der Kirche. Letzteres stellte sich als nothwendig heraus, als im Jahre 1874 dem Pfarrer die Localschulinspection ge-

---

[1]) Den Vertrag vom 13. August 1748, unterschrieben „Franz Caspar Frangenheim, Pastor, Johannes Mohl Scheffen, Joannes Osten Scheffen, Henricus Zilikens Sendscheffen, Peter Werler Sendscheffen". Demnach concurrirten drei Kirchenvorsteher, zwei Gemeindevorsteher.

nommen und das Betreten der Schule, also auch der Unterricht in derselben verboten wurde. Im Jahre 1880 nahm die Regierung das Verbot zurück, und da hielt es der Pfarrer für angezeigt, zur Wahrung der kirchlichen und pfarramtlichen Rechte die Christenlehre in beiden Schulen zu halten. Als dem Pfarrer im Jahre 1875 die Localschulinspection entzogen wurde, trat der protestantische Herr von Norbeck in den rein katholischen Schulen als Localschulinspector an seine Stelle, nach deffen Tode 1878 der Ortsvorsteher.

6. Hersel[1].

Der Pfarrort Hersel liegt 5 Kilometer unterhalb Bonn am Rheinufer und wird von der Kölner Landstraße durchzogen. Die Bevölkerung ist in den letzten hundert Jahren ungefähr um das Dreifache, von 400 auf 1174 Seelen, gestiegen[2]. Neben dem Ackerbau ist das Handwerk hier stark vertreten, wozu die Industrie und die Bauthätigkeit der nahen Kreisstadt nicht wenig beiträgt.

Das Alter von Hersel reicht mindestens in die Zeit der Römer zurück. Diese legten die Mainz-Kölner Staatsstraße am Rheinufer vorbei durch den Ort. Den Archäologen ist aus Hartzheim[3] folgende Inschrift bekannt:

L. STERTIN
IO. L. F. VOLt . . . .
VET. EX LEG. I.
H. S. E. H. EX. T. F. C.

Sie lautet vollständig: Lucio Stertinio Lucii fi'io Voltinia tribu veterano ex legione I: hic situs est: heres ex testamento faciendum curavit[4]. Zu Deutsch: „Dem Lucius Stertinius[5]), Sohn des Lucius, der

---

[1] „Woher der Name?" fragt Minola. „Vielleicht vom Englischen harsh = Rauch (soll wohl heißen „rauh"), oder von herse Gedächtnißmal, herseliske zum Begräbniß gehörig, oder vom Griechischen Hersaios (Roscidus). Möglich auch, daß der Name aus einer verstümmelten Inschrift des Herennius Gallus entstand." Wir betonen nur das „Vielleicht" und das „Möglich". Vgl. Minola, „Uebersicht dessen, was sich unter den Römern am Rheinstrom Merkwürdiges ereignete." Köln 1816, S. 253.

[2] Nach Alster hatte damals das Dorf 74 Häuser, jetzt wohl die dreifache Zahl. Geogr.hist. Lexicon lit. H.

[3] Hartzheim, de inscript. Harsellens. 1745. Vgl. Bärsch Eiflia illustrata 1. Bd. 1. Abth. 548. Brambach Nro. 304.

[4] So nach gefälliger Mittheilung des Herrn Professors Geheimrath Dr. Bücheler in Bonn. Hiernach ist die von Bärsch l. c. gegebene Fassung „Lucio Stertinio, Lucii filio Volo veteranus ex legione I. hoc sepulchrum hic ex testamento f. c." hinfällig.

[5] „Es scheint, daß dieser L. Stertinius ein Sohn desjenigen L. Stertinius gewesen ist, welcher die Brukterer schlug und auch der blutigen Schlacht beiwohnte, in welcher Ar

Voltiniſchen Tribus (angehörig), Veteran aus der 1. Legion (gewidmet).
— Hier ruht er — (ſein) Teſtaterbe ließ (dieſes Denkmal) errichten."
Als zweite Inſchrift theilt Brewer dieſe mit[1]):

GABIABVS
C. CAMPANIVS
VICTOR M. L. I. M. P.
V. S. L. M.

d. i. Gabiabus[2]) Caius Campanius Victor miles legionis primae Mi-
nerviae piae votum solvit libens merito. Deutſch: „Den Gabiſchen
Schutzgeiſtern hat Cajus Campanius Victor, Soldat der erſten Legion
der Minerva, (ſein) Gelübde bereitwillig nach Gebühr entrichtet." Stephan
Brölmann liefert zu dem Monument eine Abbildung[3]): drei Matronen
in ſitzender Stellung mit obiger Inſchrift. Minola erwähnt eine dritte
Inſchrift des Dubitatus Strategus von der 1. Legion, die ſich zu ſeiner
Zeit zum Theil noch in der Mauer des Kirchhofs zeigte.

Die Ritter des Mittelalters, welche dem Orte ihren Namen ent-
lehnten, ſcheinen ihren dortigen Wohnſitz ſehr früh verlaſſen zu haben.
Später hatten ſie ihre Burg in Bochem[4]). Als Erinnerung und Beweis
ihrer Abſtammung von Herſel findet ſich unter der Kanzel der Pfarrkirche ein Theil ihres Wappens, drei Lilien in pyramidalförmigem Stein
gehauen[5]).

Dorf und Herrlichkeit Herſel waren vom Kölner Erzbiſchof und dem
Domcapitel abhängig[6]). Erzbiſchof Dietrich und das Domcapitel gaben
dem Landcommandeur des Deutſchordens zu Altenbieſen, Jwan von
Kortenbach, für ein Darlehen von 4000 Goldgulden, welches ſie zur
Bekämpfung der Ketzer in Böhmen verwendet hatten, Dorf und Herrlichkeit Herſel mit der hohen und niedern Gerichtsbarkeit in Pfandnutzung,
den 2. Juli 1421[7]). Daher beſaßen die Deutſchherren bis zur franzöſiſchen Herrſchaft den Stappelhof (Beierhof) nebſt Gericht mit Schultheiß und Schöffen. Dieſes Gut war dem Apoſtelhof zu Brenig kurmütig[8]).
Es umfaßte 600 Morgen. Das Domcapitel hatte zu Herſel einen Hof

---

minius belegt wurde." Schannat, Eiflia illustr. 1. Bd., 1. Abth. 548, herausgegeben
von Bärſch.

[1]) Erklärung und Mittheilung über die zu Herſel gefundene Inſchrift. Köln 1820.

[2]) Die „Gabiae" (matronae) waren ubiſche Schutzgeiſter. Bärſch l. c. 559.

[3]) Epideigma sive Specimen historiae vet. civitatis Ubiorum, tab. III xylo-
graphica ex Ephestiis.

[4]) Gelen, De adm. magnit. Col., 258.

[5]) S. die vollſtändige Beſchreibung des Wappens bei Gelenius l. c. 147.

[6]) Lac. IV, 156. — [7]) l. c. — [8]) S. unter Brenig; vgl. das Weisthum von Brenig
in „Annalen d. hiſt. Vereins", XI u. XII 109.

von 300 Morgen, den Max Groß bei der Säculariſation ankaufte. Er behielt 100 Morgen Land nebſt Gärten und Weinanlagen, das Uebrige ging an verſchiedene Beſitzer über.

Erzbiſchof Arnold II. beſtätigte ſeiner Schweſter, der Abtiſſin Hadewig zu Eſſen, zwei Morgen Weingarten zu Herſel und eine Rente von ſechs Malter Korn und ſieben Malter Weizen [1]). Dekan und Capitel des Caſſiusſtifts zu Bonn überlaſſen 1312 dem Canonicus Gobelinus, Sohn des Hermann von Lengsdorf, ihre Güter zu Herſel und Buſchdorf, beſtehend in Aeckern, Weingärten, Zehnten, Wohnung und Gerechtſamen für 60 Malter Korn, 10 Malter Weizen, jährlich zu Mariä Lichtmeß zu entrichten [2]). Choid Stuiß, genannt von Gerresheim, zu Unterwinter und Genoſſen verkaufen um Lichtmeß 1333 ihren Zehnten zu Herſel und bei Rheindorf von Weinbergen und Aeckern dem Bonner Capitel für 54 Mark [3]). Arnold von Saffenburg hatte in Herſel einen Manſus mit Beneficialrecht, welcher zur Dotation der Pfarrkirche verwendet wurde [4]). Die Herren von Bornheim hatten einen Hof „an der Tränke“, wo die Schafe im Rhein gewaſchen wurden. Ritter Wilhelm Schilling ſtiftete aus ſeinen Gütern 6 Morgen Weingarten und eine Mühle zu Herſel an Kloſter Kapellen [5]). Ein Hof zu Herſel wurde in der Eheberedung Johanns von Loën und Heinsberg mit Johanna von Dieſt derſelben unter Andern als Brautſchatz gegeben 1425 [6]). Kloſter Schwarz=Rheindorf beſaß daſelbſt 2 Morgen Weingarten, eine Rente von 6 Maltern Korn und 7 Sümmer Weizen [7]).

Geſchichtlich merkwürdig iſt die Sühne, welche zu Herſel im Jahre 1372 zwiſchen Erzbiſchof Friedrich III. und der Stadt Köln nach vorherigem blutigen Kriege und der Zerſtörung von Deutz geſchloſſen wurde [8]).

Der Bericht der Kölner Chronik über den Krieg gibt deutlich zu erkennen, daß die Umgebung der Stadt Bonn, alſo auch Herſel und andere benachbarte Ortſchaften, durch Plünderung und Zerſtörung arg zu leiden hatten. Die Truppen der Stadt Köln mit ihren Bundesgenoſſen, darunter Graf Engelbert von der Mark, rückten am 23. October gegen

---

[1]) Lac. I 311. — [2]) Extractus lit. H, 48. — [3]) l. c. Nro. 26. — [4]) Günther I. 322. — [5]) Lac. I 389. — [6]) Lac. IV 197. — [7]) Lac. I 311.

[8]) „In den iaren uns heren 1372 do wart eyne sone gesprochen tuschen deim busschofe ind der stat, dat it gevredigt wart, as van der zyt vort bis up sent Pawels dach, alda reden de gode heren beyin zo Hersel up dem Ryne, des busschofs rayt ind de rayt van Collen by sy ind gelieheden sich allo samen, also dat des busschofs rayt quam zo Collen zo zent Johanne bey den homeister, ind de rayt van Collen by sy, ind so schreyen de sone, also dat der busschof ind do stat gode gevronde wurden.“ De cronica van Collen in „Annalen d. hiſt. Vereins“ XXIII 55. J. J. Merlo gibt abweichend von der Chronik die Zeit des Friedensſchluſſes mit dem 16. Februar 1377 an. Annalen, XXXIX 144.

Bonn vor, schlossen den Erzbischof ein, verbrannten alle umliegenden
Dörfer, raubten den Einwohnern das Vieh und trieben es nach Köln.
„Und das geschah oft, sehr oft, und da ward mancher Mann gefangen
und erschlagen von beiden Parteien"[1].

Es war dieses übrigens nicht die einzige Kriegscalamität, wovon
Hersel betroffen wurde. Wir werden im spätern Verlaufe der Geschichte
ähnlichen Schreckensscenen begegnen. Außerdem hat Hersel mehrmals
durch verheerenden Brand den größten oder einen sehr großen Theil
seiner Häuser eingebüßt.

Die Pfarre.

Unter Erzbischof Bruno II. (1131—1137) erbauten fromme Stifter zu
Hersel ein Oratorium zu Ehren der hh. Cassius und Florentius und
dotirten dasselbe mit vierzig Morgen Land[2]. Augustiner der Abtei
Klosterath verbanden mit dem Oratorium eine klösterliche Niederlassung,
lebten nach ihrer Ordensregel und übten die Seelsorge als Pfarrer von
Hersel.

Kloster und Oratorium standen auf dem Eigenthum des Cassiusstifts. Daher verlangte der Bonner Archidiakon Propst Gerhard von Are,
daß die Mönche sich seiner Jurisdiction unterordneten. Das gegenseitige
Verhältniß zwischen den Augustinern, beziehungsweise der Abtei Klosterath
und dem Archidiakon nach Recht und Pflicht zu ordnen und festzustellen,
hatte Erzbischof Bruno unternommen. Er wurde jedoch auf einer Reise
nach Italien vom Tode ereilt und so an der Ausführung verhindert.

Was Bruno unterlassen mußte, das vollbrachte Arnold I. Er bestätigte der Kirche ihr Besitzthum: die 40 Morgen, welche fromme Stifter
geschenkt hatten; die Stiftung des Albero von Pingsdorf[3], bestehend in
12 Mark für weitere 15 Morgen mit einer Memorie für sich und seine
verstorbenen Eltern. Der Erzbischof schenkte dazu einen Mansus aus
den ihm zuständigen Gütern des h. Petrus. Diesen Mansus hatte früher
Graf Arnold von Saffenburg nach Beneficialrecht gehabt, nach ihm
Arnold von Bedebur und Sigebodo von Gozdorf. Dieser übertrug ihn
dem Berevicus und seiner Gattin Hizzecha in Pacht. Mit Zustimmung
aller Interessenten kam er an die Kirche. Vorbenannte Güter machen
zusammen so ziemlich den gegenwärtigen Bestand des Pfarrvermögens aus.

---

[1] l. c. XXIII 55. — [2] Extractus lit. II., Günther I 322 ff.
[3] Pingsdorf, 1197 Pinnesdorf. Diese Lesart, wie sie auch in Vogel's Chorographie
vorkommt, hat vor der andern: „Ginnesdorf" bei Günther, welche wahrscheinlich aus Un-
deutlichkeit der Handschrift herzuleiten ist, den Vorzug. Ein Geschlecht von Ginnesdorf
ist meines Wissens ohne Vorgänger.

Das Verhältniß der Augustiner zum Cassiusstift ist in der Urkunde Arnolds folgendermaßen bestimmt: „Weil die Kirche auf dem Grunde des Bonner Stifts errichtet war, so unterwarfen sich die Brüder, welche in derselben den Dienst versahen, und beschlossen, im Falle des Absterbens ihres Prälaten, den von ihnen neugewählten in der Münsterkirche zu Bonn zu präsentiren, damit er vom Propst die Investitur erhalte zum Zeichen seiner Prälatur und zur Anerkennung seiner Abhängigkeit. Derselbe soll den Brüdern (zu Bonn) eine Wachskerze von zwei Pfund in der Kirche der Märtyrer Cassius und Florentius überreichen und so seine Unterwürfigkeit an den Tag legen; ferner den Propst ersuchen, ihm in allen Angelegenheiten und Beschwerden ein treuer Helfer und Vertheidiger zu sein. Endlich soll der Prälat von Hersel „zum Gedächtniß und zur Beständigkeit dieser Genossenschaft am Feste der heiligen Märtyrer Cassius und Florentius und bei den Exequien der Brüder im Convent zu Bonn erscheinen und assistiren". So geschehen im Jahre 1149 unter dem gemeinsamen Papst Eugen, dem regierenden römischen König Conrad[1]). Die von Arnold I. getroffene Vereinbarung wurde dem Propst Lothar durch Erzbischof Philipp von Heinsberg (1167 bis 1191) bestätigt.

Ein friedliches Verhältniß bestand bis 1245, wo ein Augustiner, welcher der Abtei Klosterath nicht angehörte, sich in die Pfarrstelle eingeschlichen hatte[2]). Der Eindringling scheint dem Abt Anlaß zu Klagen über Schmälerung der Rechte seiner Abtei gegeben zu haben. Erzbischof Conrad von Hochstaden vermittelte einen neuen Vertrag des Abtes von Klosterath mit dem Propst von Bonn. Der fremde Augustiner „Pastor Wilhelm" soll die Pfarrstelle niederlegen. Der Abt von Rode präsentirt einen Pfarrer aus den Priestern seiner Abtei. Auswärtige, nicht zum Kloster gehörige Candidaten sind von der Wahl ausgeschlossen. Die Investitur steht dem Propst von Bonn zu. Der Pfarrer von Hersel hat dem Bonner Capitel jährlich ein Fuder Wein, oder, wenn der Wein nicht gerathen ist, zwei Mark oder 16 Reichsthaler zu liefern und zu

---

[1]) Unter den Zeugen waren: Arnoldus, praepositus de domo sti Petri, Gerardus, praepositus Bonnensis, Walterus sti Petri, Erpo, abbas de Rode. Adalbertus, comes de Bunna, Sigebodo, Adolphus, comes de Saffenberg, Adolphus, comes de monte.

[2]) „Circa hoc tempus (1248) religiosus quidam eiusdem nobiscum instituti, sed non huius monasterii, violenter et iniuste occupabat ecclesiam de Hersel non obstante iure, quod haec ecclesia iamdudum in illum pastoratum habuerat. Sed Conradus, archiepiscopus Coloniensis, eundem per sententiam definitivam amovit et monasterium hoc in pristinam suam possesionem restituit. Ne autem tale quid amplius attentandi cuiquam facultas relinqueretur", 1250 decanus et capitulum Bonnense huius monasterii abbati perpetuum ius solemni instrumento corfirmavit. Annales Rodenses, 85.

den frühern Verpflichtungen auf das Feſt der heiligen Caſſius und Florentius nebſt der Wachskerze einen Goldgulden zu opfern [1]).

Von dem Kloſter zu Herſel geſchieht nach 1250 keine Meldung
mehr. Wohl aber hat man um die Mitte des 18. Jahrhunderts bei Auf-
grabung der Erde, vermuthlich als die neue Kirche erbaut wurde, „die
Spuren eines weitläufigen, aus puren Tuffſteinen erbauten Kloſters von
regulären Canonichen entdeckt" [2]).

Der erzbiſchöflichen Anordnung gemäß wurde bis zur franzöſiſchen
Invaſion am Ende des vorigen Jahrhunderts der vom Abt zu Kloſterath
präſentirte Prieſter ohne Beanſtandung vom Bonner Propſt inveſtirt,
nachdem er vom Erzbiſchof die Beſtätigung erhalten hatte [3]).

In Betreff des Juders Wein ſtellten die Pfarrer häufig Anträge
beim Capitel des Caſſiusſtifts auf Umwandlung der Naturallieferung in
Geldzahlung, mitunter auf vollſtändigen Erlaß der Rente. Derartige
Geſuche wurden nach Umſtänden berückſichtigt oder abgeſchlagen [4]).

Im Jahre 1686 verhandelte das Capitel von Kloſterath mit dem
Gereonsſtift zu Köln wegen Austauſch der Pfarrkirche zu Herſel gegen
die von Merkſtein. Obſchon Generalvicar Anethan dem Vorſchlag nicht
abgeneigt war, kam er nicht zur Ausführung. Kloſterath verhielt ſich
ablehnend, weil Herſel einträglicher, laſtenfrei, klöſterliches Beneficium
(regulare), Merkſtein weltliches (saeculare), und die Aenderung, zumal
nach 400 jährigem Beſitzſtande, überhaupt odiös ſei.

Die Pfarrkirche.

An die Stelle des unter Bruno II. erbauten Oratoriums der Martyrer Caſſius und Florentius trat ſpäter die Pfarrkirche zum h. Aegidius.
Der Wechſel des Kirchenpatrons hängt offenbar mit der Anſiedelung der
Auguſtiner von Kloſterath zuſammen. Die Akten des Pfarr-Archivs
berichten, daß die Kirche nach den Reformationskriegen in einem Zuſtande
war, der den Neubau dringend erheiſchte. Allein daran war eben wegen
der in den Kriegen angerichteten Zerſtörungen und Plünderungen nicht
zu denken. Die Einwohner von Herſel, durch die Einfälle truchſeſſiſcher,
heſſiſcher oder franzöſiſcher Truppen der unentbehrlichſten Subſiſtenzmittel
beraubt, konnten unmöglich außerordentliche Opfer für den Kirchenbau
aufbringen. Die Abtei Kloſterath hatte in den anhaltenden Kriegswirren
nicht weniger zu leiden und nicht minder große Verluſte zu beklagen,
und war, wie der fernere Verlauf zeigen wird, zur Beihülfe anſcheinend

---

[1]) l. c. Extractus l. c. 13.
[2]) Alſter, Geographiſch-hiſt. Lexicon lit. H. — [3]) Dumont, Descriptio, 12. —
[4]) Akten im Archiv der Pfarrkirche.

nicht verpflichtet. Die Decimatoren hielten ihre Hände fest verschlossen. Endlich fand Herjel einen mächtigen Gönner an dem durch ungewöhnliche Bauthätigkeit berühmten Erzbischof Clemens August, wie das über dem Eingang der Kirche angebrachte Chronicum andeutet. Es lautet:

SVB PRAESIDIO CLEMENTIS
AVGVSTI RVRSVS EXALTATVR (1744).

Wenn aber Alfter schreibt: „Durch Freigebigkeit des Kurfürsten Clemens August ist die Pfarrkirche von Grund aus neugebaut[1]), so ist damit die Grenze der Wahrheit weit überschritten. Dem kurfürstlichen Hofkammerrath Gabriel Bernhard Kügelgen vielmehr wird von Pastor Alexius das Verdienst rühmend zuerkannt, er habe „der Kirche zu Herjel fürnehme Dienste geleistet, indem er den schweren Rechtsstreit gegen die Decimatoren bei Auserbauung der Kirche gratis ausgeführt, auch sonst derselben allezeit mit Rath und Hülfe beigestanden"[2]). Hieraus erhellt, daß die Zehntherren zur Erfüllung ihrer Baupflicht gerichtlich angehalten worden sind, und daß Clemens August nicht einziger Erbauer war.

Ueber den berührten Rechtsstreit enthalten die Protokolle des Cassiusstifts folgende fragmentarische Angaben. Im März des Jahres 1731 erließ der Kölner Generalvicar an sämmtliche Decimatoren, die Bonner Stiftsherren eingeschlossen, die Aufforderung, binnen Monatsfrist ihren Beitrag zum Kirchenbau zu leisten, da die alte Kirche dem Einsturz nahe sei. Das Stiftscapitel beschloß, sich zu erkundigen, wie viele Decimatoren vorhanden seien, und was das Capitel nach der Höhe seines Zehnten beizutragen habe. Mit dem Beschluß war anscheinend geringer Ernst verbunden. Zehn Jahre vergingen, ohne daß der Kirchenbau einen Schritt weiter gefördert war. Da forderte der Generalvicar am 28. August 1741 die Decimatoren durch den Landdechanten Schröder neuerdings auf, sich bestimmt und kategorisch zu erklären, ob und wie viel sie beizutragen gewillt seien. Binnen vierzehn Tagen sollte Antwort erfolgen. Allein die Decimatoren hatten es nicht so eilig. Das Bonner Capitel glaubte, das erzbischöfliche Rescript wegen eines bei der Insinuation begangenen Formfehlers entkräften zu können, und versuchte die Baupflicht auf die Abtei Klosterrath, die ja auch die alte Kirche erbaut habe, abzuwälzen. Als trotz aller Einsprache der erzbischöfliche Official auf der Verpflichtung der Zehntherren bestand, so waren einige derselben geneigt, an ein päpstliches Gericht zu appelliren; andere meinten, man solle von Rom ein Commissorium zur definitiven Begutachtung begehren. Ueber die fernern Schritte ist nichts Näheres bekannt. So viel ist gewiß,

---

[1]) Geogr.-hist. Lex. l. II. — Denselben Irrthum hat von Mering in seiner Geschichte der vier letzten Kurfürsten S. 61 adoptirt. — [2]) Akten im Kirchenarchiv.

daß die päpſtliche Behörde die Decimatoren von der Baupflicht nicht freigeſprochen hat. Denn nachdem die Verhandlungen mit Rom im Jahre 1746 in vollen Gang gebracht waren, citirte der erzbiſchöfliche Official auf den 15. Januar 1747 die Decimatoren vor ſein Forum zu einer gegenſeitigen Verſtändigung, d. h. um ſich zu einigen über den Betrag, den jeder zu leiſten habe. Canonicus Pelzer zahlte bereits am 26. Januar an den Pfarrer von Herſel den ratirlichen Theil der Bonner Stiftsherren mit 400 Reichsthalern.

Die gemalten Fenſter der Kirche zeigen Wappen und Inſchriften verſchiedener Wohlthäter:

1. Ihrer churfürſtlichen Durchlaucht zu Cöllen, Clemens Auguſt, Adminiſtrator des Hochmeiſterthums in Preußen, Meiſter teutſchen Ordens, Biſchof zu Hildesheim, Paderborn, Münſter und Osnabrück, in Ober= und Niederbaiern Herzog 1747. (Von ihm zwei Fenſter auf dem Chor)[1].

2. Johannes Scheſje, Abt der Prämonſtratenſer=Abtei zu Steinfeld, Herr zu Marmagen und Archidiakon der Grafſchaft Reifferſcheid.

3. Ihre Excellenz .... Frau Eleonora Anna Maria Thereſia verwittibte Freifrau Wolff=Metternich zu Gracht ꝛc., geborene Freiin von Truchſeß zu Wetzhauſen.

4. Excellenz ... Freiherr Auguſt Wilhelm Wolff=Metternich zu Werden, Gracht und Amelunxe, Domſcholaſtiker zu Paderborn, Domcuſtos zu Osnabrück, Archidiakon zu Melle, Propſt zu Wiedenbrück und Ihro ... churfürſtl. Durchlaucht zu ... Conferenzialminiſter.

5. Excellenz Johann Jacob Freiherr von Walbott = Baſſenheim, Herr zu Bornheim, Olbrück, Waldorff, Heimerzheim, Burggraf zu Drachenfels, Ihro churfürſtl. Durchlaucht zu Cöllen geheimer Conferenzialminiſter (ꝛc.) und ... Frau Katharina Adolphina (Bor)nheim, geborene Freiin von Gymnich ꝛc.

6. Congregatio Rhenana[2] i. e. admodum reverendi domini: Henricus Pörtgen praeses, Joannes N, Franciscus Iserlohe, Conradus Wey ....., Hermannus Brandt, Joes Daniel, Christianus Balchram, Philippus Pörtgen, Martinus Pütz in honorem sti Aegidii posuerunt sub rdo Gerardo Salm canonico regulari abbatiae Rodensis, pastore loci 1747.

Die am 8. November 1882 zu Herſel verſtorbene Rentnerin Katharina Lambertz vermachte 21000 Mark zur Vergrößerung der Kirche,

---

[1] Sämmtliche Titulaturen ſind hier abgekürzt.

[2] Rheiniſche Vereinigung von Prieſtern, welche im Texte benannt ſind. Heinrich Pörtgen iſt uns als Paſtor, Philipp Pörtgen als Beneficiat, beide in Brenig, Chriſtian Balchram als Primiſſar zu Bornheim bekannt. Leider ſind von den andern mit Ausnahme des Paſtors Salm zu Herſel die Stellen nicht anzugeben.

beziehungsweise zum Neubau, falls letzterer innerhalb sechszehn Jahren zur Ausführung gelangt. Eine schöne gothische, mit Diamanten besetzte Monstranz hatte diese Wohlthäterin früher von Goldarbeiter Witte in Aachen für die Pfarrkirche anfertigen lassen.

Die Kirche hat drei Altäre: den Hauptaltar mit den Bildern der Mutter Gottes und des h. Aegidius, einen Nebenaltar der h. Jungfrau, den andern des h. Antonius. Beide letztere stammen aus der alten Kirche. Der Hochaltar mit hohem Aufsatz und Gemälde harmonirte ehemals in der Form mit den Seitenaltären. Eine der Kirche (1820) geschenkte Copie der Kreuzigung Petri von Rubens, deren Rahmen 80 Thaler kostete, erhielt ihren Platz hinter dem Altar, und der stattliche Aufsatz mußte weichen. Das Auge wird jetzt eben so wenig befriedigt durch das an unpassender Stelle angebrachte große Bild, wie durch den niedrigen Aufsatz.

An dem Antoniusaltar wurde ehemals jeden Dinstag die heilige Messe gelesen und das Fest des Heiligen in der Kirche gefeiert. Die demselben gezollte Verehrung scheint von Klosterath übertragen zu sein. In älterer Zeit war er, wie Pastor Bierbaum in einer 1833 gehaltenen Glockenrede sagte, der h. Anna, deren Bild noch in der Kirche hängt, gewidmet, ein anderer der h. Katharina. Zwei Glocken tragen dieselben Namen.

Inschriften der Glocken:

1. St. Aegidius heiss ich
   Zum Dienste Gottes ruf ich
   Die Todten beschreye ich
   Zu der Busse mahne ich
   Die Sünder bekehre ich.

Johann Reuter aus Mainz goss mich in Cöllen 1623.
Umgegossen im Jahre 1833.

Pathen der neuen Glocke: Bürgermeister Freiherr Maximilian von Geyr. — Scheffe: Mathias Forschbach, Gutsbesitzer Maximilian Gross.

Pathinnen: Reichsfreifrau Paula von Fürstenberg geb. von Romberg, Freifrau von Böselager geb. Gräfin Belderbusch, Frau Adelhaid Dumont geb. Lenders, Witwe Catharina Birkhäuser geb. Mohren. — Als deren Stellvertreterinnen: Witwe Kuth geb. Borken, Frau Gertrud Forschbach geb. Birkhäuser, Freifräulein Carolina von Geyr.

2. Durch Glauben und Liebe zum Dienste des Herrn
   Vereinte euch Anna Maria[1]) so gern.

---

[1]) Die Glocke aus dem Jahre 1623 trug auch den Namen „Anna Maria".

Vernehmt ihr mein Läuten in Drangsal und Ruh,
Dann tön es als flüstre ein Engel euch zu:
Gelobt sei der Herr, ihm sei Preis in der Höh,
Es komme sein Reich, sein Wille gescheh.

1833 umgegossen von Meister Claren in Sieglar unter Pastor
Bierbaum aus freiwilligen Beiträgen.

3. Catharina [1]) nenn ich mich
Ruf euch zu Gebet und Lehre
Buss und Opfer feierlich
Dass stets Gottes Ehre
Und der Treuen Heil sich mehre.

Eine Reliquie vom Haupte des h. Aegidius mit Authentik des
kürzlich verstorbenen Bischofs Laurent, aus der Kreuzkirche in Aachen,
ist ein Geschenk aus jüngster Zeit. Vier Reliquien mit Ueberresten verschiedener Heiligen, ohne Authentik, wovon nur eine Reliquie des
h. Aegidius benannt ist.

Gestiftet sind 1. zur Pfarrstelle 61 Sangmessen, 158 Lesemessen.
2. zur Vicarie 8 Sangmessen, 102 Lesemessen, darunter 9 Applicationen
der Frühmesse. Dazu kommen aus dem Vermächtnisse der Fräulein
Katharina Lamberg 52 Wochenmessen mit einem Capital von 9000 Mark,
10 Messen zu Ehren des h. Antonius mit 1200 Mark, 10 zu Ehren
des h. Joseph mit 1200 Mark, 13 zu Ehren des h. Severinus, täg-
liches Gebet mit Ablesen für gewisse Verstorbene, wozu 3000 Mark,
endlich 1500 Mark für Brennmaterial zum Besten verschämter Armen.

Processionen und Bruderschaften.

1. Zur Verehrung der Jungfrauen Fides, Spes und Charitas zieht
eine Procession von circa 60—70 Personen nach dem Swisterberg bei
Weilerswist.

2. Eine größere unter Begleitung eines Geistlichen geht in der Ma-
ternusandacht nach Rodenkirchen.

3. Die Hagelfeier [2]), in älterer Zeit mit geistlicher Aushülfe gehalten,
ist jetzt durch dreizehnstündiges Gebet ersetzt. Ein mit der Hagelfeier und
der Gottestracht verbundenes Essen ist seit Pastor Butz wegen eingerissener
Mißbräuche abgeschafft.

Drei Bruderschaften, und zwar jede mit monatlicher Andacht
bestehen an der Pfarrkirche 1. zu Ehren Jesu, Maria, Joseph, 2. des

---

[1]) Eine Glocke aus dem Jahre 1745 führte denselben Namen.
[2]) Vgl. Hagelfeier unter Hemmerich.

h. Erzengels Michael, 3. des h. Franciscus Xaverius[1]). Die größern Kinder haben eine besondere Communionandacht.

Kirchhof.

Der Begräbnißplatz entspricht durch seine Lage an der Kirche noch dem alten Namen „Kirchhof". Eine Ringmauer schließt beide ein.

Ein steinernes Kreuz an der Dorfstraße ist das Geschenk des Kur= fürsten Clemens August, wie das klassische Chronicum „CHRISTO DABAT CLEMENS (1751)" anzeigt.

Der alte Kirchhof wurde im Jahre 1851 mit erzbischöflicher Geneh= migung um 39 Ruthen 72 Fuß aus dem Pfarrgarten erweitert. Die Uebertragung erfolgte ohne Entschädigung der Pfarrstelle an die Kirche. Der Grund und Boden des alten Kirchhofs, wie der neu hinzugefügte Theil des Ganzen ist als vollberechtigtes Eigenthum der Pfarrkirche anzusehen. Es ist das alte Besitzthum des Cassiusstifts, die Grundlage des Oratoriums der hh. Cassius und Florentius, somit der ältesten Pfarr= kirche von Herſel, des Klosters der Augustiner und der Pfarrwohnung. Dieses durch mehr als 700jährigen Besitz geheiligte und selbst durch das französische Gesetz anerkannte Eigenthum der Pfarrkirche ließ die könig= liche Regierung zu Köln im Jahre 1862 durch den Bürgermeister mit Beschlag belegen. Auf den Protest des Kirchenvorstandes erklärte der Bürgermeister den Kirchhof neuerdings als Eigenthum der Civilgemeinde. Es wäre unnütz, zu fragen, nach welchem Recht die Beschlagnahme erfolgt sei. Für und wider berief man sich auf Entscheidungen der Gerichte, während die hervorragendsten Juristen, wie Bauerband, Peter Reichens= perger und andere mit Minister von Mühler eine der Kölner Regierung widersprechende Stellung einnahmen[2]). Eine im Juli 1862 erlassene Polizeiverordnung der Regierung verfügt, daß eigene Grabstätten von der Civilgemeinde angekauft, und Grabgewölbe wie Monumente nur mit specieller Genehmigung des Bürgermeisters angelegt werden sollen.

Pfarrstelle.

Die alte Pfarrwohnung lag auf einer mit dem Kirchhof vereinigten Baustelle. Am 8. September 1793 gerieth durch Unvorsichtigkeit eines Soldaten ein Haus in Brand. Sehr viele Einwohner waren nach Pütz= chen bei Vilich auf den Markt gegangen, daher Mangel an Löschmann= schaft. So griff das Feuer rasch um sich, bis vierzig Häuser, die Hälfte des Dorfes, darunter auch die Pfarrwohnung, in Asche gelegt waren.

---

[1]) Ueber diese Bruderschaften vergl. unter Bornheim. — [2]) Dumont, Sammlung kirchlicher Erlasse, 255—261.

„Da nun," ſchreibt Paſtor Lauckhart an die franzöſiſche Regierung, „die Gemeinde dadurch ſowohl, als durch unergiebige Weinjahre und allerlei Kriegsunfälle ganz verarmt (iſt), ſo iſt der Pfarrer noch (1803) ohne eigene Wohnung. Auch ſind keine Mittel vorhanden, ihm ein Haus darzuſtellen." Bald nachher errichtete die Gemeinde auf einer zum Pfarrgut gehörigen Bauſtelle an der Dorfſtraße eine neue Wohnung.

Die Dotation, über deren Urſprung bereits vorhin berichtet wurde, beſtand unter Paſtor Lauckhart in 94 Morgen Ackerland und 4 Morgen Weingarten. 5 Morgen vom Pfarrgut erwarb das Urſulinenkloſter.

Der Weinbau, wiewohl in fortwährender Abnahme begriffen, hat ſich bei den Pfarrern von Herſel am längſten erhalten.

Die bekannten Pfarrer.

Wolfram, 1135, Prälat des Auguſtinerkloſters, wird in der Stiftungsurkunde verpflichtet (ebenſo ſeine Nachfolger), dem Sigebodo und deſſen Erben eine Rente von 10 Groſchen und ſechs Heller, 1½ Mütten Hafer, eine Anzahl Garben, 2 Hühner und 10 Eier abzuliefern[1]).

Wilhelm, 1245—1250. — Johannes de Welz, geſt. 1424. — Wilhelm von Anſtel, 1530. — Carſilius, 1538. — Johann Donsnick, 1554. — Johann Conrad, 1563. — Cornelius Lauterbach bis 1579.

Mathias Straelen, 1579, war ſpäter (1606) Abt von Kloſterath.

Everhard Brener (auch Brower), aus Eupen, 1601—1607.

Johann Streifelt aus Ahrweiler, ernannt am 8. Juli 1607. Im Jahre 1655 erhält er wegen Altersſchwäche einen Hülfspriester in dem Canonicus Offermanns mit der Ausſicht auf Pachterhöhung, woſern er nicht vorzieht, eigene Ackerwirthſchaft zu treiben. Streifelt klagt über Verwüſtungen, welche Soldaten und Thiere im 30jährigen Kriege auf den Feldern anrichteten, und bittet das Bonner Stiftscapitel um Nachlaß der ſchuldigen Lieferungen.

Johann Offermanns bis 1667, 1668 Pfarrer in Aſden, verkauft am 1. November im Auftrag des Abtes Petrus dem Heinrich Breuer zu Herſel 5 Morgen Land auf dem adeligen Kurhof zu Buſchdorf für 440 Dahler kölniſch.

Johann Sommer, 1667—1674 (†).

Johann Mees, 1674—1681, in qualitate rectoris obedientiarii ernannt, wird vom Official des Caſſiusſtifts unter Androhung von Gewaltmaßregeln aufgefordert, die aus den Jahren 1680 und 1681 rückſtändigen Fuder Wein, ſowie den ſchuldigen Goldgulden und die Wachs

---

[1]) Günther I. Vgl. Ulſter, Geogr.-hiſtor. Lexicon lit. H.

kerze von ſechs Jahren zu liefern. Vom Abt nach Kloſterath abberufen, leiſtet Mees trotz wiederholter Verwarnung keine Folge. Generalvicar Anethan unterſagt hierauf dem Renitenten die Ausübung jeder pfarr= amtlichen Handlung und droht mit Entziehung der Jurisdiction und Suspenſion, woſern er nicht binnen acht Tagen in's Kloſter zurückkehre [1]).

Wilhelm Haes, 1682—1685.

Caspar Merkelbach, 1685—1686. Im April des Jahres 1686 erſuchte der Kloſterather Abt J. Bock den Kölner Erzbiſchof, die Pfarr= ſtelle mit einem geeigneten Prieſter ſeiner Diöceſe zu beſetzen, bis in dem Kloſter eine Reform der Disciplin und der theologiſchen Studien aus= geführt ſein würde. Es ſei zweckmäßig, daß die Aſpiranten erſt theore= tiſch und praktiſch gebildet und demnach zu einer Pfarrſtelle zugelaſſen würden. Zugleich bringt der Abt als qualificirten Deſervitor den Prieſter Ferdinand Schick, 1686—1687, in Vorſchlag. Dem Antrag entſprach Erzbiſchof Maximilian Heinrich am 18. April 1686²).

Johann Butz (Pütz), 1687—1716, war, wie ſein Vorgänger, Weltprieſter; er reſignirte.

Andreas Drießen, 1716—1732. Auguſtiner aus Kloſterath, nach dem Zeugniſſe des Abtes ein Mann von bewährter Frömmigkeit, der ſich bereits zu Lommerſum durch ſegensreiche Wirkſamkeit unter dem dortigen Pfarrer ausgezeichnet habe.

Matthäus Laurent, 1732—1741.

Gerhard Salm, 1741—1752. 1747 wird die Kirche vollendet.

Chriſtian Alexius, 1752—1772, war früher Prior im Kloſter Marienthal.

Joſeph Dreſens, 1772, „langjähriges Mitglied der Abtei Kloſte= rath, hatte vor ſeiner Ernennung zu der Pfarrſtelle in der Kölner und Lütticher Diöceſe die Seelſorge ausgeübt und mit beharrlichem Eifer und gutem Erfolge gepredigt, katecheſirt und die Sacramente verwaltet"³).

Jacob Balthaſar Lützerath, 1777.

Martin Goswin Lauckhart, 1800—1805, reſignirt, wohnt einige Zeit nach 1806 in der „Dechanei" des Caſſiusſtifts zu Bonn und ſtirbt als Pfarrer zu Endenich.

Bernhard Steinbüchel, 1805—1818, geboren zu Köln am 6. April 1771, zum Prieſter geweiht am 13. September 1795, betrat die ſeelſorgliche Laufbahn im Jahre 1805 als Pfarrer in Herſel und

---

¹) Urkunde d. d. 6. Mai 1686 im Archiv der Pfarrkirche. Daſelbſt beruhen auch die Perſonalien der andern Pfarrer.

²) Generalvicar Anethan hatte am 22. Februar den „Gisbert Lottus" in Ausſicht genommen.

³) Aus der Präſentations=Urkunde des Abtes vom 27. November 1772.

wurde darauf am 13. September 1818 zum Cantonalpfarrer in Brühl ernannt. Erzbiſchof Ferdinand Auguſt übertrug ihm bei der neuen Organiſation der Erzdiöceſe das Amt eines Landdechanten und ernannte ihn ſpäter zum Ehrendomherrn. Auch war Steinbüchel Schulpfleger und Commiſſar des Erzbiſchofs bei den Prüfungen im Schullehrerſeminar zu Brühl. In dieſen verſchiedenen Stellungen wirkte Steinbüchel überaus ſegensreich bis zu ſeinem am 10. März 1845 erfolgten Tode.

Reiner Breuer, 1818—1821.

Franz Peter Fiſcher, 1821—1825.

Chriſtian Leuchtenfeld, 1825—1828.

Dr. **Wilhelm Smets,** 1828—1832, früher Religionslehrer am Jeſuitengymnaſium zu Köln (1822—1825), ſeit 1832 Pfarrer zu Münſtereiſel, ſpäter zu Nideggen und Blatzheim, 1841 Stiftscanonicus in Aachen, 1848 Landtagsabgeordneter, ſtarb 1849. Er glänzte als Redner und iſt als Dichter bekannt. Seine „Gedichte‟ erſchienen zu Aachen 1824; „Epiſche Dichtungen‟ zu Köln 1835. Von ſonſtigen Schriften ſeien erwähnt: „Das Märchen von der Päpſtin Johanna‟, Köln 1829. „Kurze Geſchichte der Päpſte‟, Köln 1835. Neue Ausgabe der Monatsſchrift zur Belehrung und Erbauung 1835. D'Affre, Philoſophiſche Einleitung in die Lehre des Chriſtenthums. Deutſch von W. S. Aachen 1846.

Chryſant Joſeph Bierbaum, 1832—1868, geboren zu Köln am 12. December 1789, Prieſter 1814, war Kaplan an St. Remigius (Minoriten) in Bonn, Religionslehrer am Gymnaſium und Geſanglehrer im erzbiſchöflichen Convict zu Bonn, ſeit 1834 Dechant des Dekanates Herſel, feierte am 4. Juni 1864 ſein fünfzigjähriges Prieſterjubiläum, bei welchem Anlaſſe er vom Cardinal-Erzbiſchof von Geiſſel zum Geiſtlichen Rathe ad honores ernannt wurde. Bierbaum ſtarb am 19. Juli 1868. Er verfaßte ein Kirchengeſangbuch und componirte Figuralmeſſen, ſpielte Clavier und Orgel, jedoch mit beſonderer Vorliebe die Harfe. Bierbaum bewohnte ſeit dem Jahre 1852 ein von ihm erbautes Haus. Die Pfarrwohnung überließ er ſeinem Halbwinner.

Theodor Suſen, 1868—1877, geboren zu Büderich bei Weſel am 22. Auguſt 1813, war Feldwebel beim preußiſchen Militär, ſetzte ſpäter ſeine Studien fort, wurde am 5. Juni 1841 zum Prieſter geweiht, hierauf Hülfsprieſter ſeines Onkels des Oberpfarrers von Wahnem an der Münſterkirche zu Bonn, 1843 Vicar zu Weilerswiſt und 1848 Pfarrer zu Gimborn, wo er ſich um die Erbauung der neuen Kirche große Verdienſte erwarb; im Herbſt 1868 zum Pfarrer von Herſel ernannt, wurde er 1869 Definitor und 1873 Dechant. Sein Tod erfolgte unerwartet am 17. Auguſt 1877.

Seitdem iſt die Pfarrſtelle in Folge der Maigeſetze unbeſetzt geblieben.

Primiffariat.

Den erften Grund zu einer Frühmeffen=Stiftung legte Jodocus Schmitz mit 100 Reichsthalern durch Teftament vom 29. Januar 1724. Später schenkten dazu Katharina Bochem 300 Rthlr., Jodocus Roggen= dorf 33 Rthlr., Elifabeth Appelmanns 200 Dahler fölnisch à 26 Albus = 133 Rthlr., Anna Maria Kuth 34 Rthlr., 1763 Jacob Thumgörgen 25 Dahler, 1774 Johann Loggen 100 Rthlr., Kügelgen 50 Rthlr. und Johann Stirz 50 Dahler. Sämmtliche Capitalien nebft 13 Rthlrn. und 25 Dahlern von erfparten Zinfen machten im Jahre 1793 einen Stiftungsfonds von 728½ Rthlr. aus.

Der Primiffar hatte an den Feften Weihnachten, Befchneidung Chrifti, Lichtmeß, Oftern, Pfingften, Mariä Himmelfahrt, des h. Aegi= dius, Mariä Geburt und Allerheiligen die h. Meffe zu appliciren, an den übrigen Sonn= und Fefttagen für gewiffe Verftorbene ein Memento zu machen.

Primiffare find nicht bekannt. Unter Paftor Bierbaum haben Aus= hülfe geleiftet: Dr. Franz Xaver Dieringer, Profeffor der Dogmatik zu Bonn; Dr. Conrad Martin, Profeffor der Moral zu Bonn, später Bifchof von Paderborn. Ferner der Priefter Hövelmann, als Studiofus der Philologie zu Bonn, jetzt Gymnafiallehrer zu Paderborn, 1848—1850.

Vicarie.

Pfarrer Bierbaum fchenkte 1853 ein zwifchen Kirche und Paftorat gelegenes Haus als Wohnung und gab ferner für einen anzuftellenden Vicar einen Theil des Gehaltes her. Die Gemeinde ergänzte das Fehlende. Am 29. April deffelben Jahres war die Sache befchloffen und genehmigt. Im Jahre 1868, als Theodor Sufen die Pfarrftelle antrat, wurde das Gehalt des Vicars auf 750 Mark feftgeftellt und mit Zuftimmung des erzbifchöflichen Generalvicariats vereinbart, daß Pfarrer und Ge= meinde diefen Betrag zu gleichen Theilen aufbringen follen. So wurde es bis zum Tode des Pfarrers Sufen gehalten.

Die Vicare find:

Hubert Heydhaufen, 1853—1854, geboren zu Süchteln am 9. Juli 1827, zum Priefter geweiht am 5. April 1853, jetzt Pfarrer in Valthaufen.

Johann Jacob Hahn, 1854—1856, geboren zu Burtfcheid am 9. Juni 1831, wurde Priefter am 4. September 1854, am 26. Auguft 1856 von Herfel nach Büsbach verfetzt: er war feit 25. Februar 1868 Pfarrer zu Rott im Dekanate Montjoie, wo er am 1. Januar 1882 ftarb.

Hubert Kreuder, 1856—1858, geboren zu Euskirchen am 26. April 1825, zum Prieſter geweiht am 2. September 1852, im September 1858 von Herſel nach Rodenkirchen verſetzt, ſpäter Pfarrer zu Poll, ſeit 31. October 1868 Pfarrer zu Traar bei Crefeld.

Caspar Wilhelm Eitel, 1858—1859, geboren zu Düſſeldorf am 9. Februar 1835, wurde Prieſter am 1. September 1858, ſpäter Vicar zu Calrath, Pfarre Bettenhoven, ſeit dem 20. Mai 1873 Pfarrer zu Gräfrath im Dekanate Solingen.

Johann Werner Büllingen, 1859—1865, geboren zu Köln am 22. December 1834, wurde Prieſter am 2. Mai 1859, von Herſel am 4. April 1865 nach Büttgen verſetzt.

Johann Aſſenmacher, 1865—1866, ernannt am 7. September 1865, ſtarb am 19. April 1866.

Clemens Auguſt Drießen, geboren zu Eupen am 2. December 1838, zum Prieſter geweiht am 1. September 1862, war Schloßkaplan zu Bergerhauſen, Pfarre Blatzheim, hierauf kurze Zeit Hauskaplan des Pfarrers Broicher zu Langel und ſeit 30. April 1866 Vicar zu Herſel.

Uedorf.

Der Nebenort Uedorf, dicht am Ufer des Rheines zwiſchen Herſel und Widdig, mit 100 katholiſchen Einwohnern, bildete bis zur franzöſiſchen Occupation eine ſelbſtändige Civilgemeinde und war der Pfarre Urfeld einverleibt. Bei Organiſation der Aachener Diöceſe [1]) im Jahre 1804 wurde Uedorf mit der Gemeinde Herſel in kirchlicher und gegen 1824 auch in bürgerlicher Beziehung vereinigt.

Langjährige Verhandlungen mit der preußiſchen Regierung, die alte Selbſtändigkeit wieder zu gewinnen, blieben erfolglos. Mit Rückſicht auf die geringere Entfernung von Herſel und die größere von Urfeld iſt die Ueberweiſung des Ortes von der letztern an die erſtere Pfarrkirche als zweckmäßig zu erachten.

Die Abtei Heiſterbach hatte in Uedorf einen Hof mit 300 Morgen Land, den die Familie Birkhäuſer bei der Säculariſation käuflich an ſich brachte und parzellenweiſe veräußerte, ſowie ein kleines Gütchen gleich der Huſe für einen Zugochſen. Ein ähnliches Gütchen beſaßen die Karthäuſer, ſpäter Familie Bißdorf [2]).

Urſulinenkloſter.

Die Gründung des Kloſters bewirkten auf Anregung und unter eifriger Protection des Pfarrers Bierbaum zwei Conventualen der Urſu-

---

[1]) Organisation du Diocèse d'Aix-la-Chapelle, 47.
[2]) Aus einem Bericht des Paſtors Bierbaum.

linerinnen in Köln: Maria Johanna, Freiin von Zuydwyck, Wittwe Max Friedrich's Freiherrn von Weichs, und Maria Bernardine geborene Werotte aus Wesseling. Am Scapulierfeste, dem 16. Juli 1852, eröffneten sie ihre klösterliche Niederlassung im Pfarrhause, nachdem Herr Bierbaum sein kürzlich erbautes Privathaus bezogen hatte. Dort begannen die beiden Stifterinnen mit einer Postulantin und einer andern geprüften Lehrerin am 19. Juli den Elementarunterricht der 128 schulpflichtigen Mädchen in zwei Klassen. Die Räume des Pfarrhauses waren für Wohnung mit Clausur und Schule allzu beschränkt. Daher erwarben die Ursulinerinnen aus dem Pfarrgarten neben Kirche und Kirchhof für 650 Thaler einen Bauplatz mit dem Vorbehalt, später nach Bedürfniß zu demselben natürlichen Preise ein größeres Terrain ankaufen zu können. Am 4. October 1853 legte Weihbischof Dr. Baudri den Grundstein zu dem neuen Kloster, und am Jahrestage, dem 4. October 1854, hielten die Stifterinnen, die als Novize eingekleidete Postulantin, zwei neue Postulantinnen und 24 Pensionäre als Zöglinge in demselben ihren Einzug.

Die junge Anstalt blühte auf, die Zahl der Schwestern und der Zöglinge, darunter Aspirantinnen des niedern und höhern Lehrstandes, vermehrten sich. Daher wurde es nothwendig, die Gebäude 1859 und abermals im Jahre 1865 durch Anbau zu erweitern.

Die Nonnen erhielten vertragsmäßig weitere vier Morgen aus dem Pfarrgarten. Die Einsprache des Pfarrers, dem die Consequenzen seines ersten Entgegenkommens unangenehm wurden, kam zu spät.

Zugleich wurde eine Kapelle im Kloster eingerichtet, und der Neopresbyter Johann Joseph Wildt aus Aachen am 26. September 1860 als geistlicher Rector angestellt. 1869 befanden sich im Kloster vierzehn Chorschwestern, sechs Laienschwestern, drei Novizen, 1875 neunzehn Chorschwestern, acht Laienschwestern. Erzbischöflicher Commissar war der Domcapitular Professor Dr. Dieringer zu Bonn.

Um diese Zeit der höchsten Blüthe trat das Ende ein. Der Culturkampf, diese Ironie jeder Cultur, wollte es so. Im Herbst 1875 zogen die Schwestern, 27 an der Zahl, mit 50 Pensionären nach Beaufays in Belgien, wo sie gastliche Aufnahme fanden und nun schon im neunten Jahre ihre segenvolle Thätigkeit, dem Schutz der Fürsehung vertrauend, fortsetzen. Was Herfel an ihnen verloren hat, wird unser Bericht über die Schule theilweise zeigen.

Schule.

Die Schule stand beinahe ein volles Jahrhundert (bis 1826) unter Leitung der Küster aus der Familie Fabri. Ein Pfarrer von Herfel (Drießen?) brachte den Wolfgang Fabri als Küster und Magister mir. Dessen Sohn Thomas Fabri hat sich durch Stiftung eines Fensters in der Sacristei der Kirche verewigt mit der Inschrift: Thomas Fabri aedituus et ludimagister 1747. Auf Thomas Fabri folgte sein Sohn Johann und sein Enkel Peter Joseph. Der Letztere bewohnte als Lehrer ein von der Gemeinde 1819 angekauftes Haus, woran ein Schulsaal angebaut wurde. Er hielt Schule bis 1826 und starb als Küster 1843. Nach ihm übernahm sein Schwiegersohn Peter Joseph Breuer die Lehrerstelle. Es sind jetzt volle 58 Jahre, daß dieser Mann mit Eifer, Geschick und gutem Erfolg unterrichtet und durch Handhabung der Ordnung wie durch das eigene Beispiel die Jugend erzieht.

Die Gesammtzahl der schulpflichtigen Kinder betrug im Jahre 1828 achtzig, in den Jahrgängen 1840 bis 1850 zwischen 180 und 200. Es war also eine Wohlthat für die Schule, daß die Ursulinerinnen im Jahre 1852 die Mädchen, welche mit 128 die größere Hälfte bildeten, übernahmen und in zwei Sälen des Klosters unterrichteten. Die ordnungsmäßige Leitung, die auf tief religiöser Grundlage beruhende einfache und angemessene Erziehung, der treffliche Unterricht, die vor allen andern Schulen ausgezeichnete Handarbeit, die wohlthuende, bis zur ärmsten Schülerin durchgeführte Reinlichkeit, das waren innere Vorzüge der Mädchenschule im Kloster der Ursulinerinnen, welche der Berichterstatter von 1867—1874 zu beobachten Gelegenheit hatte. Dabei waren die Kosten für die beiden Klassen weniger bedeutend, als sonst für eine. Die Gemeinde zahlte keine Entschädigung für Wohnung und Schulräume, für Brennmaterial, Federn und Dinte oder sonstige Utensilien, sondern im Ganzen 240 Thaler für zwei Lehrkräfte.

Die Gemeinde war sich ihrer Vortheile bei der Klosterschule sehr wohl bewußt. Sie wünschte schon aus materiellen Rücksichten eine Aenderung nicht. Allein das Gesetz war unerbittlich. Am 22. April 1873 kündigte der Bürgermeister im Auftrag der königlichen Regierung den Schwestern den Contract und stellte den 1. Juli 1874 als Termin, wo sie die Schule zu räumen haben würden.

Im Jahre 1864 war für die Knaben ein neues Schulhaus mit zwei Sälen und Lehrerwohnung unweit der Kirche errichtet worden. Die Entlassung der Nonnen machte den Neubau eines dritten Schulsaales mit Lehrerinwohnung nothwendig. Lehrer Breuer erhielt einen Hülfslehrer. Als solche wirkten seit 1852: die Präparanden Joseph Frohn, Johann Menden, Joseph Zimmermann bis 1869. Auch für die Unterklasse bestand in der Folge die kgl. Regierung auf Anstellung eines geprüften Lehrers. Der erste war Joseph Rondorf, jetzt ist es Franz Schäfer aus Brühl.

7. Keldenich.

Keldenich mit 397 katholischen Einwohnern, 1 Kilometer vom Rhein, 2½ Kilometer von der Station Sechtem, in gleicher Entfernung von Köln und Bonn. Die Gemarkung umfaßt ein Areal von 1560 Morgen. Der Ackerbau ist fast einzige Erwerbsquelle. Einige wenige Einwohner sind in den Fabriken zu Wesseling und Bayenthal beschäftigt.

Der Name „Keldenich" scheint keltischen Ursprung anzudeuten. Die Römer bauten sich später im Orte an, führten ihre Straße von Trier nach dem Rheine hindurch und ließen in der Umgebung nach allen Richtungen Ueberreste ihrer Bauwerke an den Verkehrswegen zurück. Keldenich war später eine kurfürstliche Herrschaft mit freier Gerichtsbarkeit und Sitz im Landtag. Die alte Ritterburg („Kirchhof") gewährte den Verbrechern freies Asyl auf sechs Wochen und drei Tage. Die Gerichtssitzungen der Geschworenen fanden im Kirchhofe statt. Die Ueberlieferung sagt, ein Thurm der Burg habe als Gefängniß gedient. Ein Galgen stand zwischen Keldenich und Berzdorf.

Ein Weisthum [1]) enthält Bestimmungen über die kurmütigen Güter des Hofes ohne Angabe von Zahl und Namen. Die Inhaber der Güter, „empfangende Hand", mußten bei den drei üblichen Sitzungen der Geschworenen auf dem Kirchhof oder Stappelhof erscheinen, wo Pachten und Renten gezahlt wurden. Beim Ableben des Inhabers wurde von jedem kurmütigen Gute eine Abgabe entrichtet und zwar von Gütern mit 17 Morgen und darüber das beste Pferd, von kleinern ein silberner Pflug.

Die Geschworenen versammelten sich Dinstags nach Dreikönigen auf des Junkers Hof zu einem gemeinschaftlichen Essen. Sie durften zu dem Mahle ihre Hausfrauen, einen Knecht und einen Hund mitbringen. Ueber aufzutragende Gerichte und Getränke, selbst über Auflegung reiner Tisch-

---

[1]) Annalen des hist. Vereins, XI—XII 103.

tücher bestanden genaue Vorschriften. An Speise und Trank war dabei
kein Mangel. „Were aber Sach, daß einer der Geschworenen so un-
natürlich voll würde, daß er trunkshalber im Hof hielt und von Voll-
heit falle, so soll er das ganze Gelag bezahlen."

Der Diensteid der Geschworenen lautet: „Ich gelobe und schwere,
dass ich hinfürter diesen geschworendienst, so ich jetzund angenommen hab, mit allem fleifs bedienen will, und dem herrn zu Keldenich und diesen hofgeding oder stappelhof ihrer gerechtigkeit helfen
handhaben, ihre zins und pacht liebern und imgleichen, wan
durch den hofgerichts botten citirt werde, folgen; den geschworen
mit fleifs helfen; behalten, was im gericht verhandelt wird, und niemand unrecht thun, weder um gunst, noch um gab oder geschenk.
oder was sich einiges nutzen vergleichen mag, so wahr mir Gott
helff und sein heiliges evangelium."

Das Gerichtspersonal bestand im Jahre 1786 aus folgenden Personen: Johann Müller, Schultheis; Johann Merken, Wilhelm Deutz,
Johann Isenkrohe, Johann Klein, Scheffen; Nicolaus Benfeld, Gerichtsschreiber; Peter Esser, Gerichtsbote [1]).

Seitwärts vom Kirchhof stand die Zehntscheune. Davon verschieden
war der „Zehnthof" mit einer Weinkelter, jetziges Eigenthum der
Wittwe Klein.

Seit Anfang des 17. Jahrhunderts waren Besitzer des Kirchhofes
und der Herrlichkeit Keldenich die von Siegenhoven, genannt Anstel [2])

Johann Adam von Siegenhoven, kurkölnischer, kaiserlicher und pfalz-
neuburgischer Oberstlieutenant, Herr zu Keldenich, starb am 9. August
1658. Seine Tochter aus erster Ehe, Elisabeth, heirathet Alexander
Otto von Geverzhan, der um 1700 wegen Keldenich zum kölnischen
Landtag aufbeschworen wurde. Johann Timotheus, Sohn Johann
Adam's von Siegenhoven, besaß Anstel, Keldenich und Sinsteden. Er
starb am 14. November 1696. Von ihm stammte Johann Philipp
(gestorben 17. Februar 1712), dessen ältester Sohn Ernst Joseph
Stephan, Amtmann zu Zülpich, die Herrschaft erbte (gestorben 5. Juni
1755). Letzter Besitzer war Karl Joseph Freiherr von Siegenhoven,
Sohn des vorigen. Die von Siegenhoven hatten eine Familiengruft in
der Klosterkirche St. Apern zu Köln. Keldenich gehörte zu den kurfürstlichen Besitzungen, welche zur Zeit der Geld-Calamität (wahrscheinlich

---

[1]) Kurfürstlicher Hofkalender vom Jahre 1786, 95.
[2]) Nach Alfter besaß 1313 Heinrich Scherfgin, ein kölnischer Bürger, einen Hof zu
Keldenich, welcher nicht zu identificiren ist. Vgl. Geogr.-hist. Lexicon lit. K. Anm.

unter Erzbischof Ferdinand) verpfändet waren und von Clemens August, der über große Geldmittel verfügte, wieder eingelöst wurden [1]).

In Keldenich erzählt man, daß der Kurfürst auf der Fahrt von Brühl nach Bonn im Kirchhof abstieg und ausruhte.

Die Franzosen confiscirten das Gut als Staatsdomaine und verkauften es an Heinins zu Köln. Von ihm erbte es Wittwe von Ammon zu Düsseldorf 1817, die es dem Landrath Herrn von Hymmen zu Endenich verkaufte. 1881 ließen die Erben die Länderei, 110 Hectar groß, durch den Commissionär Mayer in Köln parzellenweise verpachten. Sic transit gloria mundi!

Als adeliges Gut in Keldenich ist ferner zu erwähnen der Jabacher Hof. Wie der Name andeutet, war der Hof lange Besitzthum der Kölner Patrizier von Jabach, früher der von Metternich, jetzt ist er Schwingeler's Hof. Johann Engelbert Jabach, Canonicus an St. Severin und St. Cunibert zu Köln, stand 1726 als Pathe bei einer Taufe zu Keldenich, Ernst Joseph von Jabach 1734; eine „Jungfrau von Jabach" (gestorben 1746) stiftete daselbst die Frühmesse. Den Jabacher Hof erwarb um die Mitte des 18. Jahrhunderts Severin de Groote, von diesem Johann Mathias Debors, Canonicus an St. Gereon. Die große Ueberschwemmung von 1784 versetzte den damals tiefer im Dorf gelegenen Hof in baulosen Zustand. Deßhalb wurde ein neues Gebäude in höherer Lage 1788 errichtet. Am 22. December 1803 erwarb Johann Schwingeler das Gut mit 63 Hectar 63 Are 24 Meter von Dehors' Erben für 39,906 Franken 17 Centimes. — Gottfried Schwingeler, ehemaliger Prälat der Abtei Deutz, hatte in dem obern Stockwerk des Wohnhauses eine Privatkapelle, worin er 1802—1810 die h. Messe las. Später wohnte er in der Comödienstraße zu Köln. In seinem Testamente vom 16. Mai 1813 bedachte er die Kirche zu Keldenich durch fromme Stiftungen [2]).

Der Dickopshof, 15 Minuten vom Pfarrort, in der Nähe der Eisenbahn gelegen. Besitzer war, nach Alfter, vormals Goldschmitt, hernach Herwegh, Wittib von Geyr, nun (1780) von Beywegh [3]). Die von Beiwegh gaben der Stadt Köln mehrere Bürgermeister und erwarben sich durch vielfältige kirchliche und andere wohlthätige Stif-

---

[1]) v. Mering, Geschichte der vier letzten Kurfürsten, 59. Alfter schreibt: „Der Kirchhof vorhin den von Anstel, nun dem Kurfürsten. Walter's Bemerkung (Erzstift Köln, 109), „Keldenich wird erst seit 1763 als kurfürstlich aufgeführt," ist irrig.

[2]) „Den überlebenden Confratres der ehemaligen Abtei Deutz vermache ich 9000 Rthlr. und mehrere Mobilien. Dieselben sollen jedoch verschuldet sein, die pro defuncto abbate gewöhnlichen Suffragien von 20 Messen auf ihn zu halten."

[3]) Geogr.-hist. Lexicon lit. K.

tungen unsterbliche Verdienste um ihre Vaterstadt [1]). Jetzt ist die Familie ausgestorben. Erben Beiwegh verkauften 1840 das Gut an Farina für 30,000 Thlr. Dieser ließ die Hofgebäude in massivem Mauerwerk neu und stattlich aufführen. Von Farina erwarb das Gut ein Herr Kaufmann, von diesem Freiherr von Carnap. Jetzige Besitzer sind Eheleute Theodor Pingen und Sibylla Schmitz. Das Areal beträgt nach Veräußerung einiger Parzellen 105 Hectar mit eigener Jagd und großen Fischweihern. Neben dem Eingang in den Hof steht an freier Stelle

Die Kapelle zum h. Kreuz.

Ueber dem Eingang befindet sich ein Doppelwappen, links ein schräger Balken, oben und unten an der Einfassung ein Dreieck, rechts ein Balken mit drei Hufeisen; Jahreszahl der Erbauung: 1716. Herr Pingen ließ die verwahrloste Kapelle herstellen und decoriren. Dieselbe besitzt eine Partikel vom h. Kreuz in schönem Ostensorium mit Authentik des Cardinals Monaco La Valetta vom 30. August 1879. An gewissen Tagen wird in der Kapelle die h. Messe gelesen und bei der Frohnleichnamsprocession seit einiger Zeit Station gehalten.

Mühle bei Keldenich.

Kurfürst Max Franz ertheilt mit Zustimmung des Dechanten und Capitels der Domkirche dem Bürger Johann Schmitz in Brühl unter dem 11. März 1789 die erbetene Erlaubniß, „auf dem Bach bei unserer Herrlichkeit Keldenich auf eigene Kosten eine Mühle zu erbauen dergestalt, daß derselbe 1. in der Zeit von einem Jahre sothanen Mühlenbau nebst dazu gehörigem Teiche in vollkommenen Stand setzen und stets unterhalten; 2. die über bemeltem Bache zu erbauende Brücke ebenfalls auf eigene Kosten anlegen und unterhalten; 3. auf die Reinigung bemelten Baches dahin Rücksicht nehmen solle, daß er durch den ihm dadurch verursachten Stillstand keine Vergütung rechnen zu können befugt sein solle; 4. er Pächter zu unserer Oberkellnerey zu Brühl an Pacht termino 1790 zum ersten Mal und sofort jährlich zehn Malter Roggen entrichten solle; wogegen besagtem Erbpächter Johann Schmitz die von dem Pächter Johann Klein zu Keldenich untergehabten zwey und einen

---

[1]) Arnold Johann v. Beiwegh, 1702 Bürgermeister von Köln, wurde von Kaiser Leopold wegen seiner Verdienste um das deutsche Reich geadelt, er starb 29. Juli 1716. Anna Beiwegh war Aebtissin zu Mariengarten, 1366. Ein Sohn Heinrich Beiwegh und der Catharina Tonberg (beide gestorben an der Pest) war Carmelit im 16. Jahrhundert. Peter Cornelius v. Beiwegh war Weihbischof, episcopus Methonensis und Dechant an Allerheiligen zu Speier. Dessen Bruder Cornelius war Jesuit. — Rhein. Antiquarius, 3. Abth., 12. Bd., S. 289.

halben Morgen Länderey zu Behuf der deßhalb anzulegenden Baulich=
keiten und Verfertigung des Mühlenteiches hiermit in Erbpacht verliehen
werden" [1]). Durch Vertrag vom 31. December 1831 kauften Eheleute
Peter Joseph Schmitz und Anna Katharina Esser sich mit 500 Thalern,
welche sie der königlichen Domainen=Verwaltung zahlten, von der Erbpacht
los. Johann Peter Müller und Anna Catharina Schmitz zu Sechtem
kauften später die Mühle für 12,000 Thaler.

Geistliche Güter.

Nachstehendes Verzeichniß [2]) ist anscheinend zum Zweck der Steuer=
veranlagung angefertigt.

„Herrlichkeit Keldenich."

Stift Gerißheimer Hof halt [3]) ³/₄ Morgen 2 P(inten),

    Artland 69 Morgen und 2 in Sechtem, Pacht

    18 M(alter) Roggen, 12 Haber: f 2 — 16 —

Pastorey: Haus halt ¹/₄ M. 8 Roden   f „ — „ — 7

    Artland 15 M.   f „ — 10 — „

Vicarius s. Petri Artl. 1 M.   f „ — „ — 8

Carthäuser 32 M.   f „ — 21 — 4

Kloster Bourbach aus Berzdorf 10 Morgen

Kloster Rheindorf aus Berzdorf 1 M. Artl.

Stift s. Cuniberti Artl. 7 M. aus Schwadorf

Pastor zu Sechtem 5 M. Artl.   f „ — 3 — 4

Dem Verzeichniß ist noch beizufügen: Der Hof des Maximinen=
klosters, genannt im Höfchen.

Den Gerresheimer Hof kaufte von den Franzosen am 15. Mai
1807 Peter Offermann, der, wie vormals seine Ahnen, Pächter desselben
war, in Gemeinschaft mit Melchior Schwingeler, 42 Hectar 24 Are für
12,400 Franken. Offermann erhielt die Gebäulichkeiten nebst Haus=
garten und die Hälfte der Länderei. Das Gut, unter dem Namen Jo=
hanneshof bekannt, erwarb von Theodor Wirtz, dem Schwiegersohn
Offermanns, Jacob Schumacher, jetziger Besitzer. Die Hälfte des ehe=
maligen Gerresheimer Hofes, circa 80 Morgen, ist mit Schwingeler's
Gut vereinigt.

Die Pfarre.

Keldenich ist eine uralte Pfarre. Ringsum von nahen Pfarrkirchen
ältesten Ursprungs, wie Sechtem, Urfeld, Wesseling, umgeben, zeigt es

---

[1]) Abschrift der Original=Urkunde in der Schulchronik von Keldenich.
[2]) Im Archiv der Stadt Köln. Das Verzeichniß datirt wahrscheinlich aus dem 17.
Jahrhundert. — [3]) halt = hält = ist groß.

gleichwohl keine Spur einer Abhängigkeit von einer solchen, eine Erscheinung, welche bei dem kleinen Umfange des Ortes um so auffallender
ist. In dem liber valoris aus dem 14. Jahrhundert ist die Pfarre
Keldenich mit der verhältnißmäßig hohen Einnahme von 18 Mark veranschlagt [1]). Auch das älteste Verzeichniß des Cassiusstifts führt Keldenich
als Pfarre auf [2]).

Die Gründung der Pfarrkirche ist wahrscheinlich das Werk eines
Kölner Erzbischofs. Sie stand auf kurfürstlichem Boden, womit der
„Kirchhof" in Verbindung stand; die Baustelle der Kirche ist aus dem
zum Kirchhof gehörigen Eigenthum ausgeschnitten. Nach dem liber
collatorum übte die Abtissin von Gerresheim das Patronatsrecht [3]),
später, um 1630, die Herren von Siegenhoven [4]), nach ihnen der Erzbischof [5]).

Die letztere Uebertragung dieses Rechtes hing mit der des Kirchhofs
zusammen, womit auch der Empfang des Zehnten verbunden war. Dagegen ist es durchaus unklar, wie die Abtissin von Gerresheim das ihr
ehemals zustehende Patronat verloren hat. Eine einfache Lösung dieser
Schwierigkeit dürfte in der Annahme liegen, dieselbe habe zur Zeit den
großen Zehnten an den Kirchhof übertragen.

Pfarrkirche zum h. Andreas.

Weithin sichtbar überragt ein blendend weißes Kirchlein das durch
tiefere Lage verborgene Dorf. Unter dem Thurme treten Bruchstücke
eines viel ältern Bauwerkes hervor; das hohe Alter bezeugen besonders
große Tuffsteine in den Substructionen. Das alte Gebäude genügte
selbst den bescheidenen Ansprüchen der kleinen Gemeinde nicht mehr; vermuthlich hatte auch der Zahn der Zeit dasselbe arg geschädigt, als auf
Befehl des letzten Kurfürsten Max Franz: „Man baue den Leuten ein
Bethaus", im Jahre 1780 die neue Kirche erstand. Meister Hackspiel
aus Brühl wurde mit der Ausführung beauftragt. Während der Erbauung wurde, wie alte Leute bezeugt haben, die h. Taufe in der Kreuzkapelle am Dickopshof ertheilt. Aus dieser Thatsache geht hervor, daß
die ältere Kirche, damals abgebrochen, genau an der Stelle der neuen
gestanden hat. Andere haben vermuthet, ihre Lage sei neben dem
„Kirchhof" zu suchen, und stützen sich auf den Namen des letztern. Aber
auch ohne diese Annahme ist die Benennung „Kirchhof" gerechtfertigt
durch das mit demselben verbundene Patronat und den Kirchenzehnten.

---

[1]) Binterim u. Mooren, Erzdiöcese. Köln, I. 131. — [2]) Anhang I, cap. 19.
[3]) Binterim u. Mooren, Erzb. Köln, I 348. — [4]) Gelenii Farragines, XXIV 100.
[5]) Dumont, Descriptio. 14.

Auch die neue Kirche steht, wie ihre Vorgängerin, auf dem Boden des „Kirchhofs," wenn auch nicht in unmittelbarer Nähe desselben. Sollte letzteres trotzdem jemals der Fall gewesen sein, so müßte man die Kirche am „Kirchhof" in die allerfernste Zeit zurückverlegen, eine Zeit, welche der Erbauung einer drittältesten Kirche hinreichenden Raum läßt. Mag man sich für die eine oder die andere Ansicht entscheiden, die Kölner Erzbischöfe sind ohne Zweifel als älteste Herren von Keldenich und Besitzer des Kirchhofs sowohl die Erbauer der ältesten wie der neuesten Pfarrkirche gewesen.

Die jetzige Kirche ist, dem Worte des Erbauers entsprechend, „ein Betsaal" mit flacher Decke, circa 36 Fuß lang, 18 Fuß breit, und genügt schon lange der kleinen Pfarrgemeinde nicht mehr. Nach der hintern Seite deuten gebrochene Ecken das Chor an. An das Chor schließt sich der Thurm, in dessen Erdgeschoß die Sacristei sich befindet. Durch einen äußern Eingang steigt man zum Läuten in den Thurm hinauf.

Ueber dem westlichen Eingang zur Kirche ist das steinerne Standbild des h. Andreas angebracht mit der Inschrift: „Joannes Isenkrohe et Anna Maria Bohner benefactores sub pastore Severino Kaldenbach 1780" [1]).

Ein Missionskreuz mit der Jahreszahl 1788 ist außen an der nördlichen Mauer befestigt.

Das Fest des h. Apostels Andreas, als des Patrons der Pfarrkirche, wird am 30. November nach altem Herkommen gefeiert, früher auch das Fest der h. Anna, am 26. Juli.

Drei Altäre: der Hauptaltar mit einem Gemälde des h. Andreas und zwei freistehende Nebenaltäre der Mutter Gottes und der h. Anna haben im Jahre 1883 den Platz in der Kirche geräumt, nachdem Bildhauer Mengelberg aus Köln einen kunstvollen neuen Altar geliefert hat, der alle ältern Zierathen in Schatten stellte. Der Altar ist nach dem Muster eines kleinen Seitenaltars im Dom zu Limburg im romanischen Stil ausgeführt. Der steinerne Unterbau, zwei marmorne Säulchen zu den Seiten, tragen den Altartisch. Auf dunkelm Hintergrunde tritt in der Mitte der Fronte eine weiße Platte hervor und in darin vertiefter blauer Rundung die Namen Jesus Christus

$$
\begin{array}{c}
\text{I} \\
\text{E} \\
\text{X R I S T V S} \\
\text{V} \\
\text{S}
\end{array}
$$

zu einem Kreuze verbunden.

---

[1]) Isenkrohe und seine Vorfahren waren Pächter des Kirchhofs.

Der Aufſatz iſt ein Prachtwerk der Holzſchneidekunſt. Ueber der Metallthüre des verſchloſſenen Tabernakels, mit zwei muſicirenden Engeln bemalt, erhebt ſich in reicher Säulenverzierung die Niſche für Ausſtellung des hochwürdigſten Gutes, überragt von einem mit dreifachem Giebel abſchließenden Baldachin, durch Kämme und Kreuzblume verziert. Im Felde des vordern Giebels über der Niſche befindet ſich in Relief das Bild des Pelikans, ſeine Jungen mit dem Herzblute nährend. Die Höhe vom Fuß bis zur Spitze beträgt 13 Fuß. Zur Linken des Tabernakels, gegen daſſelbe weiter zurücktretend, iſt die Verkündigung an Maria, zur Rechten die Geburt Chriſti ſehr ſchön in Relief dargeſtellt. Die Seiten haben ein Stockwerk weniger als das Mittelſtück, ſind abweichend von demſelben in Sattelform überdacht, ſo zwar, daß die äußere Bedachung von der Mitte zu den Seiten in gerade Linien fällt. Die architektoniſche Einheit des Ganzen, die kunſtgerechte Durchführung, reiche Ornamentik, geſchmackvolle Polychromirung und prachtvolle Vergoldung können ſelbſt den feinen Kritiker vollauf befriedigen [1]). Als chriſtliches Kunſtwerk aber erfüllt dieſer Altar einen viel höhern Zweck — Erbauung.

Stiftungen. Prälat Gottfried Schwingeler vermachte der Pfarrkirche, „deren ſchwache Einküfte ihm bekannt," 300 Franken, den gleichen Betrag für die Armen durch Teſtament vom 16. Mai 1813.

Clara Schwingeler ſchenkte in jüngſter Zeit 3075 Mark zu einer Wochenmeſſe. Außerdem beſtehen 37 geſtiftete Anniverſarien in cantu und 15 Leſemeſſen.

Die Bruderſchaften von Jeſus, Maria, Joſeph und vom h. Erzengel Michael finden mit monatlicher Andacht ſtatt.

Die „Marianiſche Liebesverſammlung" mit ſieben jährlichen Andachten wurde von Paſtor Guth gepflegt, iſt aber ſpäter eingegangen.

Eine Proceſſion zieht am 1. Mai in Begleitung des Pfarrers zur Verehrung der h. Walburgis nach dem eine Stunde von Keldenich entlegenen Walberberg.

Der Friedhof.

Das Rittergut, welches dem Leſer unter dem Namen „Kirchhof" bekannt iſt, hat mit der Begräbnißſtätte nichts gemein. Nur iſt zu bemerken, daß der Friedhof um die Kirche aus dem Eigenthum des kurfürſtlichen „Kirchhofs" hervorgegangen und noch gegenwärtig von den dazu gehörigen Liegenſchaften umſchloſſen iſt. Es leuchtet daher ein,

---

[1]) Der Preis von 2450 Mark war jedenfalls mäßig und wurde aus freiwilligen Beiträgen beſtritten.

daß der Friedhof Eigenthum der Pfarrkirche ist. Die kürzlich vom Bürgermeister an den Pfarrer gerichtete Frage, wer Eigenthümer des Kirchhofs sei, kann unsere Auffassung nur bestätigen.

Pfarrstelle.

Eine aus dem 18. Jahrhundert stammende Pfarrwohnung nebst Garten lag „dem Kirchhof" schräg gegenüber. Die gegenseitige Nähe ist nicht ohne Bedeutung für die Gründung der Pfarrstelle. Wahrscheinlich war das Pfarrhaus auf dem Grunde des Kirchhofs errichtet. Das alte Gebäude wurde unter Pastor Lind (1828—1834) durch ein neues auf alter Baustelle ersetzt. War das alte Pfarrhaus baulos und schlecht, so war das neue in der Anlage mißlungen, ein einstöckiges Gebäude mit vier nach einer Schablone angelegten Räumen, darüber Mansarden als Schlafzimmer. Ein glücklicher Umstand verschaffte dem Pfarrer ein besseres Haus in solidem Mauerwerk in unmittelbarer Nähe der Kirche. Dieses Haus hatte die uns bereits bekannte Wohlthäterin Clara Schwingeler erbaut und hoffte, dasselbe zu einem Krankenhause unter Leitung von Ordensschwestern einrichten zu können. Die Ausführung dieses Planes stieß auf Schwierigkeiten, und so ging das geräumige Haus mit Scheune, Stallungen und einem Morgen Garten nach ihrem Tode als Erbschaft an die Verwandten über. Erben Schwingeler waren aber so großmüthig, das Haus mit Annexen für den geringen Preis von 6000 Mark als Pfarrwohnung abzutreten. Den gleichen Betrag zahlte Adam Schurf für das seitherige Pfarrgebäude. So gelangte denn der Pfarrer in den Besitz einer angemessenern Wohnung und eines um die Hälfte größern Gartens, ohne der Gemeinde irgend welche Kosten zu verursachen.

Die Pfarrdotation betrug nach dem Kölner Verzeichniß der geistlichen Güter in der Herrlichkeit Keldenich 15 Morgen, gegenwärtig mit auswärtigen Ländereien im Ganzen 8 Hectar 20 Are. Der Dickopshof liefert jährlich 70 Garben Korn, während sonstige Rentpflichtige ihre Leistungen eingestellt haben.

Das Staatsgehalt von 500 Franken oder 400 Mark wurde 1874 auf 624 Mark und das Gesammteinkommen auf 1500 Mark erhöht. In demselben Jahre trat die Sperre ein, welche bis 1. Januar 1884 dauerte.

Die bekannten Pfarrer.

Johann Besselings, investirt zu Bonn am 10. December 1626. Otto Krappel, investirt am 28. Januar 1630.

Johann Weiß, investirt am 10. December 1636. Das Capitel des Cassiusstifts weist ihm als Beihülfe einen Reichsthaler an als Lösegeld für seinen von den Hessen gefangenen Bruder, 5. März 1641.

Peter Jansen, präsentirt am 19. September 1641.

Arnold Droth, investirt am 4. Juni 1646.

Christian Molitor, auch Müller genannt, 1690—1700.

Johann Theodor Emmerich, 1712—1717.

Franz Anton Jserloh, 1717—1735.

Franz Stettendorf, 1743.

Heinrich Erkelenz, 1765.

Severin Kaldenbach, 1765—1783.

Ferdinand Rospath, ehemaliger Jesuit, 1783—1791.

Joseph Braun, 1802—1818, später bis 1836 in Walberberg.

Johann Georg Majeres, 1819—1821, früher Vicar in Waldorf, war aus der Diöcese Lüttich eingewandert. In Folge eines unglücklichen Falles wurde ihm ein Bein amputirt. Seine geringe Hinterlassenschaft, 194 Reichsthaler, bestimmte er zur Hälfte für Messen, zur andern Hälfte für die Armen[1]).

Johann Anton Müller, 1821—1826.

Wilhelm Kurth, 1827—1828.

Joseph Lind, 1828—1834, später zu Lövenich bei Euskirchen.

Joseph Schumacher, 1834—1835, starb zu Keldenich.

Johann Mathias Schwieren, 1835—1838, geboren zu Düren am 9. September 1799, zum Priester geweiht am 8. September 1823, bis 1828 Vicar, bis 1834 zu Lendersdorf, kehrt von Keldenich dorthin als Pfarrer zurück und starb daselbst am 6. November 1869. Schwieren wird als Freund der Wissenschaft gerühmt.

Peter Joseph Guth, 1838—1873, geboren zu Füssenich am 26. December 1806, wurde Priester am 28. September 1830, hierauf Kaplan und Militairseelsorger zu Jülich, am 16. April 1838 zum Pfarrer ernannt, resignirte mit erzbischöflicher Genehmigung vom 15. Mai 1873 und starb in seinem Geburtsorte. Pastor Guth beschäftigte sich mit Malerei, restaurirte Kirchenbilder.

Joseph Gerwin Ludwigs, geboren zu Wevelinghoven am 30. April 1821, zum Priester geweiht 1. September 1857, hierauf Vicar zu Birgeln, 1865 Vicar zu Würm, zu der Pfarrstelle ernannt am 20. Mai 1873[2]).

---

[1]) Eigenhändiges Testament vom 6. des Christmonats 1819.

[2]) Johann Klütsch, zu Keldenich geboren am 27. April 1852, wurde am 25. Juli 1876 in Eichstädt zum Priester geweiht, wirkte einige Jahre in Baiern in der Seelsorge und ist jetzt Lehrer am Collegium der Josephiten in Löwen. Die Maigesetze nöthigten ihn, einen Aufenthalt im Auslande zu nehmen.

Primissariat.

Ueber die Stiftung der Frühmesse meldet das Sterberegister der Pfarre: „Im Jahre 1746, den 13. Januar, starb der hochwürdige Herr Nicolaus Joseph Rideggen aus Köln, welcher der hiesigen Pfarre die Wohlthat verschafft hat, daß die von der adeligen Jungfrau von Jabach gestiftete Frühmesse zu Stande gekommen ist." Vorstehende Notiz ist die einzige urkundliche Nachricht über die Frühmessenstiftung. Wahrscheinlich war Nicolaus Joseph Rideggen der erste Primissar. Die Beneficiaten ertheilten zugleich den Schulunterricht.

Zu der Stiftung gehörte ein Haus und 6—7 Morgen Land. Das Land wurde von den Franzosen confiscirt und verkauft. Nichts geschah von Seiten der Gemeinde, um es der Bestimmung der Stifterin zu erhalten. Angeblich ist es jetzt mit Schwingeler's Gut vereinigt.

Später, am 5. November 1829, erwarb ein Privatmann das Haus, geistliche Wohnung und Schule von der Kirchenverwaltung für 132 Thaler. Es ist jetzt im Besitze des Joseph Wirtz und liegt in der Nähe des „Kirchhofs" und der alten Pastorat.

Anmerkung. 1615 kommt in der Geschichte von Alfter beiläufig ein „Georg Volhein, Kaplan von Keldenich," vor, den Kaplan Tilmann Hien bei seiner Versetzung dem Grafen Salm zu seinem Nachfolger vorschlug. Da um diese Zeit das Primissariat noch nicht gestiftet war, so könnte man vermuthen, dieser Georg Volhein sei Hausgeistlicher des Herrn von Siegenhoven im Kirchhof gewesen.

Schule.

Die Primissare ertheilten den Schulunterricht im Vicariehause: 1775 Martin Pütz, 1800 Herr Esser, nach Aufhebung der Klöster 1802 ein ehemaliger Franciscaner aus Brühl, „der Canonicus". Der Verlust des Vicariefonds veranlaßte denselben, die Stelle niederzulegen. In Folge dessen besuchten die Kinder eine Zeitlang die Schule zu Wesseling. Dann übernahm Johann Joseph Schmitz aus der Mühle, welcher bis dahin Theologie studirt hatte, die Lehrerstelle. Sein Einkommen bestand in „Normalgehalt und Schulgeld". Letzteres betrug für Schreibschüler monatlich einen Schilling, für kleinere Kinder sechs Stüber, das jährliche Gesammteinkommen 120 Thaler. Lehrerwohnung und Schule waren noch in der alten Vicarie.

Zum Bauplatz einer neuen Schule und Lehrerwohnung nebst Garten verkaufte Johann Melchior Schwingeler der Gemeinde 1½ Viertel Land auf der Klopotze aus dem 1807 angekauften Klostergut. Auf dem Grundstück lastet eine Rente von 3 kölnischen Thalern oder 6 Mark 90 Reichspfennigen für 2 Seelenmessen, welche die Gemeinde mit Genehmigung der Kölner Regierung vom 30. Mai 1824 an die Kirche entrichtet.

Ein einstöckiges Gebäude in Fachmauerwerk, Schulsaal und drei Wohnzimmer enthaltend, bot nur ungenügenden Raum. Deshalb kaufte Lehrer Schmitz († 1837) die alte Schulvicarie aus Privatmitteln für 150 Thaler als Wohnung an. Das Schulhaus wurde später durch Anbau erweitert; zum zweiten Mal geschah dieses im Jahre 1855. Auf Lehrer Schmitz folgte nach dreißigjähriger Wirksamkeit sein Sohn Adolph bis 1841, diesem auf sechs Monate Lehrer Lückerath, 1842 Johann Dreesen. Eine Klasse für Knaben und Mädchen ist für die kleine Gemeinde ausreichend. Die Pfarrer waren bisher Localschulinspectoren.

8. Leſſenich.

Leſſenich[1]), 3¾ Kilometer von Bonn, unweit der Eiſenbahnſtation Duisdorf, hat mit Meßdorf 272 und mit der Filiale Gielsdorf-Oedekoven 1051 Einwohner. Alſter mit Roisdorf, ehemalige Filiale, wurde 1620, Duisdorf 1858 zur ſelbſtändigen Pfarre erhoben.

Daß Leſſenich unter viel größern Ortſchaften den Vorrang als Mutterkirche behauptete, iſt der Beweis ſeiner vorwiegenden Bedeutung in älteſter Zeit. Unter den heutigen Verhältniſſen würde die Mutterkirche Filiale und eine Filiale Mutterkirche geworden ſein. Demnach muß die Chriſtianiſirung von Leſſenich und die Einrichtung der Seelſorge des Ortes in früheſter Zeit ſtattgefunden haben. Die Nähe der Hauptkirche zu Bonn und die bequemen Verkehrswege trugen dazu nicht wenig bei. Bonner Prieſter brachten das Evangelium nach Leſſenich, daher die Abhängigkeit der Pfarrſtelle vom Caſſiusſtift natürlich. Leſſenich war eine römiſche Niederlaſſung an der Heerſtraße zwiſchen zwei befeſtigten Lagern, Bonn und Belgika (Billig).

Das Bonner Muſeum bewahrt folgende an der Pfarrkirche ausgebrochene Inſchrift:

```
    I. O. M.
ET. FORTVNE
ET. GENIO. LOCI. ET
IMP. ANTONINI . PI
AVG. DOMVM . VE
TVSTATE. CoLLAB
SAM. SOLO. RES
TITVIT. VALE . . . .
    . . . . . . . T . . . .²)
```

---

[1]) Anno 864 Lezzenicha. — ²) So nach „Bonner Jahrbücher", III 99 vervollſtändigt.

Sie lautet in der Uebersetzung: Jupiter, dem Besten, Größten und der Fortuna (und) dem Schutzgeiste des Ortes und des Antoninus Pius hat das durch Alter verfallene Haus von Grund aus hergestellt Vale(ntinianus) T(itus).

Aus christlicher Zeit erhalten wir die erste Nachricht über Lessenich aus einer Urkunde, ausgestellt zu Aachen am 21. Mai 864, wodurch Kaiser Lothar mehrere Güter zu Lezzenicha im Bonngau nebst andern zu Horoheim (Horrem) gegen die der Abtei Prüm gehörige Kirche und den Frohnhof zu Hergarten vertauscht [1]).

Ein altes Adelsgeschlecht von Lessenich findet sich in den Urkunden des Cassiusstifts erwähnt. „Peter, ehelicher Sohn Reichhards von Lessenich, und Lucardis von der Gracht, Eheleute, verkaufen 1410 dem Capitel zu Bonn all solchen Theil Mannslehen, als sie von Herrn Probsten zu Lehen hatten, nämlich den Zehnten von 31³/₄ Morgen Artlands um Lessenich, Oedekoven, und Gielsdorf" [2]).

Daß das Cassiusstift in den der Pfarrkirche Lessenich untergeordneten Kapellen zu Alfter und Dnisdorf, wie in Lessenich selbst und den noch zur Pfarre gehörigen Ortschaften von Alters her den Zehnten besaß, ist seiner Zeit gemeldet worden [3]). Gleichfalls ist bereits erwähnt, daß Papst Innocenz II. die Kirche zu Lessenich nebst ihren Kapellen und Zehnten dem Bonner Stift urkundlich bestätigte, 31. März 1131 [4]).

Unter vielen andern Gütern, welche in dieser Bulle als Besitzthum der Archidiakonalkirche aufgezählt werden, befindet sich in der Pfarre Lessenich noch der Hof zu Meßdorf.

Auf Ersuchen des Propstes Nicolaus von Rosenberg genehmigte Erzbischof Friedrich III. am 5. Februar 1385 die Incorporirung der Pfarrkirche an das Cassiusstift. Zugleich wurde demselben die Unterhaltung der Kirche und des Pfarrers — mensa communis — zur Pflicht gemacht, oder vielmehr die bestehende Verpflichtung neuerdings festgestellt [5]).

Nach dem liber collatorum besetzten Dekan und Capitel des Bonner Stifts die Pfarrstelle, gemäß der Incorporations-Urkunde der magister spicarii. Das Capitel hatte von dem Zehnten der incorporirten Pfarrkirche eine jährliche Abgabe von vier Mark an die päpstliche Kammer zu entrichten. Unter allen vom Cassiusstift abhängigen Kirchen war Lessenich allein mit einer solchen Auflage belastet.

Die apostolische Kammer wollte die Leistungen des Capitels auch auf andere Kirchen und Beneficien ausdehnen. Auf die Verweigerung

---

[1]) Martene, Ampla collectio, I 173. — [2]) Extractus lit. L. n. 42. — [3]) Vgl. Alfter, Roisdorf, Duisdorf. — [4]) Günther I 210. — [5]) Extractus l. c. n. 35.

der Zahlungen erfolgte ein auf Exequirung lautendes Urtheil, zuletzt unter dem 19. October 1512 Freisprechung durch den als päpstlichen Richter committirten Johann von Brenold, Propst zu Uetrecht.

Die Güter des Cassiusstifts wurden, mit Ausnahme der Pfarrdotation, säcularisirt und verkauft. Wie die kirchlichen Güter damals verschleudert wurden, zeigt folgendes Beispiel. Der große stattliche Hof zu Meßdorf wurde verkauft für 109 Malter Korn, 6 Malter Weizen, 6 Malter Gerste, 1 Malter Erbsen, 29 Reichsthaler 54 Stüber 12 Heller und zwei Schweine, wofür am 3. Ventose IX. [1]) 30 Reichsthaler gezahlt wurden. Die französische Finanznoth muß zu jener Zeit außerordentlich groß gewesen sein, wenn man Güter, die ein ganzes Vermögen repräsentirten, um jeden noch so geringen Preis losschlug.

Pfarrkirche zum h. Laurentius.

Die mehrerwähnte Urkunde Innocenz' II. vom Jahre 1131 setzt das frühere Bestehen einer Kirche zu Lessenich voraus, bietet aber keine Gewißheit · über die Zeit ihrer Gründung. Die im vorigen Abschnitt enthaltene Darlegung über Alter des Ortes und alterthümliche Funde machen es wahrscheinlich, daß auf den Trümmern eines römischen Bauwerkes eine christliche Burg mit einer Kapelle im frühesten Mittelalter erbaut war, die sich bald zur Pfarrkirche erweiterte.

Die jetzige Kirche ist jedenfalls nicht die erste von Lessenich. Der älteste Theil derselben, das Hauptschiff, 51 Fuß lang und 29 Fuß breit, ist in stilgerechter romanischer Bauart aus Tuff ausgeführt, vermuthlich im 11. oder Anfang des 12. Jahrhunderts. Viel später wurden zwei Seitenschiffe angebaut, deren eines auf der Nordseite noch vorhanden ist, das andere, wie wir bald sehen werden, im Jahre 1645 zerstört wurde.

Ueber die Baupflicht schreibt Pastor Honecker († 1803): „Die Pfarrkirche baute und unterhielt in Reparatur das Münsterstift als Zehnteinnehmer, den Thurm die Pfarrgemeinde" [2]).

Die Kirche läßt große Ungleichheit des Mauerwerks und der Bautheile wahrnehmen. Stellenweise sieht man Ausbesserungen, welche den Eindruck machen wie vernarbte Wunden nach einer gefahrvollen Operation. Das sind Gedenkzeichen des dreißigjährigen Krieges. Im Jahre 1621 hatten die Bonner Stiftsherren die Kirche einer gründlichen Restauration unterworfen. Nicht lange nachher, im Juli 1645, ließen hessische Soldaten ihre Zerstörungswuth im Orte aus, wobei die Kirche fast zur Hälfte zerstört wurde.

---

[1]) Rheinischer Antiquarius, 3 Abth., 12 Bd., S. 113. — [2]) „Beantwortung" ohne Datum.

„Es ereignete sich," schreibt Pastor Niederkrüchten, „in dieser Zeit des Krieges, daß die Hessen, welche schon bis in's vierte Jahr in unserm Vaterlande dominirten, am Annafeste (26. Juli) vorigen Jahres die Kirche mit der Pfarrwohnung und andern Häusern in Lessenich, etwa zweiundzwanzig in Duisdorf und ungefähr eben so viele in Oedekoven einäscherten und noch in diesen Tagen (im Januar 1646) Einwohner mit Ketten gefesselt fortführten. Selbst in der letzten Nacht (28. bis 29. Januar) zogen sie durch Gielsdorf über den Busacker [1]) und führten Pferde von einer Villa in Bornheim und Leute aus Hersel mit sich fort, wie sie vor ungefähr drei Wochen in Oedekoven gethan hatten. So wurde damals die Mutter (Kirche zu Lessenich) genöthigt, bei der Tochter Unterkommen zu suchen, und die Seelsorge in Gielsdorf ausgeübt" [2]). Das südliche Seitenschiff und der Thurm hatten bei der Zerstörung am meisten gelitten. Statt ersteres neu zu bauen, reducirte man das Gebäude auf die beiden weniger beschädigten Schiffe. Die Bogen zwischen dem Hauptschiff und dem zerstörten Seitenschiff mußten zugemauert werden. Schließlich setzte man neue Fenster ein, deren Form und Größe schlecht zum Ganzen passen.

Der Giebel über dem Haupteingang trägt in der Verankerung die Jahreszahl 1651. Sie bezeichnet die Zeit der Herstellung und dient zugleich als Beweis, daß auch das Hauptschiff und Dachwerk nach dieser Seite zerstört waren und der Erneuerung bedurften.

Die Kirche hat drei Altäre: 1. den Hochaltar — altare fixum — dem h. Laurentius gewidmet, dessen Bild, ein Gemälde, am Patronsfeste in denselben eingesetzt wird; 2. den Muttergottes Altar — altare fixum — mit einer Statue der h. Jungfrau; 3. den Nicolai- auch Katharina-Altar — altare portatile — mit einer Statue der h. Katharina, darüber ein Gemälde, den h. Nicolaus darstellend.

Beichtstühle, Kanzel und einige Paramente stammen aus der Klosterkirche Marienforst bei Godesberg. Sie gelangten in die Pfarrkirche durch Pastor Dreesen, ehemaliges Mitglied des Klosters. 1880 erhielt die Kirche eine große neue Kirchenorgel, verfertigt von Meister Müller aus Reifferscheid, dem Vater des jetzigen Vicars.

Die drei Glocken geben die Töne D, E, Fis und harmoniren mit dem Geläute der Bonner Münsterkirche.

1. Die älteste ist die mittlere (E). Sie wurde am 3. Juni 1731 benedicirt. Die Inschrift lautet: Ecce, tuo, o Jesu, cor suave, sacratur honori haec campana. Sonet longos illaesa per annos. — Venerabile capitulum archidiaconalis ecclesiae s. s. Cassii et Florentii patrinus.

---

[1]) Busacker oberhalb d. i. westlich von Gielsdorf. — [2]) S. den lateinischen Text im Anhang IV.

2. Inſchrift der großen Glocke: Sancte Laurenti esto defensor et liberator noster a quovis fulgure et tempestate. — Baptizatur mense Junii a plurimum reverendo ac amplissimo domino C. J. Mayer s. s. Cassii et Florentii infra Bonnam decano.

Martinus Legros Malmundariensis fecit anno 1778 sub adm. rdo. Joanne Honnecker. Reverendissimus et excellentissimus C. Casp. Ant. l(iber) b(aro) de Belderbusch magis(ter) commendator ord(inis) teut(onici) caes(areae) et reg(iae) maiestatis cons(iliarius) intimus, r(everendissimi) et e(xcellentissimi) arch(iepiscopi) et elect(oris) Col(oniensis) minister primus: patrinus.

3. Corporis et animae longe hinc averte pericla, proque tuis orans sis sancte Nicolae servis. Sub adm(odum) rev(erendo) domino Honecker — M. Legros me fecit 1778.

Reliquien. Unter Paſtor Venendi (1746—1771) wurde eine ſilberne Monſtranz für dieſelben mit den in Silber geſchlagenen Bild-niſſen des h. Laurentius und des h. Sebaſtianus in das Inventar der Kirche eingetragen. Ueber die Reliquien findet ſich aus damaliger Zeit keine Aufzeichnung vor.

Nach einer unverbürgten Privatmittheilung ſoll Joſeph Oſter der Kirche neuerdings unter Paſtor de Rath Reliquien des h. Laurentius und eine Partikel vom h. Kreuz, die ein Freund deſſelben von Rom überbrachte, geſchenkt haben. (Genaueres habe ich nicht erfahren können.

Die Stiftungen beſtehen in 50 Donnerstags-Segensmeſſen[1]), 63 Jahrmeſſen in cantu, 4 Quatempermeſſen, 12 Bruderſchaftsmeſſen, 46 Leſemeſſen, der Allerſeelen-Andacht mit Octav und einer Saugmeſſe.

Proceſſionen.

1. Am Feſte lanceae et clavorum, d. h. der h. Lanze und Nägel, ging ehemals eine feierliche Proceſſion mit dem hochwürdigſten Gut in Beglei-tung des Stiftscapitels von der Bonner Münſterkirche nach Dietkirchen, an welche die Pfarre Leſſenich ſich anſchloß. Die Einwohner von Alſter und Roisdorf zogen in geſchloſſenen Reihen nach der Pfarrkirche zu Leſſenich und von da mit dem Pfarrer und Pfarrgenoſſen nach dem außerhalb der Stadt gelegenen Dietkirchen und ſchließlich im Anſchluß an die ſtädtiſche Proceſſion nach Bonn. In dieſer Weiſe beſtand die Proceſſion nach älterm Herkommen im 17. Jahrhundert[2]).

2. Bei Errichtung der Bruderſchaft vom h. Herzen Jeſu (1724) erhielt Paſtor J. A. Hoynk vom Generalvicar Johann Arnold de Reuß

---

[1]) Genehmigungs-Urkunde des Generalvicars Pet. Gervin von Francken-Sierſtorff vom 3. Juni 1751. Abſchrift im Kirchenbuch IV.

[2]) Aften über das Chryſma der Kirche zu Alſter im Archiv zu Schloß Dyck.

die Erlaubniß, am ersten Sonntag nach der Frohnleichnamsoctav eine Procession über den Kirchhof und durch die anstoßenden Gärten zu veranstalten. Sie macht den Weg nach dem 6—7 Minuten entfernten Meßdorf.

3. Am ersten Dinstag im September zieht eine Procession zur Verehrung der heiligen Schwestern Fides, Spes und Charitas nach dem Swisterberg.

Bruderschaften.

1. Die Bruderschaft von Jesus, Maria, Joseph, von Pastor Laurent im Jahre 1708 eingeführt, bestand unter dessen zweitem Nachfolger Hoynk mit ausgezeichnetem Erfolg (1730). Bei den monatlichen Andachten wurden vom Pfarrer noch drei auswärtige Beichtväter zu Hülfe genommen. Damals waren zu der Bruderschaft 558 kölnische Thaler und ein Viertel Morgen Weingarten mit einem jährlichen Ertrag von 5 Thalern gestiftet. Unter Pastor Honecker betrug die gesammte Einnahme, einschließlich der Collecten, circa 40 Franken. Aus den Opfergeldern (Collecten) wurden die Hülfspriester honorirt[1]).

2. Die Bruderschaft vom h. Herzen Jesu wurde mit erzbischöflicher Genehmigung im Jahre 1724 eingeführt. Generalvicar de Reux ertheilte den Mitgliedern die Erlaubniß, außer der oben erwähnten Procession, sich zum Lobe Gottes und andern frommen Uebungen in der Kirche zu versammeln, Regeln und Statuten zur Aufrechthaltung der Ordnung, jedoch vorbehaltlich der höhern Genehmigung, aufzustellen, fromme Legate und Schenkungen anzunehmen, das Vermögen der Bruderschaft zu verwalten und zu deren Nutzen zu verwenden[2]).

Kirchhof.

Der Friedhof um die Pfarrkirche war früher mit einer Mauer allseitig eingefriedigt. An die Mauer grenzte der „Schulgarten"[3]). Ein Kaufbrief vom 29. September 1690 spricht von „des Schulmeisters Behausung, worauf 1 Quart Oel haftete". Dieses längst verschwundene Gebäude stand wahrscheinlich mit dem Schulgarten in Verbindung. Der Küster hatte, nachdem die alte Schule eingegangen war, den Garten in Nutzung. 1832 wurde ein Theil desselben zur Vergrößerung des Kirchhofs verwendet, der Rest im Jahre 1843 als Schulplatz und Schul-

---

[1]) „Beantwortung" betreffs der geistlichen Güter und Revenüen unter französischer Regierung von P. Honecker.

[2]) Original-Urkunde vom 5. December 1724 im Archiv der Pfarrkirche.

[3]) S. unter „Schulen".

garten. Das Grundstück, wie der alte Kirchhof, ist Eigenthum der Kirche, wenn auch die kgl. Regierung 1862 die Beschlagnahme decretirte.

Zu Lessenich werden, wie in der ältesten Zeit, wo die Pfarre einen viel größern Umfang hatte, sämmtliche Pfarrangehörige beerdigt, also auch die von Gielsdorf-Oedekoven. An der Grenze des Pfarrgartens stand vormals ein Beinhaus. Die Todtengebeine wurden aus demselben 1832 mit denen des Pfarrers Dreesen auf die neue Stelle des Friedhofs übertragen.

Pfarrstelle.

Das Pfarrhaus mit geschlossenem Hofraum und schönem Garten grenzt an die südliche Kirchhofsmauer. Der Boden rührt offenbar aus der Dotation des Cassiusstifts her.

Das nach der hessischen Zerstörung neuerbaute Haus wurde vor dem Ablauf des 18. Jahrhunderts schon wieder durch ein anderes ersetzt. Das Bonner Capitel überließ durch Beschluß vom 1. Februar 1780 dem Pastor zu Lessenich zur Erbauung der Pastorat das Tausend Steine zu 2¹⁄₂ Reichsthaler [1]). Wahrscheinlich hatte die Gemeinde, welcher die Baupflicht oblag [2]), dem Pfarrer die Ausführung des Neubaues über= tragen. Das Cassiusstift pflegte in solchen Fällen eine außerordentliche Beihülfe zu bewilligen.

Ueber die aus den Gütern des Cassiusstifts herstammende Dotation macht Pastor Houcker in der „Beantwortung" auf die ihm von der französischen Regierung vorgelegten Fragen folgende Angaben. „a Acker= land 40 Morgen, Geldwerth 7000 Franken, jährlicher Ertrag 510 Fr. b. Wiesen ¹⁄₂ Morgen, Werth 150 Fr., Ertrag 10 Fr. c. Waldungen 20 Morgen, Werth 1600 Fr., Ertrag 60 Fr. d. Weinberge ¹⁄₂ Morgen, Werth 600 Fr., Ertrag 32 Fr. e. Capitalien: keine. f. Auf diesen Gütern lasten keine Schulden, sie waren von Zehnten und Abgaben frei. g. Von der Gemeinde bezog er (der Pfarrer) nichts, weder Geld, Frucht noch Wein. h. Von einzelnen Bürgern zog er an Frucht 1 Malter und ³⁄₄ Korn, an Wein und Geld nichts. Die bemeldten Güter sind theils im Lessenicher, theils im Duisdorfer, Oedekover, Gielsdorfer und Witterschlicker Bann gelegen. Ackerland und Wiesen sind verpachtet, die Weinberge werden von mir selbst gebaut." Die Güter hatten ehemals einen so geringen Ertrag, daß die Pfarrer mitunter das Stiftscapitel um Zuschüsse angingen.

Eine eigenthümliche Verpflichtung des Pfarrers bestand in einem Essen, welches er am Patronsfeste des h. Laurentius zu Lessenich den

---

[1]) „Ex protocollis collegiatae ecclesiae ss. Cassii et Florentii." — [2]) Capitu-lum de „reformatione", Anhang, Nro. I.

Einwohnern von Alster geben mußte. Wie bei dem Mahl der Schöffen und Geschworenen eines Hofgerichts, waren die Speisen und Getränke nach Vorschrift aufzutragen. Es war dem Pfarrer nicht leicht, die Ansprüche so vieler Gäste zu befriedigen. Vor dem Laurentiusfeste des Jahres 1618 klagte derselbe beim Bonner Capitel, „die Nachbaren von Alster" verlangten, während der ganzen Mahlzeit Wein zu trinken, und schließt seinen Bericht mit dem Gesuch um Beihülfe. Hierauf beschwerten sich die Deputirten der Angeklagten von Alster, der Pfarrer habe sich nicht nach alter Gewohnheit mit ihnen berathen und geeinigt. Die Herren vom Capitel beschließen, daß der Pastor bis zur Hälfte des Essens Bier und dann bis zum Schluß Wein vorzusetzen habe, und bewilligen ihm für diesmal eine außerordentliche Zulage von drei Sümmer Weizen. Schließlich wurde fünfzig Jahre später das Laurenz-Essen auf Anregung des Pfarrers mit Zustimmung der Bonner Stiftsherren und der Schöffen von Alster „wegen unterlaufener Mißbräuche des Voll=saufens, Zankens, Gotteslästerungen, sogar Todtschlagens und anderer groben Excesse" abgeschafft und vom Capitel die Summe von 800 Dahler kölnisch als Ablöse gezahlt. Das Weitere haben wir in dem Abschnitte über die Schulvicarie von Alster berichtet. Durch unsere Darlegung glauben wir zugleich den Irrthum eines Berichterstatters in den Annalen des historischen Vereins[1]) widerlegt zu haben, als hätte der Graf Salm jedes Jahr das Gastmahl auf seine Kosten gegeben. Abgesehen von allen mitgetheilten Einzelheiten ist diese Auffassung schon dadurch aus=geschlossen, daß nicht der Graf, sondern das Bonner Stift die Ablöse gezahlt hat.

Die bekannten Pfarrer.

Die Pfarrer von Lessenich fungirten als Seelsorger im Auftrage des Bonner Münsterstifts als dem eigentlichen Pastor — pastor habitualis — unter dem Titel eines Rector, Administrator, vicarius perpetuus und Pastor. Sie wurden gewöhnlich von dem magister spicarii zu der Pfarrstelle in Vorschlag gebracht oder auch ausnahmsweise pleno iure vom Capitel ernannt und schließlich vom Propst investirt. Diese Ver=hältnisse haben bestanden bis zu der im Anfange dieses Jahrhunderts erfolgten Säcularisation der Stifte und Klöster[2]).

Walter von Drolshagen, Canonicus zu Bonn, präsentirt durch Canonicus Heinrich Rech, Magister Spicarii, starb 1390, wahrscheinlich der erste Pfarrer nach der Incorporation.

Johannes Wellinck, seit 1390.

[1]) Heft XX, 237—240. — [2]) Dumont, Descriptio, 15.
Pfarreien (XXIV. Hersel). 11

Georg Moer, 1397.

Leycke von Wipperführt, ſtarb 1423.

Johann Bruninghauſen von Wipperfürth, Rector der Helenakirche in Bonn, erhält die Pfarrſtelle durch Collation des Cantors und Magiſter Spicarii Johann Berck 1423, wird ſpäter Dekan des Caſſiusſtiſts.

Gerhard Moneth von Xantis, Canonicus zu Bonn ſeit 7. April 1446.

Gobelinus Duppen de Beylen, um 1520 (20. Februar), reſignirt 1555 mit 8 Ducaten als Penſion.

Hermann Duppen, verſieht zugleich die Kaplanei in Alſter.

1590 führen die Gielsdorfer Klage beim Bonner Capitel über den Lebenswandel des Pfarrers; 1591 verhandelt letzteres über deſſen Abſetzung. Der Name des Paſtors iſt unbekannt.

Gerhard Goudenaw, ſtarb am 15. Januar 1593.

Lambert Fabritius, 1607.

Jacob Roeg, 1632—1640.

Jacob Niederkrüchten, erlebte die Zerſtörung der Kirche.

Johann Vianden, 1661, ſtiftet die Frühmeſſe 1693, reſignirt 1694, ſtarb 1696.

Heinrich Moll, 1694—1696. Sein am 1. März erfolgter Tod gab dem Dekanatscapitel zu Siegburg Veranlaſſung zu einer Erklärung bezüglich des annus gratiae[1]).

Michael Laurent, 1694—1714, führt die Bruderſchaft von Jeſus, Maria, Joſeph ein.

Jacob Katterbach, 1714—1720, früher Paſtor in Dottendorf, wird ſuspendirt. Sein Nachfolger klagt über Unordnung im Stiftungsweſen.

Johann Adolph Hoynck, 1720—1732, Canonicus an St. Martin zu Bonn, „ein frommer Prieſter", ſtiftet die Herz-Jeſu-Bruderſchaft 1724. Wegen Abnahme der Kräfte wird Hoynck ſeit 4. März 1729 durch Vicar Moll zu Gielsdorf vertreten, reſignirt 20. December 1732, und ſein Bruder

Franz Rudolph Hoynck, der ſpätere Pfarrer von St. Remigius und Dechant von Bonn, tritt für ihn ein.

Heribert Bauch[2]), 1740—1746, Vicar an der Münſterkirche und Rector zu den hh. drei Königen.

---

[1]) Winterim u. Mooren, „Alte u. neue Erzbiöceſe Köln," II 499. Vgl. „Statuta", Anhang, Nro. I. — [2]) Nicht zu verwechſeln mit dem Bonner Dechanten gleichen Namens.

Ferdinand Venendy, 1746—1771. Das Primiſſariat zu Duis=
dorf wird geſtiftet 1756. Venendy reſignirt zu Gunſten Johann Honeckers,
Sohnes des Pächters auf dem Hofe des Münſterſtifts zu Meßdorf. Da
dieſer das canoniſche Alter nicht hatte, ſo wurde der Canonicus und
Pfarrer (Jsbach) von St. Remigius als Dechant beauftragt, einen
Adminiſtrator vorzuſchlagen. Als ſolcher wurde

Peter Paul Mauel, 1771—1774, Primiſſar zu Brühl, pleno
iure von Dechant und Capitel ernannt und der Generalvicar erſucht,
ihm die Approbation zur Ausübung der Seelſorge zu ertheilen.

Johann Honecker, 1774—1803, inveſtirt am 28. Februar.

N. Krupp, 1803—1806.

Paul Karl Anton Dreeſen, 1806—1832, ehemaliges Mitglied
des Brigittenkloſters in Marienforſt, Cantonalpfarrer zu Leſſenich und
Dechant (oben S. 14). Er feierte 1830 ſein fünfzigjähriges Prieſter=
jubiläum.

Johann Hilger Hamacher aus Aachen, 1832—1837, war
früher Religionslehrer am Karmeliter=Gymnaſium, ſpäter bis 1832
Repetent im erzbiſchöflichen Seminar zu Köln, ein „durch Frömmigkeit
und Gelehrſamkeit ausgezeichneter Mann". Er ſchrieb: „Anreden bei
der Communionfeier". Köln 1830. 2. „Ueber den prieſterlichen Beruf."
Köln 1833. 3. „Betrachtungen auf die Sonn= und Feiertage". Aachen
1835.

Peter Joſeph de Rath, 1837—1844, geboren zu Neuß am
10. März 1804, wurde Prieſter am 22. September 1827, war zehn
Jahre Vicar in Bockum [1]) bei Crefeld, wurde darauf 1844 von Leſſenich
als Oberpfarrer nach Erkelenz berufen, ſodann am 16. Januar 1849
als Oberpfarrer an St. Foilan in Aachen; er war zugleich Ehrenſtifts=
herr an der Münſterkirche und Stadtdechant. De Rath ſchenkte den
Armen von Leſſenich und Duisdorf ein Legat von je 2250 Mark und
ſtarb am 1. März 1882.

Peter Joſeph Buſchmann, 1844—1847, geboren zu Hüchelter,
Pfarre Weißweiler, am 5. April 1801, zum Prieſter geweiht am 23.
September 1826, war vorher Pfarrer zu Imgenbroich und wurde von
Leſſenich zur Pfarrſtelle nach Neuß befördert, wo er am 17. April
1877 ſtarb.

Jacob Münch, 1847—1873, geboren zu Floßdorf am 6. Sep=
tember 1796, wurde Prieſter am 8. September 1820, am 20. September
1847 zum Oberfarrer, 1863 zum Definitor und 1865 zum Landbechanten
ernannt; er feierte 1870 ſein 50jähriges Prieſterjubiläum. Am 14.

---

[1]) Unter dem durch zahlreiche Anecdoten bekannten Pfarrer J. P. Panzer.

September erhielt er zur Stütze seines Alters einen Hauskaplan, Mathias Anton Ropohl. Dieſer blieb nur kurze Zeit. Ihm folgte am 28. April 1873 Peter Joseph Müller aus Reifferscheid. Einige Wochen nach deſſen Ernennung, am 7. Juni 1873, ſtarb Pfarrer Münch. Der göttlichen Fürſehung iſt es zu danken, daß die geſperrte Pfarre in dem Hülfspriester noch einen Seelſorger hatte. Bis heute haben die Maigeſetze die Wiederbeſetzung der Pfarrſtelle verhindert.

Primiſſariat.

Paſtor Johann Bianden ſtiftete im Jahre 1693 zu einer Sonn- und Feiertagsfrühmeſſe 400 Reichsthaler. Zugleich wurde der Beneficiat verpflichtet, jeden Abend nach gegebenem Zeichen mit der großen Glocke am Muttergottesaltar die lauretaniſche Litanei und das Salve Regina zu ſingen, wofür die jährlichen Zinſen von 100 Reichsthalern mit vier Procent gezahlt wurden; und ferner am Feſte des h. Apoſtels eine Sangmeſſe gegen das Stipendium von einem halben Reichsthaler zu halten. Der gleiche Betrag war für die Armen beſtimmt.

Eine Dienſtwohnung für den Primiſſar war nicht vorhanden. Nach dem Bericht des Paſtors Honecker beſtanden die ſämmtlichen Einkünfte der Stelle in 168 Franken, den Zinſen von 4200 Franken. Von dieſer Einnahme kamen noch neun Franken für Wachs, Licht und Pollwein an die Pfarrkirche und ſechs Franken für Bedienung durch den Offermann in Abzug.

Der Pfarrer hatte bei der Ernennung des Beneficiaten die entſcheidende Stimme und das Recht, den Ernannten einzuführen. Als Primiſſar iſt in den Kirchenbüchern nur Vicar Kouhl genannt, welcher am 9. Januar 1789 eine Jahrmeſſe ſtiftete.

Nebenorte.

1. Gielsdorf. 2. Oedekoven.

1. Gielsdorf mit einer Kapelle zum h. Jacobus und einem geiſtlichen Rector hat 378 Einwohner. Abwärts von Bonn leuchtet Gielsdorf dem Wanderer wie ein Auge aus dem Antlitz des Vorgebirges entgegen. Von Leſſenich ſteigt man zwiſchen ausgedehnten, faſt den einzigen in hieſiger Gegend erhaltenen Weingärten zuerſt ſanft, dann allmälig ſteiler bis zur Kapelle empor, welche von hoher Bergkuppel mit allſeitig freier Ausſicht überragt wird. Hier an der Kapelle, im Herzen von Gielsdorf, hatten die Römer die ſchönſte Stelle zur Grundlage einer Villa auserſehen. Der Thurm der mittelalterlichen Kapelle enthält

ſchräg über dem Eingang das Fragment der Inſchrift[1]) eines römiſchen Grabdenkmals.

RVFIA
PROV
NENS
F

Bei Erbauung der neuen Kirche im Jahre 1880 entdeckte man mehrere Leichen in ſitzender Stellung neben der alten Kapelle, ſeitwärts vom Thurm die Subſtructionen eines kreisförmigen Bauwerks und in einer im nahen Abhange verborgenen Mauer Münzen der Kaiſer Hadrian, Septimius Severus, Conſtantin des Großen, Conſtantin II., Tetricus, Valens II.

Die durch ausgezeichnete Wohlthätigkeit bekannte Gräfin Mechtildis von Sayn[2]) war im Beſitze des Dorfes und der Herrlichkeit Gielsdorf, eines kurkölniſchen Lehens[3]). Die Gräfin ſchenkte im Jahre 1250 dem Erzbiſchof Konrad unter Anderm ihre Schlöſſer zu Gielsdorf, Sechtem, Wies, Windeck, vorbehaltlich der Leibzucht. Der Erzbiſchof ſagte ihr 600 Mark zu und eine Leibrente, welche das Domcapitel aufzubringen hatte. Eine andere Uebereinkunft traf ſie am 7. September 1275 mit Erzbiſchof Siſried, wodurch ihr neben einer Rente von 350 Mark und 170 Mark die Zahlung einer Schuld von 1400 Mark, die Aufrecht= haltung ihrer geiſtlichen Stiftungen, der Fortbeſitz von Gielsdorf, Sechtem, Neuerburg u. ſ. f. zugeſichert wurde[4]). Durch Urkunde von 1280 überweist Gräfin Sayn ihre Dörfer Gielsdorf, Sechtem und den Zehnten von Asbach dem Dom zu Köln und andern Capiteln, welche die ihr ausgeſetzte Jahresrente entrichten ſollen zu ihrem und ihres Gemahls Heinrich Jahrgedächtniſſe[5]).

Das Weisthum erkennt in ſpäterer Zeit den Kurfürſten als Grund= herrn von Gielsdorf[6]), offenbar in Folge der mit Gräfin Mechtildis getroffenen Vereinbarung. Mit der Herrlichkeit war ein Geſchworenen= gericht, freies Aſyl und freie Schäferei verbunden. Der kurfürſtliche Hof war höchſt wahrſcheinlich identiſch mit dem „Stadthalterhof" unterhalb der Kirche, jetziges Eigenthum des Herrn Wrede in Bonn. Die herr= ſchaftlichen Güter, darunter bedeutende Waldungen, wurden von den Franzoſen als Staatsdomaine eingezogen.

[1]) Durch neuen Verputz iſt die Inſchrift jetzt verdeckt. Ueber die Bedeutung derſelben vgl. Annalen d. hiſt. Vereins, XXXVII 91.

[2]) „Wittwe Heinrich's III. von Sayn, wahrſcheinlich Tochter des Markgrafen Dietrich von Landsberg." Annalen d. hiſt. Vereins, XXXVII 190. Gelenius, De adm. magnit. Col., 529: „Mechtildis de Landsborgh. comitissa in Seine".

[3]) Lac. II 440. Günther II, Nro. 239. — [4]) Lac. II 462. — [5]) Lac., Archiv, neue Folge, VI 366. — [6]) Vgl. die Inſchrift der dritten Glocke.

Ob der Zehnthof der freiherrlichen Familie von Gehr auch zu den
Sayn'ſchen Beſitzungen gehörte, iſt aus den Urkunden nicht erſichtlich.
Derſelbe war vor der franzöſiſchen Occupation im Beſitz eines Herrn
von Francken=Sierstorff[1]). An den Hof knüpfte ſich das Privilegium
des freien Jagdrechts, welches die von Gehr der königlichen Regierung
gegenüber zu ihrer Zeit zu behaupten ſuchten[2]).

Das Weisthum nennt unter Gielsdorfer Gütern noch den Bungarts=
hof, ſpäter de Groteyshof, mit der Verpflichtung, das Zielvieh für die
Gemeinde zu halten. Das kurfürſtliche Gericht (Dingſtul) zu Gielsdorf
gehörte nicht unter Amt Bonn, ſondern zu dem entfernten Brühl[3]).

Kapelle zum h. Jacobus.

1. alte. 2. neue.

1. Die alte Kapelle in Gielsdorf iſt ein romaniſcher Bau in primitiven
Formen, anſcheinend aus dem 10. Jahrhundert, das Mauerwerk größten=
theils Tuffſteine mit römiſchen Bauresten untermiſcht. Das Schiff im
Innern, der Länge nach durch einen Gurtbogen getheilt, war mit Kreuz=
gewölben verſehen, wovon das eine nach dem Chor in Folge des ſpätern
Anbaues weggefallen, das andere noch vorhanden iſt. In die Mauern
ſind zu beiden Seiten vier Niſchen mit runden Bogen eingelaſſen. Die
vier kleinen alten Fenſter ſind zugemauert und durch zwei größere, weniger
paſſende erſetzt.

Der Thurm in der Breite des Schiffes mit circa 4½ Fuß dicken,
felſenfeſten Mauern bietet den Haupteingang. Der Unterbau des Thurmes
iſt mit dem Schiff zu einem fortlaufenden Ganzen vereinigt. Beide zu=
ſammen ſind im Innern 40 Fuß lang, die Breite beträgt circa 13 Fuß.
Das Chor, beſonders merkwürdig durch Wandgemälde, das Martyrium
der h. Margaretha darſtellend, iſt ſpäter angebaut. Die Gemälde
ſtammen wahrſcheinlich aus dem 13. oder 14. Jahrhundert.

Der Oberbau des Thurmes war ein Gefängniß für Verbrecher[4])
und, wie kleine Maueröffnungen anzeigen, in mehrere über einander
liegende Zellen abgetheilt. Auf einer noch vorhandenen engen ſteinernen
Wendeltreppe ſteigt man im Innern hinauf. Außerdem war öſtlich in

---

[1]) Amtlicher Bericht im Archiv der Pfarrkirche. — [2]) Amtlicher Bericht im Kirchenarchiv zu Alfter. — [3]) Lac., Archiv. Neue Folge, I 239.
[4]) Dem Kirchenbuch Nr. IV von Leſſenich entnehmen wir folgende Notiz: „Capella
(richtiger turris) in Gielstorff, quae ab ante, ut antiqua monumenta referunt, erat
receptaculum delinquentium." Dann heißt es ferner: (Capella) ad maiorem Dei
gloriam nec non ad honorem s Jacobi apostoli exstructa vel potius reaedificata
et extensa (was ſich auf das Chor beziehen wird) fuit.

der obern Mauer eine Thüre, welche den Eingang von außen, ſei es aus einem anſtoßenden Gebäude oder mit Hülfe einer Leiter, vermittelte.

Die Kapelle gehörte urſprünglich zu einer adeligen Burg und zwar aller Wahrſcheinlichkeit nach zu der ehemaligen von Sayn'ſchen Beſitzung. Das herrſchaftliche Gebäude, wovon ſich Subſtructionen gefunden haben, und, wie ich glaube, im nahen Abhang noch weitere finden werden, lehnte ſich, wie oben bemerkt, unmittelbar an den Thurm der Kapelle an. Daher auch der Haupteingang in die Kapelle von dieſer Seite. Später, als dieſelbe dem öffentlichen Gottesdienſte übergeben wurde, brachte man für das Publicum eine Thüre neben dem Thurme zur Seite an. Hiernach iſt die Kapelle eine uralte adelige Stiftung, für die Geſchichte der Baukunſt wie der Pfarre gleich intereſſant, und darum ihre Erhaltung nach dem Neubau dankend anzuerkennen. Es mag hier eindringlich davor gewarnt ſein, nur ja nicht durch neue Veränderungen die alte Form zu zerſtören.

2. Eine neue größere Kapelle, zweiſchiffige gothiſche Hallenkirche, wurde nach dem Plan von Vincenz Statz in Köln im Jahre 1880 aus freiwilligen Beiträgen der Gemeinde Gielsdorf-Oedekoven errichtet. Die leitende Seele war Paſtor Cornelius Thomas zu Grav-Rheindorf. Die Schiffslänge beträgt 50 Fuß, die des Chors 17, Geſammtbreite im Innern 30 Fuß, die des Chors 15, Schiffshöhe in der Wölbung 20. Die Theilung in zwei Hallen, welche durch drei Säulen in der Mitte geſchieden ſind, iſt für die Ordnung zweckmäßig, für das Auge, welches von beiden Seiten freien Blick auf den Altar hat, ebenſo befriedigend als praktiſch. Die Decoration iſt geſchmackvoll und läßt die zu geringe Höhe weniger unangenehm empfinden.

Am Feſte des h. Apoſtels Jacobus, dem 25. Juli 1880, fand die feierliche Benediction der Kirche durch Vicar Müller aus Leſſenich ſtatt. Mehrere auswärtige Prieſter, Paſtor Thomas, Jöriſſen (Alſter), Georg Beiſſel aus Metternich), ehemaliger Rector der Kapelle, Dr. Schlömer und Andere waren anweſend und trugen zur Verherrlichung des Feſtes bei. Nur der eigene Seelſorger, Vicar Rokoch, welchen der Culturkampf fernhielt, wurde ſchmerzlich vermißt.

Die Kirche hat drei Glocken mit folgenden Inſchriften:

1. Jacob heiss ich, die Lebendigen roff ich zum Gottesdienst, und die Doden beweine ich. 1638.

2. S. Margaretha heiss ich, zur Ehren Gottes rufen ich, bös Wetter verdreiben ich. Der Path: Johann Horn churkölnischer Kellermeister, die Gott Agnes Jarken heffen [1]) mich.

Engelbert Gromel von Meren goss mich 1687.

Bild: Maria mit dem ſegnenden Kinde.

---

[1]) heffen = heben (aus der Taufe).

3. F(ranziscus) C(asparus) L. B. de Francken-Sierstorff. M(aria) T(heresia) verwittwete von Kempis geborene Freyin Sierstorff.

Martinus Legros fecit anno 1776. Neugegoſſen 1879.

Einkünfte der Kapelle waren: 1. Pfenningsgeld für Oel und Wachs vier Gulden 26 Albus. 2. Weinrenten vier Ohm, vier Viertel, ein Quart. 3. Das halbe Wachs und der halbe Wein für die Frühmeſſe von der Gemeinde zu liefern. 4. Zinſen von 100 Dahler . . vier Dahler. 5. Ver= ſchiedene Büſche und Weingärten zu einem Anniverſar, welches der Pfarrer mit acht Prieſtern zu halten hatte. War der Ertrag an Wein wenigſtens zwei Ohm, ſo wurde bei Abhaltung der Memorie den dienſtthuenden Prieſtern, den „dazu berufenen Kirchmeiſtern und Proviſoren und den beiden Küſtern von Leſſenich und Gielsdorf zu ehrlicher und chriſtlicher Refection ein Ohm zum Beßten gelaſſen", der übrige Wein aber nebſt allen andern Gefällen der Kapelle gut geſchrieben. Im Falle aber, daß keine zwei Ohm gewachſen waren, ſollte die Refection nicht gehalten werden, ſondern das ganze Wachsthum der Kapelle verbleiben und jedem Prieſter ein Gulden, den Küſtern zwölf Albus berechnet werden. So weit ſpricht die Ordnung und das Recht. „Dieſem entgegen," ſchreibt gegen 1700 ein Pfarrer, „iſt ein verderblicher Mißbrauch eingeſchlichen. Nicht nur den Prieſtern, ſondern auch den Küſtern, Proviſoren, ihren Weibern und Andern, die ſich ihnen zugeſellen, wie Knechten und Mägden, welche vorgeben, ihre Herren und Hausfrauen gegen Abend abzuholen, wird auf Koſten der Kapelle ein Eſſen gegeben, und dieſes am folgenden Tage bei der Rechnungsablage fortgeſetzt. Dabei wird eine ganze Ohm Wein getrunken, während die Kapelle oft verſchiedene Poſten ſchuldig bleibt. Wie meine Vorgänger, ſo habe auch ich Einſprache erhoben, ſogar meine perſönliche Theilnahme verſagt, aber nichts ausgerichtet. Die Proviſoren berufen ſich auf altes Herkommen, ungeachtet der verwerſenden Entſchei= dung des Generalvicars vom Jahre 1682" [1]).

Primiſſariat.

Als die Kapelle noch im Beſitz der adeligen Herrſchaft von Giels= dorf war, hat dieſelbe ohne Zweifel einen eigenen Kaplan oder Burg= geiſtlichen unterhalten. Nachdem aber die Gräfin von Sayn ihr Schloß an den Erzbiſchof und das Domcapitel abgegeben hatte, und das Schloß, weil unbewohnt, der Vernichtung anheim fiel, ſo waren die Gielsdorfer ſtillſchweigend angewieſen, für die ihnen offen ſtebende Kapelle auf all= gemeine Koſten einen Deſervitor zu gewinnen. Dieſes bewirkten die Einwohner und Nachbaren von Gielsdorf durch Stiftung einer Sonn=

---

[1]) Kirchenbuch Nro. IV.

und Feiertagsfrühmeſſe und machten es dem Primiſſar zur Pflicht, „die zarte Jugend in der Frömmigkeit, im Leſen (literis), der Sittenlehre und andern chriſtkatholiſchen Satzungen gegen Vergütung zu unterweiſen und täglich zur Vesperzeit mit den Kindern die lauretaniſche Litanei zu ſingen.“

Fernere Stiftungen waren: 1. Eine jeden Freitag zu haltende Leſe=meſſe des Pfarrers Johann Geenen in Alfter (geſt. 1694). 2. Zwölf Meſſen des Domvicars Johann Maximilian Junck, vier des Johann Müller, eine am Feſte der Apoſtel Philippus und Jacobus, zwei des Frühmeſſers Ferdinand Moll (1750).

Das Einkommen der Frühmeſſen=Stiftung aus verſchiedenen Schen=lungen beſtand nebſt freier Wohnung an der Kapelle und Gärtchen in einer Weinrente, von jedem Hauſe ein Maß, berechnet zu 6 Dahler und 56 Dahler kölniſch von Capitalien.

Als die Stelle im Jahre 1786 vacant war, berichtete Dechant Freusberg über die Einkünfte, welche damals 59 Reichsthaler 64 Albus betrugen, an Erzbiſchof Max Franz. Dieſer erklärte unter dem 3. März, daß auf ſo geringe Einkünfte ein Geiſtlicher, dem außer dem geiſtlichen Officium noch das Schulhalten obliege, nicht ordinirt werde, und ge=meldetes Beneficium ſo lange als bloßes Officium betrachtet werden ſolle, bis durch Vermehrung der Einkünfte ein hinlänglicher Unterhalt für einen Geiſtlichen übrig ſei. „Ihr habet dahero,“ ſo fährt das erzbiſchöf=liche Schreiben an den Dechanten fort, „dieſe unſere Willensmeinung der Gemeinde zu Gielsdorf bekannt zu machen und derſelben aufzugeben, euch einen zum Schulhalten wie auch zur Aushülfe in der Seelſorge tauglichen mit einem anderweiten Ordinationstitel verſehenen Geiſt=lichen zur Verwaltung dieſes beneficii zu präſentiren, wobei ihr jedoch derſelben begreiflich zu machen habet, daß es dem ohngeachtet keineswegs in ihrer bloßen Willkür ſtehen könne, ſolche Verwaltung in der Folge einem andern als dem einmal angeſetzten aufzutragen, es ſeye denn, daß derſelbe nach bey euch darüber gemachten Anzeige und vor=heriger Unterſuchung als ſeinen Pflichten nicht gehörig nachkommend befunden worden ſeye. Sodann habt ihr die gehörige Sorge zu tragen, daß die zu dieſer Stiftung gehörige Briefſchaften und Obligationen in ein ordentliches Inventarium gebracht und wohl verwahrt werden. Wir bleiben euch übrigens mit Gnaden gewogen.

Bonn, den 3. März 1786.

    L. S.   Max Franz, Churfürſt.

Dem Ehrbar unſern lieben andächtigen N. Freusberg, Landdechanten und Paſtoren zu St. Martin in Bonn [1]).

---

[1]) Beglaubigte Abſchrift im Kirchenarchiv.

Ein Bericht des Pfarrers Honecker an die franzöſiſche Regierung, welcher nicht erkennen läßt, daß die erzbiſchöfliche Verordnung Früchte getragen habe, gibt die Revenüen wie folgt an: 1. 1½ Viertel Ackerland, belaſtet mit einem Fäßchen Weizen und einem Fäßchen Hafer, Werth 60 Franken, jährlicher Ertrag acht Franken. 2. Ein Viertel Weingarten, Werth 180 Franken, Ertrag acht Franken. Dieſe Güter, theils in der Gielsdorfer, theils in der Leſſenicher Gemarkung, waren verpachtet. 3. Capitalien 3500 Franken, Ertrag 140 Franken. 4. Von der Gemeinde Gielsdorf jährlich 24 Franken.

Wann die Frühmeſſen=Stiftung in's Leben getreten iſt, läßt ſich nicht genau ermitteln. Daß ſie in der zweiten Hälfte des 17. Jahrhunderts beſtand, beweiſt folgende Angabe: „Im Jahre 1691 präſentirten die Bewohner Gielsdorf's den frommen Junggeſellen (devotum adolescentem) Henrich Moll, als dieſes Orts ehelig bürtigen Sohn, zum Frühmeſſer, weil voriger durch Tod abgegangen." Aus ſpäterer Zeit ſind bekannt

Werner Werber, Notarius Apoſtolicus des Caſſiusſtifts zu Bonn, Vicarius des h. Jacobus und der h. Margaretha zu Gielsdorf, 1720.

Ferdinand Moll, unter Paſtor Venendi (1746—1771), früher Paſtor in Alſter, ſeit 1746 Kaplan an St. Remigius zu Bonn und wahrſcheinlich zugleich Beneficiat von Gielsdorf.

Wie es ſcheint, blieb die Stelle ſeit 1786 unbeſetzt. Die Bacatur dauerte bis in die letzten dreißiger Jahre, wo die Gemeinde Gielsdorf= Oedekoven dem Rector 160 Thaler bewilligte.

Fräulein Antoinette von Gehr ſtiftete kurz nachher eine Sonn= und Feiertagsfrühmeſſe, eine freitägige Wochenmeſſe zu Ehren des Leidens Chriſti und eine dinstägige zu Ehren des h. Antonius, jede Meſſe zum Stipendium von einer Mark. Die urſprüngliche Frühmeſſe wurde in der Folge an andern Wochentagen applicirt.

Die genannte Stifterin ſchenkte der Kapelle auch ein Grundſtück für Unterhaltung des ewigen Lichts.

Spätere Rectoren.

Johann Heinrich Bodenſtaff, geboren zu Köln am 1. December 1805, Prieſter 22. September 1829, zu Gielsdorf bis 1836, ſtarb als Pfarrer zu Embken am 1. Mai 1879.

Ferdinand Schlünkes, Doctor der Theologie, geboren zu St. Tönis am 29. November 1812, zum Prieſter geweiht am 17. December 1836, hierauf kurze Zeit in Gielsdorf, 1838 Religionslehrer am Friedrich=Wilhelms=Gymnaſium zu Köln, ſpäter Schulrath zu Düſſeldorf und seit dem 21. November 1867 Stiftspropst zu Aachen, gestorben am 20. August 1884.

Jacob Maubach, geboren zu Köln 1814, wurde Priester am 25. September 1837, hierauf Rector zu Gielsdorf, später Pfarrer in Hupperschoß, seit 10. September 1853 Pfarrer in Vilip; er starb dort am 25. Mai 1880.

Constantin Kann, geboren zu Rheinbach 1806, zum Priester geweiht 27. Februar 1836, vor 1845 Vicar zu Gielsdorf, später bis 1852 Pfarrer in Orsbeck, hierauf Pfarrer zu Nemmenich, wo er am 22. Juli 1864 starb.

Anton Friedrich Hubert Plenkers, geb. zu Neuß am 29. Mai 1821, wurde Priester 31. August 1845, hierauf bis 14. Januar 1852 Vicar zu Gielsdorf, später Kaplan an St. Peter zu Köln und 1856 Pfarrer zu Caster und sodann auch erster Definitor im Dekanat Berg= heim; er starb dort am 6. November 1872.

Georg Leopold Hubert Beissel, geboren zu Bonn am 2. Ja= nuar 1821, zum Priester geweiht am 31. August 1845, Rector zu Gielsdorf 1852—1856, hierauf Pfarrer zu Gummersbach, seit 20. März 1862 Pfarrer zu Metternich, zweiter Definitor des Dekanats Lechenich, Schulpfleger 1868—1874.

Bernhard Philipp August Eifenscheidt, 1856—1858, früher Vicar zu Lindlar, ging 1858 in's Kloster der Redemptoristen.

Arnold Anton Hubert Schmitz, geboren zu Aachen am 16. März 1835, wurde Priester 12. Mai 1858, hierauf Rector in Gielsdorf, seit 14. September 1864 Vicar in Rothberg.

Jacob Scheltenbach, geboren zu Köln am 29. August 1835, zum Priester geweiht 27. April 1862, Rector zu Gielsdorf vom 5. No= vember 1864 bis 15. Mai 1873, seitdem Pfarrer in Gummersbach.

Carl Peter Rokoch, geboren zu Düsseldorf am 8. April 1848, am 24. August 1873 zum Priester geweiht; derselbe wurde vom Erz= bischof nach Gielsdorf berufen, jedoch in Folge der Maigesetze staatlich gesperrt. Er suchte sich einen Wirkungskreis im Auslande.

Haus der armen Dienstmägde Jesu Christi.

Pastor Münch hegte den Plan, eine Anstalt für Krankenpflege und Elementar=Unterricht der Mädchen unter Leitung geistlicher Schwestern in Gielsdorf zu errichten. Die Krankenpflege wurde von der königlichen Regierung gebilligt, die Genehmigung der Ordensschwestern als Lehre= rinnen verweigert. Daher beschränkte man sich auf ein Krankenhaus mit Bewahrschule für kleine Kinder. Zu diesem Zwecke schenkte Frei=

frau von Geyr ein für 1100 Thaler erworbenes Gebäude nebſt Garten. Von letzterm wurde angeblich ſo viel verkauft, daß aus dem Erlös die Koſten für bauliche Einrichtungen gedeckt werden konnten. Ein ferneres Geſchenk der Frau von Geyr von 2000 Thalern war zum Unterhal= tungsfonds der Anſtalt beſtimmt. Sonſtige Einnahmen beſtehen in einer jährlichen Collecte von Victualien in der Bürgermeiſterei Oedekoven und den Pflegegeldern für kranke Penſionäre. Das Krankenhaus wurde 1858 eröffnet, die Bewahrſchule dagegen iſt ſeit dem Jahre 1874 in Folge der Culturkampfs=Geſetzgebung eingegangen.

Die Kloſterſchweſtern ſind arme Dienſtmägde aus dem Mutterhauſe zu Dernbach in Naſſau. Das Perſonal der Filiale beſteht aus einer Vorſteherin (Syncletia Gräſen) und zwei Schweſtern.

2. Oedekoven.

Oedekoven, in älterer Zeit Oedingkhoven, ſchließt ſich ſüdlich an Gielsdorf an und wendet ſich im Bogen des Vorgebirges parallel mit der Heerſtraße nach Weſten. Der Ort zählt 488 Einwohner und gibt der Bürgermeiſterei, wozu Leſſenich mit Gielsdorf, Alſter und Witter= ſchlick gehören, den Namen. Oedekoven bildet mit Gielsdorf eine Ge= meinde und hat mit letzterm eine gemeinſchaftliche Schule.

Am untern ſüdöſtlichen Ende des Dorfes befand ſich der Hof der Maltheſer in Köln mit einer Kapelle. „Im Jahre 1755," ſchreibt Paſtor Benendi, „an der Vigilie des h. Laurentius, iſt die neue Maltheſer= kapelle mit höherer geiſtlicher Erlaubniß benedicirt worden im Beiſein des hochwohlgeborenen hochwürdigen Herrn Johann Bäumen, Comthur des Maltheſer=Ritterordens von St. Johannes und Cordula in Köln, durch den hochwürdigen Herrn Pelzer, Capitular deſſelben Ordens und Hauſes, in Anweſenheit von mir, des Vicars Jacob Löltgen, Secretair von St. Johannes und Cordula, und der Schöffen Franz Weſſeling. Johann Theodor Krings, Pächter des Hauſes und der Commende [1]), genannt Tempelhalſen, und Johann Moll." Haus und Kapelle nebſt 3 Hectar 15 Are 50 Meter Land, 96 Are 93 Meter Weingarten und 31 Are 65 Meter Wieſe wurden den 5. Fructidor XIIten Jahres der fran= zöſiſchen Republik verkauft für 5775 Franken, ein anderes Gut der Maltheſer, für 2400 Franken; das Hauptgut, 27 Hectar 61 Are 47 Meter Land, 2 Hectar 21 Are 55 Meter Weingarten, 3 Hectar 38 Are 28 Meter Wieſe, ſeit 22. Februar 1795 verpachtet zu 22 Malter Korn, 1½ Ohm Rüböl, 2 Reichsthaler 20 Stüber für die Hunde, 5 Reichsthaler für die Wieſen, die halben Trauben und den Zehnten, wurde bei der Ver=

---

[1]) Kirchenbuch IV im Archiv der Pfarrkirche.

steigerung vom 21. Juli 1808 mit 48,000 Franken, ein Haus mit Keller, 94 Are 95 Meter Weingarten, 1 Hectar 97 Are 72 Meter Land als Zubattung den 5. Fructidor XII mit 4575 Franken bezahlt.

Der Maltheserhof mit Kapelle ist jetzt seit langer Zeit Eigenthum der Familie Raes. Die Kapelle, gegen 1864 durch Brand geschädigt, wird seitdem als Oekonomiegebäude benutzt. Die Gemälde und eine kunstvoll geschnitzte Statue wurden in die Dorfkapelle übertragen.

Der Comthur des Malthejerordens Johann Peter Bäumen stiftete an die Kapelle 4 Quatempermessen, wofür er dem Pfarrer jährlich 14 Reichsthaler zahlte.

Der Deutschorden besaß in Oedekoven ein Haus und Weingärten, welche die Franzosen für 2608 Franken verkauften. Sonstige Besitzer waren: Kloster Kapellen, St. Gereon in Köln und Graf von der Leyen.

Im Handbuch der Erzdiöcese ist die Dorfkapelle unter dem Titel „Vermählung Maria's" aufgeführt. Ursprünglich war sie „den sieben Freuden" geweiht. Sie war im Jahre 1757, nach Venendi's Ausdruck, mit großen Kosten errichtet und wurde unmittelbar vor der Weinlese vom Bonner Dechanten mit höherer Erlaubniß benedicirt. Die Kapelle, etwa 20 Fuß im Innern lang, 13—14 Fuß breit, möglichst einfach und kunstlos, präsentirt sich gleichwohl mit dem schlanken Thürmchen, aus der Ferne gesehen, ganz allerliebst und effectvoll, wozu die erhabene Lage nicht wenig beiträgt. Da Oedekoven in öffentlichen Angelegenheiten mit Gielsdorf zusammengeht, so ist die Kapelle, abgesehen von einigen Stiftungsmessen, nur für Privatandacht oder gemeinschaftliches Rosenkranzgebet bestimmt.

Küster.

Küster zu Lessenich und Gielsdorf werden in älterer Zeit nur gelegentlich erwähnt. An der Pfarrkirche waren zwischen 1780 und 1843 Vater, Sohn und Enkel aus der Familie des Lehrers Klemmer mit der Küsterstelle betraut, jetzt der Schenkwirth Classen. Derselbe bezieht aus der Kirchenkasse 90 Mark, hat die Nutzung von ¼ Morgen Land, die Gräserei des Kirchhofs, die Gebühren aus Stiftungen und 96 Mark als Organist. Sonstige Einnahme ist zufällig.

Die Schulen.

Wenn auch in frühern Jahrhunderten kein Schulzwang herrschte, so wußte man doch die Schulbildung zu schätzen. Schon die vielen schönen Handschriften aus alter Zeit beweisen, mit welchem Eifer und welcher Vorliebe sie gepflegt wurde. Hätte nicht die Epoche der vielgepriesenen Aufklärung, die Reformation, die Archive verwüstet und verbrannt, so

würden wir in der Lage sein, über die ältern Unterrichtsanstalten berichten zu können. So aber müssen wir darauf verzichten. Sicher waren
die anhaltenden Kriege des 16. und 17. Jahrhunderts der Schule nicht
förderlich. „Inter arma silent musae." Es war eine Zeit des Kampfes
um Sein oder Nichtsein, die alle ideale Bestrebungen in den Hintergrund
drängte. Als die Stürme sich gelegt hatten und friedliche Zustände
zurückgekehrt waren, da sah man neue Schulen erstehen, wo eine Kirche
oder eine Kapelle stand, so auch an der Pfarrkirche zu Lessenich und in
den Filialen Duisdorf und Gielsdorf.

1. In Lessenich war um 1690 ein Schulmeister, der Wohnung und
Schulgarten neben dem Kirchhof hatte. Da der Pfarrort nur wenige
Kinder zählte, so nahm nach Errichtung der Schulvicarie zu Duisdorf
die dortige Schule auch die Schüler von Lessenich auf. Dieses Verhältniß
dauerte bis 1843, wo ein neues Schulhaus an der Pfarrkirche neben
dem Kirchhof errichtet wurde. Im Erdgeschoß enthält es die Wohnung
des Lehrers, im obern Stockwerk den Schulsaal. Die Zahl der Schüler
und Schülerinnen aus Lessenich und Meßdorf steigt selten über dreißig.

Unter Pastor de Rath schloß der Kirchenvorstand mit der Gemeinde
folgenden Vertrag: „Die Lehrerstelle wird mit der Küsterei verbunden.
Die Gemeinde zahlt zum Gehalt 110, die Kirchenkasse 80 Thaler. Der
Sohn des Küsters, Johann Klemmer, wird nach bestandener Lehrerprü-
fung für beide Stellen in Aussicht genommen." — Inzwischen trat Lehrer
Saß aus Hersel im Jahre 1844 und Wichterich aus Brühl im Jahre
1848 die Stelle auf Kündigung an. Hierauf kam 1854 Johann Klemmer
aus dem Lehrer-Seminar, legte seine Qualification vor und verlangte vertragsmäßig sein Recht. Der neue Pfarrer Jacob Münch und der Kirchenvorstand weigerten sich, den Klemmer als Küster anzustellen, wurden aber
auf erhobene gerichtliche Klage verurtheilt, demselben, wiewohl ohne kirchliche Dienstleistung, die fraglichen 80 Thaler zu zahlen. Kirchenvorstand
leistete die Zahlung bis 1878, dann aber verweigerte er sie, weil Klemmer
die ihm nunmehr angebotene Küsterstelle abgelehnt habe. Der Gemeinde-
vorstand bestand auf weitere Zahlung. Inzwischen aber hatte die Regierung durch eine generelle Verfügung die Trennung der Lehrer- und
Küsterstellen angeordnet, und so war die Kirchenkasse der drückenden
Verpflichtung entledigt.

In Gielsdorf war, wie früher berichtet worden, der Frühmesser
stiftungsmäßig zum Schulhalten verpflichtet. Diese Einrichtung bestand
bis 1780. Aus der nächstfolgenden Zeit bis zur preußischen Herrschaft
findet sich nichts über eine Schule im Orte aufgezeichnet. Bald nachher
unterrichtete ein staatlich geprüfter Lehrer in einem großen Gebäude auf
dem Pusacker. Im Jahre 1844 ließ die Gemeinde ein neues Schulhaus mit

zwei Schulsälen und entsprechenden Wohnungsräumen in schönster freier Lage auf der Höhe zwischen Gielsdorf und Oedekoven errichten. Bis 1868 wirkten ein Lehrer (Wasserfuhr) und ein Präparand in zwei Klassen, sodann wurde statt des Präparanden eine geprüfte Lehrerin, Katharina Becker, angestellt und das einklassige System eingeführt. In letzter Zeit hat man auf Kosten der bessern Erziehung und in der unsichern Aussicht auf erfolgreichern Unterricht wieder zwei gemischte Klassen gebildet, der Lehrerin die kleinern, dem Lehrer die größern Kinder zugetheilt.

Die Schulaufsicht führte als Local-Schulinspector bis 1873 der Pfarrer, seit der Vacatur der Pfarrstelle der Bürgermeister.

9. Merten.

Merten, früher Sanct Merten oder St. Martinus, nach dem Patron der Pfarrkirche benannt, liegt am Abhange des Vorgebirges, der circa vier Kilometer entfernten Station Sechtem gegenüber. Die Pfarre zählt 1230 katholische Einwohner, deren 799 auf Merten, 421 auf Trippelsdorf kommen, und 7 Juden. Ackerbau, Gärtnerei und Obstbaumzucht bilden die fast einzige Erwerbsquelle. Ein Bach, aus dem zur Rösberger Burg gehörigen Nonnholz entspringend, verstärkt durch einen andern von der Mertener Haide über Trippelsdorf, treibt bei hinreichender Stärke die Mertener Mühle. Zeitweilig wird die fehlende Wasserkraft durch Dampf ersetzt. Eine mehrere hundert Schritte höher befindliche Oelmühle des Herrn von Weiß ist seit einigen Jahren außer Betrieb gesetzt.

Merten war, wie alle Ortschaften des Vorgebirges, eine römische Niederlassung. Verschiedene Baureste, Apparate von Bädern, Wasserleitungen in Gußmauerwerk und Röhrenform, Münzen und dgl. setzen diese Behauptung außer Zweifel. Der große Eifelcanal streift die untere Grenzlinie in der Richtung von Cardorf nach Trippelsdorf.

Die bedeutendsten Grundgüter waren die der von Sayn, des Canonicus Johann Rödesberg (Rösberg), Stifters der Vicarie, und der Burgherren von Rösberg. Gräfin Mechtildis von Sayn gibt dem Friedrich Herrn zu Blankenheim statt der versprochenen Hälfte von Hunolstein Güter bei Saffenberg und Ahrweiler, „und wenn daselbst an den Einkünften etwas fehlt, so soll er das Fehlende erhalten aus ihrem Allodium zu St. Martinus bei Hemberg (Hemmerich) und was übrig ist, ihr verbleiben" [1]).

Erzbischof Sifried von Köln, Domscholasticus W(ilhelm?) und Ritter Gerard genannt Scherfgin schiedsrichten, daß Gräfin Mechtildis

---

[1]) „Defectum recipiet in allodio, quod habeo apud sanctum Martinum prope Hemberg." Günther II 227.

von Sayn Herrn Johann von Reifferscheid mit dem Schloß Bedburg und acht Juder Wein kölnisches Maß aus ihren Gütern zu Merten bei Rösberg belehnen soll, welche früher Friedrich von Reifferscheid, Bruder Johann's, inne gehabt [1]).

Den Herren von Rösberg, zuletzt Freiherrn von Weichs, gehörte der bedeutendste Hof in der Fußgasse, jetzt Eigenthum des Herrn Bürgers in Köln. Dieselben hatten auch Weinberge in den obern Geländen zwischen der neuen Kirche und der alten Schule und in der Nähe eine Kelter. Leibeigene waren ehemals zu den Winzerarbeiten verpflichtet. Von alten Klostergütern werden die der Carthäuser und von St. Apern zu Köln genannt. Andere bedeutende Güter befanden sich in Trippelsdorf, worüber unten noch Näheres berichtet wird.

Die Pfarre Merten ist nach allen Indicien in der fränkischen Zeit gegründet. Zunächst spricht dafür der h. Martinus als Patron der Kirche. Binterim schreibt: „Wenn man bedenkt, daß unter Chlodwig allenthalben neue Kirchen gebaut wurden, daß dieser König und seine Zeitgenossen eine grenzenlose Achtung vor dem h. Martinus hatten, so erklärt sich, wie dieser Heilige so vielen Kirchen am Rheine den Namen gegeben hat. Nach keinem andern Heiligen sind in der Kölner Diöcese so viele benannt. Viele derselben waren ehemals Hofkapellen" [2]).

Das Verzeichniß des Cassiusstifts von 1173 führt Merten bei „Rodesberch" unter den Pfarrstellen auf [3]), der liber valoris aus dem 14. Jahrhundert die Kirche des h. Martinus mit einer Einnahme von drei Mark und an derselben einen Vicarius mit acht Mark [4]). Da ein Pastor nicht erwähnt wird, so ist wohl ein vicarius perpetuus mit allen pfarramtlichen Rechten und Vollmachten gemeint, welcher mit der vollständigen Seelsorge betraut war. Von einer Unterordnung unter eine ältere Pfarrkirche findet sich bei Merten keine Andeutung.

Endlich spricht für das hohe Alter der Pfarre das freie Collationsrecht des Kölner Erzbischofs, indem solches in der Regel sich vorfand, ehe ein anderweites Recht der Besetzung der Pfarrstelle, wie es bei spätern Patronaten vorkam, Platz greifen konnte. Das Collationsrecht des Erzbischofs bestand noch zur Zeit der französischen Säcularisation [5]).

---

[1]) Urkunde vom 17. Januar 1231. Lac. II, 758.
[2]) Binterim u. Mooren, Erzdiöcese Köln, I 25. — [3]) Extractus, cap. 19.
[4]) Binterim l. c. I.: „Archiepiscopus Coloniensis (habet collationem) ad sanctum Martinum prope Broel.
[5]) Dumont, Descriptio, 16.

Pfarrkirche zum h. Martinus.

a. Die alte Kirche.

Die alte Kirche bestand aus einem Schiff mit Chor und Sacristei. Ueber dem Haupteingange an der Westseite erhob sich ein mäßig hoher Thurm in Holz, bis zum Helm mit Schindeln gedeckt. Das niedliche Chor in tadellosem [1] romanischen Stile bildete einen scharfen Contrast gegen das Schiff, welches durch die Unregelmäßigkeit seiner Formen anzeigte, daß es ursprünglich nicht zur Kirche bestimmt war. Vermuthlich war es der Rest einer alten Ritterburg, welche, an Umfang viel bedeutender als die Kirche, theils abgebrochen, theils zu einem Gotteshause erhalten und umgeschaffen wurde. So erklärt sich nicht nur das vielgestaltige ungleiche Mauerwerk, sondern auch die um die Kirche im Boden vorhandenen Ueberreste längst verschwundener Bauwerke, darunter sehr viele aus dem Römercanal. Die Bemerkung Binterim's, daß viele alte Kirchen ehemals Hoskapellen gewesen, scheint im vorliegenden Falle auf's neue sich zu bestätigen. Zuerst bestand die Ritterburg, dann Burg und Kapelle, demnach wurde die Burg geräumt und die Kirche auf ihre Kosten erweitert: so schritt die Kapelle zur Pfarrkirche fort. Beim Abbruch der Kirche fanden sich im Sepulchrum des Hauptaltars in einem bleiernen Schächtelchen Reliquien mit der Aufschrift s. Martini und darüber das Siegel des Erzbischofs Philipp von Heinsberg (1167—1191) in Wachs. Dieser Kirchenfürst hat demnach die Consecration des Altars, vielleicht auch die der Kirche vollzogen. Die alte Kirche genügte wegen ihres viel zu engen Raumes schon lange der Seelenzahl der Pfarre nicht mehr. Sie wurde, nachdem im Jahre 1867 eine neue große Kirche erbaut war, vollständig verwahrlost und theilweise abgebrochen.

Professor Dr. Floß in Bonn berichtet in den Annalen des historischen Vereins über einen Fund, welcher bei dieser Gelegenheit gemacht wurde, wie folgt: Beim Abbruche der alten Pfarrkirche zu Merten wurde in einem Grabe in der Kirche eine Leiche mit theilweise noch erhaltenen Kleidungsstücken von grüner Farbe angetroffen, zur Linken der Leiche ein silbernes Hörnchen, etwa 1/3 Fuß groß, zur Rechten ein kleiner Behälter von grün glasirtem Steingut, längliches Rechteck mit Schiebdeckel, auf letzterm IHS. In dem Behälter befand sich nebst einigen Reliquien folgendes Document, das Generelle gedruckt auf Perga-

---

[1] Wenn Cardauns nach Schnütgens Mittheilung (vgl. Conrad von Hostaden, 141) die Kirche in Merten unter den Denkmälern des Uebergangsstils oder der Frühgothik aufführt, was ich übrigens sehr bezweifle, so kann das sich nur auf das Chor beziehen. Bei dem alten Schiff dürfte es schwer sein, von einem bestimmten Stil zu reden.

ment, die Daten und Namen geschrieben. Auf der einen Seite des Pergamentstreifens zur Linken ist das Wappen des Weihbischofs Stravius mit der Aufschrift: Juste et pie, darunter

GEORGIVS PAVLVS STRAVIVS
EPVS JOPPEN. SVFFRAGANEVS
COLONIEN.

Das Document trägt das Siegel des Weihbischofs und ist in seinem Auftrage von seinem Geheimsecretair (sacrarum ordinationum scriba) Peter Hergarden unterzeichnet. Demnach weihte Stravius am 5. December 1650 in der Pfarrkirche zu Merten einen Altar zu Ehren der h. Jungfrau Maria und des h. Joseph und legte Reliquien von der Gesellschaft der h. Ursula hinein. Die an dem Consecrationstage anwesenden Gläubigen erhielten ein Jahr, die am Jahrestage der Consecration die Kirche Besuchenden vierzig Tage Ablaß ¹).

Zu bemerken ist das Datum des 5. December. Es ist der Festtag der heiligen Barbara, welcher in der Kirche ein besonderer Altar geweiht war. Der Altar der h. Barbara war mit einer bedeutenden Stiftung verbunden und hatte seinen eigenen Deservitor. Es ist dieses der Ursprung der Vicarie, worüber an geeigneter Stelle das Nähere zu berichten sein wird. Floß sagt zum Schluß seines Referats: „Wie das Reliquiar in das Grab gekommen und was das Hörnchen bedeutet, ist nicht bekannt." Offenbar steht das Reliquiar mit dem Grabe oder der in dem Grabe Ruhenden nicht in engerer Beziehung, und ist es sehr zufällig, daß das eine in dem andern seine Stelle erhielt. Das Hörnchen und die grüne Kleidung scheinen von einem Manne aus dem Ritterstande zu stammen. Er war in vollständigem ritterlichen Jagdanzug in Stiefeln und Sporen begraben.

Ein Fenster rechts vom Eingange der Kirche war durch zwei kreisförmige alte Glasmalereien ausgezeichnet. Die eine stellte den h. Martinus als Krieger dar, wie er einem Armen einen Theil seines Mantels

---

¹) Annalen des hist. Vereins, XXXV, 184. Die Consecrations-Urkunde lautet: Anno domini Millesimo sexcentesimo quinquagesimo die quinta Decembris | Ego Georgius Paulus Stravius Episcopus Joppensis | et Suffraganeus Coloniensis in Pontificalibus vices gerens consecravi altare hoc in honorem sanctae Mariae Virginis et S. Joseph | et Reliquias de Societate sanctae | Vrsulae virg. et mart(yris) eidem inclusi | singulisque Christi fidelibus hodie unum annum et | in die anniversario consecrationis hujusmodi ipsum | visitantibus quadraginta dies de vera Indulgentia | in forma Ecclesia consueta concessi. In cujus rei | fidem praesentes literas sigilli nostri appressione mu | nitas per infra scriptum nostrum sacrarum Ordinationum Scribam jussimus subscribi.
De mandato bene memorati Reverendissimi Domini mei |
Petrus Hergarden Ord^{num} Not | mpp.

übergibt, darüber in kleinerm Format das Bild eines Engels, vielleicht des h. Erzengels Michael. Der Präsident des Bonner Alterthums-Vereins, Herr aus'm Werth, erwarb beide Bilder für 150 Mark.

Entsprechend dem schönen romanischen Chor der Kirche steht in der Kirchhofsmauer an der Dorfstraße ein in gleichem Stil erbauter Thorbogen in klassischer Form. Den Bericht über die alte Pfarrkirche kann ich nicht schließen, ohne den Wunsch auszusprechen, daß diese beiden ehrwürdigen Ueberreste mittelalterlicher Kunst dem spätern Andenken mögen in würdiger Weise erhalten bleiben. Nichts wäre einfacher, lohnender und schöner, als das zierliche Chor durch eine Mauer abzuschließen und zu einer Kapelle einzurichten.

b. Die neue Kirche.

Die alte Kirche war kaum groß genug, um der Hälfte der Besucher anständigen Platz zu bieten. Dessen ungeachtet würde in Anbetracht der zu bringenden Geldopfer die Gemeinde noch lange nicht zum Bau einer neuen Kirche geschritten sein, wenn nicht von anderer Seite Hülfe gekommen wäre. Sie kam, als im Jahre 1834 Pastor Abels die Pfarrstelle antrat. Um einen Baufonds ohne Belastung der Pfarreinwohner anzusammeln, versah derselbe Vicar- und Pfarrerdienste und brachte so in dreißig Jahren die ansehnliche Summe von 12,000 Thalern für den Neubau zusammen. Ein guter Vorgänger zieht viele Andere zur Nachfolge an. So fand die Gemeinde es nach dem Vorgange ihres Pfarrers nicht schwer, den noch fehlenden Betrag von etwa 5000 Thalern aufzubringen.

Als gegen das Jahr 1864 der Kirchenbau beschlossen und die Ausführung in nahe Aussicht gestellt war, entstanden Verhandlungen über die Wahl des Bauplanes. Der Kirchenvorstand beabsichtigte, nach einem Plane des Baumeisters Vincenz Statz zu bauen. Dieser wurde von der Regierung, welche einen Plan des Kreisbaumeisters wünschte, beanstandet und dabei auf den Zuschuß hingewiesen, den die Gemeinde zu dem Kirchenbau zu leisten habe. Gegen den Statz'schen Plan machte sie geltend, daß die Kirche demgemäß nicht die erforderliche Länge erhalten würde. Als hierauf die Gemeinde mit Einverständniß der Kirchenbehörde eine Verlängerung in der Weise zugab, daß statt vier projectirter Fenster ein fünftes zugesetzt werde, erfolgte ohne fernere Schwierigkeit die erbetene Genehmigung der königlichen Regierung. Nun wurden die Bauarbeiten in Angriff genommen und rasch und wacker vollendet. Im Jahre 1865 wurden die Ziegel gebrannt. Das Baucomité stellte den Preis für tausend hartgebrannte Steine mit einem Unternehmer contractmäßig fest, und zwar sehr billig, so daß bedeutende Ersparnisse für die Kirche gemacht wurden. Fuhrlohn war nicht zu zahlen, weil die Ziegelei fast unmittelbar neben der Baustelle gelegen war. Im Herbst des Jahres 1865 wurde der Bau begonnen, Sonntag den 10. Mai 1866 von Pastor Abels unter Assistenz der benachbarten Geistlichen, in Gegenwart einer zahlreichen Volksmenge, der Grundstein gelegt und eine die Feier betreffende Urkunde in denselben eingesenkt.

Am 27. October 1867 wurde die Kirche nebst drei Altären durch den hochwürdigsten Herrn Weihbischof Dr. Baudri feierlichst consecrirt und 230 Firmlingen das h. Sacrament der Firmung ertheilt[1]).

Schließlich eine kurze Beschreibung der Kirche. Die Verhältnisse sind folgende: Länge des Schiffes 80 Fuß, des Chores 24 Fuß, Gesammt- breite 45 Fuß, Höhe des Mittelschiffs circa 30 Fuß. Sehr schön ist der Thurm der Kirche. Er geht in natürlicher, gefälliger Gliederung beim zweiten Absatz aus dem Viereck des Unterbaues in das Achteck über. Das Mauerwerk in reicher und zierlicher Ornamentik findet in dem schlanken Helm seinen harmonischen Abschluß. Das Ganze gewährt einen erhabenen Eindruck. Schön wäre der ganze Bau, wenn er nach meiner Ansicht nicht an einem Hauptgebrechen litte, — wenn die Schiffe nicht zu niedrig wären. Die von Meister Fischer zu Quadrath im Jahre 1881 in gelungener Weise ausgeführte innere Decoration der Kirche hat das drückende Gefühl bedeutend gemildert. Die Altäre sind aus grauem Sandstein nach der Zeichnung des Baurathes Vincenz Statz in der Form einfacher Sepulchra gefertigt, der Hochaltar mit dem Relief des Agnus Dei geschmückt. Er ist dem h. Martinus, dem Patron der Kirche, geweiht, der Nebenaltar auf der Evangelienseite der h. Jungfrau Maria, der andere auf der Epistelseite dem h. Rochus. Die im Altar- stein verschlossenen Reliquien sind Partikeln der Gebeine des h. Apostels Mathias, des h. Gregorius Spoletanus und heiliger Jungfrauen aus der Gesellschaft der h. Ursula. Die Communionbank, in Holz geschnitten, ist das Werk des Bildhauers M. Sieberts in Bonn; Kanzel und Beicht- stühle besorgte Meister Johann Haag in Euchenheim.

Im Jahre 1868 wurden drei neue Glocken von Meister Claren in Sieglar in den Tönen F, G, A gegossen. Die größte Glocke hat die Inschrift einer viel ältern, umgegossenen aus dem Jahre 1430 erhalten. Sie lautet:

SENTEN MARTIN HIESSEN ICH
ANNO 1430.

Bild des h. Martinus. — Die Höhe der Glocke ist 83, der Durchmesser 106 Ctm.

---

[1]) Die Consecrations-Urkunde f. im Anhange, Nro. X.

Inschrift der zweiten Glocke:

IN HONOREM B. M. V. SINE LABE CONCEPTA.

Bild der unbefleckt empfangenen Jungfrau Maria. — Die Höhe beträgt 78, der Durchmesser 99 Ctm.

Inschrift der kleinern dritten Glocke:

IN HONOREM BEATAE BARBARAE ET SANCTI ROCHI.

Im Jahre 1884 wurde eine neue Orgel von Meister Münchhoven, einem geborenen Mertener, geliefert, größtentheils ausgeführt von dessen Gehülfen Korn. Die Kosten im Betrage von 5100 Mark sind aus Ersparnissen der vacanten Pfarrstelle entnommen.

Stiftungen.

Die Zahl der gestifteten Saugmessen, bestehend in Jahrgedächtnissen und 12 Segensmessen, ist 97, die der Lesemessen 30. In der Stiftungstabelle sind diese Messen vertheilt auf 73 Nummern. Von den Erträgen der Capitalien erhält der Pfarrer Mark 238,66, der Küster 55,49, die Kirche 81,45, die Armen 73,39. Das Stiftungscapital beträgt 5472 Mark, das Areal der Kirche 51,58 Are in den Gemarkungen von Merten, Sechtem und Cardorf, mit einer Pacht (1881) von 80 Mark. Schließlich besitzt die Kirche eine Rente von $^1/_{16}$ Malter Korn.

Bruderschaften.

Die Bruderschaft zu Ehren Jesus, Maria und Joseph läßt sich seit dem Anfange des achtzehnten Jahrhunderts als bestehend nachweisen. Die halbjährigen Versammlungen finden Statt zu Mariä Lichtmeß und Mariä Geburt. Als Stipendium einer Bruderschaftsmesse wurden aus den Opfergaben im Jahre 1776 dem Pfarrer 18 Stüber bestimmt, dem Küster 5 Stüber, der Rest der Kirche. Die Michaels-Bruderschaft, zum Schutze der bedrängten Kirche, wurde unter Papst Pius IX. durch den Cardinal und Erzbischof Johannes von Geissel für alle Pfarreien der Erzdiöcese eingeführt[1]).

Processionen.

Außer der Frohnleichnamsprocession und den allgemeinen üblichen Bittgängen werden gehalten: 1. Am Sonntage nach dem Feste des h. Bischofs Ulrich (4. Juli) die Hagelfeier-Procession, um Abwendung schädlicher Einflüsse von den Feldfrüchten. 2. Am Feste des h. Rochus, den 18. August, eine Procession, welche genau die Grenze der Pfarre im Umgange beschreibt. An vier Stellen wird Station gehalten und dabei, ähnlich wie bei Frohnleichnam, jedes Mal ein Evangelium gesungen, worauf Orationen zu Ehren der Muttergottes, des h. Mar-

---

[1]) Dumont, Sammlung kirchlicher Erlasse, 199—202.

tinus, des h. Rochus und der h. Barbara folgen. Ihre Entstehung ist wahrscheinlich auf eine Zeit zurückzuführen, wo die Pest in hiesiger Gegend herrschte. 3. Wallfahrt zum Grabe des h. Apostels Mathias nach Trier. Sie stammt aus unbestimmter alter Zeit und ist durch eine Stiftung aus dem Jahre 1773 bedacht. Hierüber heißt es in einem alten Kirchenbuche: „An dem Tage, wo die Pilger auf Trier gehen, ist eine Leisemesse mit Aussetzung des hochwürdigsten Gutes; zum Behuf dieser Messe sind von einem Unbenannten 15 Dahler legirt" [1]).

Kirchhof.

Der Kirchhof umgibt die alte, jetzt im Verfall begriffene Pfarrkirche und wird theils vom Pfarrhof und Pfarrgarten, theils von der Dorfstraße, deren Niveau er an der östlichen Fronte um 6—8 Fuß überragt, begrenzt. Auf etwa 8 steinernen Stufen steigt man hier durch einen mächtigen romanischen Bogen zu der Stätte hinauf, wo das Kind des letzten Tages neben den Vätern vergangener Jahrhunderte friedlich schlummert, um mit ihnen die Morgenröthe der gemeinsamen Auferstehung zu erwarten. Vom Eingange steigt man bis zum westlichen Ende, wo ein imposantes Kreuz in Stein zum Gebete für die Seelenruhe der Entschlafenen mahnt. Von der alten Kirche ist nur noch die in tadellosem romanischen Baustile errichtete Apsis vorhanden, zu deren Füßen altrömische Mauerreste die Vergänglichkeit alles Irdischen verkünden, wo Ritter und Diener zusammen gebettet sind.

Eine Benedictinerkapelle.

Abt Heinrich III. von Groß-Martin in Köln (1695—1726) ließ mit Genehmigung des erzbischöflichen Generalvicariats vom 28. Juni 1710 in dem oberhalb Merten gelegenen Wulserbusch eine Kapelle bauen. Einige Mönche dieser Abtei richteten sich daselbst wohnlich ein und hielten Gottesdienst in der Kapelle, wodurch die Einwohner von Merten und den benachbarten Ortschaften ihren Pfarrkirchen entfremdet wurden. Der altersschwache Pfarrer Johann Hagen von Merten zog sich von den Pfarrgeschäften zurück und die Benedictiner Fiedler und Valck traten für ihn ein. Als aber im Jahre 1726 in der Person des Gerhard Commer ein neuer Pfarrer die Stelle antrat, erhob sowohl dieser als auch die Pfarrgemeinde in getrennter Eingabe bei der erzbischöflichen Behörde gegen die Niederlassung der Mönche Einspruch. Der in mehrfacher Beziehung bemerkenswerthe Protest der Pfarreingesessenen lautet:

„Wir endsbenente geben ein zeugniß der wahrheit, dafs unsere pfarr Merten und Trebelstorff, welche in kurtzem bezirk liegt, nebst

---

[1]) Kirchenbuch im Pfarrarchiv zu Merten.

unserm hr. pastoren versehen seyn mit einem sacellanen und wir
alle sonn- und feyrtag predig und christlicher lehr zwey mefsen
haben, eine frühe morgens, die hohe mefs aber um neun uhr. Auch
mufs unser sacellanus wochentlich an sanct Sebastiani altar seine
mefsen lesen, dafs wir so wohl werk alfs feyrtag mit priestern, ämb-
tern der h. mefsen und gottesdienst wohl und genugsam versehen
seint, indem auch unser pfarrkirchen von vielen jahren her die bruderschaft Jesu Maria und Joseph zur befürderung der christlichen
lehr und alle freytags in der fasten die creutzandacht mit aufssetzung
des hochwürdigen guts gehalten wird, dafs alfso nichst abgehet, wafs
zur befürderung unserer seelen heil könte erfordert werden. Wir
haben auch eine capel zu Trebelsdorff, so zu dieser pfarr gehöret.
worin der herr pastor wöchentlich zweimahl mefs liest und auff die
apostelstag die christliche lehr haltet. nicht weniger seint die nechst
umliegenden pfarren als Roesberg, Hemmerich, Waldorff und Walberberg mit ihren sacellanen versehen, dafs gott sey lob gar kein mangel
an priestern und seelsorgeren verspühret werde. auch keiner eine
andere alfs unsere pfarrkirch zu Merten und St. Vincentii capel zu
Trebelsdorff in der pfarr verlanget und begehret.
   Weiteres geben wir Zeugnifs, dafs die jüngst auffgerichtete capel
am wülfferbusch nit ein vierten theil von einem viertel stund, sondern alfso zu reden, gleichfals auff unserer pfarrkirchen liege, zwei-
tens dafs der ort, wo die capel stehet, vor wenig jahren ein ver-
würfflicher platz und herrn Weierstrafs zu Cöllen zugehörig gewesen,
von pater Valck aber, alfs er nahmens unseres verstorbenen hr. pastors
(Joannis) Hagen diese pfarr bedienet, die hecken aufsgerottet und ein
kleines capelchen gleich einem heiligenhäufschen von leimen wänden
ums jahr 1717 darauff gesetzt, und mit verachtung unserer pfarrkirchen und murren der nachbahren einige andacht des freytags in
der fasten von ihm zu halten angefangen worden, wozu er in
ermangelung des geläuts mit den pfarrglocken leuten lassen, bifs
unser jetziger hr. pastor, welcher 1726 hingekommen, solches zu der
pfarrkirchen nachtheil nit mehr gestatten wollen. gemeltes capelchen
hat Pater Valck, jetz abbt zu grofs s. Merten binnen Cöllen, 1733
von der platzen führen lassen und in seinen wänden und tach ver-
bleibend neben seinem new auffgerichteten baw in einen kühstall,
in welchem jetz zwei küh stehen, verkehret, wie würklich noch zu
sehen ist. Demnächst hat er selbiges jahr angefangen, ein sehr grofse
capel, welche unserer pfarrkirchen in der gröfse schier gleich ist,
aufs steinen aufzubawen. er ist aber durch ein verbott, wie wir
gehört haben, von hoher geistlicher obrigkeit noch vor sanct Michaels

tag gestöhret worden, und haben wir gesehen, daſs er mit dem bawen eingehalten.

Nachmahlen hat er wiederum fortgefahren die mauren auffzusetzen, daſs holzwerck darauff zu schlagen und 1734 den 29. Julii den thurm darauff gesetzt und d. 3. Novembris auff st. Huberts tag, nachdem er einige ceremonien in und auſser der capel verrichtet, meſs und predig selber darin gehalten; und hat durch einen seiner patern in der fasten dieses jahr angefangen von zweyten freytag an die fasten hindurch teutsche lieder zu singen und zu predigen auff selbigen täg, wan die fastenandacht in hiesiger pfarrkirchen gehalten wird. Jetz 1735 d. 16. May hat er wiederum angefangen, die fundamente für einen newen flügel eines newen convents zu graben, wie er würklich noch fortfahret. alſs bezeugen wir alles, wie jetz gemeldet, wahr zu seyn. Merten 1735 d. 19. May.

Joes marx alſs Zeug und bin bereit, dieses äidtlich zu bedauren.

Hilger Klein alſs Zeug und bin bereit, dieses äidtlich zu bedauren (betheuern). Pro concordantia cum originali Barthol. Bertert, nots. Apost. et Caesareus publicus approbatus, subscripsi mpr.[1])

Gleichzeitig remonſtrirte Paſtor Commer, indem er beſonders hervorhob, wie die benachbarten Pfarrer von Walberberg, Sechtem, Rösberg, Waldorf und Hemmerich ſich beklagten, daß ihre Parochianen, wie auch die von Merten, durch das Glockengeläute der Kapelle dem allgemeinen Pfarrgottesdienſte, „als Predigt, Chriſtenlehre und anderer geiſtlichen Nahrung" entfremdet würden.

Im Jahre 1741 ſtarb der Benedictinerabt Adrian Valck. Zwei Jahre ſpäter kaufte Paſtor Commer die Beſitzungen deſſelben in Merten und Trippelsdorf, woraus hervorgeht, daß die Benedictiner Kapelle und Convent am Wulferberge aufgegeben hatten.

Pfarrſtelle.

Die Dotation der Pfarrſtelle iſt mit der Gründung der Kirche zu Merten wahrſcheinlich deſſelben Urſprunges. Hierauf deutet die Lage der alten Pfarrwohnung in unmittelbarer Nähe der Pfarrkirche und der mittelalterlichen Ritterburg. Man könnte darüber ſtreiten, ob der Pfarrfonds eine adelige Stiftung oder eine erzbiſchöfliche Schenkung ſei. Für Beides laſſen ſich Gründe anführen, die aber aus Mangel an geſchichtlichen Nachrichten keine Gewißheit verſchaffen. Die Einnahme des Pfarrers, vicarius perpetuus, war in älteſter Zeit auf 8 Mark veranſchlagt[2]).

---

[1]) Die beglaubigte Abſchrift im Archiv der Pfarrkirche.
[2]) Binterim u. Mooren, Alte und neue Erzd. Köln, I 131.

Das Grundvermögen besteht in 8 Hectar 82 Are 46 Meter Garten-
und Ackerland und ist gegenwärtig zu 266 Mark 24 Rpfennigen verpachtet. Die Pfarrer pflegten bis in die letzten dreißiger Jahre die
Ländereien in Halbbau beackern zu lassen. Glücklicherweise haben die
Wirthschaftsverhältnisse der Neuzeit eine Wendung zum Bessern herbeigeführt, indem hinreichende Gelegenheit zum Verpachten geboten ist, um
dem Pfarrer die Sorgen und Lasten der Land-Oekonomie zu ersparen.
Der Pfarrer war vormals im Genusse des großen Zehnten. Durch
die Aufhebung des Zehnten wurde das Einkommen geschmälert. Vor
Emanation der Maigesetze von 1874 bezog der Pfarrer aus der Staats-
kasse 324 Mark, welche nunmehr nach Aufhebung der Sperre in die
Kirchenkasse fließen. Als Hauptdecimator war der Pfarrer, so behauptet
Pastor Abels, verpflichtet, die Pfarrwohnung in baulichem Zustande zu
erhalten. Pastor Nöthen erbaute im Jahre 1777 das jetzige Pfarrhaus.
Die Pfarrer von Hemmerich, Rösberg, Schwadorf, Walberberg und
Andere schenkten dazu jeder ein Fenster mit dem Bildnisse des Patrons
seiner Pfarrkirche. Der nördliche Theil des Hauses war unter Pastor
Abels baulos geworden und wurde im Jahre 1836 erneuert, und zwar
auf Kosten der Gemeinde. Aus früherer Zeit ist noch die Scheune
erhalten. Sie erinnert durch ihre Größe an die Zeiten, wo der Zehnten
noch bestand und die Pfarrer sich auf Ackerwirthschaft verlegten.

Die Pfarrer.

Der Pfarrer wurde durch freie Collation des Erzbischofs ernannt
und vom Archidiakon zu Bonn investirt[1]).
Urkundlich sind die Folgenden verzeichnet:
Arnoldus de Solve, unterzeichnet im Jahre 1412 die Errich-
tungs-Urkunde der Vicariestiftung unter dem Titel der h. Barbara[2]).
Johann Ludwig Eich, investirt am 6. August 1613[3]).
Damian Kaymer, 1644—1664, investirt am 8. März. Er
war früher Pastor am Swisterberg. Pastor Kaymer zu Merten und
Franken zu Metternich vertauschen ihre Stelle 1664[4]). Im Jahre 1673,
als die Stadt Bonn mit Zustimmung des Kurfürsten Maximilian Hein-
rich von den Franzosen besetzt und von kaiserlichen und holländischen
Truppen am 12. November nach einer Belagerung von neun Tagen
eingenommen war, hatte das Kölnische Land von den Plünderungen der
Letztern viel zu leiden. Weder Kirchen noch Menschen wurden geschont.

---

[1]) Dumont, Descriptio, 16. — [2]) Vgl. unter Vicarie. — [3]) „Ex protocollis judicia-
libus Archidiaconatus Bonnen." Kölner Pastoralblatt Nr. 11, 1882 — [4]) „eo quod
ambo in sua parochia essent odiosi." Kirchenbuch von Metternich.

Für Letztere war Flucht die einzige Rettung. Pastor Raymer floh von Metternich nach Vernich, um sich und die Kostbarkeiten der Kirche in Sicherheit zu bringen. Er wurde unterwegs von Soldaten ergriffen und so grausam mißhandelt, daß er, halbtodt nach Vernich gebracht, wenige Tage später starb. Er wurde zu Weilerswist beerdigt[1]).

Heinrich Franken, 1664—1689, gest. 15. October.

Johann Simonis von der Hagen, geboren zu Schyndel bei Herzogenbusch, seit 1689 Pfarrer, resignirte 1726, gest. am 3. Januar 1733, wurde zu Köln begraben.

F. Adrian Fidler, seit 1711 Benedictiner aus Groß-Martin, wird im Verzeichniß der Bruderschaft (1712) Administrator der Pfarre genannt, während Pastor Hagen die Vicarie der h. Barbara versieht.

F. Adrian Balck, 1717—1726, verwaltet die Pfarre wie Fidler als Hagen's Stellvertreter, versucht eine Niederlassung der Benedictiner zu gründen, worüber bereits im Vorhergehenden berichtet wurde. Er wird später Abt von St. Martin in Köln (gest. 1741).

Gerhard Commer, 1726—1771, geboren zu Merten, stiftet die Schulvicarien zu Sechtem und Metternich; kauft von dem Abt Franciscus Spitz und Prior Engelbert Bertram an St. Martin in Köln die zu Merten und Trippelsdorf im Schall gelegenen Ländereien und Büsche aus der Erbschaft des verstorbenen Abtes Balck[2]).

Pfarrer Commer war Provisor und Deservitor der Samstagsmessen= stiftung zu Rösberg. Er starb den 23. December 1771. Der Francis= caner P. Veranus verwaltete die Pfarrstelle sieben Monate lang.

Philipp Röthen, 1772—1792, legte 1779 ein neues Taufbuch an, war im Jahre 1785 Kämmerer des Aargauer Dekanats. Sein Nachfolger nennt ihn pastor vigilantissimus, einen sehr wachsamen Seelenhirten. Sein Sterbetag ist der 19. October.

Reiner Müller, 1792—1804, wird eingeführt in die Pfarrstelle am 27. November 1792, leistet den (pfarramtlichen) Diensteid auf der Capitelsversammlung zu Bonn am 20. Mai 1794.

Johann Everhard Cremer, 1804—1811.

Nicolaus Joseph Pferzwei, 1811—1833, war früher Vicar zu Rösberg (1804), seit 1831 Dechant des Dekanates Hersel.

Johann Mathias Abels, 1834—1882, geboren zu Königs= hoven am 20. November 1799, wurde Priester am 5. April 1826, dem= nächst Kaplan zu Brühl, zum Pfarrer von Merten ernannt am 1. Fe= bruar 1834, feierte im Jahre 1876 sein fünfzigjähriges Priesterjubiläum.

---

[1]) l. c. — [2]) Kirchenbuch von Merten.

Er erwarb sich die größten Verdienste um die neue Kirche[1]). Sein Tod erfolgte am 2. Januar 1882.

Merten ist nunmehr die siebente Pfarrstelle im Dekanat Hersel, welche ihres ordnungsmäßigen Seelenhirten in Folge der Maigesetze entbehrt.

Vicarie.

Johannes Rödesberg[2]), Canonicus an St. Aposteln zu Köln, stiftet zur Dotation des Barbara=Altars in der Pfarrkirche des Dorfes St. Martin „aus seinen Erbgütern und ewigen Einkünften einen Hof in St. Martin mit Haus, Weinkelter, Scheune, Wohnung, 3½ Morgen Weinberg, Obst= und Gemüsegarten in einem zusammenhängenden Stück, ferner einen Teich (palus), genannt Altenbrug, den Hof Eiffelberg in Rödesberg, eine Mühle und die Feudalgüter, welche früher vom Herzog von Berg abhängig waren, das halbe Lehen genannt; 36 Morgen Busch, an der Rösberger Herren Mark gelegen, an Renten 40 Hühner, deren 25 vom Eiffelberger Hof, item vom Hause der Eheleute Gerard Sceiffer und Puß, die übrigen von gewissen andern Häusern daselbst geliefert werden."

Auf den Antrag der Testaments=Executoren, der Canoniker Lambert von Mörs und Gottfried von Luit an St. Severin zu Köln, und Wilhelm von den zwei Bergen, Canonicus zu Bonn, genehmigte Erzbischof Friedrich im Jahre 1412 die Stiftung mit der Maßgabe, daß der zu ernennende Rector des Altars Priester sei oder qualificirt, binnen Jahresfrist, von der Collation an gerechnet, zum Priester geweiht zu werden und geweiht werde; daß er die bei Hochämtern an gedachtem Altar dargebrachten Opfergaben dem Pfarrer zu St. Martin überweise, ferner, was bei Sterbefällen an den Altar gestiftet oder vermacht werde, dem Pfarrer und der Kirche übergebe, ausgenommen die Güter und Erbschaften, welche dem Altare selbst auf ewige Zeiten bestimmt sind oder werden.

Der Rector des Altars ist testamentarisch verpflichtet, an demselben täglich oder wenigstens vier Mal die Woche zu passender Stunde nach dem Ritus und Willen des Pfarrers das h. Meßopfer zu celebriren, Residenz zu halten und dem Pfarrer bei dem täglichen Gottesdienste zur

---

[1]) Vgl. oben „Die neue Kirche".

[2]) Johannes Rödesberg scheint adeliger Abstammung und zwar von einem Rittersitz zu Rösberg zu sein. Nicht nur, daß sein Familienname mit dem Ortsnamen identisch ist, in der Gemeinde Rösberg lagen auch die meisten Güter seiner Stiftung. Vgl. unter Rösberg die „Herren von Rodenberg".

Hand zu sein. Er ist weder zum Beichthören in der Pfarre befugt, noch soll er sich Kranken zur Spendung der Sacramente anbieten. Die Besetzung der Stelle steht für das erste Mal den genannten Executoren zu, sodann den Ueberlebenden derselben, nach dem Tode Aller den beiden nächsten und ältesten Verwandten des Testators. Die kirchliche Einführung (institutio) wird dem Pastor zu St. Martin übertragen. In vorstehender Weise wurde die Stiftung des Canonicus Johann Rödesberg von Erzbischof Friedrich III. genehmigt. Die auf dem Schlosse zu Poppelsdorf ausgestellte Urkunde von 1412 wurde von Arnold de Solve, Pastor zu Merten, unterschrieben[1]).

In demselben Jahre machte Christian Söntgen an die Kirche zu Merten eine Fundation unter dem Titel, oder wie eine alte Aufzeichnung im Kirchenarchiv zu Fischenich sich ausdrückt, unter Anrufung (sub invocatione) der h. Barbara und inscribirte seine an St. Marien im Capitol kurmütigen Güter „salvo iure Capitolino".

In der Mitte des 17. Jahrhunderts waren die Güter der Vicarie in nicht näher bekannter Weise der Stiftung entfremdet. Auf dem Wege langwieriger Processe wurden dieselben unter Pastor Damian Kaymer im Jahre 1654 wiedergewonnen, bestehend in 89 Morgen Artsland, 3½ Morgen Weingarten sammt Drieschen (Gartengrund) und Büschen, einem Baumgarten neben Junker Ripperband und den Vätern der Gesellschaft Jesu[2]) in Köln, nebst Gräserei für drei Kühe, item drei Hofstätte[3]), wovon jährlich 28 Hühner einkamen, item eine Mühlengerechtsame, welche seit vielen Jahren verloren war. Um die Kosten der Processe zu decken, verpfändete Pfarrer Kaymer vorbenannte Güter dem „Edeln und Hochgelehrten Herrn Heinrich Deckhoven (nebst Gemahin Maria Deckhoven), der Rechten Doctoren, den 10. November 1654 für ein Capital von 200 Dahler". Vicar Peter Roßpath legt das Capital am 11. November 1709 ab, indem er 200 Dahler zu 4 Procent bei Freiherrn Dietrich Adolph Herrn zu Rösberg aufnimmt. Auch hier wird die Schuld getilgt, nachdem am 11. October 1713 Eheleute Johann Petrus Wirriges und Katharina Königswinter den Betrag vorgeschossen. Diese fundiren am 20. Januar 1731 mit reiflicher Ueberlegung und fester Resolution auf Eingebung Gottes des h. Geistes das Capital „zu Trost ihrer Seelen".

---

[1]) Ego Arnoldus de Solve, Rector ecclesiae parochialis ad st. Martinum, consentio. In fidem: Math. Jos. Leynen, not. ap. et vicariatus gtis secretarius.

[2]) Ein Hof der Jesuiten lag in Trippelsdorf, worüber unten.

[3]) Das alte Schriftstück nennt sie Bauplätze.

Der gegenwärtige Güterbestand der Vicarie, circa 20 Morgen Ackerland und 20 Morgen Holzung, vertheilt sich wie folgt:

Gemeinde Merten	Hectar	8—83—26
Gemeinde Rösberg	„	2—29—91
am Swisterhof	„	2—35—70
Gemeinde Cardorf	„	1—05—22
	Hectar	14—54—09

Wie man sieht, ist der größere Theil der Länderei nebst der Mühle, der sonstigen Erträge nicht zu gedenken, nach dem Jahre 1654 auf ewige Zeiten verloren gegangen. Auf die Frage, wie das geschehen ist, sucht man vergebens nach einer Antwort.

Das alte Vicariehaus, zwischen dem Mühlenbach und dem Dorfe gelegen, ist seit den ersten Decennien unseres Jahrhunderts verfallen und abgebrochen. Als die Vicariestelle nach langer Vacatur im Jahre 1867 wieder besetzt wurde, war keine Dienstwohnung vorhanden. Vicar Schmidt war daher genöthigt, sich eine Wohnung zu miethen, ohne Entschädigung von der Gemeinde zu erhalten. Seit dem letzten Frühjahr 1882 bewohnt er das durch den Tod des Pfarrers vacant gewordene Pfarrhaus.

Die Stiftungsobliegenheiten anlangend, genehmigte das Erzbischöfliche Generalvicariat unter Pastor Abels, daß jeden Sonntag eine, in der einen Woche zwei, in der andern Woche drei Applicationen der Stiftungsmessen, also durchschnittlich vier in jeder Woche, stattfinden sollen.

Vicarie zur h. Barbara.

Um das Jahr 1569 war nach Gelenius der Kaplan von Hemmerich Deservitor des Altars der h. Barbara in Merten. Das Präsentations-recht hatte damals der Personalist zu Sechtem, vermuthlich ein Verwandter des Stifters[1]).

Als spätere Inhaber der Stiftung sind folgende zu nennen:

Wilhelm Uedesheim[2]), investirt im Jahre 1604.

Wilhelm Krautwigh, gestorben 1708[3]).

Johann Simonis von Hagen, Pfarrer zu Merten, war Deservitor des Barbara-Altars 1712.

Peter Rospath, „Altarist der heiligen Barbara zu Merten, stellt im Jahre 1721 eine geschworene empfangende Hand auf dem Frohn-

---

[1]) Gelenius, Farragines, XXIV 100: „Hombrich cum vicaria s. Barbarae in villa sti Martini, collator personalista in Sechtem" (1569). Ueber personalista vgl. Pfarrstelle unter Sechtem.

[2]) Ex protocollis ecclesiae Archidiaconalis Bonnensis. 1604 fol. 189.

[3]) Sterberegister der Pfarrkirche.

hof zu Fischenich; errichtet eine Messenstiftung an die Pfarrkirche. Er starb am 19. März 1757 und wurde an St. Katharina in Köln beerdigt.

J. Th. Mathai, um 1760.

Edmund Klein, aus Lüftelberg, starb am 4. Juli 1763, wurde in der Pfarrkirche beerdigt[1]).

Johannes Koenen, starb am 26. Mai 1793[2]).

Benedict Weidt, ehemaliger Augustiner, ist bereits 1794 Bene= ficiat der Barbara=Stiftung, verlegt, nachdem er kurze Zeit bei Pfarrer Abels im Pfarrhause zugebracht, seinen Wohnsitz nach Köln 1834.

Nach ihm blieb die Vicarie 33 Jahre hindurch unbesetzt, zum Besten der neuen Pfarrkirche. Sodann erschien als Gehülfe des hochbetagten Pfarrers und als Reservist für den bevorstehenden Culturkampf von der Fürsehung berufen, am 9. October 1867

Gustav Schmidt, geboren zu Wissen am 5. August 1837, zum Priester geweiht am 2. September 1861, von da bis zum Antritt hiesiger Stelle Vicar zu Much.

Küsterei.

Der Küster bezieht die Pacht von 1 Hectar 7 Are 72 Meter Land, nach der letzten Verpachtung 37 Mark 97 Reichspfennige.

Alte Renten, darunter auch das Brod, welches der Küster von jedem Hause zu empfangen hatte, sind sammt und sonders verloren gegangen. Ersatz für den Ausfall hat die Gemeinde nicht geleistet. Hingegen hat der Kirchenvorstand dem Küster aus den Revenüen des Vicars, also aus fremdem Gelde, jährlich fünf Thaler bewilligt. Außer den Stiftungs= einnahmen ist das Einkommen des Küsters ein zufälliges. Die Küster= stelle befindet sich seit unvordenklicher Zeit in der Familie des jetzigen Inhabers Anton Schäfer.

Nebenort Trippelsdorf.

Trippelsdorf, früher Trebelsdorf und Trewelsdorf, pagus Trebellii, liegt in der verlängerten Linie von Merten nach Walberberg. Auf einem Grundstück des Herrn Meuel „am Bau" befinden sich Reste einer starken römischen Gußmauer. In der Nähe hatte der Eifelcanal seinen Durchgang.

Erzbischof Arnold I. nennt unter den Besitzungen der Abtei Sieg= burg, welche diese der von ihr abhängigen Propstei Zülpich überließ, einen Weinberg zu Trevelsdorf 1140[3]). In dem Vergleich Friedrich's I. von Blankenheim mit Gerlach von Limburg vom Jahre 1267 verzichtet Letzterer auf alle Güter, welche Graf Heinrich von Sayn zu Ahrweiler

---

[1]) l. c. — [2]) l. c. — [3]) Lac. I. 230.

und Saffenberg besaß, vorbehaltlich des Schlosses Montjoie zu Trippels=
dorf, der Güter Merten und verschiedener anderer [1]). Am Freitag nach
Pfingsten 1470 empfing Graf Kuno von Manderscheid von Erzbischof
Ruprecht von Köln das vordem Blankenheim'sche Lehen, den Wein=
zehnten zu Trippelsdorf, den Hof zu Oberbachem sammt Korn= und
Weinzehnten zu Mehlem und zwei Höfe zu Pissenheim [2]). Nach dem
Tode des Grafen Joseph Franz von Manderscheid am 6. December 1780
verlieh Kurfürst Maximilian Friedrich das Erboberstlandhofmeisteramt,
das Lehen von 2 Fuder Wein zu Zeltingen, den Zehnten zu Trippels=
dorf und einige andere Güter als erledigtes Mannslehen dem Staats=
minister Grafen Belderbusch. Die letzte Manderscheid'sche Tochter,
Gräfin von Sternberg, protestirte und wollte dem Zehnten zu Trippels=
dorf die Eigenschaft eines Mannslehns absprechen.

Londorf, Rittersitz oberhalb Trippelsdorf, war bis zum Ende
des 18. Jahrhunderts Eigenthum des Grafen von der Leyen. Zu dem
Gute gehörte die neben der Vincentiuskapelle gelegene Schäferei. Seit
1800 waren Besitzer die Herren: Schierenberg, Bommard, jetzt Freiherr
Gisbert von Böselager.

Das Schäferhaus gehört gegenwärtig dem Ackerer Joseph Engels
aus der Familie der ehemaligen Pächter. Zu den Privilegien von Lon=
dorf, von welchen übrigens keine Nachrichten mehr vorliegen, zählte man
freies Asylrecht.

Geistliche Güter in Trippelsdorf.

Der Mönchshof der Jesuiten war bis zur Aufhebung des Ordens
mit dem Kirchen= oder Pfarrvermögen desselben in Walberberg ver=
bunden. Länderei und Weingärten gingen an die Kölner Schulverwal=
tung über. Von den Hofgebäuden ist noch der Brunnen vorhanden, der
die alte Baustelle bezeichnet und von den Ortsbewohnern benutzt wird.

Der Hubertushof des Landcomthurs an St. Katharina in Köln.
Der Pächter lieferte den halben Wein, durchschnittlich 50 Ohm
jährlich, die Hälfte vom Obst und von jedem Morgen Land ¼ Malter
Korn.

Bei der Säcularisirung wurde das Gut, wie mehrfach, von dem
Pächter angekauft. Der jetzige Besitzer Hubert Sontschka erwarb den
Hof durch Heirath mit des Pächters Tochter.

Der Vicar von Rösberg bezog 1 Fuder Thürwein von ver=
schiedenen Schuldnern aus Trippelsdorf [3]).

---

[1]) Rhein. Antiquarius, 3 Abth. 12 B., S. 307. Zu dem Schlosse zu Trippelsdorf
gehörten wahrscheinlich die oben erwähnten römischen Mauerreste, auf deren Grundlage
dasselbe im Mittelalter errichtet wurde. — [2]) l. c. — [3]) S. Vicarie unter Rösberg.

Nachträglich ist zu erwähnen das Scheffengericht von Trippelsdorf unter Amt Brühl.

Eine Urkunde vom 10. Juni 1661 im Kirchenarchiv zu Hemmerich enthält folgende Daten: Adam Radius Schultiß, Johan Renbolts, Hupert Scholei, Arnoldt Roggendorff, Henrich Esser, Jacob Rospatt und Winand Brenich, sämmtliche Scheffen des kurfürstlichen Gerichts zu St. Martin und Trevelstorff.

Der Hofkalender von 1786 nennt: Hofrath Ferdinand Rentling, Richter und Oberkellner, auch Schultheiß zu Merten und Trippelsdorf.

Im Archiv der Pfarrkirche zu Merten befinden sich zwei Gerichtssiegel mit dem Bildnisse des h. Martinus. Umschrift des ersten: S. MERTIN AM FEVRGEBIRGS GERICHTS. SEGEL; des zweiten: S. MERTEN VND TRIBELSDORP GERICHT SIGEL 1697.

Kapelle zum h. Vincentius.

Ueber die Entstehung dieser Kapelle schwebt undurchdringliches Dunkel. Sie stand neben Dorfstraße und Schäferei auf hohem Grunde und war aus Bruchstücken des Römercanals erbaut. Dieses weist auf die Zeiten der ältesten mittelalterlichen Ritter zurück, und ist es nicht unwahrscheinlich, daß die Kapelle einem solchen ihren Ursprung verdankt.

Wir bemerkten bereits, daß der Pfarrer von Merten vormals die h. Messe zwei Mal in jeder Woche in der Kapelle celebrirte und an den Festen der Apostel Christenlehre hielt. Seit Menschengedenken fand keine dieser geistlichen Functionen mehr statt. Traditionell blieb das dreimalige Angelus-Läuten bis in die letzten Zeiten bestehen. Der Glöckner hatte für seine Bemühung einen halben Morgen Land in Benutzung. Noch ein anderer Gebrauch aus alter Zeit war geblieben, nämlich das Rosenkranzgebet, welches an allen Sonntagen des Jahres und an allen Wochentagen in der Fastenzeit in der Kapelle gehalten wurde. Gegen das Jahr 1875 wurde die Kapelle abgebrochen, die Baustelle und der Acker an Joseph Engels, Grenznachbar dieser Parzelle, verkauft.

Schule.

Bis Anfang unseres Jahrhunderts und mehrere Jahre später wurde der Schulunterricht vom Küster ertheilt. Man erinnert sich noch, daß der Großvater des jetzigen Küsters die Lehrerstelle mit dem Kirchendienst vereinigte. Ein besonderes Schulgebäude war nicht vorhanden. Erst unter preußischer Regierung wurde ein Schulsaal mit Wohnung für einen Lehrer errichtet. Nicht lange nachher war ein Hülfslehrer und Erweiterung des Schulhauses nothwendig. Es entstand ein circa 100 Fuß langes, einstöckiges, mit Mansarden überdecktes Gebäude.

An der Schule wirkten als Lehrer: Bis 1851 N. Fuhrmann, bis 1872 Christian Schmitz; als Hülfslehrer die Präparanden Pfeifer, Klemmer, Schmitz bis 1858. Damals wurde statt der Unterklasse eine Mädchenschule eingerichtet, Knaben und Mädchen getrennt; 1870 wegen Ueberfüllung beider Schulklassen die Anstellung einer dritten Lehrkraft in Aussicht genommen und der Bau einer neuen Schule beschlossen. Man wählte dazu die Stelle dicht neben der Kirche, unzweckmäßig wegen der Störungen für die Kirche und die Schule. Der neue Bau enthält zwei Schulsäle übereinander; ein dritter nebst Wohnungen für drei Lehrkräfte befindet sich im alten Gebäude. Der innern Einrichtung nach besteht nunmehr eine getrennte Knaben- und Mädchenklasse und eine gemischte Unterklasse.

Die größern Knaben unterrichtet Lehrer Peter Demmer, die größern Mädchen Fräulein Gertrud Breuer aus Euskirchen, die kleinern Schüler und Schülerinnen Francisca Hoffmann aus Siegen. Die Schule hat bisher stets ihren katholischen Charakter bewahrt. Außer zwei Judenkindern gibt es keine akatholischen Schüler in der Pfarrei.

Vicar Schmidt wurde im Jahre 1875 auf Veranlassung des neuen Schulinspectors von dem schulplanmäßigen Religionsunterricht ausgeschlossen, im Jahre 1880 auf Anordnung der kgl. Regierung neuerdings zugelassen.

Die ehemals vielfach vernachläßigte Schule hat sich unter der Leitung der jetzt fungirenden Kräfte in erfreulicher Weise gehoben.

10. Rösberg.

Rösberg, ehemals Ruethenesberg (1067), Rudensberg, Rodenberg, Robisberg, Rodesberg (1400), Reußpergh (1600), 5 Kilometer oder eine Stunde von der Eisenbahnstation Sechtem, 2½ Meile von Köln, 2 Meilen von Bonn, auf der Höhe des Vorgebirges, 492 Fuß über dem Meeresspiegel gelegen, bildet den höchsten Punkt des Dekanats. Seine 175 Einwohner gehören mit Ausnahme zweier Juden der katholischen Religion an. Sie ernähren sich durchgehends vom Ackerbau.

Die Römer hatten eine ihrer Niederlassungen im Orte, und führten die Straße von Trier nach Wesseling an demselben südöstlich vorbei. Da der Ort sich später nach dieser Seite erweiterte, so durchschneidet die Römerstraße jetzt denselben. Sie hat in Aeckern und Gärten deutliche Spuren zurückgelassen, ist aber vollständig ungangbar für jeden öffentlichen Verkehr. Der in späterer Zeit entstandene Name Rodenberg und Rodesberg ist auf eine adelige Familie zurückzuführen, welche im frühen Mittelalter sich um die Urbarmachung des Vorgebirges verdient gemacht hat.

Geschichtlich haben Herren von Rodesberg ehemals in Rösberg ihren Rittersitz oder sonstige Besitzungen gehabt, so der aus dem 14. Jahrhundert stammende Canonicus Johann Rodesberg, welcher uns als Stifter der Vicarie zu Merten bekannt ist und die Dotationsgüter zum großen Theile in den Rösberger Gemarkungen besaß. — Herr von Stramberg kommt auf anderm Wege so ziemlich zu dem gleichen Resultat, wenn er schreibt: „Das ganze Vorgebirge wird beherrscht von dem unmittelbar am Ausgang der Wildniß belegenen Rösberg, das fürwahr vermöge dieser Lage der geeignetste Punkt ist, um die Wiege eines großen Geschlechts zu werden. So ist denn hier in dem spätern Rodesberg jenes Rode zu erkennen, von welchem van me Rode, die von Merode, den Namen empfingen" [1]). Diese Ansicht würde zu dem Schlusse

---

[1]) Tentw. und nützlicher Antiquarius. 3. Abth., 12 B., S. 296.

führen, daß die Herren von Rodenberg oder Rodesberg mit denen von Merode identisch sind.

Rösberg war eine kurfürstliche Lehnsherrlichkeit, welche neben der Kirche ihre Burg hatte, mit freier Gerichtsbarkeit, Jagd, Zoll, Fischereien. In Zusammenhang mit dieser Herrschaft finden wir es natürlich, daß die Erzbischöfe von Köln im Besitze der Kirche und des Zehnten waren, welche Anno der Heilige dem St. Georgs-Stifte in Köln im Jahre 1067 übertrug.

Die Ritter von Rodenberg als erste Inhaber des Lehens existirten bis 1276 [1]). Von dieser Zeit an bis Ende des 16. Jahrhunderts hatten die mächtigen Grafen von Neuenar die Herrlichkeit Rösberg als Lehnsträger der Kölner Kurfürsten im Besitz. Die Belehnung fand statt gegen Erlegung von 12000 Goldgulden, welche bei dem Abzug des Lehnsträgers zurückgezahlt wurden.

Johann I., Sohn Dietrich's, Graf von Neuenar, übernimmt im Jahre 1276 die Herrschaft Rösberg, während sein älterer Bruder Wilhelm die Hauptlinie an der Are fortsetzte [2]). Diese Thatsache, von Schannat ohne weitere Bemerkung mitgetheilt, scheint nicht zu genügen, um die ältesten Beziehungen der Grafen von Neuenar mit Rösberg zu erklären. Schon im Jahre 1194 hatte Graf Gerard von Are bei Rösberg an der von Aachen an dem Orte vorbei nach Bonn führenden Handelsstraße, jetzt Heeresstraße genannt, eine Hebestelle errichtet, an welcher er von den Aachener Kaufleuten auf eigenmächtige, widerrechtliche Weise Zölle erheben ließ, desgleichen zu Eckendorf bei Rheinbach an der Straße, welche von Aachen nach der Ahr führte. Auf die hierüber geführten Klagen wurde Graf Gerard durch Urtheil Kaiser Heinrich's VI. genöthigt, zu Aachen vor Zeugen zu geloben, die Kaufleute und Bürger von Aachen künftig nicht mehr zu Entrichtung des Zolls anhalten zu wollen (18. April 1194) [3]). Demnach muß schon damals eine Beziehung mit Rösberg angenommen werden, welche die Grafen zur Erhebung des Zolles veranlaßte. Vielleicht bestand eine durch Heirath geknüpfte Verbindung eines frühern Grafen von Are mit dem Hause Rodenberg. Es ist ja bekannt, daß die Genealogie in Beziehung auf Verwandtschaftsverhältnisse große Lücken enthält, welche vielleicht niemals ausgefüllt werden.

Die Grafen von Neuenar standen nicht auf freundschaftlichem Fuße mit den Kölner Erzbischöfen und brachten bei ihren Kämpfen Rösberg stark in Mitleidenschaft. In der Schlacht bei Worringen (1288) stand

---

[1]) Eiflia illustrata von Schannat, herausgegeben von Bärsch, 1. B., 1 Abth., S. 467.
[2]) Schannat l. c. — [3]) Lac. I. 379.

Graf Johann von Neuenar auf Seiten des Herzogs von Brabant gegen Erzbischof Sigfried. Lange Zeit führten die Grafen von Neuenar Krieg wegen des Erbrechts der Herrschaft Saffenburg bei Ahrweiler [1]). Graf Gumprecht I. behauptet in einer Urkunde, „daß sein Vater Johann IV. von Neuenar und der Herr von Saffenburg die Burg und Grafschaft ungetheilt inne gehabt als rechtmäßige Herren". Da aber die ganze Umgegend über Raub, Mord und Brand klagte, welcher ihnen von Neuenar zugefügt würde, so zog Erzbischof Friedrich von Saarwerden mit starker Mannschaft aus, um Johann von Neuenar aus der Graf= schaft zu vertreiben. Aber nicht nur in Saffenburg wurde gegen Johann der Krieg geführt, sondern überall, wo seine Burgen standen, in Rösberg, Garstorf und Merzenich.

In dem Jahre unseres Herrn 1371 [2]), so berichtet die Chronik der Rheinischen Städte, brach (zerstörte) Bischof Friedrich Nuwenar, Gair= storp (bei Bergheim), Rodensberg und Merzenich.

Gumprecht I. von Neuenar, Sohn Johann's IV., setzte die Feind= seligkeiten fort. Im Jahre 1393 heben Erzbischof Friedrich und Gum= precht ihre Fehde wegen Neuenar und Merzenich auf, ohne daß Letzterer Verzicht auf diese und andere Besitzungen leistet. Zugleich überläßt ihm der Erzbischof Herrschaft und Dorf Rösberg wieder in „aller Maßen", wie sein Vater Johann dieselben inne hatte, und zwar als erbliches Lehen für ihn und seine Nachkommen [3]).

Ungeachtet dieses Friedensschlusses scheint der Kriegszustand fortge= dauert zu haben. Als nämlich am Mathiastag 1396 der Vertrag von 1393 zum Vortheile des Grafen erneuert wurde, erst da wird unter die Bedingungen auch die aufgenommen, daß alle Gefangenen sollten frei= gegeben werden [4]). Aber auch bei dem zweiten Friedensschlusse muß

---

[1]) Zur Orientirung diene folgende genealogische Ueberficht. Johann I. von Neuenar, Herr zu Rösberg (1276). Johann II. von Neuenar, Herr zu Rösberg. Johann III. von Neuenar, Herr zu Rösberg. Johann IV. von Neuenar, Herr zu Rösberg. Gumprecht I. heirathet Philippa von Heinsberg, 1400. Gumprecht II. erhält die Herrschaft Bedburg durch Heirath mit Marie von Limburg 1425, gestorben 1485. Gumprecht und Gemahlin wurden in der jetzt zerstörten Kirche Mariagarten zu Köln beigesetzt. Golenius, De adm. magnit. Col., 544. Friedrich, Graf von Neuenar, Sohn des vorigen, gestorben 1505. Gumprecht III., Graf von Neuenar, heirathet Anna v. Wertheim. Gumprecht IV., Graf von Neuenar und Limburg, Herr zu Alpen und Hackenbroich. Adolph Graf von Neuenar und Mörs.

[2]) So nach Ennen in Heft XXIII., S. 54 der „Annalen des hist. Vereins". Die Annalen von Neuß geben nach Binterim und Mooren, „Alte und neue Erzd. Köln", statt 1371 die Jahreszahl 1370. Die betr. Stelle lautet: Ad anno. 1370. Fridericus Archiepi= scopus armata manu cepit has arces et funditus evertit Nevenahr, Garstorff, Rodessberg, Mertzenich, Helpenstein, Disterlich, Bickendorf.

[3]) Lac. III 879. — [4]) Urkunde im Archiv des Freiherrn von Weichs zu Rösberg.

wohl Gumprecht sich nicht haben beruhigen können. Denn noch im Jahre 1405 wurde ein eigenes Schiedsgericht in der schwebenden Ange= legenheit eingesetzt und Gumprecht durch dasselbe mit seinen Ansprüchen endgültig abgewiesen [1]).

Für Rösberg drohte eine verhängnißvolle Zeit hereinzubrechen, als die spätern Grafen von Neuenar sich eifrig den Neuerungen der durch Martin Luther heraufbeschworenen Reformation anschlossen. Die Sache, welche durch den Verlauf der damit verbundenen Kriege für die katho= lische Partei eine glückliche Wendung nahm, ist zu wichtig, um über= gangen zu werden.

Graf Wilhelm V., Sohn Wilhelm's IV., Enkel Gumprecht's II., hatte durch seine Heirath mit Anna, Tochter des Grafen Wilhelm von Wied und der Margaretha von Mörs, und daher Nichte des Erzbischofs Hermann von Wied, die Grafschaft Mörs in die Ehe erhalten. Graf Wilhelm trat, als der Erzbischof die lutherische Irrlehre in der Erz= diöcese einzuführen versuchte, entschieden auf die Seite des bethörten Kirchenfürsten. Glücklicher Weise scheiterten alle reformatorischen Bestre= bungen desselben an dem Widerstande des glaubenstreuen Domcapitels. Hermann wurde von Papst Paul III. seiner erzbischöflichen Würde ent= setzt, und als Kaiser Karl V. auf Ausführung der Excommunications= bulle drang, gab auch Graf Wilhelm seine Sache auf und übernahm es sogar mit Theoderich von Manderscheid, den Erzbischof zur freiwilligen Amtsniederlegung zu bestimmen, wozu dieser sich auch durch schriftliche Erklärung vom 25. Februar 1547 verstand.

Wilhelm's einziger Sohn Hermann war ebenfalls ein eifriger An= hänger der neuen Lehre. Er ließ für seine Länder eine protestantische Kirchenordnung entwerfen, starb im Jahre 1579 kinderlos und vererbte seine Besitzungen, darunter die Herrlichkeit Rösberg, auf seine Schwester Walburgis, welche in erster Ehe mit dem im Jahre 1568 zu Brüssel enthaupteten Grafen Horn und in zweiter mit Adolph von Neuenar und Mörs, dem Sohne Gumprecht's IV., vermählt war, jenem fanatischen Rebellenführer, dessen trauriges Ende wir bereits bei seinen wilden Kriegszügen gegen Erzbischof Ernst und Werner von Salm in der Geschichte von Alster gemeldet haben [2]). Mit dem Tode Adolph's im Jahre 1589 war die Gefahr der protestantischen Irrlehre in unserm engern Vaterlande bedeutend vermindert, für die Herrlichkeit Rösberg,

---

[1]) Günther, Cod. diplom. IV 17. Vgl. Weidenbach, Die Grafen von Are, Hoch=
staden, Nürburg, Neuenare, S. 109.
[2]) Note 3, Seite 25.

welche das Schlimmste von jener Seite zu fürchten hatte, auf ewige
Zeiten gründlich abgewendet [1]).

Durch Adolph's Tod war seine Gemahlin Walburgis ihrer einzigen
Stütze beraubt, alle ihre Besitzungen in Feindes Hand. In ihrer Bedrängniß nahm sie den Grafen Eberhard Solms 1594 an Kindesstatt
an. Dieser eroberte die Neuenar'schen Güter und führte die Gräfin aus
Holland nach Mörs zurück. Allein sie sollte ihres hohen Alters nicht
mehr froh werden. Bereits im Jahre 1596 starb Graf Eberhard an
den Wunden, welche er in der Schlacht bei la Fère erhalten hatte, und
Walburgis erlag wenige Jahre später der Pest (20. Mai 1600), nachdem sie den Prinzen Moriz von Oranien zu ihrem Erben eingesetzt hatte [2]).

Mit Zustimmung Ferdinand's, Coadjutors des Erzbischofs Ernst von
Baiern, hatte Walburgis die Herrschaft Rösberg an Gebrüder Wilhelm
und Johann Ketler zu Nesselradt abgetreten, vorbehaltlich „der churfürstlichen und des Erzstifts hohen- und lehnsgerechtigkeit" [3]). Schon im
Jahre 1603 legten Gebrüder Ketler das Lehen wieder in die Hände
Ferdinand's zurück, und Graf Adam v. Schwarzenberg trat gegen Erlegung
der üblichen 12000 Goldgulden in den Besitz des „Dorfes und der
Herrschaft Rösberg mit allen derselben Rechten und Gerechtigkeiten, wie
von Alters her durch die von Neuenar hergebracht, Psacht, Zinsen,
Diensten, Gülden, Renten, Brüchten, Gefällen, Fischerei, Wein, Acker-
gewächs, sammt der hohen und kleinen Jagd".

Unter den Bedingungen ist bei Uebertragung des Lehens besonders
hervorgehoben, daß der Graf als Lehnsträger die katholische Religion
in Dorf und Herrlichkeit erhalten und durch andersgläubige Nachbaren
keinen Einbruch gestatten, d. h. denselben nicht erlauben solle, sich im
Bereich der Herrschaft wohnlich niederzulassen. Der Kurfürst behielt sich
vor, gegen Rückzahlung der 12000 Goldgulden das Lehen wieder zurück-
nehmen zu dürfen. Graf Schwarzenberg fand die Burg, wie nach den
kurz vorausgegangenen Kriegszeiten begreiflich, im Zustande des Verfalles.
Zudem soll, wie mir der kürzlich verstorbene Oberst Schaumburg versicherte, der Kurfürst ihm untersagt haben, ein Schloß in Rösberg zu
bauen. Wenn diese Mittheilung auf Wahrheit beruht, so ist es sehr
erklärlich, daß auch Adam Schwarzenberg sich der Herrschaft Rösberg
bald wieder entledigte.

---

[1]) Wie groß diese Gefahr gewesen sei, wird man leicht ermessen, da es bekannte
Thatsache ist, daß Adolph mit dem Schwerte in der Hand die protestantischen Bestrebungen in der Stadt Köln, dem Magistrat gegenüber, auf jede Weise unterstützte und den
altkatholischen Gottesdienst in der ehemaligen Klosterkirche zu Mechtern außerhalb der Stadt
bei Melaten gewaltsam einzuführen suchte. Das Nähere bei Weidenbach, „Die Grafen
von Are", 120 ff. — [2]) Weidenbach l. c. 127. — [3]) Urkunde im Anhange, Nro. IX 1.

Im Jahre 1605 übernahmen die Kölner Jesuiten dieselbe. Sie verwendeten 594 Goldgulden 7 Albus an Baukosten, um die Burg neben der Kirche wieder herzustellen[1]). Endlich wurde im Jahre 1623 ein dauerndes Lehnsverhältniß geschaffen, als Kurfürst Ferdinand den Freiherrn Werner von Weichs aus Baiern[2]) zu seinem Oberjägermeister berief und unter denselben Bedingungen, wie vorhin Adam von Schwarzenberg, den Freiherrn Gaudenz von Weichs mit der Herrschaft Rösberg belehnte[3]). Letzterer zahlte den Jesuiten außer der Pfandsumme von 12000 Goldgulden die Baukosten mit 594 Goldgulden oder 2376 rheinischen Gulden zurück, worüber am 3. November 1623 Henricus Scherenus, Rector des Collegiums zu Köln, quittirte[4]).

Die von Weichs blieben Oberjägermeister und Herren von Rösberg bis in die letzte kurfürstliche Zeit. Nachstehend eine kurze Uebersicht derselben.

Gaudenz von Weichs, belehnt am 3. November 1623, erhält in der Erwartung, daß „er und seine Erben sich der katholischen römischen Religion gemäß verhalten, noch einige andere Religion oder deren Exercitia in besagter Herrlichkeit Rösberg heimlich oder öffentlich verstatten und zulassen sollen," vom Kurfürsten Ferdinand die Zusicherung, daß im Falle seines Absterbens dessen Gemahlin bis zur Ablöse der Pfandsumme im Besitze der Herrschaft verbleiben solle. 20. April 1629[5]).

Ferdinand von Weichs, kurfürstlicher Kämmerer, Amtmann zu Bonn, Herr zu Rösberg und Weier, zum Oberjägermeister ernannt am 17. November 1645, erbaute seine Burg auf der Baustelle der Herren von Neuenar neben der Kirche[6]).

Dietrich Adolph, Herr zu Rösberg, Weier und Lüdenhausen, erhält seine Bestallung als Oberjägermeister am 9. August 1679, Amtmann zu

---

[1]) Urkunde vom 3. November 1623 im Archiv des Freiherrn von Weichs.

[2]) Sie hatten ihren Stammsitz zu Glon, so benannt von dem Flüßchen gleichen Namens. Auch in spätern Urkunden führen sie noch den Titel Herren zu Weichs und Glon.

[3]) Transfix zu dem ersten Acquisitionsbrief (des Grafen A. Schwarzenberg) vom 15. December 1603 mit Pfandverschreibung auf Gaudenz von Weichs vom 3. November 1623.

[4]) Urkunde von demselben Datum. — [5]) Urkunde im Archiv des Freiherrn von Weichs zu Rösberg.

[6]) „Wir Johan Osten Stadthalter, sort Christian Curt, Herman Ipp, Peter Schumacher, frein Maaß und Johan Eyl scheffen des Gerichts der Herrlichkeit Roetzbergs .. bezeugen, demnach wir von unser vorfahren scheffen und nachpahren allhier verstanden, daß vormals allhier noch Dorf und platz, allwohe ietzo unser gnädiger Herr Ferdinand Freiherr von und zu Weichs .... seine Wohnbehausung gesetzt, so auch annoch der Burghoff genant wird, eine Burg und haus den herren Grawen von Newenahr zuständig, welche zu selbiger Zeit hiesiger Herrlichkeit Inhaber gewesen, gestanden, warvon die rudera und alte Mauerwerke annoch vor wenig Jahren, die fundamenta aber annoch vorhanden und zu sehen. So geschehen, Roetzberg den 5. Juni 1669." (Folgen die Unterschriften.)

Bonn seit 16. Mai 1696, stiftet unter'm 1. December 1713 ein Anniversar an die Pfarrkirche; gestorben 1724.

Ferdinand Joseph, geboren zu Köln[1]) 1695, getauft in der Kirche zum h. Johann Baptist, erhält vom Kurfürsten Joseph Clemens am 10. November 1722 die Anwartschaft auf die Oberjägermeisterstelle und das Amt Bonn, wird von Clemens August unter dem 5. Juli 1724 in diesen Aemtern bestätigt. Er war Herr zu Rösberg, Weier, Lüdenhausen und Rechtersheim[2]). Sein prachtvolles Portrait in Oberjägeruniform befindet sich im Schloß zu Brühl.

Ferdinand Joseph erbaute im Jahre 1731 eine neue auf die Nordseite von Rösberg verlegte Burg, welche später zwei Mal durch Brand zerstört und durch Neubau ersetzt wurde. Er starb zu Rösberg am 26. Juni 1765. Aus seiner Ehe mit Gräfin Maria Carolina von Belbrück (zu Metternich) entsproß

Clemens August, geboren zu Köln am 24. Juni 1731, getauft in St. Johann, erhielt den Namen des regierenden Kurfürsten, der wahrscheinlich sein Pathe war, folgte seinem Vater im Besitz der Güter und Aemter. Seine Gemahlin war Clementina Augusta von Steinen.

Clemens August erlebte die Invasion der Franzosen und war in Folge der Vertreibung des Kurfürsten Maximilian Franz der letzte Oberjägermeister und Amtmann. Er starb am 9. Juni 1809 und wurde in der Familiengruft seiner Ahnen in der Pfarrkirche zu Rösberg beigesetzt. Seine Güter erbte der Sohn Maximilian Friedrich, geboren zu Rösberg am 29. Juni 1769. Seinen Namen erhielt er von dem Kurfürsten, welcher neben seiner gräflichen Großmutter als Pathe stand, ein schwaches Andenken an die geschwundene Herrlichkeit. Max Friedrich heirathete die durch seltene Frömmigkeit ausgezeichnete Francisca von Heeremann, Freiin von Zuhdwigt. Nach dem am 10. April 1834 erfolgten Tode ihres Gemahls zog dieselbe, ihrer Neigung entsprechend, sich in das Ursulinerinnenkloster zu Köln zurück, wo sie ein heiligmäßiges Leben führte. Als Stifterin des Klosters zu Hersel ist sie uns bei Beschreibung dieser Pfarre bekannt geworden.

Das durch zweimaligen Brand im April und October des Jahres 1833 heimgesuchte und wieder erbaute Schloß Rösberg[3]) mit äuneren

---

[1]) Zu Köln in der Weberstraße Nr. 14 und 16 hatten die von Weichs den nach ihnen benannten „Weichser Hof". Der Name hat sich bis in die jüngste Zeit erhalten. Der Hof wurde kürzlich abgebrochen.

[2]) Alle diese Herrschaften scheinen kurfürstliche Lehen gewesen zu sein. Andere Güter wurden durch Ankauf erworben, so den Lölgenshof in Hemmerich. Protokollbuch des Gerichts der Herrlichkeit Rösberg. Urkunde d. d. 24. Januar 1758.

[3]) Im April brannten die Oeconomiegebäude ab, im October das herrschaftliche Wohnhaus.

Gütern erbte Max Friedrich's Bruder, Ferdinand Joseph, Generallieute-
nant in Hessen, Stadtcommandant von Darmstadt, welcher sich später
nach Bonn zurückzog und im Februar 1848 daselbst starb.   Ihm folgte
sein Sohn Wilhelm, diesem Hugo, jetziger Besitzer der Burg.

Als Nachtrag diene folgender Auszug aus den Urkunden des Cassiusstifts.   Darin sind unter Anderm als Inhaber von Canonicaten und
geistlichen Würden genannt:

1715 Maximilian Heinrich Joseph von Weichs, Propst zu Bonn,
Weihbischof und Dechant zu Hildesheim, starb den 17. September 1723[1]).

1723 Bernard Joseph von Weichs, Propst zu Bonn und Canonicus
zu Hildesheim.

1723 Johann Friedrich von Weichs, Propst zu Bonn, gest. 1756.

1757 Ferdinand Joseph von Weichs, Canonicus zu Osnabrück,
Propst zu Bonn, starb zu Rösberg am 13. April 1809.

Maria Sophia Francisca Elisabeth von Weichs, war Abtissin an
St. Maria im Capitol zu Köln, starb am 6. Mai 1766, 76 Jahre alt[2]).

Zu den Gerechtsamen der Herrlichkeit Rösberg gehörte die freie
Gerichtsbarkeit.

Das Gericht, Herrengeding, wurde abgehalten unter dem Vorsitze
eines juristisch gebildeten Schultheißen.   Ihm waren ein Secretair und
fünf Scheffen beigegeben, letztere als erfahrene Männer aus der Einwohnerschaft aus besonderm Vertrauen gewählt und von dem Burgherrn
oder Schultheißen vereidigt.   Den Schultheißen wählten die Scheffen
mit Zustimmung des Burgherrn.   Auch kam es vor, daß sie einen solchen,
der sich in der Praxis nicht bewährte, gegen den Willen des Burgherrn
absetzten.   Unter den Schultheißen verdienen die Flörkins ehrenvolle
Erwähnung, welche bereits in den ältesten vorhandenen Protokollbüchern
vorkommen (1630) und in späterer Zeit als hervorragende Wohlthäter
der Pfarrgemeinde sich verdient gemacht haben.

Dionysius Flörkins war Schultheiß im Jahre 1631. Peter Flörkin(s)
im Jahre 1653; Ferdinand Flörkin werden wir antreffen als Förderer
des Kirchenbaues im Jahre 1703 und fernerhin, sowie in späterer Zeit
als Stifter der Vicarie.

Von andern Schultheißen erwähne ich der Vollständigkeit wegen
Adam Radis 1680, Johann Häußer 1708, Karl Brener 1716, Wilhelm
Fabri 1726, N. Lülstorff 1735, Licentiat Franz Joseph Ueberseßig 1754,
J. J. Lambertz 1762.

---

[1]) Episcopus Rodiopolitanus, praepositus infulatus, archidiaconus metropolitanae Coloniensis, consecratus in Episcopum 22. Junii 1704.

[2]) Sterberegister von Rösberg.

Das Gericht erkannte in Polizeisachen, in Rechtshändeln, Injurien und, vorbehaltlich der Bestätigung durch das kurfürstliche Hofgericht, selbst in Criminalsachen [1]). Das Gericht vertrat zugleich die Stelle des öffentlichen Notars, wie die zahlreichen Privatverträge, Testamente, Stiftungen und dgl. beweisen, welche, durch Urkunde vor Schultheißen und Scheffen beschlossen, als allgemein rechtsgültig anerkannt wurden. Auch die öffentliche Moral war an dem Scheffengericht vertreten und wurden Vergehungen gegen dieselbe geahndet, welche vor der heutigen Gesetzgebung frei und straflos ausgehen. Eine Person, welche ein uneheliches Kind geboren hatte, wurde sofort vom Schultheißen in Geldstrafe genommen und im Nichtzahlungsfalle in das Drillhaus gesperrt [2]). Das Drillhaus war ein auf einem Holzstamm errichtetes drehbares hölzernes Verwahrsam an öffentlicher Dorfstraße. Jeder Vorübergehende durfte nach Belieben dasselbe umdrehen und obendrein den Insassen durch Zurufe beschimpfen. Auch die Mitschuldigen gefallener Weibspersonen wurden im Betretungsfalle oder auf gerichtliches Erkenntniß bestraft.

Das Weisthum.

„Achten oder Weisthumb der gerechtigkheiten deß Dorffs vnndt herrligkheit zu Roeßbergh, welchs Scholtiß Scheffen vndt Geschworen daselbst zu allen Herrn gedingen Inhalt alter Rollen vor recht erkennen vndt weißen aᵒ. OIC CCC IIII (1304)" [3]).

Wir geben in Folgendem kurz den Hauptinhalt des Weisthums.

Scheffen und Geschworene erkennen den Erzbischof zu Köln als Landesherrn, mit Gewalt zu richten über Leben und Tod; weisen ihm „Wassergang, Glockenschlag, Heeresfolge und hohe Jagd". Dieselben weisen dem Kurfürsten die Pacht von trockenen und nassen Früchten, und zwar drei Pfennig höher als Kölner Marktpreis, von einem kurfürstlichen Diener in Rösberg um St. Remigius, den 1. October, zu empfangen.

Sie weisen ihrem gnädigsten Herrn ferner fünfzehn kurmütige Höfe. Ihre Lage ist folgende. Der erste in der Hemmericher (Hemberger) Gasse, neben Pastors Pflanzstück (biß). Der zweite Hof der Schmiede

---

[1]) Ein Galgen stand in ältester Zeit nahe an der Grenze der Rösberger Feldmark in der Richtung nach Weilerswist, später in der Nähe des Dorfes.

[2]) Hier ein Beispiel: „Zu beybehaltung hiesiger Herrlichkeit gerichts gerechtsamb vndt außreutung deren lastern wird auff angeben, daß Catharina H..... loßledigen stands mit einer Dochter niedergekommen, dieselbe in eine brüchten von 3 gguulden hiermit deklarirdt vnd solche inner der laufender wochen zeith baahr zu erlegen dergestalt auffgegeben, daß sonsten nach fruchtlosem verlauff mit setzung inß trillhauß dafür zu seiner zeith angedahn werden solle. Cum mandato intimationis cum executore producendi.

Roesberg den 6. Febr. 1755. gez.: J. G. Uberschig, schultheiß mpr.

[3]) Annalen d. hist. Vereins, XX 384.

(der schmitten hoeffstatt) schießt über den Landgraben [1]). Der dritte ein wenig höher (zum Balder). Der vierte grenzt an den vorigen, neben Tränke und Landgraben. Der fünfte auf der andern Seite der Tränke. Der sechste an den vorigen sich anschließend. Der siebente der (alten) Burg westlich gegenüber. Der achte Hof genannt „Greeßberg". Der neunte neben dem Wittumshof. Der zehnte längs Hackenbroichs Höstert. Der eilfte längs der Mühlengasse. Der zwölfte am Bendenpütz. Der dreizehnte am Dorfpütz, später Flörkins Gut [2]). Der vierzehnte an den vorigen sich anreihend. Der fünfzehnte nächstfolgende dem Kirchhof gegenüber.

Jeder Inhaber eines kurmütigen Hofes war verpflichtet, dem Kurfürsten, wenn er in Rösberg übernachtete, Bett und Kissen auf drei Tage und Nächte zu „lehnen". Von jedem Gut, welches dem Kurfürsten 6 Sümmer Weizen einbrachte, wurde beim Ableben des Pächters das beste Schwein als Kurmut erhoben. Von jedem kurmütigen Hostert ein silberner Pflug im Betrag von 5 Mark.

Alle diese Gerechtsame, welche das Weisthum in ältester Zeit dem Kurfürsten zuerkannte, nahmen später die Oberjägermeister von Weichs als Herren von Rösberg in Anspruch. Daher wurde der eingangs auf den Kurfürsten lautende Passus bei einer spätern Abschrift auf Freiherrn Ferdinand von und zu Weichs (1629—1645) überschrieben.

Außer den kurmütigen Höfen erkannte das Weisthum „viertehalb" Schäferei und zwar in der Hemmericher Gasse „die Churmud's Höstert, eine Schäferei, Churmud's Gut längs Hackenbroichs Höstert, anderthalb, und letzteres selbst eine Schäferei".

Der Inhaber einer Schäferei durfte so viele Schafe halten, als er überwintern konnte, jeder Einwohner (Nachbar) dreißig Stück Schafe und einen Widder.

Der fernere Inhalt bezieht sich fast ausschließlich auf Landstraßen und Gemeindewege, hat große Wichtigkeit für Alterthumsfreunde und Specialhistoriker [3]), kann aber in dem engen Raume der Pfarrgeschichte nicht zur Sprache kommen.

Außer dem Rittersitz der Herren von Rösberg gab es im vorigen Jahrhundert im Orte noch zwei adelige Höfe, Bolligs- und Scheiffarts-Hof. Ersterer war von Wittib Hackenbroich, letzterer von Johann Dolf gegen 1780 bewohnt [4]).

---

[1]) Der sog. Landgraben zieht sich auf der Westseite von Rösberg in der Richtung von Süden nach Norden an den Dorfgärten vorbei.

[2]) In der Nähe des alten Burghauses und der Kirche. — [3]) Die Annalen d. hist. Vereins, XX 386, enthalten das Nähere. — [4]) Alfter, Geogr.-hist. Lexicon, unter Rösberg.

Geistliche Güter.

1. Der Zehnthof des St. Georgsstifts in Köln mit Zehntscheune und Weinkelter, jetzt abgebrochen, lag am untern Ende des Dorfes (Ausgang nach Sechtem).

2. Der Hof des Cassiusstifts mit einer Kapelle, welche 1593 baulos war und neu errichtet wurde. In späterer Zeit findet sich von der Kapelle keine Spur. Auch ist die Identität des Hofes nicht festzustellen.

3. u. 4. Länderei des Kunibertsstifts und der Kreuzherren.

5. Der Kniphof des Klosters St. Apern mit einem Halbwinner, dazu einige Weingärten in der Knipgasse (abgebrochen), wird von Alster[1]) als Gemeindehof (in welchem Sinne?) bezeichnet. Ebenso der

6. Der Kirchhof „1780 im Besitz des Scheffen Sandt in Köln"[2]).

7. Das Severinsgut, 50 Morgen, zur Zeit von Johann Dolf gepachtet. — 8. Das Gut von Mariagarten. — 9. Das Jesuitengut. — 10. Das Gut der Frohnleichnamsherren.

Die Pfarre.

Die Kölner Erzbischöfe waren Lehns- und Grundherren von Rösberg und befanden sich bis weit in's elfte Jahrhundert im Besitze der Kirche und des Zehnten. Im Jahre 1067 übertrug Anno II. der von ihm gegründeten Stiftskirche zum heiligen Georg in Köln „die Kirche zu Ruthenenberg mit dem ganzen Zehnten zur Verbesserung der Pfründe für die Stiftsbrüder, so daß der jedesmalige Propst Pastor genannter Kirche sein solle"[3]). Demnach war die Pfarrstelle dem St. Georgsstift incorporirt; der Propst übte das Besetzungsrecht[4]) und übernahm die Pflicht, die Kirche und den Seelsorger zu unterhalten. Eine weitere wichtige Folgerung ist die, daß die Dotation des Pfarrers aus den Gütern der Kölner Stiftskirche von St. Georg herstammt. Das Stift war bis zur Säcularisation im Besitz; neue Fonds sind zu den alten nicht hinzugekommen, als Stiftungen mit besondern Verpflichtungen.

Pfarrkirche zum h. Marcus.

Die Kirche war mit der Burg der Herren von Neuenar auf's engste verwachsen, so daß der Thurm den Glocken Raum gewährte und zugleich zur Abwehr feindlicher Angriffe und als Gefängniß diente. Daher war

---

[1]) Geogr.-hist. Lexicon, lit. R. — [2]) l. c.

[3]) „Ecclesiam in Ruthenenberg cum omni decimatione ad supplementum praebendae fratrum eo modo tradidimus, ut, quicumque fuerit praepositus, praefatae sit pastor ecclesiae." Lac. I 135.

[4]) Binterim u. Mooren, Erzb. Köln, I 340. — Dumont, Descriptio. 20.

es kaum gedenkbar, daß bei Zerstörung der Burg im Jahr 1371 die Kirche verschont blieb. Mit der Wiederherstellung der Burg ist damals wahrscheinlich auch die kleine Kirche entstanden, welche bis zur Erbauung der neuen Kirche dreihundert Jahre hindurch dem Gottesdienste geöffnet war. Daß sie als Kapelle bezeichnet wird, deutet den ungenügenden Raum an und regte hochherzige Wohlthäter zu reichen Spenden zu einem größern Gotteshause an. Unter diesen ist an erster Stelle der kurfürst- liche Kammerdirector und Landrentmeister Ferdinand Flörkin zu nennen, welcher sich in so hervorragender Weise bei dem Baue betheiligte, daß Dechant Dortans ihn geradezu den „allgemein bekannten Erbauer der Kirche" nennt.

Die Erbauung fällt in das Jahr 1707, die feierliche Consecration durch Maximilian Heinrich Joseph Freiherrn von Weichs, Weihbischof von Hildesheim, in die ersten Tage des October 1710. Am 6. und 7. dieses Monates ertheilte derselbe in der neuen Kirche das h. Sacrament der Firmung, wie das Firmenregister von Hemmerich bezeugt[1]).

Die Kirche hat nichts, was auf kunstvolle Erfindung oder zierliche Architektonik Anspruch macht. Aber dem Publicum, welches Raum und Licht über Alles liebt, gilt sie immerhin als schöne Kirche: vier Mauern, nach Osten durch gebrochene Ecken zum Chor verengt, das Ganze mit flachem Gewölbe überdeckt. Als Merkwürdigkeit ist der Unterbau des alten Thurmes auf eine ungefähre Höhe von 40 Fuß erhalten. Er fällt mit der westlichen Mauer des Schiffes in eins zusammen und steht übrigens vollständig frei im Innern der Kirche. Das Chor der Kirche wurde 1875 mit Mettlacher Platten belegt; einige Jahre später das Innere von Meister Becker für 1800 Mark mit Wandmalereien geschmückt, nicht eben in der geschmackvollsten Weise. Eine neue, befrie- digende Orgel wurde unter Pfarrer Dortans von Meister Brinkmann in Köln für 800 Thaler geliefert 1842.

Die Grafen von Neuenare hatten in der ältern Kirche eine Familien- gruft. Die Freiherren v. Weichs und die Familie Flörkin erhielten eine solche in der neuen Kirche. Der Eingang zu der Gruft befindet sich vor der Communionbank und ist durch einen großen Deckstein kenntlich. Das Privilegium ist mit der französischen Gesetzgebung erloschen. Auf der Evangelienseite neben dem Familiensitz der Freiherren von Weichs ist eine acht Fuß hohe schwarze Marmortafel in die Chormauer eingelassen mit dem adeligen Wappen[2]) und folgender Inschrift:

---

[1]) Catalogus confirmatorum parochianorum in Hemmerich.

[2]) Das von Weichs'sche Wappen führt in weißem Felde eine schwarze Pyramide, darüber zwei Helme, über den Helmen zwei Affen in den Fängen.

D. O. M.

Juxta Weichsiadum sunt haec monumenta Baronum
Rara quibus proavum gloria, rarus honor,
Queis clypei sublimis apex ac pyramis ingens,
In factis fama non moriens mane.
Heroum cineres haec urna recondit et ossa,
Illustres palmas condere mille nequit.
Sta, lege, qui transis hoc marmor, disce viator:
Virtus marmoreo robore maius habet
PIISSIMAE RECORDATIONIS ERGO
GRATA FACIEBAT POSTERITAS
R. I. P.   1707

Sinn der Verfe in deutscher Ueberfetzung:

Hier find die Ruheftätten der Freiherren von Weichs,
Von feltenem Ahnenruhm und feltener Ehre,
In erhabenem Schild die hohe Pyramide als Symbol.
Ihrer Thaten Ruf ftirbt nicht fo bald.
Afche und Gebeine der Helden birgt diefe Urne,
Ihre taufend Ruhmespalmen zu bergen vermag fie nicht.
Wanderer, vor diefem Marmor ftehe ftill, lies und lerne:
„Tugend hat größern Werth als des Marmors Kraft."

Auf der Epiftelfeite ift in gleichem Marmor und übereinftimmender
Form und Größe das Wappen Ferdinand Flörfin's und feiner Gemahlin
angebracht. Das Denkmal enthält die Infchrift:

D. O. M.

Was wolten vor und nach dem todt gemacht,
Frühzeitig haben¹) wohl bedacht.
Weil hart der todt um letztes endt,
Drum finn und hertz zu Gott gewendt.

FERDINANDVS FLÖRKIN

churfürftlicher Cölnifcher Cammerderett(or) und Land=Rendtmeifter auch
Frau MARIA THERESIA gebohrene fraw Großfchedlin von Berghaufen
und Aigelbach, Eheleute, Fundatoren der feyertägiger Früh= und Donners=
tägiger heyliger Sakraments=Meffen allhie.

Wohl dem, der fo läßt fahren hin
Das irdifch, Gott zu ehren,
Nicht beffer kann er fein gewin
Im himmelreich vermehren.
R. I. P.²)   1707

Zwei Fenster zunächst dem Chor enthalten das Wappen des Erzbischofs Joseph Clemens. Es folgt auf der Evangelienseite das des
Weihbischofs zu Hildesheim Maximilian Heinrich Joseph von und zu
Weichs; rechts vom Eingange das Doppelwappen Ferdinand Flörkin's
und seiner Gemahlin, demnach das der Wilhelmina Elisabetha geb.
Freiin zu Bullheim (Bolheim), „des freiadeligen hohen Collegiatstiftes
zu Süßern hochw. Frau und Abtissin". Links vom Eingang befindet sich
im Fenster das Bruchstück eines unbekannten Wappens.

Altäre.

1. Der Hochaltar trägt einen Aufsatz, dessen Haupttheil neben dem Tabernakel einerseits die zwei Fuß hohe Statue des h. Marcus, anderseits die
der h. Agnes, beide in terra cotta polychromirt, im Uebrigen nichts Merkwürdiges aufzuweisen hat. Er scheint nur dem werthvollen, geschichtlich
merkwürdigen obern Theile als Unterlage dienen zu sollen. Dieser stammt
zuverlässigen Mittheilungen gemäß aus der kurfürstlichen Schloßkapelle zu
Bonn; er gelangte zur Zeit der französischen Revolution in den Besitz
des Halbwinners im Ophof, sodann in den des Bürgermeisters Müller
zu Sechtem. Von ihm erwarb Freifrau von Weichs, geborene Freiin
von Zuydwyck, denselben und schenkte ihn der Pfarrkirche zu Rösberg.
Der kurfürstliche Aufsatz, etwa 6 Fuß hoch, ganz in schönem schwarzem
Marmor, faßt in geschmackvoller Säulenumrahmung das 2½ Fuß hohe
Gemälde: Christus am Oelberge. Frei erhebt sich zur Linken die Statue
des h. Hubertus, zur Rechten die des h. Johannes von Nepomuk.

2. Im Nebenaltar auf der Evangelienseite befindet sich in verhältnißmäßig großer Nische, etwa 4 Fuß hoch, eine schöne Pietà.

3. Der Nebenaltar auf der Epistelseite enthält ein Gemälde, die
beiden Patrone der Kirche, den h. Marcus und die h. Agnes, darstellend.

Die beiden Seitenaltäre stehen frei auf dem Chor, da das in einer
Linie durchlaufende Mauerwerk keine Anlehnung zuläßt.

Bemerkenswerthe Gemälde sind: ein Bild der h. Walburgis, ein
zweites des h. Marcus und das der büßenden Magdalena, dessen Rahmen
den obern Theil des Beichtstuhls bildet. Letzteres erinnert an die ita-
lienischen Meister und dürfte als Geschenk eines Erzbischofs des vorigen
Jahrhunderts anzusehen sein.

Reliquien.

Eine Reliquie der h. Ursula mit Authentik scheint früher im Besitze
der Burgherrschaft gewesen und später in die Kirche übergegangen zu
sein. Vom h. Marcus ist ebenfalls eine solche aus alter Zeit vorhanden,
aber ohne Document der Echtheit.

Drei Glocken.

1. Inschrift: S MARCVS HEISCHEN ICH ZO DENSTE GOTS
ROIFFEN ICH, DV SÖNDER BEKER DICH SO GEIFT DEIR GOT
SEIN EWIGE . . .
RICHDERICH VOM COELLEN GOIS MICH A. 1556.
Einerseits Bild: der Mutter Gottes, andererseits: Pietà.
Höhe der Glocke: 79 Ctm., größter Durchmesser: 1,01 Meter.

2. S. AGNES HEISCH ICH. DIE TOTTEN BELVDEN ICH.
ZVM DIENST GOTTES DEI LEBENDIGEN RVFFEN ICH. O
SVNDER BEKIR DICH. SO GIBT DIR GOTT DAS EWIG REICH
FERDINAND VON WEX HERR ZV ROESBERG — BENEDICTVS
ESCH PASTOR — DIONYSIVS FLORKIN SCHVLTIS. 1649.
Höhe: 64, Durchmesser: 83 Ctm.

3 DIE TODTEN BETRAVRE ICH. DIE LEBENDIGEM RVFE
ICH. DONNER VND VNGEWITTER ZERTHEILE ICH ODER VER-
TREIBE ICH. ZVM LOB GOTTES VND ZV EHREN MARLÆ
GOSS MICH DIE GEMEINDE ROESBERG DVRCH P. BOITEL
V. S. RENARD SVB AVSPICIIS S. D. MAX. FRID. L. B. DE
WEICHS ET D. FRANCISCAE L. B. DE WEICHS NATA DE
HEEREMANN DE ZVYDWYCH AVF KOSTEN DER GEMFINDE.
MATHIAS BVTTGEN PASTOR.

„Zur Nachricht: Kaum war ich 1804 geboren, starb ich abermal
1808 durch Gewalt, bekam aber 1809 wiederum diese Form und Gestalt.
Gott gebe mir ein längeres Leben. Jeder hüte sich; mich zu verderben,
weil mein Tod viel Kosten macht; daher nehmet euch mit Läuten und
Bamschlagen in Acht."

Die Glocke von 1804 wog 1800 Pfund¹) und war mit Erlaubniß
des Bischofs Berdolet von Pastor Büttgen unter Assistenz von Pastor
Reiner Müller zu Merten und Nicolaus Pferzwey, z. Z. Vicar zu Rös-
berg, am 31. October benedicirt worden „zu Ehren der allerheiligsten
Dreifaltigkeit und des h. Evangelisten Marcus, unseres Patrons". Das
Gewicht der letzten Glocke ist wahrscheinlich dem der frühern gleich.
Höhe: 87 Ctm., Durchmesser 1,16 Meter. Die Töne der Glocken sind
annähernd Fis, G, A, also nicht rein.

Stiftungen.

Der heutige Status weist 88 Sangmessen und 251 Lesemessen nach,
welche dem Pfarrer obliegen. Unter diesen Sangmessen ist eine wöchent-

---

¹) Preis 100 Rthlr.

liche Samstagsmesse zu Ehren der h. Jungfrau Maria von Pastor Gerhard Osten im Jahre 1722 gestiftet[1]). Zur Vicarie stiftete Ferdinand Flörkin die Donnerstags-Segensmesse, im Ganzen 51 Applicationen[2]). Dazu kommen 96 Lesemessen, worin die Stiftungen der Burgkapelle einbegriffen sind.

Der tägliche Rosenkranz ist gestiftet von Johann Friedrich Freiherrn von Weichs, Propst zu Bonn und Capitular der Domkirche zu Hildesheim, von dessen Bruder Ferdinand Joseph, Herrn zu Rösberg, und seiner Gemahlin Maria Carolina Gräfin von Belbrück mit dreihundert Reichsthalern zu 80 Albus für Vorbeter und Wachs. Die Stiftungsurkunde ist datirt vom 29. Juli 1740[3]). Fernere dreihundert Reichsthaler wurden gleichzeitig bestimmt für sechs Lesemessen zu Ehren der Heiligen: Antonius von Padua, Antonius des Einsiedlers, Donatus, Hubertus, Agatha und Johann von Nepomuk, von den Pfarrern zu Rösberg, Hemmerich und Merten, dem freiherrlichen Hauskaplan und zwei von dem Ortspfarrer zu bestimmenden Priestern am 19. November, oder, falls ein Festtag einfallen sollte, des folgenden Tages zu halten.

Derartige Zuziehung auswärtiger Priester zur Erfüllung von Stiftungsobliegenheiten kamen in damaliger Zeit mehrfach, beispielsweise in Merten, vor, war aber wegen Zunahme der Stiftungen oder auch wohl wegen Unzulänglichkeit der Fonds später nicht mehr auszuführen. Nur die Scheifgen-Stiftung zu Hemmerich, welche mit einer bedeutenden Armenspende verbunden ist, blieb in der vom Stifter intendirten Weise bestehen. Die Pfarrer von Metternich, Waldorf und Rösberg celebrirten in der dortigen Pfarrkirche, bis hohes Alter oder Verwaisung der betreffenden Pfarrstellen im Culturkampf die Ausführung verhinderte[4]).

Processionen.

1. Die Marcusprocession verdient besonders hervorgehoben zu werden wegen einer damit verbundenen Spende. Ursprünglich bestand eine dazu gehörige Rente von 4 Malter Korn und 5 Viertel Weizen. Nach einer Aufzeichnung im Kirchenbuch vom Jahre 1635 wurden von dieser Rente zwei Malter in Brod an die Armen gespendet, das Uebrige unter Sendscheffen, Bannschläger, Bilder- und Fahnenträger vertheilt.

Der gegenwärtige Stand der Sache ist dieser. Freiherr von Weichs hat 2¼ Malter Korn, 5 Viertel ⅓ Mäßchen Weizen vor dem Feste

---

[1]) Urkunde vom 24. Januar 1722 im Protokollbuch des Herrengerichts. Das Stiftungscapital betrug 600 Rthlr., wofür verschiedene Grundstücke zum Unterpfand gestellt wurden. — [2]) Die Fonds bestehen in 15 Morgen Land.

[3]) Protokoll im Rösberger Gerichtsbuch. — [4]) Vgl. Scheifgen-Stiftung unter Hemmerich.

des h. Marcus zu liefern. Der übrige Theil der Rente ist abgelöst und beträgt mit einer Frohnleichnamsspende zusammen 50 Mark 26 Rpf. jährlich, wird aber, wie vormals, in Schwarz= oder Weißbrod vertheilt. Ein Weißbrod (Weck) zu 60 Rpf. erhalten der Ortsvorsteher, Küster, Lehrer, die Sendschöffen, die Messediener; die Träger der Bildnisse des h. Marcus und der h. Agnes bei der Marcusprocession 8 Wecken, der Bamschläger 4. Schwarzbrode erhalten der eine Sendschöffe 5, der andere 8, der Fahnenträger 5, der Bamschläger 6. Der Rest von ungefähr 25 Broden gehört den Armen. Jedes Kind erhält ein Brödchen. Das alte Kirchenbuch nennt diese Stiftung Marcusbruderschaft. Diese Benennung scheint jedoch nicht auf ehemalige gemeinschaftliche Andachten oder sonstige Verbrüderung hinzudeuten. Es ist eben die all= gemein übliche Marcusprocession, nur in mehr feierlicher Weise gehalten und durch die reiche Spende christlicher Bruderliebe belebt und gehoben.

2. Zur Verehrung des h. Leonard zieht seit ungefähr acht Jahren eine Procession ohne Geistlichen und ohne höhere Autorisation am 6. November nach Liblar, wozu ein sogenannter Vorstand auch auswär= tige Pilger durch Anschläge an den Kirchenthüren benachbarter Pfarreien einladet.

Bruderschaften.

1. Die Bruderschaft zu Ehren Jesus, Maria, Joseph stand seit Anfang des 18. Jahrhunderts in großer Blüthe. Kapuziner aus Euskirchen und Franciscaner aus Brühl leisteten an den halbjährigen Versammlungen zu Lichtmeß und Maria Himmelfahrt Aushülfe im Beicht= stuhle [1]).

2. Die Bruderschaft vom h. Franciscus Xaverius zur Ausbreitung des Glaubens mit einer monatlichen Andacht erhielt die erzbischöfliche Genehmigung am 15. Januar 1845.

3. Die Bruderschaft vom h. Erzengel Michael.

Missionen.

Im Jahre 1758 wurde eine Mission in der Pfarrkirche gehalten, in Folge deren Pastor Müncks am 4. März 1764 folgenden Ablaß an= kündigte.

„Der Nuntius Apostolicus hat allen denen, welche ihre Andacht verrichten an dem Missionscreutz ahn der Mertener seithen gelegen ohn= weit der Burg, einen Ablaß ertheilt. Diejenigen, welche allein dahin= gehen und beten 5 Vater unser und Ave Maria zu ehren der 5 Wunden

---

[1]) Notiz des Pastors Müncks vom Jahre 1759.

Jesu, verdienen 40 Täg Ablaß; wan sich ihrer zwey, drey, vier versammeln und ihre Andacht ahn dem Creutz verrichten, 100 Täg; diejenigen welche processionsweise dahin gehen und beten für einigkeit christlicher Potentaten, außreutung der Ketzereyen, erhöhung der Christ-Chatolischen Kirchen, verdienen 350 Täg Ablaß."

Das betreffende Missionskreuz ist das sogenannte zu diesem Zweck geweihte Herrenkreuz mit dem Wappen der von Weichs und von Velbrück[1]). Eine vor demselben befindliche steinerne Kniebank trägt die Jahreszahl 1758. Es ist 14—15 Fuß hoch und steht zwischen der Rösberger Burg und der Mertener Haide, wo sich die Wege von Rösberg und Merten kreuzen.

Eine zweite Mission hielten im Jahre 1869 die drei Lazaristen-Patres Nelsen, Richen und Wobbe vom 10. bis 21. October.

Kirchhof.

Der Kirchhof erstreckte sich ehemals von dem Burghof bis an die nördliche noch bestehende Grenzmauer und enthielt somit den östlichen ersten Theil des jetzigen Pfarrgartens. Nach Westen war die Grenze so nahe dem Kirchthurme, daß an dieser Seite eben ein Umgang stattfinden konnte. Das Sterberegister erwähnt ein im Jahre 1790 noch vorhandenes Beinhaus „ossuarium", wovon sich in späterer Zeit keine Spur mehr findet. Nach Errichtung des neuen Pfarrhauses wurde der zwischen Kirche, Pfarrwohnung und Burghaus gelegene Theil zum Pfarrgarten umgeschaffen, dafür aber ein um die Hälfte größeres Stück von Freiherrn Wilhelm von und zu Weichs, westlich von der Kirche, dem Friedhofe hinzugefügt. Während der ältere Theil unbestrittenes Eigenthum der Pfarrkirche war, hat Freiherr von Weichs seine Schenkung an die Civilgemeinde überschrieben.

Von Grabdenkmälern sind die bedeutendsten:

1. Das des Reichsfreiherrn Maximilian Friedrich Joseph von und zu Weichs und Glon, geb. 1. Januar 1769, durch „zweimaligen Brand seines Burghauses hart geprüft, aber durch religiösen Trost heilsam gestärkt, gestorben zu Köln 10. April 1834" und der Augusta Clementine geb. Freiin von Steinen, geb. 14. Februar 1742, gest. 7. August 1822. (Sie ist die Mutter des Vorigen).

2. Das Kirchhofskreuz, Missionskreuz. Aloys Scheben stiftete im Jahre 1856 ein Grabmonument, dessen Errichtung von der erzbischöflichen Behörde unter der Bedingung genehmigt wurde, daß es zugleich die Bestimmung eines Kirchhofskreuzes erhalte und der Stifter zur Unter-

---

[1]) Ersteres mit der Pyramide, letzteres mit dem Querbalken im Felde.

haltung desselben zwanzig Thaler zahle. Im Jahre 1869 erhielt es außerdem von einem Lazaristen die Einweihung zum Missionskreuz.

Heiligenhäuschen.

1. Im Dorfe mit Statue der Mutter Gottes (mater gloriosa). — 2. „Am Kastanienbaum", westlich vom Dorf: Ecce Homo. — 3. Am Tiefenkreuz, weiter in derselben Richtung: Mutter Gottes nach dem Bilde von Kevelaer. — 4. Am Donatuskreuz: Brustbild des h. Donatus.

Pfarrstelle.

Das Pfarrhaus stand bis Mitte des 18. Jahrhunderts in dem alten Pfarrgarten, östlich der Kirche gegenüber. Es wurde gegen 1749 durch eine Feuersbrunst zerstört und gab hierdurch Veranlassung zu einem Streit über die Baupflicht. Dem Pfarrer Peter Berg legte man zur Last, er habe durch Fahrlässigkeit den Brand verschuldet, daher weigerte sich die Gemeinde, ein neues Pfarrhaus zu bauen, obwohl sie zum Beweise ihrer Anklage keine Gründe vorbringen konnte. Pastor Berg erwarb, durch die Umstände gezwungen, aus eigenen Mitteln ein Haus, welches er bis zu seinem Tode bewohnte. Als derselbe im Jahre 1753 die Pfarrstelle niederlegte, war die Gemeinde noch immer nicht gewillt, ihrer Verpflichtung zum Neubau, welche übrigens nach der Constitution des Erzbischofs Joseph Clemens vom Jahre 1715[1] mit erwünschter Bestimmtheit ausgesprochen war, nachzukommen. Erst unter Berg's zweitem Nachfolger, Wilhelm Müncks, kam gegen 1759 durch Vermittlung der Kölner Doctoren, des kurfürstlichen Groß=Siegelbewahrers Johann Gottfried Kauffmans[2] und des Minoriten Fr. Reiner Sasserath, ein Vergleich zu Stande. Demnach überließen die Erben des im Jahre 1758 verlebten Pastors Berg dessen eigenthümlich erworbene Wohnung als Pfarrhaus. Mit Rücksicht darauf, daß der Erblasser nach dem Brande noch viele (etwa neun) Jahre gelebt, erhielten dieselben statt des vollen Werthes von 600 Thaler Kölnisch nur 400, wovon 200 der Gemeinde, die übrigen 200 dem Pfarrer Müncks zur Last fielen. Letzterm wurde die Zustimmung

[1] Dumont, Sammlung kirchlicher Erlasse, 387—390. Joseph Clemens wiederholte hiermit nur, was die ältesten Dekanatsstatuten schon seit Jahrhunderten als Pflicht der Pfarreingesessenen ausgesprochen hatten. Vergl. hierüber den Anhang, Nro. I.
[2] Wir verweisen hier auf die verdienstliche Schrift: Leben und Schriften des Sigillifer maior der Kölner Curie, Dr. Johann Gottfried Kauffmans aus Hüls. Von H. Wesselmann, Rector der kath. höheren Schule zu Hüls. Kempen a. Rhein. Klöckner und Mausberg. 1881.

zu dieser Einigung noch dadurch erleichtert, daß Freiherr von Weichs
das Pfarrhaus von Reallasten befreite, und der Pfarrer die mit Obstbäumen bepflanzte alte Baustelle als Zugabe erhielt. Dem Capitel von
St. Georg als Patron der Pfarrstelle war von den procedirenden Parteien die Baupflicht nicht nachzuweisen; daher konnte es zur Leistung
von Beiträgen nicht angehalten werden[1]). Die so zur Pfarrwohnung
gewordene Behausung des Pastors Berg war ursprünglich das alte Burghaus, oder wenigstens ein Theil desselben, dicht neben der Kirche gelegen.
Der frühere Eigenthümer, Freiherr Ferdinand Joseph von Weichs, hatte
sich kurz vorher eine neue stattliche Burg in veränderter Lage erbaut.

Das Pfarrhaus, großentheils aus römischen Bauresten bestehend,
wurde unter Pfarrer Tortans abgebrochen und durch das neue, jetzt vor-
handene Gebäude ersetzt; die Gemeinde trug diesmal die ganzen Baukosten.
Der das Haus begrenzende Garten rührt einerseits von der Vicarie,
andererseits vom Kirchhof her.

In Folge der Maigesetze wurde mit der Pfarrstelle die Wohnung
im Jahre 1873 vacant. Herr Kaufmann Kurth aus Köln bewohnte
dieselbe miethweise von 1874—1883 während der schönen Jahreszeit.
Der Reihe nach wohnten auf demselben Fleckchen Erde unbekannte Römer,
Ritter des Mittelalters und der spätern Zeit, und nach ihnen die Hirten
der Kirche, bis der Letzte von ihnen in Folge der kirchenpolitischen Gesetzgebung die friedliche Wohnung verließ. Welche ernste Betrachtungen
knüpfen sich nicht an dieses verlassene Haus!

Zum Pfarrgut gehören: in der Gemeinde Rösberg 11 Hectar
12 Are 90 Meter; Hemmerich 15 Are 82 Meter; Metternich 2 Hectar
31 Are 29 Meter; zusammen 13 Hectar 59 Are 1 Meter Ackerland, welche offenbar, insofern sie nicht durch Tausch[2]) oder sonstige
Verträge den Herrn gewechselt haben, aus der Schenkung des Erzbischofs
Anno herrühren. Verschiedene Grundstücke in der Rösberger Gemarkung
waren dem Pfarrer zehntpflichtig, eine Einnahme, welche unter der französischen Herrschaft verloren ging.

Die Pfarrer.

Gerhard Mertzenich, stiftet am 14. Septbr. 1635 eine Jahrmesse
auf Mittwoch nach dem Feste des h. Andreas. Der Pastor von Hemmerich

[1]) Die Urkunde (Copie?) über die Verhandlungen der Doctoren im Pfarrarchiv ist
ohne Datum. Die obige Schlichtung ist eine durch gegenseitige Uebereinkunft zu Stande
gebrachte friedliche Lösung und berechtigt nicht zu Schlüssen auf streng rechtliche Verpflichtung
aller Contrahenten.

[2]) Durch Tausch wurden mit Herrn von Weichs unter Pastor Münds drei Morgen
aus- und eingewechselt.

soll nach der Stiftung zu Rösberg ebenmäßig eine h. Messe für ihn celebriren [1]).

Benedict Esch, sein Name figurirt auf der Glocke aus dem Jahre 1649.

Wimmarius Berg, in Gerichtsprotokollen von 1661 und 1673 [2]).

Gerhard Osten, 1675—1723, stiftet die Frühmesse, spätere Vicarie zu Waldorf, durch Urkunde vom 12. März 1720 sowie die Samstagsmesse zu Rösberg unter dem 24. Januar 1722 [3]). Zu Osten's Zeit wurden Verkäufe und andere weltliche Händel, kurfürstliche Verordnungen und gerichtliche Entscheidungen von der Kanzel verkündigt.

Johann Peter Berg, 1724—1753, stiftet eine Vicarie an das St. Georgsstift zu Köln durch Schenkung von 16 Morgen [4]), theils Weingarten, theils Holzung. Nach einer Specification im Gerichtsprotokoll [5]) waren es 23³/₄ Morgen in 40 Nummern. Pastor Berg legte im Jahre 1753 die Pfarrstelle nieder und wohnte bis zu seinem Tode (1756) in seinem Privathause [6]).

Nicolaus Claßen, 1753—1756, gest. 14. Juli.

Johann Wilhelm Müncks, 1756—1774, geboren zu Neuß, erhält durch Tausch mit seinem Nachfolger die Pfarrstelle zu Kendenich im Jahre 1774; er stirbt daselbst am 31. März 1778.

Johann Matthäus Büttgen, 1774—1810, früher Pastor in Kendenich, weiht 1804 die neue große Glocke [7]), legt 1810 die Pfarrstelle nieder, wird Kaplan an der Burgkapelle und zugleich Verwalter der von Weichs'schen Güter, versieht zeitweilig die Vicariestelle, stirbt am 10. Juli 1820.

Johann Theodor Herber, 1810—1812.

N. Tinner, 1813—1815.

Johann Joseph Dortans, 1815—1855. Geboren zu Bardenberg am 24. März 1776, fand er, ungefähr achtzehn Jahre alt, Aufnahme bei den Dominicanern zu Aachen, wurde Priester 1799, nach Aufhebung der Klöster (1802) Vicar in Issum, später in Bracht bis 1815, seit 1834 Landdechant des Dekanates Herzel. Er führte einen Streit mit Freiherrn Max von Weichs über die von dessen weiblicher Dienerschaft occupirten, für Männer bestimmten Kirchensitze. Wiederholte Berichte von beiden Seiten an geistliche und weltliche Behörden in

---

[1]) Steuer-Kirchenbuch von 1635. — [2]) Vgl. die Protokolle vom 9. December 1661 und 9. Januar 1673. — [3]) Vgl. die Protokolle des Herrengedings unter obigen Daten. [4]) l. c. Protokoll d. d. 17. November 1756. — [5]) l. c. Protokoll d. d. 10. Januar 1759. [6]) Sein Testaments-Exekutoren waren Pastor G. Commer zu Merten und P. Theodor Schröder zu Hemmerich.

[7]) Als Zeuge bei der Glockenweihe figurirt Nicolaus Pferzwey (siehe unter Pfarrer von Merten), den Pastor Büttgen seinen „sacellanus" nennt.

Ausdrücken heftiger Polemik führten zu keinem Abschluß. Endlich trug Pastor Dortans nach persönlicher Vorstellung bei Bischof Berdolet den Sieg davon. Im Jahre 1847 erhielt er den rothen Adler vierter Klasse. Des Pfarrers Schwester Josepha stiftete eine Segensmesse für sich und den geistlichen Bruder an die Pfarrkirche zu Hemmerich. Sein Sterbetag ist der 12. März 1855.

Konrad Martin Joseph Thönissen, 1855—1857, geboren zu Erkelenz am 13. Juni 1805, studirte erst Philologie, dann Theologie, wurde Priester am 27. Februar 1836, Rector der höhern Schule zu Malmedy, Pfarrer zu Selgesdorf, seit 16. September 1853 zu Wassenberg, am 4. Oktober 1855 zu Rösberg, am 31. December 1857 zu Rothberg, starb am 11. April 1859.

Winand Brender, 1858—1873, geboren zu Giesenkirchen am 26. Juni 1812, wurde Priester am 9. April 1839, zuerst Kaplan an St. Ursula in Köln, dann bis 4. März 1858 Pfarrer zu Neuland, hierauf zu Rösberg bis 25. Mai 1873, wo er seine Ernennung für Gladbach bei Nideggen erhielt. Fungirte noch in Rösberg bis Mitte August.

Hubert Johann Söhnen, geboren zu Weißweiler am 23. Febr. 1826, studirte anfangs Jura, später Theologie, wurde Priester am 14. April 1855, war bis 1861 Rector an der Kapelle zu Wallerode, hierauf in gleicher Eigenschaft an der Kapelle zu Thum, Pfarre Berg bei Nideggen, seit dem 28. April 1865 Pfarrer zu Leuscheid, wurde im Mai 1873 zum Pfarrer in Rösberg ernannt. Da die Maigesetze kurz vor seiner Ernennung erlassen waren, so wurde Söhnen wegen „unbefugter Amtshandlungen" angeklagt, von dem Zuchtpolizeigericht zu Bonn in der ersten Verhandlung nach persönlicher, mit Geschick geführter Vertheidigung freigesprochen, jedoch später nach wiederholter Anklage verurtheilt. Söhnen verließ Rösberg im Frühsommer 1874, nachdem er am 26. März die letzte Taufe gespendet hatte.

Die Geistlichen der benachbarten Pfarren, Hemmerich, Merten und Sechtem leisteten priesterliche Aushülfe, Vicar Gustav Schmidt zu Merten und Peter Franken zu Sechtem in so ausgiebiger Weise, daß die Gemeinde Rösberg unter der Sperre kaum zu leiden hatte.

Primissariat. Vicarie.

Ein Steindenkmal mit Inschrift[1]) in der südlichen Mauerecke des Pfarrgartens bezeichnet die Stelle, welche der kurfürstliche Landrent-

---

[1]) Es ist folgende: „FERDINAND FLÖRKIN IHRO DVRCHLAVCHT ZV COELLEN GEHEIMER RATH HOFFCAMMERDERRECTOR VND LANDRENT-MEISTER. F. F.

meister, Hofkammer-Rath Ferdinand Flörkin gegen das Jahr 1705 ankaufte, um eine Vicariewohnung darauf zu erbauen, nachdem kurz vorher das daselbst befindliche Haus der Geschwister Heiden abgebrannt war. Derselbe stiftete „zur Beförderung des Gottesdienstes, Hebung der Frömigkeit und zum Heile der Seelen" an die Pfarrkirche zu Rösberg in Gemeinschaft mit seiner Gemahlin Maria Theresia von Groschedele

1. ein dem Kölner Kurfürsten vorgestrecktes Capital von 2000 Reichsthalern, wofür der Zoll zu Linz mit einer monatlichen Einnahme von 8 Rthlr. 26 Albus verpfändet war;

2. ein Fuder Chürwein zu sechs Ohm, statt einer Rente von 25 Goldgulden, welche die kurfürstliche Kellerei zu Brühl von einem Kapital zu 500 Goldgulden zu zahlen hatte;

3. zwei Obstgärten,

4. fünfzehn Morgen guten Artlandes in dreizehn Parzellen,

5. zwei Fischereien,

6. drei Renten bestehend in 1 Viertel Korn, 1 1/2 und 1 Viertel Hafer.

Mit diesem Beneficium war ein ewiges Officium unter folgenden Bestimmungen verbunden:

1. Der Officiant hat an allen Sonn- und Feiertagen zu der mit Rücksicht auf die Jahreszeit festgesetzten Stunde die h. Messe zu lesen, nach dem Credo das Evangelium in deutscher Sprache laut zu verlesen, den Inhalt desselben kurz zu erklären, sowie die einfallenden Feste und Fasttage zu verkündigen;

2. jeden Donnerstag die h. Messe vom h. Sacrament zu singen, vor und nach derselben den Segen zu ertheilen, nach dem Evangelium für die Stifter unter Nennung ihrer Namen zu beten und nach Beendigung der h. Messe den Psalm De profundis nebst Versikel und Oration;

3. am Feste des h. Dionysius, den 9. October, eine Jahresmesse für den verstorbenen Dionysius Flörkin und dessen Familie zu celebriren, und am Vorabende von Allerseelen das Grab gratis „zu illuminiren";

4. die Stifter haben Kelch und Monstranz geschenkt, für Paramente (welche einzeln aufgeführt werden) reichlich gesorgt und verpflichten den Officianten, dieselben in Stand zu halten;

5. der Officiant ist verpflichtet, in Rösberg, und sonst nirgendwo, zu residiren, weshalb ihm daselbst auch das Wohnhaus erbaut wurde;

6. der Küster hat für Bedienung und dreimaliges Läuten die Nutznießung von drei Morgen Land;

7. das Ernennungsrecht haben zunächst die Stifter, in der Folge der älteste und nächste Verwandte der Familie Flörkin, und in deren Ermangelung der Dechant und die vier ältesten Canoniker des Cassiusstifts gemeinschaftlich.

Die bereits im Jahre 1707 in's Leben getretene Stiftung erhielt am 12. Mai 1725 die Genehmigung durch eigenhändige Unterschrift und Siegel des Erzbischofs Clemens August. Zu obigen Stiftungsgütern vermachte Gerhard Kaymer, ehemaliger Lehrer zu Hemmerich, der Vicarie zu Rösberg 3 Morgen Holzung und ¼ Morgen Weingarten.

Das von Ferdinand Flörfin erbaute Vicariehaus wurde nach Erledigung der Stelle im Jahre 1858 auf den Abbruch verkauft, die Verkaufsgelder capitalisirt und Hausplatz nebst Vicariegarten dem Pfarrer als Garten überwiesen. Für den Ausfall soll die Vicarie durch ein Grundstück von gleichem Werth entschädigt werden.

Die Zahlung des Zollamtes zu Linz erfolgte jährlich mit 100 Reichsthalern bis September 1794; hierauf wurde dieselbe drei Jahre hindurch verweigert. Auf desfallsige Beschwerde des Vicars Rüb erhielt er durch Oberzoll=Verwalter Wolters eine vierteljährige Rate und sah sich wegen fernerer Inhibirung genöthigt, den Rechtsweg zu betreten. Die beim Reichsgericht zu Regensburg anhängige Klage blieb ohne Erfolg. Im April des Jahres 1803 starb der Vicar. Sein Nachfolger Martin Joseph Deljance machte einen erneuten Versuch, zu seinem Rechte zu kommen. Seine Forderung war an die „gnädigst angeordnete gemeinschaftliche Fürstlich=Hessen=Darmstädtische, Herzoglich Arenbergische, Fürstlich Nassau=Usingische und Fürstlich Wied=Runkelische Commission zu Darmstadt" gerichtet. Die Entscheidung, datirt vom 16. December, fiel unter Hinweisung auf §. 37 des Reichsdeputations=Hauptschlusses vom 25. Februar des laufenden Jahres 1803 abweisend aus. So ging der Vicarie eine jährliche Einnahme von 100 Reichsthalern für immer verloren. Nicht besser ging es mit dem Fuder Churwein, welches Trippelsdorf jährlich zu liefern hatte. Man sagt, an letzterm Verlust trage die Saumseligkeit des zeitigen Kirchenvorstandes die Schuld.

Die Vicare.

Johann Peter Bodife, 1725—1780, Neffe des Stifters, war Canonicus des freiadeligen Stifts Dietkirchen, und starb zu Bonn am 24. Juni 1780. — In den letzten 20 Jahren war er geistesschwach[1]).

Gaudenz Joseph Rüb, 1780—1803, Großneffe des Stifters, geboren zu Sechtem, getauft am 30. März 1730, war Vicar zu Rheidt, seit 1752 Altarist der Anna=Bruderschaft zu Sechtem, seit August 1780[2]) zugleich Vicar zu Rösberg. Er führte u. A. den erfolglosen Proceß wegen der Rente des Linzer Zolls und erhob Ansprüche auf die Vicarie

---

[1]) Sterberegister der Pfarrkirche zu Rösberg.
[2]) Die Bonner Stifts=Canoniker Melchior Maagh, Joseph Forlisesi, Joh. Georg Spöner und Christian Ostler ernennen (soll wohl heißen: präsentiren, was übrigens einer

zu Walborf — gleichfalls vergebens. Er starb am 24. April 1803 und wurde mit Erlaubniß des Licentiaten Moraß als Rechtsnachfolger des Stifters Flörkin in der Familiengruft der Kirche beerdigt.

Martin Joseph Delsance, 1803—1817, im dritten Grade mit Flörkin verwandt, seines Vorgängers Vetter.

Johann Theodor Stroth, 1820—1822, geboren zu Köln am 9. Januar 1796, wurde Priester am 8. September 1820, war später Pfarrer zu Eschweiler bei Euskirchen (1840), resignirte und starb als Privatgeistlicher am 22. August 1874 in seiner Vaterstadt.

Johann Mathias Schwieren, 1823—1828, s. unter „Pfarrer" zu Keldenich.

Hennes, 22. April 1829—1830. 1831 vacat.

Johann Caspar Pfeiffer, 1832—1833, geboren zu Düren am 6. Januar 1805, war seit 1. Februar 1840 Pfarrer zu Merken, starb daselbst am 15. Februar 1875.

Wilhelm Heinrich Cremer, 1834—1844, geboren zu Klein-Gladbach am 2. Januar 1808, wurde Priester am 9. April 1834, zum Vicar von Rösberg ernannt am 1. Mai desselben Jahres und ist seit 28. Juni 1855 Pfarrer zu Marienberg.

Peter Mombartz, 1844—1855, geboren zu Aachen am 28. Juli 1817, wurde Priester am 15. September 1844, für Rösberg ernannt am 12. October desselben Jahres, wird am 17. November 1855 Vicar zu Ersdorf und ist seit 18. November 1858 Pfarrer in Weidesheim.

Seit 1855 ist die Vicarstelle unbesetzt.

Burgkapläne.

Der Oberjägermeister Ferdinand Joseph von Weichs legte in der obern Etage der von ihm im Jahre 1731 erbauten Burg eine Haus-kapelle an. Wenige Jahre später erhalten wir die erste Nachricht von einem Kaplan und von einigen Stiftungsmessen, welche demselben über-tragen wurden, darunter eine am Vorabende des Festes des h. Erzengels Michael, eine am Feste der h. Barbara und eine dritte zu Ehren der h. Walburgis. Diese Stiftungen gingen wahrscheinlich in den letzten zwanziger Jahren, als die Kapelle eingegangen und die Kaplanstelle unbesetzt geblieben war, an die Pfarrkirche über. Die Kapläne hatten neben ihren geistlichen Functionen die Verwaltung der herrschaftlichen Güter zu besorgen. Sie waren die Vertreter ihrer Herren als Bevoll-

---

Ernennung ziemlich gleichlam) den G. J. Rüb am 12. August 1780 zum Primissar. Am 16. d. M. fand die feierliche Einführung in Anwesenheit des Pfarrers Büttgen durch die drei Canoniker Maagh, Jorlisesi und Spöner statt. Urkunde im Kirchen-Archiv.

mächtigte vor Gericht, wahrten ihre Privilegien und führten ihre Rechtshändel.

Als ersten Kaplan treffen wir in einem Protokoll des Herren-gedings vom Jahre 1739 Herren Müllenberg. Er starb am 13. Mai 1766 in der Pfarre St. Johann zu Köln, wo die Herren von Weichs ihren städtischen Wohnsitz hatten[1]), und wurde an der ehemaligen Katha-rinenkirche beerdigt. Nach ihm finden wir als Nachfolger Michael Xaver Schwarz aus Köln, welcher zu Rösberg, nachdem er die Kaplan-stelle 20 Jahre bekleidet hatte, am 26. November 1790 starb[2]); ferner W. Viehoff, im Gerichtsprotokoll vom 12. März 1792, und seit 1810 den resignirten Pfarrer Johann Matthäus Büttgen bis 1820; dann nach langer Unterbrechung:

Johann Jacob Aegidius Müller. Derselbe wurde nach im September 1858 erhaltener Priesterweihe als Hauskaplan des Frei-herrn Wilhelm von Weichs und zugleich als Subsidiar an der Pfarr-kirche zu Rösberg angestellt. Seine Wirksamkeit in der fraglichen Stel-lung war nur von kurzer Dauer, nämlich bis zum 27. August 1859. Seine Wohnung rechts beim Eingange in den Burghof diente später kurze Zeit dem gesperrten Pfarrer Söhnen, nachdem er durch gerichtliches Erkenntniß aus dem Pfarrhause ausgewiesen war, als gastlicher Auf-enthalt. Nach Aegidius Müller hat eine weitere Besetzung dieser Stelle nicht mehr stattgefunden.

Priester aus Rösberg.

Johannes Rodesberg, Canonicus an St. Aposteln zu Köln, Stifter der Vicarie zu Merten um 1400. Sein Name erinnert an die alten Burgherren, von welchen er entsprossen zu sein scheint.

Heinrich Scheifgen, Vicar, später Canonicus an St. Aposteln, ist uns bei Hemmerich als Wohlthäter durch seine große Stiftung bekannt geworden; er starb 1611.

N. Dubbelfeld, Vicar an Groß-Martin.

Christian Kremer, Sohn der Eheleute Engelbert Kremer und Christina Schmitz, getauft am 22. März 1768, trat als Cistercienser in die Abtei Heisterbach und starb als Vicar zu Stieldorf am 11. Januar 1808.

Küsterstelle.

Der Küster hat die Nutznießung von 1 Hectar 74 Are 77 Meter Ackerland, welches mit Ausschluß von 77 Are 53 Meter, einer Parzelle

---

[1]) Die Kirche zur h. Katharina ist der Zerstörung durch die Franzosen zum Opfer gefallen, während die Weicherhofstraße noch an das alte adelige Besitzthum erinnert.

[2]) sepultus prope ossuarium in coemeterio. Aus dem Sterberegister der Pfarr-kirche.

an der ehemaligen Windmühle, von Ferdinand Flörken für Bedienung
des Vicars bei der Frühmesse und Donnerstags-Segensmesse gestiftet ist.
In früherer Zeit erhielt der Küster zu Weihnachten als Rente von jedem
Hause ein Brod. Diese Einnahme ist ohne Entschädigung später in
Wegfall gekommen. Das sonstige Einkommen besteht in zufälligen Ge-
bühren für kirchliche Dienstleistungen. Die Küsterstelle vererbte sich seit
den ältesten Nachrichten von Vater auf Sohn in der Familie Esser
bis 1844. Unter Pastor Joh. Peter Berg (1724—53) wurde Johann
Esser angestellt, und zwar nach einstimmiger Wahl des Burgherrn, des
Pfarrers und der Gemeinde. Als dieser im Jahre 1757 starb, ernannte
Pastor Müncks unter Zustimmung des „gnädigen Herrn" dessen Sohn
Mathias, ohne die Gemeinde zu befragen. Ueber dieses einseitige Ver-
fahren erfolgte Beschwerde bei der erzbischöflichen Curie, worauf erst am
6. März 1770 die Entscheidung erfolgte, daß der Pfarrer das Wahl-
recht der Gemeinde-Eingesessenen zu respectiren habe[1]). Daß der Er-
wählte von der Gemeinde (und dem Pfarrer?) zur Einholung der
Zusage in die Propstei nach Bonn geschickt wurde, mag in dem zufälligen
Zusammentreffen begründet sein, daß der zeitige Propst ein Herr von
Weichs war. Im Jahre 1770 wurde Peter Esser, Sohn des Vorigen,
Küster; nach diesem sein Sohn gleichen Namens bis gegen 1841. Es
folgten: Johann Peter Esser, 1844; Johann Baptist Parmentier, 1847;
Theodor Ziskoven, starb nach drei Monaten; nach ihm in demselben
Jahre Christian Maaßen (gestorben 1883); jetzt dessen Sohn Johann.

Die Küster von Rösberg, Metternich und Waldorf haben bei den
Jahresmessen für Heinrich Scheißen im October jeden Jahres die Laudes
mitzusingen, während die Pfarrer der betreffenden Ortschaften daselbst
die h. Messe lesen. Wenn durch eingetretene Vacatur der Pfarrerstellen
im Culturkampfe von der stiftungsmäßigen Praxis abgewichen wird, so
mag es für spätere Zeiten nicht ohne Nutzen sein, daran erinnert zu
haben.

Schule.

Freiherr Ferdinand Joseph von und zu Weichs (gestorben am
26. Juni 1765) verpflichtete, so schreibt Pastor Müncks, seine Erben
durch Testament, in der Pfarre Rösberg eine Schule zu errichten und
dazu ein angemessenes Haus zu erbauen. Für anständigen Unterhalt des
Lehrers waren hundert Reichsthaler bestimmt[2]). Weiter berichtet derselbe: „Erwähnung findet die Stiftung im Ordinationstitel des Lehrers

---

[1]) Die ausführlichen Proceßacten sind in dem beim Bürgermeisterei-Amte zu Sechtem
beruhenden Tauf- und Sterberegister aufgezeichnet.

[2]) Notiz des Pastors Müncks im Sterberegister.

Schwarz." Dieser hielt am 25. Januar 1766 zu Rösberg seine erste
h. Messe, nachdem er auf dem Rittersitz des Herrn von Weichs zu
Leydenhausen (im Bergischen) die Priesterweihe erhalten hatte"[1]. Daß
aber dieser Priester oder einer seiner Nachfolger die Schule zu Rös=
berg geleitet habe, davon meldet die Geschichte nichts. Entweder
bestand also die fragliche Stiftung nicht zu Recht, oder sie ist nie in's
Leben getreten. Bis zum Jahre 1819 wurde der Schulunterricht vom
Küster, dessen Anstellung dem Kirchenvorstande oblag, gehalten, so
zwar, daß die Lehrerstelle mit der Küsterei sich durch ein volles
Jahrhundert von Vater auf Sohn und so weiter vererbte. Peter Esser
war der letzte Küster, welcher beide Stellen in einer Person vereinigte und
in seinem Hause, dem ehemaligen Besitzthum Ferdinand Flörkin's, jetzigem
Wirthshause der Wittwe Esser, ein Schullocal einrichtete.

Im Jahre 1819 wurde von der königl. Regierung J. Prinz als
Lehrer berufen und in Ermangelung eines Gemeinde=Schulhauses ihm
ein Local des Wirthes Kurth, jetzt Schmitz, im „Burghof" zur Verfügung
gestellt. Lehrer Prinz bereitete sich unter Protection der Freifrau von
Weichs, geb. von Zuydwyck, auf den geistlichen Stand vor, legte 1822
die Lehrerstelle nieder und starb kurze Zeit nach empfangener Priester=
weihe. Es folgten die Lehrer Anton Brendgen aus Herrig 1822—1836,
Joseph Spiegel 1837—1879, Heinrich Hummelsheim 17. Juni 1879.
Im Jahre 1829 erbaute die Gemeinde auf einem von der Vicarie er=
worbenen Grundstück ein eigenes Schulhaus, bestehend aus einem Schul=
saal und einer Lehrerwohnung zu ebener Erde[2]. Das Gebäude wurde
im Jahre 1867 erhöht und im neuen obern Stockwerk ein Schulsaal
für die Mädchen nebst Wohnung für eine Lehrerin eingerichtet.

---

[1] S. oben Michael Xaver Schwarz unter Burglaplöne. — [2] Eine dem 118. Psalm
entnommene Inschrift über dem Eingange lautet: „Gott, lehre uns den Weg Deiner
Gebote, und wir werden nie von demselben weichen."

11. Sechtem.

Sechtem, zusammenhängendes Pfarrdorf der Bürgermeisterei gleichen Namens, mit einer Eisenbahnstation, hat 918 Einwohner, darunter 9 Juden, 4 Protestanten. Der Ackerbau, auf einem fruchtbaren Areal von 4000 Morgen, ist hier im vortheilhaftesten Betrieb. Der Name des Ortes findet sich seit dem elften Jahrhundert in verschiedener Form, wie Seteme, Setheme, Sethenie, Sechteme und Segtene. Möglicherweise verdankt dasselbe seine Entstehung einem Römer Sextus, oder bezeichnet nach General von Veith die Entfernung vom Bonner Castrum: (16000 römische Schritt [1]).

Sechtem war von Bauwerken der Römer vollständig besetzt, was die überall zerstreut liegenden Ueberreste beweisen. Es war eine hervorragende Station an der Trier-Rheinischen Militärstraße. Das Hauptgebäude war ein Castell, dessen Substructionen sich zwischen Kirche und Pfarrwohnung noch vorfinden und auf dessen Trümmern die christlichen Ritter im frühen Mittelalter ihren Sitz errichteten, den sie später nach der grauen Burg verlegten. Das römische Castell war als Mittelpunkt von Sechtem maßgebend für die Anlage des Ortes; daher denn auch alle Dorfstraßen sich um dasselbe, wie Strahlen im Brennpunkte, concentriren.

Außer vielen im Orte gefundenen Grabmälern, Waffenresten, Urnen, Münzen, deren Zahl sich mit jedem Jahre vermehrt, ist zu erwähnen das im vaterländischen Museum zu Bonn aufbewahrte Grabmal mit der Inschrift:

MERCVRIO SACRVM
ALBANIA ALBANI F (ilia)
ASPERA EX IMPERIO IPSIVS
V. S. L. M. [2]

---

[1] Annalen d. hist. Vereins, XXXVII 32—33.

[2] Vollständig heißt die vierte Zeile: Votum solvit libens morito.

Hiernach weiht Albania, Tochter des Albanus, auf Befehl ihres verstorbenen Vaters dem Mercur dieses Denkmal.

Der einheimische Adel kommt in der Ortsgeschichte nicht vor. Urkundlich finden sich in der ersten Hälfte des 12. Jahrhunderts die Ritter Ditmar, Sigebodo mit dem Beinamen Albus, und Udo von Sechtem, 1249 Heinrich von Sechtem, 1437 Grietchen von Sechtem mit Daemen von Guntersdorf, ihrem ehelichen Manne, als Besitzerin des Hauses Quatermarkt in Köln.

Die Herrschaft des Dorfes Sechtem war im 12. Jahrhundert im Besitz der Grafen von Saffenburg. Von ihnen erlangte sie durch Erbschaft die Gräfin Mechtildis von Sayn, welche dieselbe, wie bereits unter Gielsdorf bemerkt worden, durch Testament vom Jahre 1283 dem Dom zu Köln übertrug. Höchst wahrscheinlich gehörte damals auch die graue Burg zu der Saffenburger Erbschaft[1].

Seit dem 16. Jahrhundert war die graue Burg lange Eigenthum der Herren von Siegen. Arnold von Siegen, Bürgermeister von Köln, war als Gesandter auf dem Reichstage zu Speier 1526. Er kaufte das Lehnsgut zu Sechtem 1530, wurde von Kaiser Karl V. in den Adelstand erhoben und zum Ritter des goldenen Bließes geschlagen. Seine hohen Verdienste um die Stadt Köln und das Wohl Deutschlands sichern ihm ein ehrenvolles Andenken in der Geschichte. Er war Kirchmeister und hervorragender Wohlthäter der Pfarrkirche St. Johann, welche unter seiner Beisteuer durch Anbau eines zweiten südlichen Seitenschiffes bedeutend vergrößert wurde. Vor dem Altare dieses Seitenschiffes legte er seine Familiengruft an[2]. Er starb am 8. Juni 1579. Von Arnold's Nachkommen ist zu erwähnen Ludwig, Sohn Johann's von Siegen, geboren zu Sechtem 1609, hessischer Oberstlieutenant bis 1680; berühmt durch eine höchst wichtige und erfolgreiche Erfindung in der Kupferstecherei. Sie besteht in der Bearbeitung des Lichteffectes mit einem stählernen Instrument auf rauh gemachter Metallplatte und ist unter dem Namen „Schwarzkunst", richtiger Schabkunst, bekannt[3]. Johann Wilhelm von Siegen, Herr zu Sechtem († 1704), verkaufte die Herrschaft mit der grauen Burg an Heinrich von Monschau. Bald nach der Erwerbung, zu Anfang des 18. Jahrhunderts, brannte die Burg ab. Die noch bestehende ist also das Werk der Herren von Monschau. Durch Kauf erwarb das Gut im Jahre 1809 Freifrau von Wassenaer, geb. von

[1] S. unten Nicolaikapelle — Vergl. Annalen d. hist. Vereins, XXIV 185.

[2] Die Familie von Siegen in Köln. Von A. G. Stein, Pfarrer zur h. Ursula in Köln. Annalen d. hist. Vereins. XXXV 170 ff.

[3] Léon de Laborde, „Histoire de la gravure en manière noire. Paris chez Didot. 1839 — Stapler's Künstler-Lexicon, 16. Band.

Steinen. Sie vererbte dasselbe an ihre Tochter Clementine von Wassenaer, Freifrau von Geyr-Schweppenburg († 1857), diese an Theodor Freiherrn von Geyr-Schweppenburg († 1881).

Die weiße Burg wurde gegründet im elften Jahrhundert von Agilof, Canonicus zu Courtray, Stifter des Klosters Springiersbach im Trierschen. Die Burg war im sechszehnten Jahrhundert Eigenthum Wilhelm's von Effern, welcher im Jahre 1550 starb. Von diesem kam sie in den Besitz der von Meierhofen. Das denselben zugehörige Areal betrug im Jahre 1672, 171¼ Morgen Ackerland, ¼ Morgen Benden und 1½ Morgen Weingarten¹). Auf die Meierhofen folgten als Herren der Burg die von Krane, daher dieselbe auch Kranenburg genannt wurde. Johann Gaudenz Felix von Krane verkaufte das Gut im Jahre 1739 an Johann Balduin von Holtorf-Sinzenich, Domherrn und Chorbischof zu Trier. Dieser gründete durch Testament vom 26. October 1743 ein Fideicommiß, beruhend auf der Weißenburg, Sinzenich und Schaven zu Gunsten seiner Schwester Johanna Maria Elisabeth von Holtorf, welche Johann Wilhelm von Merode-Houfalize zu Frenz heirathete. Demnächst war Besitzer Gottfried Arnold von Merode zu Frenz, nach ihm sein Sohn Balduin Franz Karl, welcher unverheirathet blieb, und seine Schwester, die Dechantin von St. Quirin zu Neuß, als Erbin einsetzte²). Diese starb im Jahre 1826, nachdem sie die weiße Burg mit Frenz ihrem Rentmeister Gräf durch Testament übertragen hatte. Von diesem erwarb sie Kaufmann Essingh in Köln. Die Wiederherstellung der Burggebäude sowie der schönen Gartenanlagen ist sein Werk. In kurzer Zeit folgten als Eigenthümer, ein Herr Meyer, Freiherr von Weichs, Mühlenbesitzer Broich an der Gilbach, Frings, Gräfin von Fürstenberg-Stammheim, zuletzt Robert vom Rath.

Als dritter Adelssitz ist zu erwähnen der Dränkerhof, auch Saalweiden genannt, der grauen Burg gegenüber nach der Dorfseite an der römischen Militärstraße gelegen. Nur die ältesten Ortseinwohner erinnern sich seines Bestehens. Als Besitzer werden die Freiherren von Stael-Holstein genannt, deren Heimath nach Herrn von Stramberg in oder bei Köln zu suchen ist, und deren weitverzweigtes Geschlecht bis zu

---

¹) Freiherr von der Leyen vermehrte den Grundbesitz (nach einer Mittheilung des Herrn von Oidtman) um 61 Morgen. Wann Herr von der Leyen Eigenthümer war, ist mir unbekannt.

²) Ein geistlicher Bruder, Alexander Hermann Joseph, Capitular 1774, später Chorbischof zu Trier, Dompropst zu Hildesheim, Domherr zu Münster, Hofkammerpräsident zu Hildesheim, vermachte sein ganzes Vermögen den Armen. († 1792). Die Brüder Friedrich und Franz waren ebenfalls geistlich, Karl Wilhelm Joseph Franz Malteser-Ritter. Rhein. Antiqu., 3 Abth., 12. B., S. 169.

Napoleon's I. Zeit, besonders in der militärischen Laufbahn, eine Rolle spielte.

Der Dränkerhof war ein kurfürstliches Lehen[1]. Eine Freiin von Stael starb im Jahre 1751 als Stiftsdame von St. Cäcilien in Köln. Ein Verzeichnis vom Jahre 1672 weist außer diesen Adelsgütern noch folgende Höfe in Sechtem auf:

Ein Hof von Bealich und Schüller mit 336 Morgen Ackerland; Jonenkus Streithagen hatte einen Hof mit 193 Morgen; Graf Beissel-Gymnich den Dorfhof mit 111 Morgen Ackerland, ¼ Morgen Weingarten; von Siegenbrien, gen. Ankel, zu Heltorf einen Hof mit 134 Morgen, woven 3¼ Morgen in Reiterich und ½ Morgen Weingarten. Die Gräflich Wunderlich'schen Güter in Sechtem, welche jetzt zur Vicarie in Hemmerich gehören, wurden bereits früher bei Besprechung dieser Stelle erwähnt.

Neben dem Dränkerhof stand der Grommesshof, welcher vor etwa 32 Jahren am Oberabend abbrannte. Spärliche Reste von Grundmauern sowie eine in Ziegeln gefertigte Brücke bezeichnen die ehemalige Baustelle desselben. Das zugehörige Grundvermögen ist Eigentum der Kölner Armenverwaltung.

Sechtem hatte in der kurfürstlichen Zeit ein Gericht mit Schultheiß und Schöffen. Eine Urkunde vom 13. November 1582 im Kirchenarchiv zu Hemmerich enthält in Folgendem die Namen des Gerichtspersonals: Matth. Bertram Scholtz, Dietrich Wilhelms, Johann Schmitz, Jodocus Schmid, Johann Zastz, Peter Woll, allesammtlich Schöffen des Gerichts zu Sechtheim im Amt Bruel[1]. gez. Henricus Woll verordneter Gerichtsschreiber des chf. Gerichts und Amts Bruell. Das Gericht bestand bis zur Vertreibung des letzten Churfürsten.

Kirchliche Verhältnisse.

Die Pfarre Sechtem ist eine der ältesten Pfarreien des Dekanats. Zu Anfang des 12. Jahrhunderts finden wir die Pfarrkirche in den "Annales Rodenses" vor[1]. Ihre Gründung reicht demnach in noch ältere Vergangenheit zurück. Nach Binterim wäre hier die Kirche zu Settene zu vermuten, welche Erzbischof Heribert in seinem Stiftungsbrief vom Jahre 10.. der Abtei Deutz als Schenkung übertrug[2].

---

[1] Lindenborn, Beschreibung des Erzstifts Köln. 1783. — [2] Matth. ist Bartholomaeus — [3] Inneb. Sammelschrift des Herrn verst. Pfarrers zu Sechtem. — [4] Lacomblet in Archiv für Geschichte etc. VII. p. 3.. — [5] Bem. a. Mooren, Alte und neue St. Köln I. 3.. Die Lesart Settene für Sentene bei Binterim ist offenbar unr.. Das ganze Sammelwerk Mooren ist voll von Druckfehlern.

Der liber valoris aus dem 14. Jahrhundert verzeichnet Sechtem mit einem Pastor und einem Vicar, jeden mit einer Einnahme von zehn Mark veranschlagt [1]). Pastor war das Stift Dietkirchen zu Bonn, welches das Patronat der Kirche bis zur Säcularisation besaß [2]), und der von Binterim aufgeführte „vicarius" [3]) der wirkliche Seelsorger. Das Patronat stand mit dem Zehntrecht in Verbindung. Um die Mitte des 12. Jahrhunderts war der Zehnte von Sechtem der Kirche des h. Petrus zu Dietkirchen durch Ungerechtigkeit und Nachlässigkeit zeitweilig entfremdet, aber unter der weisen und emsigen Verwaltung der Abtissin Irmentrudis zurückerstattet worden [4]). Außer dem Zehnten wurden damals dem Kloster zwanzig Malter jährlicher Einkünfte in Sechtem gerettet. Die Zehntscheune befand sich bis zur französischen Säcularisation am Ophof, dessen Pächter den Empfang für Dietkirchen besorgte. Der letzte Pächter wurde Eigenthümer des Hofes. Jetziger Besitzer ist Joseph Bollich. Die vor einigen Jahren noch vorhandenen Zehntregister sind leider vernichtet worden.

Der Pfarrkirche zu Sechtem war bis 1570 Hemmerich als Filiale untergeordnet. Man fragt mit Recht, warum nicht dem nahen Rößberg oder Waldorf? Letzteres war ja auch, wie Sechtem, von Dietkirchen abhängig. Einzige Antwort scheint zu sein, weil Sechtem unter diesen Pfarreien die älteste war.

Die Pfarrkirche

1. zum h. Nicolaus, 2. zu den hh. Martyrern Gervasius und Protasius.

Nach den „Annales Rodenses" [5]) bestanden im Jahre 1122 zu Sechtem eine größere und eine kleinere Kirche. Diese beiden Kirchen sind noch heute vertreten in der Pfarrkirche und der Nicolaikapelle. Die älteste Kapelle dieses Namens, die kleinere Kirche, war ohne Zweifel die Vorläuferin der Pfarrkirche. Ein altes Kirchenbuch [6]) berichtet nämlich, in früherer Zeit sei das Einweihungsfest der Pfarrkirche am Sonntag nach Nicolai gefeiert und an demselben Tage in der grauen Burg, welcher die Nicolaikapelle eigenthümlich zugehört, ein (Patrociniums=) Essen gehalten worden. Bei der erzbischöflichen Visitation von 1569 gehörten zu der Nicolaikapelle 12 Morgen Ackerland, ein halber Morgen Weingarten nebst Obstgarten [7]), was ebenmäßig mit den frühern Pfarrrechten derselben zusammenhangen dürfte. So wiederholt sich in Sechtem die häufig beobachtete Thatsache, daß sich aus einer adeligen Burgkapelle die Pfarr=

---

[1]) l. c. 130. — [2]) Vergl. Dumont, Descriptio, 21. — [3]) Binterim l. c. —
[4]) Höfer, Zeitschrift für Archivkunde, 1833, S. 494 ff. — [5]) Histoire de Limbourg,
VII 32. — [6]) Pro memoria im Kirchenbuch. — [7]) Gelenii Farrag. XXIV 160.

kirche entwickelt hat. Die Kapelle genügte später als Pfarrkirche nicht mehr, und so entstand die zweite größere Kirche der h. Martyrer Gervasius und Protasius.

Unter diesem Titel stand an der Stelle der im Jahre 1845 neu erbauten Pfarrkirche ein uraltes Gebäude, dessen felsenfestes Mauerwerk, wenigstens theilweise, aus den Ueberresten eines zerstörten (römischen?) Bauwerkes gebildet war. Im Jahre 1607 wurde dieses Gebäude, eine einfache Halle, mit einem hölzernen Thurm, der mit Schindeln gedeckt war, versehen. Thurmmeister Johann Michalk zu Münstereifel erhielt für das Werk, einschließlich der Kosten für Transport, Errichtung des Thurmes und der Trinkgelder von der Gemeinde, welcher die Baupflicht desselben oblag, 601 1/2 Dahler 3 Albus. Die Ausführung der Arbeiten geschah durch Johann Plock, Theis Werker, Peter Coinsen und Johann Zimmermann aus Münstereifel. Gleichzeitig wurde eine neue Glocke gegossen. Ueber die Erbauung des Schiffes und des Chors fehlen alle Nachrichten. Nur so viel steht fest, daß das Stift Dietkirchen zu Bonn verpflichtet war, das Schiff und zufolge angeblicher höherer Entscheidung auch das Chor zu bauen, rücksichtlich zu unterhalten. Nach einer Aufzeichnung des Pastors Liebertz vom Jahre 1785 haben die Stiftsdamen bis dahin auch wirklich die Reparaturkosten des Chordaches bestritten.

Im Jahre 1784 fing die Thurmspitze beim Brande eines benachbarten Hauses Feuer. Die dadurch verursachten Herstellungskosten betrugen 100 Rthaler. Wie von Stramberg meldet, war die Pfarrkirche später des Thurmes beraubt, und überhaupt in dem trostlosesten Zustande[1]). Unter Pastor Schmittmann wurde zum Bau der neuen, im Jahre 1846 vollendeten Kirche geschritten. Nach vollzogener Benediction fand die Eröffnung für den öffentlichen Gottesdienst unverzüglich statt. Die feierliche Consecration erfolgte am 1. Juni 1852 durch den hochwürdigsten Erzbischof Johannes Cardinal von Geissel. Nach dem Pontificalamte spendete derselbe den Firmlingen von Sechtem und verschiedener benachbarter Pfarreien, 532 an der Zahl, das h. Sacrament der Firmung[2]).

Die Kirche, ein geräumiges Schiff mit flacher Decke, dem östlich ein im Rundbau abschließendes Chor, westlich der Thurm in einfacher Bauart angefügt ist, trägt das Gepräge der akademischen Verflachung ihrer Zeit. Der innern Leere und dem Mangel kirchlichen Stils sollte eine nachträgliche Teppichmalerei abhelfen. Der Erfolg war nicht befriedigend. Der kirchliche Charakter dürfte am zweckmäßigsten und erfolgreichsten durch Theilung in drei Schiffe mit entsprechenden Wölbungen herzustellen sein.

---

[1]) Rhein. Antiquarius l. c. 146. — [2]) „Kirchl. Anzeiger" 1852, S. 54.

Altäre.

Einen Hochaltar aus Marmor erhielt die alte Pfarrkirche unter Pastor Thelen (1795—1823) aus der supprimirten Kirche St. Brigida in Köln. In derselben befand sich in abgesondertem Chörchen der mit einer reich dotirten Bruderschaft verbundene Altar der h. Anna[1]). In der neuen Kirche befinden sich ein Hochaltar und zwei Seitenaltäre, beide Tragaltäre. Der eine Seitenaltar ist der h. Jungfrau, der andere der h. Mutter Anna gewidmet.

Glocken-Inschriften.

1. S. ANNA BEY DEINER TOCHTER KIND
BITT FVER DIE, SO DEINE DIENER SIND.
M. ANNA L. B. DE BOVRSCHEID ABBATISSA IN DIET-
KIRCHEN. — PETRVS LEGROS FECIT ANNO 1785.

Höhe bis zur Krone 66 Ctm

2. Fondue PAR G. B. DV BOIS 1847.
WENN WETTER DRÆVTE SANDTE GELAVTE
ALEXIVS GLOECKLEIN ZVM HIMMEL FROMM HINEIN.
ALEXIVS GLOCKE MIT STARKEM MVND
ERTOENT ZV IEDER STVND
MAHNT NAH VND FERN ZVR FVRCHT DES HERRN.

Höhe der Glocke 75, Durchmesser 95 Ctm.

3. DV BOIS FECIT ANNO 1847.
MARIA HEISSE ICH ZV IESV RVFE ICH
DEN SVENDER MAHNE ICH, DASS ER BEKEHRE SICH
VND STETS ERWAEHLE DEN BESTEN THEIL
ZV GOTTES EHRE VND EIGNEM HEIL.

Höhe 88, Durchmesser 108 Ctm.

Die Töne der Glocken sind F. G. A.

Reliquien.

Eine Partikel vom h. Kreuze nebst Reliquiarium wurde unter Pastor Thelen aus der Kreuzkapelle am Schnorrenberg bei Brühl nach der Kirche zu Sechtem übertragen; eine andere mit Siegel versehene, deren Authentik nicht vorliegt, soll direct von Rom gekommen sein.

Eine Kiste mit verschiedenen Reliquien aus der Abtei St. Martin in Köln übergab der ehemalige Benedictiner und nachmalige Pastor zu Brenig Gottfried Hendrichs aus Sechtem (gest. 1829) der Kirche seines

[1]) Siehe unter Anna-Bruderschaft.

Geburtsortes. Ein Verzeichniß der Reliquien soll sich im Archiv der Pfarrkirche befunden haben.

Endlich besitzt die Kirche Reliquien ihrer Patrone, der h. Gervasius und Protasius.

An den Festen der Auffindung und Erhöhung des h. Kreuzes wird nach altem Herkommen eine Partikel dieses Erlösungsdenkmals über dem Tabernakel zwischen zwei Lichtern ausgestellt und nach beendigtem Meßopfer auf der Epistelseite zur Verehrung durch Küssen dargereicht. Aehnlich geschieht es am 19. Juni mit den Reliquien der h. Gervasius und Protasius.

Statuen.

Pastor Müller berichtet:

1. 1826 am 10. Juli wurde das Muttergottesbild „Regina Coeli" nach dem Muster eines in der Schnurgasse in Köln befindlichen gefertigt und an die Stelle eines gekleideten Bildes auf den Muttergottes-Altar (der alten Kirche) gesetzt.

2. Ein Muttergottesbild, aus Alabaster, werthvoll wegen der Kunst und des Alters, schenkten die Eheleute Heinrich Bernard und Elisabeth Hamberts aus Köln durch Urkunde vom 17. November 1826 der Kirche zu Sechtem, „obschon ihnen 60 Thaler dafür geboten war". Angeblich wurde das Bild in einem hohlen Baume des Königsdorfer Waldes aufgefunden, wo es wahrscheinlich zur Kriegszeit versteckt worden war. Eine Zeit lang befand es sich demnächst in dem Kloster der Benedictinerinnen zu Königsdorf. Nach Aufhebung der Klöster schenkte die Abtissin es dem Klostergärtner Bernard und der Elisabeth Hamberto, ihrer Dienerin, unter der Bedingung, es nach ihrem Tode einer Kirche zu übermachen. So kam es auf Anrathen des Vicars Hungs zu Sechtem, eines ehemaligen Benedictiners, an die dortige Pfarrkirche. Das Bild wurde nach geschehener Benediction zuerst in der Muschel des Hochaltars, später in der neuen Kirche an der Chorwand hinter dem Altare angebracht.

Stiftungen.

Gestiftet sind 107 Sangmessen und 216 Lesemessen. Unter den erstern sind 48 Donnerstags-Segensmessen, unter letztern 66 zur Commerschen Stiftung gehörige Frühmessen und sechs andere, welche aus der eingegangenen Annabruderschaft herrühren.

Johann Weiler aus Sechtem, weiland Schöffe des kurfürstlichen Gerichts daselbst, war in erster Ehe mit Christina Rospatt aus Bornheim verheirathet. An seinem 81. Geburtstage, dem 24. März 1816, machte er eine Stiftung, bestehend in neun Hectar 19 Are 35 Meter

Garten und Ackerland und 19136 Mark Capitalien. Gegenwärtig be=
trägt die jährliche Pacht 811 Mark, die Zinsen 930 Mark. Hiervon
erhalten die Armen von Sechtem zwei, die von Bornheim ein Drittel.
Arme Verwandte des Stifters sollen nach Bedürfniß berücksichtigt werden,
also den Vorzug haben. Johann Weiler starb zu Köln in seinem in
der Höhle gelegenen Wohnhause am 29. Januar 1817.

Eine Mission wurde im Jahre 1858 von den Jesuiten Feldhaus,
von Mehlem und Ketteler unter großer Betheiligung Einheimischer und
Auswärtiger gehalten. Das bezügliche Missionskreuz befindet sich an
der äußern Chormauer mit der Inschrift: „Rette deine Seele". Darunter
die Jahreszahl. Das Licht einer vor dem Kreuze angebrachten Laterne
zeigt an, daß die Wirkungen der Mission noch nicht erloschen sind.

Ablässe. „Anno 1804 den 10. Juli verlieh Cardinal[1]) Caprara
der Pfarrkirche zu Sechtem vollkommenen Ablaß auf sieben Jahre an
den Festen der heiligen Märtyrer Gervasius und Protasius und der h.
Anna". So lautet eine kurze Notiz des Pastors Müller im Kirchenbuch.
Ueber die Bedingungen zur Gewinnung ist nichts bemerkt. Ohne Zweifel
war der Empfang der Sacramente und der andächtige Besuch der Kirche
vorgeschrieben.

Bruderschaften.

1. Die Bruderschaft zu Ehren der heiligen Patrone Gervasius
und Protasius. Einhundertfünfundachtzig Mitglieder, die zeitigen
Pastores Johann Fridell, Petrus Augenbreuer, Petrus Pleis an der
Spitze, waren im 14. Jahrhundert in das bezügliche Verzeichniß einge=
tragen. Mit dem Aufblühen der

2. Bruderschaft von Jesus, Maria und Joseph gegen 1712
scheint die vorige eingegangen zu sein. Letztere zählte an die 250 Mit=
glieder. Auch die Notabeln der damaligen Zeit, so die Herren von
Meyerhoven, verschmähten es nicht, sich als Mitglieder einschreiben zu
lassen.

3. Die Annabruderschaft. Die Annabruderschaft hatte in Sech=
tem eine solche Bedeutung erlangt, daß selbst profane Schriftsteller dieselbe
als eine geschichtliche Merkwürdigkeit behandelten. Wilhelm Breuer in
seiner vaterländischen Chronik[2]), Minola in seiner römischen Wasserleitung[3]),
von Stramberg im „Rhein. Antiquarius" berichten der Reihe nach von einer
„königlichen Sanct Anna=Bruderschaft, die hier (in Sechtem) einst bestand,

---

[1]) Von Paris aus. — [2]) Jahrgang 1826. — [3]) Die citirte Stelle von Minola
findet sich im „Rhein. Antiquarius", 3. Abth., 12. Bd., S. 146.

welche Könige zu Mitgliedern hatte und, wie sich denken läßt, sehr reich war". „Von derselben," schreibt Minola weiter, „hatte ich Gelegenheit, Urkunden zu sehen. Von ihren Gütern kam Manches an das ehemalige Kloster zu Walberberg und an das Damenstift zu Dietkirchen bei Bonn." Wenn der Schriftsteller dieses Citats die Urkunden nur genannt hätte! In Ermangelung derselben ist das vorstehende Referat mit Vorsicht aufzunehmen. Geschichtlich begründet ist Folgendes.

Die Annabruderschaft hatte in der Pfarrkirche in einem eigens dafür erbauten Chörchen ihren besondern, der h. Anna gewidmeten Altar und einen Beneficiaten als Deservitor, Altarist oder Vicar der h. Anna genannt, welcher die auf zahlreichen Stiftungen beruhenden Obliegenheiten zu erfüllen hatte.

Unter den Stiftern finden sich die Namen hochadeliger Persönlichkeiten, wie folgende Angaben beweisen. Gerhard von Zweyvell und dessen Gemahlin Sophia von Metternich stifteten 1515 am h. Kreuztag (3. Mai) an die Annabruderschaft ein Sümmer Korn als Rente von einem halben Morgen Land. Johann Kyrstchen (Christian), Arnolds Sohn, und Gretchen, dessen Hausfrau, verpfänden ihren Hof, Weingarten und Baumgarten auf dem Schallenberg für die Stiftung eines Goldgulbens, zahlbar auf Martini, 1516. Hermann Pickartz und Metze, Eheleute, stiften am 25. November 1517 mehrere Parzellen Ackerland zu der Anna- und Liebfrauen-Bruderschaft[1]). Johann Bornheim und Aylheit Vauß, Eheleute, stiften mit den Letztgenannten in derselben Urkunde. Kyrstchen Bollich und Katharina, seine Hausfrau, stiften mit den beiden Folgenden in einer Urkunde eine Rente von einem halben Morgen Korn, lastend auf zwei halben Morgen Ackerland, am 25. November 1518. Daem Mölchens und Katharina, seine Hausfrau, stiften eine Grundrente von 81 Schillingen 6 Pfennigen. Jacob Braffels und Trin (Katharina), seine Hausfrau, eine Grundrente von 11 Schillingen. Johann Quade, Herr zu Thomberg und Katharina von Merode, „Frau daselbst", stiften ihren Antheil der Hofstatt zu Sechtem, so neben Dietrich, Graf von Manderscheid, gerade der Kirche gegenüber, um den Gottesdienst in der Kirche zu mehren und besonders zu Behuf der St. Annen-Bruderschaft, damit ihrer selbst, ihrer Erben und Nachkommen mit Seelenmessen, Gebet und anderm Gottesdienst und besonders in obengenannter Bruderschaft gleich anderer Brüder und Schwestern gedacht werde." In der Urkunde, datirt vom Sonntag nach Lichtmeß 1532,

---

[1]) Von der Liebfrauen-Bruderschaft nehmen wir aus der betreffenden Stiftungs-Urkunde eben in sofern Notiz, als auch ehemals eine solche bestanden hat. Da keine Nachrichten aus neuerer Zeit darüber vorliegen, so muß sie lange schon eingegangen sein.

wird die Bedingung gestellt, „daß solcher Theil der Hoffstatt von der Kirche andern Gütern in keine auswendige Hände verschlissen, verkauft und veräußert werden soll". Gerhard von Fryßem (Friesheim), Prior und Conventual der Kreuzbrüder in Köln, überträgt durch Tauschvertrag vom 3. Februar 1531 mit den Brudermeistern der St. Anna-Bruderschaft eine Hoffstatt von anderthalb Viertel Baumgarten, gelegen an der Kirchhofsmauer, früher Hirtzer Gut, und 1½ Viertel Baumgarten, welche aus der Erbschaft der von Staelberg herrühren, 1406 erblich verpachtet an heynen Greyen (Heinrich Grenn) für 22 kölnische Albus. Hermann an der Kirche, Girtchen (Gertrud?), seine Hausfrau, Johann Manns und Tring Eheleute, stiften ein „Erb-halb-Malter" Korn, so sie erblich ingeltend haben von ihren Eltern und Voreltern von einer Hoffstatt auf dem Gänsewasen. Die Urkunde ist ausgestellt vom Scheffengericht unter dem 25. November 1520 [1]).

Der Kürze halber setzen wir von den folgenden Stiftern nur die Namen her: Lene von Sechtem; Johann Questor und Stina, seine Hausfrau; Hans Hecker und Gretchen Cilken.

Eine amtliche Urkunde des Notars Johann Peter Varion vom 5. November 1753 gibt den Vermögensbestand der Annabruderschaft folgendermaßen an: Ackerland 5 Morgen 2 Pinten; Weingarten ½ Morgen; Holzung 6 Morgen; Zinsen 22 Gulden 8 Albus; Weinrenten 4 Viertel; Roggenrenten 3 Malter 2 Sester 1 Viertel [2]). Dazu kommen die Hofrechte.

Lasten der Anna-Bruderschaft: 3 Fäßchen (Korn?) und ca. 30 Albus „Haasgelder", zu liefern den Herren zu St. Gereon in Köln; ein Viertel Weizen, zu liefern der weißen Burg in Sechtem; ein Viertel Roggen der Kirche zu Walberberg; 2½ Huhn und 2½ Schilling dem Kloster Benden (Jufferei) bei Brühl; ein Kapaun, drei Hühner und 3 Albus dem Herrn von Monschau, als Besitzer der grauen Burg.

Hierzu macht die Urkunde den Zusatz: „Zum Vicarievermögen (der Annabruderschaft) gehörten zwei bis drittehalbhundert Jahr und darüber laut alten Pergamentbriefen noch verschiedene Ländereien, Korn und Geldpachten, sind aber seit undenklichen Zeiten nicht mehr im Besitz."

Außerdem schreibt Mathias Hecker, Altarist des Anna-Altars und später Pastor zu Sechtem, unter dem 18. August 1556, „wie im Scheffenbuch zu Brühl steht von der Ohm Weins-Renten zu St. Merten, um daß mein seliger Vater diese Ohm Weins gegolten (gekauft) und wohl bezahlt hat."

---

[1]) Das Verzeichniß sämmtlicher Stifter befindet sich im Urkundenbuch der Pfarrkirche.
[2]) Die Renten vertheilten sich auf etwa 35 Debenten, worüber Vicarius Rüb zu Rösberg, der letzte Altarist, ein Verzeichniß aus dem Jahre 1799 hinterlassen hat.

Ein Verzeichniß von 1605 führt Arnold Klein zu St. Merten als
Schuldner dieser Weinrente auf. Unter Peter Büttgen wurde der Weingarten, welcher mit der Rente belastet war, in Ackerland umgeschaffen
und statt des Weines Korn geliefert, 1605.

Der Beneficiat (Altarist) hatte wöchentlich am Altare der h. Anna
eine h. Messe zu lesen. Zur Residenz in Sechtem war er nicht verpflichtet, daher sowohl Geistliche, Pfarrer und Vicare, aus den benachbarten Ortschaften, wie auch aus Sechtem als Deservitoren vorkommen. Das
Patronatrecht befand sich um 1608 in der Familie der Stifter Johann
Bloch (Pflug) und Theis (Mathias) Engels. Unter den Erben hatte
derjenige das Recht, einen Altaristen zu präsentiren, welcher im „Stock-
hause" wohnte, aber auch die Pflicht, das Annachörchen nebst Altar und
Beichtstuhl zu unterhalten und die Lichter zu beschaffen. Die Investitur
vollzog der Archidiakon zu Bonn, in dessen Hände der Beneficiat den
Eid der Treue ablegte.

Da keine Residenzpflicht bestand, so hatte der Altarist auch keine
Dienstwohnung. Daher übergab am 23. Mai 1723 der damalige Collator des St. Anna-Altars, Heinrich Pflug, dem Beneficiaten Gottfried
Kliffgen die von Herrn von Quad zu Tomberg gestiftete Hofstatt für
einen Reichsthaler in Erbpacht, „mit dem Beding, daß er ein Haus darauf
baue". Abgesehen davon, daß dem Vertrag jede höhere Genehmigung
fehlte, hatte der Collator dadurch seine Befugnisse überschritten. Dazu
kam, daß Kliffgen im Jahre 1749 auf das Beneficium resignirte und
mit dem fraglichen Hause nebst Hausplatz die von ihm im Jahre 1751
gestiftete Vicariestelle zu Vochem dotirte. Es gab in Folge dessen Verluste nach beiden Seiten, für die betreffende Stelle zu Sechtem wie zu
Vochem, indem keiner der spätern Altaristen die Wohnung benutzte. Der
Vorstand der Annabruderschaft erhob Klage auf Entschädigung. Auf
desfallsige Entscheidung des Archidiakonal-Officials verkauften im Jahre
1784 Kliffgens Nachfolger Gaudenz Rüb und Johann Schmitz, Bruder
des Vochemer Vicars Gottfried Schmitz, Haus und Hof gemeinschaftlich
an Eheleute Mathias Mund und Katharina Grans zu Sechtem für
262 Gulden. Die Ankäufer zahlten nur 62 Gulden. Später wurde
die Kirche in Vochem mit 100 Gulden abgefunden. Von den andern
100 Gulden bezahlte Mathias Mund der Kirche zu Sechtem die Zinsen.

Als Altaristen werden in verschiedenen Urkunden genannt:

Mathias Hecker, 1556, wird später als Pastor bezeichnet, ist
aber wahrscheinlich zugleich Altarist geblieben.

Peter Büttgen, 1605, „Pastor zu Waldorf und Vicarius St.
Annä in Sechtem".

Johannes Wreidell, 1608, Vicecuratus zu Sechtem und Altarist des St. Annen-Altars.

Gottfried Kliffgen, erbaute 1724 die obenerwähnte Wohnung nebst Stallung. Die Hausthüre trug die Inschrift:

HOS PENNATES EREXIT GODEFRIDVS KLEFFGEN EX BRENIG PASTOR IN IBBELNDORFF ET ALTHOFF ET ALTARISTA S. ANNAE IN SECHTEN.

Johann Seefahrer, wurde investirt von Archidiakon Frhrn. von Weichs am 8. November 1749, gestorben 1752.

Gaudenz Joseph Rüb, geboren zu Sechtem im März 1730[1]), Vicar zu Rösberg, investirt am 31. Mai 1752, der letzte Altarist der Annabruderschaft, starb zu Rösberg am 24. April 1803.

Nach einer Aufzeichnung des Pastors Müller im Sechtemer Kirchenbuch hat Gaudenz Rüb bis gegen 1795 die Revenüen der Annastiftung genossen.

Kirchhof.

Der Kirchhof umgab ehemals die Pfarrkirche und war kirchliches Eigenthum. Der ohnehin ungenügende Raum wurde noch geschmälert durch das große neue Kirchengebäude. Daher überließ Pastor Schmittmann mit Zustimmung der Behörden der Gemeinde als Kirchhof den der Kirche gegenüber gelegenen Pfarrgarten[2]), 72 Ruthen groß. Als Entschädigung erhielt er für sich und seine Nachfolger das angrenzende Grundstück. Nach kaum sechsunddreißigjährigem Bestehen ist auch schon das Bedürfniß einer Vergrößerung des neuen Kirchhofs fühlbar geworden. Viele gemauerte Gräber, Eigenthum von Privaten, mögen hierzu nicht wenig beigetragen haben. Eine Erweiterung, bestehend in 4 Are 81 Meter aus dem angrenzenden Pfarrgarten, für ca. 990 Mark angekauft, hat im Jahre 1883 stattgefunden.

Die Nicolaikapelle.
Der selige Ailbertus.

Die Kapelle zum h. Nicolaus, wenige Schritte von der Pfarrkirche, an erhöhter Stelle auf den Substructionen der zerstörten Römerburg sich erhebend, bietet in ihrer äußern Erscheinung nichts Merkwürdiges dar. Der Eingang wird nur mit besonderer Erlaubniß der Herren von der grauen Burg, denen die Kapelle eigenthümlich zugehört, in historischem Interesse geöffnet. Selbst die katholischen Einwohner, welche, an

---

[1]) a° 1730, 30. Martii baptiz. est filius Henrici rüb et mariae Elisabeth Ostens, filius Gaudentius Josephus.

[2]) Ein anderer Pfarrgarten befindet sich unmittelbar hinter dem Pfarrhause.

der Kapelle vorübergehend, den Gottesdienst in der Pfarrkirche besuchen, scheinen sich nicht bewußt zu werden, wozu jene neben dieser überhaupt noch besteht. Und dennoch verdient die Kapelle erhalten zu werden, zunächst als Denkmal der ersten Kirche von Sechtem und der ältesten Pfarrkirche, deren Stelle sie einnimmt, dann als historische Erinnerung der Herren von der grauen Burg und des Dorfes Sechtem von den Zeiten der Grafen von Saffenberg bis zum Untergange der Lehnsherrlichkeit unter den Kurfürsten, endlich besonders als Ruhestätte des im Rufe der Heiligkeit zu Sechtem verstorbenen Stifters der ehemaligen Augustiner= abtei Klosterath in der holländischen Provinz Limburg, dicht an der Grenze der Rheinprovinz, zwei Stunden von Aachen entfernt.

Hören wir kurz die interessanten Details der Lebensgeschichte und die Umstände, welche diesen ungewöhnlichen Mann nach Sechtem führten und dort zur Ruhe brachten. Ailbertus, so hieß derselbe, entstammte dem Adelsgeschlechte des Amorricus von Antoing bei Tournay in Flan= dern [1]. Ausgezeichnet durch seltene Geistesgaben, widmete er sich dem höhern Studium, erwählte den Priesterstand, wurde Canonicus zu Tour= nay und Professor der Theologie und Philosophie. Ungewöhnliche Tugend, vor allem grenzenlose Freigebigkeit und ascetisches Leben, verbunden mit hervorragenden wissenschaftlichen Leistungen, erwarben dem Ailbertus all= gemeinste Achtung und höchste Verehrung. Aber eben diese Anerkennung seiner Verdienste entsprach keineswegs der demüthigen Gesinnung dieses Gottesmannes und veranlaßte ihn, fern von der Heimath einen Ort aufzusuchen, wo er ungekannt und ungestört sich ganz dem Höhern widmen könne. In dieser frommen Absicht kam Ailbertus in die Gegend von Rode (Herzogenrath) und erhielt von dem Grafen Adalbert von Saffen= berg, Herrn von Rode, die Erlaubniß und Geldmittel, auf einer westlich gelegenen, zu dessen Besitzthum gehörigen Anhöhe ein Kloster zu bauen. So entstand im Jahre 1104 die herrliche Augustiner=Abtei Klosterath, welche im Laufe der Jahrhunderte zu hoher Blüthe gelangte und bis zur Auf= hebung der Klöster durch die Franzosen im Jahre 1802 auch in die Geschichte der Erzdiöcese Köln verflochten ist durch das Patronat von mehrern Pfarreien, wie Herzel, Dovern und Lommersum. Die Kirchen der genannten Ortschaften erhielten von Klosterath ihre Pfarrer und ihre Dotation.

Gegenwärtig ist die Abtei in ein Lyceum, eine Art Gymnasium, unter geistlicher Leitung, umgewandelt, welches von studirenden Zög= lingen aus Holland, Belgien und Deutschland besucht wird.

---

[1] Die „Annales Rodenses" in der „Histoire de Limbourg", Tome VII, führen das Geschlecht der Antoings auf gemeinsamen deutschen Ursprung mit den Brüdern Gerard von Wassenberg und Rütger von Cleve zurück. l. c. p. 1.

Zwei Jahre nach der Gründung von Klosterath übergab Ailbertus die Leitung der Abtei dem Bruder Thymon und ging nach Frankreich, wo er in der Diöcese Laon das Kloster Clairefontaine errichtete. Nach elfjähriger Trennung entschloß er sich sodann, sein geliebtes Klosterath nochmals zu besuchen. Auf der Reise hoffte er, bei dem Grafen Adolph, dem Sohne seines Freundes Adalbert, auf dessen Stammsitz Saffenburg (zwischen Altenahr und Ahrweiler) vorübergehend Einkehr zu halten. In Sechtem [1]), gastfreundlich aufgenommen, wird er plötzlich von einer tödtlichen Krankheit ergriffen, welche seiner Reise wie seinem Leben ein Ziel setzte. Ailbertus empfängt, so berichten die Annalen, die h. Wegzehrung, empfiehlt sich Gott dem Herrn mit dem gesammten katholischen Volke in heißem Gebete. Hierauf bittet er einen Diener um einen Trunk aus dem Brunnen. Er kostet ihn und findet Wein im Becher. In dem Glauben, man habe ihm mit Absicht Wein dargereicht, bittet er zum zweiten Male um Wasser, und auch zum zweiten Male erhält er Wein. Da geht der Herr des Hauses selbst, um Wasser zu holen, und auch zum dritten Mal findet sich Wein im Gefäß. Das Wunder von Kana hatte sich erneuert. Durch das einstimmige Zeugniß der Umstehenden überwunden, nahm jetzt Ailbertus den Gottestrank und verschied, den Herrn des Himmels preisend, am 18. September, einem Montag des Jahres 1122. Hatten Ailbert's Freunde bei Lebzeiten ihn wie einen Heiligen verehrt, wie groß war demnach die Freude der Einwohner von Sechtem, in seiner leiblichen Hülle die Reliquien eines Heiligen zu besitzen, von dessen wunderbarem Hingang in die Glorie sie selbst Zeugen gewesen waren! Aber sie sollten dieselbe nicht ohne Kampf in ihrer Mitte behalten. Die Diener trafen schleunigst Anstalten, die Leiche nach Rode zu überbringen, wie Ailbertus gewünscht und gebeten hatte. Allein während das Gefähr in Bereitschaft gestellt wurde, trugen die Ortsbewohner die Leiche in die kleine Kirche (Kapelle), umringten und bewachten den Sarg, so daß Niemand Zutritt hatte und die gewaltsame Entführung verhindert wurde. Ein Eilbote machte sich in der folgenden Nacht auf den Weg nach der Saffenburg, um den Grafen Adolph von der Sachlage zu benachrichtigen.

Die Sechtemer aber beeilten sich, noch zur Abendszeit die Beerdigung unter großer Feierlichkeit zu veranstalten, und zwar in der Gruft der Nicolaikapelle, seitwärts vom südlichen Eingange [2]).

---

[1]) Wahrscheinlich in der Burg seines Freundes, des Grafen von Saffenburg.

[2]) Nach dem Separat-Abdruck eines Protokolls aus einer holländischen Zeitschrift über die spätere Auffindung der Reliquien wird die Kapelle „slotkapel" Schloßkapelle genannt. Ich finde hierin eine nachträgliche Bestätigung unserer oben über die Entstehung der Pfarrkirche gegebenen Darlegung.

Früh Morgens erschien Graf Adolph, erfüllt von Zorn und Un=
willen, daß man einen so heiligen, ehrwürdigen Priester ohne kirchliche
Feier an unrechter Stelle begraben, und wollte den Leichnam wieder
ausgraben. Aber wie darfst du es wagen, so erwiderte man, einen so
heiligen, ehrwürdigen Priester mit Laienhand, und, was schlimmer ist,
ohne bischöfliche Erlaubniß und ohne Klerus aus dem Grabe zu ent=
fernen? Durch solchen Widerspruch eingeschüchtert, stand der Graf von
seinem Vorhaben ab.

Die Gebeine des seligen Ailbertus ruhen nunmehr über 760 Jahre
in der Nicolauskapelle. Ihre Echtheit ist durch authentische Untersuchung
verbürgt. Hierüber Folgendes: Im Jahre 1771 ließ Freiherr Johann
Heinrich von Monschau, Herr der grauen Burg, die Kapelle erneuern.
Die Maurer stießen auf den hölzernen Sarg, welcher Ailbertus Gebeine
enthielt. Herr von Monschau ließ die Arbeiten vorläufig einstellen und
berichtete über den Befund an die geistliche Oberbehörde zu Köln. Tag
und Nacht wurde die Kapelle bewacht, um Verschleppung zu verhüten.
Auf Anordnung des Generalvicars Karl Aloys Grafen von Königsec
wurde am 12. October eine Commission ernannt mit dem Auftrage, die
bei Restauration der Kapelle gebotene Erhebung der fraglichen Ueberreste
zu leiten, und es wurden insbesondere der Hauptvicar an St. Gereon,
Friedrich Schulten, sowie der Pfarrer von Sechtem, Nicolaus Schröder,
angewiesen, darüber zu wachen, daß alles in gebührender Ordnung ge=
schehe, Gebeine und Asche an einem würdigen Orte untergebracht würden.

Der erste öffentliche Professor der Medicin an der Kölner Univer=
sität, Dr. Georg Menn, übernahm die wissenschaftliche Untersuchung und
führte sie nach allen Regeln der Kunst. Er prüfte alle einzelnen Theile,
beschrieb sie in der Form eines Katalogs, systematisch geordnet in 79
Nummern nach ihrer Größe, Form, Farbe, und constatirte nach angestelltem
Vergleich die Zusammengehörigkeit der verschiedenen Gliedmaßen. Hierauf
wurden die Gebeine in einen neuen mit Seide ausgelegten Kasten ver=
schlossen und bis zur vollendeten Herstellung der Nicolaikapelle in der
Hauskapelle der grauen Burg aufbewahrt. Ueber die Verhandlung
wurde unter dem 4. November 1771 vor den Ortsschöffen ein Protokoll
aufgenommen. Es unterschrieben: Johann Heinrich von Monschau, Herr
in Sechtem und Vilkrad. — J. F. Schulten, Commissar und Zeuge. —
Nic. Schröder, Pastor in Sechtem, Commissar und Zeuge. — Gerhard
Müller, Vicar in Sechtem. — Johann Wilhelm Lumm, erzbischöflicher
Notar. — Außer den Unterzeichneten waren bei der Untersuchung an=
wesend: Johann, Heinrich, Joseph und Rudolph Franz, Söhne des
Herrn von Monschau. — Johann Joseph ab (von) Haghen, Abt von
Rode (Klosterath). — Heinrich Adolph Wolff, Licentiat der Theologie,

Capitular an St. Maria im Capitol und Pfarrer zu St. Martin in Köln. — Christian Alexius, Canonicus zu Rode und Pfarrer zu Herzel. — Johann Salm, Canonicus zu Rode. — Ferdinand Rentling, kurfürstlicher Hofrath.

Pastor Nicolaus Schröder benedicirte die Kapelle vor der Beerdigung des Freiherrn von Bentzel[1]) im Jahre 1775, worüber wir sogleich Näheres erfahren werden.

Gegen 1620 hatte (Johann?) von Siegen in der Mitte der Kapelle eine Familiengruft erbaut. Darin haben unter Andern ihre Ruhestättte gefunden: 1. Johann Baptist Fortunatus Freiherr von Bentzel, Dekan an St. Victor und Cantor an St. Peter zu Mainz, gestorben zu Sechtem am 4. Juni 1775[2]) im Alter von 40 Jahren. 2. Ein unbenanntes Kind aus der Familie von Monschau[3]). 3. Maria Anna Odilia von Steinen, Wittwe des Freiherrn Johann Joseph von Wassenaer-Wasmond, gestorben zu Bonn am 20. März 1830, 81 Jahre alt.

Die Nicolaikapelle, einst als Heiligthum ehrwürdig, dem Gottesdienste geöffnet, und als Ruhestätte eines im Rufe der Heiligkeit verschiedenen hochverdienten Mannes geweiht, scheint für den Zeitgeist unserer Tage alle Bedeutung verloren zu haben. Die Kapelle, äußerlich geglättet und frisch übertüncht, zeigt im Innern Zeichen von Verwahrlosung, aber keine Spur von jener Ehrfurcht, welche unsere frommen Vorfahren den Reliquien der Heiligen zu erweisen pflegten. Der Glaskasten im Altar, welcher die Reliquien birgt, ist oben durchbrochen und mit Altartafeln lose überdeckt. Von der Feier des h. Meßopfers kann unter diesen Umständen keine Rede sein.

Wendelinuskapelle.

Im Jahre 1682 ließ Jacob Beller, hochfürstlich Paderborn- und Münster'scher Kammerherr[4]), an Stelle eines verfallenen Heiligenhäuschens in der Nähe von Sechtem[5]) dem h. Wendelinus aus besonderer Verehrung eine Kapelle erbauen. Am Martinstag genannten Jahres stiftete

---

[1]) Die Beerdigung fand Statt „in cella mortuaria sacelli s. Nicolai a me (Pastor N. Schröder) desuper authoritate benedicta ritu Romano — catholico, a me sepultus …"

[2]) Das Sterberegister enthält dessen vollständigen Titel wie folgt: Rmus Amplissimus Dnus liber Baro J. B. F. de Bentzel alias Moguntiae ad s. Victorem Decanus et ad s. Petrum Cantor seu chori Eppus item moguntinus. Nach Aschbach ist Cantor mit Chorbischof identisch. St. Victor lag bei Weisenau, Vorstadt von Mainz. Das Stift bestand, wie das von St. Peter, bis zur französischen Revolution. Von Bentzel genoß das Beneficium, während er das Officium durch einen Stellvertreter erfüllen ließ.

[3]) Aufzeichnungen in einem Kirchenbuch von Sechtem. — [4]) Urkunde im Kirchenbuch.

[5]) Zwischen der Eisenbahn und dem Dorfe.

derselbe sein ganzes zu Sechtem gelegenes „Gut, Grund und Boden, Abnutzungen, Rechte und Gerechtsame", nämlich ein Viertel Weingarten, eine Pinte Baumgarten, ein Morgen Bitzen (Pflanzgrund), sämmtliche Grundstücke nach damaligem Werth zu 130 kölnische Dahler angeschlagen. Aus den Einkünften ad 6½ Dahler soll ein anzustellender Vicar der Kapelle als Stipendium einer Jahresmesse für die Seelenruhe des Stifters, seiner Eltern und Nachkommen sechs Dahler erhalten, der Küster einen halben Dahler.

Ueber die eingehenden Opfergaben sind in der Urkunde folgende Bestimmungen getroffen: „Was auf dem Altar das Jahr hindurch geopfert wird, soll zeitlicher Vicar allein genießen, außer demjenigen, was an des h. Wendelinus Feiertag, wie auch was von den Pilgern, welche in der Woche vor Pfingsten nach Trier wallfahrten, geopfert wird. Hiervon soll der Vicar den dritten Theil erhalten, die übrigen zwei Drittel sind der Kapelle zu überweisen für Wein und Wachs, vorbehaltlich eines Theiles für den Küster, welcher die Aufsicht über die Kapelle zu führen hat."

Collatoren mit der „Vollmacht, einen Vicar anzustellen oder auch ohne alle Einrede und jeden Widerspruch abzusetzen und an dessen Stelle einen tüchtigern zu statuiren, waren Schultheiß, Gerichtsschreiber und Scheffen des Gerichts zu Sechtem". In ihre Hände wurde zugleich die Verwaltung des Kapellenvermögens gelegt. Die Stiftung erhielt 1707 die erzbischöfliche Genehmigung. Später kam noch eine gestiftete Messe hinzu.

Am Wendelinusfeste, den 20. October, war ehemals feierlicher Gottesdienst in der Kapelle, Levitenamt mit sacramentalischem Segen, Predigt im Freien. Der celebrirende Priester trug das Hochwürdigste vorher in feierlicher Procession aus der Kirche in die Kapelle. Pastor Schmittmann verlegte den Gottesdienst in die Pfarrkirche. Für einzelne Beter bleibt die Kapelle am Wendelinustage geöffnet. Uebrigens erfreut sich das Fest noch immer großer Theilnahme von Pilgern aus der Nähe und Ferne.

Heiligenhäuschen und Kreuze.

1. An der Kaiserstraße, der weißen Burg schräg gegenüber, eine Pietà mit monumentaler Fassung aus Stein, gestiftet von Francisca Velten, Wittwe Bollich.

2. Stationsbild, „Christus von Pilatus verurtheilt", die Umfassung in Stein, am Schwadorfer Weg, Geschenk der Sibylla Bernards.

3. Die neunte Station des Kreuzwegs, „Christus fällt zum dritten Mal errichtet im „Kempchen" von Mathias Hubert Link.

1. Ein Steinkreuz, errichtet von den Eheleuten Peter Rospath und Gertrud Waldorfs, Ophalſen, im Jahre 1670; 2. am Bollichshof; 3. am Wege nach Kelbenich, 14 Fuß hoch, zur Ehre und Verherrlichung Gottes und zum Troſte der Abgeſtorbenen errichtet von Peter Joſeph Schnorrenberg und Henr(iette) Zaun im Jahre 1853.

Pfarrſtelle.

Südlich von der Kirche und der Nicolaikapelle ſchließt ſich an den alten Kirchhof, durch koloſſale römiſche Grundmauern von demſelben getrennt, Pfarrhof und Garten an. Die eng verbundene Lage läßt den gemein= ſamen Urſprung aus der mittelalterlichen Ritterburg erkennen. Unlängſt ſtand hier ein äußerſt beſcheidenes altes Pfarrhäuschen. Im Jahre 1875 wurde es abgebrochen, nachdem dicht nebenan das jetzige ſtattliche Pfarr= haus auf Koſten der Civilgemeinde im Jahre 1874 erbaut worden war, kurz vor der Zeit, wo durch die neue Geſetzgebung die Baupflicht an die Kirchengemeinde überging.

Die Dotation des Pfarrers iſt aus den ehemaligen Gütern von Dietkirchen entnommen. Im Jahre 1569 beſtand ſie nach Gelenius[1] in 21 Morgen Ackerland, wahrſcheinlich durch eine Zulage aus dem Kirchenzehnten vermehrt. Paſtor Schröder gibt 1784 die Morgenzahl der Länderei mit 66⅝, die der Holzungen mit 15 Morgen an. Dazu kam ein Weingarten, Kirchengarten genannt, und der Zehnte von neun Morgen, alles im großen Kölner Maß. Das geſammte Areal, 20 Hectar 21 Are, beſteht gegenwärtig in Garten und Ackerland. Das Staatsgehalt beträgt 240 Mark.

Abtiſſin und Convent von Dietkirchen hatten das Präſentations= recht, der Archidiakon zu Bonn die Inveſtitur[2].

Den Pfarrer nennt Gelenius „vicarius perpetuus" als Vertreter eines Perſonatus in Waldorf[3]. Was iſt Perſonat? Perſonat[4] in der vorliegenden Bedeutung kommt nur bei Landkirchen vor und unterſcheidet ſich von den aus dem canoniſchen Recht bekannten Stellen an Dom= und Stiftscapiteln gleichen Namens. Es war eine mit der Pfarrſtelle verbundene Pfründe ohne wirkliche Seelſorge, ein Beneficium ohne Officium. Der Inhaber der Pfründe, Perſonatarius, ließ die pfarramtlichen Verrichtungen durch den Vicarius Perpetuus als persona personatus (ſ. Anm. 1) aus=

[1] „In Sechtem perpetuus vicarius sub decano Bonnensi tamquam persona personatus in Waldorff. Competentia unum iurnale et viginti iurnalia agrorum in semento, vulgariter „in der Saett". Gel., Farrag.. XXIV 160.
[2] Binterim u. Mooren, Alte u. neue Erzb. Köln, I 348; Dumont, Descriptio, 21.
[3] l. c. — [4] Annalen d. hiſt. Vereins, XXV 173 ff.

üben. Der Personatarius hatte den Vorrang im Kirchenstuhl, er nahm nicht Theil an den Versammlungen des Dekanatscapitels und war der Aufsicht des Dechanten enthoben. Die Personatarien wurden meistens von adeligen Herrschaften ernannt und waren daher in der Regel Verwandte oder Freunde der adeligen Patrone, welche einem Stifte als Mitglieder angehörten. So erklärt sich, daß sie der Pfarrkirche ihres Personats fremd blieben, indem sie ihren Wohnsitz an einem Stifte oder auch im adeligen Hause beibehielten. Demnach war das Personat nichts anderes, als ein krankhafter Auswuchs des Pfründenwesens. Der Archidiakon zu Bonn hatte das Recht, von den nicht residirenden Geistlichen eine Abgabe zu erheben. Diese Auflage war nicht geeignet, den Mißbrauch zu heben, sondern umgab denselben vielmehr mit einem gewissen Schein der Anerkennung[1].

Das Personat hatten 1785 die Canonici des Stifts Dietkirchen. Der damalige Pfarrer Liebertz behauptete unter Hinweisung hierauf, daß die Verpflichtung, das Kirchenchor in Reparatur zu erhalten, nicht dem Pastor zu Sechtem, sondern dem genannten Stift obliege, wie denn auch der „Leiendecker" Esser, welcher seit 30 Jahren das Dach bestiegen, von Dietkirchen bezahlt worden sei. Demnach wäre der Personatar als eigentlicher Pfarrer mit der Baupflicht belastet gewesen[2].

Die bekannten Pfarrer.

Pastor Heinrich ist Zeuge in der Urkunde vom 17. Juni 1249, wodurch Burggraf Gerhard von Landskron dem Kloster Schillingskapellen einen Mansus in Sechtem zu Lehen reichte[3].

Gobelin um 1289 (Näheres im Namenregister).

Mathias Hecker, 1556, Pastor und Altarist der Anna-Bruderschaft.

Johann Rumme, investirt zu Bonn am 4. April 1601[4].

Theodor Kondchen, Vicecuratus, 1602.

Leonard Meßdorf, 6. October 1604.

August Johann Wredell, 8. Februar 1614.

Mathias Cuper, 22. September 1628.

Servatius Eick, 24. Mai 1632.

---

[1] Vgl. Anhang II.

[2] Die Angabe des Pastors Liebertz leidet an Unklarheit, weil das Damenstift Dietkirchen hier mit dem Personatar, einem Canonicus des Stifts, confundirt wird. Uebrigens liegt die Geschichte des Personats überhaupt noch ziemlich im Dunkeln. Vgl. Dr. Mooren in „Annalen d. hist. Vereins", XXV 173 ff.

[3] „Kloster Kapellen soll wegen des Lehens jährlich zu Martini 4 Mark-Pfennige in des Burggrafen Hof zu Sechtem entrichten; auch sollen, im Falle des Ablebens des Inhabers besagten Mansus, 4 Schilling Kurmuth und bei jedem Lehensempfang 4 Schilling Gewerve gegeben werden." Rhein. Antiquarius, 3. Abth., 12. Bd., 288.

[4] Die Pfarrer 4—9 in den Protokollen des Cassiusstifts. Pastoralbl. 1882, Nr. 11.

Johann Fridell aus Sechtem, 1650.

Peter Augenbrewer, 1660 und 1669.

Peter Pleis aus Köln, seit 1673, resignirt 1717. — Bernard Fridell, Prior im Cistercienserkloster zu Grevenbroich, kam gegen 1673, zur Zeit des spanisch-holländischen Krieges von dort vertrieben, nach Sechtem, verwaltet die Pfarre bis 1697[1]).

Peter Mertens, als Administrator investirt am 8. Januar 1697, führt im Jahre 1712 die Bruderschaft von Jesus, Maria und Joseph ein; wird nach der Amtsniederlegung des Peter Pleis zum Pfarrer ernannt und am 19. Februar 1717 investirt. Er starb am 8. August 1722.

Hermann Joseph Brand aus Sechtem, 1722—1759. Sein Sterbetag ist der 6. October.

Theodor Schröder, 1759—1762. (Siehe das Nähere unter Hemmerich S. 116.)

Nicolaus Schröder, 1762—1783, aus Luxemburg, Bruder des Vorigen.

Franz Xaver Jacob Ent[2]), 1783—1784, geboren in Zell an der Mosel, war beim Antritt der Pfarrstelle 14 Jahre Priester, resignirte am 28. Juli 1784, wurde hierauf Pfarrer in Friesheim, später an einer unbekannten Stelle im Oberland.

Wilhelm Liebertz, 1784—1790, war geboren zu Witterschlick und starb am 6. November 1790, nach siebenzehnjährigem Priesterstande, 41 Jahre alt[3]).

Anton Georg Schneider, 1791—1795, geboren zu Pesch am Bleiberg, starb zu Sechtem am 5. September 1795, 45 Jahre alt; er war 22 Jahre Priester.

Johann Wilhelm Thelen, 1795—1823, geboren zu Kelbenich in der Eifel am 7. Februar 1742, wurde Priester 1770, bis 1795 Kaplan zu Brühl, stiftete ein Anniversar an die Pfarrkirche zu Kelbenich. Er starb zu Sechtem am 13. Juni 1823. Vicar Steven verwaltete die Pfarrstelle in der Vacatur.

Wilhelm Heinrich Kruchen, 1823—1825, geboren zu Jüchen im Jahre 1792, wurde Priester am 21. September 1817, Kaplan zu Rheindahlen, am 15. August 1819 Kaplan an St. Maria im Capitol

---

[1]) Fridell hatte wahrscheinlich in Sechtem seine Heimath, weshalb er auch dorthin flüchtete; Wredell ist mit Fridell ursprünglich identisch und stammt, wie es scheint, ebenfalls aus dem Pfarrort.

[2]) A reverendissima et perillustri Domina Anna L. B. de Bourscheid, perill. capituli in Dietkirchen Abatissa, gratiose denominatus. Notiz in dem Sechtemer Sterberegister. — [3]) Vgl. über denselben unter Pfarrer von Urfeld.

in Köln, seit 28. December 1825 Oberpfarrer in Viersen. Gottfried Hendrichs aus Sechtem, ehemaliger Benedictiner, verwaltete die Pfarrstelle zur Zeit der Vacatur.

Johann Joseph Müller, 1826—1845, geboren zu Nurdorf bei Linnich am 19. März 1775, wurde Priester am 27. September 1798, war bis 1802 Mitglied der Benedictiner-Abtei zu Camp, hierauf Kaplan an St. Columba in Köln bis 1805, an der Dompfarre bis 1826, trat die Pfarrstelle an am 18. Februar dieses Jahres und starb zu Sechtem am 25. Juni 1845. Er war ein eifriger Seelsorger und thätig in der Verwaltung. Das Archiv besitzt von ihm ein Urkundenbuch, sowie manche geschichtliche Notizen.

Johann Hermann Joseph Schmittmann, 1845—1873, geboren zu Crefeld am 22. Juli 1807, zum Priester geweiht am 9. April 1834, war vor seiner Berufung nach Sechtem (am 23. September 1845) Kaplan zu Brühl. Von 1863—1868 war er Definitor, hierauf Dechant, auf welches Amt er im Jahre 1870 resignirte. Schmittmann war eben so fromm und seeleneifrig, als wissenschaftlich gebildet. Die neue Kirche rief er durch seine Anregung in's Dasein. Leider konnte sein Einfluß den mangelhaften Baustil nicht verhindern. Desto mehr bemühte er sich, durch innere Ausschmückung die bessernde Hand anzulegen. Der bescheidene Mann bewohnte ein eben so bescheidenes Pfarrhaus; es war primitiv, klein, alterthümlich, von einer gewöhnlichen Bauernhütte nicht verschieden. Ein anderes verlangte er nicht. Die Zeitschrift „Nathanael" stand mehrere Jahre unter seiner Redaction. Das italienische Werk: „Die Heiligen des Alten Testaments" fand durch seine Uebersetzung vielfache Verbreitung in Deutschland.

Es war Schmittmann's Wunsch, arm zu sterben, und so starb er nach fast dreijähriger Krankheit und wahrhaft priesterlicher Vorbereitung am 21. Februar 1873, allgemein geliebt und betrauert.

Wilhelm König, geboren zu Frauwüllesheim am 20. April 1806, studirte zuerst Philosophie, später Theologie, wurde zum Priester geweiht am 4. Mai 1843, hierauf Vicar zu Poulheim, Dekanat Lövenich, sodann am 13. August 1856 Pfarrer in Rösrath, Dekanat Mülheim, von wo er am 1. April 1873 seine Berufung nach Sechtem erhielt. Unter Pastor König wurde im Jahre 1874 das neue Pfarrhaus errichtet.

Vicarie.

Die Vicarie zu Sechtem ist eine Stiftung des Pastors Gerhard Commer zu Merten aus dem Jahre 1749. Sie besteht aus drei verschiedenen Schenkungen.

1. Am 11. April 1749 vermachte G. Commer, Pfarrer zu Merten und Trippelsdorf, zu einer Sonn- und Feiertagsfrühmesse an die Pfarrkirche zu Sechtem „ein Morgen Artlands am Martiner Busch", ³/₄ Morgen auf dem Pibbelacker neben Kloster St. Apern, 2¹/₂ Viertel sammt Uebergewächs daselbst, ¹/₂ Viertel am kleinen Fuß (Fuchs), ¹/₂ Viertel Weingarten. Die Urkunde hierüber wurde aufgenommen vor dem Herrengeding in Rösberg [1]).

2. Zur Verstärkung des Ordinationstitels eines Geistlichen, beziehungsweise zu Behuf der Frühmessenstiftung stiftete derselbe vor dem Scheffengericht zu Sechtem durch Urkunde vom 5. September 1749 eine Capitalforderung von 600 Reichsthalern und die „jüngst von ihm erbaute Wohnung sammt anklebendem Garten zu Sechtem, buschwärts zwischen der weißen Burg, rheinwärts Johann Heisterbach, wovon im Falle der Vermiethung 12 (kölnische) Thaler erzielt werden können". „Von Schulhalten könne zeitiger Primissar außerdem 16 Reichsthaler genießen." „Mit Belieben gesammter Gemeinde war Wohnhaus und Garten von Simpeln, Kriegs- und Nachbaren-Lasten sowie kurfürstlichen Schatzes frei" [2]).

3. Die angegebenen Fonds vermehrte Pastor Commer, indem er am 8. Januar 1765 sein im Kirchendienst erworbenes Vermögen den Vicarien zu Sechtem und Metternich und seiner Pfarrkirche zu gleichen Theilen, also jeder ein Drittel, vermachte [3]).

Auf der Commer'schen Stiftung lasten 66 Frühmessen. Stiftungsmäßig hatte der Primissar der Kirche für den Gebrauch der Paramente, Wein und Wachs 4 Dahler kölnisch zu entrichten oder im Falle der Verweigerung diese Erfordernisse selbst zu stellen. Derartige Auflagen kommen bei ältern Stiftungen regelmäßig vor. Der Vicar erhielt, da die Stiftungs-Einnahmen sich in der Folge als ungenügend erwiesen, seit den letzten dreißiger Jahren 500 Franken oder 131 Thaler 7 Sgr. 6 Pfg. Gegenwärtig bezieht derselbe 250 Thlr. oder 750 Mark aus der Kirchenkasse, darunter die Revenüen einer Schenkung des emeritirten Pfarrers Johann Schnorrenberg von Schiesbahn. Schnorrenberg war gebürtig zu Sechtem und starb daselbst am 4. Februar 1870, 66 Jahre alt.

In den Jahren 1869 und 1870 baute die Gemeinde die neue Vicariewohnung.

---

[1]) Auszug aus dem Protokollbuch des Herrengerichts zu Rösberg.

[2]) Copie des Gerichtsprotokolls im Kirchenbuch, S. 91. Die Wohnung befand sich neben der spätern Schule. Dr. Klaes kaufte dieselbe, um an ihrer Stelle ein neues Haus zu bauen. Es ist jetzt Eigenthum des Herrn vom Rath.

[3]) Copie des Testaments l. c. 92.

Die bekannten Vicare.

Gerhard Müller[1]), Vicar der Pfarrkirche und der Wendelinus-kapelle in einer Urkunde von 1771, starb am 6. September 1809, 86 Jahre alt. Unter französischer Herrschaft befanden sich zwei emigrirte Geistliche in Sechtem, Erneste de Steinen und Johann Henn; beide fungirten gleichzeitig als Secretaire bei dem Bürgermeister Bollig auf dem Ophof. Der Erstere besorgte nach G. Müller's Ableben die Dienste des Vicars. Der Andere war der Kirche entfremdet und nahm selbst am gewöhnlichen Gottesdienste nicht Theil. Endlich gelang es den Bemü-hungen des Pfarrers Thelen, denselben zur Rückkehr zu bewegen. Dieser führte ihn zur allgemeinen Freude in feierlichem Zuge mit Kreuz und Fahne neuerdings in die Kirche ein[2]).

N. Thissen[3]).

Joseph Gottfried Steven, 1821—1823, geboren zu Köln am 27. September 1795, wurde Priester am 11. Mai 1821, verwaltete nach Pastor Thelen die Pfarrstelle 1½ Monat, wurde demnächst Pfarrer in Gereonsweiler, später Oberpfarrer in Bergheimerdorf, starb daselbst am 3. März 1862.

Johann Wilhelm Leonard (Benedict) Hungs, 1826—1833, geboren zu Aachen am 24. Juni 1765, ehemaliger Benedictiner in der Abtei Altenkamp bei Rheinberg, Prior des Klosters Mariagarten in Köln, kam auf Veranlassung des Pastors Müller, seines frühern Mit-genossen zu Altenkamp, nach Sechtem und starb daselbst als Vicar am 24. Juni 1833.

Hermann Joseph Hospelt, aus Köln, bis Mai 1839, wurde von hier als Pfarrer nach Zweifall bei Montjoie berufen.

Johann Anton Deutz, geboren zu Euchenheim am 22. August 1813, zum Priester geweiht am 7. Juni 1839, versah die Vicarie-stelle vom 23. Juni bis 28. September 1839. Deutz war später Pfarrer zu Wissen an der Sieg und seit dem 6. October 1868 Pfarrer zu Münz, wo er am 31. Januar 1882 starb.

Anton Faßbender, 1839 bis 3. Mai 1844, geboren zu Köln am 16. November 1813, wurde Priester am 14. Juni 1839, später Pfarrer in Much, am 30. Mai 1871 Pfarrer in Morken.

Heinrich Mathias Jütten, aus Havert bei Heinsberg, starb zu Sechtem 1845.

---

[1]) Seine Eltern waren Franz Müller und Elisabeth Commer in Lengsdorf. Der Familienname der Mutter sowie der Vorname des Vicars deuten auf Verwandtschaft mit dem Stifter Gerhard Commer.

[2]) Die Emigranten Steinen und Henn sollen in Köln gestorben sein.

[3]) Es ist nicht ersichtlich, ob Vicar Thissen vor oder nach Steven die Stelle bekleidete.

Von 1845—1869 war die Vicariestelle unbesetzt.

Peter Schmitz, geboren zu Meckenheim am 8. Mai 1843, wurde Priester am 13. März 1869, war vom 9. April 1869 bis 24. Februar 1871 Vicar zu Sechtem und wurde am 14. März 1871 zum Vicar in Niederzündorf berufen. Er hatte Privatwohnung bei der Christina Kall, geborene Schnorrenberg, einer besondern Wohlthäterin der Kirche und der Armen.

Peter Franken, seit 1871, geboren zu Nesselhoven, Pfarre Marienfeld, am 18. December 1837, zum Priester geweiht am 2. April 1864, war bis zu seiner Ernennung (24. Februar 1871) Vicar an der Kapelle zu Egen bei Wipperfürth.

Küsterstelle.

Der Küster bezog früher nach allgemeinem Gebrauch hiesiger Gegend von jedem Haus ein Christbrod. Statt dessen zahlt ihm die Gemeinde jetzt jährlich gegen 165 Mark. Für Abbetung des täglichen Rosenkranzes hat derselbe die Nutznießung von anderthalb kölnischen Morgen Stiftungsland. Dazu kommen die gewöhnlichen Gebühren von Taufen, Copulationen, Beerdigungen sowie der Antheil an Stiftungsmessen. Die Organistenstelle ist vom Küsterdienst getrennt und bisher vom Lehrer versehen worden, insofern dieser nicht durch die Obliegenheiten der Schule verhindert ist.

Als Küster sind zu verzeichnen: 1676 Jost Saas. — 1698 Jodocus Saas. — 1716 Jodocus Blömelings. — 1780—90 Johann Rößberg. — Johann Kall stand unter Pastor Müller im 82. Lebensjahre. — Johann Schnorrenberg, nach ihm sein Sohn Heinrich Schnorrenberg, gestorben 1874. — Johann Müller versieht gegenwärtig den Küsterdienst.

Die Schule.

Ueber die älteste Schuleinrichtung von Sechtem fehlen alle Nachrichten. Erst aus den Acten der Commer'schen Stiftung erfahren wir, daß mit Errichtung der Vicarie der Unterricht der Kinder durch den Frühmesser angestrebt wurde. In der That hat der uns bekannte Gerhard Müller unter dem Titel eines Schulvicars beide Stellen zugleich versehen [1]. Pastor Wilhelm Liebertz (1784—1790) stiftete 25 Thaler zur Unterstützung armer Schulkinder. Seit 1809 unterrichtete Andreas Brand sämmtliche Knaben und Mädchen. Zu seiner Zeit bestand der Gebrauch, daß der Lehrer abwechselnd von Haus zu Haus essen ging. Zur Winters-

---

[1] Als dritte kam die Rentei der weißen Burg hinzu, welche der Schule, wie damals so auch jetzt der neuen, gegenüber liegt.

zeit brachte jedes Kind seinen Theil Material, gewöhnlich Holz, zur Heizung der Schule mit.

Unter preußischer Regierung erwarb die Gemeinde neben der Schulvicarie, an der Stelle der neuen Schule, eine Scheune und richtete daselbst ein Schulzimmer nebst Lehrerwohnung ein. Nach Brand wurde Caspar Harzheim Lehrer, der nach einiger Zeit zum Bürgermeister von Erp avancirte, nach diesem Feckelsberg, gest. 1843. Es folgte Michael Schwingeler, wegen seltener Befähigung in der Musik besonders als tüchtiger Organist gerühmt, gest. 1855. Im Jahre 1850 erhielt die Schule einen Präparanden als Hülfslehrer, folglich eine zweite Klasse. Lehrer Heinrich Thill wurde 1855 für die Knaben angestellt, für die Mädchen in der Person der Gertrud Münster 1857 eine Lehrerin berufen, welche bis heute mit gutem Erfolg unterrichtet. Auf Heinrich Thill, gest. 5. October 1871, folgte Bernhard Brach, ein ganzer Lehrer, als Leiter des Gesanges durch seine Leistungen in der Schule zu Witterschlick vortheilhaft bekannt und in Sechtem bewährt.

Das neue Schulhaus, zwei Säle, darüber Wohnungen für Lehrer und Lehrerin, stammt aus dem Jahre 1861. Im September 1875 theilte der Bürgermeister den Lehrpersonen im höhern Auftrag mit, daß Vicar Franken vom Religionsunterricht in der Schule ausgeschlossen sei und dieselbe nicht weiter betreten dürfe.

12. Urfeld.

Urfeld mit 722 katholischen Einwohnern, 10 Kilometer unterhalb Bonn, unmittelbar am Rheinufer, bildet mit Widdig, welches von 513 Katholiken und einer Judenfamilie bewohnt ist, und dem eine halbe Stunde entfernten Eichholzer Hof eine Pfarrgemeinde. Urfeld hieß ursprünglich Orvare[1]), dann Urvar, Urvere[2]), noch später Urvel und Urfel. In der ältern Form Urvare kommt der Name noch in Oesterreich an der Donau vor und bezeichnet eine Uebergangsstelle über den Strom. Dieselbe Bedeutung hatte auch der alte Name von Urfeld. Es war die Ueberfahrt zu dem auf der andern Rheinseite gegenüber liegenden Kassel, einem Castell der Römer. Auch in späterer Zeit blieb Urfeld seinem alten Namen treu. Bis weit in das 18. Jahrhundert hinauf vermittelte es den Handel zwischen dem linken und rechten Rheinufer, und die alten an den Rhein führenden Wege der Römer wurden seine Verkehrs- straßen[3]).

Das Stift Dietkirchen besaß die Grundherrschaft von Urfeld, den alten und neuen Frohnhof[4]) nebst Weinbergen, den Eichholzer Hof zwischen Urfeld und Sechtem und einen Hof zu Langel, welcher von dem Urfelder Besitzthum abhängig war. Diese Güter waren um die Mitte des 12. Jahrhunderts durch Unrecht und Nachlässigkeit dem Kloster ver- loren gegangen, wurden aber unter der Abtissin Irmentrudis zurück-

---

[1]) Orvare um das Jahr 1000. Vgl. Annalen d. histor. Vereins, XV 78.

[2]) 1139, 1167, 1239. Vgl. Günther, I 384. Höfer, Zeitschrift, Jahrgang 1833, S. 494; Lac. II 208, 108.

[3]) Die Handelsverbindungen bestanden nach der Gegend von Rheinbach und Euskirchen.

[4]) Einer dieser Höfe ist jetzt Eigenthum des Herrn Karl Arnolds, der andere, welcher noch den Namen Frohnhof führt, im Besitze des Herrn Peter Becker. Welcher von beiden der alte Frohnhof ist, war nicht zu ermitteln; wahrscheinlich Arnolds' Gut, mit dem auch die Zehntscheune verbunden war.

erstattet[1]) und von Erzbischof Reinald durch Urkunde von 1167 demselben als rechtmäßiges Eigenthum bestätigt[2]).

In der Erntezeit des Jahres 1608 hatte ein verderblicher Brand „nebst anderm betrübendem Schaden" das Archiv der Geschworenen sammt Gerichtsbuch und Weisthum vernichtet. Daher erneuern die Geschworenen auf den ersten Freitag nach dem heiligen Dreikönigentag 1609 das Gericht auf dem Frohnhof nach alter Gewohnheit unter dem Schultheißen Frohnhalfen Thomas und stellen das Weisthum in elf Nummern wieder her. Als wichtigste Punkte sind hervorzuheben: Die Geschworenen erkennen und weisen 1. den gnädigsten Herrn Kurfürsten und Erzbischof zu Köln als Gewalthaber; 2. die ehrwürdige Frau Abtissin von Dietkirchen als Grundherrn zu Ursel, und weisen derselben das Recht zu Wassergang, Glockenklang, Benutzung der Wege und Stege und das Patronat der Pfarrkirche[3]); 3. erkennen der Abtissin zu den großen Zehnten in trockenen und nassen Früchten; 4. soll die ehrwürdige Frau den Dörfern Widdig und Ursel eine Lehmkaul zur Verfügung stellen und 5. Zielvieh halten; 6. der Frohnhof gewährt freies Asyl auf sechs Wochen und drei Tage; 7. der alte Hof hat dieselben Privilegien; 8. 9. 10. 11. weisen vier freie Schäfereien und zwar auf dem Frohnhof, dem alten Hof, der Burg und dem Jülich'schen Hof zu Ursel[4]).

Die Abtissin Amalia von Metternich wendet sich durch Zuschrift vom 23. August 1623 an den Erbmarschall Grafen Werner Salm mit der Bitte, ihr die üblichen Inthronisationsgelder (40 Reichsthaler) zu erlassen, weil „der Hof zum Eichholz durch Kriegsüberfälle verwüstet sei, der Halbmann den Hof wegen vieler Ueberfälle habe verlassen müssen, der andere Hof in Ursel noch ganz ungebaut, mit Ausnahme der Scheuer, daß also an diesem noch ferner zu bauen sei, an dem andern viel gebessert werden müsse"[5]).

Urfeld war erzbischöfliches Lehen und wurde im Jahre 1278 dem Grafen Adolph von Berg übertragen[6]). Außer den Gütern des Stiftes Dietkirchen sind zu erwähnen: 1. „Die Aecker, Weingärten und Wal-

---

[1]) In der betreffenden Urkunde bei Höfer (Zeitschrift 1883, Seite 494 ff.) heißt es in Betreff dieser Güter: „Curtis sita iuxta Urvere tenet in possessione XXX iornales agriculturae, praeterea habet duos mansus, unum Hartlivi, alterum Engelberti. Decima, quam habebat Melricus, etiam ecclesiae vacat. Curti in Urvere restitutus est mansus in Lan(gel?).

[2]) Vineas in Urvero mansi unius pensionem in Langele. Günther, I 384.

[3]) „der Pfarrkirchen eine Gißterische".

[4]) S. das Weisthum vollständig in Lac., Archiv VI 332. Ueber den Burghof siehe gleich unten. Der Jülicher Hof ist nicht zu identificiren.

[5]) Annalen des histor. Vereins, XXVI—XXVII 327.

[6]) Alster, Geogr.-histor. Lexicon, Band 67, lit. U.

dungen des Hermann Rufus von Pantaleon zu Köln. Diese Güter, welche bis dahin die Abtissin von Dietkirchen nach Lehns= und Feudalrecht inne gehabt, vermachte dieselbe im Juli 1236 dem Kloster Benden bei Brühl" [1]). 2. Der Domhof, der Burgstraße gegenüber, ungefähr 80 Morgen groß, wurde bei der Säcularisation von dem Einwohner Scheifgen angekauft, das Land parzellirt. Jetiger Besitzer des Hofes ist Johann Bähr. 3. Der Burghof, am südlichen Ende des Dorfes, mit Ackerland und kleinem Weinzehnten, dem Cistercienserinnenkloster zu Drolshagen im Sauerlande zugehörig. Die Güter sind verkauft, der Hof nebst Wein= keller abgebrochen. Jetzt steht das Haus des Wilhelm Recht über dem noch erhaltenen schönen Keller des Burghofs. Nach einer alten Ueber= lieferung soll in der Nähe eine Ritterburg gestanden haben [2]).

Urfeld war seit dem frühesten Mittelalter ein kurfürstliches, von auswärtiger Adelsherrschaft unabhängiges Dorf. Seiner Pfarrkirche waren von Alters her Widdig und das bei Hersel gelegene Uedorf [3]) einverleibt. Urfeld selbst war keiner andern Pfarrkirche untergeordnet. Es mußte folglich möglichst früh zum wenigsten eine eigene Kapelle besitzen. Wann es zur selbständigen Pfarre erhoben wurde, läßt sich nicht genau ermitteln. Aber die eben berührten Verhältnisse lassen in Verbindung mit den ältesten aus dem 12. Jahrhundert vorhandenen Ur= kunden auf ein sehr hohes Alter schließen. Da finden wir das Kloster Dietkirchen bereits im Besitze des Zehnten mit dem Patronat von Urfeld und zweier Höfe, worunter der Frohnhof mit freier Gerichtsbarkeit und verschiedenen andern Privilegien. Die Bestätigung der demselben gemachten Stiftungen durch Erzbischof Reinald war nur eine Fortsetzung des von seinen Vorgängern bewiesenen Wohlwollens. Daß diese Gewogenheit sich insbesondere durch Schenkung der Urfelder Güter bethätigte, dürfte auf eine frühere kirchliche Verbindung zwischen unserm Pfarrort mit Dietkirchen zurückzuführen sein. Die Kirche des h. Petrus [4]), an der Stelle eines angeblich vom h. Maternus zu Ehren des h. Johannes des Täufers errichteten Kirchleins erbaut, war eine der ältesten Pfarrkirchen

[1]) Die Klosterkirche lag in einer Wiese und hieß „ecclesia beatae Mariae in prato". Daher der Name Benden = Wiese. Vgl. Lac. II 92.

[2]) Vielleicht hing mit dem Burghof das erzstiftliche Lehen des Grafen Adolph zusammen.

[3]) Vgl. „Uedorf" unter Hersel, S. 139.

[4]) Ecclesia beati Petri in Dietkirchen wird in dem Güterverzeichnisse bei Höfer die ehemalige Klosterkirche genannt. Zur Zeit, als Gelenius sein bekanntes Werk „De admiranda magnitudine Coloniae" schrieb (1645), waren Kloster und Kirche zerstört. Beide wurden später in die Stadt verlegt an die Stelle der von Kurfürst Clemens August erbauten Pfarr= und Stiftskirche und der in jüngster Zeit in größerm Maßstabe errichteten Pfarrkirche. Letztere führt zum Andenken an die alten christlichen Ueberlieferungen den Titel Pfarrkirche zu den hh. Johann Baptist und Petrus in Dietkirchen. Vgl. Gel. l. c. p. 731.

am Rhein. Ihre Lage vor dem nördlichen Ende der Stadt Bonn war für Urfeld die nächste und bequemste. Daher ist es mehr als wahrscheinlich, daß die ersten Christen dieses Ortes dem Gottesdienste in Dietkirchen sich anschlossen und von dort pastorirt wurden. Noch wahrscheinlicher ist diese Annahme in Beziehung auf die Nebenorte Widdig und Uedorf, welche der Stadt Bonn näher und Dietkirchen am nächsten waren. So würde auch die spätere Abhängigkeit des Dorfes Urfeld und seiner Pfarrkirche vom Stift Dietkirchen ihren einfachsten Uebergang und damit ihre natürliche Erklärung finden.

Pfarrkirche zum h. Thomas.

Die alte Kirche war ein unansehnliches Gebäude, dessen ungleichartige Theile verschiedenen Bauperioden angehörten. Der älteste Theil war augenscheinlich die in starkem massivem Mauerwerk aufgeführte, künstlich überwölbte Sacristei. Sie hatte wahrscheinlich ursprünglich andern Zwecken gedient und verdankte es ihrer soliden Bauart, daß sie erhalten blieb. Seitwärts war an dieselbe ein gothisches Chor von 17 Fuß Länge angebaut; an das Chor reihte sich später in möglichster Einfachheit ein Schiff von 31 Fuß Länge. Als dieses sich auf die Dauer als ungenügend erwies, wurde auf der rechten Seite ein zweites Schiff angefügt und wegen vermehrter Tragweite mit bogenförmigen Stützen versehen. An einheitlichen Plan oder Schönheit der Formen hatte bei der Erweiterung wohl Niemand gedacht. Es war ja nur die Absicht maßgebend, Raum zu gewinnen. Im Jahre 1748 fand der Bau seinen Abschluß, indem angeblich auf Kosten des Stiftes Dietkirchen die Abtissin den Thurm errichten ließ, welcher beim Neubau als letzter Rest der alten Kirche, mit Ausnahme des Helmes, erhalten blieb, und zwar erhalten aus Gnade bis zu dem Zeitpunkte, wo fernere Mittel gestatten würden, denselben durch einen neuen zu ersetzen. Die Kirche, ohne besondere Merkwürdigkeiten, hatte zwei Altäre, einen Hauptaltar und einen der Mutter Gottes geweihten Nebenaltar.

Beim Abbruch der Kirche im Jahre 1880 fand sich ein Document über die Consecration des Hauptaltars. Sie wurde vollzogen von dem Weihbischof Konrad von Arnsberg (1399—1429), dessen Siegel mit Namen und Wappen beigefügt war. Bei dem Altarstein des Seitenaltars fand sich ein Pergament in Holzrahmen mit Urkunde über die im Jahre 1618 durch Weihbischof Otto Gereon Freiherrn von Gutmann vollzogene Consecration [1]).

---

[1]) Text der Urkunde: Anno Domini millesimo sexcentesimo decimo octavo quinto mensis Martii die (altare) portatile hoc dedicatum est per Rssimum dominum Ottonem Gereonem, episcopum Cyrenensem, in honorem Deiparae Virginis Mariae,

Die neue Kirche.

Das alte Gebäude in seiner formlosen Bauart entsprach weder der Würde eines Gotteshauses noch der Größe einer auf 1230 Seelen angewachsenen Bevölkerung. Das längst empfundene Bedürfniß einer angemessenern Kirche bewog den Pfarrer Hamacher, mit Vorschlägen zum Neubau hervorzutreten. Schwierigkeiten erhoben sich nicht allein wegen Beschaffung der erforderlichen Gelder, sondern weit mehr in dem Widerspruch von Widdig, welches die Kirche näher haben wollte. Doch Geduld überwindet! Schließlich gereicht es zur höchsten Befriedigung, daß der Bau zu Stande gekommen, daß er ein sehr gelungener ist, zu Gottes Preis und Ehre. Kinder und Kindeskinder bis in die spätesten Geschlechter werden sich freuen, in dem schönen Gotteshause Raum zu finden, wo sie, ungestört in der Andacht, Heil und Segen erflehen.

Der Plan der Kirche wurde vom Kreisbaumeister Dr. Schubert zu Bonn entworfen. Derselbe übernahm auch die Leitung bei der Ausführung und erwarb sich durch gewissenhafte Controle verdiente Anerkennung. Der Bau ist eine dreischiffige gothische Hallenkirche. Die innere Länge beträgt 102 Fuß, wovon 31' auf das Chor, 71' auf das Schiff kommen. Gesammtbreite 50', die des Mittelschiffs 24' bei einer Höhe von 38'. Die Verhältnisse sind harmonisch, die Ornamentik ist reich, an Hausteinen kein Mangel. Das Mauerwerk steigt schlank und gefällig empor; Sacristei und Paramenten-Kammer sind ohne Schroffheit links und rechts zwischen Chor und Seitenschiffen angegliedert, wie man es bei kleinern Landkirchen selten zu sehen Gelegenheit findet. Nur das Dach entspricht nicht dem schwungvollen Bau, nicht dem sursum corda der Gothik. Die Baukosten waren veranschlagt zu 45,000 Mark. Sie beliefen sich, Mobilar, Altäre, Beichtstühle, Kanzel u. s. w. eingerechnet, auf 72746 Mark 96 Pfg.[1]. Mit pflichtschuldigem Danke seien hier die Gaben verschiedener Wohlthäter verzeichnet. Fräulein Anna Schorn zu Köln schenkte ein werthvolles Crucifix, verschiedene Silbersachen, welche zum Besten der Kirche verloost wurden, nebst 1800 Mark. Gräfin Fürstenberg-Stammheim in Bonn gab 750 Mark zu einem Altar. Frau Jüßgen stiftete ein gemaltes Fenster mit Drahtgitter für 720 Mark. Drei unbenannte Wohlthäter schenkten je 450, 100 und 300 Mark, zusammen 850 Mark. Andere endlich schenkten Meßgewänder, Kirchenleinwand und

---

Angelorum et Portiunculae, sti Andreae apostoli — stae Christinae virginis — et eorundem reliquiae per praedictum episcopum venerabiliter. . . .

(Unterschrift unleserlich.)

[1] Baukosten 55381,82 M.; die des Mobilars 7365,14 M.

sonstige Utensilien. Es dürfte demnach für eine würdige Ausstattung der schönen Kirche bald in vollem Maße gesorgt sein.

Die Grundsteinlegung fand am 6. Juli 1880 ohne jedes äußere Gepränge in Gegenwart der kirchlichen Organe statt. Eine nachträgliche öffentliche Feier folgte am 15. August, bei welcher zugleich auch die Urkunde über die vorhergegangene Grundsteinlegung in verschlossener Büchse hinter dem Hochaltar eingemauert wurde. Dieser Tag, welcher in der katholischen Kirche wegen des Festes der Himmelfahrt der Gottesmutter Maria schon seine hohe Bedeutung hat, war wohl auch besonders deshalb für die Feier gewählt, weil an demselben vor siebenzehn Jahren Pfarrer Hamacher seinen Eintritt in Urfeld gehalten hatte. Die feierliche Einweihung der Kirche wurde am h. Pfingstfeste, den 28. Mai 1882, durch den Pfarrer Dechanten Peter Anton Hamacher vollzogen.

Altäre.

1. Der Hochaltar unter dem Titel des h. Apostels Thomas und der h. Jungfrau Margaretha, als Patrone der Kirche. 2. Der Herz-Jesu-Altar; der dem Hochaltar der alten Kirche entnommene, von Weihbischof Beyer in den dreißiger Jahren consecrirte Altarstein wurde eingelegt. 3. Herz-Maria-Altar mit dem Altarstein des Seitenaltars der alten Kirche.

Glocken.

1. Die große Glocke, im Innern ein Meter hoch, 85 Ctm. im Durchmesser (im Aeußern 105 Ctm.), trägt die Inschrift:

JOHANNES BAPTISTA HEISCHEN ICH[1])
ZVM GOTTESDIENST ROFFEN ICH
DIE THODTEN BE (tlagen ich?)
ANNO 1631 BEI DEM FEST MEINES PATRONEN GAVS
    MAN MICH.

Ton der Glocke ist D.

2. Die mittlere Glocke, deren innere Höhe 81, innerer Durchmesser 85, Dicke des untern Randes 7 Ctm. ist, trägt die Inschrift:

S. THOMAS EIN NOTHHÖLFER WIRST GEPRIESEN,
DROM ZVM PATRON BIST ERKIESEN
MIT S. MARGARETHA HELFF ONS IN DER NOTH
AVCH WAN KOMME WIRT DER BITTER TOD.
S. DONATE SCHIRM ONS VAR BLITZ VNGEWITTER
                    AMEN.

---

[1]) Joannes Baptista deutet den Ursprung der Glocke von Stift Dietkirchen zu Bonn an, welches diesem Heiligen geweiht ist.

DVRCH FEVER VND FLAM BIN ICH GEFLOSSEN
PHILIP MAAS HAT MICH GEGOSSEN.

Der Ton zwischen E und F harmonirt nicht.

3. Die kleine Glocke ist im Innern 72 Ctm. hoch, hat im innern Durchmesser 73 Ctm. Der untere Rand ist 6 Ctm. dick. Die Inschrift lautet:

SANCTA MARIA HEISCHEN ICH
ZVM DEINTZ GOTTES ROFFEN ICH
NICOLAVS VNKEL GOOZ MICH 1657.

Der Ton ist G.

Reliquien.

1. Reliquie von den Gebeinen des h. Apostels Thomas in einem Ostensorium von Messing mit Kryftallverschluß. Ihre Echtheit ist bezeugt durch Authentik, datirt aus Rom unter dem 5. Juni 1783. Die Urkunde[1] trägt am Kopf den Namen: Franciscus Antonius Marincci, Patriarch von Constantinopel, nebst Cardinalssiegel, und als Unterschrift P. A. Epus[2] Cyrenen(sis).

2. Reliquie der h. Jungfrau und Martyrin Margaretha. Sie wurde durch Urkunde vom 2. November 1806 von Johann Petrus Arnold, ehemaligem Canonicus an St. Castor zu Koblenz, dem Karthäuser Clemens Caldenborn zu Köln übergeben mit dem Bemerken, daß dieselbe früher in der kurfürstlich Trier'schen Hoskapelle zu Ehrenbreitstein der öffentlichen Verehrung ausgestellt gewesen, später in die Residenz zu Koblenz übertragen worden, und er (Canonicus), um sie vor Entweihung durch die Franzosen zu sichern, dieselbe in Verwahr genommen habe. Von Peter Caldenborn kam die Reliquie in den Besitz des Kölner Weihbischofs Clemens August von Merle, welcher dieselbe der Kirche seines Stammsitzes Metternich schenkte. Unter Pastor Phennings gelangte sie 1838 durch Vermittelung seines Bruders, des Pfarrers zu Metternich, an die Pfarrkirche zu Urfeld[3].

3. Reliquie des h. Hubertus. Diese kam auf demselben Wege von Koblenz über Metternich und mit gleichlautenden Zeugnissen nach Urfeld[4].

Stiftungen.

Dem Pfarrer liegen ob 39 gestiftete Sangmessen und 57 Lesemessen, worunter 28 mit Segen. Die dazu gehörigen Fonds bestehen

---

[1] Im Archiv der Pfarrkirche. — [2] Epus ist Episcopus, Bischof. — [3] Die Urkunden a. des Canonicus J. P. Arnold, beglaubigt von dem Karthäuserpater Caldenborn; b. des Kirchenvorstandes von Metternich betreffs der Uebertragung nach Urfeld, befinden sich im Archiv der Pfarrkirche. — [4] l. c.

in 94 Are 99 Meter Aderland; 5444 Mark 72 Pfg. Capitalien; zur Donnerstags-Segensmeſſe 556 Mark 24 Pfg.

Der Roſenkranz von Anna Maria Gage um 1761 mit 150 Reichsthalern geſtiftet, wovon jährlich 6 Rthl. einkommen, wird nur in der Faſtenzeit gebetet.

Proceſſionen

werden gehalten: 1. nach dem Swiſterberg zu Ehren der h. Jungfrauen Fides, Spes, Charitas am Dinstag nach dem Feſte der heiligſten Drei-faltigkeit; 2. nach Rodenkirchen zu Ehren des h. Biſchofs Maternus zwiſchen dem 13. und 30. September.

Bruderſchaften. Religiöſe Vereine.

1. Die Bruderſchaft zu Ehren Jeſu, Mariä und Joſeph trat kurz nach dem Jahre 1722 unter Paſtor Leonard Keil in's Leben. Um ihr Fortbeſtehen zu ſichern, ſtiftete Kaspar Hamm durch Urkunde vom 20. October 1724 25 Reichsthaler zu zwei hh. Meſſen an dieſelbe; desgleichen Chriſtian Zerres am 31. October 1726 50 Reichsthaler zu den üblichen Monatsmeſſen für die verſtorbenen Mitbrüder der Bruderſchaft. (Gegenwärtig zählt dieſelbe 700 Mitglieder. 2. Die Michaels-Bruderſchaft beſteht ſeit 1861 mit 500 Mitgliedern (früher 197). 3. Die Franciscus-Xaverius-Bruderſchaft, mit monatlicher Andacht, und der aus 20 Mitgliedern mit einem Jahresbeitrag von 2 Mark beſtehende Franciscus-Verein ſind in neuerer Zeit eingeführt. 4. Das Gebetsapoſtolat, mit ungefähr 800 Mitgliedern, iſt im Jahre 1869 entſtanden.

Die Maiandacht wird während des Monats Mai täglich unter zahlreicher Theilnahme, beſonders der Schulkinder, abgehalten.

Kirchhof.

Der uralte Kirchhof, rings um die Kirche und von allen Seiten durch eine Mauer eingeſchloſſen, wurde dem beſtehenden franzöſiſchen Geſetz zuwider auf Anordnung der Kölner Regierung vom Bürgermeiſter am 15. Mai 1862 als Eigenthum der Civilgemeinde erklärt. Ein dieſen Eingriff in das Kircheneigenthum abwehrender, vom Kirchenvorſtand ein-geleiteter Proceß wurde vom Landgericht zu Bonn zu Gunſten der Kirche entſchieden und derſelben die quasi iuris possessio ſowie das Nutzungsrecht am Graswuchs und an den Baumpflanzungen auf dem Kirchhofe zuerkannt[1]). Zur Vergrößerung des Kirchhofes ſchenkte Guts-

---

[1]) Urtheil vom 13. Juli 1864.

beſitzer Wilhelm Jüsgen unter dem 27. März 1859 zwei zu diesem
Zwecke käuflich erworbene Gartenparzellen und erhielt dazu die Genehmigung der erzbiſchöflichen Behörde [1]), während die Kölner Regierung
ihrerſeits dieſelbe verſagte. Aber auch die Regierung ſah ſich ſpäter
ſie zu ertheilen genöthigt, nachdem auf den Recurs des Kirchenvorſtandes
der Cultusminiſter von Mühler dazu die Weiſung ertheilt hatte [2]). Durch
die Entſcheidung des Miniſters wurde der Kirchenvorſtand nicht nur zur
bedingungsloſen Annahme der Schenkung ermächtigt, ſondern auch befugt,
dieſelbe zum Kirchhof oder zu anderweiten kirchlichen Zwecken frei zu
verwenden.

Pfarrſtelle.

Die Pfarrer von Urfeld wurden auf Vorſchlag [3]) der Abtiſſin und
des Convents Dietkirchen angeſtellt und vom Archidiakon zu Bonn
inveſtirt [4]). Mit der Pfarrſtelle war nach dem liber valoris aus dem 14.
Jahrhundert eine jährliche Einnahme von zwölf Mark verbunden [5]). Das
Stift Dietkirchen als Zehntherr von Urfeld und Widdig und Collator der
Pfarrſtelle hatte für den Pfarrer von ſeinen Gütern ſo viel auszuſcheiden,
als dieſer zu ſeinem Lebensunterhalt, zur Uebung der Gaſtfreiheit und
zur Zahlung vorſchriftsmäßiger Gebühren an die Kirchenobern bedurfte.
Die Dotation beſteht gegenwärtig in 22 Morgen Ackerland. Dazu gehörte ehemals auch die alte Pfarrwohnung mit einem Garten von zwei
Morgen. Schon die Lage derſelben neben dem Dietkirchener Frohnhof
kündigt die urſprüngliche Verbindung und den gemeinſamen Urſprung
beider an. Als Erinnerung iſt der Name der weſtlich vorbeiziehenden
„Paſtorsgaſſe" geblieben.

Im Jahre 1861 wurde die alte Pfarrwohnung nebſt Garten für
2400 Thaler dem Herrn Becker verkauft. Sie iſt gegenwärtig Eigenthum
der Wittwe Jüsgen. Für den Erlös erwarb man die Bauſtelle zu einem
neuen Pfarrhauſe nebſt Garten an der Südſeite des Kirchhofs. Dieſes
wurde im Jahre 1862 auf Koſten der Gemeinde, welcher nach damaligem
Geſetze die Baupflicht oblag, errichtet. Zwei Vorzüge gewährt die ver-
änderte Lage des Pfarrhauſes: es liegt näher bei der Kirche und iſt
nicht ſo ſehr der Gefahr einer Ueberſchwemmung ausgeſetzt, wie ſich bei
der letzten Hochfluth des Rheines in den Jahren 1882—1883 gezeigt hat.

[1]) Genehmigung vom 29. März 1859.
[2]) Die miniſterielle Genehmigung erfolgte am 10. September 1862, die der Regierung
gegenüber angerufene Entſcheidung am 8. März 1864. Siehe Dumont, Sammlung kirchlicher Erlaſſe, S. 258.
[3]) Binterim, Alte und neue Erzd. Köln, I 384. — [4]) Dumont, Descriptio, 23.
[5]) Binterim u. Mooren, Alte und neue Erzd. Köln, I 130.

Am 14. September des Jahres 1876 wurden die Pfarr=Dotalgüter auf Befehl der königl. Regierung von dem Bürgermeister als angebliches Eigenthum des Fiscus beschlagnahmt. Der Kirchenvorstand erhob am 15. September Protest und erneuerte denselben, als am 13. October die sämmtlichen interessirten Kirchenvorstände der Dekanate Bonn und Hersel, gestützt auf ein Rechtsgutachten des Kronsyndicus Prof. Dr. Bauerband, gemeinsam in der Sache vorzugehen beschlossen hatten. Am 30. August 1877 stellte die Regierung die Länderei zur öffentlichen Verpachtung aus, aber ohne Erfolg. Zwar fand sich ein Mann aus Widdig bereit, einen Theil der Aecker aus freier Hand vom Bürgermeister in Pacht zu nehmen; er empfand aber Reue, ließ das Land unbebaut und ersuchte die Regierung, den Vertrag zu lösen. Unterdessen schloß der Pfarrer unter dem 5. November einen Privatcontract. Inzwischen ging Pfarrer Hamacher gerichtlich vor. Freiwillige Beiträge deckten die unvermeidlichen Gerichtskosten. Das Landgericht entschied zu Gunsten des Pfarrers, beziehungsweise der Pfarrkirche. Hierauf gab im Jahre 1878 die Regierung ihren Widerspruch auf, und der Pfarrer trat wieder in den ungestörten Besitz der Dotalgüter. Die Kosten im Betrage von 140 Mark wurden zurückgezahlt und zum Ankauf einer kleinen Glocke für die Noth=kirche verwendet [1]).

Die bekannten Pfarrer.

Heinrich Langh, investirt von dem Archidiakon zu Bonn am 15. December 1603.

Heinrich Reuschen, investirt am 27. September 1641.

Hermann Reuter, in Urkunden von 1660, errichtet im Jahre 1661 eine Schul= und Armenstiftung. Auch das Kreuz auf dem Stein=felde ist ein Geschenk seiner Hand.

Leonard Offenberg, stiftet um 1695 das Primissariat in Urfeld, 1701 jenes zu Rheidt und 1720 ein drittes zu Bornheim. Er war Dechant der Argauer Christianität und lebte bis 1722.

---

[1]) Die Verfügung der Beschlagnahme der Pfarr=Dotalgüter im linksrheinischen Antheile der Rheinprovinz auf Grund des Sperrgesetzes vom 22. April 1875 fand sofort allseitigen Widerstand. Zur Orientirung in dieser Frage erschien die Schrift: „Die Pfarr=Dotalgüter in dem linksrheinischen Theile der preußischen Rheinprovinz. Verhandlungen des Abgeordnetenhauses zu Berlin in der 14. und 35. Sitzung vom 7. Februar und 1. März 1877, nebst einem Anhange, enthaltend erläuternde gesetzliche Bestimmungen und andere Documente. Köln, 1877. Druck und Verlag von J. P. Bachem." Durch alle gerichtlichen Instanzen wurde das Eigenthumsrecht an diesen Gütern den Pfarrstellen zu-erkannt. Das betreffende Urtheil des Reichsgerichts erschien in einem besondern Abdruck unter dem Titel: „Urtheil des Reichsgerichts zu Leipzig vom 7. Januar 1880 in Sachen der linksrheinischen Pfarr=Dotalgüter. Köln, 1880. Druck und Verlag von J. P. Bachem."

Leonard Keil, in Urkunden von 1724—1730.

Conrad Weyland, gestorben im Jahre 1767.

Johann Weyland, investirt am 6. Februar 1767, gest. 1772.

Wilhelm Heinrich Broicher, investirt am 17. October 1772, in einer Urkunde vom 28. Mai 1778.

Wilhelm Lieberß, in einer Urkunde vom 10. December 1782, erlebte die große Ueberschwemmung des Jahres 1784. Am 27. Februar wurde ein Kind der Pfarre Urfeld (wahrscheinlich aus Widdig oder Uedorf) in Hersel getauft, weil die Pfarrkirche im Wasser stand. Lieberß wurde in demselben Jahre zum Pfarrer von Sechtem ernannt. (S. oben.)

Mathias Schmiß, vom 20. August 1784 bis 24. November 1788 (†).

Peter Joseph Wangen, aus Köln, 1788—1818.

Johann Hummelsheim, vom 12. August 1818 bis November 1835, war früher Vicar zu Bornheim, wird nach Niederlegung der Pfarrstelle Vicar zu Hemmerich und stirbt daselbst im Jahre 1846.

Gabriel Pfennings, von 1835 bis 25. Februar 1846.

Peter Joseph Roderburg, 1846 bis 15. September 1859, geboren zu Burtscheid am 18. Januar 1800, wurde Priester am 24. September 1825, zuerst Vicar zu Montjoie und Aachen, hierauf Pfarrer zu Neukirchen in der Dürst, von Urfeld im Jahre 1859 nach Hemmersbach versetzt, starb am 2. Juli 1864 zu Burtscheid, wohin er sich zu einer Badecur begeben hatte. Roderburg brachte den Neubau der Pfarrwohnung in Anregung. Nach ihm blieb die Pfarrstelle bis 22. Februar 1861 vacant. Während dieser Zeit führte Pastor Hüllenkremer aus Wesseling die Verwaltung.

Leonard Peter Klein, 1861—1863, geboren zu Rödingen am 6. November 1804, zum Priester geweiht am 28. April 1835, Vicar in Höfen, Berrendorf, Niederempt, Bedburg, Amel und Neuß, seit dem 25. Februar 1848 Pfarrer zu Schönberg in der Eifel, seit 5. Januar 1861 zu Urfeld, wo er am 9. Mai 1863 starb. Während der Vacatur war Pastor Böhning aus Wesseling Pfarrverwalter.

Peter Anton Hubert Hamacher, geboren zu Köln am 18. Februar 1827, mit päpstlicher Dispens wegen unzureichenden Alters zum Priester geweiht am 8. September 1849, wurde hierauf Vicar in Brand, Dekanat Burtscheid, am 20. November 1850 Kaplan an der Pfarrkirche zum h. Pantaleon in der Schnurgasse zu Köln, zuerst mit theilweiser, später mit der gänzlichen Seelsorge des städtischen Waisenhauses, am 19. September 1854 Rector der von Groote'schen Familienkirche im Elend, seit 1. September 1861 zugleich Revisor der erzbischöflichen Rechnungskammer, seit 27. Juni 1863 Pfarrer zu Urfeld, seit 15. August

1873 zweiter Definitor, seit 17. August 1877 Dechant des Dekanates Herzel.

Primissariet.

Pastor Leonard Offenberg stiftete im Jahre 1695 ein „ewiges Bene= ficium" zu einer Frühmesse unter folgenden Bestimmungen. 1. Der Primissar erhält als Wohnung ein vom Stifter angekauftes Haus, damit er in Abwesenheit des Pastors die Kranken im Nothfalle versehen kann, desgleichen wenn Letzterer durch Krankheit oder wichtige Vorkommnisse verhindert ist. Bei öffentlichen Processionen sowie an hohen Festtagen soll der Primissar im Beichtstuhl aushelfen, dann aber auch des Pfarrers Tischgenosse sein, damit bei vermehrter Arbeit auch die Freude vermehrt werde. 2. Der Primissar soll an allen Sonn= und Feiertagen und beim vierzigstündigen Gebet und zwar im Sommer um fünf, im Winter um sechs Uhr die h. Messe in der Intention des Stifters lesen und nach dem Credo das Evangelium verlesen. Dafür erhält er 43¹/₂ Reichs= thaler als jährliche Einkünfte von 1000 Reichsthalern, welche der Stifter auf ewige Zeiten der Frühmessenstiftung überweist. 3. Die Gemeinde Urfeld ist verpflichtet, diese jährliche Pension dem Frühmesser auszuzahlen, wie aus drei gerichtlichen Obligationen hervorgeht. 4. Der Frühmesser hat die Nutznießung eines Weingartens von drei Pinten aus der Schen= kung des Bäckers Heribert Offendorf in Köln. 5. Collatoren sind nach dem Tode des Stifters Heinrich Offenberg in Keldenich, demnach die nächsten Verwandten in absteigender Linie; in Ermangelung von Verwandten haben die zwei ältesten Schöffen der Pfarre dem Pastor eine geeignete Persönlichkeit vorzuschlagen, worauf dieser ihr die Stelle überträgt. Ver= wandte des Stifters haben als Bewerber den Vorzug. Als ersten Be= neficiaten präsentirte der Stifter den Franz Caspar Frangenheim aus Hemmerich [1]). Die Offenberg'sche Schenkung wurde vermehrt durch 1= Viertel Weingrund, welches Joseph Cormans unter der Bedingung ver= machte, daß der Vicar jährlich eine h. Messe zu Ehren der h. Agatha lesen und dabei drei Vater unser und Ave Maria zur Abwendung von Brandschaden beten solle. 20. October 1785 [2]). Das Grundstück war mit halbem Schatz, ganzem Zehnten und 14 Maß Wein an das Kloster Drolshagen belastet. Noch ¹/₂ Viertel Weingarten in der Urfelder Auen, „Schatz und Zehnten geltend", schenkte Franz Peter Heurich am 4. Januar 1786 zu einer Messenstiftung [3]).

Der Schuhmacher Jacob Unterbusch vermacht ein aus fünf Schuld= posten bestehendes Capital von 295 Thlrn. 13 Silbergroschen 2 Pfennigen zu einer Frühmesse, welche in der Kirche zu Urfeld, wo möglich aber

---

[1]) Urkundenbuch, S. 16. — [2]) l. c. 17. — [3]) l. c.

in der Kapelle zu Widdig gehalten werden soll. Die bezügliche Urkunde des Notars Eilender vom 30. September 1850[1]) erhielt die Genehmigung des Erzbischofs Cardinals von Geissel am 22. December 1851[2]). Der gesammte Frühmessenfonds beträgt 4933 Mark 37 Reichspfge. Hierauf lasten 67 Frühmessen.

Primissare.

Franz Caspar Frangenheim, 1695—1701 (s. das Nähere unter „Pfarrer" bei Hemmerich).

Johann Friedrich Breuer, in Urkunden vom 31. October 1726 und 12. Juni 1733.

Johann Baptist Liessem, in Urkunden vom 20. October 1785 und 4. Juni 1786. Liessem war seit August 1788 Pfarrverwalter bis Mai 1789. Nach Liessem ist die Stelle, so weit das Gedächtniß reicht, nicht mehr besetzt worden.

Widdig.

Widdig, früher Witheich (1197) und Wedig (1421)[3]), Nebenort, mit einer Kapelle zum h. Georg und 515 katholischen Einwohnern, dicht am Rhein, 2 Kilometer südlich von Urfeld. Die römische Straße von Bonn nach Köln führte am Ufer des Flusses durch den Ort, während die neue Landstraße denselben im Bogen umgeht. Für eine römische Niederlassung in Widdig sprechen ganz gewichtige Gründe[4]). Widdig war Sitz eines kurfürstlichen Gerichts (Dingstuls) im Amte Bonn, dessen Jurisdiction sich auf die sieben Ortschaften Grau-Rheindorf, Hersel, Buschdorf, Uedorf, Widdig, Urfeld und Oberwesseling[5]) erstreckte. Das im 17. Jahrhundert erneuerte Weisthum erkennt zu Widdig einen Lehns-herrn des Etzbacher Hofes. Zu dessen Gerechtsamen gehörte freies Asyl für schwere Verbrechen auf sechs Wochen und drei Tage, ein Hofgericht mit Schultheiß und vierzehn Geschworenen und elf empfangenden Händen oder kurmüdigen Gütern, eine freie Schäferei unter der Kapelle und dem Rhein entlang bis zur Abtsgasse in Uedorf und von dort anderseits durch das Feld nach Widdig zurück[6]).

Erzbischof Dietrich und das Domcapitel zu Köln übertrugen dem Landcomthur des deutschen Ordens Iwan von Cortenbach (nebst dem

[1]) l. c. 47—48. — [2]) l. c. 49. — [3]) Vgl. Lac. I 558 u. IV 135.
[4]) Ueber die Bedeutung von Widdig zur Römerzeit stehen Mittheilungen eines be-freundeten Alterthumsforschers in Aussicht.
[5]) Harleß, Archiv für die Geschichte des Niederrheins. Neue Folge. I. B., 2. H., S. 239. — [6]) Harleß, B. VI. 330.

Dorf Herfel) sechs Fuder Wein aus ihren Besitzungen zu „Wedig" für ein Darlehn von 4000 Goldgulden in Pfandnutzung, welches derselbe im Kriege gegen die Hussiten in Böhmen verwendet hatte (1427)[1]. Für den Fall der Rückzahlung des Darlehns sollte der Landcomthur sowie seine Nachfolger im Orden an Kürweinen von Herfel und von den 6 Fudern zu Widdig zwei Fuder behalten. Die Deutschordensherren waren dem Eybacher Hof (auch Stapelhof) kurmüdig für zwei empfangende Hände, jede Hand auf anderthalb Lehn, beide mit Kurmnd von einem Pferd belastet[2].

Der Heisterbacher Hof, auch Ufer=Hof genannt, mit einer Kapelle, der jetzigen Schule gegenüber am Rhein gelegen. Er war im Jahre 1672 Eigenthum des Freiherrn von Velbrück zu Graven mit 115³⁄₄ Morgen Ackerland und ³⁄₄ Morgen Weingarten. Noch früher wird Ruprecht von der Hoffen als Besitzer genannt[3]. Im Jahre 1726 erwarb die Abtei Heisterbach das Gut von dem Grafen Velbrück, daher es den obigen Namen erhielt[4]. Wahrscheinlich ist der alte Eybacher Hof, welcher unter diesem Namen nach dem 17. Jahrhundert nicht mehr vorkommt, mit dem Heisterbacher Hof identisch.

Der Clarenhof mit circa 18 Morgen Ackerland und 3 Morgen Weingarten. Die Voreltern des jetzigen Besitzers Krings hatten den Hof von den Clarissen zu Köln für die Hälfte der Weincrescenz gepachtet.

Hof der Carmeliter (Kloster Dau) in Köln[5], jetzt Lubbigshof. In dem obern Stockwerk des Wohnhauses hatten die Patres eine Kapelle eingerichtet. Der Altar mit dem Bilde der heiligen Jungfrau, des Jesukindes und des h. Johannes des Täufers ist noch vorhanden. Das Bild trägt die Inschrift:

D. D. V. MARGARETHA WOLFS.

O. P. EA.[6]

Ein Gemälde stellt den h. Johannes vom Kreuz dar mit dem Wahlspruch: „Domine, pati et contemni pro te." „Leiden, Herr, und verachtet werden für Dich" (ist mein Verlangen).

Ein anderes, mittelalterliches, die Anbetung der h. drei Könige, und ein drittes, die h. Theresia, vollenden die der Hauskapelle aus der Zeit der Carmeliter erhaltenen ehrwürdigen Andenken.

---

[1] Lac. IV 135. — [2] Weisthum des Eybacher Hofs bei Harleß l. c. — [3] Mittheilung des Herrn von Oidtman. — [4] Alfter, Geogr.=hist. Lexicon unter Widdig.
[5] Das Kloster nebst Kirche in der Severinstraße ist jetzt Militairmagazin.
[6] Die Inschrift dürfte vollständig lauten: Dono dedit virgo Margaretha Wolfs, ora pro ea. Zu deutsch: Margaretha Wolfs schenkte (dieses Gemälde). Bitte für sie.

Ein ferneres Gütchen von 20 Morgen, dessen ehemaliger Eigen=
thümer dem Gedächtnisse der Einwohner entschwunden ist, ging an die
Kölner Armenverwaltung über. Das Land ist parzellirt, das Haus
erwarb Theodor Bursch.

Ueber die Güter von Dietkirchen finde ich in einem Auszug der
Kölnischen Landesdescription von den Jahren 1669—1672 notirt:

1. Abtissin in Dietkirchen. Im Ambt Bonn zu Widdig 50 Morgen
Lands, thun an Grundpacht 1½ Malter Weizen, 1½ Malter Habern,
1 Malter Gerste und der Abtissin zwei Malter Korn.

2. Capitulum der Jungfrauen in Dietkirchen. Aus dem Wein=
zehenden zu Widdig vier Ohm Weins, inde 10 Thaler; aus den Früchten=
zehenden daselbst ahn Korn 40 Malter, ahn Haber 40 Malter. Von
der ehemaligen „Zehntscheune“ in Widdig ist dieser Name auf die Dorf=
flur, auf der sie stand, übergegangen und noch gebräuchlich.

Die Kapelle zum h. Georg.

Wie das Besitzthum des Adels, der Klöster und Stifter, so waren
auch die kirchlichen Einrichtungen in alter Zeit vielfachem Wechsel unter=
worfen. So erhalten wir Nachricht über drei Kapellen in Widdig, deren
verschiedene Gründung durch glaubwürdige Zeugnisse erwiesen ist.
Das den Argauer Dekanatsstatuten von 1173 beigefügte Verzeichniß führt
„Wedig“ mit einer Kapelle auf, welche die heiligen Oele zur Sacra=
mentenspendung von dem Argauer Dechanten in der Barbarakapelle zu
Bonn empfing.

Das Recht, das heilige Oel und das Chrisma aufzubewahren, war
nicht allen Kapellen gemeinsam, sondern ein besonderes Privilegium.
Man denke nur an die bedeutenden Kapellengemeinden von Alfter und
Roisdorf, welche vor ihrer Pfarrerhebung ein solches vergeblich zu er=
wirken strebten. War aber Widdig im Besitze dieses Rechtes, so hatte
es auch einen Curatpriester, welcher das heilige Oel und das Chrisma
bei Spendung der Sacramente in Anwendung brachte.

Die Zeit der Gründung der Kapelle läßt sich nicht ermitteln. Das
Verzeichniß des Argauer Capitels läßt einen Spielraum von Jahrhun=
derten.

Ueber die zweite Kapelle schreibt Vicarius Alster: Die Kapelle
s. Georgii wurde von des Grafen Velbrück Großeltern in qualitate iuris
laicalis gestiftet [1]. Alster, welcher gegen 1806 im Alter von 80 Jahren
starb, läßt die Angabe der Zeit in der Schwebe. Genauer bestimmt

---

[1] Geogr.=histor. Lex. unter lit. W.

wird dieselbe durch die in den Protokollen des Cassiusstifts enthaltene Bemerkung, daß am 19. November 1641 die Investitur des Johannes Horst, Deservitors an der Kapelle zu Widdig, durch den Archidiakon stattfand [1]).

Der Ausdruck iuris laicalis bedeutet das weltliche Patronat der Grafen Velbrück, auf deren Grundeigenthum die Kapelle errichtet war. Im Jahre 1726 ging die Kapelle mit den Hofgütern durch Kauf in den Besitz der Abtei Heisterbach über [2]).

Bis zur französischen Säcularisation fungirte ein Beneficiat ohne Seelsorge [3]) an der Kapelle zu Widdig und zwar zuletzt an der dritten, nachdem die zweite am Rhein gelegene im Jahre 1784 durch die furchtbare Ueberschwemmung zerstört war.

Ueber das jetzige Gebäude in der Mitte des Dorfes sagt die Ueberlieferung, es sei von einem (unbenannten) Wohlthäter aus Uedorf, welches zu der Zeit noch zur Pfarre Urfeld gehörte, auf dem Grunde und gegen den Willen eines andern Eigenthümers erbaut worden. Mit den Gütern der Abtei Heisterbach gingen unter französischer Herrschaft auch die alten Privilegien und Stiftungen verloren.

Die Kapelle hat nichts Merkwürdiges aufzuweisen. Gestiftet ist an dieselbe: 1. der abendliche Rosenkranz für die Zeit von Allerheiligen bis Monat Mai; 2. eine Frühmesse, Schenkung des Jacob Unterbruch. Des Sommers liest der Pfarrer gewöhnlich ein Mal in der Woche zu Widdig die h. Messe. Die allgemein beliebte Maiandacht hat hier ebenmäßig Eingang gefunden und wird in erbaulicher Weise abgehalten.

Die Schule in Urfeld.

Pastor Hermann Reuter vermachte durch Testament vom 3. Mai 1681 zur Beförderung einer Schule für die Jugend Haus und Hof und dazu gehörigen Weingarten, von Wittib Altenbruchs herrührend, wie auch ³/₄ Ackerland im Forst gelegen, dergestalt, daß alle Quartal quatuor temporibus des Freitags "eine Seelenmesse zum Troste seiner und seiner Eltern Engelbert Reuter und Anna Eheleut Seelen solle gelesen werden. Darauf der Offermann oder Schulmeister Herrn Pastoren, so die Meß singt, geben soll ¹/₂ Dahler kölnisch, dem Offermann 8 Albus, der Kirche ¹/₂ Quart Oel bönnischen Maßes, dem jüngsten Kirchmeister für Einfordern 8 Albus, jedem Schulkind zu offern ein Mörgen [4]). Der Schul-

---

[1]) Protocolla Judicialia Curiae Archidiaconatus Bonnensis do anno 1641. Kölner Pastoralbl. Jahrg. 1882, Nro. 12.
[2]) Alfter l. c. — [3]) Dumont, Descriptio, 27.
[4]) Mörgen oder Mürgen scheint eine kleine Münze, etwa 1 Heller gewesen zu sein.

meister soll zu opfern jedes Mal vorgehen und die Kinder folgen." Das geschenkte Schulgebäude wurde bald baulos, und da die Einwohner dessen Herstellung unterließen, am 28. März 1683 sammt Weingarten und Acker an Eheleute Leo Breul und Anna Rauths für 180 kölnische Dahler verkauft. Nach Abzug eines schuldigen Capitals von 30 Dahlern blieben 150 Dahler mit sechs Dahlern jährlicher Einkünfte übrig, welche der Schulmeister für den Unterricht armer Schulkinder erhielt. Bis 1818 verblieb die Lehrerstelle dem Küster, welcher, wie man sagt, der Schule mit gutem Erfolge vorstand. Ein von der preußischen Schulbehörde geprüfter Lehrer trat an seine Stelle.

1822 wurde ein neues Gebäude mit einem Schulsaal errichtet, in den dreißiger Jahren ein zweiter angebaut, in welchem ein Präparand als Unterlehrer unterrichtete. Am 2. Januar 1867 wurde das seitherige zweiklassige Schulsystem dahin abgeändert, daß man statt des abgetretenen Präparanden eine Lehrerin berief. Hierdurch wurde die Bildung einer einklassigen Knaben= und Mädchenschule bedingt — eine Einrichtung, deren pädagogische Vortheile den Nachtheil des erschwerten Unterrichts weit überwiegt. Neuerdings ist das zweiklassige System wieder zur Ausführung gekommen und dadurch die Schule zu einer gemischten geworden. Die Lehrerin unterrichtet in der Unterklasse, der Lehrer in der Oberklasse. Varietas delectat!

Es fungirten als Lehrer zu Urfeld seit 1818: Schmitz, Brendgen, Wipperfürth, Mirbach, gest. 27. April 1867. Hierauf wurde Hubert Virnich interimistisch von der Regierung angestellt. Seit 1869 leitet der durch tabellose Führung und musterhafte Berufstreue bewährte Gerhard Kierdorf die Knabenschule zu allgemeiner Zufriedenheit. Als Lehrerinnen sind zu verzeichnen: 1. Fräulein Heister, seit 2. Januar 1867; 2. Margaretha Radermacher, seit October 1873; 3. Barbara Prior, seit April 1878.

Schule in Widdig.

Vor der preußischen Herrschaft bestand nur eine Privatschule in dem Orte. Um 1800 ertheilte der Kapellendiener Kronenberg Unterricht im Lesen und Schreiben. Für jedes Kind wurden monatlich 6 Stüber Schulgeld gezahlt. Gegen 1810 stellte die Gemeinde einen Lehrer Ley an, etwa 8 Monate später den Peter Esch, hierauf dessen Bruder. Kinder aus Widdig gingen zu der Urfelder Schule über, weil diese auf einer höhern Stufe stand. 1819 kam mit Lehrer Adam Moll eine besser qualificirte Lehrkraft in die Schule. Moll wurde 1856 mit einer Pension von 125 Thalern in den Ruhestand versetzt. Ihm folgte Lehrer Rahms, diesem 1862 Wilhelm Hubert Schreiner, welcher die Schwierigkeiten der

einklassigen Schule durch Umsicht und Berufseifer überwindet und sowohl
durch seine Leistungen im Lehrfache, als durch musterhafte christliche
Haltung der Gemeinde zum Segen gereicht.

Der Pfarrer Hamacher hat nach wie vor und während der im
Jahre 1872 eröffneten Falk'schen Aera seine Stelle als Local=Schul-
inspector und Religionslehrer in den Schulen von Urfeld und Widdig
behauptet. Sein Verhältniß zu den Lehrpersonen ist ein freundschaftliches
und verdient als Muster aufgestellt zu werden.

13. Walberberg.

Walberberg, mons sanctae Walburgis[1]), ein langgestrecktes Dorf an der nördlichen Grenze des Kreises Bonn, 15 Kilom. von Köln, hat 1221 Einwohner, darunter 12 Juden. Von der Thalebene leicht zur mittlern Höhe des Vorgebirges aufsteigend, bietet es mit der das Dorf überragenden Pfarrkirche, dem Pfarrhause zur Linken, dem Hexenthurm zur Rechten, im fruchtbaren, durch einen Wald von Obstgärten belebten Gelände, ein malerisches Bild. Die Aussicht von oben gestaltet sich zu einem abgerundeten großartigen Panorama.

Die Kitzburg am südlichen, die Rheindorfer Burg am nördlichen Ende geben dem prächtigen Gemälde einen zierlichen Abschluß. Die beiden äußersten Punkte sind ungefähr zwei Kilometer von einander entfernt. Gelenius[2]) beweist durch seine kurze Schilderung von Walberberg, daß er vor drittehalb Jahrhundert den durch seltene Naturschönheit gehobenen Ort nicht mit gleichgültigem Auge angeschaut, sondern bei seinem Anblick von Bewunderung ergriffen war. Die im untern Dorf mit dem Gebirge parallel laufende Frohngasse fällt mit der alten römischen Bonnstraße zusammen. Gelenius[3]) nennt sie Rengaß, von dem Römercanal (Rinne), welcher in engster Verbindung mit der Straße der Länge nach das Dorf durchzieht. Von andern zahlreichen römischen Bauwerken legen die an vielen Stellen, besonders in der Nähe der Kirche vorhandenen Reste unzweideutiges Zeugniß ab. Sie bilden die Grundlage zu der

---

[1]) Es führt diesen Namen seit der Uebertragung der Reliquien dieser Heiligen aus Eichstädt in die Pfarrkirche des Orts unter Erzbischof Anno II. (s. unten über Reliquien). Ursprünglich hieß es Berg (Berge) oder Burg (Burge). Vgl. Jahrbücher des Vereins für Alterthumsfreunde im Rheinlande, H. 47, S. 130. Die abgekürzte Form Berg ist noch heute beim Volke beliebt. Urkundlich findet sich „Walberberg" zuerst im Jahre 1126. Vgl. Ernst, Histoire du Limbourg, Tom. VII 36.

[2]) Farrag. IX 305, abgedruckt in Heft 47 der Bonner Jahrbücher, S. 133.

[3]) Do admiranda magnit. Col., 256.

christlichen Cultur des Mittelalters; wir erblicken in Walberberg, wie in
vielen andern Pfarrorten Kirche und Kloster auf den Trümmern des
untergegangenen Heidenthums. Indem wir zur eigentlichen Pfarrgeschichte
übergehen, markiren wir zur leichtern Uebersicht die geschichtlich feststehen-
den Hauptmomente, wofür die Beweise in ausführlicher Darlegung folgen
werden [1]).

Kölner Erzbischöfe haben im frühen Mittelalter die Pfarre gegründet.
Das Domcapitel war im Besitze des Kirchenzehnten und des Patronats.
Dasselbe erwarb später den Frohnhof mit der Gerichtsbarkeit und den
Hegentthurm. Cisterciensermönche besaßen im 12. Jahrhundert ein Kloster
neben der Kirche und übten die Seelsorge an derselben aus. Ihre Einkünfte bestanden aus den Gütern, welche die Gräfin Alveradis ihnen und
der Pfarrkirche geschenkt hatte.

Als die Mönche sich nicht bewährten, berief Erzbischof Adolph I. im Jahre
1197 an ihre Stelle Cistercienser-Nonnen aus dem Kloster zu Hoven und
vermehrte die vorhandenen Schenkungen durch Uebertragung des gesammten
Zehnten sowie der Erträge aus den Aeckern und Weinbergen und sonstigen
Gütern. Zugleich erhielten sie das Patronat der Kirche und damit das
Recht, einen geeigneten Pfarrer vorzuschlagen, während die Bestätigung
dem Domcapitel vorbehalten blieb. Zu der Dotation gehörte als bedeutendste Schenkung der noch heute unter diesem Namen bekannte Klosterhof, welcher bei der Auflösung des Jesuitenordens im Jahre 1773 als
geistliches Gut bestand und dann durch Säcularisation an die Schulverwaltung zu Köln überging [2]). Wahrscheinlich gehörte dieser Hof zu den
ehemaligen Gütern der Gräfin Alveradis.

Zur Begründung dieser Angaben lassen wir zunächst die Urkunde des
Erzbischofs Adolph I. vom Jahre 1197 in wenig abgekürzter Uebersetzung
folgen.

„Im Namen der heiligen und unzertheilten Dreifaltigkeit. Adolph
durch Gottes Gnade der heiligen Kölner Kirche Erzbischof . . . bringen
zur Kenntniß, wie eine edele Gräfin Alveradis, in Sehnsucht nach dem
Höhern, zeitliche Güter gegen ewige vertauschend, mit Genehmigung
unseres ehrwürdigen Vorgängers Siegewinus (1079—1089), Erzbischof
von Köln, in der Kirche zu Walberberg, wo sie Vater und Sohn hatte
beisetzen lassen, auch sich selber eine Grabstätte erwählte. Daher über-
wies sie zum Heile ihrer Seele sowie zu ihrem und der ihrigen Ge-

---

[1]) „Zur Geschichte Walberberg's" hat Richard Pick im 47. Heft der Jahrbücher l. c.
schätzenswerthes Material zusammengetragen. Den Ausführungen und Resultaten des
Verfassers können wir uns jedoch nicht überall zustimmend anschließen, wie unsere Darlegung zeigen wird.

[2]) Dumont, Descriptio, Einleitung u. S. 23.

dächtnisse so viel von ihrem Vermögen, daß es mit dem Zehnten der
Pfarre, welcher vermöge der Uebertragung des Erzbischofs von der ersten
Gründung der Stelle der Kirche gehörte, zum Unterhalte der daselbst
Gott dienenden Priester genügte. Weil aber das von unserm Vorgänger
begonnene Werk der Unterstützung bedurfte und immerfort dauern sollte,
so beschloß unser Vorgänger Philippus ehrwürdigen Andenkens (1167
bis 1191), an gedachter Stelle einen Convent von Klerikern zu gründen,
und zwar mit Zustimmung des Domcapitels und vorbehaltlich des dem=
selben zustehenden Patronatsrechts. Der so entstandene Convent ließ
jedoch den erwarteten Erfolg vermissen. Wie es zuging, ist Gott allein
bekannt. Als wir die der Frömmigkeit geweihte Stelle also im Nieder=
gange begriffen sahen, trugen wir Sorge, mit Gottes Hülfe an die ver=
fallenen Zustände die bessernde Hand zu legen. Wir beschlossen daher,
nach dem Tode des an der Kirche fungirenden Pastors Wilhelm nach
dem Plan unserer Vorgänger und anderer für die Ehre Gottes eifernder
Männer religiöse Schwestern aus dem Cistercienser=Orden, welche seither
im Kloster zu Hoven in Noth und Entbehrung im Dienste Gottes arbei=
teten (militabant), zur Verbesserung ihrer Lage und zu ihrem Troste
sowie auch mit Rücksicht auf die nothwendige Reform des Klosters an
genanntem Ort zu berufen, mit Zustimmung des Dompropstes Ludovicus,
des Dekans Ulrich und des gesammten Domcapitels, auf Verlangen der
Pfarrangehörigen und auf Ersuchen des neu eingetretenen Pastors Helwich.
Alle Zehnten und sonstige Einkünfte von Weinbergen und Aeckern, und
was sonst der Stelle übertragen ist, oder in Zukunft übertragen wird,
soll den Schwestern zur Nutznießung überwiesen werden. Wenn der Pastor
oder Prorector des Klosters mit Tod abgeht, so sollen Abtissin und Con=
vent sich einen geeigneten Pastor wählen. Ist ein solcher canonisch ge=
wählt, so wird er dem Propst und Decan der Hauptkirche (maioris
ecclesiae) vorgeschlagen und für den Kirchendienst unverweigerlich investirt.
Im Falle, daß der Propst und der Dekan nicht beide anwesend sein
können, soll der eine Anwesende die Stelle Beider versehen und (der Er=
nannte) vom Archidiakon für den Altardienst investirt werden. Selbst=
verständlich ist der eingekleidete (praetextatus) Provisor der Schwestern
mit den andern Klerikern, welche daselbst ihren bleibenden Aufenthalt
nehmen wollen, nach der Regel des h. Augustinus zum gemeinsamen Leben
verpflichtet. Auch steht es nicht in seiner Befugniß, etwas eigenmächtig
oder ohne Rücksprache zu veräußern oder zu verschenken; er soll vielmehr
alles nach vernünftigem Ermessen der Abtissin und des Convents ver=
walten."

„So geschehen im Jahre 1197, XV. Indiction. Zeugen sind: Ludo=
vicus Dompropst, Udo der zweite Dekan, Hermann Chorbischof, Rudolph

Scholasticus, Zacharias Albertus Cellerarius, Wilhelm Kämmerer, Hermann Custos der Kammer, Daniel Custos der heiligen (3) Könige"[1]).

Wie man sieht, birgt die Urkunde einen wahren Schatz von geschichtlichen Nachrichten über die Gründung der Pfarrkirche und des Klosters und setzt uns in den Stand, weitere Aufschlüsse über den Zusammenhang der als Stifterin genannten Gräfin Alveradis mit anderweiten Denkmälern der Vorzeit zu ertheilen. Vielleicht gelingt es uns, den Wohnsitz und die Güter der Stifterin näher zu bezeichnen und dadurch den Ursprung später vorkommender Besitzungen zu erforschen.

Gleich zur Sache übergehend, nehme ich keinen Anstand, zu behaupten, daß Alveradis aus der gräflichen Burg abstammte, welche mit dem Hexenthurm[2]) in Verbindung stand. Ohne die Geschichte des Hexenthurmes ist die Entstehung des Klosters mit annexer Pfarrkirche nicht zum klaren Verständniß zu bringen. Deshalb sehen wir uns, ohne Furcht, mit Hexen in Berührung zu kommen, das stattliche Bauwerk etwas näher an.

„Etwa hundert Schritte von der Pfarrkirche," so schreibt Richard Pick, „in nordwestlicher Richtung steht isolirt auf einer kleinen Anhöhe ein runder Thurm, bei Alt und Jung unter dem Namen Hexenthurm bekannt. Er ist beiläufig 90 Fuß hoch. Im Lichten hat er einen Durchmesser von ca. 25 Fuß. Das Mauerwerk ist an der Basis fast 8 Fuß dick, nimmt aber nach oben hin ab. Wie aus dem Rücktritt der Mauer im Innern erhellt, war der Thurm in fünf Stockwerke eingetheilt. So weit der unterste Raum ehemals reichte (in einer Höhe von etwa 15 Fuß über dem Erdboden), ist die Mauer aus Basalt und Grauwacke von unregelmäßiger Form nebst einigen Quarzstücken und spärlichen Fragmenten römischer Dachziegel aufgeführt; der übrige Theil des Thurmes aber besteht, abgesehen von dem obersten Stockwerke, welches ausschließlich aus Tuff gebaut ist, seinem Kerne nach aus mächtigen Stücken Gußwerk des alten Römercanals, welche mit Tuff umkleidet sind"[3]).

Dieses Citat mag genügen, um uns eine Vorstellung des merkwürdigen Thurmes zu verschaffen. Es ist unsere Aufgabe, denselben mit der Pfarrgeschichte in Zusammenhang zu bringen. Alterthumsfreunde waren im Zweifel, ob der Thurm ein für sich bestehender selbständiger Bau gewesen, oder als Theil eines größern Ganzen zu betrachten sei. Die letztere Annahme läßt allein eine vernünftige Deutung zu, und ist

---

[1]) Aus Crombach „Annal. Colon." II. im Stadtarchiv zu Köln, abgedruckt in den „Bonner Jahrbüchern" H. 47, S. 142. — Man sehe Anhang VIII, Nro. 1.

[2]) Der Name „Hexenthurm" datirt wahrscheinlich aus der Zeit, wo das Burghaus längst zerstört war. Der isolirte räthselhafte Thurm bot nunmehr für Hexengeschichten den weitesten Spielraum.

[3]) Bonner Jahrbücher, H. 47, S. 136—137.

durch Thatsachen erwiesen, indem südlich vom Thurm in der Richtung
nach dem Kirchhof die Reste einer uralten Burg sich finden. Daß
diese Burg mit dem Hexenthurm in Verbindung stand, beweist eine
alte Brücke, welche ehemals über einen breiten Graben vom Thurme nach
der Stelle hinüberführte, wo die Burgruinen sich befinden. Selbst die
tiefere Lage des Thurmes am Wassergraben findet ihre Erklärung, wenn
man sieht, daß die freiere Anhöhe mit schönster Aussicht für das Burghaus vorgezogen wurde.

Die Anführung verschiedener übereinstimmender Aufzeichnungen würde
zu weit führen. Nur wollte ich bemerken, daß die alten Traditionen
unsere Angaben in vollem Maße bestätigen. Der Thurm stammt der
Sage nach aus dem 10. Jahrhundert. Man ist aus dem Material und
der Bauart berechtigt, eher ein höheres als jüngeres Alter anzunehmen.

Nun erhalten wir aus dem 12. Jahrhundert die urkundlich verbürgte
Nachricht, daß statt der Burg das Kloster besteht, daß eine Gräfin ihre
Güter als Dotation hergibt, ohne daß ihr Wohnsitz angegeben ist. Nur
ein Thurm ist vorhanden als Wahrzeichen, daß hier ihre Wohnung gestanden hat. Ferner sehen wir, daß schon ihr Vater im Besitze der
Burg und ihrer Güter war. Denn die Urkunde des Erzbischofs meldet,
daß Alveradis neben ihrem Sohne ihren Vater in der Kirche neben
dem Kloster zur Ruhe legte. Fragt man ferner nach der Identität und
der Lage ihrer Burggüter, so finden wir dieselben rings um den Hexenthurm und das Burghaus; denn die Benden und Weingärten des zum
Hexenthurm gehörigen Frohnhofs, das Pfarrgut, der Salgarten oberhalb
des Pfarrhauses, die Weingärten des Klosters, der Klosterhof: alles zusammen bildete einen geschlossenen Gütercomplex, wovon die Burg die
Mitte bildete. Wer sollte nach dieser Lage der Sache zweifeln, daß
wir in der Burg den Stammsitz der Gräfin Alveradis, der Stifterin des
Klosters und der größten Wohlthäterin der Pfarrkirche, gefunden haben.
Selbst Richard Pick, welcher ungeachtet der vorgefundenen Reste noch
zweifelt, „ob der Hexenthurm der einzige erhaltene Rest eines dort gelegenen größern Gebäudes (Burg)" sei, oder „ob derselbe niemals mit
andern Gebäuden in Verbindung gestanden" habe, schreibt: „Nach der
Sage stand bei dem Hexenthurm in vorigen Zeiten eine prächtige Burg,
der Sitz mächtiger Grafen. Ihnen gehörte der Klosterhof und der Frohnhof
zu Walberberg. Der Vorletzte des Stammes hatte zwei Kinder, einen
Sohn und eine Tochter. Jener trat in's Domcapitel und brachte dem
Stifte den Frohnhof zu; die Tochter aber nahm den Schleier in dem
Kloster zu Walberberg und schenkte diesem den Klosterhof" [1]). In Be-

---

[1]) Bonner Jahrbücher, XLVII 139.

ziehung auf die Uebergabe des Frohnhofs an das Domcapitel bedarf diese Ueberlieferung einer Correctur, welche bald folgen wird; im Uebrigen ist sie eine Bestätigung der von uns berichteten Thatsachen.

Der Frohnhof soll hier zuerst Anschluß finden, weil er mit der alten gräflichen Burg in engster Beziehung stand. Er befand sich bis Ende des achtzehnten Jahrhunderts mit dem Hexenthurm in der Hand desselben Eigenthümers zusammen. Wahrscheinlich lag der Frohnhof ursprünglich in der Nähe des Thurmes und erhielt erst nach dem Verschwinden der Burg seine gegenwärtige Stelle an der nach ihm benannten Frohngasse. Eine Bestätigung hierfür liegt auch darin, daß diese Straße früher den Namen „Rengasse" führte, wie uns aus Gelenius bekannt ist. Eine fernere Bestätigung ist die Lage des zum Frohnhof gehörigen Areals, welches den Thurm, den Klosterhof und das Pfarrgut begrenzt. Hexenthurm und Frohnhof waren in der Mitte des 14. Jahrhunderts Besitzthum Ulrichs von Holtorp.

Im Jahre 1388 verkaufen dessen Sohn Konrad von Holtorp, Knappe, und dessen Gemahlin Stina (Christina Birclin) dem Domcapitel „alsolch Erb und Gut zu Walberberg, Hof, Thurm und Freiheit, mit allem Zubehör, Wohnungen, Gezimmern des Hofs, mit Graben, Weihern, Garten, fort 71 Morgen Artland, 5 Morgen Weingarten, 120 Morgen Busch, fort drei Viertel Weingarten, die um den halben Wein ausverlehnt sind, item ein Fuder Weingülte, sechs Sömmer Weizen, vierzehn Malter Roggen erblicher Pächte und Gülten in denselben Hof gehörend; fünfzig Kapaunen, hundert vierzig Hühnergülten und fünfzig Mark Pfenniggeld jährlicher Erbgülte auch in denselben Hof gehörend, fort das Weinhaus allda, und von der Mühlen, auch allda gelegen, zwölf Malter Roggen und acht Gülden erblichen Zins" [1]).

Alles dieses verkaufen die Genannten dem Domcapitel für 2500 gute schwere Gulden. Letzteres verblieb im Besitze des Frohnhofs und des Thurmes bis zur Säcularisation durch die Franzosen. Der Pächter Geuer kaufte beide zu Aachen im Jahre 1807. Den Hof vererbte er auf seinen Schwiegersohn Scheeben; den Thurm verkaufte Geuer an den Baumeister Weyer zu Köln, dieser an Trimborn, Trimborn an Pfarrer Löhr, welcher denselben schließlich dem Staate für 180 Thaler überließ.

Die Gerechtsame des Kölner Domcapitels, welche dem Frohnhof annex waren, sind in dem betreffenden Weisthum in 27 Artikeln zum Ausdruck gebracht, welche sich größtentheils auf das Hofgericht und die

---

[1]) Urkunde bei Lac. III 934. — Eine kleine Mühle lag in der östlich vom Klosterhof befindlichen Wiese. Diese hat nach Abbruch der Mühle und des zugehörigen Gehöftes den Namen „Dorn" Thurm behalten, was für die Identität mit der in vorliegender Urkunde erwähnten Mühle spricht. Vgl. Jahrbücher l. c. 140.

Frohngüter beziehen. Zu den Grundgütern gehörten elf Kurmeden mit elf empfangenden Händen als Inhabern oder Nutznießern [1]). Zu den Sitzungen des Hofgerichts erschienen vorschriftsmäßig siebenzehn geschworene Gerichtspersonen unter dem Vorsitze des Schultheißen. Letzterer wurde vom Domcapitel angestellt und hatte wenigstens in letzter Zeit in Köln seinen Wohnsitz. Die siebenzehn Geschworenen hatten nur die Verwaltung der Hofgüter zu besorgen, eventuell darüber gerichtlich zu erkennen, während ein Schöffengericht, dem der Schultheiß ebenmäßig vorstand, mit ausgedehnter ordentlicher Gerichtsbarkeit nur sieben Schöffen zählte. In einem Protokoll vom Jahre 1516 werden als Gerichtspersonen genannt: Kyrstchen (Christian) im Frohnhof, Schultheiß; und als Scheffen: Michel zum Krenfel, Theis Gartzen, Henrich Stutzchen, Lezius Isernhaupt (und fort wir andern Scheffen, aus der Herrlichkeit Walberberg).

1630 war Schultheiß: Georg von der Arct; Scheffen: Tönnis zum Bock, Winand Wolters, Detherich Breuer, Henrich Schröders, Cörstchen Nolden, Zander von Kendenich, Reinhardt Mülhentz.

Als letzter Schultheiß bis 1802 wird genannt der ehemalige kaiserliche (kurfürstliche?) Steuereinnehmer Hürtgen aus Köln, welcher auch gleichzeitig die Simpeln in Empfang nahm.

Die letzten Schöffen waren: Leonard und Lambert Kübeler, Franz und Joseph Geuer, Brand, Küpper, Peter Fuchs. Das Gericht erkannte auf Galgen, Strang, Drillhaus und Geldbuße. Alte Leute erinnerten sich noch des Galgens, der ziemlich weit vom Dorfe im Felde stand. Seit Menschengedenken wurde Niemand an demselben zum Tode befördert. Der Strang bestand in einem eisernen, an einem Pfahl befestigten Halsbande, womit unter Andern entartete Kinder wegen Mißhandlung ihrer Eltern auf öffentlicher Straße umschlungen und der Verachtung Preis gegeben wurden. Der Pfahl befand sich unterhalb der Kirchhofsmauer, ihm zur Seite das Drillhäuschen, worüber wir unter Rösberg bereits nähere Auskunft erfahren haben. Vergehen Unverehelichter gegen die Sittlichkeit wurden mit Geldstrafen bis zu 5 Goldgulden und (wahrscheinlich im Nichtzahlungsfalle) mit Einsperrung in's Drillhaus belegt [2]).

Der Frohnhof war nicht die einzige Besitzung des Kölner Domcapitels in Walberberg. Erinnern wir uns aus der Urkunde Adolph's I., daß bereits vor dem Jahre 1197 dasselbe Zehntherr des Dorfes war. Im Jahre 1243 nach Uebergabe des Zehnten an das Kloster und vor Erwerbung des Frohnhofs besaß es noch ein „Rentamt" daselbst, was ausgedehnte Güter voraussetzt. Dieses Rentamt (obedientia stac. Walburgis)

---

[1]) Vgl. das Weisthum bei Lacomblet, fortgesetzt von Harleß, Archiv VI 372.
[2]) Aufzeichnungen im Pfarrarchiv zu Walberberg.

übertrug das Domcapitel im Jahre 1244 an den Chorbischof Dietrich, welcher dagegen verpflichtet war, vom 30. November bis zum 26. December die sogenannte Meringa (besondere mit Wachslieferungen verbundene Abendmahlzeiten) zu bestreiten [1]).

In nächster Verbindung mit dem Frohnhof stand der bereits erwähnte Klosterhof. Die weitere Besprechung dieses Hofes bleibt bis zur Behandlung der Pfarrdotation und des Klosters vorbehalten.

Güter von Klöstern, Stiftern, Adeligen.

Winricus von Walberberg, Ministeriale des Grafen Adolph von Saffenburg, schenkte der Abteikirche zu Klosterath einen bei Trippelsdorf gelegenen Weingarten 1126 [2]).

Das Kloster Niederehe hatte zu Walberberg einen Hof, dessen Besitz ihm von Papst Innocenz IV. im Jahre 1246 bestätigt wurde, aber bald wieder verloren ging [3]).

Kloster Benden bei Brühl besaß ein Haus nebst Weingärten auf dem Schallenberg.

Güter der Abtei Knechtsteden nicht näher bekannt.

Stift Dietkirchen besaß 80 Morgen Land, welche es am 2. Mai 1625 dem Gerhard Salentin von Wolfskehl, Besitzer der Kitzburg, gegen 90 und 3½ Viertel Morgen im Sechtemer und Waldorfer Felde in Tausch gab [4]), ferner die Schäferei, welche es mit 1½ Morgen neben dem Kitzburger Garten dem Dompropst Thomas Quentel überträgt gegen 1. eine Jahresrente (annuus canon) von 3 Reichsthalern = 9 Gulden 18 Albus; 2. eine Grundrente an den Zehnthof des Stifts, genannt Vphoff (Ophof zu Sechtem) von 8 Gulden; 3. neun Quart Butter à 18 Albus 6 Gulden 18 Alb., Summa 24 Gulden 12 Alb. Als letzte Verkaufsbedingung wurde dem Propst von Quentel aufgetragen, „zur Haltung des jährlichen Dietkirch'schen Hofgedings einen bequemen ständigen Platz auszusehen und zu verstatten" [5]). Die bezügliche Urkunde ist datirt vom 10. Januar 1684 [6]).

---

[1]) Jahrbücher l. c. 141. — [2]) Histoire du Limbourg par Ernst, VII 36.

[3]) „Exprimitur in hac bulla (1246) curtis de monte s. Walburgis; qualiter monasterium hanc curtim acquisierit et quando eam amiserit, non inveni."

[4]) Die Urkunde im Archiv des Herrn von Groote zu Kitzburg enthält die Unterschriften der Stiftsdamen: Amalia von Metternich, Abbatissa, und der Anna von Lüning Beißel von Aldenbrück genannt Velbrück, Magdalena von Brempt, Katharina Raitz von Frens als der „ältesten Capitularjuffern".

[5]) Diese Bedingung wurde wahrscheinlich gestellt, weil mit der Schefferei (Schäferei) der Hof, in welchem früher das Geding gehalten worden war, durch den Vertrag dem Stift verloren ging.

[6]) Von Interesse, besonders für die hiesige Gegend, sind die Unterschriften: Maria von Velbrück (in Metternich), Abbatissin zu Dietkirchen, Anna Arnold von Geverzhan (wahr-

Kloster Heisterbach hatte einen Hof nebst Weingärten. Letzter Pächter war Johann Streng, Käufer nach der Säcularisation Klericus Rehmen von der Külzegger Burg [1]).

Die Stahlburg war Eigenthum der Jesuiten und ging durch Kauf im Jahre 1799 an N. Kremer über [2]). (Vgl. unter Kitzburg.)

Die Herren Schall von Bell zu Schwadorf hatten zu Walberberg ein Haus, 1¼ Morgen Ackerland, 1 Morgen Weingarten, 1672 [3]).

Die Herren von Wiedendorf 1¾ Morgen Weingarten [4]).

Herr von Engelberg ein Besitzthum auf dem Schallenberg [5]).

Die Kitzburg mit einer Hauskapelle war ehemals ein freiadeliges Gut mit Sitz und Stimme im kurfürstlichen Landtag. Das Burghaus, dessen Ursprung in das graue Alterthum zurückweist, lag vor Zeiten an einer romantischen Stelle oberhalb der zur Kitzburg gehörigen Mühle. Die Baustelle ist durch alte Mauerreste, darunter römische Ziegel, kenntlich, hat zum Andenken den Namen „Alte Burg" behalten und erinnert an die ähnlichen Traditionen bei Alfter. Von der alten Burg führte ein Canal, dessen Zweck nicht aufgeklärt ist, nach der jetzigen Kitzburg, vielleicht weiter bis in's Dorf. Die Kitzburg war verpflichtet, durch eine Abzweigung des Mühlenbaches Wasser an die im südlichen Dorf gelegene Stahlburg, Ecke der Flammengasse, zu liefern.

Erster bekannter Besitzer der Kitzburg war Gerhard Anton von Wolfskehl (um 1600) [6]), Sohn des Gerhard v. Wolfskehl, Amtmann zu Brühl, Deutz und Königsdorf, Thürwärters des Erzbischofs zu Köln, und der Lussardis von der Portzen. Aus der Ehe Gerhard Anton's mit Elisabeth von Lysur, Tochter von Johann von Lysur und Freilingen und Anna von Meckenheim, stammten drei Töchter, Nonnen im Kloster zu Schweinheim bei Flammersheim, und Gerhard Salentin von Wolfskehl, Herr zu Freilingen und Kitzburg 1618. Dieser heirathete Anna Margaretha von Hall zu Ophoven, Tochter Gottfried's und der Veronica von Koppenstein. Sein Sohn Johann Degenhard von Wolfskehl und dessen Geschwister Maria Barbara und Caspar von Wolfskehl verkaufen am 25. Januar 1671 auf ihrem Hause „Freilingen" die Kitzburg an den

---

scheinlich Tochter des Arnold von Geuertzhan zu Hemmerich), Sophia Agnes Koff (Kolf?) von Bettelhoffen (an der Ahr), Maria Elisabeth von Hertzel (zu Pochem), Johanna Catharina Margaretha Schall von Bell.

[1]) Vgl. unter Pfarrstelle und Kloster. — [2]) Aufzeichnungen im Pfarrarchiv.
[3]) Mittheilungen des Herrn von Dithman. — [4]) l. c. — [5]) Aufzeichnungen im Pfarrarchiv.
[6]) Die Notizen über die Besitzer der Burg sind größtentheils den Original-Urkunden im Archiv des Herrn von Groote entnommen. Ergänzungen dazu erhielt ich von Herrn von Dithman, Adjutant im Königin-Augusta-Regiment zu Coblenz.

Fürsten Franz Egon von Fürstenberg, Bischof zu Straßburg, mit 97 Morgen Ackerland und der Mühle.

Von Fürstenberg scheint die Besitzung gleich wieder verkauft zu haben; denn im Jahre 1672 besaß (Thomas?) Herr von Quentel 72 Morgen Ackerland, welche früher den Herren von Wolfskehl gehört hatten und dem Adelsitz Krawinkel [1]) annex waren. Nach dem vorhin erwähnten Vertrag mit Dietkirchen war 1684 Thomas Quentel, der hohen Thumb- wie auch der Collegiatkirchen zu St. Severin und St. Andrießen in Cöllen Propst, Canonicus und Capitular, der Besitzer; 1704 Amtmann von Quentel.

Der Reichsoberpostmeister Franz Peter Michel von Quentel vererbte das Gut an seinen Sohn Canonicus Johann Thomas von Quentel. Dieser verkaufte es am 16. November 1757 an Felix Joseph von Becker. Es folgten Franz von Becker zu Benesis und dessen Gemahlin Maria Ursula Walburgis von Herwegh, deren Tochter Maria Henriette Carolina Josepha, Erbin der Rittergüter Immendorf und Kitzburg, heirathet am 16. November 1784 Everhard Anton Heriman von Groote, Edler zu Kendenich (gest. 1820). Die Erbin Walburgis von Groote starb am 6. Januar 1853. Der älteste Bruder Everhard Anton Rudolph Hermann Joseph Melchior übernahm bei der Theilung die Burg (gest. 15. April 1864).

Seitheriger Besitzer war Caspar Joseph Clemens von Groote, am 23. Mai 1865 vermählt mit Therese von Kempis, starb am 18. Juni 1884. Das Areal der Kitzburg beträgt jetzt 212 Morgen.

Die Hauskapelle, ein einfaches, zimmerähnliches Gebäude, freistehend, links vom Eingange in die Kitzburg, ist wahrscheinlich im Jahre 1753 erbaut. Als Merkwürdigkeiten enthält die Kapelle drei sehr kunstvolle Gemälde aus der Kölner Schule, und zwar ein Altarbild, die heiligen drei Könige vor dem Jesukinde, zu beiden Seiten zwei kleinere Bilder, weltliche Scenen aus dem Ritterleben darstellend.

Bei Uebernahme der Kitzburg im Jahre 1757 erhielten die von Becker das Privilegium einer „Hausmesse" auf zehn Jahre. Erneuerungsurkunden sind vorhanden von 1783 und 1793. Generalvicar Karl Aloys Graf von Königseck ertheilt unter dem 22. April 1793 dem Anton Joseph Melchior [2]) von Groote das Privilegium für sich, seine Familie und Hausgenossen, auch für Besuch aus der Familie. Die Vergünstigung wurde in letzter Zeit, nachdem eine lange Vacatur bestanden hatte, auf die Glieder der Familie, blutsverwandte und verschwägerte, beschränkt. Seit

---

[1]) Krawinkel in der Pfarre Allrath, Delanat Grevenbroich.
[2]) Urkunde im Archiv der Kitzburg.

1877 fungirten als Kapläne Hubert Ommer aus Lindlar, 1880—1882, Ludwig Denthoven aus Köln, früher Pfarrer in America, Gustav Friedrich Kirch aus der Diöcese Mainz 1882—1884, jetzt Roland Frank aus der Pfarre Wissen.

Die Rheindorfer Burg war kurfürstliches Lehen, dessen älteste Inhaber unbekannt sind. In der zweiten Hälfte des 15. Jahrhunderts wird als Besitzer genannt Johann von Quad, Sohn des Ritters Lutter Quad, Herrn zu Hardenberg, Vorst, der Herrschaft Landskron, Burgmanns zu Limburg, und der Elisabeth von Saffenburg und Neuenar, zu Landskron, Tomberg, Miel und Königsfeld. Johann Quad wurde in der Kirchengruft zu Walberberg beigesetzt und zu seiner Seite die überlebende Gattin Anna von Schönecken, Schwester des Ritters Richard Hürt von Schöneck. Anna vermachte der Kirche zu Walberberg einen Theil ihrer Hinterlassenschaft, wie wir aus dem Testament vom 2. September 1502 ersehen werden[1]). 1504 wurde Johann's jüngerer Bruder Gerhard Quad, kurkölnischer Rath und Amtmann zu Zons, vom Erzbischof Philipp von Virneburg Donnerstag den vierten nach St. Alexis mit Rheindorf belehnt. In der betreffenden Urkunde findet sich die Burg zuerst mit dem Namen Rheindorf. Erbansprüche, welche die von Hürth erhoben, wurden friedlich ausgeglichen und zugleich den von Quad der ungestörte Besitz der Burg zugesichert (1508 auf St. Agathatag, den 5. Februar). Es folgte Gerhard's Sohn Johann Quad, Herr zu Ryndorp, Landskron, Miel und Oberwinter, Marschall, Landdrost in Westfalen (gest. 1542). Seine Gattin war Katharina Scheiffart von Merode-Bornheim. Hermann Quad, der älteste von Johann's vier Söhnen, heirathete Margaretha Raitz von Frenz, wodurch er Broich bei Jülich erwarb (gest. 1557). Johann, Sohn Hermann's, heirathete Barbara Haes von Conradsheim. Johann Wilhelm, vermählt mit Lucretia von Eyß, starb kinderlos 1624. Sein ältester Bruder Johann Hermann, Freiherr Quad von Landskron, Herr zu Tomberg und Ryndorf, heirathet Odilia Barbara Alveradis Quad von Wickerath zu Großbüllesheim. Hermann Adolph, Freiherr Quad von Landskron, Herr zu Ryndorf, starb zu Cleve 18. Mai 1666. Aus zweiter Ehe mit Katharina Margaretha von Strunkede erhielt er eine Tochter Anna Louise; aus dritter Ehe mit Judith Isabella zu Kackesbeck einen Sohn Friedrich Wilhelm, Freiherrn Quad von Landskron zu Tomberg-Löringhof, geb. am 6. November 1664. Dieser starb unvermählt am 13. Juli 1701 und hinterließ die Erbschaft seinem Halbbruder Dietrich von der Recke.

---

[1]) Anhang, Nro. VIII 3.

Unterdessen war die Rheindorfer Burg durch Kauf an die Jesuiten übergegangen.

Ein Verzeichniß vom Jahre 1672 gibt den Güterbestand mit 63½
Morgen Ackerland und 2 Morgen Weinberg an. Das Burghaus
hat Spuren aus der Ritterzeit aufzuweisen. Der Thurm könnte als
Verwahrsam für Delinquenten gedient haben, wiewohl von einer Gerichtsbarkeit der von Quad nichts bekannt ist. Die Einrichtung des Hauses
ist vorherrschend eine klösterliche, auf das gemeinsame Leben berechnet,
mit zellenartiger Vertheilung der Räume. Wie es scheint, verbrachten
die Jesuiten in Köln hier mit ihren Alumnen die Ferienzeit. Ein weit
sichtbares Gartenhaus auf der Höhe, zwischen Burg und Kirche, wird
noch immer der „Jesuiten Willmuth“ genannt.

Die Pächter der umliegenden Jesuitengüter, des Münchshofs in
Trippelsdorf, des Altenberger Hofs in der Pfarre Hemmerich, des Feld-
hofs bei Brenig, lieferten einen Theil der Pächte an die auf der Rheindorfer Burg stationirten Jesuiten ab und hielten dort Abrechnung.

Die Jodocuskapelle.

In Walberberg bestanden, wie in Sechtem, seit unvordenklicher Zeit
zwei Kirchen, eine kleinere und eine größere, neben einander. Erstere
war dem h. Jodocus geweiht und wird von Gelenius eine „durch Wunder
berühmte Kapelle“ genannt [1]). Sie stand dicht am südlichen Eingange
der jetzigen Pfarrkirche und zwar zwischen derselben und der neuen Pfarrwohnung, und lehnte sich nach Westen an das Kloster an. Wenn Gelenius
sich so ausdrückt, als habe die Kapelle des h. Jodocus sich in der Kirche befunden, so wird das den Sinn haben: Kirche und Kapelle waren in der
Weise an einander gebaut, daß beide thatsächlich ein Gebäude darstellten.
In der Kapelle wurden Reliquien des h. Jodocus aufbewahrt und das
Fest desselben am 2. September feierlich begangen [2]). „Man erzählt, die
Reliquien seien in Kriegszeiten von einem mit dem Heiligen gleichnamigen
General aus Walberberg mitgenommen worden“ [3]). Nach dem Verschwinden
der Reliquien bot die Kapelle nur geringes Interesse und fiel der Zer-
störung anheim. Wann dieses Ereigniß eintrat, ist unbekannt. Daß es
nicht vor 1645 der Fall war, schließen wir aus Gelenius, welcher um diese
Zeit sein Werk mit den betreffenden Aufzeichnungen drucken ließ. Mit
Rücksicht auf die erwähnten Kriegszeiten liegt der Gedanke nahe, daß kurz
nach 1645, im dreißigjährigen Kriege, dessen Ende drei Jahre später
erfolgte, die Kapelle von Feindeshand niedergerissen wurde. War ja der Ort

---

[1]) De adm. magnitudine Colon. 719. — [2]) Gelenius, l. c. — [3]) Bonner Jahrbücher, H. 47—48, 131.

damals von hessischen Truppen sehr schwer heimgesucht. Dem h. Jodocus wurde in der Folge ein Denkmal in der Pfarrkirche errichtet: ein Altar auf der linken Seite des Hauptschiffs seinem Andenken geweiht. Das Altarbild ist von geschichtlichem Interesse. Es zeigt als Hauptfigur den h. Jodocus, unten zur Seite die Kapelle und im Anschluß an dieselbe nach Süden die weitläufigen Klostergebäude. Daß der Heilige bis in die jüngste Zeit noch im guten Andenken geblieben ist, beweisen die vielen nach ihm benannten Täuflinge in Walberberg und den umliegenden Pfarr= gemeinden. Mit der Kapelle stand eine Tobtengruft in Verbindung, wovon in jüngst vergangener Zeit Reste aufgedeckt wurden. „In der Kapelle ruhte die ehrwürdige Margaretha, von einer alten Ueberlieferung nach Gelenius als vornehme Gräfin bezeichnet. Sie wird unter den Heiligen des Cistercienser=Ordens aufgeführt und hat in einem alten Missale ehrenvolle Aufnahme gefunden [1]). Das Grabmal trug die In= schrift:

„Migrat Margareta casto de corpore laeta
Jam fruitur luce virgine matre duce
Ista magistra gregis fuit istius, quia legis
Complevit mater tempora ter tria ter" [2]).

In der Uebersetzung:
„Selig enteilt Margaretha dem züchtigen Leibe,
Von der jungfräulichen Mutter geführt zum Reiche des Lichts,
Weil sie als Leiterin der Heerde, als Mutter hier im Orden
Drei Mal der Jahre drei drei Mal getreulich erfüllt."

An vorstehende Mittheilungen knüpfen sich wichtige Folgerungen. Sie gipfeln in dem einen Hauptsatz: die Kapelle des h. Jodocus war die älteste Pfarrkirche.

Wir treten den Beweis an. Die Jodocuskapelle oder kleinere Kirche war älter als die größere, dem 12. Jahrhundert angehörige Kirche. Hätte die größere vorher bestanden, so wäre kein Grund für die spätere Erbauung der kleinern gewesen. Die Regel sagt, daß umgekehrt aus kleinen Anfängen größere Dinge sich entwickeln. Ihrer Lage nach stand die Kapelle mit dem Kloster, beziehungsweise der vormaligen gräflichen

---

[1]) Henriquez in fasciculo S. S. Ordinis Cisterc. l. 2.
[2]) Gelenius l. c. — Richard Pick schreibt: „Sollte nicht: dum fruitur luce virgo Maria duce" auf dem Grabstein gestanden haben. Es würde sich hieraus die Zeitbestim= mung des Todestages als das Lichtmeßfest (2. Febr.) ergeben." Hierauf ist zu erwidern, daß eine derartige Abweichung vom Text an sich schon ungerechtfertigt erscheint, sodann daß der Sinn desselben dadurch nur abgeschwächt und durchaus keine Verschönerung erfahren würde. Man lese seine Uebersetzung in „Bonner Jahrbücher" l. c. Auch wir halten matre mit Maria für gleichbedeutend, beziehen aber „luce" auf die Seligkeit im Himmel.

Burg in engster Verbindung. Von der Burg war die Kapelle abhängig; der Burgherrschaft verdankt sie höchst wahrscheinlich ihre Entstehung. Ihre Beziehung zum Kloster geht aus dem Umstande hervor, daß die heilige Margaretha, die ehemalige Vorsteherin, in der Kapelle ihre Ruhestätte fand. Die Jodocuskapelle ist also gewiß auch die Kirche gewesen, in welcher die Stifterin des Klosters, Alveradis, Vater und Sohn zur Ruhe gebettet hatte. Nun waren Klosterkirche und Pfarrkirche nicht verschieden, Prior und Pfarrer dieselbe Person, die Wahl desselben in der Hand der Abtissin und des Convents. Diese Voraussetzungen als richtig angenommen, kommen wir zu dem einzig möglichen Schluß: die Kapelle des h. Jodocus war die erste und älteste Pfarrkirche von Wal- berberg.

Mit dieser Annahme stehen wir übrigens nicht allein. Nach Richard Pick[1]) soll der h. Jodocus ehemals Hauptpatron der Pfarre gewesen sein. War der h. Jodocus Patron der Pfarre, so war die ihm geweihte Ka- pelle die Pfarrkirche. Demnach muß die Kapelle schon vor dem h. Anno (1056—1075) bestanden haben, indem dieser Erzbischof die Uebertragung der Reliquien der h. Walburgis bewirkte und damit die Veranlassung gab, daß die später erbaute größere Pfarrkirche nach dieser h. Jungfrau und nicht nach dem h. Jodocus benannt wurde.

Die Pfarrkirche zur h. Walburgis.

Die Kirche in jetziger Gestalt ist dreischiffig. Hauptschiff, Chor und ein als Kreuzflügel angebautes „Gelaß" auf der Südseite, aus Tuff bestehend, erinnern an das 12. Jahrhundert. Eine von Pfarrer Knop verfaßte Beschreibung, womit auch Pick übereinstimmt, enthält dieselbe Zeitangabe und stützt sich auf die vorhergegangene Uebertragung der Reliquien der h. Walburgis. Ursprünglich war die Kirche einschiffig; zu beiden Seiten des Chors waren kunstvolle Querschiffe angebaut, welche die Kreuzform zur Darstellung brachten und in Urkunden als Gelaß bezeichnet werden. Ein noch vorhandener Ueberrest des südlichen „Ge- lasses"* läßt uns ahnen, wie stilgerecht und wie sauber das Gebäude ausgeführt war. In dem kleinen Thürmchen, welches aus dem südlichen Seitenschiff in den Glockenthurm führt, ist der alte Unterbau des „Ge- lasses", und in der obern Etage eine schön gerundete Chornische größten- theils erhalten. Daß ein ähnliches Gelaß auf der Nordseite, als Er- gänzung der Kreuzform, angebaut war, beweist eine Urkunde vom 20. Juli 1470 über die Baupflicht. Damals fand ein Vergleich zur Schlich- tung von Streitigkeiten statt. Es wurde vereinbart, daß die Cistercienser,

---

¹) Bonner Jahrbücher H. 47, S. 131, Note 7.

welche zur Zeit das Kloster inne hatten, Chor und Niederlaß auf der Bonner Seite („bonnwärts"), das Bruderchor genannt, decken und bis an die Kirchthür unterhalten sollten. Hingegen sollten die „Nachbarn und Kirspelsleute" zu Walberberg sanct Peters Chor, die Kirchthür und das Niederlaß auf der Nordseite decken und zwei Glasfenster über der Thür in baulichem Zustande erhalten[1]).

Vervollständigen wir das Bild der alten Kirche mit ihren spätern Veränderungen. Das Chor mißt in der Länge 35 Fuß, wovon 10 Fuß auf die Apsis entfallen, das Schiff in seiner ursprünglichen Gestalt und Größe 49 Fuß. Der unverhältnißmäßig große Raum des Chors war auf die Klostergeistlichen berechnet, welche ihren Platz in den Seiten-stühlen einnahmen. Er genügt jetzt für sämmtliche Schulkinder. Dem Chor gegenüber schließt sich an das Schiff eine durch drei mächtige Rundbogen begrenzte Vorhalle, 10½ Fuß tief. Darüber erhebt sich 40 Fuß tief gegen den Berg die Orgelbühne, wo ehemals die Nonnen des Klosters ihre Sitze hatten. Unter dem Bühnenraum befand sich ein geräumiger, zum Kloster gehöriger Saal, fast ganz unterirdisch, wegen der Steigung des Terrains. Erst unter Pastor Löhr (1847—1862) wurden Vorhalle und Bühne mit dem Schiff verbunden und durch Aus-bau der Seitenschiffe das Gotteshaus in seiner gegenwärtigen Größe und Schönheit vollendet. Nunmehr beträgt die innere Gesammtlänge 135 Fuß, die Breite 49 statt früherer 26 Fuß. Die äußere Zierde des Bauwerks wird gehoben durch den 160 Fuß hohen, himmelanstrebenden Thurm. Will man ein Meisterwerk von Zimmerarbeit sehen, so muß man in das Innere des Thurmes steigen. Da sieht man, wie zwischen einer innern und äußern Chormauer leicht verdeckt, von den untersten Substructionen bis zur obersten Spitze riesige Balken in kunstvollem Gefüge sich verbinden. Die Großartigkeit des Werks imponirt, die Correctheit der Arbeit erfüllt mit Bewunderung. Der Ausbau der Kirche unter Pastor Löhr im Geiste der romanischen Baukunst und die innere Aus-schmückung derselben scheint in jeder Hinsicht gelungen zu sein und liefert den Beweis, wie wünschenswerth es ist, daß sachkundige, urtheilsfähige Pfarrer bei Kirchenbauten mit Rath und That zur Hand sind. Der Erweiterungsplan rührt hauptsächlich von Pfarrer Löhr her. Der Thurm scheint von den Jesuiten in die gegenwärtige Form gebracht worden zu sein. Näheres hierüber ist nicht bekannt. Zum Andenken an die Restau-ration der Kirche im Jahre 1860 wurde an der äußern Chormauer fol-gendes Chronicum angebracht:

---

[1]) Ueber die fernern Verpflichtungen s. die Urkunde im Anhange, Nro. VIII 2.

sIt saCrata
haeC aeDes antIqVa
a paroChIanIs pIIs
eX VotIs
gratIsqVe eX anIMIs
restaVrata et eXtensa.

Altäre.

1. Der Hauptaltar, mit Statue der Mutter Gottes in Holz geschnitten; 2. der Walburgis=Altar, rechts am Eingang zum Chor;
3. der Jodocus=Altar, rechts im Seitenschiff; 4. der Muttergottes-
Altar, links am Eingang zum Chor, und 5. der Kreuzaltar, im linken
Seitenschiff. Sämmtliche Altäre sind tragbar.

Drei Glocken.

1. Die große Glocke, bis zur Krone 125 Ctm. hoch, hat 133 Ctm.
im äußern Durchmesser. Sie trägt am obern Rande die Inschrift:

GOTT VATER SOHN VND H. GEIST WOLLEN
DIESEN GLOCKENKLANG SEGNEN ALLERMEIST
S. MARIA × S. WALBVRGIS × S. JODOCVS
          HEISSEN ICH
ZVM KIRCHENGEHEN RVFFE ICH
ALLE BOESE GESPENSTER VERTREIBE ICH
DIESES IST BEKANNT. DRVM BESVCHT MICH
DAS VMLIEGENDE LAND DVRCH CHVR KOELLEN.
CLEMENS AVGVST VND IOSEPH WILHELM FVGER.
     GRAFF VON KIRCHBERG AMBTHERREN
     ZV WALBERBERG &
DEREN GENIESSEN THVN SIE MICH GIESSEN. 1745.

2. Die mittlere Glocke, 93 Ctm. hoch, 114 Ctm. im Durchmesser,
trägt die Inschrift:

DIE LEBENDIGEN RVFFE ICH ZVM KIRCHGANG
DIE TODTEN BEKLAGE ICH.
GORT VON STVMMFL GEVSS MICH × H. MR. ×
IOHANNES BAPTISTA × BIN ICH GENANNT ×
HENRICVS WOLPERIVS LORENIVS CANONICVS ×
S. MARGAR. × CHRISTIAN HORST × S. ×
I × MATHIAS REVTER ZVR ZEIT SCHVLTHEISS ×
ANTONIVS AVFBERG BEI DEN SCHEFFEN ZV
WALBERBERG ×. etc. 1657 ××× 25. ×××
IVLI ××× AVE ××× IACOBITA.

3. Die kleine Glocke mit der Inschrift in gothischen Zeichen:

Sancta Walburg heiße ich *

Christianus Düsterwalt gois mich * anno *

dm * M × CCCC * inb * XVIIII iar (= 1419).

Die alte Glocke sprang vor einigen Jahren. 1879 wurde sie um=
gegossen. Neue Inschrift:

SANCTA WALBVRGIS
REFVSA SVM AB ANDREA RODENKIRCHEN
IN DEVTZ. 1879.

Die Höhe beträgt 71 Ctm., der Durchmesser 86 Ctm. Die Töne
der drei Glocken geben den Accord D-moll (D, F, A).

Reliquien.

Die Hälfte der Hirnschale und der Stab der h. Walburgis, erstere
in einem silbernen Brustbilde, der letztere in einem Silberstabe eingeschlossen. Daß diese kostbaren Heiligthümer unter dem h. Anno (1056
bis 1075), welcher sie von Eichstätt nach Köln überbrachte [1]), in den
Besitz der Kloster= und Pfarrkirche Walberberg gelangt sind, dafür
spricht außer geschichtlichen Zeugnissen augenscheinlich der Umstand, daß
der Ort gleich nachher den aus Berg (Burg) in Walberberg veränderten
Namen erhielt, und, wie wir gesehen haben, die h. Warburgis als erste
Patronin der Pfarrkirche statt des h. Jodocus verehrt wurde, welcher
seitdem die zweite Stelle einnahm. „Als die Jesuiten im Jahre 1591
auf Betreiben des Erzbischofs Ernst von Baiern sowie seiner Neffen
Philipp und Ferdinand, zu Folge päpstlicher Anordnung in den Besitz
des Priorats von Walberberg eintraten, fanden sie die Hirnschale daselbst
vor, schlossen sie in eine silberne Büste ein und brachten sie in die Kirche
Mariä Himmelfahrt in Köln. Die Grafen Truchseß von Walbburg
bemühten sich angelegentlichst beim h. Vater wie bei dem General der
Jesuiten, die Reliquien zu erhalten, überließen sie jedoch schließlich der
Gesellschaft Jesu, nachdem ihnen eine Partikel derselben bewilligt worden
war. Der Stab, im Jahre 1645 von dem zeitigen Rector der Jesuiten
ebenfalls zu Walberberg aufgefunden, wurde vor dem Feste der heiligen
Walburgis, dem 1. Mai, in Silber mit durchsichtigen Fensterchen ein=
gefaßt, und unter großer Feierlichkeit verehrt" [2]).

---

[1]) Gelen., Do adm. magn. Colon., 508 cf. p. 685. Die zu gleicher Zeit aus Eichstätt
erhaltenen Gebeine des h. Wunibald, Bruders der h. Walburgis, übergab Anno der Abtei
zu Siegburg; hierin dürfte eine indirecte Bestätigung für die Echtheit unserer Ueberlieferung
liegen. Ein weitläufiges Werk über die Reliquien der h. Walburgis in zwei Bänden ist betitelt:
„Das Eichstättische Heiligthum und Sammtbericht über das jungfräuliche Klosterstift Ord.
s. Bened. zu Walburg in Eichstätt." München und Regensburg 1750. (Verfasser
ungenannt). — [2]) Gelen. l. c.

Daß die Reliquien zeitweilig in der Verborgenheit ruhten, und daß es der Sorgfalt und der Nachforschung der Jesuiten bedurfte, sie von neuem an's Licht zu ziehen, mag seine Erklärung finden in der Gefahr der Verunehrung, welcher dieselben in der Reformationszeit ausgesetzt waren. Nach ihrer Uebertragung in die Kölner Jesuitenkirche brachte man die Reliquien alljährlich vor dem Pfingstfeste nach Walberberg, wo das Fest der h. Walburgis am Pfingstmontag begangen wird. Möglichst viele Priester celebriren an diesem Tage in der Pfarrkirche die h. Messe, und bei jeder h. Messe ist die Kirche von Andächtigen gefüllt, welche theils in einzelnen kleinen, theils in langen Processionen von nah und fern herbeiströmen [1]). Unter den Processionen des Pfingstmontags sind zu nennen die von Meschenich, Nörvenich und Gleuel. Andere, wie die von Schwadorf und Kelbenich, finden am eigentlichen Festtage der h. Walburgis, den 1. Mai, statt. Eine solche von Duisdorf wurde im Culturkampf als nicht „althergebracht" polizeilich unterdrückt. Unter den Processionen ist die von Gleuel mit circa 2000 Personen die bedeutendste. Ein Karren, beladen mit Broden, welche von verschiedenen Ortschaften und Gehöften unterwegs geschenkt sind, begleitet dieselbe. Das Brod wird vor dem Einzug in Walberberg gesegnet. Hierauf folgt die herkömmliche Vertheilung. Der Pfarrer erhält drei, der Küster drei, der Wirth, bei dem die Brudermeister absteigen, sechs Brode, das Uebrige wird zerschnitten unter die Volksmenge beliebig verabreicht und als Schutzmittel gegen Blitz in den Häusern aufbewahrt. Man sagt: „das Walburgisbrod wird nicht schimmelig und die Mäuse fressen es nicht".

Als die Jesuiten nach Aufhebung ihres Ordens den Klosterhof und die Pfarrstelle zu Walberberg verlassen mußten, behielt Pastor Rospath im Einverständniß mit den Sendschöffen „das Haupt der h. Walburgis zurück, welches kurz vorher, 1772, in dem noch vorhandenen silbernen Brustbilde eine schöne neue Einfassung erhalten hatte [2]). In der Franzosenzeit nahm ein gewisser Kalker die Reliquie, um sie vor Raub zu schützen, in Verwahr. Seitdem ist sie im ungestörten Besitze der Pfarrkirche geblieben.

Das Haupt der h. Illuminata mit Authentik.

Auf dem Hochaltar stehen zwei Brustbilder, welche wahrscheinlich aus einem Kloster herstammen, in der Mitte eine Vertiefung zeigend mit

[1]) Die an sich so schöne und erhebende Feier wird leider in der ungehörigsten Weise herabgedrückt durch die am hochfeierlichen Pfingstmontag sich anschließende Dorfkirmeß. Und an die Kirmeß schließen sich und gehen mit ihr zusammen die darauf folgenden Quatemperfasten. Quid Christus cum Belial?!

[2]) Das Silbergewicht wurde durch Contract von Pfarrer und Schöffen mit dem Gold-arbeiter auf sieben Pfund festgestellt.

Glasverschluß; das eine mit der Aufschrift in altgothischen Zeichen: St. Aetherius; das andere ganz ähnlich: St. Ursula.

Stiftungen, welche dem Pfarrer obliegen: 94 Hochämter, darunter 30 Segensmessen, 90 Lesemessen, Allerseelenandacht. Das Stiftungsvermögen, woraus der Pfarrer 420 Mark bezieht, besteht in 13946 Mark 40 Rpf. und 33 Are 59 Meter Land. Hierin eingeschlossen sind 15 Are 64 Meter Land und 360 Mark als Fonds der Allerseelenandacht.

Die Armenstiftungen haben eine jährliche Einnahme von 134 Mark 44 Rpf. Fräulein Walburga von Groote stiftete unter Pfarrer Löhr 1000 Thaler, deren Zinsen nach Abzug der Gebühren eines Anniversars für arme Schulkinder verwendet werden.

Eine Procession zieht nach altem Herkommen im September unter Begleitung eines Geistlichen und unter Anschluß von Pilgern benachbarter Ortschaften von Walberberg nach Kevelaer.

Bruderschaften. Vereine.

1. Die Todesangst-Bruderschaft, eingeführt von Pastor Peter Pütz 1688; 2. die Walburgis-Bruderschaft, von Pastor Theodor Rospath mit päpstlicher Genehmigung eingeführt 1772[1]); 3. der Franciscus-Xaverius-Verein; 4. die Herz-Maria-Bruderschaft, eingeführt bei der Volksmission im Jahre 1863 und 5. das Gebetsapostolat.

Der Kirchhof.

Die Urkunde von 1478 über die Baupflicht meldet, daß schon damals der Kirchhof mit einem Beinhaus die Pfarrkirche umgab und mit einer Mauer umgeben war, welche die Pfarreingesessenen vertragsmäßig zu unterhalten hatten. Nonnen und Priester wurden in frühern Jahrhunderten theils in der Gruft der Jodocuskapelle, theils in der Pfarrkirche beigesetzt.

Die von Quad auf der Rheindorfer Burg, vielleicht auch andere Adelige, hatten in letzterer ihre Familiengruft.

Alle Privilegien dieser Art wurden durch die französische Gesetzgebung beseitigt. Der alte Kirchhof aber blieb unberührt von jeder Neuerung im Besitz der Pfarrkirche und wurde auch durch die verfügte allgemeine Beschlagnahme des Jahres 1862 nicht behelligt.

Eine bedeutende Vergrößerung des alten Kirchhofs erfolgte, als die oberhalb der Kirche befindlichen Klostergebäude beseitigt und die Baustelle mit demselben vereinigt wurde. Hingegen scheint er an der untern Dorf-

---

[1]) Breve d. d. Romae apud. s. Mariam mai. sub annulo piscatoris 6. Martii 1772.

straße der Schule gegenüber eine kleine Schmälerung erlitten zu haben, indem die Umfassungsmauer einige Fuß näher nach der Kirche verlegt wurde. Als Zierden, gehoben durch die erhöhte Lage des Kirchhofes, sind mehrere stattliche Grabmäler zu bemerken, vorzüglich aber das an der äußern Chormauer in decorirter Nische angebrachte Missionskreuz mit brennender Lampe und seitwärts als Pendant eine Statue der schmerzhaften Mutter in gebranntem Thon.

Kreuze.

1. Ein circa 16 Fuß hohes Kreuz in Stein gehauen mit Wappen[1]), errichtet am Kreuzungspunkt der Brühl=Bonnerstraße mit dem Kitzburger Fahrweg. Es trägt die Jahreszahl 1765.

2. Ein mittelhohes Kreuz an derselben Straße, dem Pfarrort gegenüber, unter Pfarrer Gerhard Engels im Jahre 1863 von Vernhard Kalker errichtet. Der schön gearbeitete Christus, aus der Kölner Dombauhütte, wurde durch einen im Sturme abgerissenen Baumast zerschlagen und in letzterer Zeit durch einen neuen ersetzt.

Pfarrstelle.

Die Pfarrstelle wurde im frühen Mittelalter von einem nicht näher bezeichneten Kölner Erzbischofe gegründet[2]).

Das Domcapitel hatte als Zehntherr das Recht, den Pfarrer zu präsentiren. Mit Zustimmung des Capitels übertrug Erzbischof Adolph den Zehnten mit dem Klosterhof und das Patronat der Pfarrkirche dem Kloster der Cistercienserinnen. Da das Kloster unter der Leitung und Aufsicht des Abtes von Heisterbach stand, so war es natürlich, daß vorzugsweise Priester dieser Abtei für die Pfarrstelle in Vorschlag gebracht wurden, um so mehr, da die Pfarrer von Walberberg zugleich die geistlichen Rectoren des dortigen Klosters waren[3]).

Die dem Kloster annexen Güter und geistlichen Rechte in Beziehung auf die Pfarrstelle haben im Verlaufe der Zeit einen dreimaligen Wechsel erfahren. Zuerst trat ein solcher ein, als der Convent der Cistercienserinnen auf Anordnung des Erzbischofs Dietrich II. (1414—1463) aufgelöst wurde[4]), und dann Bernardiner=Mönche in dem Kloster ihren Einzug

---

[1]) Doppelwappen, zwei ovale Felder unter einer Krone. Das Wappen zeigt im Felde links einen Baum, oben rechts einen Vogel, eine Frucht im Schnabel, schräg von links nach rechts über dem Baum einen Balken mit drei Sternen; rechts einen einfachen schrägen Balken in entgegengesetzter Richtung (von rechts oben nach links unten). Das Kreuz steht auf dem Grunde der Kitzburg.

[2]) Urkunde im Anhange, Nro. VIII 1. — [3]) Vgl. unten „Kloster". — [4]) Bonner Jahrbücher l. c. 134.

hielten. Im Jahre 1447 fand die urkundliche Uebertragung der Klostergüter an dieselben statt, woraus mit Recht geschlossen worden ist[1]), daß
die Aenderung, wenn nicht gleichzeitig, so doch kurz vorher vollzogen
wurde. Die Mönche unterstanden, wie ehemals die Nonnen, der Oberaufsicht des Abtes von Heisterbach[2]).

Im Jahre 1591 fand sich Erzbischof Ernst veranlaßt, die bestehende
Einrichtung wieder aufzuheben und Jesuiten an die Stelle der Bernardiner
treten zu lassen. Die in Walberberg am 18. Juni 1569 ausgeführte Visitation scheint nicht ohne Einfluß auf die erzbischöfliche Entschließung gewesen zu sein. Die Disciplin des Klosters war, wie Documente des Pfarr-
archivs berichten, gelockert, die Aecker verpfändet, die Schuldenlast drückend
und keine Aussicht, dieselbe zu tilgen, die Gebäude verfallen und keine Mittel,
sie herzustellen. Dazu kamen die trostlosen Religionswirren, Zwietracht,
Krieg mit allen Greueln der Verwüstung und Zerstörung, wovon kein
Ort am Rheine verschont blieb[3]). Das Jesuiten-Collegium hatte unter
diesen traurigen Umständen anfangs Bedenken, Kloster und Pfarrkirche
zu übernehmen. Es entschloß sich aber dazu, nachdem der Erzbischof
ihm weitgehende Versprechungen gemacht hatte. Durch Urkunde, aus
Löwen vom 1. März 1591 datirt, löste der Oberhirt das seitherige
Verhältniß des Klosters und der Pfarrkirche mit den Bernardinern,
übertrug beides dem Collegium der Jesuiten bedingungslos mit allen
zugehörigen Gütern und Gerechtsamen, mit andern Worten, das Collegium
erhielt das volle Eigenthumsrecht über gedachte Güter und wurde vor
Ablauf des Antrittsjahres von Grundsteuern, Renten und sonstigen Abgaben entlastet. Den Jesuiten gehörte der Klosterhof mit dem Zehnten,
die Stahlburg und die Rheindorfer Burg, letztere wahrscheinlich durch
spätern Ankauf. Daß die Burg im Jahre 1672 Eigenthum der Jesuiten
war, steht fest.

In dem später folgenden Bericht des Pastors Küpper vom Jahre
1802 werden noch drei auswärtige Höfe, nämlich der Mönchshof zu
Trippelsdorf, der Altenberger Hof bei Hemmerich und der Feldhof zu
Dersdorf, mit dem Pfarrgut zu Walberberg in Verbindung gebracht.
Ihre Niederlassung im dortigen Kloster scheint die Jesuiten zur spätern
Erwerbung dieser Güter veranlaßt zu haben. Das Collegium schloß
mit der Gemeinde Walberberg einen Vertrag, wodurch es den bis an
die Bliesheimer Gemarkung reichenden Gemeindewald als Ablöse für den

---

[1]) Bonner Jahrbücher l. c. — [2]) Golonius, Farragines, XXIV 160.

[3]) Die großen Kriegsleiden, wodurch Pfarrgeistliche, Kirchen und Klöster besonders
hart getroffen wurden, erreichten ihren Höhepunkt im damaligen Truchseßischen Krieg, und
wiederholten sich im 30jährigen. Man sehe die Plünderung zu Walberberg unter dem
gleichzeitigen Pfarrer Reeb.

Zehnten eintauschte. Dieser an und für sich nicht verwerfliche Vertrag
brachte der Gemeinde für alle Zukunft große Nachtheile. Die Jesuitengüter wurden nach Aufhebung des Ordens säcularisirt[1]), die Zehntrechte
durch die Franzosen aufgehoben, und die Gemeinde erhielt weder von
dem Kölner Magistrat, der die Güter in Händen hatte, noch von dem
Staatsfiscus einen Ersatz für die an die Jesuiten vertragsmäßig abge-
gebenen Waldungen. Es widersprach dem kirchlichen Rechte, wenn der
Kölner Magistrat, dem die Klostergüter zufielen, nun auch noch das
vorhin den Jesuiten zustehende Recht beanspruchte, die Pfarrstelle zu besetzen, und solches thatsächlich ausübte, wie die Descriptio von Dr. Dumont
beweist. Ueber den Vermögensstand unter der Franzosenherrschaft verweisen wir auf den Nachtrag am Schlusse dieses Abschnittes. Die
sequestrirten Güter der Jesuiten wurden später der Schulverwaltung zu
Köln überwiesen.

Mit der preußischen Regierung wurde über angemessene Dotation
der Pfarrstelle verhandelt. Es war dieses nichts als eine Forderung der
Billigkeit von Seiten der schwer geschädigten Pfarrgemeinde, kein Ersatz
für die erlittenen Verluste. Bei den Verhandlungen drehte sich die Frage
schließlich darum, ob die Regierung 40 Morgen Land oder ein entsprechendes Capital zur Verfügung stellen sollte. Der Pfarrer sprach
sich, weil er nach den bittern Erfahrungen der letzten Vergangenheit
dieses für sicherer halten mochte, für die Geldzahlung, etwa von 4000
Thalern aus. Ueber den Verhandlungen wurde die Dotationsangelegen-
heit begraben. Auch eine kleine Vergütung von 24 Thalern für die Kosten
der ehemals am Pfingstdinstag üblichen Feierlichkeiten zu Ehren der h.
Walburgis, die der Kölner Magistrat bis zu Anfang unseres Jahrhunderts
gezahlt hatte, wurde später verweigert.

Zu der Pfarrstelle gehören gegenwärtig: 1. Das in schönster Lage
an der Stelle des alten Klosters, auf der Südseite der Kirche erbaute
Pfarrhaus. An dasselbe schließt sich westlich nach der Höhe ansteigend
der Garten, über einen Morgen groß, ringsum mit einer Mauer umgeben, in alter Zeit Salgarten genannt, für Obst- und Gemüsepflanzungen
sehr geeignet; 2. sechs Morgen Pflanzgrund und Ackerland; 3. zehn
Mark Zinsen von Capitalien; 4. aus dem Stiftungsvermögen einschließlich der Vicarie (wobei die Lasten in Abzug zu bringen sind) 140 Thlr.
= 420 Mark.

Als Nachtrag lassen wir hier ein Aktenstück aus der Franzosenzeit
folgen[2]), welches sowohl wegen seines Inhaltes, als wegen der charakte-

---

[1]) Mit Ausnahme der Stahlburg, welche das Collegium 1799 an einen gewissen
Kremer verkaufte (s. oben). — [2]) Original-Manuscript im Kirchenarchiv zu Walberberg.

riftijchen Form von befonderm Intereffe ift. Pfarrer Küpper beantwortet
darin drei am Rande notirte, ihm von der franzöfifchen Regierung vor=
gelegte Fragen, nämlich:

1ᵐᵒ „worin die Güter oder Einkünfte beftehen, die der Pfarrer
oder Schullehrer (Schulvicar) durch den Sequefter oder fonftige Ver=
fügung feit dem Eintritt der Franken (Franzofen) verloren hat?"

2ᵈᵒ „Zu welcher Zeit und auf welche Art die Einziehung gefchehen
feyn?"

3ᵘᵒ „worin die Güter, Einkünfte oder Beneficien beftehen, welche fie
noch wirklich im Genuß haben?"

Das beantwortende Schreiben des Pfarrers lautet wörtlich:

Freiheit. — Gleichheit.

Roer Departement Canton Brühl.   Walberberg, d. 27ᵗᵉⁿ Prairial
Mairie Sechtem. Gemeinde Walberberg   10ᵗᵉⁿ Jahres.

Bürger Prefect!

In Gefolg des Beschlusses vom 15. floreal 10. Jahres sollte ich
der Commission, die zur Nachsuchung der dem Kirchen- und Schul-
amt zuständigen Einkünfte niedergesetzt ist, Aufklärung geben und
anzeigen (Folgen obige Fragen).

1. Antwort. Die der Kirche und dem Kirchenamte der Ge-
meinde Walberberg zuständige, durch die Regierung und Regierungs-
Commissairs in sequestre gezogene Güter sind die dem ehemaligen
Jesuiten-Collegium in Köln vom Erzbischofe Ernest im Jahre 1591
den 21. Merz noch übrigen Höfe, Ländereien des Klosters Walber-
berg, benanntlich der hiesige Klosterhof mit dem Zehenden, der
Mönchshof zu Trevelsdorf, das Höfchen Aldenberg[1]), der Feldhof zu
Dersdorf, ohngefähr sechszig Morgen Ackerland zu Diemerzheim
Cantons Lechenich, sammt einschlägigen Recht und Gerechtigkeiten;
aus welchen Gütern der ehemaligen Pfarrkirche die erforderliche alliege
Nothwendigkeiten und Baukosten hergeleistet, dem Pfarrer die Woh
nung und Unterhalt gestellt wurden.

Durch das sequestre (verlor)²) der im laufenden Jahre verstorbene Pfarrer Alles, so zwar, dass er in seinen kränkelnden Umständen oft ohne Brod darbend in solche Armuth versetzet ward,
dass er nicht nur seine übrige viele Creditoren nicht befriedigen
konnte, sondern auch der haussmagd ihren noch von 6 Jahren offen
stehenden Lohn (nicht) zu zahlen im Stande war.

¹) Altenberg bei Hemmerich. — ²) (verlor) fehlt im Manujcript.

Die Kirche selbst verarmte so, dass selbe nicht nur baulos und
dem Verfall bloss stehet, sondern die Priester die zum Opfer erforderliche Dinge aus dem Ihrigen sich anzuschaffen genöthigt
waren.

Der hiesige Schullehrer (Vicar) verlor durch den sequestre nichts.

2. Die Einziehung geschah im 5. Jahre der F. R.[1]) von den
damaligen employrten durch Verpachtung der Zehenden und endliche
gänzliche Abschaffung der Grundzinsen und Zehenden aus den irrigen
Angaben und Begriffen, als gründete sich der Unterhalt, die Com-
petenze des Pfarrers, die Verpflegung der Kirche auf den Zehenden.

3. Die Einkünfte des Pfarrers, so er noch beziehet, sind die
Pacht, die er von fünf Morgen theils Ackerland, theils Pflanzörtchen
geniesst; die Grundzinsen werden von den Schuldigen verweigert,
sowie das demselben zukommende Brandholz bisher ad 5 Klafter und
Stäbe noch zum Theile nicht angewiesen worden ist.

Gruss und Achtung
A. Küpper, itziger Pfarrer zu Walberberg.

Die bekannten Pfarrer.

Wilhelm, um 1190[2]).

Helmich, der erste Prior des um das Jahr 1197 gegründeten
Cistercienserinnenklosters, kommt 1218 noch als Zeuge in einer Schen-
kungsurkunde Everhard's von Hengebach vor, welche dieser unter erzbischöflicher Mitwirkung zu Gunsten des Klosters Hoven ausstellte[3]).

Aegibius, Prior der Cistercienser 1478.

Petrus von Düren, 1523.

Johannes Frisemius, 1568.

Paul Reeb, 1615—1646[4]), Dechant, wurde im dreißigjährigen
Kriege von hessischen Soldaten ausgeplündert. Dieses war auch wohl
die Ursache davon, daß sein Nachfolger keine Tauf- und Sterbe-Register
vorfand und neue anlegen mußte[5]).

Andreas Mörs, S. J., seit 1646[6]).

Johannes Köllen, um 1650[7]).

Christian Franken, 1670[8])

Peter Pütz, führt im Jahre 1688 die Bruderschaft von der Todes-
angst ein[9]).

---

[1]) F. R. = französischen Republik. — [2]) Bonner Jahrbücher, H. 57, S. 142. —
[3]) l. c. 132. — [4]) Notiz im alten Taufbuch auf dem Bürgermeisteramt zu Sechtem. —
[5]) Die Pfarrer wurden damals nicht mehr nach Adolph's I. Bestimmung vom Propst und
Delan der Domkirche, sondern vom Archidiakon zu Bonn investirt. — [6]) l. c. — [7]) l. c.
— [8]) Im Copulationsbuch daselbst. — [9]) Urkunde im Kirchenarchiv.

Wilhelm Hainjans, investirt zu Bonn am 12. August 1703, pastorirt bis 1722 [1]).

Conrad[2]) Vosbroich, investirt am 25. März 1722, errichtet 1725 eine Stiftung für Ertheilung des christlichen Unterrichts in der Frühmesse.

Heinrich Merten, investirt am 24. Mai 1726[3]).

Johann Theodor Rospath, S. J., investirt am 17. April 1763, führt 1772 die Walburgis-Bruderschaft ein. Rospath stammte aus der Rheindorfer Burg.

Heinrich Wilhelm Langel, war 1785 Assessor des Dekanats-capitels, starb am 8. October 1795.

Servatius Neubecker, bis 1802.

Adolph Küpper, 1802—1815, ehemaliger Jesuit, verlebte seine letzten Jahre auf dem Kreuzberg bei Bonn.

Johann Jacob Becker, 14. August 1815—1818, wird nach Bergdorf versetzt, resignirt wegen Erblindung 1832 und lebt später in Köln[4]).

Joseph Braun, 1818—1836, privatisirte später in Köln.

Johann Morschel, 1836—1841, war später Pfarrer in Merzenich.

Johann Joseph Horst, 1841—1843.

Johann Heinrich Herfs, 1843—1847.

Adolph Löhr, 1847—1862, machte sich verdient um die Erweiterung und Verschönerung der Kirche, Beschaffung einer großen schönen Orgel und guter Paramente. Er zog sich in seine Vaterstadt Köln zurück, wo er 1863 starb.

Peter Hubert Krein, seither Pfarrer in Olef, wurde durch Ernennung vom 27. März 1862 zu der Pfarrstelle in Walberberg berufen, erkrankte, als er eben auf der Reise dorthin begriffen war, in seinem Geburtsort Bergisch Gladbach und starb daselbst, ohne sein Ziel erreicht zu haben.

Gerhard Joseph Engels, 1862—1863, geboren zu Düren am 9. Mai 1827, wurde nach sorgfältiger Ausbildung Priester am 14. September 1851, hierauf Kaplan zu Mülheim am Rhein, 1852 Assistent an der Erzbischöflichen Rechnungskammer, am 16. September 1853 Kaplan an St. Andreas zu Köln, zum Pfarrer ernannt am 10. Mai 1862. Mit Aufopferung seiner selbst suchte er unter schwierigen Verhältnissen die durch Kirchenbau und Anschaffungen eingetretenen Rückstände in den Rechnungen friedlich auszugleichen, was in befriedigendem Maße gelang. Im December 1863 ließ er durch drei Lazaristen eine vierzehn-

---

[1]) Ex protocollis iudicialibus Curiae Archidiaconatus Bonn. — [2]) l. c. — [3]) l. c. — [4]) Mittheilung des Pfarrers Marx in Bergdorf.

tägige Volksmission abhalten und starb kurz nach deren Beendigung als
Opfer seines Seeleneifers am 23. December.

Johann Hermann Knop, geboren zu Bockenem bei Hildesheim
am 11. November 1824, wurde Priester zu Köln am 3. September 1850,
war bis 22. Juli 1853 Kaplan zu Elberfeld, hierauf Kaplan an St.
Columba in Köln, 7 Jahre Vicar zu Müddersheim, seit 14. Februar
1861 Pfarrer zu Rech und seit dem 9. Januar 1864 Pfarrer in
Walberberg.

Anmerkung: Nachträglich ist hier das etwa 2 Kilometer von
Walberberg entfernte Schwadorf zu erwähnen, welches die nördlichste
Pfarre des ehemaligen Aargauer Dekanates bildete, als solche unter der
Franzosenherrschaft 1807 supprimirt und mit Walberberg vereinigt wurde.
Im Jahre 1862 [1]) erlangte es die alte Selbständigkeit wieder und erhielt
in der Person des Franz Hubert Joseph Frank, seitherigen Vicars
zu Esch, jetzigen Pfarrers in Wittlaer, seinen eigenen Pfarrer. Schwa-
dorf wurde unter dem 12. Februar 1863 zugleich aus dem Dekanat
Hersel ausgeschieden und dem eine halbe Meile entfernten Brühl zugetheilt, zu dessen Bürgermeistereibezirk es bereits früher gehörte.

Primissariat. — Schulvicarie.

Im Jahre 1689 stiftete Canonicus Thomas von Quentel ein Haus,
ein Capital von 700 Imperialen (Reichsthaler), eine Rente von neun
Dürener Malter Roggen, lastend auf dem Quadhof zu Poll bei Düren [2]),
und eine Haferrente von 4 Malter, lastend auf Wylich (Willich) bei
Neuß, zu einer Sonn- und Feiertags-Frühmesse und mit der fernern
Verpflichtung für den Nutznießer, der Hochmesse und den gestifteten Anniversarien beizuwohnen, dem Pfarrer im Beichtstuhle zu helfen und Schule
zu halten, für die armen Kinder gratis, für die vermögenden gegen angemessene Vergütung. Den Herren von der Kitzburg wurde das Präsentationsrecht übertragen. Die Stiftung erhielt am 17. Juli 1702 die
höhere Genehmigung der geistlichen Behörde. Zur Aufbesserung der
Vicariestelle vermachte Pastor Conrad Vosbroich am 7. März 1726
einen Theil seiner Hinterlassenschaft, berechnet nach neuerm Geldwerthe
zu 535 Thaler 8 Silbergroschen 4 Pfennig, und verpflichtete zugleich

---

[1]) Die Errichtungsurkunde datirt vom 27. December 1862, ausgestellt vom Erzbischof Johannes Cardinal von Geissel, und beruht im Pfarrarchiv zu Schwadorf. Daselbst
auch die Urkunde über die Publication vom 2. März 1863 durch den Dechanten Hommels-
heim

[2]) Maria Anna Agnes Barbara geb. von Rolandt, verwittwete von Metternich, verkauft die Rente zu Poll an den Domherrn Thomas Quentel durch Urkunde vom 14
August 1479.

den Vicar, in der Sonn= und Feiertags=Frühmesse „Religionsunterricht"
zu ertheilen.

Das zu der Stiftung gehörige Vicarie= und Schulhaus stand am
untern (östlichen) Ende des Kirchhofs an der Dorfstraße. Im Jahre
1826 wurde dasselbe abgebrochen und auf der Stelle der jetzigen im
Jahre 1874 errichteten Schule ein neues Gebäude aufgeführt. Erzbischof
Ferdinand August traf ein Abkommen mit der Regierung, wonach die
Lehrerstelle von der Vicarie in Zukunft getrennt sein solle, jedoch mit
der Maßgabe, daß dem Vicar in dem Schulhause eine Wohnung ein=
geräumt und die Aufsicht über die Schule sowie die Ertheilung des
Religionsunterrichts zur strengen Pflicht gemacht werde. Ferner verlangte
der Erzbischof, da die Gemeinde das kirchliche Gebäude als Schule
benutzte, für den Vicar eine Gehaltszulage von 80 Thalern jährlich.
Die Regierung vollzog unter genannten Bedingungen die Trennung unter
dem 17. November 1826. Die Gemeinde hatte in der Folge den Vor=
theil, daß sie bei Nichtbesetzung der Vicariestelle der Zahlung der Ge=
haltszulage überhoben war. Dieser Fall trat mit dem Tode des letzten
Vicars im Jahre 1847 ein. Als das Schulhaus aus dem Jahre 1826
neuerdings 1870 durch ein größeres verdrängt werden sollte, war es
Zeit, das alte Eigenthumsrecht der Vicarie an demselben geltend zu
machen. Pfarrer Knop brachte es durch seine beharrlichen Bemühungen
bei den Regierungsbehörden dahin, daß am 29. September 1870 ein
Vertrag zwischen der Civilgemeinde und dem Kirchenvorstande geschlossen
wurde, wodurch erstere als Entschädigung für das ehemalige Wohnrecht
des Vicars eine jährliche Gehaltszulage von 300 Mark zusicherte. Vor=
läufig bezieht der Pfarrer, da die Vicarie noch vacant ist, für Bination
150 Mark jährlich.

Mit Aufhebung der Beneficien auf der linken Rheinseite wurde das
vom Stifter intendirte Präsentationsrecht beseitigt. Zuletzt übte es
Everhard von Groote, Herr zu Kendenich, bei Besetzung der Stelle im
Jahre 1789. Später wurden die Vicare durch freie Collation des Bischofs
Berdolet und der Kölner Erzbischöfe ernannt.

Gegenwärtiger Vermögensstatus der Vicarie. 1. Statt der Wohnung
300 Mark garantirt, davon während der Vacatur 150 Mark zahlbar;
2. ein Viertel Morgen Gartenland; 3. Kornrente vom Quadhof 9 Malter
Roggen zu 40—50 Thlr. veranschlagt, termino Martini zu liefern;
4. an Capitalien 15000 Mark; 5. Stiftungen: 150 Mark 47 Rpf. als
Fonds zu vier Messen für Leonard Kübbeler, 2751 Mark 60 Rpf. der
Quentelschen Stiftung, 535 Mark von C. Vosbroich, 1816 Mark 60 Rpf.
von abgelösten Renten der Klösenhofer Stiftung zu Willich.

Die Vicare.

Laurenz Koll, 1695—1702, war 1725 Pfarrer in Hamm.

Melchior Münsterwegh, 1712—1719, war später Pfarrer in Schwadorf.

Johannes Roderich, 1719—1740, später Pfarrer in Immendorf.

Johannes Klöcker, 1740–1770, starb zu Walberberg.

Johannes Koenen, 1770—1775, resignirte wegen Altersschwäche.

Heinrich Werth, 1775—1789, starb zu Walberberg und wurde in alten Paramenten von der Kitzburg begraben.

Bernhard Joseph Breithaupt, 1789—1807.

W. Hembach, 1807—1809, der letzte Schulvicar. Nach 1809 blieb die Stelle unbesetzt.

N. Höchst, 1820—1821.

Everhard Decker, 1827—1833, geboren zu Poulheim am 3. October 1799, zum Priester geweiht am 26. April 1827, seit 1833 Pfarrer in Kirchheim, Dekanat Münstereifel, wo er am 9. November 1875 starb.

Johann Joseph Xaver Steenaerts, 1842—1844, geboren zu Aachen am 23. März 1818, zum Priester geweiht am 17. April 1842, wurde als Kaplan nach Elberfeld versetzt, seit dem 2. November 1853 Pfarrer in Nettesheim bei Neuß.

Ludwig Heinrich Hubert Gießen, bis 1847. Seit 1847 ist die Vicarie unbesetzt.

Kloster der Cistercienserinnen.

Wir erhielten in unserm Berichte über die Pfarrstelle zugleich Nachricht über das Kloster der Nonnen, welche auf Anordnung des Erzbischofs Adolph von Hoven nach Walberberg übersiedelten und aus den Gütern der Gräfin Alveradis und dem Zehnten, welcher vorher dem Kölner Domcapitel gehört hatte, die Dotation für das Kloster und die Pfarrstelle empfingen. Hierdurch ist von vornherein die Meinung des Jongelin Manrique und Anderer widerlegt, welche die selige Margaretha auf Grund der von Gelenius erwähnten lateinischen Inschrift als Stifterin betrachten. Wie es scheint, war jenen alten Schriftstellern die von Crombach mitgetheilte Urkunde Adolph's I. nicht bekannt, daher der Irrthum leicht erklärlich. Gelenius findet die Inschrift und schreibt sofort beim Neujahrswunsch an seinen Freund Jongelinus: „Mir scheint Margaretha die erste Gründerin zu sein, und wie der Ortspfarrer mir mittheilte, nach der Ueberlieferung eine Gräfin" [1]. Dieses Schreiben des Gelenius war

---

[1] Jongelinus, Notitia abbatiarum ord. cist. Vgl. „Rhein. Antiquarius", 3. Abth., 12. Bd., S. 313.

für Jongelin Grund genug, die selige Margaretha als muthmaßliche Stifterin zu erklären. Gelenius fügt in seinem Calendarium noch die Bemerkung bei: Der Prälatenstab zeigt in der obern Krümmung ein Kreuz in Stein geschnitten mit dem Namen Margaretha [1]). Diese Bemerkung dient freilich zum Beweise, daß Margaretha in sehr hoher Verehrung stand; man betrachtete sie ja als Heilige. Der Prälatenstab aber ist offenbar dahin zu deuten, daß sie Abtissin — magistra — des Klosters war, wie die von Gelenius aufgefundene Inschrift [2]) bezeugt. Aus diesen allerdings wichtigen Nebenumständen auf die Gründung desselben zu schließen, dazu liegt keine logische Nothwendigkeit vor. Vielmehr müssen wir an der Thatsache festhalten, daß die Gräfin Alveradis durch hervorragende Schenkung, wenn auch nicht als einzige, so doch als vorzüglichste Stifterin die erste Stelle behauptet.

Die Klostergebäude hatten, wie die Abbildung im Jodocusaltar der Pfarrkirche zeigt, einen bedeutenden Umfang. Sie erstreckten sich von der Kirche ausgehend nach Westen über den Kirchhof, von der nordwestlichen Ecke weit nach Süden in den Salgarten (jetzt Pfarrgarten), sodann im Winkel nach Osten und Norden bis zur Kirche zurück und bildeten so ein freies Quadrum, wie es an alten Klosterkirchen noch jetzt häufig vorkommt. Wahrscheinlich rührten diese Gebäude nicht von der ersten Klostergründung her. Die Abbildung in der Kirche zeigt wenigstens Bauformen einer viel spätern Zeit. Auch war anfangs für so weitläufige bauliche Anlagen kein Bedürfniß; daher scheinen dieselben sich erst allmälig aus kleinern Anfängen zu der nachmaligen Größe und Ausdehnung entwickelt zu haben. Am nächsten liegt die Annahme, daß die gräfliche Burg der Alveradis neben dem Hexenthurm als Kloster eingerichtet worden sei. Es ist uns ja bekannt, daß das Kloster genau dieselbe Stelle mit der ehemaligen Grafenburg einnahm. Mauerreste in der Nähe der Kirche tragen das Gepräge der ältesten mittelalterlichen Ritterburgen. Mit den zierlichsten Platten ausgelegte Gänge wurden in letzter Zeit auf dem Kirchhof, wo das Kloster gestanden, ausgegraben.

Wie lange das Kloster in der einen oder der andern Form bestanden hat, ist unbekannt. Sicher ist nach Gelenius, daß es um die Mitte des 17. Jahrhunderts zerstört war. Es war das die Zeit des dreißigjährigen Krieges, wo unzählige kirchliche und klösterliche Bauwerke der Wuth der Glaubensneuerer zum Opfer fielen und Walberberg in Verbindung mit Brühl sich gegen ihre Ueberfälle muthig zur Wehr setzte [3]).

---

[1]) De adm. magu. Colon. 719. — [2]) S. oben S. 279.

[3]) Zur Ehre der Walberberger Tapferkeit mag hier eine kleine Kriegsepisode ihre Stelle finden. Hessische Truppen unter dem französischen General Guebriant, welcher sich

Einige Notizen zur Geschichte des Klosters in den ersten Jahr=
zehnten seines Bestehens hat Cäsar von Heisterbach in seinen Dialogen[1]
verzeichnet, für welchen das „coenobium in monte sanctae Walburgis"
(Kloster zu Walberberg) um so denkwürdiger war, als auf dem Wege
von hier nach Köln zwischen ihm und dem Abt Gevard von Heisterbach
im Jahre 1199 die Unterredung stattfand, an die sich sein Eintritt in
den Cistercienserorden knüpfte. Hiernach war die Zahl der in's Kloster
aufzunehmenden Nonnen eine geschlossene. Der Vorsteherin (abbatissa)
stand eine Priorin zur Seite. Speciell gedenkt Cäsarius der Priorin
Sophia, ehemaligen Stiftsdame in Dietkirchen und spätern Abtissin in
Hoven, und des Hellewicus als ersten Priors und gleichzeitigen Pfarrers
zu Walberberg. Sophia starb im Rufe der Heiligkeit. Nach Gelenius
wurde „das Andenken der ehrwürdigen Jungfrau Sophia, welche ihrer
größern Vervollkommnung halber aus der klösterlichen Genossenschaft
Dietkirchen zu der strengen Ordensregel der Cistercienserinnen nach Walber=
berg überging, am 19. September kirchlich gefeiert[2]. Als Schwestern
(sanctimoniales) des Klosters erwähnt Cäsarius Astrada, Petrissa, Christina
von Volmunstein, Udelolt, die durch Frömmigkeit besonders ausgezeichnete
(virgo religiosa) Richmudis. Neben diesen erscheinen zerstreut: Gertrudis
(1253), welche dem Kloster ein Backhaus in Köln durch Erbgang zubringt;
Mechtildis, Abtissin, und Sophia, Priorin (1279), welche mit dem
ganzen Convente bekunden, daß sie sich mit Reinhard von Lindenberg und
Genossen wegen der Pferde verglichen, die ihnen von diesen bei Sechtem
abgenommen worden; Demudis von Heynsberg (Heinsberg), welche von
ihren Geschwistern deren Antheil an einer Jahresrente zu lebenslänglicher
Nutznießung mit der Bestimmung erhält, daß diese nach der Demudis
Tode dem Kloster zufallen solle.

Zahlreiche Töchter aus den vornehmsten Adelsfamilien Kölns, wie
Cleingedank, Jüdden, Overstolz, Lyskirchen, von der Sandkaul u. a.,
nahmen im dreizehnten und vierzehnten Jahrhundert den Schleier im
Kloster zu Walberberg. Mit Recht nennt daher Gelenius dasselbe ein

---

1642 der Stadt Neuß bemächtigt hatte, gedachten, das Schloß und Städtchen Brühl mit
List zu überfallen, aus Rache gegen den Brühler Schloßherrn Johann von der Burgh, der
ihnen eine Schlappe beigebracht und große Beute abgerungen hatte. Ein Verräther hatte
sich gefunden, welcher, unter dem Vorwande zu betteln, in Brühl als Spion umgehen und
den Hessen über Besatzung und Zugänge des Städtchens rapportiren sollte. Aber wachsame
Walberberger ergriffen den Spion, als er eben den im Walde vor Brühl lagernden Hessen
Nachricht bringen wollte. Auf das Urtheil des Kriegsgerichts wurde dem Verräther das
Herz aus der Brust gerissen, der Leib geviertheilt und zum Schrecken der Feinde an
den vier Ecken der Stadt aufgehangen. Vgl. Dominic, „Brühl".

[1] Vgl. Bonner Jahrbücher, H. 47: Zur Geschichte von Walberberg.

[2] De admiranda magnit. Colon. 723.

monasterium olim celeberrimum (ein ehemals sehr berühmtes Kloster). In den Schreinsurkunden des Kölner Stadtarchivs sind noch folgende Namen verzeichnet: 1288 Bela, Tochter von Pilgrim Niger; Sophia, Tochter von Heinrich Overstolz[1]); 1240 Udilindis, Tochter von Wolbero und Aleidis; 1299 Elisa, Tochter des Peter von Hemberge (Hemmerich); 1322 Sophia, Tochter Jacobs von Odendorp, Bela, Tochter des Peter Creich von Griechenmart[2]); 1431 December 22 Drutgen Phpen; 1401 Juli 1 Nesa von Hemberg[3]).

Kaufbriefe aus dem 13. Jahrhundert sind erhalten, in welchen das Kloster als Partei figurirt. Vor 1233 übertragen Eheleute Rembodo und Gertrudis dem Convente und der Kirche der h. Walburgis ein Haus auf dem Büchel zu Köln; 1233 überträgt Christina Flemming dem Convente der h. Walburgis das Haus zur goldenen Gans in Köln. Dieses Haus kauft Albert Flemming laut Urkunde von 1238 vom Convente zurück.

Ueber die Schenkgeber des Klosters während der ersten Jahrhunderte seines Bestehens ist kein Verzeichniß erhalten. Nur einige wenige sind anzuführen[4]). Zu ihnen zählt an erster Stelle die bekannte Wohlthäterin der rheinischen Klöster, Gräfin Mechtildis von Sayn. In einer Urkunde von 1275 gelobt Erzbischof Sifried derselben, stets zu halten, was sie dem Kloster zu Walberberg gethan. Canonicus Heinrich von St. Severin zu Köln vermacht dem Kloster eine Jahresrente von zwei Schillingen, und in einer Urkunde von 1281 ordnen Schwester M.... und Abtissin und der ganze Convent das Nähere über die Verwendung dieser Rente an. Die beiden Söhne des Hermann Schönweder erben 1282 zwei Häuser mit der Belastung, eine jährliche Rente von sechs Schillingen an das Kloster zu Walberberg und eine von zwei Mark an ihre Tante Sophia, Nonne daselbst, zu zahlen. — Johann Schall, gestorben gegen 1285, schenkt dem Kloster zur Feier seines Jahrgedächtnisses ein Haus zu Köln; Domcanonicus Wilhelm von Waldecken vermacht dem Kloster am 17. März 1317 sechs Schilling, und der Unterdechant Hermann von Reunenberg in seiner Memorienstiftung vom 12. April 1318 drei Mark; Gerhard von Landskron den Nonnen zu Walberberg am 13. Mai 1335 zehn Mark. Endlich sind als Schenkgeber Johann von der Vorst zu Ahrweiler und seine Frau Bela zu erwähnen, welche die Nonnen zu Walberberg in Anbetracht der ihnen geleisteten Spenden aller Messen, Gebete und guten Werke theilhaftig machen.

---

[1]) Liber Airsbach Porta Pantaleonis. — [2]) Airsb. Lat. plat. — [3]) Petri Pützhof. — [4]) Bonner Jahrbücher, XLVII 133—134.

Die Schöffenmeister zu Köln mußten bei ihrer Wahl dem Kloster zu Walberberg eine sechspfündige Kerze aus der Schöffenkasse geben. Um die Mitte des 15. Jahrhunderts löste Erzbischof Dietrich II., weil der Geist alter Zucht und Frömmigkeit aus dem Kloster geschwunden war, mit Zustimmung des Abtes von Heisterbach die Genossenschaft auf und vertheilte die Nonnen in entlegene Klöster.

Cistercienser-Mönche wurden im Jahre 1447 von dem Erzbischof in den Besitz der Klostergüter eingesetzt [1]) und errichteten zu Walberberg ein Priorat, welches, wie das Nonnenkloster, der Jurisdiction des Abtes von Heisterbach untergeordnet war. Unter den Pfarrern von Walberberg wurden bereits früher Aegidius, Petrus von Düren und Johannes Frisemius als Prioren der Bernardiner genannt. Ein vollständiges Verzeichniß derselben liegt nicht vor, überhaupt fließen die Nachrichten über das Mönchskloster äußerst spärlich. So viel ist gewiß: die neue Einrichtung unter den Bernardinern entsprach den gehegten Erwartungen nicht.

Im Jahre 1591 traten, wie wir bereits wissen, die Jesuiten in das Eigenthum der Klostergüter ein, ohne jedoch eine klösterliche Anstalt im eigentlichen Sinne zu errichten. Nur hatten sie die Rheindorfer Burg, wie es scheint, zum vorübergehenden Aufenthalt eingerichtet. Das alte Kloster bestand zu ihrer Zeit nicht mehr.

Küsterstelle.

Sie ist dotirt mit drei Morgen Ackerland. Ehemals bestand eine Dienstwohnung für den Küster südlich neben dem Pfarrhause, welche seit vielen Jahren abgebrochen ist, ohne durch eine neue ersetzt zu sein. Sonstiges Einkommen ist zufällig. Die Küsterei war seit Menschengedenken in der Familie Schäfer. Joseph Schäfer feierte 1864 sein fünfzigjähriges Dienstjubiläum als Küster. Er starb am 28. Januar 1870. Der jetzige Küster Heuser ist durch Heirath mit der Familie Schäfer verwandt.

Schule.

Ueber eine Schulvicarie, welche bis in das erste Decennium unseres Jahrhunderts ihr Dasein fristete, haben wir im Vorhergehenden Kunde erhalten [2]). Zunächst versah nach ihrer Aufhebung ein weltlicher Lehrer den Unterricht, hierauf ein erster Lehrer mit einem Präparanden. 1852 war seit langer Zeit an erster Stelle Lehrer Adolphs thätig, ihm folgte

---

[1]) Reiffenberg, Historia Societatis Jesu, I 275, Note m.

[2]) Oben unter Vicarie. Man sehe daselbst die Vereinbarung über das alte Schulgebäude.

später Wichterich, im Jahre 1857 Heinrich Kaufmann aus Köln. Statt des Präparanden wurde gegen das Jahr 1855 eine Lehrerin, Gertrud Münster, berufen, welcher die jetzige, Elisabeth Brassart, wenige Jahre später folgte. Im Jahre 1874 wurde das 1826 errichtete Schulgebäude mit angebautem dritten Schulsaal abgebrochen und ein neues großes Schulhaus an die Stelle gesetzt. Eine zweite Lehrerin übernahm als dritte Lehrkraft den Unterricht der gemischten Unterklasse, während Lehrer Kaufmann die größern Knaben und Fräulein Brassart die Mädchen erhielt. Der Pfarrer blieb während der Falk'schen Neuerungen als geist- licher Leiter der Schule unbehelligt.

Priester aus Walberberg.

Johann Theodor Rospath, Sohn des Pächters der Rhein- dorfer Burg, trat in den Jesuitenorden, wurde 1763 Pfarrer in seinem Geburtsort. (S. oben.)

Joseph Küpper, Kapuziner im Kloster zu Euskirchen, versah nach Unterdrückung der Pfarre Schwadorf durch die Franzosen daselbst die letzten Dienste und starb, vom Schlage gerührt, an dem Kreuzweg bei Geildorf, Pfarre Pingsdorf. Ein steinernes Kreuz bezeichnet die Stelle seines Hinscheidens.

Franz Paul Neuhöfer, Vicar in Solingen, starb im J. 1858.

Leopold Neuhöfer, Bruder des Vorigen, geboren am 5. Februar 1835, wurde Priester am 29. August 1859, hierauf erster Pfarrvicar in der Stadt Eschweiler.

Ferdinand Krausen, geb. am 14. August 1844, Priester seit 2. April 1870, jetzt Pfarrvicar zu Kalk.

14. Waldorf.

Waldorf findet sich zuerst in einer Urkunde vom Jahre 927 in der Form Bualathorp [1]), später Walathorp (1047) [2]), Walendorf [3]), Wailborp [4]). Der Name hängt mit Wald zusammen, wie einzelne alte Schriftstücke durch die Bezeichnung Waldorf ad silvam (am Walde) andeuten. Wegen seiner Lage am Fuße des Vorgebirges hieß es gewöhnlich in den Verzeichnissen der Pfarreien des Aargauer Dekanats Waldorf ad montem zum Unterschied von Waldorf (ad Ahram) an der Ahr, welches auch das obere, Waldorf superior, genannt wurde. Die alte römische Bonnstraße, jetzige Brühl=Bonner Bezirksstraße, berührt den Pfarrort auf der Ostseite. Seine Entfernung von Köln beträgt 22½, von Bonn 11½, von der Station Sechtem 3¾ Kilometer.

Waldorf hat 849 Einwohner mit 21 Juden, der Nebenort Ullekoven 168 Einwohner. Der fruchtbare Boden, zum großen Theil als Obst= und Gemüsegärten angelegt, macht Waldorf zu der wohlhabendsten Gemeinde hiesiger Gegend. Es besitzt eine Dampfmühle und eine Dachziegelfabrik, Brauerei und Brennerei.

Alterthümliche Funde im Orte und seiner nächsten Umgebung beweisen, daß die Römer hier eine Niederlassung hatten. In alter Zeit führte eine Straße von Rheinbach über Waldorf nach Köln, welche ihrer Beschaffenheit nach und in Uebereinstimmung mit der Ueberlieferung auch römischen Ursprunges war. Waldorf ist als Durchgang des Römercanals bekannt [5]). Kürzlich wurde derselbe mitten auf dem Kirchhof aufgedeckt. Das große Kirchhofskreuz bezeichnet die Stelle. Im Mittelalter war der Ort sehr frühe als kirchliche und bürgerliche Gemeinde organisirt. Es hatte ein kurfürstliches Gericht (Dingstul) mit sieben Schöffen unter

---

[1]) Lac. I. 88, S. 49. — [2]) l. c. 182, S. 113. — [3]) Crombach, Urk. n. 1074 cf. Binterim und Mooren, Alte u. neue Erzd. Köln I 146. — [4]) l. c. 133. — [5]) Vgl. Röm. Staatsstraße und der Römercanal unter Waldorf. Annal. d. hist. Vereins, XXXVII.

dem Vorsitze eines Vogts, zum Amte Bonn gehörig, dessen Jurisdiction sich über Waldorf, Hemmerich und Kardorf erstreckte.

Ueber ehemalige Besitzungen finde ich in alten Urkunden folgende Angaben. Der Kleriker Gerard schenkt dem Ursulastift ein Grundstück zu Waldorf, 922 [1]). Erzbischof Wichfried schenkt dem Ursulastift in Köln zwei Hufe Land in Waldorf (am 29. Juli 927) nebst einer Trift für zwanzig Schweine in dem Walde [2]). Becheza, Nonne von St. Ursula, schenkt demselben Stift einen hörigen Mansus von sechszig Morgen daselbst, 1047 [3]). Den Martyrinnen von St. Ursula gibt Richeza eine ähnliche Besitzung in Waldorf [4]). Abt Nanther von Metz vertauscht an Poppo von Stablo das zu weit entlegene Waldorf bei Köln gegen andere Güter 1035 [5]). Erzbischof Arnold I. bestimmt das Verhältniß des Propstes von Zülpich zu der Abtei Siegburg und bestätigt deren Besitzungen, darunter drei Weinberge mit dem Ackerlande zu Waldorf, welches Abt Cuno II. zum Andenken seiner Ordination den Brüdern überlassen hatte, 1140 [6]). Die Abtei Siegburg erwirbt durch Rückkauf ihr ehemaliges Beneficialgut zu Waldorf, wovon 6½ Schilling gezahlt wurden, 1166 [7]). Erzbischof Philipp bestätigt dem Frauenkloster zu Schwarz-Rheindorf unter verschiedenen Gütern zwei Ohm Wein, aus Waldorf zu liefern, 1173 [8]). Ritter Wilhelm Schilling, Herr zu Bornheim, stiftet sein gesammtes Allodialgut zu Waldorf, welches er durch Kauf oder Erbschaft erworben hatte, an das Kloster Kapellen, 1197 [9]). Das Cassiusstift besaß ein dem Capitel und seinem Hof zu Mülheim bei Bonn kurmütiges Gut bei Waldorf [10]). Sämmtliche vorstehende Güter sind im spätern Status von Waldorf nicht nachzuweisen. Bei der Säcularisirung unter französischer Herrschaft bestanden die folgenden: Der Stadtler- oder Stadthalterhof der Karthäuser; er war eine Schenkung der Gebrüder Arnold, Heinrich und Gerard Ritter von Hemberg (Hemmerich), 1417—1440. In dem Hofe befand sich eine Hauskapelle, worin die Karthäuser von Köln bei ihrem zeitweiligen Aufenthalte Messe lasen; aus derselben kamen zu Anfang unseres Jahrhunderts mehrere Gemälde in die Pfarrkirche. Das Ackerland, 150 Morgen, wurde ehemals von einem Pächter mit sieben Pferden bebaut, der Wein von 3—4 Morgen gekeltert und in das Kloster nach Köln geliefert.

---

[1]) Annalen des histor. Vereins, XXXI, 58. — [2]) Lac. I 49. Vgl. Höfer, Zeitschrift 1833, 360. — [3]) Lac. I 113. — [4]) Winterim u. Mooren l. c. 146. — [5]) l. c. [6]) Lac. I 229. — [7]) Lac. I. 292. — [8]) Lac. I. 311. — [9]) Lac. I. 339.

[10]) Am 2. Januar 1460 verurtheilt der Official des Cassiusstifts Wilhelm von Bell, dem Capitel und seinem Hof zu Mülheim Ersatz zu leisten wegen einer Kurmut von 2 vacanten Grundstücken zur Doner (?) bei Waldorf und zur Zahlung der rückständigen Renten (census) nebst 8 Schilling Strafe. Extractus. pag. 39 n. 3.

Der Werth wurde unter den Franzosen auf 10000 Franken veranschlagt, dürfte aber jetzt mehr als so viele Thaler betragen.

Fernere Güter der Karthäuser waren: Der Kuttenpfuhl mit 24 Kölner Morgen Land und 20 Morgen Waldung und der Weinpütz mit 30 Morgen Land und 15 Morgen Waldung.

Das Gut der Jesuiten war mit dem Feldhof bei Dersdorf verbunden; es wurde von der Kölner Schulverwaltung verkauft.

Das Kirregütchen der Dominicaner mit 13 Morgen Land und 10 Morgen Waldung.

Werlers Gütchen mit 6 Morgen Weinberg und 20 Morgen Waldung gehörte dem Margarethenkloster in Köln.

Das Michelsgütchen mit 10 Morgen Ackerland und 15 Morgen Waldung gehörte dem Kloster in Blatzheim.

Das Kerpengütchen in der Kerpengasse mit 3 Morgen Weingarten und kleinem Zehnten, dem Kunibertsstift in Köln gehörig.

Der Zehnthof des Stifts Dietkirchen stand an der Stelle der neuen Kirche. Dazu gehörten 20 Morgen Ackerland, bei der Säcularisation zu 3000 Franken taxirt, und 15 Morgen Waldung. Der Pächter des Hofes nahm den Zehnten von den Pfarreingesessenen in Empfang.

Kättchensgütchen mit 8 Morgen Land und 10 Morgen Waldung war Spielgut der Abtissin von Dietkirchen. Früher gehörten dazu noch drei Morgen Weingarten.

Das Kloster Dietkirchen war seit dem 12. Jahrhundert im Besitz der Grundherrschaft von Waldorf; denn im Jahre 1163 spricht die Abtissin Irmentrudis drei Untergebene zu Waldorf[1]), welche dem Kloster einen Weingarten überlassen hatten, von der Leibeigenschaft mit Vorbehalt der Wachszinspflichtigkeit frei[2]).

Im Jahre 1167 bestätigt Erzbischof Reinald dem Kloster Dietkirchen seine Güter zu Waldorf[3]).

Luxengut, der Pfarrwohnung gegenüber, Haus mit Garten, gehörte ebenfalls an Dietkirchen; der Garten, jetzt Baumwiese, wurde der Pfarrkirche später als Eigenthum überwiesen.

Das Stift Dietkirchen zu Bonn übte auch das Patronat der Pfarrstelle bis zur französischen Säcularisation[4]).

In ältester Zeit war ein bedeutender Rittersitz in Waldorf, nach seinen Besitzern Schallenhof und Pingshof[5]) genannt. Der älteste Name

---

[1]) Die Leibeigenen waren: ein Mann Hildebernus und zwei Frauen Adeleit und Liverat (Günther I 379).

[2]) Günther, Cod. dipl. I. 379. — [3]) l. c. 284. — [4]) Dumont, Descriptio, 23.

[5]) Im Kirchenarchiv wird auf ein Document vom Jahre 1615 verwiesen, worin Sibylla Widerath, Wittwe von Joisten Pingshorn, Rathsherr von Köln, die von Schall als ehe-

der Besitzung ist Dornhof, was mit Thurm in Verbindung zu stehen scheint. Die Schreinsurkunden des Kölner Archivs erwähnen um das Jahr 1398 Ritter „Johann von Waldorf und Metza, Eheleute". Die von Schall und von Pingsborn sind vermuthlich erst später in den Besitz der Burg getreten. Notizen des Pfarrers Berrisch, welche aus alten Urkunden entnommen sein sollen, berichten in Einklang mit der Volks= überlieferung über einen Zerstörungskrieg, welchen Junker Schall mit den Waldorfern vor 1580 geführt hat. Der Junker habe das Dorf in Brand stecken lassen, hingegen hätten die Waldorfer die Burg eingenommen und bis auf den Grund in Asche gelegt. 1608 wurde die Burg von neuem erbaut. Auch der neue Bau ist längst wieder verschwunden. Heute bezeichnet das von Erben Brenig bewohnte Bauernhaus und tiefe, weite Gräben in seiner Umgebung die Stelle derselben.

Als fernere weltliche Besitzung ist zu nennen der Rottkircher (auch Rodenkircher) Hof der Herren von Weichs zu Rösberg mit 80 Morgen Land und 4 Morgen Weinberg. Auf diesen Hof bezieht sich wohl die Urkunde bei Lacomblet [1]), wodurch Godart von Jülich, Herr zu Berg= heim, dem Constantin von Lyskirchen zu Köln sein Land mit dem Rott= zehnten [2]) in Waldorf und Rosenberg [3]) überträgt, 18. December 1328. Der Hof mit herrschaftlichem Wohnhaus lag bei der jetzigen Dampf= mühle. Von Herrn v. Weichs kaufte ein Herr Wessel das Gut.

Kirchliche Verhältnisse.

An der Hand authentischer Documente konnten wir die Geschichte von Waldorf bis in den Anfang des 10. Jahrhunderts rückwärts ver= folgen, wo vor Erzbischof Wichfried ein Kleriker Gerard das Ursula= kloster zu Köln mit Gütern dieses Ortes beschenkte. Von einer Kirche oder Pfarre Waldorf ist in diesen Documenten keine Rede. Aber eben aus diesem Schweigen läßt sich entnehmen, daß die kirchlichen Verhält= nisse von Waldorf bereits geordnet waren. Denn sonst hätten die Schenk= geber ihre dortigen Güter vor allen Dingen dem Pfarrorte selber zuge= wendet, wie es Praxis und Regel zu allen Zeiten gewesen ist und Bei= spiele in nächster Nähe von Waldorf beweisen. Ich erinnere an die

---

malige Eigenthümer des Rittersitzes mit anklebenden Gerechtsamen nachweist. Vermuthlich war dieselbe damals selbst Besitzerin.

[1]) Lac. III. 195. — [2]) Der Name Rottkircher Hof könnte auch mit dem Namen der Kölner Patrizier von Rottlirchen zusammenhangen.

[3]) Wie heißt Rosenberg jetzt? Lacomblet identificirt es mit Roisdorf. Die größere Wahrscheinlichkeit spricht für Rösberg, sowohl ethymologisch als sachlich. In letzterer Hinsicht erklärt sich die Verbindung mit den Herren von Rösberg, welche Besitzer des Gutes in Waldorf waren.

Dotirung der Kirche zu Brenig durch denselben Erzbischof Wichfried, welcher eben bei Waldorf zur Sprache gekommen ist; an Anno II., der zu Röß= berg; an Adolph I., der zu Walberberg mit der Kirche die Pfarrstelle gründete. Im 12. Jahrhundert finden wir das Kloster Dietkirchen bereits als Zehntherrn und Patron der Pfarrkirche zu Waldorf, und zwar wiederum, ohne über den Ursprung des Zehntrechtes und Patronats die geringste geschichtliche Nachricht zu erhalten. Auch dieses Stillschweigen ist eine Bestätigung der Thatsache, daß die Pfarre Waldorf bereits lange vor den vorhandenen Documenten bestanden hat. Wir können mit Bin= terim noch einen Schritt weiter gehen, indem wir den Kirchenpatron bei Beurtheilung des Alters der Kirche berücksichtigen. Binterim schreibt¹):

„Im Allgemeinen kann man annehmen, daß einige der alten Pfarr= kirchen in der Kölner Diöcese aus den Zeiten der Römer, die meisten aus jenen der Merowingischen und Carolingischen Könige unter den Franken sind."

Die Begründung dieser Annahme führt uns im vorliegenden Falle bei Waldorf auf die Römerzeit zurück. Hören wir weiter: „Die Römer hatten ihre Tempel. Als das Heidenthum dem Christenthum weichen mußte, wurden diese in christliche Kirchen verwandelt. Daher mag es auch kommen, daß mehrer unserer Pfarrkirchen dem h. Michael geweiht sind. Denn den Sieg des Christenthums über das Heidenthum malte man sich gern unter dem Bilde des Triumphes des Erzengels Michael über den Drachen. Man untersuche aber, ehe man zu voreilig schließt, ob die Kirchen, deren Alter man von den Römern herleitet, auch die andern Kennzeichen des Alterthums haben. Man nehme Rücksicht auf die Sage der Angehörigen; man sehe, ob in der Nähe Spuren der Römer sind u. s. w."

Nach dieser Methode hätten wir also Gründe genug, den Ursprung einer christlichen Kirchengemeinde und einer, wenn auch längst verschwun= denen kleinen Kirche zu Waldorf in der Römerzeit zu suchen. Denn der h. Michael, dessen Bild den Sieg des Christenthums vorstellt, ist Patron der Kirche. Spuren der Römer sind mehr als hinreichend zum Beweise vorhanden. Der Thurm der seitherigen mittelalterlichen Kirche stand auf dem Römercanal²). Wiewohl nun die kirchlichen Gebäude mehr für die fränkische, als für die römische Zeit sprechen, wie wir bald sehen werden,

¹) Binterim und Mooren, Alte und neue Erzbiöcese Köln, I 25.
²) Der Canal war hier durch äußern Anschluß einer circa 6 Fuß breiten Gußmauer eingeschlossen, woran das Fundament des Thurmes sich anlehnte. Das äußerst massive Mauerwerk konnte theils zur Befestigung des Canals bestimmt sein, theils als Stütze eines römischen Gebäudes, welches später dem Thurme die Stelle räumte.

so mag Binterim insofern Recht behalten, als wenigstens die Anfänge einer Christengemeinde von Waldorf unter den Römern zu suchen sind.

Pfarrkirche zum h. Erzengel Michael.

Im Jahre 1881 stand eine uralte[1]), jetzt abgebrochene Kirche wenige Schritte östlich von der neuen, die eben damals ihrer Vollendung harrte, entfernt. Die alte Kirche war bis zu ihrem Abbruch, welcher Einsicht in das innerste Mauerwerk gestattete, ein werthvolles geschichtliches Document. Die ohne organische Verbindung an einander gefügten Theile gehörten weit aus einander liegenden Zeitperioden an. Es waren drei Schiffe, nach Osten der Thurm, links davon die Sacristei. Der Thurm war ursprünglich nicht zum Zweck der Kirche erbaut; das unterste Stockwerk ein aus massiven, riesigen Mauern bestehendes, nach allen Seiten geschlossenes Viereck, welches wahrscheinlich als Gefängniß gedient hatte. In den Mauern waren möglichst viele Bruchstücke aus dem Römercanale zu einer felsenfesten Masse verarbeitet. Das oberste Stockwerk war aus gewöhnlichen Ziegelsteinen gefertigt und stand wegen seiner Gebrechlichkeit in auffallendstem Gegensatz zu dem mächtigen Unterbau aus der Ritterzeit. Wahrscheinlich rührte der obere Theil aus dem zweiten Decennium des vorigen Jahrhunderts; denn im Jahre 1712 ward der Helm mit seiner nächsten Unterlage vom Sturme abgeworfen und wurde im folgenden Jahre durch einen steinernen Ueberbau und höhern Helm ersetzt. Die Höhe des Thurmes bis zur Spitze betrug 110 pariser Fuß. An diesen Thurm war das Schiff angebaut ohne allen Verband, so zwar, daß zwischen Thurm und Schiff eine Spalte bemerklich wurde. Letzteres bestand größtentheils aus Tuffsteinen. Nach Thurm und Schiff war die Sacristei der älteste Theil des Ganzen. Sie war rein gothisch gehalten und hatte das Gepräge einer Kapelle aus dem 13. oder 14. Jahrhundert. Um sie mit der Kirche in Verbindung zu bringen, mußte man zuerst, da der nebenstehende Thurm vollständig durch das feste Gemäuer abgeschlossen war, das linke Seitenschiff anbauen, dem nunmehr die Sacristei als Chornische diente. Erst später wurde das Seitenschiff von der Sacristei durch eine Mauer getrennt, und zwischen Sacristei und Thurm durch des letztern colossales Mauerwerk eine Thüre gebrochen. Man durchbrach den Thurm auch nach dem Hauptschiffe und richtete den Unterbau des Thurmes zum Kirchenchor ein. Der Hauptaltar hatte früher vor dem Thurme im Bogen des Schiffes gestanden, jetzt stellte man ihn weiter zurück in die im Thurme gewonnene Chornische. Die

---

[1]) Die ältesten Theile gehörten dem frühen Mittelalter an. S. den Verlauf dieses Abschnittes.

Operation schien die größte Gefahr des Einsturzes herbeizuführen, aber das felsenfeste Mauerwerk widerstand zur größten Verwunderung selbst der Baumeister. Das Seitenschiff zur Rechten des Hauptschiffes, welches vermuthlich mit dem zur Linken gleichzeitig angebaut war, wurde im Jahre 1785 abgebrochen und durch ein neues ersetzt.

An die rein sachlichen Mittheilungen lassen sich über die Entstehung der erwähnten Bautheile Vermuthungen anknüpfen. Es scheint unzweifelhaft, daß wir in dem Thurm den Rest einer uralten Ritterburg vor uns haben. Von dieser Burg ging zuerst eine Kapelle, später die Pfarrkirche und wahrscheinlich die Dotation derselben aus. Denn nicht nur Burg und Kirche lagen dicht neben einander, sondern auch der Zehnthof, welcher nachmals an das Stift Dietkirchen mit dem Patronat überging, schloß sich westlich unmittelbar an den Kirchhof an. Der gemeinsame Ursprung von Burg, Kirche und Zehnten ist daher sehr wahrscheinlich. Nach Aussage der Schöffen Jacob Küllen und Johann Müllenbach, aufgezeichnet im 17. Jahrhundert, hatten die Junker Schall in der Kirche eine eigene Begräbnißstätte, worüber ihr Wappen in der Mauer angebracht war. Bei Erbauung einer neuen Sacristei (Gehrkammer) fand der damalige Pfarrer Gobel das Wappen hinderlich und ließ es wegnehmen, worauf der Junker ihn zwang, dasselbe wieder aufzuhängen. Im Bönn'schen (Truchseß'schen) Krieg ging es verloren, während ein Grabstein in der Kirche verblieb.

„Am 2. August 1872, Nachmittags 4 Uhr, schlug der Blitz in den Thurm, spaltete einen Pfosten, drang durch das Gewölbe in das Chor, spaltete den Stab am Kreuz hinter dem Altar, riß von demselben einige Leisten und Vergoldung ab und zerschlug eine (Belag)-Platte. Keine weitere Beschädigung erfolgte" [1].

Die Baupflicht in Beziehung auf das Schiff der Kirche hatte das Stift Dietkirchen als Decimator. Den Thurm unterhielt die Gemeinde; sie trug die Kosten der Herstellung, als derselbe 1712 durch Sturm zerstört worden war. Für das Chor gab es keine Baupflicht, weil ein solches vor Anfang des 19. Jahrhunderts nicht bestand und erst nach Vereinigung des Thurmes mit dem Kirchenschiff geschaffen wurde. Unterdessen waren die Franzosen eingezogen und hatten die ganze Baupflicht auf die Gemeinde abgewälzt.

Die neue Kirche.

Der Culturkampf hat das heilige Feuer des Glaubens im katholischen Volke nicht zum Erlöschen gebracht, im Gegentheil zur hellleuch-

---

[1] Notiz des Pfarrers Müller.

tenden Flamme entzündet und neu belebt. Dieses beweisen die zahlreichen Gotteshäuser, welche eben zur Zeit des religiösen Druckes in den Rhein= landen aus den Opfergaben der Katholiken gegründet worden, und zum Andenken für kommende Geschlechter muthig zum Himmel empor gewachsen sind. Auch die neue Kirche zu Waldorf legt für diese Thatsache beredtes Zeugniß ab. Kaum war der Gedanke des Neubaues durch den in kirchlicher Bauthätigkeit unermüdlichen Pfarrer Thomas zu Grau-Rheindorf angeregt — der Ortspfarrer hatte bereits im Jahre 1874 das Zeitliche gesegnet —, so wurde derselbe sofort mit einmüthiger Begeisterung von den Wal= dorfern aufgegriffen und die Ausführung aus freiwilligen Beiträgen nach mehrmaliger Berathung beschlossen. Das Unternehmen verdient um so größere Anerkennung, als Mangel an Raum in der alten Kirche durchaus nicht der bestimmende Grund sein konnte, sondern die ehrenvolle christlich fromme Absicht, dem Herrn ein würdiges Haus zu bauen. Sonntags den 28. Mai 1880 fand die feierliche Grundsteinlegung statt. Kaplan Mathias Schmitz zu Stolberg sprach den kirchlichen Segen, Kaplan Heinrich Schumacher, Kaplan an St. Gereon in Köln, und Vicar Mathias Schäfer aus Willich assistirten; alle drei geborene Waldorfer. Natürlich durfte Pfarrer Thomas aus Rheindorf bei der Feier nicht fehlen. Der Bau schritt rüstig vorwärts. Schon am 2. September desselben Jahres 1880, welcher mit dem Patronsfeste des h. Erzengels Michael zusammenfiel, wurde unter erhöhter Feierlichkeit durch den Ortsvicar Lievre die Einweihung vollzogen. Oberpfarrer Dechant Berrisch aus Brühl, ehemaliger Pfarrer zu Waldorf, ein nahezu achtzigjähriger Greis, cele= brirte das Hochamt, während die drei Waldorfer Priester, seine frühern Zöglinge, und mehrere benachbarte Geistliche eine festliche Corona bil= deten. Daß ganz Waldorf am Tage der Einweihung im höchsten Fest= schmuck erschien, und wie in jedem Hause jedes Herz zum Tempel wurde, und jeder Stimme Klang von der Erde zum Himmel sich erhob, dafür würde eine kurze Beschreibung in Worten nicht ausreichen. Der Katholik weiß aus Erfahrung, wie seine h. Kirche Feste zu feiern versteht.

Es erübrigt, die neue Kirche näher anzusehen. Die Kirche ist nach dem Plane des Baumeisters Statz erbaut, eine dreischiffige gothische Hallenkirche. Auf jeder Seite sind vier Säulen angebracht. Dem Chor zunächst ist die Bogenspannung in die Länge um mehrere Fuß erweitert, das Dach um Weniges erhöht. Hierdurch soll die Kreuz= form angedeutet werden, welche jedoch im Mauerwerk keine Begründung findet. Statt der größern Fenster sind in den verlängerten Seitenmauern Rosetten angebracht. Außerdem hat der Bau nichts Bemerkenswerthes aufzuweisen. Die Länge des Schiffs beträgt 87 Fuß, die des Chors 23, also Gesammtlänge im Innern 110 Fuß. Die Gesammtbreite ist 48 Fuß;

die innere Höhe des Mittelschiffs 33 Fuß, die der Seitenschiffe 29 Fuß. Das Mauerwerk des Thurmes ist 80 Fuß hoch, der Helm 65 Fuß, das Kreuz 5 Fuß. Wie in Merten, so vermißt man an der Kirche zu Wal-dorf das richtige Verhältniß der Höhe zur Länge und Breite. Die Aus-stattung der Kirche wurde zum großen Theil durch die Gaben einzelner Wohlthäter beschleunigt, wobei die in Waldorf gebürtigen Priester und ihr Jugendfreund, der rühmlichst bekannte Dr. Wilhelm Ursey in Crefeld, auch ein Waldorfer Kind, mit gutem Beispiel vorangingen. Altäre, Kanzel und Beichtstühle sind in gothischem Schnitzwerk von Meister Homann in Bonn gefertigt.

In der alten Kirche war ein Hauptaltar, ein Nebenaltar auf der Evangelienseite vor dem ehemaligen, später vermauerten Eingang in die Sacristei (Kapelle) mit einem werthlosen Gemälde, die Himmelfahrt Maria darstellend, und ein Nebenaltar im Seitenschiff auf der Epistelseite.

In der neuen Kirche sind ebenfalls drei Altäre, deren in Stein gehauener Unterbau in der Fronte eine schwarze Marmorplatte mit ein-fachster Goldverzierung zeigt. Der Hochaltar erhebt sich bis auf ein Drittel der Fensterhöhe des Chors, und endigt in einem freistehenden, dem Schnitzwerk entsprechenden Christus, Maria und Johannes links und rechts zur Seite. Ueber dem Repositorium erhebt sich eine im Spitz-bogen auslaufende Nische, in welcher das Hochwürdigste ausgestellt wird. Zwei verschließbare Thürflügel sind mit zwei Engeln, welche dem hei-ligen Sacrament ihre Huldigung darbringen, geschmückt. In den Fül-lungen des Aufsatzes ist auf der Evangelienseite Abraham, auf der Epistel-seite Melchisedech, beide im Begriff, ihr Opfer zu bringen, dargestellt; diese, wie die dienenden Engel, farbenreich auf Goldgrund gemalt. Der Nebenaltar im Seitenschiff, links vom Eingange, unterscheidet sich wesentlich in der Form von dem Hauptaltar. Ein beinahe lebensgroßes Bild der Madonna mit dem Kinde, vielleicht Copie nach einem bekannten Meister, fällt hier glanzvoll als Hauptgegenstand in die Augen, wäh-rend das Schnitzwerk als einfache Umrahmung zurücktritt. Der Neben-altar auf der andern Seite zeigt, mit dem vorigen in der Form ganz übereinstimmend, das Bild des h. Joseph und ist, wie jenes der Madonna, ebenfalls auf hellen Goldgrund gemalt.

Glocken.

Heinrich Schützer, nach 1675 Pfarrer in Waldorf, berichtet über vier Glocken, wie folgt:

1. Die große Glocke, 3300 Pfund schwer. Inschrift: Maria heiße ich, die Ehre Gottes und des h. Erzengels sancti Michaelis leute ich, all bös Wetter vertreib ich, Johann van Alster goß mich anno MCCCCXII.

2. Die mittlere Glocke, 1900 Pfund schwer, trug die Inschrift:

Crux Christi vincit, crux Christi imperat, Crux Christi regnat, crux christianos ab omni malo custodiat. Anno Domini Millesimo ducentesimo nonagesimo septimo Magister Ecbertus me fecit [1] (1297).

3. Die kleine Glocke, 900 Pfund schwer. Die Inschrift lautete: Sanctus Sebastianus heische ich, in die Ehre Gottes und der vier Evangelisten leute ich, den bösen Geist vertreibe ich. Johan von Alfter goss mich anno Dnī MDXI.

4. Die kleinste, Armseelenglocke genannt, wog 300 Pfund und hatte keine Inschrift.

Beim Sturze des Thurmes (1712) war auch die große Glocke gestürzt und schadhaft geworden. Im Jahre 1807 wurden sämmtliche Glocken umgegossen, und als die mittlere einen Riß erhielt, 1809 zum zweiten Male. Sie haben ein respectives Gewicht von 2600, 1900, 1200 und 100 Pfund. Das Geläute ist ein gelungenes, obschon die große Glocke ihre ältere Schwester an Gewicht, also auch an Tiefe des Tones nicht erreicht.

Die Töne sind: E, Fis, Gis.

Die Inschriften:

1. CHRISTO DOMINO GLORIOSO SALVATORI SACRATA. BENEDICTIONI ASSISTEBANT PATRINI HONORABILES: F. SCHMITZ BRVLAE PRAETOR ET PRAECLARA ISTIVS SOROR MECHTILDIS[2]). — 1809 GOSS MICH BOITEL VND C. RENAND VND S RENAND.

Kreuz mit dem Bilde der h. Magdalena.

2. DIVO MICHAELI ARCHANGELO PATRONO PAGI[3]). HONORAB. D. IACOB MEVSER MAIOR SIVE PRAEPOSITVS HVIVS MAIORATVS FT M. CATHARINA ROLSHOVEN VXOR FERDINANDI BAVCH ERANT MEI PATRINI.

Bild des h. Michael.

---

[1]) Zu Deutsch: Christi Kreuz überwindet, Christi Kreuz gebietet, Christi Kreuz regiert; das Kreuz bewahre die Christen vor allem Uebel. Im Jahre 1297 machte mich Meister Ecbertus. Demnach hatte die Glocke ein höchst seltenes Alter.

[2]) Deutsch: „Christo dem glorreichen Herrn (und) Erlöser geweiht. Bei der Weihe waren als Pathen anwesend die Wohlachtbaren: Schmitz Richter von Brühl und dessen ehrsame Schwester Mechtildis."

[3]) „Dem erhabenen Erzengel Michael Patron des Ortes (geweiht.) — Der wohl-achtbare Herr Jacob Meuser, Major (mairio) oder Vorsteher dieser Bürgermeisterei, und Katharina Rolshoven, Ehefrau des Ferdinand Bauch, waren meine Pathen." Da nach altem Herkommen der h. Michael als erster Pfarr- oder Kirchenpatron verehrt wird, so scheint das patrono pagi nicht correct zu sein.

3. SS. TRINITATI ET MATHIAE PATRONO SECVNDARIO
PAROCHIAE SACRATA.
HVIVS COMMVNITATIS CONSILIARIVS ET CATHARINA
SCHAEBEN VXOR WOHLMEINER ERANT MEI PATRINI[1]).
Glockengießer 2 und 3 wie bei 1.

Reliquien.

1. Des h. Apostels Matthäus; 2. des h. Märtyrers Hyacinthus.
Eine Authentik beider Reliquien beweist, daß sie der Kirche vom
Freiherrn zum Pütz gemachte Geschenke sind, welche derselbe durch Vermittelung des päpstlichen Nuntius erhalten hatte. In der Urkunde[2]) heißt
es: „Wir, Hieronymus Spinola, apostolischer Nuntius der Rheinlande und
anderer Landstriche Untergermaniens, übergaben dem Freiherrn Mathäus
zum Pütz, Burgherrn zu Hemmerich, in einem ovalen silbernen Reliquiarium auf beiden Seiten in Chrystall in fester Einfassung mit rothseidenem
Faden gebunden und mit unserm Siegel in rothem spanischem Wachs
versehen, Reliquien der Gebeine des h. Apostels Mathäus und des h.
Märtyrers Hyacinthus."
Man erwartete in Waldorf Reliquien des h. Mathias. Allein die
Urkunde enthält deutlich den Namen Mathäus. Sollte ein Irrthum
sich in dieselbe eingeschlichen haben? Wer wird das entscheiden? Der gleiche
Irrthum hat in einer Namensverwechselung bei Herrn von Pütz stattgefunden. Auch er wird in derselben Urkunde Mathäus genannt, obwohl
in der Familie zum Pütz der Name Mathias vorherrschend war, und
man vergebens nach einem Mathäus suchen wird. Allein aus dieser
Namenverwechselung ergibt sich nicht nothwendig, daß auch eine solche
in Beziehung auf die Reliquien stattgefunden hat. Wir werden also
festhalten müssen, daß Waldorf nicht Reliquien seines Pfarrpatrons
Mathias, sondern des h. Apostels und Evangelisten Matthäus besitzt.
Dafür spricht auch ein der Urkunde beigefügter Zusatz des Generalvicars
Klinkenberg vom 26. August 1817, worin derselbe erklärt: „Die uns
vorgezeigten heiligen Reliquien der Gebeine des h. Apostels Matthäus
und des h. Märtyrers Hyacinthus haben wir sorgfältig untersucht, und
wir erlauben, daß dieselben zur größern Ehre Gottes und zur Verehrung
der Heiligen öffentlich ausgestellt werden."

---

[1]) „Der allerheiligsten Dreifaltigkeit und dem h. Mathias, dem zweiten Patron der
Pfarre, geweiht. Hiesiger Gemeinderath und Katharina Scheben, Ehefrau Wohlmeiner,
waren meine Pathen."

[2]) Original mit der Unterschrift: H. Archiep. Laodic. Nunt. Aplicus. nebst Siegel.
Unten: Genehmigung des Generalvicars Klinkenberg zur öffentlichen Ausstellung und Verehrung der Reliquien. Im Kirchenarchiv.

Kunstschätze der alten Kirche.

1. Ein uralter Taufstein in Cylinderform mit Rundbogen rings= um als Verzierung angebracht. 2. Gemälde. a) Mittelalterliches Flügel= bild. Das Hauptbild in der Mitte stellt Christus am Kreuze dar, die heiligen Frauen und Johannes zur Seite, ein knieender Mönch als Portrait. Auf dem rechten Flügel: Pietà, Joseph von Arimathäa, Johannes und Magdalena; links: die Kreuztragung, Veronica mit dem Schweißtuch, Simon von Cyrene, Juden, Soldaten[1]). b) Die Anbetung der heiligen drei Könige mit Portrait, einen knieenden Mönch darstellend. Beide Gemälde, aus der Karthäuserkapelle am Stadterhof, sind nicht ohne künstlerischen Werth. c) Madonna, als Königin des Friedens mit dem Christuskinde, eine Abbildung des Gnadenbildes vom Berge Carmel. d) Verschiedene andere Gemälde, auch kleine Statuen, unter andern eine heilige Maria, letztere anscheinend mit Reliquien unter Glasverschluß, von zweifelhaftem Kunstwerth dürften für die neue Kirche keine passende Zierde darbieten.

Stiftungen.

Der Pfarrer hat 115 gestiftete Sangmessen und 125 Lesemessen, der Vicar an Sonn= und Feiertagen die Frühmesse zu appliciren.

Processionen.

1. Alljährlich ziehen beiläufig fünfzig Pilger, darunter etwa zehn Waldorfer, zum Grabe des h. Apostels Mathias nach Trier. Die Wall= fahrt dauert acht Tage, und wird so angelegt, daß sie am Vorabende des Pfingstfestes in Waldorf ihren Abschluß erhält. Im Jahre 1872 feierten die Pilger das hundertjährige Bestehen der Procession.

2. Eine andere Procession geht nach dem Calvarienberg bei Ahr= weiler.

Ablässe.

Ueber einen Ablaß für Abbetung des Rosenkranzes und der Mutter= gottes=Litanei finde ich Folgendes notirt[2]):

„Auf Anstehen der Löblichen Pfarr-Kirchen zu Waldorf, allwo täglich Abends der Rosenkranz und die Litanei der allerseligsten Jungfrau Maria pfleget gebetet zu werden, haben Ihro Päpstl. Heilig= keit Benedikt XIV. allen christgläubigen bewilligt, so oft sie mit Reumüthig die Muttergottes-Litanei in gemelter Pfarrkirche beten,

---

[1]) Das Bild ist der Reparatur von der Hand eines geschickten Malers sehr bedürftig.
[2]) Archiv der Pfarrkirche.

jedesmal den von Sixtus V. am 11. Juni 1587 verliehenen und von Bene ikt XIII. d. 12. Januar 1728 bestätigten zweihunderttägigen Ablass. welchen sie den Seelen im Fegfeuer zuwenden können. Wegen Betung des Rosenkranzes aber, welcher von einem Priester des Do-minicanerordens gesegnet sein muss, haben J. P. H. Benedikt XIII. den 13. April 1726 allen Christgläubigen, welche 15 oder wenigstens 5 Gesetze des Rosenkranzes beten, für jedes Vater unser und Ave Maria hundert Tage Ablass, welche aber ein ganzes Jahr hindurch täglich 15 oder wenigstens 5 Gesetze werden gebetet haben. wan sie auf einem beliebigen Tag nach reumüthiger Beicht und h. Communion für die Einigkeit der Fürsten, Ausrottung der Ketzerei, Erhöhung der katholischen Kirche beten, einen vollkommenen Ablass verliehen. welcher den armen Seelen im Fegfeuer zugewendet werden kann."

2. Ablaß am Feste der hh. Patronen und bei der Mathiasbruder-schaft. Hierüber besitzt die Kirche ein Ablaßbreve von Papst Leo XII.[1], welches also lautet: Wir . . . verleihen allen Christgläubigen, welche nach reumüthiger Beicht und würdig empfangener h. Communion die Pfarrkirche des h. Erzengels Michael und des h. Apostels Mathias, wie auch jeden Sonntag nach den vier Quatemperwochen von der ersten Vesper dieser Tage bis Sonnenuntergang in jedem Jahre an-dächtig besuchen. und daselbst (in oben angegebener Intention) beten, einen vollkommenen Ablass.　　　　gez. D. Kardinal Albanali."

Bruderschaften.

Die Bruderschaft von Jesus Maria Joseph, zur Beförderung der christlichen Lehre, findet sich zu Anfang des 18. Jahrhunderts vor.

Die Mathias-Bruderschaft wurde im Jahre 1807 durch Pastor Urfen in's Leben gerufen. Eine Andacht zu Ehren des h. Mathias, nach einem aus Trier adoptirten Muster von Pfarrer Müller copirt, findet an dem im Ablaßbreve Leo's XII. bestimmten Tage statt, in der augenscheinlichen Absicht, die Gewinnung der Ablässe zu befördern. In der Mathiaskirche zu Trier wird diese Andacht jeden Monat ein Mal abgehalten.

Von einer Michaels-Bruderschaft fand sich kürzlich in Kardorf eine, wahrscheinlich aus Waldorf stammende alte Medaille. Der Revers zeigt das Bild des Erzengels Michael, der Avers ein Kreuz mit der Umschrift: Signum confraternitatis s. Michaelis Archangeli.

Kirchhof.

Der Kirchhof, um die alte Kirche gelegen, war bis zum Abbruch der-selben ringsum mit einer Mauer umgeben. Diese wurde im Jahre 1785

---

[1] Tabelle in der alten Kirche.

einer gründlichen Reparatur unterworfen. Das durch die französische Gesetzgebung garantirte Eigenthumsrecht der Pfarrkirche ergibt sich schon aus der eigenthümlichen Lage zwischen dem alten Dietkirchener Zehnthof, dem Pfarrgarten, der Dorfstraße und der Vicarie, und der von Diet= kirchen abhängigen Pfarrkirche, welche auf dem Besitzthum dieses Adels= stiftes erbaut war.

Wären alle Conjecturen der Alterthumsforscher so zuverlässig wie diese, so wären bei ihnen die Irrthümer selten. Dennoch erfolgte am 9. April 1862 auf Befehl der königlichen Regierung zu Köln durch den Bürgermeister Graf Boos=Waldeck die Beschlagnahme. Sie bestand lediglich in der Erklärung, der Kirchhof sei als Eigenthum der Civil= gemeinde zu betrachten. Pfarrer Müller unterließ es nicht, an der Spitze des Kirchenvorstandes gegen den Eingriff in die Rechte der Pfarrkirche zu protestiren. Durch den Abbruch der alten Kirche im Jahre 1883 erhielt der Kirchhof eine ansehnliche Vergrößerung. Eine neue Mauer an der Westseite vollendete den bisher nur unvollständigen Verschluß, so daß der ehemalige, für den täglichen Verkehr so bequeme Durchgang nicht mehr stattfindet.

Pfarrstelle.

Das von Pastor Birkesdorf 1752 in Fachmauerwerk erbaute Wohn= haus ist die einzige vom alten Pfarrhof erhaltene Gebäulichkeit.

Bis 1874 war der Pfarrhof nach der nördlichen Seite der Straße durch eine mit Auffahrtsthor versehene Mauer abgeschlossen. Scheune und Stallung nach Osten und Süden vollendeten die Abgrenzung des Hofraumes. Nach Süden befindet sich zwischen Saal und Kirchhof ein kleiner Hausgarten, welcher im Westen an den alten Kirchweg sich an= schließt, nach Osten die Baumwiese. Der Pfarrwohnung nördlich gegen= über liegt ein zwei kölner Morgen großer Gemüsegarten, früher Höftert genannt, wie der Haus= und Obstgarten in fruchtbarster Lage.

Von Pfarrer Birkesdorf liegen Notizen über die Beschaffenheit der Pfarrwohnung vor:

„Hab ein schlechtes Haus gefunden," schreibt er, „woran keine Glasfenster die zwey Schue gross, Kellerfenster in der Grösse der Hausfenster. Zum Hoff waren keine Thüren noch Fenster, sondern nur die Löcher dafür. Die Ställ waren theils abgerissen, und was noch stunde, war sambt der Schüren dem Fall nahe, wie dan auch die Scheur 1750 eingefallen ist. — Im Pastrat-Haus war niemalen ein Plästerer gewesen, alles war über den Lehm geweisst, die Küch war nit gescholt(?) summa, man konte wegen zerrissenem gebäu aus dem Keller die Wolken sehen" . . .

„Dazumal war noch nit im Schwang, dass man die Gemeind
pflegte anzuhalten zur Bauung des Pastratshauses, und wollte ich
nicht der erste sein, obwohl es mir gerathen wurde, denn ich fand
verkr. B . . . ., welche mehr denn 1000 Dahler wegen des Offermans
unter meinem Vorfahren Lucas Lorentz an das Officialat nach Cöllen
den Doctoren und Procuratoren getragen; würde also bei Reparation
des Hauses auch noch etwas für die Doctoren und Procuratoren ab-
gefallen sein. Aber nein! 1750 hab mir aus der darniedergefallenen
Scheur Stall und Kelterhaus machen lassen und in den Garten gesetzt, den alten Hof zum Garten, den Garten zum Hof gemacht;
1752 eine neue Scheur gebaut, wozu, weil in den Pastratbüschen
keine Bäume waren, mir die Gemeinde fünf Eichbäum hergegeben,
dass Pastrathaus mit Fenstern, Thüren, Gebünnen versetzen lassen,
dass ich nothdürftig wohnen konnte.“

Demnach reichten die Gebäude früher bis an den Kirchhof, wo sich
in der Umfassungsmauer der Ausgang zur Kirche befindet. Die über der
Thür mit Nägelköpfen angebrachten Buchstaben H. S. P. erklären sich
aus der darüberstehenden Jahreszahl 1696. Es sind die Anfangsbuch-
staben von Henricus Schützer, Pastor. Dieser war damals Inhaber der
Pfarrstelle und scheint bei Erbauung des unter Pastor Birckesdorf zer-
fallenen Hauses in irgend einer Weise sich verdient gemacht zu haben.

Da jetzt die Pfarrstelle seit 1874 vacant und keine Aussicht auf
baldige Wiederbesetzung vorhanden ist, vielleicht auch die Absicht besteht,
dem zukünftigen Pfarrer eine angemessenere Wohnung zu erbauen, so hat der
Kirchenvorstand sämmtliche Oekonomie-Gebäude abbrechen lassen. Nur das
Wohnhaus ist stehen geblieben und theilweise verpachtet. Der Gemüsegarten im Höstert war in älterer Zeit halb Weingarten, halb Baumgarten.
Wegen dieses Gartens hatte der Pfarrer einen Geschworenen in den
Zehnthof zu stellen und verschiedene Renten an Hafer und in Geld zu
entrichten.

Außer den genannten Liegenschaften gehören aus frühester Zeit zur
Dotation der Pfarrstelle: sieben Pflanzorte und eine Parzelle Graswachs,
sämmtlich zehntfrei und in der Nähe von Waldorf und Cardorf gelegen;
ferner 16³/₄ Morgen Ackerland in 16 Parzellen, theils im Waldorfer,
theils im Cardorfer Felde; Waldungen: 14 Morgen. Früher theils
ganzer, theils halber Zehnte von Weingärten und Ackerland, bestehend
in 46 Parzellen in der Gemeinde Hemmerich. Pastor Birckesdorf nennt
diese letzte Einnahme einen verdrießlichen Zehnten wohl deshalb, weil
die Einziehung mit großen Schwierigkeiten verbunden war. Ueber einen
Proceß, den er dieserhalb mit den Debenten führte, war bereits unter
Hemmerich die Rede.

Am Schlusse dieses Abschnittes machen wir darauf aufmerksam, daß die sämmtlichen Dotationsgüter ihren Ursprung vom Dietkirchener Kloster schon aus der Lage und den sonstigen Umständen erkennen lassen. Das Pfarrhaus, der Haus= und Obstgarten, der ehemalige Wein= und Obst= garten, alles liegt unmittelbar im Dorfe, vom Kirchhof, Zehnthof und anderm kirchlichen Eigenthum eingeschlossen. Daß die Pflanzgründe sämmtlich zehntfrei waren, erklärt sich einfach dadurch, daß das Stift als Zehntherr den Pfarrer, den es selbst zu präsentiren und zu unter= halten hatte, nicht belasten durfte oder wollte.

Endlich läßt das Zehntrecht des Pfarrers von Waldorf in der Ge= meinde Hemmerich nur dann eine vernünftige Deutung zu, wenn man annimmt, daß das Stift Dietkirchen, welches ja auch die Pfarrstelle in Hemmerich besetzte, dem Pfarrer in Waldorf seinen dortigen Zehnten abgetreten hatte. Das Präsentationsrecht mit dem Zehnten von Waldorf setzt übrigens allein schon unsere Annahme außer Zweifel.

Die bekannten Pfarrer.

Richard Attendorn, 1478, Dechant des Aargauer Dekanats und öffentlicher Notar[1]).

Gobelius, wird vom Capitel des Cassiusstifts wegen einer anzu= schaffenden neuen Uhr zu Rath gezogen und beauftragt, mit einem Meister aus Brakel dieserhalb Vertrag zu 70 Thaler abzuschließen, 1574[2]).

Peter Büttgen, präsentirt im März 1602, Altarist der Anna= bruderschaft zu Sechtem.

Petrus Busar, präsentirt am 19. October 1607.

Hermann Herbrandt, investirt vom Archidiakon zu Bonn am 13. April 1613.

Heinrich Eickel.

Otto Krüppel, 1632—1663, präsentirt am 18. März, investirt am 19. Juli 1632.

Christophorus Hilgers, 1663—1675, war länger als 30 Jahr vor 1663 Pfarrer in Hemmerich.

Heinrich Schützer, 1675—1714, stiftete ein Anniversar an die Pfarrkirche zu Hemmerich (1711), wurde begraben vor dem Mutter= gottesaltar im linken Seitenschiff der Kirche zu Waldorf. Daselbst fand sich auf dem Grabstein die selbstverfaßte Inschrift: Henricus Schützer pastor ab anno 1675 ad annum (Jahreszahl fehlt) corporis quietem hic et in Coelis aiae (animae) salutem ad pedes Mariae rogavit.

---

[1]) Urkunde im Pfarrarchiv zu Walberberg. Vgl. Anhang, Nro. IX 2.

[2]) Ex protocollis capituli ss. Cassii et Florentii. Daselbst auch die als präsentirt bezeichneten Pfarrer.

Monstra Te esse matrem

Janua salve Por . . . dulcis spes salv . . . (O)[1]

Michael Hertenrath, 1714—1734, investirt am 17. Juni.

Lucas Lorenz, 1734—1749.

Franz Hermann Birckesdorf, 1749—1797, erneuerte die Kirchenbücher, machte sich um die Kirchenverwaltung und die Erbauung der Pfarrwohnung verdient.

Johann Urseh, 1797—1814, früher Vicar hiesiger Pfarre.

Johann Peter Freibeuter, 1814—1824, ehemaliger Dominicaner, war seeleneifrig und wohlthätig, trug angeblich um des Friedens willen auf Versetzung an, wurde Pfarrer zu Wassenberg, zuletzt in Holzweiler, starb daselbst am 21. October 1845. Er errichtete eine Studienstiftung zunächst für seine Verwandten und demnächst für Gebürtige aus den Pfarreien Holzweiler, Tegelen und Waldorf; auch stiftete er ein feierliches Anniversar nach Waldorf.

Jacob Schmidt, 1824—1837, legte die Pfarrstelle nieder und zog sich in seine Vaterstadt Köln zurück, starb daselbst am 21. September 1841.

Laurenz Berrisch, 1837—1845, geboren zu Frauwüllesheim am 10. März 1803, wurde zum Priester geweiht am 25. September 1828. Eifrig wirkte er in der Seelsorge als Vicar zu Froitzheim, als Kaplan an der Apostelnkirche zu Köln, als Pfarrer zu Waldorf und wurde am 3. September 1845 zum Oberpfarrer zu Brühl und am 28. Juni 1866 zum Dechanten des gleichnamigen Dekanates ernannt. Er feierte 1878 sein 50jähriges Priester-Jubiläum und erhielt von Papst Leo XIII. den Titel eines päpstlichen Geheimkämmerers. Er starb, allgemein betrauert, am 20. Januar 1883.

Johann Franz Müller, 1845—1874, geboren zu Volkmarsen in Hessen am 12. October 1797, wurde in Köln zum Priester geweiht am 26. April 1827, war vor seiner Ernennung zum Pfarrer in Waldorf, 23. September 1845, Vicar zu Siegburg. Er schenkte 3000 Mark zu der Vicarie in Bornheim. In seiner Lebensweise äußerst genügsam und einfach, in seinen kirchlichen Verrichtungen ein Muster der Pünktlichkeit. Er starb am 14. Januar 1874. Seitdem ist die Pfarrstelle in Folge der Maigesetze unbesetzt geblieben, und wird die Seelsorge von dem Vicar Martin Theodor Lièvre versehen.

---

[1] Deutsch: Heinrich Schütz, seit dem Jahre 1675 Pastor bis zum Jahre (fehlt), hat zu Maria's Füßen um Ruhe hier für den Körper und der Seele Heil im Himmel. Zeige dich als Mutter . . . . . Himmelspforte, sei gegrüßt . . . . süße Hoffnung, sei gegrüßt. (Bitte für mich.)

Primissariat. — Vicarie.

Eine Aufzeichnung des Pastors Berrisch gibt die Entstehung des Primissariats in folgender Weise an:

„Pastor Heinrich Schützer starb 1714 ohne Testament. Seine Güter verfielen dem erzbischöflichen Fiscus und wurden auf Verlangen der Gemeinde Waldorf vom Erzbischof Joseph Clemens zur Frühmesse geschenkt unter der Bedingung, daß die Gemeinde 205 Dahler zulege, um der Kirche davon jährlich 5 Reichsthaler, dem Küster 4 kölnische Dahler zu zahlen. Die Hinterlassenschaft bestand in 11³/₄ Morgen Ackerland, ¹/₄ Morgen Weingarten, 7¹/₄ Morgen und 2 Pinten Busch. Das Capital wurde von einigen Einwohnern freiwillig hergegeben und bestand im Jahre 1728 in 225 Dahler ¹). Zu benannten Gütern schenkte Pastor Gerhard Osten zu Rösberg verschiedene Capitalien und drei Grundstücke. Derselbe „exhibirt nämlich in der Sitzung des Gerichts zu Rösberg vom 12. März 1720 zur Stiftung einer Sonn- und Feiertags-Frühmesse eine gerichtliche Obligation d. d. 24. Mai 1701, auf 300 Reichsthaler sprechend, woraus 2¹/₂ Dahler zu gemelt. Frühmesse, sodann einen versetzten Kaufbrief von einem Gut, so wohl 500 Dahler werth, vom 16. Juni 1717, auf Mevesen Krings und Anna Pusacker sprechend, worauf gem. H. Pastor 200 Dahler vorgeschossen, eine Obligation d. d. 25. November 1702, so von H. Fundatoren den 5. September 1714 belegt, kraft welcher gegenwärtige Elisabeth Bley genannt Ostens 100 Reichsthaler gerichtlich gesteht schuldig zu sein..., wie auch beisitzender Scheffen Gaudenz Osten und Agnes Bröhers Eheleute abß Herrn Fundatoris rep. Bruder 100 Dahler kölnisch schuldig zu sein bekennen, zusammen fünfhundert rthlr., jährlichs termino omnium Sanctorum mit vier Rthlr. ahn zeitlichen h. primissarium daselbsten zu verpensioniren, welche vorgemelter Hr. Fundator als Ordinationstitel und zum Unterhalt — competentia vivendi — eines zukünftigen Primissarius in Waldorf hergeben" ²).

Das Verzeichniß der Messenstiftungen notirt: Gerhard Osten stiftete zur Frühmesse 2 Morgen Ackerland, ¹/₄ Morgen 1¹/₂ Pint Weingarten, 2¹/₂ Morgen Busch.

---

¹) Im Jahre 1754 waren es 255 Dahler einschließlich einer Stiftung der Sibylla Rospatt zu 50 Dahler, worauf 6 Lesemessen lasteten. Vgl. die Specificatio redituum et onerum beneficii familiae Ostianae in Waldorf do 10. Aug. 1720 im Archiv der Kirche zu Rösberg. Die Angaben des Pastors Berrisch über das Grundvermögen aus dem Nachlaß des Pastors Schützer entsprechen dem Güterverzeichniß (specificatio bonorum), welches dem Vicar Peter Osten bei seiner kirchlichen Investitur im Jahre 1754 vom Generalvicariat amtlich in Abschrift zugefertigt wurde mit dem Bemerken, daß von den erwähnten 11³/₄ Morgen Land 4 Morgen vom Generalvicar dem Beneficium 1754 incorporirt worden seien. — ²) Aus dem betreffenden Protokollbuch des Gerichts zu Rösberg.

Nach dem gegenwärtigen Status beträgt der Vicarie-Fonds an Ländereien in der Gemeinde Waldorf 4 Hectar 51 Ar 54 M.; Hemmerich-Cardorf 50 Ar 5 M.; Sechtem 1 Hectar 83 Ar 12 M., in Summa 6 Hectar 84 Ar 71 M. Hierbei sind Rottland und Holzung eingerechnet. An Capitalien 5536,14 Mark.

Nach Osten's Stiftung soll der Primissarius 1. an Sonn= und Feiertagen die Frühmesse und zwar im Winter um 7, im Sommer um 6 Uhr lesen; 2. gegen ein vom erzbischöflichen Vicariat ihm zuerkanntes Schulgeld das ganze Jahr die Jugend im Lesen und Schreiben instruiren; 3. auf Ersuchen des Pfarrers gegen angemessenes Honorar Aushülfe in der Seelsorge leisten.

Die Besetzung des Beneficiums geschah nach Bestimmung des General-Vicariats vom 10. August 1720, wie folgt: 1. Verwandte des Stifters, sowohl weibliche als männliche, in absteigender Linie haben das Präsentationsrecht (selbstredend zunächst der Stifter selbst); 2. in Ermangelung von Verwandten übt solches das Gericht zu Waldorf; 3. Familienglieder haben die ersten Ansprüche auf das Beneficium; sind keine geeigneten vorhanden, so haben Bewerber aus dem Gerichtsbezirk Waldorf (Hemmerich und Cardorf) den Vorzug vor Auswärtigen; 4. Für den Schulunterricht ist der Primissar einem weltlichen Lehrer vorzuziehen; 5. gegen entsprechendes Honorar, doch nur auf Ersuchen des Pfarrers, ist derselbe zur Aushülfe in der Seelsorge verpflichtet; 6. die Zeit, die Messe zu lesen, ist nicht nach Willkür des Pfarrers, sondern durch erzbischöfliche Entscheidung zu bestimmen; 7. für den Gebrauch der Paramente und sonstige kirchliche Bedürfnisse sind der Kirche jährlich 5 Reichsthaler, dem Küster für Hostien und Dienstleistungen vier kölnische Daler zu zahlen[1].

Primissare. — Vicare.

Tilmann Zimmermann, 1720, Vetter des Stifters und von demselben präsentirt[2].

N. Barian, 1737[3].

Petrus Osten, wurde am 25. September 1754 vom Generalvicar investirt[4].

Friedrich S. Wilckes, pactirte im Jahre 1778 mit Peter Osten wegen Uebernahme der Vertretung für 35 Reichsthaler. Der Contract wurde von Pastor Birkesdorf nicht anerkannt.

---

[1] Extractus protocolli vicariatus generalis Colon. de 10. Aug. 1720.

[2] Zusatz mit der Unterschrift: Gerardus Osten, Pastor in Roesberg auf dem Extractus protocolli vicariatus Generalis Colon. d. d. 10. Aug. 1720.

[3] Im betr. Protokoll des Gerichtsbuchs von Rösberg. — [4] Specificatio onerum et redituum im Archiv zu Rösberg.

Johann Urfey, von einem unbekannten Zeitpunkt bis 1797 [1]).

Gerard Hofen, um 1802, wird in einem Bericht zu Anfang unseres Jahrhunderts als Vicar angegeben. Da er aber noch keine höhere Weihe hatte, so wurde er durch einen aus der Diöcese Lüttich eingewanderten Priester [2]),

Georg Majères, 1803—1819, ersetzt. Dieser scheint schließlich förmlich als Vicar an des Vorigen Stelle getreten zu sein. Von einem Vicar Hofen ist in der Folge keine Rede mehr [3]). Majères wurde 1819 Pfarrer zu Keldenich.

N. Klein, 1819—1820.

Gerhard Pingen, 1827—1829.

N. Bodens, 1829—1831. Bis 1840 blieb die Stelle unbesetzt. Der emeritirte Pfarrer Erasmus Joseph Gülden privatisirte von 1830 bis 1836 in Waldorf und konnte den Vicar ersetzen.

Neu, 1841—1844.

Peter Mathias Schmitz, 1847—1852, geboren zu Neuß am 23. Mai 1821, zum Priester geweiht am 30. August 1846, seit 1871 Rector des Carmelitessenklosters in Neuß, privatisirte nach dessen Auflösung im Jahre 1875 und starb zu Neuß am 19. Mai 1883. Vom Jahre 1852—1856 war die Stelle unbesetzt.

Gottfried Hubert Cüppers, 1856—1860, geboren zu Heinsberg am 17. April 1813, zum Priester geweiht am 10. April 1840, wechselte oft seine Stelle als Vicar, war vor 16. September 1852 eine Zeit lang in Nettersheim, dann bis 11. November 1853 in Ruppichteroth, hierauf in Niederzier angestellt, wurde am 23. October 1860 von Waldorf nach Borschemich, von dort am 1. Juli 1864 nach Gleuel versetzt — starb daselbst am 17. Januar 1872.

Gerhard Willibald Münch, 1861—1866, geboren zu Köln am 7. Juli 1835, zum Priester geweiht am 29. August 1859, wurde erst Kaplan zu Jülich, am 20. September 1861 nach Waldorf berufen, ist seit 9. April 1867 Vicar in Morken.

Martin Theodor Liévre, geboren zu Kückhoven bei Erkelenz am 10. Juni 1839, zum Priester geweiht am 6. April 1867, wurde am 12. April 1867 zum Vicar in Waldorf ernannt.

Küsterstelle.

Zur Dotation des Küsters gehört ein Morgen Land im Dachsloch, Gemeinde Waldorf, und ein Viertel Morgen im Cardorfer Felde. Dazu kommt 1/2 Morgen daselbst, zu einer Stiftung mit 4 Messen gehörig.

---

[1]) Notiz des Pastors Müller. — [2]) Im Kirchenarchiv zu Hemmerich. — [3]) l. c.

Der Vater des jetzigen Küsters Knapstein bezog außerdem aus jedem Hause einen Franken zu achtzig Pfennigen, welchen er von Haus zu Haus einholen mußte. Diese Einnahme war, wie es scheint, unter französischer Herrschaft an die Stelle der früher allgemein üblichen Christbrode getreten. Die Art des Empfanges war mit Nachtheilen und Schwierigkeiten verbunden. Später ist die Zahlung der Beiträge ganz in Wegfall gekommen. Statt derselben erhält der Küster jetzt aus der Kirchenkasse jährlich 90 Mark. Damit sind die Schwierigkeiten des Empfanges gehoben, aber nicht die Nachtheile für den Küster. Die Berechnung ist leicht zu machen, indem die Pfarre Waldorf ungefähr 230 Wohnhäuser zählt.

Schule.

Den Bestimmungen der Stiftung Gerhard Osten gemäß wurde seit 1720 dem Primissar gegen ein vom erzbischöflichen Vicariat ihm zuerkanntes Schulgeld die Leitung der Schule übertragen. Er sollte das ganze Jahr die Jugend im Lesen und Schreiben unterrichten. Daß der Religionsunterricht nicht ausgeschlossen war, vielmehr einen wesentlichen Gegenstand in der Schule bildete, ist schon aus dem Umstande zu schließen, daß der Primissar einem weltlichen Lehrer stiftungsmäßig vorgezogen werden sollte. Dieser in der erzbischöflichen Errichtungs-Urkunde beliebte Ausdruck (Vorzug) wurde an maßgebender Stelle in der Praxis im strengern Sinne, nämlich als Pflicht gedeutet. Es heißt nämlich in dem mehr erwähnten Bericht im Kirchenarchiv zu Hemmerich über die Vicarie zu Waldorf: „Der Inhaber der Vicariestelle hat immer die Gemeindeschule gehalten, ausgenommen der jetzige aus der Diöcese Lüttich übersiedelte Deservitor G. Majères. Dieser war nämlich wegen Unkenntniß der deutschen Sprache zur Ertheilung des Unterrichts nicht befähigt." Majères fungirte als Vicar bis 1819. Die spätern Vicare unter preußischer Regierung wurden nicht mehr mit der Leitung der Schule betraut.

Uebrigens constatiren wir die regelmäßig wiederkehrende Thatsache, daß die Schule ihren Ursprung auf eine kirchliche Stiftung zurückführt: die Kirche ist die Mutter der Schule. Auch die Lage des ehemaligen Schulhauses in Waldorf legt für diese Thatsache Zeugniß ab. Es liegt an der südöstlichen Ecke des Kirchhofs und hat ursprünglich mit demselben ein zur Dotation des Stiftes Dietkirchen gehöriges Ganze gebildet.

Gegen das Jahr 1870 legte man den Grund zu der neuen Schule, am Ausgang von Waldorf nach Dersdorf. Später wurde das Gebäude bis auf drei Schulsäle mit entsprechenden Lehrerwohnungen erweitert. Noch lange war unter preußischer Regierung die Einrichtung der Schule einklassig. Als erste weltliche Lehrer werden Beckers aus Lommersum und Littert genannt. Um 1825 erhielt Waldorf eine ausgezeichnete Lehrkraft: Anton Wichterich aus Poulheim, welcher lange Jahre die überfüllte einklassige gemischte Schule allein, und später mit Hülfe eines Aspiranten zu allseitiger Zufriedenheit leitete. 1868 wurde er mit 225 Thalern Pension in den wohlverdienten Ruhestand versetzt. Nach Wichterich wurde Lehrer Zimmermann an die Knabenschule und Fräulein Elise Reiners, später (1872) Anna Mundorf an die Mädchenschule berufen. Nach ihr trat wiederholter Wechsel ein.

15. Wesseling.

Wesseling, in Urkunden seit dem frühen Mittelalter Waslicia
(820), Wesseno (1073), Weslec (1233), Weslich und Weislich (1238)[1],
am Rheinufer, in fast gleicher Entfernung (vierzehn Kilometer) zwischen
Köln und Bonn, lehnt sich in gerader Linie an die Landstraße an, welche
die Metropole mit der Kreisstadt verbindet.

Die Lage des Ortes ist dem Verkehr äußerst günstig, daher die
ungewöhnlich starke Zunahme der Bevölkerung. Sie besteht gegenwärtig
aus 1550 Katholiken, circa 40 Protestanten und 80 Juden. Vor Eröffnung der Dampfschifffahrt war die rheinische Wasserstraße eine Quelle
des Verdienstes für Fuhrleute, Gastwirthe und Handwerker. Seitdem
sind in Wesseling eine Dampfmühle, eine Theerfabrik und vier Gold-
leistenfabriken errichtet worden, dazu kommt eine Gerberei und sonstiger
Handelsverkehr, so daß für Beschäftigung in vollem Maße gesorgt ist.

Daß Wesseling in ältester Zeit bewohnt war, ist bei seiner bevor-
zugten Lage an dem wichtigsten Strome Deutschlands von vornherein
zu erwarten. Den Römern galt der Ort als strategischer Punkt. Sie
führten ihre Militairstraße von Mainz nach Köln hier durch und verbanden sie hier mit der andern von Trier über Belgica. Wesseling bot
für die Verbindung durch den vorspringenden Bogen des Flusses die
nächste und geeignetste Stelle. Auf dem Kirchhofe liegen Ueberreste von
Mauern unter der Erde, welche einem römischen Castell angehörten.
Dieses Castell diente zum Schutze des Ortes, der Landstraße und des
Verkehrs mit dem jenseitigen Rheinufer, sowie zur Abwehr feindlicher
Ueberfälle von jener Seite[2]. Herr General von Veith hat das unsterbliche
Verdienst, an dieser Stelle den ersten Brückenübergang Cäsars auf Grund

---

[1] Binterim u. Mooren, Alte u. neue Erzbiöcese Köln, I 136 u. 137. Lac. II 193;
IV 122, 236; V 102, 150, 288.

[2] Vgl. Römische Staatsstraße von Trier über Belgica bis Wesseling. Annalen des
hist. Vereins, XXXVII 8, 9 u. 37. Jahrbücher von Alterthumsfreunden, XLVIII 222.

eingehender Untersuchungen entdeckt und nachgewiesen zu haben[1]). Alter=
thumsfreunde und Geschichtsforscher werden nunmehr mit gesteigertem
Interesse ihre Blicke nach Wesseling richten.

Salvius Julianus, welcher im Jahre 175 zu Rom das Consulat
bekleidet hatte, wurde Statthalter Untergermaniens mit Köln als Haupt=
stadt und hatte einen Landsitz in Wesseling. Als Beweis dient ein in
Wesseling aufgefundenes, im vaterländischen Museum zu Bonn befindliches
schönes Monument mit der Inschrift:

> Aelio Egrilio Euareto
> philosopho amico Salvi Juliani
> Aelia Timoclia uxor cum filiis [2]).

d. h. „Dem Philosophen Aelius Egrilius Euaretus, Freund (des Statt=
halters) Salvus Julianus (setzt) seine Gattin Aelia Timoclia mit ihren
Kindern (dieses Denkmal).

Zwei in neuester Zeit aufgefundene Inschriften aus Wesseling, im
Provincial=Museum zu Bonn befindlich, werden am Ende des Anhanges
(Nro. XII) ihre passende Stelle finden.

Der nördliche Theil des Ortes, Niederwesseling, gehörte zum Gebiete
des Kölner Kurfürsten, das südliche Oberwesseling zu dem des Herzogs
von Jülich. Auffallenderweise liegt Oberwesseling tiefer als Nieder=
wesseling. Die Benennung ist collectiv mit Ober= und Niederland in
Verbindung zu bringen. Die Grenze zwischen dem Kölnischen und
Jülich'schen Territorium war durch einen noch vorhandenen Stein markirt.

Graf Wilhelm von Jülich erhielt die Vogtei in Wesseling von dem
Pfalzgrafen Ludwig und nachmals von dessen Sohn Otto (1230) zu
Lehen[3]). Ein in den Regesten des Cassiusstifts zu Bonn erwähntes
Weisthum erkennt später[4]) die Vogtei dem Herzog von Jülich als erb=
lich zu. Durch die Verbindung der Herzogthümer Jülich und Berg
wurde Oberwesseling der Jurisdiction des Amtes Lülsdorf auf der rechten
Rheinseite unterstellt, wiewohl es in Beziehung auf die niedere Gerichts=
barkeit dem kurfürstlichen Dingstul zu Widdig untergeordnet war.

Wir können uns nach heutiger Zeitlage kaum vorstellen, wie die
sich kreuzenden Gerechtsame verschiedener Regenten friedlich gewahrt
wurden. Die Geschichte weiß ja ohnehin von einem freundschaftlichen
Verhältniß zwischen den Kurfürsten von Köln und den Herren von
Jülich sehr wenig zu berichten.

---

[1]) Pick's Monatsschrift, 6. Jahrgang. S. 87. — [2]) Röm. Staatsstr. l. c. 37. Vgl.
Jahrb. LXIV 13 ff. — [3]) Lac. II 102.
[4]) In den Regesten fehlt das Datum. Eine erneute Belehnung fand durch Pfalzgraf
Ludwig an Herzog Ludwig von Jülich und Berg am 26. April 1512 statt. Lac. IV 623.

324 Wesseling.

Erzbischof Sifried (1275—1297) lag mit Wilhelm von Berg und Walram von Jülich im Kriege und erlitt am 6. März 1296 bei Wesseling eine Niederlage. Erzbischof Dietrich II. (1414—1463) legte zum Schutze gegen Wilhelm von Paderborn, welcher Ansprüche auf das Kurfürstenthum Köln erhob, starke Festungswerke an. Wilhelm verzichtete schließlich; nichtsdestoweniger setzte sein Bruder Herzog Adolph von Berg den Kampf mit Hülfe der Stadt Köln gegen den Erzbischof fort. Es lagen verschiedene Streitpunkte zu Grunde, welche einen friedlichen Ausgleich in weite Ferne zu rücken drohten. Da wurde die Entscheidung dem Kaiser Sigismund übertragen und hierdurch der Unsicherheit dieser Stelle des Rheinstromes in Beziehung auf den Handel und dem vielfachen Kriegsunheil ein Ende bereitet.

Die sehr weitläufigen Friedensvorschläge wurden am St. Lucientag (13. Dec.) 1416 zu Aachen[1]) festgestellt und fanden ihre vollständige Erledigung zu Constanz 1417, Donnerstag vor St. Georgentag. Unter den Friedensbedingungen war eine der wichtigsten, daß der Erzbischof die neuen Festungswerke zu Wesseling, Deutz und Riel, und der Herzog die zu Mülheim und Monheim gänzlich schleifen lassen sollte.

Wesseling hat allen Anzeichen nach den christlichen Glauben von der Mutterkirche in Köln empfangen. Da es nie von einer Landkirche des Umkreises abhängig war, so mußte es schon sehr früh, vielleicht in der Römerzeit, eine eigene Kapelle und nicht lange nachher eine Pfarrkirche besitzen.

Gegen das Jahr 800 war Abälardus Grundherr des Dorfes Wesseling. Ueber dessen Vorfahren ist nichts Näheres bekannt. Aus einer Urkunde bei Binterim erfahren wir[2]), daß Abälard, zur Zeit Abt der Collegiatkirche der hh. Germanus und Balderich in Montfaucon, Diöcese Rheims, die Herrschaft von Wesseling diesem Stifte im Jahre 820 als Schenkung übertrug. Hierdurch erlangte das Capitel von Montfaucon zugleich den Besitz des Zehnten und das Patronat der Pfarrkirche.

Daß die Kirche von Wesseling noch heute den heiligen Germanus als Patron verehrt, ist auf die ehemalige Abhängigkeit von Montfaucon zurückzuführen. Vermuthlich haben während des mehr als sechshundertjährigen Besitzstandes auch Stiftsherren oder ihnen untergeordnete Priester die Seelsorge in der Pfarre ausgeübt. Die kriegerischen Einfälle der Normannen im Jahre 882 und die spätern von Seiten der Ungarn, sowie mancfache Bedrückungen umliegender Adeligen machten den Auf-

enthält der Stiftsherren in Montfaucon oft unsicher und nöthigten die=
selben wiederholt, in ihrem Dominium zu Wesseling eine Zufluchtsstätte
zu suchen [1]). Bei solcher Gelegenheit überbrachten sie unter Erzbischof
Willibert (870—889) die Gebeine des h. Balderich, ihres Stifters, nach
Wesseling [2]). Wunderbare Heilungen, welche nach der Uebertragung stattfanden,
begründeten eine ganz ungewöhnliche Verehrung [3]) dieses Heiligen in der
hiesigen Bevölkerung. Näheres hierüber folgt später. Die mit vielen Gerecht=
samen verbundene Herrschaft wurde der erwähnten Urkunde gemäß durch
einen Stiftscanonicus verwaltet, welcher hierzu mit Auftrag und Voll=
macht versehen war; daß aber diese Art der Verwaltung später eine
Aenderung erfuhr, ist aus folgender Thatsache einleuchtend. Im Jahre
1389 hatte Burkhard von Westerholtz und sein (ungenannter) Bruder
die Herrschaft Wesseling als Leibgeding für 280 französische Goldgulden
in Pfandnutzung mit der Verpflichtung, daß dieselbe nach Burkhard's
Tode an Dekan und Capitel von St. Germanus zu Montfaucon als
wahren directen Herrn und Eigenthümer zurückfallen solle [4]). Nicht
lange nachher entschloß sich das Capitel, wegen der allzugroßen Ent=
fernung vom Mutterhause seine Besitzung zu Wesseling an das Cassius=
stift zu Bonn zu veräußern. Herzog Johann, Erzbischof von Rheims,
ertheilte unter dem 2. Januar 1456 die hierzu erbetene Genehmigung.
Demnach wurde am 25. Juni 1459 der bezügliche Vertrag abgeschlossen.
Als Bevollmächtigte des Capitels von Montfaucon fungirten die Stifts=
herren Jacobus Languerotte de Inodio und Johannes Balle. Diese
übertrugen dem Cassiusstift, vertreten durch den Dekan Peter von Unkel
und die Canoniker Johann von Buckenheimb, Johann Völkerhat und
Johann Bruninghausen, für die Summe von 800 Rheinischen Goldgulden
das Dorf Wesseling als wahres Dominium, dazu Hof, Häuser, Wein=
gärten, Aecker, überhaupt alle und jede Liegenschaften, Gerichtsbarkeit,
Fischerei, Curmeden, und bescheinigten den Empfang obiger Kaufsumme.

Die Herren von Montfaucon sprachen nach Abschluß dieses Ver=
trages ihre Untergebenen von ihren Eiden los und ermahnten dieselben,
fortan dem Dekan und den Stiftsherren zu Bonn als ihren rechtmäßigen
Rechtsnachfolgern in allen erlaubten und nothwendigen Dingen Gehorsam
zu leisten und die schuldigen Gefälle von Früchten, Erbschaften und

---

[1]) l. c. I 136—137.

[2]) Die von den Römern angelegte Straße über Rheims und Zülpich nach Köln bot
den Canonikern in Montfaucon die directeste Verbindung mit Wesseling. Vgl. die Ab=
handlung des Herrn von Veith „Römerstraße Köln — Rheims" in Bonner Jahrbücher
LXXV, S. 1 ff.

[3]) Gelen., De adm. magn. Colon. 731. Vgl. unten „Der h. Balderich". —
[4]) Extractus maximo notabilium unter Wesseling Nro. 1.

ſonſtigen Gerechtſamen zu entrichten. Allein ſtatt des Gehorſams und
der Unterwürfigkeit, ſtatt Leiſtung der ſchuldigen Lieferungen erhob ſich gegen
die neuen Grundherren ein wahrer Sturm allgemeiner Unzufriedenheit.
Während die Einwohner des Dorfes alle Zahlungen verweigerten, hatten
Schultheiß und Schöffen nicht den Muth oder den Willen, die Renitenten
zur Erfüllung ihrer Unterthanenpflicht anzuhalten. Der kurfürſtliche
Official zieht den Schultheißen Heinrich Schurp und die Schöffen zur
Rechenſchaft, warum ſie der an ſie ergangenen Aufforderung, die Lieferungen einzuziehen, keine Folge geleiſtet[1] 1461? Der Curatus Johannes
macht in dem betreffenden Antwortſchreiben die Bemerkung, er habe es
nicht gewagt, das Mandat auszuführen aus Furcht vor körperlicher Mißhandlung und ſonſtigen Nachtheilen. Zugleich läßt er durchblicken, daß
die Verwaltungsbeamten als Hauptſchuldige zu betrachten ſeien, indem
dieſe die Ausführung verhinderten. Der ſpätere Verlauf der Sache
beweist die Richtigkeit dieſer Anklage.

Bei fortgeſetzter Unbotmäßigkeit verhängt der Official unter dem
30. April 1461 über Heinrich Schurp, Chriſtian Krämer und Genoſſen
ſowie die Schöffen und Geſchworenen in Weſſeling den großen Kirchen=
bann und verurtheilt dieſelben zu einer Geldbuße von 200 rheiniſchen Gulden, weil ſie das Mandat nicht befolgt, vom Capitel Schatz gefordert,
weshalb der Halbwinner die Pferde abgeſpannt (den Dienſt eingeſtellt)
u. ſ. w., item daß ſie den Bahn Wein nicht wollten zapfen[2] laſſen und
deswegen Accis gefordert hätten, und daß die Geſchworenen die Gerichts-
ſitzungen nicht halten wollten. Vergegenwärtigen wir uns, daß die Geſchworenen in dem Gericht die Verwaltung der Hofgüter des Caſſiusſtifts wahrzunehmen hatten. Fanden die vorſchriftsmäßigen Sitzungen nicht
ſtatt, ſo erfolgte keine Zahlung, überhaupt keine Lieferung. Es iſt übrigens
eine in der Pfarrgeſchichte unſeres Dekanats einzige, in andern Dekanaten wohl ganz unerhörte Thatſache, daß über einen erheblichen Theil
von Pfarrgenoſſen der große Kirchenbann verhängt wurde. Es mußten
Zuſtände eingetreten ſein, welche die Auflöſung aller geſellſchaftlichen
und kirchlichen Ordnung zur Folge hatten. Die Unordnung mußte in
jeder Richtung in dem Grade zunehmen, als die Jahre ſich mehrten,
ohne daß die vom Banne Betroffenen zur Unterwerfung ſich geneigt
erklärten. Der erſte Schritt, die Verſöhnung anzubahnen, ging von
derſelben Stelle aus, von welcher das Urtheil geſprochen war, indem
der Official die Schuldigen unter dem 7. Juni 1469 zu einer auf Los-
ſprechung abzielenden Verhandlung — ad videndum se absolvi —
einlud. Ob ſie der Einladung Folge geleiſtet, iſt nicht zu erſehen;

---

[1] Extractus l. c. 28 — [2] Das „Weinzapfen" war eine beſondere Gerechtſame.

gewiß ist, daß dieselben noch über sechs volle Jahre in der Renitenz verharrten. Zuletzt gelang es den Bemühungen der Bonner Stifts= herren, die Schöffen als Anstifter des Unheils zur Einsicht und Um= kehr zu bewegen. Die Schöffen legten am 1. September 1475 das Geständniß ab, „daß sie dem Capitel Schatz abgefordert, deshalb Wein und Korn abgepfändet, und dieserhalb in den Bann gethan (worden). Nunmehr das Capitel sie aus dem Bann verholfen, geloben sie, solches hinführo nicht mehr zu thun, vielmehr Andere daran zu behindern, sie vor Schaden zu warnen und bei allen Freiheiten nach Ausweis ihrer Briefe zu erhalten, unter Strafe von 100 Mark löthigen Silbers, wovon die Hälfte dem Bischof zu Köln und dem Herzog von Jülich, die andere Hälfte dem Bonner Capitel sie zu zahlen sich verpflichten" [1]).

So endete nach sechszehnjähriger Dauer dieser verderbliche Kriegs= zustand in Wesseling und das Bonner Capitel blieb bis zur französischen Occupation im unangefochtenen Besitz seiner Güter und der Grund= herrschaft [2])

Zu den ehemaligen Besitzungen von Montfaucon kamen bald andere des Bernhard von Westerholt. Derselbe verkauft dem Capitel erblich Haus und Hof nebst Zubehörungen zu Wesseling neben dem Capitelshof am 1. Mai 1479. Der Capitelshof lag der Kirche gegenüber.

Nicht selten waren die Stiftherren genöthigt, Ermäßigung oder gänzlichen Nachlaß der Zahlungen bei ihren Pächtern eintreten zu lassen, so zum Beispiel, wenn Baulosigkeit des Pachthofes den Letztern größere Lasten auflegte, oder eine Mißernte ihre Einnahme verminderte. Eine solche kam vor im Jahre 1590 und wiederholte sich bereits 1594. Von andern dem Cassiusstift untergebenen Orten, wie Alfter und Lesse= nich, ließen sich ähnliche Beispiele von Zahlungsermäßigungen anführen.

Mit der Herrschaft des Dorfes wurde, wie bereits vorhin bemerkt worden, zugleich das Patronat der Pfarrkirche zu Wesseling von dem Stiftscapitel zu Montfaucon an das Cassiusstift zu Bonn über= tragen. Wir sind daher keineswegs einverstanden mit Dr. Kessel, wenn er schreibt: „Leider ist es uns nicht gelungen, zu erfahren, wer nach dem Verkauf des Wesselinger Guts das Patronatsrecht der Kirche erlangt hat. So viel sich urkundlich constatiren läßt, hat die Münsterkirche es nicht erhalten. Die Montfalkoner Stiftskirche hat es aber auch seitdem nicht

---

[1]) Extractus maxime notabilium, Wesseling n. 5.
[2]) Der Extractus enthält folgende Notiz (unter Wesseling n. 4): „Weißthumb, darin der Hertzog zu Gülich für einen Erbvogten und das Capitulum Bonnense für Grund= herrn zu W. geweißt (wird)." Die Notiz ist ohne Datum, das (verlorene) Weisthum wahrscheinlich aus dem 15. Jahrhundert.

mehr ausgeübt, vielleicht hat dieselbe es in die Hände des Kölner Erzbischofs niedergelegt" [1]).

Zur Widerlegung der in diesem Citat enthaltenen Irrthümer dienen
verschiedene urkundliche Zeugnisse. In erster Reihe ist das des Gelenius
anzuführen, welcher unter den Kirchen des Aargauer Dekanats jene zu
Oberwesseling und als deren Collator das Bonner Capitel aufführt [2]).

Daß die Stiftsherren zu Bonn das Ernennungsrecht factisch ausgeübt haben, beweisen verschiedene Protokolle, welche die Besetzung der
Pfarrstelle zum Gegenstand haben. So heißt es beispielsweise in einem
Protokolle vom 1. September 1611, daß der Stiftsdekan eine gewisse
nicht näher bezeichnete Persönlichkeit zu der Pfarrstelle in Wesseling
promovirt habe [3]). Als im Januar 1772 die Stelle vacant war, zeigte
der Canonicus Forlivesi dem Capitel geziemend an, daß ihm qua tur-
nario die Collation der Pastorat zu Wesseling anerfallen sei.

Hieraus ersieht man, daß die einzelnen Stiftsherren abwechselnd die
Pfarrstelle besetzten. Am 18. Februar desselben Jahres lief beim Capitel
die Nachricht ein, daß das Generalvicariat zu Köln einen Pfarrverwalter
für Wesseling ernannt habe [4]). Das Capitel faßte dieses als Eingriff
in seine Rechte auf und beschloß, dem Minister des Kurfürsten vorzu-
stellen, wie solches Verfahren den Gerechtsamen des Capitels nachtheilig
und dasselbe mithin genöthigt sei, die Pfarrei einem wirklich Fähigen zu
conferiren. Endlich bezeichnet Dr. Dumont's Verzeichniß [5]) als Collator
von Wesseling das Capitel, und als Verleiher der Investitur den Archidiakon zu Bonn.

Somit wäre der Nachweis geliefert, daß das Cassiusstift bis zur
französischen Usurpation, d. h. so lange die Wesselinger Herrschaft in
seinen Händen ruhte, das Collationsrecht der Pfarrstelle inne hatte und
thatsächlich ausgeübt hat.

Daß Wesseling in den Reformationskriegen nicht wenig von den
Bedrückungen feindlicher Truppen zu leiden hatte, läßt seine offene
Lage an der Heerstraße leicht erwarten. Die Güter des Cassiusstifts und
die Abhängigkeit der Pfarrei von demselben konnte die Gefahr dieser
Bedrückungen nur erhöhen. Kaum war der dreißigjährige Krieg und
dann die von den Hessen angerichteten Greuelscenen zu Ende geführt,
als die Holländer im Jahre 1650, also kaum zwei Jahre nach Abschluß
des westfälischen Friedens, mit dem Herzog von Jülich den blutigen
Kampf erneuerten, und alle Pfarrer der Jülich-Bergischen Lande beraubt

---

[1]) Katholischer Festkalender, Jahrg. 1871, S. 44. — [2]) Farragines, XXIV, fol. 100.
— [3]) Extractus n. 32 unter Wesseling. — [4]) Vgl. unten Pfarrer Hermann Heinrich
Gammersbach. — [5]) Descriptio, 24.

oder von ihrer Stelle vertrieben wurden. Der Pfarrer von Wesseling war unter den von dieser Bedrängniß Betroffenen nicht der letzte. Auch er mußte, um der Gefahr des sichern Todes zu entrinnen, die Flucht ergreifen. Auf Ersuchen des Erzbischofs Ferdinand ließ der Provincial Pater Bettweis gegen Anfang der Fastenzeit des Jahres 1650 die Franciscaner von Brühl in den verwaisten Pfarreien, worunter an erster Stelle Wesseling, Rodenkirchen, Fischenich, Neurath, Pullheim und Stommeln angeführt werden, die Seelsorge ausüben [1]. Außerdem pflegten die Patres oft in den umliegenden Pfarreien von Brühl zu predigen und auch bei Abhaltung ihrer üblichen Collecten Christenlehre zu halten. Wesseling, in der geringen Entfernung von einer halben Meile, konnte dabei ohne große Schwierigkeit erreicht werden.

Pfarrkirche zum h. Germanus.

Was über die ältesten Kirchen bekannt ist, erfahren wir gewöhnlich nur aus gelegentlichen zufälligen Notizen. Wo das Bauwerk noch erhalten ist, lassen sich wenigstens aus Anlage, Form und Material annähernde Schlüsse auf die Zeit der Entstehung, beziehungsweise auf den Gründer ziehen. Bei der Kirche in Wesseling ist keines dieser Hülfsmittel vorhanden. Geschichte und Alterthumskunde lassen uns gleichmäßig im Stich. Nur so viel scheint die Lage anzudeuten, daß auf dem Grunde einer römischen Besitzung zuerst eine Kapelle, vielleicht von einem fränkischen Ritter erbaut wurde, dessen Erbschaft der uns bereits bekannte Abt Adälard gegen 800 angetreten haben dürfte.

Bald nachher wurde die Pfarrkirche durch Schenkung Adälard's dem Patronat des Capitels von Montfaucon und dem Schutze des h. Bischofs Germanus unterstellt. Eine Pfarrkirche war also damals vorhanden. Wie lange sie gestanden, ist nicht mit Gewißheit zu ersehen, vielleicht bis zum Jahre 1770 [2]. Denn im Herbst 1771 wurde die neu erbaute, noch bestehende Pfarrkirche consecrirt. Das Protokollbuch des Cassiusstifts von 1771 theilt uns mit, daß im September gedachten Jahres dem Pfarrer von Wesseling zehn Reichsthaler zur Bestreitung der Kosten der Consecrationsfeier vom Capitel bewilligt wurden. Die Baupflicht war bei den Stiftsherren in Bonn, wie ehemals bei denen von Montfaucon.

Die in primitiver Form erbaute Kirche wurde unter Pastor Hüllentremer durch Anbau von Querschiffen zur Kreuzkirche erweitert. In

[1] Annalen d. hist. Vereins, XXXIV 103, 141, 142.
[2] Bereits am 14. Januar hatten die Stiftsherren zu Bonn für den Kirchenbau in Wesseling zwei Pistolen (pistolettae) angewiesen (Extractus).

der Nacht vom 7. zum 8. Januar 1882 brachen Diebe durch ein Fenster der Sacristei in die Kirche ein und beraubten die Opferstöcke ihres Inhaltes.

Die drei Altäre erhielten unter Pastor Hüllenkremer neue gothisch geschnitzte, mit Gemälden geschmückte Aufsätze. 1. Der Hauptaltar zeigt in der Mitte die Pietà, links den h. Sebastianus (zweiten Patron der Kirche), rechts den h. Germanus. 2. Der Kreuzaltar auf der Evangelienseite. Gemälde: Christus am Kreuz, Maria und Johannes. 3. Der Schutzengel-Altar mit entsprechendem Gemälde, von Pastor Hüllenkremer mit Rücksicht auf die Gefahren der Jugend in den Fabriken gewählt.

Drei Glocken wurden von Meister Claren zu Sieglar im Jahre 1861 gegossen. Die Töne sind D, Gis und der Zwischenton von A nach B. Demnach ist das Geläute unharmonisch. Sie haben keine Inschrift als den Namen des Glockengießers.

Die Zahl der gestifteten Sangmessen beträgt 56, die der Lesemessen 155. Unter diesen Stiftungen sind vier Quartalmessen, wozu der ehemalige in Wesseling begüterte Domherr von Geyr am 19. September 1814 ein Capital von 1000 Rthlrn. schenkte; ferner eine Messenstiftung des zu Schillingsrott, Pfarre Rodenkirchen, verlebten Andreas Engels mit 5 Morgen 30 Ruthen Land. In älterer Zeit stiftete der in Wesseling gebürtige Priester Rolshoven eine h. Messe. Mathias Frings stiftete außer der Frühmesse 600 Mark zu einer Samstags- und Vigilienmesse. Die Stiftungseinnahme wird dem Pfarrer zum Gehalt eingerechnet.

Eine Procession zieht zur Verehrung des h. Maternus alljährig im September nach Rodenkirchen.

Bruderschaften.

1. Die Bruderschaft zu Ehren Jesu, Mariä und Joseph. 2. Die Marianische Liebesversammlung, von Pastor Hüllenkremer eingeführt. 3. Die Franciscus-Xaverius-Bruderschaft nebst Verein zur Verbreitung des Glaubens. 4. Die Michaels-Bruderschaft. Alle mit monatlicher Andacht.

Kirchhof.

1. Der alte Kirchhof, allseitig von einer Mauer umgeben, liegt um die Pfarrkirche. Zur Vergrößerung desselben erwarb der Kirchenvorstand unter Pastor Hüllenkremer eine angrenzende Parzelle aus Kirchengeldern. Das unbestrittene Eigenthumsrecht der Kirche war allgemein anerkannt, bis im Jahre 1862 die königliche Regierung zu Köln die Beschlagnahme inscenirte. Der Bürgermeister versuchte, dieselbe auszuführen, stieß aber auf Widerspruch und Protest nicht nur bei dem Kirchenvor-

stand, sondern auch bei dem Gemeinderath, welcher eine protokollarische Er=
klärung zu Gunsten der Pfarrkirche unterschrieb. Ein vom Bürgermeister
an der Kirchhofsthüre angeheftetes Schloß ließ der Kirchenvorstand unter
Pastor Böhning wieder abnehmen. Weitere Schritte sind seitdem nicht
geschehen.

2. Ein neuer Kirchhof, anderthalb Morgen groß, an der alten
Meile [1]), westlich vom Dorf, wurde im Jahre 1879 von der Civilgemeinde
erworben und dient seitdem als Begräbnißstätte, während der alte auf=
gegeben ist.

Der h. Balderich [2]).

Balderich, der Sohn des fränkischen Königs Siegebert, war gegen
570 geboren. Nach erlangter Großjährigkeit wandte er sich mit Abscheu
von den Greueln des Hoflebens, suchte die Einsamkeit auf und war der
gleichgesinnten Schwester in der Gründung eines Frauenklosters zu
St. Peter in Rheims nach der Regel des h. Benedictus behülflich. Bova,
so hieß die Schwester, wurde erste Abtissin des Klosters und nach ihrem
Tode ihre Nichte Doda. Balderich selbst zog sich in der Nähe von
Rheims in eine Wildniß zurück und stiftete das von ihm Montfaucon
b. i. Falkenberg genannte Benedictinerkloster. Ein Falke soll ihm näm=
lich den Platz dafür bezeichnet haben. Da er seine ganze Habe vorher
zu wohlthätigen Zwecken gespendet hatte, so war er bei Erbauung des
Klosters und der Kirche auf milde Gaben angewiesen. Doch wer der
christlichen Nächstenliebe sein Vermögen opfert, leiht Gott dem Herrn
auf Wucher. Dieses erfuhr der h. Balderich augenscheinlich, indem reich=
liche Geschenke ihm von allen Seiten zuflossen, welche die glückliche
Vollendung des frommen Unternehmens ermöglichten. Balderich führte
bis in sein hohes Alter als Abt die Leitung des Klosters.

Er starb im Frauenkloster St. Peter zu Rheims, dem er stets ein
weiser Rathgeber geblieben war. Die Mönche von Montfaucon beeilten
sich, die Gebeine ihres heiligen Stifters sofort nach erhaltener Nachricht
seines seligen Hinscheidens abzuholen und in ihre Klosterkirche zu über=
tragen. Darüber großer Widerspruch bei den Nonnen und der Versuch,
unter Aufbietung aller Kräfte das theuere Kleinod zurückzuhalten. Doch
die Mönche siegten. Seit jener Zeit wurde neben dem h. Germanus
der h. Balderich als Patron der Collegiatkirche zu Montfaucon in hohen

---

[1]) Es scheint, daß die alte Meile, welche bei Oberwesseling, von der Landstraße ab=
schwenkend, das Dorf auf der Westseite im Bogen umgeht, vormals die Hauptstraße ge=
wesen ist. In der weitern Fortsetzung nach Köln führt sie denselben Namen (alte Meile).
Bei Wesseling sind die sieben Fußfälle zu ihrer Seite errichtet.

[2]) Vgl. „Der h. Balderich von Dr. Kessel" im kath. Festkalender für 1871.

Ehren gehalten. Welche kriegerische Ereignisse später die Uebertragung der heiligen Reliquien nach Wesseling veranlaßten, haben wir im Vorherigen bereits angedeutet.

Noch heute wissen Bonner Geschichtsfreunde im Castrum, speciell im Schallenberg'schen Garten die Stelle zu bezeichnen, wo die Kapelle des h. Balderich gestanden hat. Nächste Veranlassung zur Erbauung war, ältern Quellenangaben gemäß, folgende. Der große Zulauf zu den Reliquien des h. Balderich in Wesseling erfüllte den Bonner Abt (Eraclius?[1]) mit Neid und Mißachtung, in Folge dessen er erkrankte. Die Krankheit brachte ihn zur Erkenntniß seines Vergehens gegen die Ehrfurcht des h. Balderich; er that Buße in Wesseling und errichtete zur Sühne die dem Heiligen geweihte Kapelle bei Dietkirchen.

Zur Verehrung des h. Balderich strömten auf die Kunde von der Ankunft seiner heiligen Ueberreste ganze Schaaren rheinischer Pilger nach Wesseling, wo Viele die erbetene Heilung von Krankheit und Gebrechlichkeit erlangten. Ueber die Wunder des h. Balderich hat Florwardus, Geschichtschreiber von Rheims im zehnten Jahrhundert, also nicht lange nach der Uebertragung, ausführlichen Bericht erstattet[2]).

Auch der rühmlichst bekannte Gelenius bezeugt[3]), daß die zu Zeiten des Kölner Erzbischofs Willibert nach Wesseling geflüchteten Reliquien des h. Balderich durch zahlreiche Wunder verherrlicht worden seien. Deshalb wurde, so berichtet Gelenius weiter, zum ewigen Andenken eine Kirche zu Ehren des h. Balderich in den Weingärten bei Dietkirchen vor den Mauern von Bonn von dem Abte (welcher nach Erwerbung von Gütern Propst genannt wird) erbaut. Die Kirche war zu Zeiten des Gelenius, um die Mitte des 17. Jahrhunderts[4]), zerstört; nur wenige Mauerreste waren noch übrig. Zu Wesseling wurde damals die Festfeier des h. Balderich noch jährlich und zwar auf den 16. October begangen. In der Folge ist dieselbe vollständig außer Uebung gekommen. Kaum erinnerte man sich noch des heiligen Balderich in den Rheinlanden, wenn nicht die alten Geschichtswerke seiner erwähnten. Das Alleraufsallendste an der Sache ist, daß man selbst über den Verbleib der Reliquien, welche doch die einzige Veranlassung zu dem Culte des Heiligen in hiesiger Gegend gewesen sind, vollständig im Dunkeln sich

---

[1]) Der Name des Abtes bei Kessel, Velten u. s. w. findet sich in verschiedenen Lesarten. — Ueber die Geschichte des h. Balderich und die Kapelle zu Bonn steht eine interessante Schrift von Richard Pick in naher Aussicht. Sie behandelt die Geschichte der Stiftskirche (Dietkirchen) zu Bonn.

[2]) Vgl. Binterim u. Mooren, Alte u. neue Erzdiöcese Köln, I 137.

[3]) De adm. magn. Colon. 731. — [4]) Gelen. l. c., wahrscheinlich seit dem Truchseß'schen Kriege.

befindet. Sind ſie in Weſſeling geblieben? Wie konnte dann ihr Auf=
enthalt in Vergeſſenheit gerathen? Oder ſind ſie mit Hülfe eines frommen
Verehrers zu Kriegszeiten in ſicheres Verwahrſam genommen? Oder
endlich von Feindeshand geraubt und in frevelhafter Weiſe der Kirche
entfremdet worden? Auf keine dieſer Fragen erfolgt die leiſeſte Antwort.

Ein in der franzöſiſchen Revolution am Rheine in der Verbannung
lebender Prieſter, Ludwig Maria de Roſne, der als ehemaliger Stifts=
canonicus von Montfaucon und als Geſchichtſchreiber ein doppeltes
Intereſſe an der Sache des h. Balderich hatte, deponirte bei ſeinem hie=
ſigen Aufenthalte in der Abtei zu Brauweiler ein eigenhändiges Manu=
ſcript, eine kurze Darlegung der Geſchichte des h. Balderich, ſeiner Ueber=
tragung nach Weſſeling und der hieraus entſtandenen Verbindung der
Pfarrkirche dieſes Ortes mit der Mutterkirche in Frankreich enthaltend[1]).
Er that dieſes in der Erwartung und mit der im Namen ſeines Stifts=
capitels ausgeſprochenen Bitte, man möge über Alles und Jedes, was
über den h. Abt Balderich hierſelbſt irgend bekannt oder in Erfahrung
zu bringen ſei, ihm Mittheilung zugehen laſſen, namentlich darüber,
ob in Weſſeling oder in deſſen Umgegend von der Aufbewahrung
ſeines Leibes Kenntniß vorhanden, ſeine Verehrung noch fortbeſtehe, und
verſpricht für jedes in dieſer Richtung erhaltene Zeugniß ewigen Dank
von ſich und ſeinen Mitbrüdern auf Erden und größern Lohn im Himmel
von Gott, der da iſt wunderbar in Seinen Heiligen. Auch dieſe von der
aufrichtigſten Pietät eingeflößte Bitte um nähern Aufſchluß iſt bis zur
Stunde, nach neunzigjährigem Harren, unerfüllt geblieben.

Indeſſen dürfte die Vermuthung nicht unberechtigt erſcheinen, daß
die Reformationskriege in der einen oder andern Weiſe die Verſchleppung
der Reliquien und damit die Aufhebung des Feſtcultus, die Zerſtörung
der Kirche bei Bonn und ſchließlich das undurchdringliche Dunkel in
der Geſchichte des h. Balderich herbeigeführt haben. Oder ſollte es
zufällig ſein, daß Gelenius zur Zeit des dreißigjährigen Krieges noch
von der im Erlöſchen begriffenen Feſtfeier des h. Balderich in Weſſeling,
und zugleich von den Ruinen bei Dietkirchen redet?

Pfarrſtelle.

Das Pfarrhaus bildet die äußerſte Spitze auf der Weſtſeite des
Dorfes mit freier Ausſicht in die weite Gottesnatur. Das ferne Vor=
gebirge bereitet nach dieſer Seite dem Auge einen bogenförmigen groß=
artigen Abſchluß. Die Lage des Hauſes iſt dem Berufe des Seelſorgers

---

[1]) Man ſehe die Schrift bei Binterim und Mooren, Alte und neue Erzb. Köln,
I 136 ff. (vgl. Anhang Nro. VI 5).

entsprechend unübertrefflich gewählt. Das häusliche Stillleben des Pfarr=
rers, fern vom geräuschvollen Straßenverkehr, wird fast nur durch die
muntern Spiele der Dorfjugend, deren Schule gegenüber liegt, unter=
brochen.

Im Jahre 1722 brannte die seitherige Pfarrwohnung ab. Die
Bonner Stiftsherren bewilligten dem Pfarrer am 26. September für
erlittenen Brandschaden 4 Malter Korn, desgleichen im October des
folgenden Jahres 3 Malter, und bei Erbauung eines neuen Pfarrhauses,
8 Reichsthaler 80 Albus für ein Fenster, letztere Gabe nur als frei=
willige Beihülfe, da die Baupflicht der Pfarrgemeinde gesetzlich zur Last
fiel [1]. Das gegenwärtige Pfarrhaus wurde in den letzten zwanziger Jahren
auf Gemeindekosten in einfacher Form und mäßiger Größe erbaut. Es
genügt eben dem Bedürfnisse. Hinter dem Hause befindet sich ein um=
mauerter Hofraum mit einem Ziehbrunnen, nach der Dorfseite ein zweiter
Hof, vom Wohnhause, verschiedenen Stallungen eingeschlossen, mit Mauer
und Auffahrt von der Fronte. Weiterhin nach dieser Seite schloß sich
ehemals das alte Wohnhaus an, also östlich von den Oekonomiegebäuden,
während das neue westlich liegt. Die alte Baustelle ist jetzt mit dem
Garten vereinigt, welcher, über zwei Morgen groß, die gesammten
Gebäulichkeiten von drei Seiten umschließt. Die vierte Seite wird von
der Straße begrenzt, welche am Hause vorbei nach Station und Dorf
Sechtem führt.

Nach dem liber valoris[2] aus dem 14. Jahrhundert hatte die
Pfarrstelle zu Wesseling eine Einnahme von 7 Mark, wovon als Zehnt=
steuer 8 Schillinge und 4 Denare zu entrichten waren [3].

Unter dem Pfarrer, welcher diese Einnahme bezog, ist nach Binterim
die geistliche Corporation, in unserm Falle das Capitel zu Montfaucon,
beziehungsweise das Cassiusstift in Bonn zu verstehen, als pastor habitualis. Im Auftrage und im Namen desselben fungirte sein Stellvertreter,
ein vicarius in der ursprünglichen und eigentlichen Bedeutung des Wortes.
Dieser war der dienstthuende, mit allen zur Seelsorge erforderlichen
Vollmachten versehene Pfarrer. Das Einkommen des Vicarius zu Wesse=
ling war nach dem liber valoris[4] auf 8 Mark veranschlagt, und die davon zu
erhebende Zehntsteuer auf 8 Schillinge 7 Denare. Der jetzt aus den
Gütern des Cassiusstift noch erhaltene Dotationsfonds besteht außer dem
Pfarrgarten in vierzig Morgen Ackerland mit einem jährlichen Pacht=
ertrag von beiläufig 340 Thalern. Das Cassiusstift zu Bonn besaß

---

[1] Vergl. im Anhang I: Cap. de reformatione domorum. — [2] Binterim u. Mooren,
Alte u. neue Erzb. Köln, I 130. — [3] Der zehnte Theil von 7 Mark (die Mark zu 12
Schillingen, 1 Schilling zu 12 Denaren) macht genau den obigen Betrag von 8 Schillingen
4 Denaren aus. — [4] l. c.

das Patronat der Stelle bis zur französischen Säcularisation[1]). Die Oekonomiegebäude rühren wenigstens theilweise noch aus der Zeit her, wo der Pfarrer die Länderei auf eigene Rechnung bewirthschaften ließ.

Die bekannten Pfarrer.

Curatus[2]) Johannes 1461, der erste vom Cassiusstifte bestellte Administrator der Pfarre. Er ist uns bereits aus dem Mandat bekannt, welches er in Betreff der Excommunication auszuführen hatte.

Die Namen seiner Nachfolger bis 1635 sind nicht erhalten. Zwei Tage vor dem Weihnachtsfeste gedachten Jahres verließ der Pfarrer ohne Vorwissen der Pfarrgenossen den Ort[3]). Auf den Vorschlag der Gemeinde ernannte das Bonner Capitel den seitherigen Pfarrer von Odendorf

Lambert Lummertheim, am 24. Januar 1636.

Jacob Zeich, investirt am 5. Mai 1646.

Ferdinand Christiani, resignirt 1664[4]).

Petrus Sebastiani, investirt am 23. März 1688.

Wilhelm Viator, 11. September 1688.

Wilhelm Seurer, investirt am 7. März, fungirt bis 1698.

Johann Breuer, investirt am 19. December 1698, lebte noch im Jahre 1724.

Christian Breuer, fungirt eine unbestimmbare Zeit vor 1767. Unter ihm wurde die Kirche erbaut und consecrirt, 1772[5]).

Hermann Heinrich Gammersbach, präsentirt dem Capitel zu Bonn am 18. Februar 1772 ein ihm vom Generalvicar ertheiltes Instrument, vermöge dessen er auctoritate ordinaria zum Administrator der Pfarre bestellt sei. Das Capitel führt Beschwerde über Eingriff in sein Collationsrecht, scheint sich aber schließlich mit der Persönlichkeit einverstanden erklärt zu haben, da der Archidiakon zu Bonn am 23. März die Investitur des Gammersbach vollzieht[6]).

Heinrich Joseph Harnischmacher, starb bereits am 12. Juni 1796.

Heinrich Löltgen, trat die Pfarrstelle am 13. October 1796 an, und fungirte noch 1804.

---

[1]) Dumont, Descriptio, 24.

[2]) Curatus ist ein mit der Seelsorge beauftragter Priester, also nicht Personen-Name.

[3]) Vielleicht aus Furcht vor feindlichen Ueberfällen. Es war im 30 jährigen Kriege. Vgl. oben.

[4]) Zu der Amtsniederlegung veranlaßte die Klage der Wesselinger beim Bonner Capitel, daß der Pastor durch seine sonderbare Sprachweise und eigene Manieren in Predigt und Christenlehre Lachen errege. Hieran knüpften sie die Bitte, den Christiani zur Abdankung gütlich überreden zu wollen, was dann auch durch den Dechanten geschah. Extractus ex protocollis. — [5]) Protokollbuch vom Jahre 1772 im Archiv der Münsterkirche.

[6]) Ex protocollis Iudicialibus Archidiaconalis ecclesiae Bonn.

N. **Weißenberg**, verwaltete die vacante Pfarrstelle zu Urfeld im Sommer des Jahres 1818, stirbt gegen 1830.

Dr. **Johann Lambert Severin Weitz**. Geboren zu Pattern bei Jülich am 23. October 1801, zum Priester geweiht am 28. Mai 1825, zunächst als Caplan nach Crefeld und sodann am 1. October 1830 als Pfarrer nach Wesseling berufen, wurde er im Jahre 1832 zum Domcapitular und bald nachher im Jahre 1833 zum Präses des erzbischöflichen Priester-Seminars in Köln befördert. In dieser Stellung wirkte Weitz fast zwanzig Jahre hindurch mit großem Segen. „Candida pietate solis officiis deditus", heißt es im Todtenzettel, „non delicias quaerebat nec laudi serviebat; ingenio mitis animoque tener errantes ad rectam viam blande humaniterque monendo reducere, quam acriter reprehendere acerbeque castigare malebat; ipse iunioribus clericis sacerdotis non modo literis eruditi atque urbanitate positi, sed etiam de veritate fidei catholicae ex animo convicti atque sincere religiosi exemplum erat." In den letzten Lebensjahren öfter von Schlaganfällen getroffen, legte er sein Amt als Seminarpräses 1851 nieder und starb bei seinen Verwandten zu Pattern, wo er auch begraben wurde, gottselig im Herrn am 28. Mai 1858.

Johann Baptist Flinck, ernannt am 1. Mai 1832.

Caspar Gottfried Hummelsheim, 1834—1838.

Peter Heinrich Stieger, 1838—1841, geboren zu Norf am 25. März 1807, zum Priester geweiht am 24. April 1831, als Pfarrer nach Wesseling berufen am 1. Februar 1838, hierauf am 12. November nach Mülheim am Rhein, wo er zugleich auch als Religionslehrer an der höhern Bürgerschule wirkte. Unter ihm wurde die neue Pfarrkirche zu Mülheim erbaut; er starb nach segensreicher Wirksamkeit am 6. December 1868.

Peter Joseph Hüllenkremer, 1841—1862, geboren zu Haaren bei Aachen, empfing die Priesterweihe am 27. Februar 1836, war hierauf drei Jahre Pfarrvicar in Waldfeucht, ungefähr eben so lange Repetent im theologischen Convicte zu Bonn und wurde am 1. December 1841 zum Pfarrer von Wesseling ernannt. Als guter Hirt suchte er Allen Alles zu werden. Er starb nach aufopfernder Thätigkeit im kräftigsten Mannesalter am 10. Februar 1862.

Karl Joseph Böhning, seit 1862, geboren zu Nordhausen am 4. Januar 1820, zum Priester geweiht am 11. April 1847, vom 28. December 1848 bis 31. Januar 1854 Vicar zu Königshoven, seit 17. Mai 1854 Rector an der Kapelle zu Harzheim, Pfarre Holzheim, hierauf bis 16. Mai 1856 eine Zeit lang Pfarrverwalter zu Rheindorf, Dekanat

Solingen, dann bis zu seiner Berufung nach Wesseling am 27. Februar 1862 Pfarrer zu Antweiler und Schulpfleger des Kreises Euskirchen.

Vicarie.

Mathias Krings stiftete im Jahre 1861 zur Errichtung einer Vicarie eine Rente von 200 Thalern oder nach jetzigem Gelde 600 M., lastend auf der Gerberei, welche derselbe seinem Neffen Hermann Schmitz übergab. Das der Rente supponirte Capital beträgt für den Fall einer eventuellen Ablöse 5000 Thaler. Zur Beschaffung einer Vicariewohnung schenkte Krings noch 1000 Thaler. Als nach Litzinger's Ausscheiden die Stelle mehrere Jahre unbesetzt blieb, wurden die Ersparnisse zum Baufonds verwendet. So konnte ein von Pastor Böhning geplantes und erbautes Haus in der Nähe der Kirche schon bald der Vicarie als Dienstwohnung überwiesen werden.

Die seit Errichtung der Krings'schen Stiftung berufenen Vicare sind: Gottfried Eichholz, 1862—1864, geboren zu Köln am 18. December 1837, zum Priester geweiht am 2. September 1861, war kurze Zeit Vicar zu Monheim, seit 16. Juni 1862 in Wesseling, am 29. April 1864 nach Münz versetzt.

Hermann Joseph Anton Litzinger, geboren zu Essen am 11. November 1839, zum Priester geweiht am 2. April 1864, am 29. eiusdem zu der Vicariestelle ernannt, wird gegen 1870 zur Fortsetzung der Studien beurlaubt, 1871 zum Doctor der Theologie promovirt und am 23. Juni zum Kaplan an St. Foilan zu Aachen ernannt.

Mathias Laurenz Winkels, geboren zu Hastenrath, Pfarre Gangelt, am 20. November 1847, zum Priester geweiht am 24. August 1872, zu der Vicariestelle ernannt am 19. December desselben Jahres.

Priester aus Wesseling.

Als Priester ist aus dem Pfarrort nur Einer bekannt: Mathias Nettekoven. Er empfing, während in Köln der Culturkampf dieses hinderte, die heilige Priesterweihe zu Eichstätt den 13. März 1880.

Kloster der Cistercienserinnen.

Ludwig von Lülsdorf, Canonicus zu St. Georg in Köln, schenkte im Jahre 1238 dem Cistercienserinnen-Kloster im Ophoven vier Mansus und 15 Morgen Ackerland, elf Morgen Weingärten, einen großen Hof nebst Wohnhaus, wovon 4 Schilling Zins gezahlt wurden, eine Mühle auf dem Rhein, eine Fischerei, die Spitze genannt, mit einer Insel und umliegenden Weidenpflanzungen; alles in Oberwesseling gelegen; ferner drei Fischereien im Rhein, Tragil genannt, 80 Morgen im Villenwald (veile). Diese Güter übergab der Stifter dem Kloster als freies Eigen= thum, mit der einzigen Beschränkung, daß er von den genannten Wein= bergen sich einen Morgen und drei Stücke neben dem Hofe zu lebens= länglicher Nutznießung reservirte. Außerdem verspricht er, daß einer der vier genannten Mansus, den der Abt von Siegburg nach Homagialrecht zu Lehen hatte, ebenfalls dem Kloster übertragen werden solle, dazu noch andere Besitzungen als Ersatz für diesen Mansus [1].

1244 fügt Abt Gottfried von Siegburg mit Zustimmung des Con= vents der Abtei der Schenkung eine Kapelle zu Wesseling (Weslike) bei, zu Lob und Ehre unseres Herrn Jesus Christus und Seiner glorreichen Mutter der h. Jungfrau Maria, damit daselbst ein Kloster der Cister= cienser=Nonnen gegründet werde. Für die Kapelle mit zugehörigem Vorhof, welche die Abtei dem Kloster als Eigenthum überträgt, erhält derselbe in Tausch einen Morgen im Dorfe.

Die Güter, welche Ludwig von Lülsdorf von der Abtei in Benutzung hatte, wurden dem Kloster unter der Bedingung abgetreten, daß der Herr Canonicus dem zeitigen Abt zu Martini jährlich zehn Schillinge in kölnischer Münze und zwei Malter Hafer liefere, und aus seiner Hand eine Schwester des Klosters diese Güter in ewiger Reihenfolge erhalten soll. Falls die Schwester stirbt, wird dem Abt eine Mark als Gebühr (jure vorhure) gezahlt. Sodann wird er die Güter einer andern, ihm von der Congregation bezeichneten Schwester übertragen [2].

Das Kloster zu Wesseling, nach seiner örtlichen Lage zu Ophoven genannt, war nicht von langem Bestande. Gegen 1250 wurden die Stiftungsgüter dem von dem Grafen Heinrich von Sayn und dessen Gemahlin Mechtildis von Landsberg im Jahre 1221 zu Köln gegrün= deten Kloster der Cistercienserinnen übertragen [3]. Das Kloster zu Köln erhielt von den Stiftern den Namen Seyne, später Sion. Papst In= nocenz IV. (1243—1254) beschränkte die Zahl der Klosterjungfrauen in Sion auf fünfzig. Eine solche Beschränkung wurde im spätern Ver= laufe überflüssig. Unter Erzbischof Ferdinand wurde sogar aus Mangel

----

[1] Lac. II 122. — [2] Lac. II 105.

[3] Daß das Sionskloster zu Köln nicht erst aus dem Kloster zu Wesseling hervorging, wie Lacomblet anzunehmen scheint, sondern mehrere Jahre früher gegründet war, ist nach Gelenius, der die Gründung zu Sion in das Jahr 1221 verlegt, anzunehmen. Die betr. Stelle bei Lacomblet (Note 2 zu II, 307) lautet: Das zu Oberwesseling gestiftete, nach seiner örtlichen Stelle Ophoven genannte Cistercienserinnen=Kloster ward von dem Grafen Heinrich von Sayn und dessen Gemahlin Mechtild nach Köln verpflanzt. Vgl. Gelen., De adm. magnit. Colon., p. 529. Die Verpflanzung nach Köln hing doch viel mehr von dem Stifter Ludwig von Lülsdorf und der Abtei Siegburg ab.

an Cistercienserinnen das Kloster Sion in ein Brigittenkloster umgewandelt[1]).

Der von Ludwig von Lülsdorf dem Kloster geschenkte Hof hatte
ein eigenes Geschworenengericht mit gebotenen und ungebotenen Gerichts-
tagen. In dem Hof, Stappelhof genannt, wurden die Pachten verschiedener Hofgüter und sonstige Lieferungen an Zinsen und Renten zu
bestimmten Terminen entrichtet. Nach einer Bestimmung des Weisthums
von 1573 sollten „die Güter des würdigen Abts von Siegburg gleichfalls auf dem Hof empfangen werden, da der würdigen Frau (Abtissin)
zu Seyne Güter empfangen werden"[2]).

Wer sich für den weitern Inhalt, insbesondere für specielle Kenntniß
der im Weisthum enthaltenen Gerechtsame und Rechtsordnungen interessirt,
dem können wir nur die Sammlung von Grimm[3]) empfehlen. Schließlich machten die Franzosen durch den Sequester dem Besitz der schönen
Sion'schen Klostergüter ein Ende. Sie wurden später mit der Kapelle
Eigenthum der Familie Pilgram in Wesseling.

Das Kloster der armen Dienstmägde Jesu Christi.

Ein Klostergebäude mit Kapelle für den Privatgottesdienst wurde
im Jahre 1864 neben der Dorfschule der Pfarrwohnung gegenüber
errichtet, nachdem Fräulein Christina Krings 4000 Thaler zu dem
Bau geschenkt hatte. Hauptzweck der Anstalt ist Krankenpflege, und für
Wesseling wegen der Fabriken sehr wichtiger Nebenzweck eine Bewahrschule für kleine Kinder. Dieser zweifachen Aufgabe christlichen Opfer-
lebens sich unterziehend, zogen im Jahre 1865 Klosterschwestern aus
Dernbach in Nassau unter dem bescheidenen Namen armer Dienstmägde
Jesu Christi in das eben vollendete Gebäude ein. Es fehlte seitdem
auch nicht an Patienten, welche vorübergehend in ihrer Wohnung gepflegt
wurden, auch nicht an solchen, welche wegen Altersschwäche oder unheil-
barer Gebrechen dauerndes Unterkommen im Kloster suchten.

Bei der gänzlichen Armuth der Anstalt, welche auf spärliche Vergütung, hauptsächlich aber auf freiwillige Spenden angewiesen war, kam
eine Stiftung der Fräulein Clara Schwingeler aus Kelbenich dem
Kloster sehr erwünscht. Diese Wohlthäterin schenkte durch Urkunde vom
27. Juni 1872 fünf Morgen Land, wovon zur Zeit drei Morgen zur
Unterhaltung der blinden Margaretha Kissener verwendet werden. Später

---

[1]) Der Orden der h. Brigitta, Königin von Schweden, auch Orden Salvatoris
genannt, wurde gestiftet um die Mitte des 14. Jahrhunderts und von Papst Urban VI.
am 5. August 1370 bestätigt.

[2]) Grimm, Weisthümer, III. 847 — [3]) Daselbst Weisthum des Stappelhofs Oberwesseling 1573.

sollen ein Morgen als Armenfonds, die übrigen vier Morgen zu einer Messenstiftung ihre definitive Bestimmung erhalten.

Im Jahre 1869 bestand das Personal des Klosters aus der Vorsteherin Justina Windhausen und zwei Schwestern, im Jahre 1880 aus der Vorsteherin Vitalis Brentjes und vier Schwestern. Das Kloster ist dem Mutterhause zu Dernbach untergeordnet. General-Oberin ist nach dem Handbuch der Erzdiöcese Köln vom Jahre 1878 Maria Katharina Kasper.

Schule.

Von der Schule in Wesseling sind aus früherer Zeit keine Documente vorhanden. Einzelne alte Leute erinnern sich noch einer Dorfschule, welche nur dreißig Kinder zählte. Auch unter preußischer Regierung wirkte lange nur eine einzige Lehrkraft für sämmtliche Schulkinder, aber eine sehr tüchtige, welche noch heute im gesegneten Andenken steht. Es war der Lehrer Peter Joseph Leiendecker, welcher gegen 1818 die Stelle übernahm und erst nach etwa zwanzigjähriger Wirksamkeit einen Hülfslehrer erhielt. Im Jahre 1846 wurde Lehrer Katzfei angestellt, welcher nach dem Ableben des Leiendecker die Oberklasse übernahm. Seitdem war die Schule bis 1868 theils zweiklassig gemischt, theils einklassig in Knaben- und Mädchenschule getheilt. Dann erhielt sie eine gemischte Unterklasse und getrennte Oberklassen. Hierauf wurde das dreiklassige System in der Weise eingeführt, daß eine Lehrerin (Fräul. Schäfer) die gemischte Unterklasse, ein Lehrer die gemischte Mittelklasse, der erste Lehrer die größern Knaben und eine Lehrerin die größern Mädchen unterrichtete. Endlich ist die dreiklassige Schule mit einer fünften Lehrkraft verstärkt worden, so daß Ober- und Mittelklasse nach den Geschlechtern getrennt ist, die Unterstufe nur eine gemischte Klasse bildet: eine lobenswerthe Einrichtung. Ein anfangs der dreißiger Jahre errichtetes Schulgebäude genügte natürlich dem wachsenden Bedürfniß nicht lange. Ein zweites Gebäude, die Lehrerwohnungen einschließend, wurde 1874 mit großen Kosten neben ersterm errichtet.

Die Juden hatten in den sechsziger Jahren auf kurze Zeit eine getrennte Schule mit einem eigenen Lehrer ihrer Confession.

16. Witterschlick.

Die Pfarre Witterschlick besteht aus der Gemeinde gleichen Namens und der Gemeinde Impekoven. Der Pfarrort liegt am Abhange des Vorgebirges, 7½ Kilom. von Bonn entfernt, an der Eisenbahn, welche von dieser Stadt nach Meckenheim, Rheinbach und Euskirchen führt. Der Hardtberg verdeckt den Ort nach der Rheinseite. Witterschlick hat mit den südlich auf der Höhe gelegenen kleinen Nebenorten Heidchen und Volmershoven 990, die Gemeinde Impekoven mit Nettekoven und Rammelshoven 237 Einwohner, also die Pfarre eine Gesammtbevölkerung von 1227 rein katholischen Einwohnern. Der Name Witterschlick, weißer Thon, ist dem Boden seiner Gemarkung entlehnt und kommt in dieser Bedeutung noch jetzt in Westfalen und andern nördlichen Gegenden Deutschlands vor. In Urkunden des 12. Jahrhunderts findet sich Wenterslike und Witterslide, 1317 Witterslig [1]).

In früherer Zeit waren die zur Pfarre gehörigen Ortschaften ringsum durch Hochwald eng eingeschlossen, bei Witterschlick nur das enge Thal, etwa 700 Morgen, angebaut, während sich seit Anfang des 19. Jahrhunderts das Ackerland bedeutend erweiterte. Das Areal der Gemeinde Witterschlick beträgt gegenwärtig 3928, das von Impekoven 1700 Morgen an Aeckern und Wiesen.

Die Römer hatten, wie sich aus alterthümlichen Funden erweisen läßt, in dem Pfarrorte eine Niederlassung und auf der Hardt und der Ville ihre Verkehrsstraßen, welche mit Witterschlick in engster Verbindung standen. Die Heerstraße von Billig (Belgica) am Ausgang der Eifel bei Euskirchen über Buschhoven nach Bonn durchzieht die Pfarre auf eine lange Strecke und führt durch Nettekoven seitwärts einer römischen Wasserleitung, welche bereits von Gelehrten des 16. Jahrhunderts erwähnt wird [2]) und (nach Jacob Kamp) als Abzweigung des berühmten Eifel-

---

[1]) Lac. II 419, S. 226, III 163, S. 122 ff. Höfer, Zeitschrift, Jahrg. 1833, S. 491.

[2]) Unter Andern Jacob Campius, Canonicus des Cassiusstifts und Dechant zu Mainz, 1582. Vgl. Annalen des hist. Vereins, XXXVII 47. Bonner Jahrb. XXIX 96.

canals zu betrachten iſt. Eine kleine in Gußmauerwerk ausgeführte Leitung wurde bei Anlage der Eiſenbahn in geringer Entfernung von Witterſchlick aufgedeckt. Sie gehörte einem größern Bauwerke an dieſer Stelle an und dient in Verbindung mit ſonſtigen Baureſten als Beweis einer römiſchen Niederlaſſung. Der Länge nach zieht ſich oberhalb Witterſchlick über den Rücken des Vorgebirges der kurfürſtliche Jagdweg, welcher Brühl mit dem Jagdſchloß zu Röttgen verband. Der Villenwald hat hier ſeinen Namen in Kottenforſt umgeändert. Die ausgedehnten Staats- waldungen der Ville waren ehemals großentheils kurfürſtliche Be- ſitzungen, welche mit denen des Kölner Domcapitels und verſchiedener Klöſter von den Franzoſen confiscirt wurden.

Ueber den ehemaligen Güterbeſitz notiren wir, was authentiſche Urkunden oder amtliche Berichte angeben. Als älteſter Beſitzer in Witter- ſchlick wird der biſchöfliche Stuhl von Lüttich genannt. Erzbiſchof Philipp von Heinsberg (1167—1191) überträgt Güter des Kölner Domcapitels zu Eſpithe an der Maas dem Biſchof Rudolph zu Lüttich gegen die nach Lüttich einſchlagenden Beſitzungen zu Lantershove und Witterſchlick[1]). Dieſe Güter in Verbindung mit dem von Lüttich übertragenen Patron der Pfarrkirche, dem h. Lambertus, berechtigen zu der Annahme, daß die Herren von Lüttich lange vorher im Beſitze der Güter und der Kirche geweſen waren. Die Güter beſtanden in einem Hof zu Nettekoven und Waldungen bei Witterſchlick, welche ſpäter Eigenthum des Domcapitels zu Köln waren.

Die Grundherrſchaft mit dem Gericht von Witterſchlick befand ſich zu Anfang des 13. Jahrhunderts bei den Herren von der Löwenburg und demnächſt bei deren Erben, den Herren von Heinsberg[2]). Heinrich von Heinsberg reſervirt ſich bei der Ausſteuer ſeiner Tochter Aleidis im Vertrag mit Theoderich von Cleve vom 22. September 1255 ſeine Güter zu Witterſlike nebſt allen Zubehörungen[3]).

Im Jahre 1345 geht die Herrſchaft des Dorfes Witterſchlick mit allen Gerechtſamen an den Kölner Erzbiſchof über, und zwar in dem Friedensſchluß des Grafen Dietrich von Lou und Chini Herrn von Heins- berg und Blankenberg und Heinrich von Löwenburg vom 6. Januar[4]). Das Weisthum von Witterſchlick erkennt dem Erzbiſchof, ſeinem gewaltigen Landesherrn, Glockenklang, Waſſergang, Gebot und Verbot, fünfzehn (turmüdige) Höfe mit eben ſo vielen Geſchworenen, 14½ Malter Weizen, 22½ Malter Hafer, auf jedes Malter Weizen ſieben Hühner,

---

[1]) Lac. I 332. — [2]) Annalen des hiſt. Vereins, XXXVII 199. Lac. III 129.
[3]) Lac. II 226. — Binterim u. Mooren, Alte und neue Erzbiöceſe Köln, I 138.
[4]) Lac. III 418, S. 329; vgl. III, Nro. 163, S. 122.

10¹/₂ Ei. Zwei Adelshöfe, der Jungferhof der Nonnen von Grau-Rheindorf und der Hof der Deutschen Ordens-Herren, beide letztere zu Nettekoven, hatten Pferdskurmut zu leisten, die Bauernhöfe einen silbernen Pflug, veranschlagt zu 5 Mark¹).

Die Lieferungen geschahen an den Friedhof; der kurfürstliche Zehnte wurde in die dazu bestimmte Scheune neben der Kirche abgegeben; der Platz der letztern ist jetzt mit dem Pfarrgarten vereinigt. Andere Leistungen von Hofgütern bestanden in der Fahrt der Naturalpachten oder Zehnten nach Bonn. Der Kurfürst hatte aus dem eingehenden Zehnten einen Stier, der Pastor für seinen ratirlichen Theil einen Eber zu halten. In der Gemeinde bestanden drei freie Schäfereien und zwar nach dem Weisthum von 1602: eine des Junkers Adolph, die zweite am Hof des Cunibertsstifts, die dritte zu Bormershoven, z. Z. bei Erben Neißen. Jeder Einwohner hatte das Recht, 30 Schafe und einen Widder frei auf die Gemeindetrift zu treiben. Den Junkern, der Kirche (dem Kirchengut) und den geborenen Nachbaren (Einwohnern) stand das Recht zu, so viele Schweine auf die Trift in den Busch zu schicken, als sie am Trog anziehen konnten.

Das Weisthum enthält Bestimmungen über Dorfwege und Straßen, welche hauptsächlich für Alterthumsfreunde von Interesse sind. Wir müssen auf die Mittheilung an dieser Stelle verzichten und lassen nach dieser kurzen Beschreibung der kurfürstlichen Herrschaft eine Uebersicht der Kloster- und Adelsgüter folgen.

1. Der Cunibertshof, auch Büchelhof genannt, mit 120 Kölner Morgen, war 1794 verpachtet für 15¹/₂ Malter Korn, 3 Malter Weizen, 4¹/₂ Malter Gerste, 4 Hühner, 4 Eier und die halbe Steuer. Nach der Säcularisation wurde der Hof am 21. Juli 1808 für 29100 Franken verkauft. Späterer Besitzer war N. Tondorf. Seine Kinder theilten das Gut. Das Gebäude gehört jetzt Herrn Roggendorf.

2) Der Hardthof der Provisoren zum h. Geist in Köln, mit 121 Morgen²), war früher Eigenthum der Elise Kreps. Sie starb 1612, siebenzig Jahre alt, als Wittwe des Trier'schen Hofrichters³). Das Gut gehört jetzt der Kölner Armenverwaltung. Das Haus kauften Gebrüder Roch, Gärten und Wiesen verschiedene Einwohner.

3. Der Krümmelhof des Herrn Krümmel von Nechtersheim zu Dottendorf, mit 50 Morgen, lag an der Pumpe, wo jetzt Haus Adolphi steht.

---

¹) S. das Weisthum bei Harleß, Archiv VI 311.
²) Nach den Aufzeichnungen des Pfarrers Tingart waren es 180 Morgen besten Landes. — ³) Die Notizen unter 2, 3, 4 verdanke ich der freundlichen Mittheilung des Herrn von Oidtman.

4. Der Haaßenhof des Herrn Pelden, genannt Clouth und Hell.

In Nettekoven befanden ſich außer dem oben erwähnten Hof des Domcapitels 1) der Hof des Ciſtercienſerinnen-Kloſters zu Grau-Rhein-dorf, jetzt Wormshof; 2) der Hof des Deutſchordens-Comthurs zu Köln. Beide Höfe hatten beim Ableben der Inhaber dem Kurfürſten eines Pferdes Kurmut zu liefern ¹).

In Rammelshoven, Gemeinde Impekoven: die Ritterburg, kurfürſtliches ſteuerfreies Lehnsgut. Mit demſelben belehnte Erzbiſchof Hermann im Jahre 1481 Eikart Scharpmann von Lechenich, nach ihm Wolter und deſſen Sohn Rembold Scharpmann von Lechenich zu Ram-melshoven.

Auf einem ſtark 2 Meter langen, 1 Meter breiten Grabſtein von Tuff aus der alten Kirche befindet ſich die Inſchrift:

ANNO DÑI 1555 OF ALLERHEILGEN TAG IST IN GOT GESTORBEN DER ERENVEST REMBOLT SCHARPMAN VON LECHENICH DER LESTE SEINES STAMES DEM GOT GNAD.

Von dieſen kam das Gut an die Herren von Metternich. Um 1561 beſaß daſſelbe Johann Gebhard Hermann von Metternich zu Lehen; im Jahre 1615 Johann Dietrich von Metternich ²); vor der franzöſiſchen Occupation die Herren von Molenark. Dieſe hatten auch den Eichhof in Nettekoven mit 100 Morgen Land, unter den Franzoſen Herr von Roth, jetzt Birkhäuſer in Grau-Rheindorf. Eigenthümer der ehemaligen Burg zu Rammelshoven, wovon ſich noch einige Reſte vorfinden, iſt gegenwärtig Peter Joſeph Hubert Zündorf, der das Gut ſelbſt bewirth-ſchaftet. Das Caſſiusſtift zu Bonn erhob bereits im Jahre 1280 zwölf Mark als Zehnten in Witterſchlick ³).

Ich finde in den Aufzeichnungen des Pfarrers Tingart das Dorf Witterſchlick unter dem Territorium des Herzogthums Jülich verzeichnet. Wenn dieſe Notiz begründet ſein ſoll, ſo kann ſie ſich nur auf die Zeit beziehen, wo die Herren von Heinsberg die Dorfherrlichkeit beſaßen. Nach Erwerbung der letztern durch Erzbiſchof Walram von Jülich (1332 bis 1349) im Jahre 1345 wäre dann Witterſchlick kurkölniſch geworden. Daß die Kurfürſten demnächſt die landesherrlichen Rechte in dem Orte ausübten, iſt aus dem im Jahre 1602 erneuerten Weisthum zu erſehen. „Wir Scheffen und Geſchworenen zu Witterſchlick," ſo heißt es da, „er-kennen unſern gnedigen Herrn Erzbiſchoven zu Kölln für einen gewal-tigen Landesherrn zu regieren von der Erde bis ahn den Himmel"

---

¹) Weisthum bei Harleß l. c — ²) Alfter, Geographiſch-hiſtoriſches Lexicon lit. W. ³) Höfer, Zeitſchrift 1833, 490—491.

u. s. w. [1]). Die Kölner Kurfürsten blieben Landesherren des Dorfes bis zur Aufhebung ihrer weltlichen Herrschaft durch die Franzosen [2]).

Kirchliche Verhältnisse.

Die Volkssage erzählt von einer Kirche in Witterschlick, welche in ältester Zeit als Taufkapelle für mehrere umliegende Christengemeinden gedient habe. Als solche werden namentlich Buschhoven, Flerzheim und Vilip (mit Berkum?) erwähnt. Die Sage spricht für das sehr hohe Alter der Kirche in Witterschlick und befindet sich insofern in Uebereinstimmung mit dem unvordenklichen Besitzstande der Kirchengemeinde, sowie auch mit der Thatsache, daß der Pfarrort in keiner Weise von einer andern Pfarrkirche jemals abhängig gewesen ist, es sei denn von der Hauptkirche zu Bonn, welche derselben den christlichen Glauben zuerst überbrachte und die erste Seelsorge angedeihen ließ. Demnach muß die Errichtung der Pfarre auch schon sehr frühe erfolgt sein, jedenfalls im achten oder zu Anfang des neunten Jahrhunderts, das ist zu der Zeit, als der h. Lambertus zum Patron der Kirche erhoben wurde und der bischöfliche Stuhl von Lüttich im Besitz der vorhin erwähnten Güter zu Witterschlick war. Auch das Verzeichniß von Binterim, welches die Einnahmen der Kirche von Witterschlick auf zehn Mark taxirt und zugleich ihren Pfarrer erwähnt, setzt das hohe Alter derselben voraus [3]). Witterschlick gehörte zu jenen zwanzig Pfarreien, welche unter Ferdinand von Baiern aus der Aargauer Christianität ausgeschieden und zu einem Dekanate Bonn vereinigt wurden [4]).

Das Areal der Kirche besteht in 31 Hectar 41 Are, worunter circa 8 Hectar Waldungen. Einkünfte im Jahre 1877 an Pachten 171 Mark 70 Rpf., Renten 3 Mark 60 Rpf., Zinsen 1436 Mark 20 Rpf.

Die Pfarrkirche zum h. Lambertus.

1. Die alte Kirche [5]).

Die alte Kirche hat einer neuen den Platz geräumt, kann daher nicht aus der Anschauung beschrieben werden. Glücklicherweise hat der verstorbene Pfarrer Tingart dankenswerthe Notizen hinterlassen, welche für den Ausfall entschädigen. Wesentlicher Inhalt derselben ist folgender:

---

[1]) Harleß VI 311. — [2]) Dumont, Descriptio. 24.
[3]) Binterim u. Mooren, Alte u. neue Erzdiöcese, I 130. — [4]) l. c. II 205.
[5]) Als die hier folgende Beschreibung der Kirche fertig war, entdeckte ich in dem Hause des Küsters zu Witterschlick römische Ziegelplatten in der größten Form, sowie Belagplättchen von circa 4 Zoll im Quadrat. Dieselben fanden sich nach Aussage des Küsters alle 4—5 Fuß tief unter dem Boden der Kirche als Fußplatten eines ältern Bauwerkes

Die Kirche stammt aus der Zeit des Uebergangs von der romanischen in die gothische Bauart. Von außen ist sie ganz romanisch, im Innern zeigt sich schon der Spitzbogen. Besonders schön ist das Chor der Kirche. Die Concha hat nach Osten drei Fenster. Auf runden Säulchen mit Basis und Kapitälchen von zierlichster Form erheben sich die Rippen zum schönsten Gewölbe. Zwei Nebenkapellen schließen sich zu beiden Seiten des Chors harmonisch an. Die Kapelle auf der Evangelienseite war ehemals Baptisterium. In derselben befand sich der Taufstein, welcher wenigstens das gleiche Alter mit der Kirche beansprucht. Der Taufstein ist ein Sechseck aus grauem Sandstein, innen verbleit, groß und schön. Zum Taufstein und Sacrarium führt eine Stufe hinunter. Das Hauptschiff mit flacher Decke ist 43 Fuß lang. Die beiden Seitenschiffe, Abhänge genannt, sind ohne Zweifel später angebaut, wie die unpassende Form und Unregelmäßigkeit der Fenster andeutet. Durch ihren Anbau ist die Gesammtbreite der Länge des Schiffes gleich geworden, mißt also auch 43 Fuß. An das Schiff schließt sich ein Thurm mit niedrigem Mauerwerk und weiter Halle, an den Thurm eine Vorhalle jüngern Datums. Die Sacristei neben dem Chor auf der Evangelienseite war eine Kapelle für sich. Sie hatte vielleicht vor Erbauung der Kirche einen Altar. Eine Nische für die Meßkännchen war noch in jüngster Zeit vorhanden.

Beim Abbruch der Kirche im Jahre 1875 zeigte sich auf den Wänden die Inschrift: Patronus I. S. Lambertus. Ep M. Patronus II. S. Quirinus. Das Bild des h. Quirinus stand auf dem Altare der alten Kirche. Das Mobilar der Kirche ist im Zopfstil gehalten und befindet sich in sehr schlechtem Zustande.

Die alte Kirche genügte der wachsenden Zahl der Einwohner seit vielen Jahren nicht mehr. Daher wurde unter Pastor Mirbach (1848 bis 1872) aus den Erträgen gerodeter Kirchenwaldungen ein Baufonds gebildet, groß genug, um die gesammten Kosten des Neubaues zu decken.

2. Die neue Kirche,

eine dreischiffige gothische Hallenkirche nach dem Plane des Baumeisters Neumann in Bonn im Jahre 1875 begonnen, 1877 mit einem Kosten-betrag von 23500 Thalern vollendet, ist eine der schönsten im Dekanat.

Die Verhältnisse sind folgende: Chorlänge 25 Fuß, Schiffslänge 68 Fuß, innere Höhe 35 Fuß, Breite des Mittelschiffs 19 Fuß, Breite

in ungestörter, ordnungsmäßiger Lage. Also haben wir hier, wie an so vielen andern Stellen die alte und jetzt die neue Kirche auf römischer Grundlage. Vielleicht stellte eine mittelalterliche Ritterburg die Verbindung her zwischen der römisch-heidnischen und der fränkisch-christlichen Zeit.

eines Seitenschiffs 10 Fuß, Thurmhöhe incl. Kreuz 190 Fuß, Thurm=
höhe bis zum Helm 113 Fuß, Höhe des Helmes 62 Fuß. Die beiden
Seitenschiffe schließen ab mit einer Altarnische, welche, wie das Chor,
von Meister Froitzheim zu Bonn mit bunter Wandmalerei decorirt ist.
Ueber den Seitenaltären erhebt sich ein schmales Fenster, links mit der
Pietà, rechts mit dem Bilde des h. Joseph versehen. Diese Fenster sind
sehr überflüssig und tragen zur Verschönerung nicht bei. Die Glasmalerei,
namentlich in den Chorfenstern, verletzt das Auge durch grelle Farben.
Die Bilder in den 3 Chorfenstern stellen dar: 1. in der Mitte Christus
und Maria (getrennt); 2. links die h. Barbara, den h. Lambertus;
3. rechts den h. Quirinus, die h. Margaretha.

Die Benediction wurde in aller Stille von Pastor Tingart, dem
Förderer des Kirchenbaues, nicht lange vor seinem unerwartet frühen
Hinscheiden am 6. November 1879 vollzogen.

Altäre.

In der alten Kirche waren drei Altäre. 1. Der Hochaltar (altare
fixum) mit einer Statue des h. Quirinus. 2. Der Muttergottes=Altar
auf der Evangelienseite und 3. der Katharinen=Altar auf der Epistelseite.

In der neuen Kirche ist an die Stelle der h. Katharina der h.
Lambertus gewählt; der Muttergottes=Altar ist geblieben. Einstweilen
sind die von Meister Drolshagen in Stein gehauenen Stützen der Seiten=
altäre ohne Altarsteine. Ein von Pfarrer Dr. Schlömer erhaltener Altar=
stein dient beim h. Meßopfer abwechselnd auf dem provisorisch errichteten
Hauptaltar und eventuell auf einem Seitenaltar.

Glocken.

In dem Thurm der alten Kirche befanden sich drei Glocken, wovon
die größte in letzter Zeit gebrochen war.

Pastor Monten hat Folgendes notirt: „Anno 1729 den 12. Sep=
tember ist die große Glock zum Guß in Stücke zerschlagen worden und
hat gewogen 1843 Pfd. Nun hat Petrus Fuchs von Köln von seiner
Speiß dazugethan 330 Pfd. Den 13. September ist die Glock nach dem
Guß ausgegraben und gut befunden worden, wobei obgesagter Meister
von seiner Speiß 115 Pfd. obrück empfangen hat.

NB. Bei dem Umguß hab auf Ersuchen der Gemeinheit das
Traktament gehalten mit dem Versprechen, daß alles dankbarlich sollte
bezahlt werden. Bishero aber, anno 1752, den 8. September, ist nichts
erfolgt."

Processionen.

1. Zu Ehren der heiligen Jungfrauen Fides, Spes und Charitas
wird am Pfingstmontag nach dem 15 Kilometer von Witterschlick ent=

fernten Swister-Berg — dem Berg der Schwestern — gewallfahrtet;
2. zu Ehren des h. Bischofs Maternus am Samstag nach Lambertus-
Sonntag, das ist nach dem Patronsfeste, nach Robenkirchen.

Die Bruderschaft

zu Ehren Jesu, Mariä und Joseph ist wahrscheinlich bereits vor dem
Jahre 1700 in's Leben getreten. In einem Verzeichnisse von 1737[1])
wird Pfarrer Johannes Petrus Monten als Präfect der Bruderschaft
aufgeführt mit dem Bemerken, daß er dieselbe renovirt habe.

In Witterschlick war nicht nur der Pfarrer Präfect, sondern auch
der Vicar Mathias Schneider eigens angestellter Katechet, und als
Dritter im Bunde ist der ludimagister (Schulmeister) Franz Wings als
Beförderer der christlichen Lehre, die ja auch Aufgabe der Schule im
eminenten Sinne ist, in den Jahrbüchern der Bruderschaft verzeichnet.

Kirchhof.

1. Der alte Kirchhof rings um die Kirche ist unbestrittenes Eigenthum der Pfarrgemeinde.

2. Im Jahre 1852 erwarb die Civilgemeinde ein Grundstück,
anschließend an die Hausgärten auf der westlichen Seite des Dorfes,
ungefähr einen Morgen groß, welches seitdem als Beerdigungsstätte
benutzt wird.

Die Pfarrstelle.

Der liber valoris verzeichnet[2]) die Pfarrstelle mit einer Einnahme
von zehn Mark. Ueber das Besetzungsrecht in ältester Zeit fehlen alle
Nachrichten. Wahrscheinlich war es dem bischöflichen Stuhle zu Lüttich
zuständig. Mit der Uebertragung der Herrschaft von Witterschlick ging
dieses Recht an den Kölner Erzbischof über, 1345[3]). Die Investitur
vollzog der Archidiakon zu Bonn. Ständiger Pfarrer war der älteste
Canonicus des Cassiusstifts, welcher sich durch einen Vicecuratus vertreten ließ[4]). Dieses Verhältniß von Pfarrer und Stellvertreter erinnert
an das Personat (zu Sechtem).

Das Einkommen bestand (1570) in dem Zehnten zu Ramersdorf
und fünfzehn Paar Getreide — d. i. 15 Malter Weizen und 15 Malter
Hafer — aus dem Zehnten von Witterschlick[5]).

---

[1]) Auf dem Bürgermeistereiamt.

[2]) Binterim u. Mooren, Alte u. neue Erzd. Köln, I 130. — [3]) Dumont, Descriptio. 24.

[4]) „Witterschlick senior Canonicus Bonnensis parochus habet hic viccura-
tum. Competentia decimae in Ramerstorff et quindecim paria frumentorum ex
decimis in Witterschlick." Farrag. XXIV 161. — [5]) Golon. l. c.

Das Pfarrhaus nebſt Garten hinter der Kirche, an den alten Kirch=
hof angrenzend, wurde in den vierziger Jahren verkauft, der Erlös der
Kirchenkaſſe überwieſen. Der Pfarrer bewohnte ſeitdem das Vicariehaus.

Das Grundvermögen beſteht mit Einſchluß von 2³/₄ Morgen Garten
in 44 Morgen preußiſch, darunter 29 Morgen Buſch. Die Kölner Re=
gierung verfügte 1876 die Beſchlagnahme der Dotalgüter, was jedoch
die Pächter nicht abhielt, in üblicher Weiſe durch den Notar an den
Pfarrer zu zahlen. Gegen Ende des Jahres 1878 wurde die Beſchlag=
nahme, welche ſich in Folge gerichtlicher Urtheile für die Regierung als
unhaltbar erwies, wieder aufgehoben. Dagegen blieb die Sperre des
Staatsgehalts bis 1884 beſtehen.

Die bekannten Pfarrer.

Joſeph Wendel, 1595.

Bernard Kemp, inveſtirt zu Bonn am 20. Februar 1606 [1]).

Petrus Küpper, inveſtirt am 20. Februar 1619, fungirt bis 1669.

Petrus Andreas Wambroſius, 1669—1684.

Hubert Eſch, 1684—1714.

Johannes Petrus Monten, 1714—1755, Licentiat der Theo=
logie und Protonotarius Apoſtolicus [2]).

Heinrich van Haeß, 1755—1780.

Ferdinand Hochſcheidt, aus Meckenheim, 1780—1799.

Mathias Braun, aus Witterſchlick, 1799—1844.

Peter Heinrich Mirbach, 1848—1872, geboren zu Königs=
winter am 22. September 1805, zum Prieſter geweiht am 28. April
1835, hierauf Vicar zu Weilerswiſt, ſeit 1839 als ſolcher nach Witter=
ſchlick berufen, verwaltete die Pfarre von 1844 bis zu ſeiner Ernennung
zum Pfarrer am 20. Mai 1848, erwarb ſich die größten Verdienſte
durch Anſammeln eines Baufonds (aus den Erträgen der Kirchenwal=
dungen), reſignirte zu Anfang des Jahres 1872 und ſtarb in ſeinem
Geburtsorte, wo er ſeine ſeelſorgerliche Thätigkeit als Privatgeiſtlicher
fortgeſetzt hatte, eines ſanften Todes am 14. December 1875.

Hermann Joſeph Tingart, 1872—1879, geboren zu Nideggen
am 3. October 1831, zum Prieſter geweiht am 1. September 1857,
wirkte als Kaplan zu St. Johann und St. Severin in Köln, hierauf
als Rector zu Thenhoven, Pfarre Worringen, wurde am 14. Februar
1872 zum Pfarrer in Witterſchlick ernannt. Er brachte den von ſeinem

---

¹) Vgl. unter „Glocken" und „Bruderſchaft".
²) In protocollis iud. Curiae Archidiac. Bonn. Daſelbſt Peter Küpper. Die
Namen der übrigen in einem Verzeichniſſe des Paſtors Tingart und in den Regeſten auf
dem Bürgermeiſtereiamt.

Vorgänger angestrebten Kirchenbau zur Ausführung. Jedoch seine Freude an dem schönen Gotteshause währte nicht lange; am 6. November 1879 machte ein chronisches Herzleiden dem achtundvierzigjährigen Leben des eifrigen Seelenhirten ein unerwartetes Ende.

Vicarie.

Meister Johannes Krag und dessen Ehefrau Mechtildis Scheffers erklären durch letztwillige Verfügung, „all ihr Gereydt und ungereydtes Vermögen nach ihrem tödtlichen Hintritt titulo institutionis aut legati pii der Pfarrkirche zu Witterschlick überlassen zu wollen, und soll dasselbe, da hier keine Frühmesse ist, und also auch Sonn= und Feiertag viele Menschen keine Meß hören können, zu einer Frühmesse verwendet werden"[1]. Collator soll zeitlicher Pastor mit Zuziehung der Kirchmeister sein. Die Stiftungsurkunde ist ausgefertigt von Pastor Monten als Apostolischem Protonotar unter dem 21. Februar 1721. Als Zeugen figuriren: Johannes Mirenfeldt, Scheffen und Kirchmeister, Göbert Stein, Kirchmeister. Die Genehmigung des Generalvicars de Reux erfolgte am 3. August. Gemäß gerichtlicher Abschätzung wurde in der bezüglichen Urkunde der Werth der Stiftungsgüter auf 1400 kölnische Dahler angegeben.

Johann Nettekoven, Scheffen der Stadt Meckenheim, vermehrte die Stiftung um 600 Dahler, darunter 100 Dahler von Johannes Wurms, Scheffen des Dingstuls Duisdorf, mit dem Hinzufügen, daß der Vicar jeden Mittwoch und Samstag eine heilige Messe zu lesen habe. Dem Küster werden durch nachträgliche Genehmigung des Generalvicars fünf Dahler kölnisch aus den Revenüen bewilligt. Pastor Haeß, Kirchmeister Adolph Liebertz und Wilhelm Nolden erklären, daß Nachkommen der Stifter als zu ernennende Vicare das Vorrecht haben sollen. Dieser am 11. Februar 1758 gefaßte Beschluß erhielt ebenfalls die Zustimmung der erzbischöflichen Behörde.

Im Jahre 1783 hatte der Erzbischof eine Verfügung erlassen, wodurch die Vereinigung der Schule mit der Vicarie angeordnet wurde. Das erzbischöfliche Decret verkündigte Pastor Hochscheidt nach damaliger Sitte in der sonntäglichen Pfarrmesse am 12. December.

Diese neue Einrichtung hatte den Neubau einer Schulvicarie zur Folge, wozu das nothwendige Bauholz aus den Kirchenwaldungen angewiesen wurde. So kam 1784 das Gebäude zu Stande, welches bis heute als Schule und Lehrerwohnung gedient hat und bei dem so eben in Angriff genommenen Bau eines neuen Schulhauses einer ungewissen zukünftigen Bestimmung entgegensieht.

---

[1] Abschrift der Urkunde im Archiv der Pfarrkirche.

. Es bestand bis 1784 eine mit der Vicariestiftung verbundene Wohnung. Diese wurde damals als überflüssig abgebrochen, weil der Schulvicar Schule und Wohnung in demselben Gebäude erhielt.

Zu Anfang des 19. Jahrhunderts trat eine Vacanz in der Vicarie ein, und so wurde das aus Kirchenfonds hergestellte Gebäude rein für Schulzwecke verwendet. Man war also später genöthigt, eine neue Vicarie zu bauen. Es ist dieselbe, welche seit Pastor Mirbach als Pfarrwohnung diente. In diesem Augenblicke, wo weder Pfarrstelle noch Vicarie besetzt ist und wegen der Culturkampfsgesetze nicht besetzt werden kann, wird dieselbe von einer Lehrerin bewohnt.

Zu den Baukosten der Vicarie wurden aus dem Kirchenvermögen 1800 Thaler gezahlt. Von Beiträgen der Civilgemeinde ist nichts bekannt. Außer dem Garten am Hause gehört zur Vicarie ein größerer von 1 Morgen 9 Ruthen 80 Fuß preußisch in der Kümpelsgasse, worauf vier Quatempermessen lasten.

Vicare.

Petrus Heidtgen, seit 1726.

Mathias Schneider, kommt im Jahre 1737 zugleich als Katechist der Bruderschaft von Jesus Maria und Joseph vor.

Die nächstfolgenden Vicare sind unbekannt.

Johannes Meyer, geb. zu Gösdorf im Luxemburgischen am 4. April 1790, zum Priester geweiht im Jahre 1816, wurde um das Jahr 1826 Rector an der Filialkirche zu Bornheim, gegen 1830 Vicar in Witterschlick, am 16. August 1841 Pfarrer zu Meschenich bei Brühl und starb daselbst am 29. Januar 1861.

N. Klein, wurde gegen 1838 in die Eifel versetzt.

Peter Heinrich Mirbach, 1839—1848, s. unter Pfarrer.

Kapelle an der Klause.

Am Fuße des Hardtberges bei Witterschlick steht eine zu Ehren des heiligen Namens Jesu erbaute Kapelle, unscheinbar in der Form und Größe, ansprechend durch die Schönheit ihrer Lage, merkwürdig durch ihren Ursprung. Die Bezeichnung des Ortes „an der Klause" rührt von einer klösterlichen Wohnung für vier Ordenspriester her, welche mit der Kapelle von Erzbischof Maximilian Heinrich gegründet wurde. Veranlassung war die Abbildung des Namens Jesu, welche am 20. Januar 1681 im Innern eines Baumes gefunden worden war. Wie wir aus der betreffenden Stiftungsurkunde des Erzbischofs entnehmen, strömten in Folge dieses Fundes Schaaren von Pilgern herbei und verrichteten zu Ehren des heiligen Namens ihre Andacht. Die erzbischöf=

liche Stiftung ſollte dieſer Andacht einen dauernden Fortbeſtand ſichern. Vernehmen wir den Wortlaut der Urkunde [1]).

„Ich verlange,“ ſo lautet die bezügliche Stelle im Teſtament des Erzbiſchofs, „daß in dem Walde bei Witterſchlick, wo obengenannter heiliger Name in der Mitte eines Baumes gefunden worden, die allda angefangene Andacht zu ewigen Zeiten continuirt werde, und ich will daher, daß zur Unterhaltung derſelben und vier daſelbſt wohnender Ordensgeiſtlichen Religiosorum ordinis F. F. Minorum s. Francisci recollectorum, oder im widrigen Falle andern Geiſtlichen übergeben werden ſollen 6000 Rthlr. und damit eine jährliche Rente von 300 Rthlr. conſtituiren aus meiner Erbſchaft und in specie denen mir aus=ſtehenden Erz= und Biſchöflichen Tafelgefällen hergeben und ſelbige zur beſtändigen Fundirung ſolchen Unterhalts gehörend angelegt werden.“

Hatten ſelbſt namhafte Gelehrte, wie der erzbiſchöfliche Bibliothekar Xaver Trips, das aufgefundene Bild als ein Wunder der Vorſehung bezeichnet, ſo mußte hierdurch der Zulauf nach dem „Gnadenorte“ um ſo größer werden, als die Verehrung des Namens Jeſu durch das An=ſehen des Erzbiſchofs und die mit dem Kapellendienſte betrauten Ordens=prieſter einen erhöhten Aufſchwung nahm. An der Kirche zu Maria=graden in Köln wurde ſogar eine von Erzbiſchof Maximilian Heinrich mit Genehmigung vom 16. Mai 1686 verſehene Bruderſchaft errichtet, deren zahlreiche Mitglieder aus allen Ständen ſich verpflichteten, alljähr=lich zur Verehrung des Namens Jeſu nach der Kapelle zu Witterſchlick zu pilgern. Ein eigenes Andachtsbuch „Gottſeliges Buchenwäldlein“ ent=hielt die bei dieſer Gelegenheit üblichen Gebete und Geſänge [2]).

Unter Erzbiſchof Joſeph Clemens wurden gegen 1714 Serviten an die Kapelle berufen. Nachdem dieſe „Diener Maria's“ ſiebenzehn Jahre hindurch den Gottesdienſt verſehen und die religiöſen Bedürfniſſe unzäh=liger Pilger befriedigt hatten, ſahen ſich dieſelben zum Neubau einer Kapelle genöthigt, was ihnen eine Schuldenlaſt von 500 Reichsthalern zuzog. Zu ihrer Tilgung richteten ſie ein Bittgeſuch an die Landſtände um Beihülfe. Das Reſultat der Eingabe iſt nicht bekannt. Die Ser=viten ſcheinen bald nachher und zwar hauptſächlich aus Mangel an Subſiſtenzmitteln ihren Poſten an der Kapelle aufgegeben zu haben. Als im Laufe der Zeit ähnliche Erſcheinungen wie in dem Buchenbaume bei Witterſchlick gemeldet wurden, fing der erſte Glaube an das Wunder=bare an allmälig zu ſchwinden und eine natürliche Deutung trat an die Stelle. Indeſſen wäre es unbillig und lieblos, die Pilger wegen

---

[1]) Velten, Beiträge zur Geſchichte der Kirchen und Klöſter der Stadt Bonn und Um=gebung. Bonn 1861, S. 135 ff. — [2]) l. c.

ihrer frommen Uebung zu tadeln oder durch abfällige Kritik ihr Verdienst schmälern zu wollen. Galt ja der Tribut ihrer Verehrung in letzter Instanz dem Namen Dessen, vor dem sich jedes Knie beugen muß, derer, die im Himmel, auf Erden und unter der Erde sind.

Nebenorte mit einer Kapelle.

1. Impekoven. 2. Volmershoven. 3. Heidchen.

1. Von den Nebenorten der Pfarre Witterschlick ist Impekoven der bedeutendste. Der Ort liegt im Abhange an der Nordseite des Thal=einschnittes, den die Rheinebene in der Richtung von Bonn nach Busch=hoven bildet, etwa 25—30 Minuten vom Pfarrort entfernt. Die Lage nach der Sonne ist der Bodencultur und dem Wachsthum förderlich. Impekoven hat eine Kapelle unter dem Titel Mariä Heimsuchung. Sie ist im Zopfstil erbaut und hat nichts Merkwürdiges aufzuweisen. Ueber ihre Erbauung liegen keine Nachrichten vor. Im Jahre 1876 wurde sie restaurirt. Regelmäßig wird Abends der Rosenkranz in der Kapelle gebetet, zuweilen auch die h. Messe gelesen.

Obwohl Impekoven nur circa 170 Einwohner zählt, hat es seit 1872 eine eigene Schule, worüber unten das Nähere folgen wird.

2. Volmershoven liegt neben Heidchen, südlich von Witterschlick, auf der Höhe, mit 188 Einwohnern, 15 Minuten vom Pfarrort entfernt. Die Kapelle zur Mutter Gottes ist in primitiver Bauart, Lehmwänden mit Ziegeldach erbaut.

3. Heidchen zählt 212 Einwohner. Die dortige Kapelle ist gleich=falls der Mutter Gottes geweiht und wird, wie die der beiden vorbe=nannten Ortschaften, zur Abbetung des Rosenkranzes regelmäßig des Abends besucht.

Küster.

Die Kirchenbücher enthalten das nach altem Herkommen normirte Einkommen des Küsters in folgenden Angaben. „Jedes Haus ist dem Offermann termino Nativitatis Domini ein Brod zu geben schuldig. In der Adventszeit erhält derselbe vom h. Geisthof 10 Garben; vom Kuni=bertshof 10 Garben; von Eschhofs Halbwinner 8 Garben; von Krümmels= oder Zerres=Halbwinner 5 Garben; vom Burghalfen zu Rammelshoven 10 Garben; vom Halbwinner des Klosters Grau=Rheindorf zu Nette=koven 10 Garben; vom Halbwinner des Domhofs zu Nettekoven 10 Garben; vom Halbwinner des Landcomthurs zu Nettekoven 5 Garben; außerdem noch 21½ einzelne Garben von verschiedenen Einwohnern: zusammen 89½ Garben.

Nachdem Brod und Garben weggefallen ſind, zahlt die Kirche dem Küſter als feſtes Einkommen jährlich 230 Mark. Er hat die Nutzung des Graſes auf dem Kirchhof, ſowie von 5 Are 50 Meter Land an der Klauſe für Deffnen und Schließen der Servitenkapelle[1]). Die ſonſtigen Einnahmen ſind zufällig. Eine Dienſtwohnung iſt nicht vorhanden[2]).

Schulen.

Das oben erwähnte Bruderſchaftsverzeichniß nennt als Mitglied einen Schullehrer, ludimagister, Wings, welcher den Unterricht für ſämmtliche Kinder der Pfarre ertheilte. Ferner erfuhren wir, daß durch erzbiſchöfflichen Erlaß[3]) im Jahre 1783 die Vereinigung der Schule mit der Vicarie angeordnet wurde. Die Ausführung dieſes Decrets ſtieß auf Schwierigkeiten der Art, daß Dechant Freusberg energiſch eingreifen mußte, um den wahrſcheinlich wegen der Baukoſten der Schulvicarie erhobenen Widerſpruch zu beſeitigen. Zudem war den zahlungspflichtigen Einwohnern die Baulaſt dadurch ſehr erleichtert, daß das erforderliche Bauholz aus Kirchenwaldungen hergegeben wurde. Uebrigens war die im Jahre 1784 in's Leben getretene Schulvicarie nicht von langem Beſtande. Denn ſchon unter der wenige Jahre ſpäter von den Franzoſen eingeſetzten Regierung hielt wiederum ein Laie, und zwar ein Schneider aus Heidgen, den Unterricht, und wie? Zur Winterszeit täglich ein paar Stunden, des Sommers gar keinen.

Unter preußiſcher Herrſchaft hob ſich die Schule, zunächſt unter dem Lehrer Dionys Schäfer, welcher, wie es ſcheint, zuerſt allein, in ſpäterer Zeit mit ſeinem älteſten, hierauf mit einem zweiten Sohne als Hülfslehrer bis in ſein hohes Alter wirkte.

Die folgenden Lehrer: Johann Faßbender, 1855—1869, Bernhard Brach, 1869—1871, leiſteten in allen Theilen Erfreuliches. Beide waren Meiſter des Geſanges, Faßbender als Sänger, Brach als Dirigent. Schönere Weiſen und lieblichere Harmonien ſind wohl ſelten in einer Schule erklungen, als die, welche ich unter Brach in der Schule zu Witterſchlick gehört habe.

Der Hülfslehrer Weber war unter Faßbender's Leitung praktiſch gebildet und beſaß die Fähigkeit und das Geſchick, um einen geprüften Lehrer vollſtändig zu erſetzen.

Im Jahre 1870 verlangten die Einwohner von Impekoven, angeblich wegen zu großer Entfernung von Witterſchlick, eine eigene Schule. Schreiber darf es nicht verſchweigen, wie ſehr er dieſes Project amtlich bekämpfte.

---

[1]) Notizen des Paſtors Tingart. — [2]) Eine ſolche befindet ſich gegenwärtig in keiner Pfarrei des Delanates Herſel mehr. — [3]) S. oben „Vicarie".

Warum? Die besten Schüler zu Witterschlic kamen von Impekoven. Ihre Zahl betrug mit Einschluß von Nettekoven und Rammelshoven kaum 50. Es war vorauszusehen, daß nach Abtrennung dieser geringen Zahl auch in Witterschlic der Neubau mit Erweiterung durch eine dritte Schulklasse sich als nothwendig herausstellen würde. Trotzdem erhielt Impekoven die gewünschte Schule, aber auch Witterschlic eine dritte Lehrkraft und bereits im Jahre 1883 ein großes neues Schulgebäude, bestehend in drei über einander liegenden Schulsälen mit entsprechenden Wohnungen für das Lehrpersonal. Ob es nun in der einklassigen Schule zu Impekoven besser bestellt ist, als ehemals zu Witterschlic, mag von einsichtigen Schulfreunden beurtheilt werden.

Anhang.

I.

Dekanats-Statuten.

1. Statuta decanatus et capituli Arcuensis Coloniensis Dioecesis de anno 1173. [1]

Caput 1. Decanus Arcuensis cum suis camerariis mortuo archiepiscopo Coloniensi instabunt pro confirmatione statutorum et privilegiorum capituli Arcuensis apud novum archiepiscopum et confirmatum.

Caput 2. Decanus et capitulum Arcuense servabunt memoriam domini Gerardi praepositi Bonnensis feria 3 proxima post dominicam Misericordia Domini et dabunt iis 15 solidos, pro quibus curtis in Poppelsdorf est hypotheca.

Caput 3. Decanus Arcuensis habet corrigere excessus et reformare mores suorum subditorum, nisi fuerint tales, qui sunt specialiter reverendissimo domino archiepiscopo vel archidiacono reservati.

Caput 4. Quivis pastor sive officians capituli Arcuensis exhibebit domino decano honorem tamquam immediato superiori post reverendissimum archiepiscopum et archidiaconum.

Caput 5. Decanus Arcuensis habet superiorem locum inter decanos christianitatum dioecesis Coloniensis post praelatos in capitulo generali Col. et in mensa.

Caput 6. Crastina „Invocabit" servatur generale capitulum Col., ibique domini decani et sui camerarii comparebunt audientes diligentur mandata more solito.

---

[1] Die hier folgenden Statuten sind dem mehrerwähnten „Extractus maxime notabilium" aus dem Archiv der Bonner Münsterkirche entnommen. In der vorliegenden Form sind dieselben ursprünglich nicht geschrieben worden, was schon die veränderten Ortsnamen, welche der spätern Zeit angepaßt sind, zur Genüge beweisen. Wie sich aus der unten folgenden Notiz „Hemmerich parochia" ergibt, liegt uns hier eine Abschrift vor, welche so ziemlich mit der Erneuerung der Statuten von 1573 gleichzeitig entstanden ist. S. Anhang I 2. Im Wesentlichen aber ist der ursprüngliche Inhalt darin zum Ausdruck gelangt, und insofern haben diese Statuten einen nicht zu unterschätzenden historischen Werth. Ueber die spätern Veränderungen von 1573 siehe die folgende Nummer 2.

Caput 7. Proxima feria IV. post Dom. Reminiscere servabitur capitulum Bonnae, in quo quidem capitulo D. D. decani et camerarii pronuntiabunt et intimabunt mandata in capitulo Col. promulgata, ibique erunt praesentes omnes pastores sivo eorum vices gerentes capituli Arcuensis in capitulo et mensa, nisi fuerint legitime excusati sub poenis inferius annotatis.

Caput 8. In eodem capitulo Bonnensi fer. IV. post. D. Reminiscere quivis pastor sivo locum tenens in decanatu Arcuensi dabit decano viaticum vidolicet 4 solidos Colons. cum suis camerariis.

Caput 9. Crastina Remigii servatur secundum capitulum generale Coloniense, ibique D. D. decanus et camerarii comparebunt more solito.

Caput 10. Fer V. post Animarum servabitur secundum capitulum Bonnae, ibique erunt praesentes pastores sivo officiantes capituli Arcuensis in capitulo et mensa sub poenis inferius annotatis, nisi legitime excusati, in quo quidem capitulo D. D. decanus et camerarii intimabunt et pronuntiabunt mandata in capitulo Coloniensi promulgata.

Caput 11. Pastores sivo officiantes in capitulis servandis fer. IV. post Reminiscere et fer. V. post Animarum non tenentur exequi mandata, nisi Revdss. dominum nostrum Coloniensum aerchiopiscopum, fabricam Colon., decanum et capitulum nostrum concernentia, pro eo quod valeant libere adire et abire sine murmuratione suorum parochianorum,

Caput 12. Quivis pastor sivo officians tenetur interesse capitulis servandis Bonnae fer. IV. post Dominicam Reminiscere et fer. V. Animarum, et si quis pastor vel officians capituli Arcuensis non camparuerit, dabit 2 marcas, unam decano et aliam capitulo, ac licet fuerit legitime excusatus, nihilominus dabit ad mensam 6 albos D. D. decano et camerariis suis.

Caput 13. Quivis pastor sivo perpetuus vicarius noviter intrans in capitulum sive fraternitatem iuramento fidelitatis et obedientia solito et consueto praestito dabit D. decano 12 denarios facientes 4 marcas Colons. et unicuique camerario libram piperis [1]), et capitulo sivo pastoribus propter hoc congregatis unum sextarium vini. Quodsi huiusmodi pastor sive perpetuus vicarius id, ut praemittitur, effectualiter non fecerit, infra annum post adeptam sui beneficii possessionem monitione praevia in duplum cadet et ipso facto decano et camerariis nec non pastoribus capitulum repraesentantibus, (nisi fuerit illo talis praelatus aut in Romana curia residens aut consiliarius domini nostri archiepiscopi constitutus; nam tunc idem disponere dignetur, per suos priores) [2]) postquam illi moniti fuerint, satisfaciant, ac si ibidem personaliter essent sub poenis infra scriptis.

Caput 14. Si contigerit D. decanum et suos camerarios conjunctim vel diversim facere expensas et labores in diversis negotiis capituli, D. D. pastores et eorum vices gerentes relevabunt eos de expositis et expensis, unusquisque dando pro rata sua.

Caput 15. D. decanus vocabitur ad exequias pastorum seu eorum vices gerentium sui decanatus ibique decantabit summam missam et levabit oblationes exequiarum et habebit pro praesentiis unam praesentiam auri vel ad minus, si pauper fuerit defunctus, duplices praesentias cum eloctione melioris libri.

---

[1]) Abgaben wurden auch sonst vielfach in Pfeffer entrichtet; so hatten nach dem Weisthum von 1169 die Juden von Köln für das Geleit alljährig 10 Mark Pfennige und 6 Pfund Pfeffer zu entrichten. (Ennen, Quellen, I 558. Vgl. Höhlbaum, Mittheilungen I, H. 2, S. 66. — [2]) priores soll wohl heißen superiores.

Caput 16. Pastor in Vritzdorf dabit D. decano annuatim 2 maldra tritici.

Caput 17. Pastor in Houveroodt dabit D. decano annuatim 1 maldrum tritici.

Caput 18. D. decanus habet synodum continere singulis annis sine interruptione in 13 sui decanatus ecclesiis: Loendorff, Fritzdorff, Muschoidt, Ruperath, Hilberath, Blasweiler, Neukirchen in silva, Harve inferior ¹) Quibus (?) ... Francken. (Das Manuscript bei ben letzten Ortsnamen unleserlich.)

Caput 19. D. decanus ministrabit in choro s. Barbarae capella Bonnensi s. chrisma et oleum ipso die parasceves et lavabit de unaquaque ecclesia infrascripta 4 b(laffert?)

Camera superior: ²)

1. Aldenahr. — 2. Adendorf. — 3. Ahrweiler. — 4. Bachem superior. — 5. Bachem inferior. — 6. Bengehoven. — 7. Berchem. — 8. Blasweiler. — 9. Brisig. — 10. Birgel. — 11. Dernaw. — 12. Francken. — 13. Fritzdorff. — 14. Hilberoed. — 15. Herkenbach. — 16. Heimertzheim ad Ahram. — 17. Holtzweiler. — 18. Hoeningen. — 19. Houveroed. — 20. Ippelendorff. — 21. Kirchdung. — 22. Kessenich. — 23. Koenigsfeldt. — 24. Loendorff. — 25. Mehlem. — 26. Meyschoss. — 27. Ramorsbach. — 28. Remagon. — 29. Ringen. — 30. Roperath. — 31. Sahr. — 32. Syntzig. — 33. Vilip. — 34. Vischel. — 35. Waldorff superior.

Camera inferior.

36. Buschofen. — 37. Brenich. — 38. Berg Luftildis. — 39. Flertzheim. — 40. Graven Rheindorff. — 41. Heimertzheim a. d. Schwist. — 42. Koldenich. — 43. Metternich. — 44. Miell. — 45. Martini prope Rodesberch. — 46. Rheinbach. — 47. Ramershoven. — 48. Roesberg. — 49. Oerveld et Widdig. — 50. Sechtem. — 51. Schwadorf. — 52. Schwisterberg. — 53. Walberberg. — 54. Waldorf ad montem. — 55. Weilerswist. — 56. Wesseling.

Capellae praemissarum ecclesiarum, quae consueverunt afferre sacramenta a D. decano Arcuensi.

1. Berckem nunc parochia. — 2. Buschhoven parochia. — 3. Dumpelfeldt parochia. — 4. Hemberg parochia — 5. Muffendorff factus caplaris ³). — 6. Neunkirchen auf der Heyden. — 7. Neukirchen in dem Wald. — 8. Vdingen. — 9. Waldorff auf der Ahr parochia. — 10. Vnkelbach. — 11. Veyen. — 12. Wintere (Oberwinter.) — 13. Bodendorff. — 14. Wedig.

3 Monasteria monialium: Schillingcapellen auf dem Verde, Marienthal recipiunt oleum infirmorum et non dant unumquodque nisi duos solidos.

Praemissi pastores seu eorum officiantes tenentur venire ad capitulum suis temporibus et consuetis.

Eib bei der Aufnahme in das Defanatscapitel.

Ego N. N., pastor ecclesiae in N., pronuntio fidelitatem et obedientiam D. D. decano et suis camerariis capituli Arcuens. pro tempore existentibus in licitis et honestis et celanda celabo. Sic me Deus adjuvet et sancta Dei evangelia.

---

¹) Der Pfarrort kommt in spätern Verzeichnissen nicht vor und ist überhaupt wegen fehlender Daten nicht zu identificiren.

²) In dem folgenden Verzeichniß sind nicht alle, sondern nur die zahlungspflichtigen Pfarrstellen des Aargauer Detanats aufgeführt. Es fehlen daher die vom Caffiusstift abhängigen Kirchen, wie Leffenich, Leimersdorf u. a. — ³) = capitularis.

Ev. sec. Lucam.

In illo tempore: Extollens vocem etc.

Caput 20 [1]). Mandata per D. decanum et suos camerarios in capitulo nostro contra pastores decanatus Arcs. sive eorum vices gerentes legitimo exsequuta, D. nostrum Rmum, eius fabricam, archidiaconum, decanum et capitulum nostrum concernentia, arctant et arctabunt ipsos pastores sive eorum vices gerentes absentes sive praesentes.

Caput 21. D. decanus Arc. levabit obsonium et alia jura juxta modum et consuetudinem aliorum decanatorum christianitatum dioecesis Coloniens.

Gebete vor und nach der Capitels-Versammlung.

Suscepimus, Deus, misericordiam tuam in medio templi tui secundum nomen tuum, Dne Deus.

Ecce quam bonum et jucundum (usque ad finem Psalmi). Gloria patri, Kyrie eleison, Pater noster.

v. Salvos fac servos Tuos.

n. Deus meus, sperantes in Te.

v. Mitte eis auxilium de sancto.

r. Et de Sion tuero eos.

v. Esto iis, Dom., turris fortitudinis.

r. A facie inimici.

v. Domine, exaudi orationem meam. Dominus vobiscum.

Oremus.

Suscipiat te (vos) Dominus noster Jes. Christus in consortium electorum suorum, et nos suscipimus te in manus et orationes et in consortium verae fraternitatis et charitatis, ut ipse corda nostra et montes nostras in suo sancto servitio unanimes faciat, qui nos ad hunc diem concessit venire incolumes per Chrum Deum.

In recessu fratrum.

In viam pacis et salutis, veritatis et prosperitasis dirige nos, Dne Deus noster.

Deus misereatur nostri et benedicat nobis. (Ps. usque ad finem.)

Gloria Patri. Kyrie. Pat. nost.

v. Salvos fac (etc. ut supra).

Oremus.

Suscipiat, quaesumus Domine, pietas Tua, qui in Tui nominis honore in unius charitatis ac fraternae dilectionis singularitatem convenimus, intercedente B. M. semper virgine cum omnibus sanctis et eorum meritis, protende gratiam tuam societati et fraternitati nostrae et de omnibus hujus saeculi vanitatibus clementer eripe, quatenus te miseranto aeternam beatitudinem pariter percipere mereamur.

Caput 22. Post mortem cujuscumque pastoris executores et manufideles ejusdem defuncti possunt eligere residuum aut taxam infra tempus debitum, videlicet 10 dierum, et si elegerint residuum, ex tunc incumbet eis cura et regimen ecclesiae cum singulis reditibus anni illius usque ad diem anniversarii obitus sui inclusive, et portabunt omnia onera consueta et inconsueta illius ecclesiae et dabunt novello pastori taxam illius ecclesiae.

---

[1]) Die Capitel 20 und 21 scheinen den Statuten in späterer Zeit hinzugefügt zu sein. Hierfür ihre isolirte Stelle, welche sie hier einnehmen, sowie der Inhalt von caput 21.

Caput 23. Dimittet fimum, stramina provenientia de agris et crescentiis ipsius ecclesiae; fimus vero et stramina de decimis provenientia pertinent ad defunctum D. pastorem et relinquent futuro pastori curtem dotis in debita structura. Si vero executores elegerint taxam ecclesiae, dimittendum residuum novello pastori succedenti: si autem infra 10 dies non fiat quaecumque electio ab executoribus, spectabit ad novellum pastorem annus gratiae cum honore et onere, sed dabit taxam ipsis executoribus, ut supra.

Caput 24. De vinea et foeno, si possessor decesserit ante festum stae. Margaritae [1]), habebit juxta ratam temporis, successor vero gaudebit de fructibus et dabit executoribus juxta qualitatem temporis et accipiet unusquisque mercedem juxta laborem.

Caput 25. Pastor tenetur servare chorum in bona structura decenti, quando chorus est notabiliter destructus. Si vero esset ruinosus, corrosus sive putridus, ex tunc tenentur parochiani singuli eum reformare suis expensis. Corpus vero sive navem tenentur servare in bono tecto hi, qui majores recipiunt decimas, satisfaciendo tectori ordinando petias et clavos expensis suis; dependicula vero navis et ecclesiae parochiani una cum turri, navem et corpus ecclesiae ad duos pedes cum dimidio ab ipsa turri tenentur etiam struere parochiani et reformare tam in tectura quam in structura, ne stillae pluviarum de turri decidentium tectum navis damnificent sive corpus ecclesiae. Secus est, ubi consuetudo est contra praemissas, quae caute a pastore debet singulis annis in synodo extorqueri, judicio scabinorum synodalium sententialiter et publice, ne veniat in oblivionem et gravamen pastoris. Quia in nonnullis locis solus pastor tenetur servare chorum in bona structura, quamvis vero percipiet majores decimas, nihilominus parochiani tenentur ad singula alia, in quibus stabitur consuetudini locorum per longa tempora sic servatae seu synodaliter expresse judicatae. Parochiani etiam semper tenentur ad septum sive sepes coemeterii formare et in debita structura servare, ne de pecudibus et aliis immunditiis sepulchra mortuorum revolvantur in scandalum et dedecus ecclesiae. Et quidquid creverit in coemeteriis, sive nuces, pira, poma, gramina etc., totum spectat ad pastorem. Qui vero majores decimas percipiunt, tenentur servare taurum et aprum pro pecudibus parochianorum juxta communem consuetudinem terrae.

An die Statuten schließt sich im Extractus folgendes

Capitulum de reformatione domorum dotum.

Wir Dechand und capitul gemeinlich der decanien von der Ahr thun [2]) kund allen leuthen, dass wir wissen [3]) nach einer alten gewohnheit und nach einem alten herkommen ahn vnss und vnsere vorelters vnsers capituls, allen pastoren und kirchen, deren ihr wiedenhoff abgebrannt oder einiger weiss vollig verderblich wurde sondern ihr schuld, dan sollen ihme seine kirspelsleuth ein hauss wiederum zimmern, decken und schleifern, welches hauss alsso gestalt sall seyn. es sall haben drey vorbundzimmer, einen 12 fuss von dem andern in der längden, die schechter 20 fuss lang, und es sall binnen seinen wenden 18 fuss weit seyn, und es sall haben einen dobbelten schornstein, es sall zu zwei seiden

---

[1]) Von der ersten Vesper an.

[2]) Vgl. unten cap. 15 der Statuta renovata a. 1573.

[3]) So die Handschrift für „weisen". Vgl. die Synodales Constitutones ... Archidiaconatus Xantenses bei Binterim und Mooren, Alte u. neue Erzb. Köln, II 26^0.

behangen seyn, es sall haben eine trappe, und es sall gestewert [1]) sein mit
bretern zu einem gebunne, es sall doeren und fenstern haben nach seinem gebuer.
Item off der wydenhoff einen keller hätte gehabt, den sollen die nachbarn wieder
rusten und mit trevern als sich das gebuhrt und dyt weyssthumb vorgeschrieben,
halden und wir wissen vor vns capituls gerechtigkeit auss dem alten herkommen
und gewohnheit.

2. Statuta decanatus et christianitatis Arcuensis ex. aō 1573.

Renovata in capitulo [2]).

Die unter vorstehender Ueberschrift erneuerten Statuten stimmen im Wesentlichen mit
den unter Nro. I mitgetheilten überein. Der Kürze wegen sollen nur die Veränderungen
speciell abgedruckt, identische Capitel nach der Reihenfolge mit den respectiven Nummern
bezeichnet oder im Falle der Ausscheidung gestrichen werden.

Die Capitel 1, 2, 3, 4, 8, 11, 12, 13, 14 der erneuerten Statuten entsprechen
n. 1, 3, 4, 5, 14, 22, 23, 24, 25 der ältern [3]). Abweichend sind in den Statuten von
1573: Capitel 5, 6, 9, 10 und theilweise 7.

Caput 5. Feria 4ta post dominicam in albis servabitur Bonnae capitulum
in sacello s. Barbarae archidiaconalis ecclesiae, ubi praemissa auā [4]), versu et collecta de spiritu s. decanus habebit sacrum de Spiritu s., quo finito brevis habetur
dictio a pastore capitulari constituta de vita, moribus et officio pastorum. Deinde
decanus et camerarii pronuntiabunt et intimabunt mandata ab Illmo archiepiscopo sive ejus in spiritualibus Rmo D. vicario generali interim publicata [5]).
Eruntque praesentes omnes pastores sive eorum vices gerentes in capitulo et
mensa, nisi fuerint legitimo excusati sub poenis inferius annotatis et quivis
pastor sive locum tenens dabit D. decano viaticum videlicet denarium.

Caput 6. Quivis pastor sive officians tenetur interesse capitulo, et si quis
pastor seu officians non comparuerit, dabit florenum Rhenanum et licet legitime
excusatus fuerit, quod in scriptis docere tenetur, nihilominus dabit florenum me-
moratum in die capituli.

Caput 7. Ist im Ganzen unverändert. Einzige Abweichung ist „Dabit decano
imperialem" statt „12 denarios" in Cap. 13 der ältern Statuten.

Caput 9. D. decanus vocabitur ad exequias pastorum seu eorum vices
gerentium sui decanatus ibique decantabit missam summam, levabit oblationes
exequiarum et habebit pro sepultura quatuor daleros Colonienses. Si vero defunctus
pauper fuerit, duos daleros cum electione melioris libri unius compacturae, non
autem plurium voluminum et compacturarum. Item pro schedis mortuorum
imperialem et capituli pedello pro iisdem circumferendis maldrum siliginis seu
pretium currens.

---

[1]) Bei Binterim statt „gestewert" „gestrewet". — [2]) Manuscript im Pfarrarchiv zu
Hemmerich.

[3]) cap. 2 der ältern Statuten fällt in den spätern aus. — [4]) anā = antiphona.

[5]) Vgl. hierzu cap. 6 und 7 der Statuten von 1173. Nach der Fassung des hier
vorliegenden 5. Capitels ist nicht ersichtlich, ob die Dechanten und Kämmerer in alter
Weise den Generalversammlungen zu Köln seit 1573 noch beiwohnten. Jedenfalls aber
spricht der obige Wortlaut des erneuerten Statuts dafür, daß die Dechanten in späterer
Zeit nachträglich von der Erzbischöflichen Behörde schriftliche Mandate erhielten, welche sie
auf den Dekanats-Versammlungen zu Bonn publicirten.

Dieses Statut erhielt später folgenden Zusatz:

Et praedictis schedis communicatis quilibet pastor seu vicarius perpetuus tenetur pro confratre defuncto ad tria sacrificia a͞o 1688 capitulariter conventa.

Caput 10. Ad exequias decani vocabuntur duo camorarii et jura, alias ut supra decano dobita, levabunt, et si tempore vacaturae decanatus sepultura pastoris facienda, ad eandem quilibet camerarius in sua camera vocabitur et levabit jura alias decano dobita.

Caput 15. Si domus pastoralis sit ruinosa, corrosa sive putrida seu citra culpam pastoris pereat, parochiani eandem tenentur reformare et in decentem formam reddere inhabitabilem propriis sumptibus et expensis.

Caput. 16. Pastor in Vrietzdorff dabit D. decano annuatim duo maldera tritici et pastor in Houverad unum maldorum tritici annuatim sive pretium currens.

Caput 17. Annus gratiae pastorum, quid sit, quando incipiat et quando finiatur.

Annus gratiae pastorum is est, quando pastor supervixit primas vesperas s. Margarethae, hoc est, horam circiter 2dam pomeridianam diei duodecimi Julii, tunc defunctus habet non tantum fructus sive redditus anni currentis, sed et subsequentis cum onere deserviturae, resp. ad primas vesperas s. Margarethae anni sequentis, ex quo patet, quando annus gratiae incipiat et finiatur. Ex redditibus anni istius tenentur haeredes solvere novello sive successori taxam, quae est pars tertia reddituum temporis a defuncto non deserviti. Tempus autem deservitum est illud, quod defunctus post festum s. Margarethae supervixit, v. g. si supervixit mensem unum, duos, tres etc. de iis successor nihil praetendere potest, sed tantum de eo tempore habet tertiam partem, quod defunctus resp. ad sequens festum s. Margarethae non deservivit, in quo tamen puncto haeredes defuncti, uti cap. 11 [1]) notatum, habent electionem vel taxae vel residui sive deserviturae. Si eligant deservituram, habent duas tertias temporis a defuncto non deserviti. Si taxam eligant, habent solummodo unam tertiam partem istius temporis praeter ratam temporis deserviti et successor duas tertias cum onere deserviturae.

Camera superior
seu nomina parochiarum superioris camerae.

Aldendorff. — Aldenahr. — Arweiler. — Bachem superior. — Bachem infer. — Berckum. — Bengenhoven. — Blasweiler. — Brisach. — Dernau. — Francken. — Fritzdorff. — Herkenbach. — Heimersheim. — Hersbach. — Hilberath. — Hoeuingen. — Holtzweiler. — Houverath. — Ippelendorf. — Kesseling. — Königsfeld. — Lind. — Loendorff. — Melum. — Meyschoss. — Muffendorff. — Mutscheid. — Neukirchen in sylva. — Oberwinter. — Ramersbach. — Remagen. — Ringen. — Ruperath. — Saar. — Sintzig. — Vilp. — Vischel. — Waldorff. — num. 41.

Camera inferior.
Brenich. — Buschoven. — Heimertzheim. — Hommerich. — Hersel. — Keldenich. — Lufftelberg. — Meihl. — Merten. — Metternich. — Morronhoven. — Neukirchen. — Orffel. — Ramershoven. — Reinbach. — Rindorff. — Roesberg. — Sechtem. — Swadorff. — Vlortzheim. — Walberberg. — Waldorff ad montem. — Weilerschwist. — Wesseling. — num. 24, in toto 65.

---

[1]) cap. 11. wie cap. 22 der Statuten von 1173, vgl. oben.

Duo ex illis nunquam veniunt ad capitulum, nempe Vritzdorff et Houverath, nec solvunt symbolum.

Praemissi pastores sive eorum officiantes tenentur venire ad capitulum, ut praenotatum, suis temporibus consuetis et debitis, idque sub poena prae-inserta[1]).

Sequitur tenor juramenti.

Ego N., pastor ecclesiae in N., promitto (ut supra).

3. Reformvorschläge des Dekanatscapitels vom 6. Mai 1767. Entscheidung des Erzbischöflichen Ordinariats.

Manuscript aus dem Kirchenarchiv zu Waldorf.

Anno 1767 6. Maji in capitulo habito in sacello s. Barbarae in separatis chartis sequentia notamina ab amplissimo D. officiali Bonnensi Tilmanno Schmitz praelata a dominis capitularibus accepta et approbata.

1. Cum ob locorum distantiam singulis annis stylo quasi ferreo capitulo interesse pluribus non modo permolestum, sed etiam ex defectu tot interim substituendorum curam pastoralem negligi necesse sit, impostorum capitulum nonnisi urgente a R^{mo} D^{no} ordinario demandata causa conveniendum erit.

2. Sit ex tunc infra limites decanatus nostri in loco commodiori capitulum celebrandum.

3. necessarium videtur, ut archivium capitulare erigatur, in quo documenta communia aeque ac specialia singularium parochiarum tuto asservari queant, nec minus.

4. ad decorem capituli et securitatem excursionum conducit, ut pedellus in excursionibus aliisque officiis insigne gerat capitulare vestequo coloris distincti incedat, quam quidem ex suo salario sat pingui ipsemet sibi fieri curabit — praedictum insigne capituli sumptibus procurandum.

5. ne vero capitulares ratione praemissorum ulterioribus expensis graventur, uno alterove anno, quo juxta s. t. capitulum non congregatur, loco consueti symboli a singulis, quantum ad praemissa fuerit necessarium, contribuendum erit, ea tamen conditione ut desuper.

6. Sicut et aliis in futurum recipiendis et exponendis, quoties post hoc capitulum conveniat, coram D. decano et duobus a capitulo deputatis computus accurate instituatur, residuumque, si quid manserit, in praedicto archivio ad usum ulteriorem capituli asservetur.

7. jura D. decani juxta normam aliorum decanatuum ad certum quantum restringantur.

8. Ut vero praemissa firmius observentur, D. decanus desuper consensum et ratificationem R^{mi} D^{ni} ordinarii implorare teneatur.

Ad singulos numeros responsum et conclusum est, ut sequitur:

Ad 1 et 2 negativo.

ad 3 ratione archivii esset optandum, ut perveniret ad effectum.

ad 4 negative.

ad 5 maneat ut ante.

ad 6 adhibeatur computus.

---

[1]) Unter den hier aufgeführten Pfarrstellen fehlen aus dem Dekanat Herfel die von Lessenich incl. Alfter und Witterschlick, weil sie dem ausgeschiedenen Dekanat Bonn angehörten.

ad 7 videantur notamina.

In eodem capitulo exhibita in se continentia 10 numeros:

1. D. decanus hucusquo pro transitu ad capitulum accepit 4 florenos 3 denarios, camerarii nihil et secretarius nihil, quid do hoc statuendum?

2. ex capitulo absens et legitimo excusatus pro mensa tantum hactenus solvit unum florenum Rhenanum, cum praesentes ordinario plus solvere debeant, an non proportionaliter idem sit statuendum quasi praesens, vel in duplo, si non excusatus emaneat?

3. an loco piperis alias dati unicuique camerario ½ florenus Rhenanus solvendus a novellis?

4. Cum hactenus ab haeredibus defuncti domini pastoris pro sepultura et exequiis 4 floreni Rhenani et pro electione libri 6 floreni Rhenani quoque D. decano solvebantur, quid in hoc puncto mutandum et pedello pro qualibet vice 20 alb., item pro schedis mortuariis alias imperialis, an non sufficiat florenus Rhenanus?

5. pro danda possessione novello nihil memoratur in statutis, sed D. decanus praetendebat aurum et argentum indeterminatum, an nihil certi in hoc puncto sit statuendum et quid?

6. vacante decanatu si novellus ad capitulum sit admittendus, an a camerario isto, ad cujus cameram spectat?

7. Secretarius capituli simul admissus, an dimitti possit, vel si novus sit eligendus, a quo, an a decano privative vel cum confirmatione capituli?

8. quid ordinandum circa consistorium, quod hucusquo non fuit servatum a D. defuncto decano?

9. juxta rumorem praetendunt pastores ex patria Iuliacensi alternative esse eligendum decanum, quod si vero hoc anno vota plurima in pastorem patriae Coloniensis cadant, an Iuliacenses in hanc electionem consentire debeant, quod ante capitulum esset proponendum ad evitandam confusionem?

10. an statuta essent renovanda, dein confirmanda ad haec notamina.

Conclusum est, ut sequitur, et quidem:

ad 1. praeter mensam habebit D. decanus pro transitu 2 florenos Rhenanos, quilibet camerarius unum et secretarius unum.

ad 2. absens excusatus solvit uti praesentes, non excusatus in duplo uti quondam.

ad 3. Cuilibet [1]) solvetur medius florenus Rhenanus loco piperis a novellis.

ad 4. pro sepultura, exequiis, schedis mortuariis et pro libro habebit D. decanus novem florenos Rhenanos et pedello 20 alb., si comitotur pro qualibet vice, solventur pro; maldero siliginis, imposterum dabuntur pedello tres imperiales ad 80 alb. sub conditione, ut circumferat schedas mortuarias.

ad 5. in visitatione solventur jura prout observatum, et pro danda possessione habebit D. decanus 4 imperiales.

ad 6. Camerarius admittet novellos, defuncto D. decano, ex cuius camera novellus est.

ad 7. semel admissus manebit, novus autem eligendus a d. Decano proponendus et a capitulo confirmandus.

ad 8. Constituuntur assessores, et quidem a camera superiore duo, duo quoque a camera inferiore et quidem cum consensu capituli: ne vero partes gra-

---

[1]) Zu ergänzen: camerario.

ventur, jura ordinaria sunt dividenda inter assessores. Ex camera superiore pro
assessoribus assumpti sunt domini pastores in Kirchdun et Ahrweiler et ex
camera inferiore domini pastores ex Reimbach et Meyl.

ad 9. maneat libera electio neodecani, sive Iuliacensis sive Coloniensis
patriae sit eligendus.

ad 10. Sunt renovanda, praelegenda et confirmanda.

Quod haec notamina ab amplissimo D. offic. Bonnensi Tilmanno Schmitz in
capitulo ante electionem neodecani praelecta, a dominis capitularibus admissa,
approbata et confirmata fuerint, hisce attestor. In cujus fidem scripsi, subscripsi
et piceto meo consueto communivi sigl.

Oberbachem hac die 29. Januarii 1768. Bern. Meyer, capituli Arcuensis
Secretarius mpp.

Notizen über zwei Visitationen von Aargauer Dechanten.

1.

Aufzeichnung des Pastor Frühe im Kirchenbuch von Hemmerich: Anno 1684
den 19. Aug. nachmittags um 4 Uhr ist allhier Visitation geschehen durch den
herrn landdechant h. Pastor zu Weilerschwist, h. Caspar Rittersbach, mit seinem
secretario, h. Pastor zu Murrenhoven, warzu die Kirch einen und auch die Gemeind
einen rthlr geben für jura, ich aber einige Kost und trank gethan, und hat bei
mir pernoctirt.

2.

Aufzeichnung des Pastors Münd zu Rösberg.

Mane 11ma junii in hemmerich 4ta hora 1763. Amplissimus D. decanus
Schroeder ss. theologiae licentiatus hic visitavit. Pueri in ecclesia comparue-
runt, sunt in catechesi examinati a me et cum laude responderunt: distribui
rosaria. . . omnia in bono statu sunt inventa. Ecclesia mea ratione tractamenti
mihi contribuit duos imperiales. Communitas cum gaudio dedit decano 18 solidos.
Dominum decanum comitati sunt secretarius ejus et pedellus, tractamentum orna-
verunt scabini mei synodales.

II.

Bulla Clementis Papae VII. de 1524 in favorem cardinalis Wilhelmi praepositi
Bonnensis.

Beglaubigte Abschrift aus dem Kirchenarchiv zu Herfel, die Residenzpflicht betreffend.

**Papst Clemens VII. gestattet dem Bonner Archidiakon Cardinal Wilhelm und dessen
Nachfolgern, von den nicht residirenden Beneficiaten eine Abgabe in Geld zu erheben.**

Clemens Episcopus, servus servorum Dei, dilectis filiis abbati monasterii
Sti Martini et decano S. Cuniberti Coloniens. ac officiali Coloniens. salutem et
apostolicam benedictionem. Hodie a nobis emanarunt literae tenoris subsequentis.

Clemens Episcopus, servus servorum Dei, ad perpetuam rei memoriam.

Divina dispositione gregi dominico, meritis licet imparibus praesidentes, ad
ea, per quae nostrae provisionis ministerio ecclesiarum, dignitatum ejusque prae-
sidentium personarum, praesertim cardinalatus honore fungentium statui et indemnitatibus valeat provideri, libenter intendimus ac desuper statuimus et
ordinamus, prout in Domino conspicimus salubriter expedire. Sane dilectus filius
noster Wilhelmus Sanctorum Ioannis et Pauli presbyter cardinalis, qui praepo-
situram ecclesiae sanctorum Cassii et Florentii oppidi Bonnensis Coloniensis

dioecesis ex concessione apostolica in commendam obtinet, nobis nuper exposuit, quod licet de antiqua et approbata hactenusque pacifice observata consuetudine praepositus dictae ecclesiae, pro tempore existens, qui etiam in ecclesiae Coloniensi archidiaconus existit, a rectoribus parochialium et aliarum ecclesiarum infra limites sui archidiaconatus hujusmodi consistentium et aliis in eisdem ecclesiis beneficiatis in illis non residentibus seu residere non valentibus aut non volentibus pro absentia hujusmodi ac licentia deserviendi per alios eisdem ecclesiis et aliis beneficiis per eos obtentis certam pecuniae quantitatem singulis annis petere et etiam ab invitis exigere consueverit: nihilominus nonnulli ex rectoribus et beneficiatis praedictis indultum de percipiendis fructibus beneficiorum suorum in eorum absentia a sede praedicta impetrarunt et indies impetrant, cuius praetextu ab eisdem ecclesiis se absentantes praedictam pecuniae quantitatem eidem Wilhelmo cardinali propter hujusmodi absentiam ratione praepositurae et archidiaconatus hujusmodi debitam persolvere indebite recusant, pluresque ex ecclesiis praedictis nec non monasteriis conventibusque et aliis ecclesiis sive locis ecclesiasticis etiam exemptis infra eosdem limites consistentibus aliis cum indulto illis per vicarios ad eorum nutum amovibiles, dioecesani loci vel cujusvis alterius licentia desuper minime requisita deserviendi apostolica seu alia authoritate perpetuo unita existunt, et in futurum simili modo uniri poterunt in non modicum Wilhelmi cardinalis et pro tempore existentis dictae ecclesiae Bonnensis praepositi ac praepositurae et archidiaconatus praedictorum (cum non parva pars fructuum, reddituum et proventuum ipsius archidiaconatus ex solutionibus absentium rectorum et beneficatorum hujusmodi proveniat) praejudicium et detrimentum. Quare dictus Wilhelmus cardinalis nobis humiliter supplicavit, ut in praemissis opportune providere benignitate aplīcā dignaremur. Nos igitur, qui personis dignitate ecclesiastica praeditis in his libenter assistimus, per quae illarum profectibus consulitur et indemnitatibus providetur, hujusmodi supplicationibus inclinati authoritate aplīcā tenore praesentium statuimus et ordinamus quod de cetero dictus Wilhelmus cardinalis et successores sui dictae ecclesiae Bonnensis praepositi pro tempore existentes a rectoribus dictarum ecclesiarum sibi ratione dicti archidiaconatus subjectorum, nec non perpetuis beneficiatis in eisdem et aliis ecclesiis sive locis ac personis secularibus et quorumcumque ordinum etiam mendicantium et minoritarum regularibus, exemptis et non exemptis, per vicarios ad eorum nutum amovibiles ecclesiis eis seu eorum mensis seu locis nunc et pro tempore perpetuo vel ad vitam seu aliud tempus vinctis [1]) et eidem Wilhelmo cardinali ratione archidiaconatus hujusmodi ut profertur subjectis, pro tempore deservientibus, praedictam pecuniae summam propter absentiam et non residentiam huiusmodi praeposito praedicto ut archidiacono persolvi solitam petere et ab iis etiam invitis exigere ac eos ad id etiam per censuras et poenas ecclesiasticas, quacumque appellatione rejecta compellere, per se vel alium libere et licite valeant, invocato etiam ad hoc, si opus fuerit, auxilio brachii saecularis. Non obstantibus constitutionibus et ordinationibus apostolicis ac supradictis et quibuslibet aliis privilegiis et indultis rectoribus, beneficiatis, personis, monasteriis, conventibus, ecclesiis et locis praedictis eorumque ordinibus in genere vel in specie sub quibuscumque tenoribus et formis ac cum quibī [2]) eis clausulis et decretis per sedem praedictam et alias quovismodo nunc et pro tempore concessis, quibus etiamsi de illis

___

[1]) vinctis **Manuscript** undeutlich. — [2]) quibe — quibuscumque.

corumque totis tenoribus specialis specifica, individua et expressa ac de verbo ad verbum, non autem per clausulas generales idem importantes mentio seu quis [1]) alia expressio habenda foret tenores [2]) hujusmodi praesentibus pro sufficenter expressis habentes, illis alias in suo robore permansuris, hac vice dumtaxat specialiter et expresso derogamus caeterisque contrariis quibuscumque. Nulli ergo omnino homini liceat hanc paginam nostrorum statuti, ordinationis et derogationis iufringere vel ei ausu temerario contraire. Si quis autem hoc attemptare praesumpserit, indignatione omnipotentis Dei ac beatorum Petri et Pauli apostolorum ejus se noverit incursurum. Datum Romae apud s. Petrum anno incarnationis Dominicae millesimo quingentesimo vigesimo quarto, sexto decimo Kalen. Apriles pontificatus nostri anno secundo.

Quocirca discretioni vestrae per apostolica scripta mandamus, quatenus Nos vel duo aut unus vestrum per Nos vel alium seu alias literas praedictas et in eis contenta quaecumque, ubi et quando opus fuerit, aequoties pro parte Wilhelmi cardinalis et successorum praedictorum desuper fueritis requisiti, solemniter publicantes eisque in praemissis efficacis detentionis praesidio assistentes faciatis authoritate nostra statutum et ordinationem praedicta firmiter asservari, ipsosque Wilhelmum cardinalem et successores illis pacifice gaudere, non praemittentes [3]) eos desuper per rectores et beneficiatos et personas praefatos seu quoscumque alios quomodolibet indebite molestari, contradictores per censuram ecclesiasticam appellatione postposita compescendo. Non obstantibus omnibus supradictis, aut si rectoribus, beneficiatis et personis praefatis vel quibusvis aliis communiter vel divisim ab eadem sit indultum, quod interdici, suspendi vel excommunicari non possint, per literas apostolicas non facientes plenam et expressam ac de verbo ad verbum de indulto hujusmodi mentionem. Datum Romae apud s. Petrum anno incarnationis Dominicae millesimo quingentesimo vigesimo quarto, sexto decimo Kalen Apriles pontificatus nostri anno secundo.

Praesentem copiam ex libro privilegiorum praepositurae Bonn. in pergameno compacto descriptam cumque eodem fol. 288 per omnia concordare attestor hac manus meae subscriptione et signeti notariatus mei appositione.

L. S. Bonnae 16. Julii 1686.

Joannes Silmen, apostolicus et caesarius in collegio scriptorum archivii curiae Romanae et in cancellaria electorali Colon. Bonnae immatriculatus, nec non curiae archidiaconatus Bonnensis causarum notarius subs. Mppr.

III.

Ueber Hexenverbrennung u. a.

1. Rentmeister Johann Lax an Graf Werner Salm [4]), 1628, November 3.

„Verlittenen montagh ist die alde Wirthin zu Bonn in der Blomen uff der höhe [5]) verbrandt und ahm selben tagh auch zwischen Wosselingh und Godorff der Zollner neben der Schultessinnen zu Metternich verbrandt worden, und wirdt noch vill von vornehmen richen, doch mir unbewusst und unbekannten leuthen. so in Bonn und sunsten seyn, welche der zauberkunst (angeklagt) sein sollen, gesaget, welches die zeit ahn tagh bringen wird."

---

[1]) quis = quaevis. — [2]) „tenores" soll wohl heißen tenoris. — [3]) praemittentes soll heißen permittentes. — [4]) Aus dem Archiv zu Schloß Dyck. [5]) Höhe heißt die Stelle an der Erziehungsanstalt zwischen Bonn und Herfel.

2. Paftor Durenius an Graf Werner Salm 1628.

Hoch und wollgebornor Graff, gnädigor Herr . . . .

„dass ich von längst her nichts goschriebon, ist dahoro kommon, dass mir nichts
sonderlich vorkommen, alloin dass man zu Bonn stark zu brennon anfango; jetzo
sitzet oino roicho, deren Man vormahls Schoffon zu Bonn gewoson, nahmens
Kurtzonik. deme dio herborgh zur Blomon oigenthümlich zuständig gewoson.
Ob or abor Euer Gn. ex doscriptiono hac bekännt sein, weiss ich (nicht), sed
ut sit, sio ist oino hex und täglich vormeinet man, dass sie justificirt sollo werden, wolchor ohno Zweiffol noch otliche Dickköpf mohr folgen müsson.“

„E. G. orthoilton befolch (darin dio Kirchenordnung und goistliche policei
bogriffon) betreffond, so wird dor loider wonig gohalten, dessen dan jetzo aufs
now dio moisto ursach soint dio vilfültige Brandtenwoinbronner.　Dan oft höre
ich von andoron an Son- und fosstäg, dass ihrer otliche voll vor dem Gottes-
dionst auf gomoiner Gasson und mister liogon gleichs don unvornünftigen boeston
und croaturon.　Was nun dass vor ein scandalum dom gomoinon Mano soin, kan
ein jeglichor woll und loichtlich ermesson. Ich zwar vor moino porson kan es
nit bosseren, woforn mir von Ew. Gn. die hand nit gobotton wird werden, besseren,
sag ich, kan ichs nit, abor sagen kan ichs und mohr nit.“

„Dorowogon weil Ew. Gn. von diesem recht und löblich oinon befolch gebon,
alle dorgloichon Kesselen ausserhalb einem oder zween abzubrechon, selbigen
bitte ich um Gottes willon Ew. Gn. repotiron und dio oxokution ernstlich (zu)
befehlen, damit wir also dor gezuckten handt Gottes entgehen mögen. Daran
thun Ihro Gn. oin gottgofülliges und für die menschen ein löbliches werck, dass
Gott der horr ungozweifolt an Ihro Gn. solbsten und an dero unterthanen mit
soinom göttlichen segen wird erstatton und bleibe also Ihro Gn. unterthänigster
Diener und pastor zu Alffter
Hilg. Durenius.

3. Ein anderes Schreiben desselben an den Grafen Werner.

„Dass Ihro Gn(aden) hochgnädig gefallon lasson auf mein unterthänigst schreiben
und begeron dom Closter 1 wagen holtz zu verehron, thue mich unterthänig
bedankon, und bleib solches gegen Ew. Gn. die tag meines lebons in allor undor-
thänigkeit zu vorschulden so willig alss genoigt. Newes diosor Art nixt, alss
dass ich vorlittonon dionstag zu Cöllon gewoson, alda geschon 8 router gofäng-
lich am teutzer fahr überführen, welche von otlichon hindor Wachen
und dos oborsten Papagi wäg goplündert habon solton, heut aber don 29. Sep-
tombris kompt mir zeitung, dass sie schon zu teutz allo gohenkt.“ . . .

„sonsten bin ich vor 2 oder 3 tagen zu Bonn bei dem h. Scholastor gewoson
und (hab) alda auf Ew. Gnaden Gesundheit getrunken. Ueber tisch kamo ein schrei-
bons ein von Wirtzburgh, so an herrn Scholastern von oinom Canonico Bonnensi
abgogangon, ungofähr dieses inhalts: Ein fass woin do año 1624 wirt alhier vor-
kaufft vor 140 reichsthalor. deren Ihro fürstl. Gnadon noch in ihrem Keller hat
4000 und sonst habon die reichsten auch noch ihre kellor wol vorsehen, solche
soint abor mehrentheils hexenmeister.　Disor art gehot vorgowiss die halbe statt
drauf. dan alhior soint schon professores et candidati juris, pastores, canonici,
vicarii, religiosi eingologt und vorbrant. Ihro fürstl. G. haben 70 alumnos
wolcho folgondts Pastoron werden sollon, . . . oingologt, 2 andere hat man auch
gosucht, soint abor aussgerisson. Der Cantzler samt der Cantzlorinnon und dos
gohoimon secretary hausfraw seindt schon fort und gerichtet. Am about unsorer
L. frawon 7ten 7bris ist oino tochter allhio, so don namon gohabt, dass sie die

schönste und züchtigste gewesen von der ganzen Statt, von 19 jharen hinge-
richtet, welche von dem bischof selbsten von kind an erzogen. Einen thumb-
herrn mit namen Rotenban hab ich sehen enthaupten und folgendts verbrennen,
Kind von 3 und 4 jaren haben ihre bulen; Studenten und edelknaben von 9,
10, 11, 12, 13, 14 jaren seint hier verbrannt, summa es ist ein solch jamer,
dass einer nit weiss, mit wass leuten er conversiren und umbgehen solle. —
Zu Bon haltet man ein, cur, nescitur. Wass weiters verlaufen wird, berichte
ich am nechsten. Hiermit geben Alffter 29 7bris 1628."

E. G.   unterthänigster Diener

Hilg. Durenius, p. zu Alffter.

IV.

**Aufzeichnung des Pastors Niederfrüchten über die durch hessische Truppen
verübten Greuel in Lessenich und Umgegend 1645[1]).**

Ad maiorem Dei gloriam et augmentum et conservationem Ecclesiae.

Factum est hoc tempore belli Hassici, qui iam in quartum annum prae-
dominantes in hac patria hac aestate praecedente in festo s. Annae exusserant
ecclesiam cum pastorali et alys domibus in Lessenich, item in Duistorff circiter
22 et in Odighoven circiter totidem et hisce diebus adhuc homines captivos ab-.
ducebant, adeo ut in praecedente nocte per hunc pagum Gilsdorp per Pusacker
transeuntes abduxerint equos ex villa quadam in Bornem, ex Hersel homines ali-
quot, quod iidem ante tres circiter septimanas fecerant in Odighoven. Sicque
hisce temporibus exulavit mater apud filiam et pastoralia administrata sunt in
Gilstorp.

Deus det his quoque finem et sapite posteri damno alieno!

V.

Processionen.

1. **Von Alfter und Roisdorf[2]).**

„Feria quarta post festum Paschatis vicini et subditi in Alffter et Roistorff suam parochiam Lessenich agnoscentes solennem processionem cum venerabili Sacramento ex Alffter in Lessenich annue instituunt et observant.

Item decimo octavo in festo Lanceae et Clavorum, quando solennis processio
cum venerabili Sacramento per Rdum capitulum oppidi Bonnensis ex collegiata
sua ecclesia versus Dietkirchen habetur, tunc inter alias parochiales ecclesias
parochiani in Lessenich ibidem quoque processionaliter comparere tenentur;
eodem autem tempore vicini in Alffter et Roistorff cum suo capellano ex
Alffter ad parochiam in Lessenich conjuncti simul in Dietkirchen veniunt et
inde Bonnam comitantur ad dictam processionem. Quod ipsum quoque utpote
decimo anno feriis rogationum ita fieri consuevit et hactenus observatum est.

---

[1]) Aus dem Archiv der Pfarrkirche zu Lessenich.
[2]) Akten zu Schloß Dyck, Band 288.

2. Urkunde des Generalvicars de Reux, die Procession der vereinigten Pfarreien Hemmerich, Waldorf, Sechtem, Rösberg, Merten, Schwadorf und Berzdorf betreffend[1].

Cum Nobis referatur, quod in feria tertia rogationum parochiae in Hemmerich[2], Waldorff, Sechtem, Roesberg et Merten post absolutum in earumdem qualibet sacrum in Walberberg aliud sacrum audiant, ubi praetactis parochys illa in Swadorff et Bertzdorff sese adjungunt et ita conjunctae ad ecclesiam in Pinsdorff, duabus circiter horis a primodictis locis distantem, in qua sacrum cantabile habetur, non sine confusione ex concurrentia populi oriente indeque non levi pietatis deminutione consequonte procodant, in nostris autem statutis synodalibus salubriter ordinetur, ut longiores processiones ad majorem in populo conservandam devotionem et praecavenda scandala, ex ejusmodi longioribus processionibus enasci solita, ex quo possit, meliori modo contrahantur, hinc inhaerendo dictis statutis synodalibus committimus supratactorum locorum parochis, ut pro fatis processionibus ad quaecumque huiusque notata inconvenientia emendanda contrahendis parochiae in Hemmerich, Waldorff, Sechtem, Roesberg et Merten, dicto in qualibet prius sacro, in Walberberg procedant ibidemque loco sacri privati missam cantatam audiant, eaquo finita, quaelibet sub suo vexillo cum decenti modestia et congrua devotione ad propria redeat; aliarum vero parochiarum Walberberg, Swadorf et Bertzdorff processiones pariter devote et modeste in Pingsdorff more consueto deducantur. Monemus autem praetactos parochos, ut omni modo sint solliciti, quatenus p^{dta} processionum abbreviatio cum ea moderatione et discretione promoveatur, ut omne scandalum et murmur in populo caveatur. Sig. Coloniae, 14 Maji 1729.

L. S.   J. A. de Roux, V. g. mp.

3. Wallfahrt von Hemmerich nach Barweiler im Kreise Adenau.

Vico et authoritate archiepiscopali ordinaria tenore praesentium adm. R^{do} Duo F. C. Frangonheim, pastori et camerario in Hemmerich, facultas et licentia conceditur, ut ad avertendam pecorum luem, etiamnum in vicinia grassantem, aliaque divinae iracundiae flagella parochialem ecclesiam in Bahrweiler, a cultu immaculatae Virginis percelebrem, processionaliter, cum cruce et vexillo, devote visitare possit et valeat, ita tamen, ut procul omni abusu observentur omnia et singula, quae in statutis synodalibus hac in parte praescripta sunt, praesentibus pro unica vice valituris.

Coloniae, 2da Augusti 1751.   F. C. f. de Sierstorff, Vic. glis.

Viso attestato . . Dni pastoris in Hemmerich, quod visitatio processionalis ecclesiae in Baarweiler a parochianis suis elapso anno cum magno devotionis zelo et bono ordine instituta fuerit, suprascriptam licentiam ad aliud triennium extendimus.

Col. 21. Aug. 1752.   F. G. f. de Sierstorpff.

Die in Euer Hochehrwürden Eingabe vom 26. 1. M. bezeichnete Wallfahrt wird hiermit ein für allemal, jedoch unter dem Beding gestattet, daß ein Geistlicher, welcher Ordnung, Zucht und Erbaulichkeit bewachet, dieselbe begleite, und mit dem Bemerken, daß die

---

[1]) Original im Pfarrarchiv zu Hemmerich.

[2]) „Hemmerich" ist nachträglich mit anderer Dinte beigefügt.

Wallfahrter, insofern es seitens der weltlichen Behörde einer Erlaubniß bedarf, diese sich selbst zu erbitten haben.

Köln, den 26. Juli 1837.   Clemens August,
Erzbischof von Köln.

An
den Pfarrer Herrn Hassel Hochehrwürden zu Hemmerich [1]).

VI.
Reliquien.

1. Reliquien des h. Sebastianus in der Pfarrkirche zu Brenig. Authentik.

Fr. Joseph M. Castellani, ordinis eremitarum sancti Augustini, Dei et apostolicae sedis gratia episcopus Porphyriensis, sacrarii apostolici praefectus etc. D. N. praelatus domesticus ac pontificio solio assistens. . . . . . .

Has literas perlegentibus testamur, Nos ad majorem omnipotentis Dei gloriam et sanctorum morum cultum dono dedisse particulas sacras ex ossibus s. Sebastiani martyris ex authenticis monumentis avulsas, quas in theca ex auricalio de argentato ovalis formae unico crystallo munita, funiculo serico rubri coloris interius obstricta, et nostro sigillo impresso super cera minio tincta signata reverenter collocavimus; facta domino potestate illas apud se retinendi aliis donandi et in quolibet templo, oratorio seu sacello publicae christifidelium venerationi exponendi: unde testimonium hoc manu nostra subscriptum et signo firmatum ei remisimus.

Datum Romae, hac die 9. mensis Junii anni 1858.

F. J. M Ep. Porphyricus.

Roma reversus particulas sacras supra descriptas ecclesiae Brenigensi dono dedi.

Worringen 1853.   Petrus Josephus Elkemann, pastor.

Ab anno 1831 — 1840 vicarius in Bornheim.
„   „ 1840—1845 pastor in Brenig.
„   „ 1845—   pastor in Worringen.

2. Reliquien des h. Aegidius und der h. Agatha in der Pfarrkirche zu Hemmerich. Original=Urkunde mit Siegel und Unterschriften.

Endes Unterzeichnete bezeugen und betheuren hiermit, daß wir, so lang wir in unserer klösterlichen Verfassung geblieben, in unserer Kirche zum h. Ignatius, Bischofs und Martyrers, in Köln dahier in der Stollgaß gegenwärtige Reliquie, nämlich einen Theil des Armes des h. Beichtigers und Abts Aegidius aufgehalten haben; betheuren zugleich, daß bis zur Aufhebung des Klosters dieselbe als eine ächte wahre Reliquie der öffentlichen Verehrung deren frommen Christgläubigen ausgestellet — zum Trost vieler Kranten, besonders deren Fieberhaften, zu Ehre dieses Glorwürdigen mit Eindunkung derselben, Wasser gesegnet — das Fest desselben mit vollkommenem Ablaß begünstigt hochfeierlich gehalten worden seye; bedauern aber zugleich, daß durch die Unruhen des Aufhebungs=Geschäftes die Briefe der Authentie verlohren gegangen: weswegen wir uns verpflichtet finden, um die gebührende Verehrung nicht zu verhindern, weiter zu bezeugen, daß die Briefe der Authentie hier existiret haben, von Mehreren unten benännten gesehen — und gelesen —

[1]) Urkunden im Kirchenarchiv zu Hemmerich.

und Kraft derselben die Feierlichkeit des Festes hier zu Köln in unserer Kirche alljährlich seyn begangen worden, mithin an der Aechtheit der Reliquie gar nicht zu zweifelen; sondern dieselbe alle schuldige Verehrung verdiene. Solches bezeugen unten benannte mit ihrer eigener Hand Unterschrift und des ehemaligen Klosters Insiegel. Den 14. Septemb. 1807.

Maria Joseph Lardinoig, ehemalige Mutter des Klosters s. Ignaty.

P. Polycarpus Platz, ord. s. Francisci recollect., ordinarius p.

L. S.   plures aůos ibidem confessarius.

Maria Catharina Brugnis, ehemahlige vicaria desselben Klosters.

Schwester Joanna, Helena Christina Kerschilgen, ehemahlige pro-
curatix.

Die Particula (des h. Aegidius) [1])

gutgeheissen und erlaubt, der Verehrung auszustellen, in der Visitation der Kirche zu Hemmerich vom hochwürdigsten Herrn Klindenberg, vic. general., sede vacante, den 26. August
1817, wie auch die particula der h. Agatha, welcher authentia unter Herrn Plenz, vorigem
Pastoren, verlohren, doch bewiesen, daß selbe unter H. Pastor Birnich vor 40 Jahren mit
approbation von Rom hierhin kommen, erlaubt also vom h. Vic. general. in gegenwart
des Herrn Göbels, pastor cantonalis in Brühl, weiter der veneration auszusetzen.

Hemmerich, 26. August 1817.   Herm. Jos. Lingen, pastor mp.

3. Reliquien des h. Apostels Matthäus und des h. Martyrers Hyacinthus in der Pfarrkirche zu Waldorf. Authentik [2]).

Hieronymus Spinula, patritius Genuensis, Dei et apostolici sedis gratia archiepiscopus Laodicaenus, sanctissimi domini nostri D. Benedicti D. P. Papae XIV.
pontificio solio assistens, ejusdemque ac dictae sanctae sedis ad tractum Rheni
aliasque inferioris Germaniae partes cum potestate legati de latere nuntius.

Universis et singulis praesentes literas visuris fidem indubiam facimus atque
testamur, qualiter Nos ad majorem Dei gloriam recognovimus infrascriptas sacras
reliquias ex authenticis locis fideliter extractas ac literis authenticis sigilloque
firmatas videlicet ex sacris ossibus sancti apostoli Matbaei et s. martyris Hiacynthi, quas reverenter reposuimus et collocavimus in reliquiario argento figurae
ovatae, nec non chrystallo ex utraque parte munito, ac filo serico rubri coloris
colligato nostroque parvo in cera rubra Hispanica impresso sigillo obsignato, ea
quae dono dedimus et concessimus domino Mathaeo Zum Pütz cum facultate
apud se retinendi, alteri seu aliis donandi, extra urbem mittendi et in qualibet
ecclesia seu capella vel oratorio publicae fidelium venerationi exponendi et
collocandi. In quorum fidem has praesentes literas, manu nostra subscriptas
nostroque sigillo firmatas, per infrascriptum nostrum secretarium expediri man-
davimus. Coloniae 21. Septembris 1748. H. archiep. Laodic. nunc. aplicus.

L. S.   Alexander Castiglionus a secretis.

Sacras reliquias ex s. ossibus s. apostoli Mathaei et s. martyris Hiacynthi
nobis oblatas diligenter recognovimus easque ad majorem Dei gloriam et sanctorum venerationem publico fidelium cultui exponi posse, permittimus.

Waldorff, 26. Augusti 1817.   Klinckenberg, vic. genlls sed. vac.

---

[1]) Vermerk auf vorstehender Urkunde.
[2]) Original-Urkunde im Kirchenarchiv zu Waldorf.

4. Urkunden der amtlichen Untersuchung der Reliquien des seligen Ailbertus, Stifters der Abtei Klosterrath, in der Nicolaikapelle zu Sechtem, 5. October bis 4. November 1771 [1]).

a. Der Generalvicar Graf Königseck gestattet dem Herrn von Monschau die Restauration der Nicolauskapelle und setzt wegen der Reliquien eine die Aufsicht führende Commission ein.

Nos Carolus Aloysius ·Königseck, S. R. J. comes, dominus in Aulendorff et Stauffen, Dei et apostolici sedis gratia episcopus Myrinensis . . . per civitatem et archidioecesin Coloniensem suffraganeus et vicarius in pontificalibus generalis etc. Cum incoepta restauratione sacelli ad s. Nicolaum in parochia Sechtem opificium judicio inevitabilis necessitas, locum sepulchri beatae memoriae Ailberti, fundatoris Rodensis canoniae canonicorum regularium, muro proximo contiguum, cuius indicia in fossione, coram domino pastore loci et testibus nuper facta, prodita fuere, murariorum operis contingendi, proinde ossa et cineres ibidem reperiunda, amovendi[2]) se manifestaverit, ad hunc vero actum nobis a perillustri domino de Monschaw, S. R. J. equite, qua domino arcis Grauburgiae in Sechtem dictique sacelli patrono, pro opportuna facultate supplicatum sit, Nos eandem perlubenter hisce impertimur, simulque et R. D. Friderico Schulten, vicario principali ecclesiae Sti Gereonis, una cum R. D. Schroeder, pastori in Sechtem, committimus, ut nostro nomine dictae amotioni in translatione ossium et cinerum Ailberti ubique praesentes sint, et ut omnia debite fiant, pariterque ossa et cineres novo tumulo in loco decenti reponenda includantur, sedulo curent.·Insuper quaedam ex illis ossibus consentiente Do de Monschaw fatae canoniae dum petierit, et de omnibus postea exactam relationem nobis tradat.

Coloniae, 12. Oct. 1771.   L. S.   Aloys.

Ad mandatum Excel. & Reverissimi Dni episcopi Joannes Midderstorff, notarius apostolicus.

b. Friedrich Schulten, Hauptvicar an St. Gereon, berichtet als Commissar zu Protokoll über den Verlauf der Untersuchung.

In nomine Dni Amen. Notum sit omnibus . . . quod a Dni 1771 die 5. Octobris perillustris dominus Joannes Henricus de Monschaw, S. R. J. eques, arcium equestrium Vilckrad[3]) et Grauburg in Sechtem dominus, eminentissimi et rissimi principis electoris Col. consiliarius actualis aulicus . . . . cum pervetustae ruinae proximi sacelli arcis suae Grauburg in S. ad s. Nicolaum restaurationem suscepisset, extensio fundamentorum ad latus meridionale necessaria indicaretur, idem Dnus ideo. quod e loci beatae memoriae Ailberti, canoniae Rodensis fundatorem, a. 1122 decima nona Septembris tumulatum fuisse ex historicis monumentis perspectum haberet, praecautionem maximam adhibere volens requisivit me publicum notarium cum rev. D. Gerardo Müller, vicario s. Wendelini in Sechtem, qua testibus se ad primod. sacellum comitarer, et quid ibi ageretur, diligenter notarem. Igitur hora tertia pomeridiana in eodem sacello praesentibus gratioso Do de Monschaw, me notario et dictis duobus testibus ab operariis murariis Georgio Stelsen ex Merten ac Paulo Weber ejusque filio Friderico ex Monte stae Walburgis. dirigentibus architectis Jacobo Hackspiel, murario Brulensi, et Laurentio Gareis, lignario Bonnensi, effossio terrae coepta est, qua plura putre-

---

[1]) Nach einem Manuscript des Herrn J. J. Merlo in Köln.
[2]) Zu ergänzen: necessitas. — [3]) Villrath bei Overath im Kreise Mülheim.

factarum lignearum tabularum fragmenta et aliqua ossa sese prodidere, ex quibus indiciis, cum de loco sepulturae venerabilis Ailberti constaret, peril. et grat. D. de Monschaw a fossione cessari jussit, locumque illum grandium saxorum impositione ab omni visitatione praemuniri fecit . . . Postea ejusdem mensis Octobris die XV , quae erat dies Martis, coram me notario in Sechtem comparuit adm. rev. D. Joannes Schulten, vic. principalis perillustris ecclesiae Sti Gereonis Coloniae, exponens laudatum perillem D. de Monschaw flagrare desiderio, ut accedente opportuna autoritate in sacello praedicto congrua fiat dispositio, qua detectum nuper corpus venerabilis Ailberti in fodiendis fundamentis ab omni injuria illaesum custodiatur ac decenter conservetur, seque eum in finem ab excellentissimo et rev. suffraganeo pro omni providentia literis commissionis donatum esse, quae in originali exhibitae sunt et sonant: Nos Carolus (wie oben).

Quibus literis commissariis adm. Rev. domino pastori in Sechtem, ut inibi nominato concommissario, intimatis ac necessariis omnibus a benefato domino de Monschaw affatim apparatis ad actum sequentem processus est. Hora igitur circiter nona matutina coram me notario et fatis D. D. commissariis, praesentibus quoque laudato Dō de Monschaw, ejusque duobus natis majoribus filiis Joanne Henrico Josepho ac Rudolpho Francisco, rīssīmo D. Joanne Josepho ab Haghen, canoniae Rodensis abbate, adm. R. et doctissimo Henrico Arnoldo Wolff, sc. theologiae licentiato, collegiatae ecclesiae B M. V. in capitolio canonico capitulari ac parochialis ecclesiae sti Martini Col. pastore, adm. R. D. Christiano Alezius, canonico regulari Rodensi et parochiae Herselensis pastore, R. Dō Gerardo Müller, vicario s. Wendelini in Sechtem, R. D. Joanne Nicolao Salm, canonico reg. Rodensi, expertissimo Dō Joanne Georgio Menn, medicinae doctore et professore publico, universitatis Col. facultatis medicinae primario et promotore perpetuo clarissimo, Dō Ferdinando Reutling, eminentissimi et reverendissimi principis electoris consiliario aulico et praefecto Brulensi, honestisque viris Joanne Schmitz, Joanne Gerardo Bollig et Joanne Heisterbach, scabinis in Sechtem, qua testibus fide dignissimis, atque innumerabili hominum circumstantium multitudine, sub dictorum architectorum directione ac supradictis fossoribus, recepta prius ab isdem de fideli ossium inveniendorum indicatione, deque illis ne vel minimum a ponendo aut surripiendo ad manus meas stipulatione, effossio terrae in eodem sacello remotis saxis supradicta ratione impositis denuo coepta fuit, atque simul ibidem intra ligneas sandapilae putrefactae reliquias inventa magna pars ossium, quae tamen, quia haud juxta ordinatum corporis situm, sed promiscue jacebant, conjecturae ansam praebebant, corpus venerabilis Ailberti in loco requiei suae turbatum fuisse, id quod praedicti architecti occasione cryptae funeralis pro familia ab Siegen, quae arcem Grauburg quondam possedit, in sacelli medio ex muro exstructae accidisse censuerunt, hancque cryptae exstructionem annis abhinc circiter 150 primum factam asseverarunt. Cum vero nec tempus fossionis ulterioris eodem die suppeteret, in diem proximum dilata fuit, ossibus, quae actu reperta fuerant, arcae obseratae per me diligenter inclusis.

Die 16ᵐ ejusdem mensis Octobris coram me notario et dictis commissario et vicario ab iisdem fossoribus ad manus meas stipulatis fossione et scrutatione terrae eodem in loco sepulturae ven. Ailberti continuata, ossium copia altera tanto major, quam pridie inventa fuit, et quia adhuc aliqua integro corpori constituendo deesse existimabantur, eadem fossio diebus 17. et 18. Octobris iisdem praesentibus omni cura ita producta est, ut totum sacelli pavimentum eversum et pervestigatum, simulque adhuc quaedam ossa inventa sint, atque tunc ab ulteriore scrutatione cessatum est. Eadem omnia (quod valde mirum), non obstante quod

sexcentorum et amplius annorum spatio humidae et limosae terrae immixta
jacuerint, haud carie aut putreline vitiata. sed sana et incolumia insuper talia
erant constituta, ut quilibet ea ad unum idemque corpus pertinere et sibi con-
gruere judicaverit, prout id etiam color, longitudo, crassitudo et reliquus eorum
habitus liquido probavit; quia praeterea in dicti sacelli pavimento nullum os
repertum fuit, quod ad aliud corpus spectaret, constabat ex eo indicium aliquod
aut suspicandi locum penitus abesse, id quod et nunquam factum fuisse, saepe-
dicti Domini commissarius et vicarius, scabini caeterique praesentes. se semper
audivisse et perpetua traditione perspectum habere, uno ore confirmarunt, proinde
unanimem sententiam dixerunt, haud dubium esse quin ossa praecitato modo
reperta ad corpus venerabilis Ailberti pertineant Illa ipsa ego in fidam custo-
diam recepi et hic infra ita recense), ut a supra memorato medicinae doctore
Dō Menn . . . propriis terminis denominata ac descripta ejusque testimonialibus
literis infra referendis compr.bata sunt, prout sequens catalogus edocet.

Im Manuscript folgt hier:

Specificatio ossium in sacello ad st. Nicolaum iu Sechtem ad arcem Grauburg spectante prope ostiolum meridionale die quinta in Octobris ac diebus 15.
16. 17. et 18ᵛᵃ Octobris 1771 successivo repertorum.

Sie enthält die Beschreibung der Gebeine von Dr. Johann Georg Menn in 79
Nummern. Hieran schließt sich als Resultat der Untersuchung folgendes Gutachten:

Testimoniales vero de his ab eodem med. doctore propria manu exaratae
sigilloque roboratae tenoris sunt sequentis:

Cum fide hist)riae constet, corpus ven Ailberti, Rodensis abbatiae canonicorum regularium fundatoris, in sacello Sechtenensi ad s. Nicolaum n. 1122 decima
nona Septembris et quidem ante portulam meridionalem ad cornu altaris sinistrum
tumulatum fuisse, nunc vero perillustris D. de Monschaw, qua dictae capellae
patronus, occasione ejus reaedificationis decima quarta Octobris nuperi ad sepultum ibidem benefati Ailberti corpus indagandum effossionem terrae inibi cura-
verit, ego infraser a reverendissimo D ab Haghen, moderno laudatae abbatiae
praelato, specialiter requisitus, indagationi memoratae praesens adfui, omnia et
singula ossa, die autedicta prout etiam postea inibi reperta, ab adhaerentibus
terrae globis ac immunditie depuravi, atque praevio sedulo crebroque examine
ea inter se suumque habitum ad se, invicem comparando, mensurando aliaque
aliis opponendo denominavi ac descripsi, prout catalogus ossium separatim con-
fectus edocet, pariterque deprehendi os ossi, suturam suturae. articulos articulis
et dentes alveolis plane correspondere, et omni modo quadrare nullumque os
alterius aut peregrini hominis simul repertum aut admixtum, atque eadem ossa
ita constituta esse, ut juxta anatomes praeceptn et medicinae principia sequentes
eruere licuerit veritate:

. 1ᵐᵒ: eadem osse cadavoris masculini, utpote indicabat descripta in catalogo
pars ossis ilii, haec enim crassitudine sua et densitate ab ilio foemineo diver-
sissimam demonstrabat.

2ᵈᵒ: ossa haec esse vero et omnino unius ejusdemque viri, omniaque ad
unum idemque corpus pertinere: respondebant enim sibi suturae, quadrabant
articuli ossiumque habitus et symmetria ad se invicem erat proportionata;

3ᵗⁱᵒ: esse ossa decrepiti, id quod defectus dentium in latere sinistro maxillae
inferioris alveorumque detritus et obliteratio probabat;

4ᵗᵒ: ossa haec fuisse plus quam mediocris staturae, prout femoris, tibiae,
fibulae, cubiti humoriquo longitudo indicabat;

5to: omnia haec ossa et singula esse coaetanea, id quod unus idemque omnium color, eadem omnium siccitas, aequalis durities et formae tenacitas ponderisque specifice indagata similitudo demonstrabat.

Cum praeterea historia testotur, corpus ven. Ailberti plus quam sex et medio saeculis in praefato sacello sepultum fuisse, non tantum mirandum est, ossa haec per tot saecula mansisse incorrupta, verum etiam et jure concludendum, ea supernaturaliter conservata et a destructione immunia perstitisse; quippe quae tanto tempore maxime propter limosam terram naturaliter in pulverem plane fatiscere debuissent.

Haec sunt, quae juxta genuinas anatomiae leges et fundatissima physices principia statuere et solius purae veritatis amore ductus testari possum et hisce testor et affirmo. Dabam Coloniae, 2. Novembris 1771.

J. Georg Menn, m. doctor, professor publicus primarius.

Quia vero juxta adductum catalogum ossa illa sine ordine et confuse jacebant, ex consilio D. D. commissariorum praefatorum vocatus dominus Paulus Bracht, urbis hujus expertissimus anatomicus et chirurgus, praevia fidelitatis stipulatione, eadem juxta ordinem sceleti, me notario diutino huic actui semper praesente et solerter inspectante, accurate disposuit et conjunxit atque in arcula lignea cum sera et clave saepe laudati domini de Monschaw impensis a fabre confecta ac serico bombyci imposuit, ipsam autem arculam sigillo meo notariali munitam eidem gratioso Do extradidi tamdiu in sacello domestico arcis suae asservandam, donec restauratio sacelli sti. Nicolai absoluta copiam fecerit eandem ibidem commodo loco reponendi.

In quorum omnium et singulorum fidem ac majus veritatis robur praesens publicum instrumentum confeci, illudque cum laudato grat. Do de Monschaw, fatis binis D. D. commissariis ac D. Müller manu propria subscripsi ac sigillo communivi Coloniae Agrippinae die quarta Novembris anni millesimi septingentesimi primi.

Honr. de Monschaw, dominus in Sechtem et Vilckrad.

J. F. Schulten qua commissarius et testis requisitus.

Gerard Müller, vicarius in Sechtem qua testis requisitus.

Joannes Wilhelmus Lumm, publicus et in cancellaria eminentissimi et reverendissimi domini archiepiscopi et principis electoris Coloniensis approbatus, juratus et immatriculatus notarius ad hoc specialiter requisitus.

5. Urkunde des Geschichtsschreibers Ludwig Maria de Rosne, Canonicus des Stifts Montfaucon, über die Reliquien des h. Balderich[1]).

(Zur Geschichte von Wesseling.)

Capitulum insignis ecclesiae collegiatae sanctorum Germani et Balderici Montis falconis, Remensis dioecesis in Gallia, ab Imperatore s. Carolo Magno saeculariter fundatum, jam a primis temporibus circa ann. 820 a quodam Adaelardo, ecclesiae suae abbate seu praeposito, quoddam dominium acceperat villam nempe Wasliciam vulgo Wesseling supra Rheni ripas Coloniam Agrippinam inter et Bonnam oppidum sitam. Praedium istud canonici Montis falconis per 600 et amplius annos rexerunt et per unum e suis fructificare fecerunt, ad hoc deputatum, donec mediante saeculo XV. attentis ex longiori distantia resultantibus

---

[1]) Binterim u. Mooren, Alte u. neue Erzb. Köln, I 136—138.

impedimentis illud canonicis ss. Cassii et Florentii civitatis Bonnensis vendiderunt mediante certo et conducto florenorum aureorum numero, quibus alia sibi viciniora praedia comparaverunt. Extant huius venditionis capitulo Bonnensi factae instrumenta in archivis ecclesiae Montis falconis et actus, per quem nomine sui capituli deputati Cassiani promittunt, se perpetuum in ecclesia sua Bonnensi celebraturos anniversarium pro benefactoribus ecclesiae Falcomontanae, iis praecipue, qui eidem dictam Wasliciam dederunt.

Prioribus existentiae suae saeculis canonici Montis falconis primum a Nortmannis fugati, dein ab Hungaris, qui has Galliae partes invaserant et infecerant, demum a vicinis Magnatibus oppressi, ut eorum vexationibus se subducerent, toties suam Wasliciam petebant, secum auferentes corpus Patroni sui sti. Balderici, cujus ad exuvias turmatim concurrentes et prostrati Rhenenses incolae multas a Deo sanitates impetrarunt, multaque sunt admirati miracula, quae fuse narrat Floroardus Remensis, saeculi X. scriptor. Unde S. Balderici cultus non modicum in his Rhenensibus regionibus invaluit. Sed heu! jam ab XI⁰ saeculo corpus sui patroni desiderat ecclesia Montis falconis, cujus tantummodo quasdam possidet particulas, et non absque fundamento conjicere datur, praecipuam corporis partem apud Wasliciam vel in vicinia post supra memoratas translationes esse derelictum. Accedit, quod a multis inde saeculis specialis cultus habeatur in eadem collegiata Montis falconis ecclesia sanctorum Gereonis et sociorum Martyrum non alia sane causa introductus, quam ex occasione supra dictarum corporis s. Balderici in archidioecesin Coloniens. translationum, quemadmodum et vice versa ex antiqua capituli Montis falconis possessione patronatum st. Germani sibi vindicat parochialis ecclesia de Wesling.

Quo circa ego Ludovicus Maria de Rosne, presbyter et ejusdem Falcomontensis ecclesiae canonicus et historiographus, pro fide nunc et rege in hisce Germaniae partibus exulatus, nomine dicti mei capituli quoscumque rogandos rogo et obtestor, quatenus me doceant, si quid ad eorum notitiam de s⁰ Balderico abbate pervenerit. Utrum v. g. apud eandem Wasliciam vel in vicinia corpus ejus conservari noscatur, et cultus ejus vigeat, et si res ita se habeat, certiora per scriptum testimonia largiri dignentur potenti, perpetuas tum a me tum meis confratribus gratias in terris, sed majorem in coelis accepturi mercedem ab eo, qui est mirabilis Deus in sanctis suis.

Col. Agrippinae, 20. Novembris 1795.

De Rosno, can. Montis falc.

Praesens manuscriptum per manus autoris tempore sui exilii mihi infrascripto in abbatia Brauwilerensi traditum esse testor. Spenrath [1]).

VII.

Ablässe, die Pfarrkirche zu Hemmerich betreffeud.
Leo P. P. XII. [2])

Ad perpetuam rei memoriam. Ad augendam Fidelium religionem et animarum salutem coelestibus Ecclesiae thesauris pia charitate intenti, omnibus et singulis utriusque sexus christifidelibus vere poenitentibus et confessis ac sacra Communi ne refectis, qui ecclesiam parochialem sub invocatione sancti

---

[1]) Vgl. Floroard., Histor. Remens., lib. IV. cap. V. 43.

[2]) Urkunde auf Pergament im Kirchenarchiv zu Hemmerich.

Aegidii in Hommerich Coloniensis dioecesis in ejusdem sancti Aegidii abbatis ac sanctae Agathae virginis et martyris festis diebus, si cadant in dominicas sin minus dominicis immediate sequentibus a primis vesperis usque ad occasum solis dominicarum hujusmodi singulis annis devote visitaverint et ibi pro christianorum principum concordia, haeresum extirpatione ac s. matris Ecclesiae exaltatione pias ad Deum preces effuderit, qua dominica praefatorum id egerint, plenariam omnium peccatorum suorum indulgentiam et remissionem misericorditer in Domino concedimus. In contrarium facientibus non obstantibus quibuscumque. Praesentibus perpetuis futuris temporibus valituris. Datum Romae apud sanctum Petrum sub annulo piscatoris die XIX. Junii MDCCCXXVII pontificatus nostri anno quarto.

Pro Domino Cardli Albano
J. Capucini substitutus.

Placet, publicentur ad majorem Dei gloriam.
Coloniae, 4. Septembris 1827.

Archiepiscopalis vicarius in spir. generalis
Hüsgen [1]).

Anmerkung. Papst Pius VI. hatte unter dem 17. December 1796 den Ablaß nur auf sieben Jahre ertheilt.

Das Breve enthält auf der Rückseite die mit eigenhändiger Unterschrift des Cardinals Caprara versehene Verlängerung in folgender Form:

Parisiis die 27. Novembris 1805.

De speciali et expressa apostolica auctoritate a ssmo Dno Pio Papa VII. nobis benigne concessa infrascriptas indulgentias iisdem modo et forma renovamus, ad . . . dierum de quibus in precibus . . . octavam (ita ut semel tantum infra dies octavae obtineri valeant) benigne extendimus et ad aliud septennium tantum prorogamus.

J. B. Card. Caprara.

Placet, publicentur ad majorem Dei gloriam.
Aquisgrani, 23. Jan. 1806.

M. W. Fonck, vic. gen.

VIII.

Zur Geschichte von Walberberg.

1. Erzbischof Adolph I. gründet das Kloster der Cistercienserinnen und die Pfarrstelle zu Walberberg 1197 [2]).

In nomine sancte et individue Trinitatis. Adolphus dei gratia sancte Coloniensis ecclesie archiepiscopus tam praesentibus quam futuris. Cura officii nostri est pro parte sollicitudinis nobis commissae et sacram religionem pro posso plantare et plantatam confovere et amplare. Notum ideo esse volumus, quod quedam nobilis comitissa nomine Alveradis ad superna anhelans et perpetuis temporalia bona commutans autoritate venerabilis Coloniensis archiepiscopi Sigewini

[1]) Im Kirchenarchiv befindet sich ein ähnliches Breve von Pius VI., datirt vom 20. April 1792, für die Kirche der heiligen Ignatius und Aegidius in Köln, welches den Reliquien des Letztern bei Uebertragung derselben nach Hemmerich beigefügt war.
[2]) Urkunde aus Crombach, annal. Colon. II 731 im Stadtarchiv zu Köln.

antecessoris nostri in ecclesia s. Walburgisberge, ubi patrem et filium suum
sepoliri fecerat, sepulture sue locum elegit. In remedium itaque anime sue et ad
sui suorumque faciendam memoriam eidem ecclesie sue de facultatibus sue
proprietatis tantum assignavit et tradidit, ut cum decimatione ejusdem parochie,
que a prima fundatione loci ex collatione archiepiscopi ad ecclesiam pertinebat,
sacerdotum ibi Deo famulantium usibus possot sufficere. Uerum quia bonum a
predecessoribus inchoatum pie convenit adjuvari et perpetuari, Philippus uene-
rabilis memorie predecessor noster in eodem loco conventum clericorum institui
decreverat capitulo maioris ecclesiae conniventiam adhibente, salvo jure patro-
natus, quod ibi habebat. Contigit autem occulto Dei indicio initiatum clericorum
conuentum desideratum non sumere incrementum. Inde cum praefatum locum
religioni deputatum deperire uideremus, divino auxilio, quod dilapsum fuerat in
meliorem statum reformare curavimus. Post obitum igitur Willhelmi past oris
eiusdem ecclesie consilio predecessorum nostrorum ac aliorum zelum Dei haben-
tium religiosas sorores Cisterciensis ordinis, que ante in loco, qui dicitur Houen
sub arcta penuria Deo militabant, causa meliorationis et consolationis earum et
intuitu reformandae religionis in praedictum locum transferre et ibidem Deo
servire decrevimus, ac adsensu Lodowici majoris praepositi et Ulrici majoris
decani et totius majoris ecclesie accedente etiam desiderio parochianorum et ad
instantiam Helwici, pastoris ibidem nunc de novo instituti Universe ergo decime
et alie quecumque obuentiones, fundus uinearum et agrorum et quecumque iam
predicto loco tradita sunt uel in posterum tradenda cedant usibus sororum ibidem Deo conuenientium (?). Si autem pastorem ecclesie scilicet prorectorem
sororum decedere contigerit, abbatissa et conventus idoneum sibi past rem eligant.
Pastor ergo a conuentu canonico electus preposito et decano maioris ecclesie pre-
sentetur, a quibus ecclesie eiusdem dono siue contradictione inuestiatur. Quod
si prepositus et decanus praesens esse non potuerit, nihilominus qui presens est,
uicem amborum suppleat et ita ab archidiacono altari inuestiatur. Sane pretex-
tatus sororum prouisor cum aliis clericis ibi iugiter manere uolentibus scilicet
regula diui Augustini et communi vite subiaciat. Nec quidquam proprio motu
animi sui alienandi uel inconsulto distribuendi facultatem habeat, sed cuncta
discreto consilio abbatissa et conuentus studeat administrare.

Acta sunt hec anno (dominicae incarnationis) MCXCVII indictione XV.
Huius rei testes sunt: Lud wicus maior prep situs, Udo secundus decanus,
Hermannus choriepiscopus, Rudolphus scolasticus, Zacharias, Albertus cellorarius,
Wilhelmus camerarius, magister Wecelinus, Hermannus custos camere, Daniel
custos ss. regum.

2. Das Kloster und die Gemeinde zu Walberberg schlichten ihre Streitigkeiten über die Baupflicht und andere Verbindlichkeiten gegen die dortige Pfarrkirche durch einen Vergleich, 20. Juli 1478.

Abschrift im Kirchenarchiv.

In den nahmen des Heren ammen. Overmitz dyt offenbar instrument sy
kundig allen luyden, die dyt seynt off hoerent lefsen, dat in dem jare unfsers
Herren dufsent vier hundert echt indt seventzig in der eylfften indicti n des
zweyntzigsten dages in den monde Julio, genand hoemandt, zu der vunffte uren
off umbtrindt ¹) nachmittage up paefsdoem dafs alleren hyligsten in Xristo vader

---

¹) umbtrindt = ungefähr.

indt heren, unsers heren Xisty von godlicher vürsichtigkeit pnefs defs vyrden
in sevenden jare, in myn offeubarer notarie indt gotgeugen intgaiwerdigheit her
under gescbreven darzo beroffen ind gebeten persönlichen gowest die orbare ind
geistliche heren, h. Aegidius prior, h. Hindrich vom Weyller subprior, h. Johan
Krausso̊ kelener des Closters ind Convents zu Walberberghe, ordonfs sente Ber-
nardts cölnische gostichte vom wegen des convents zu Walberberghe, scholtifs
Johan Lorkantz ind Henfs Erwifs naber ind ander naber ind kirfspelfs luyte vom
wegen der gemeinden ind kirfspelfs luyten zu Walberbergh verschrieben up die
ander syten antreffen den baue indte ander gerechtigkeit der kirfspelfs kirchen
zu Walberbergh vurfs. indt haindt bekandt, so wie einzweynge indt zweydracht
sey ein zyt gewest eintüschen den ohrbaren indt geystlichen heren prior indt
convent zu Walberbergh up eine, indt die kirfspelfsleudte ind nabern zu W.
vurfs up die andere seyten, indt handt darumb die vurfs partheyen gekoeren
zu beyten seyten ihrer boyter freunde, zweyunge indt zweytraght in freundtschaft
zu schoyten, neterlegeu ind mootsonnen [1]). Item haindt gekoren die erbare ind
geystliche h. prior ind convent zu W. vurfs. don ersamen heren Walrave pastor
zu Cassel, Dechen zu Sibergh undt heren Wilhelm pastor zu Binstorff ordonfs
sent Benedicti. Item haindt gekoren Hindrich Schallenbergh der scholtifs mit
seinen nabern mich h. Richardt van Adendorn pastor zu Waldorff, dechen up
der Aer indt herr Johannes pastor zu Elna ordonfs promonstratenfsis, welche
gekoren vier freundte zu beyten seidten hant mit rade ind vorbedachten moede,
sämbliche und eindrechtliche weifs gesprochen ind sprechen in freundtschaft, dat
nu und vordahn zu den ewigen tagen sollen die erbare ind geistliche heren prior ind
convent zu W. geven alle ornamenteu indt geleucht in die kirfspelfskirche zu W.,
ind besonderen alle jar eine tortisin [2]) von vunff marken, off zwa tortisien darvur,
die vunff mark wert seyn, zu koeren ind wallbevellen der nabern zu Walberbergh
vurfs. Item sollen die heren den chor ind den bodich ind dat niderlafs bifs an
die kirchdeuhr zu Bonn wardt gehet, genandt dat broderchor, decken ind dechig
halden, ind sollen den gangh daeboven behalden ind die doer van dome niederlafs
geet in die kirch schlifsen undt schlöfsigh halden, so datt der kirchen dardurch
geinen schaden nit eingescheye. Item vordt sprechen die gek ren ind mootsonner,
so dafs man zu Walberbergh besitzet den heyligen sendt, so sollen die nabern
zu W. gönnen dem prior und convent, dafs der prior off eymandts von seinent-
wegen dabey sitzen, die fragen zu hören bis der kirchen gerechtigkeit ist ge-
fraget, und wan der kirchengerechtigkeit ist gefragt, magh der sendtherr den
prior off eymandts seynetwegen darbey gescheyckt hoifsen abgeben Item handt
die vurfs. gekohren freundte und mootsonner weifs gesprochen uud sprechen, dafs
die nabern und kirfspelfsloutt zu W. sollen decken und dechigh halden sandt
Bitters chor und die kirchdor und dafs niderlafs auff der seyten zu Cöllen
wardt. Item auch sollen die nabern und kirfspelfsleudt decken und dechig halden
boven der doer zu Bonn wardt goet und zwey glafsfinstern boven der dören auff
der selben seyten mit glafsfinstorn machen undt bewigh halden Item sollen
die nabern und kirfspelfsloude vurfs geben alle jar in die kirchen zwa tortifsen
alfs gewönlich ist. Item sollen die nabern und kirfspelfsleudt den torn und die
halle und die kirchhoffs portzen und das beynhaufs decken und dechigh halden,
und die kirchhoffs muren bauen und bouigh halden, alle vurfs. sachen und
beunten sonder arglist. Difse verschriebene weifssprouch und mootsönne handt

---

[1]) mootsonnen = vergleichen. — [2]) tortisin = Tortſche = Kerze.

beyte parthcyen versprochen, gelovet stede vast und unverbreuchlich zu halden, darub und alle vurfs. sachen, weifsspröch und moetsönno hat Hindrich Schallenberg schultifs van wegen der nabern und kirfspelfsleudten zu W. vurfs. geheifset und geboden, van mir notario hir unden geschrieben, ein offene offenbarer instrument in der befsten Formen. Difs ist geschcen in dem Dorff Walberbergh vurfs. cölnisch gestichte up dem kirchhoff gegen der linde, daran und vor siudt gegenwerdigh gewest die ersame heren Antonius Schultifs official zu Rodefsbgh [1]) und Hindrich Schreutter van Dorpmunde geloffliche gezeugen Paderbornifs und cölnifs gestichter darzu geheifsen und geboden.

Et ego Richardus Michaelis de Attendorn, clericus Coloniensis diocesis, publicus sacra imperiali authoritate notarius approbatus, quia praemissis omnibus et singulis, dum sic ut praefertur fierent et agerentur, una cum nominatis testibus praesens interfui eaque taliter fieri vidi et audivi, ideoque hoc praesens publicum instrumentum confeci, signavi et subscripsi.

Richardus Michael de Attendorn, notarius.

3. **Anna Schonneden, nachgel. Wittwe des Johann Quad [2]), Herrn zu Thomberg und zu Lantfron, teftirt, um Zwift zu verhüten zwischen ihren lieben Bruder und Schwester und Erben und dem Gerard Quad, Herrn zu Thomberg und Lantfron. [3])**

1502, Freitag 2. September.

Ihr Cörper soll in der Kirchengruft zu St. Walperberg [4]) in die Cirspelskirch neben Johann Quad, ihren Hauswirth, beigesetzt werden [5]). In sieben Monaten sollen 30 messen gelesen werden, wie sie für ihren Gatten hat lesen lassen. Dem Priester soll 7 alb. gegeben werden ohne die kost. Wer in die Kirche kömmt und für die Seelen bittet, den a men Menschen soll Essen gegeben werden. Der Dom zu Cöln erhält einen halben „noobell" [6]), um des Ablasses dieser Kirche theilhaft zu werden. Die 4 Bottler Orden in Cöln erhalten jeder einen noebell. Jeder Orden soll der Anna gedenken mit Messen und Vigilien. Der Ertzbischof von Cöln erhält einen ungerfs guldon, damit er das Testament beschirme. Dem Suprior ihres Cirspels hat sie dat klein portge gegeben. Der Priesterbruderschaff d. heil. Geists „off der aeren" die schouffe mit dem merden voder [7]). Der Priesterbruderschaft uns. lieb. Frau in dem Vorberg die schwarze schouffe mit dem grauen voder. St. Annen [8]) zu St. Walperberg 3 Pater noster [9]) ein schwarz

---

[1]) Robesberg = Rösberg.
[2]) Sohn des Ritters Lutter Quad, kurföln. Erbkämmerers, Herrn zu Harbenberg Vorst u. der Herrschaft Landskron, Burgmannes zu Limburg, und der Elisabeth von Saffenburg und Neuenar zu Landskron, Tomberg, Miel und Königsfeld. Johann erhielt nach dem Tode seines Vaters die Güter Landskron, Tomberg und Miel und heirathete 1464 Samstag nach St. Veitstag Anna Hurl von Schöned, Tochter des Joh. Hurl von Schöned, Herrn zu Oppen, und der Johanna Nyt von Birgel.
[3]) Die Urkunde ist mitgetheilt durch H. v. Oidtman in „Beiträge zur Geschichte von Eichweiler", S. 364. (Der Jahrgang ist nicht ersichtlich.)
[4]) Früheres Cistercienser-Kloster bei Brühl, mit welchem die Pfarrkirche verbunden war.
[5]) Joh. Quad war Besitzer der Rheindorfer Burg zu Walberberg, mit welcher sein jüngerer Bruder Gerhard Quad 1504 von Philipp, Graf von Birneburg, Erzbischof von Köln, belehnt wurde.
[6]) sc. Gulden. — [7]) Mantel mit Marderpelz-Futter. — [8]) sc. dem Standbild ihrer Namenspatronin, welches sich noch in der Kirche vorfindet. — [9]) Rosenkränze.

mit eyne dyssma (?) knouff. Ein korallen Pater noster und ein kattge darien
Pater noster. 2 Perlen pater noster und alle ihre Perlen, einen sylvernen Löffel,
um mit den Perlen St. Annen Tochter Maryen ein kron zu machen. Uns. lieb.
Frauen Closter zu Berg[1]) ihren besten Gürtel. Dem Duechen d. lieb. Frauen
zu Berg, sowie St. Annen zu Düren einen gulden rink mit eine turken[2]).
St. Bernart in d Closter z. Berg ihres Hausherrn selich guldenen rinck. Ihre
Schwester Elisabeth zu dem Röthgen[3]) ein gulden rink mit einem robin.
Wilhelm ihres Bruders Richard Kind ein schuldbrief auf 40 Gulden, welche
Schuld der Richart selich der Annen schuldig ist. Demselben Wilhelm solcher
Schuldbrief koulff (?) schuldig ist und von einem Kinde dat gelt uf dat andere
erben soll. Der Bruderschafft zu St. Walperberg[4]) ein Bett von 13 Stryffen mit
2 Paar slaaflacken, arme Leute darauf zu legen. St. Thönis[5]) zu Cölln ihr
Halsband. Den Junffern up dem Essich[6]) einen Kelch mit Zubehör 30 Cauf-
mannsgulden 20 alb. für den gulden gerechnet. Diese 30 Gld. soll man nehmen
aus Dadenbergs Geld und Einen Weier, welchen Johan Quad selig und Anna
dem Frambach v. Wyer abgegolden haben für 12 Gld. Wenn Frambach aber
den Junffern das Geld, die 12 Gld. wiedergibt, soll er seinen Weier wiederbekommen.
Die Junffern sollen alle Jahre ein Erbmemorien und Gedächtnifs für die Anna
halten in ihrem Closter und für sie und ihre Eltern bitten. Den Junffern in
dem Closter zom bend[7]) 40 Goltgld., die der Ertzbischof v. Cöln ihr schuldet.
Ferner 2 silberne Becher. Dafür sollen sie Memoiren lesen. Den Junffern in
Capollen[8]) 4 silb. Becher. Dem Closter Swynen[9]) ein Gldgespan mit Perlen
und Gestein, zu Ringsheim in die Kirche ihre besten Pferde, 2 Morgen Benden
3 morgen Land gelegen zu Ringsheim. St. Johan[10]) zu Ringsheim zu einem
Mantell ein schwarz Seiden lyst von einem Unterrock. Zu Notberg[11]) uns. lieb.
Frauen u. zu Eschweiler uns. lieb. Frau den Traurinck. Derselbe soll verkauft
u. der Erlös zu zwei Theilen formirt werden. Zu Deytkirchen[12]) den Junffern
50 Gld. an Thonis v. Orsbach sprechend, die Handschrifft darüber sollen die
vorgenannten Junffern erhalten. Dem Closter zu Berg u. d. Cirspelskirch ein
schwarz seidou schouffe zu einer koerkappen. Beide sollen die Coerkappe gemein-
schaftl. gebrauchen. Der Cirche zu Walperberg einen grün beschlagen rock, eine
silberno Kette, einen silbernen knouth u. altes zerbrochenes silber zu einer
Monstranz Styngen ihrer Dienstjunffer ein Fuder Weisswein, 4 malter roggen,
3 malter Weiss, 4 Kühe, das Bend (?) unten in dem Thurm. 4 Paar schlaf-
lacken und ein Bett von 18 stryffen z. schlaffen, einen sammtenen Rock, 2 Unter-
röcke einen schwarzen und einen grünen, 4 lange Tischlacken, 3 lange voer-
tzwelen, 2 kuffenduppen, 3 zinnon kannen, 2 zinnene grosso Fleischschottelu (eine
ist eine schynken schottell), ein halff tersyn[13]) moessschotteln. Catharinen der
Viehmagd 2 Kalver von 2 Jahren. Der Kochenmaet ein Kalff von einem Jahr.
Der Jouger maet ein Kalff von diesem Jahr. Kyrstgen Tzagen ihrem Ackerknecht
2 Calver v. dies. Jahr, ein grau alde honk. Hupert dem Kuhhirten ein Kalff.

---

[1]) Vielleicht Frauenberg bei Zülpich? — [2]) Türkis. — [3]) Die Burg Roethgen bei Eschweiler. — [4]) Eine Bruderschaft zur Obsorge für die Armen, besonders in den Gasthäusern.
[5]) Das Antoniter-Kloster. — [6]) Nonnen-Kloster Essig zwischen Euskirchen und
Rheinbach. — [7]) Kloster Benden bei Brühl. — [8]) Bei Heimerzheim. — [9]) Schweinheim
bei Flamersheim.
[10]) Statue des h. Johannes zu Ringsheim bei Flamersheim. — [11]) Pfarrort be
Eschweiler. — [12]) Nonnenkloster bei, später in Bonn. — [13]) Dutzend.

Der Cathar koentz eine Kuh genannt der Esel. Zu Schwadorff [1]) der Bruderschafft ein geil fuyck [2]). Zu Pyngstorf [3]) in die Kirche und bruderschaft eine Kuh. Junffer Margareten, Aloffs Quaden v. Essich gerdon Tochter einen Schuldbrief von 100 Gld. auf Thoniss v. Orsbach selich sprechend, 2 schuldbrieff sprechend auf Junker Friederich von Zombreff ein jeder brieff ist auf ein Dorf verschrieben. Den einen sollen Ihres Bruders Engelbrech Hurtt Kinder, den andern die Kinder ihrer Schwester zum Roetgen haben.

Ein Ackerpferd mit dem harnisch ihres Hausherrn auf der Schlafkammer der Anna hängend, soll halb das Kloster zu Berg St. Joest [4]) halb St. Walburg in die Cirspelskirchen haben.

Zwei werthvolle Halsbänder mit Perlen und Gestein mehr werth wie 300 Gld. hat Anna von ihrer Schwiegermutter erhalten. Eines derselben hat sie Irem Schwigerherrn Herrn Lutter Quaden selig geliehen „doe hey van tonburg verjaegt wart und zo Cölln lag', wo er dasselbe Halsband versetzt habe, das andere Halsband habe sie wegen einer Schuld des Lutter Quad an Peter von Nechtersheim versetzt. Alles, was noch übrig ist an Gereiden, Gütern etc., soll in 3 Theile getheilt werden. Den einen soll Engelbrecht von Schoeneck, den zweiten Elisabeth von Schoeneck zu dem Roetgen, den dritten die Kinder Richartz v. Schoeneck selig erhalten. Zeugen: Die Scheffen des Gerichts und Cirspels Walperberg Arnolt Vaetz al. heyderich. Michel zo krenckelen, Kirstgen v. ryndorff, henrich doeghen.

4. Mehrere das Kloster zu Walberberg betreffende Capitel aus dem Dialogus Miraculorum von Cäsarius von Heisterbach in inhaltsgetreuer Uebersetzung.

Liber I, distinctio 1, caput 17.

Von der Bekehrung des Autors (Cäsarius).

Um die Zeit, wo König Philipp (von Schwaben) zuerst die Kölner Diöcese verwüstete (i. J. 1198), traf es sich, dass ich mit dem Abt Herrn Govard vom Berge der h. Walburgis nach Köln wanderte. Und da er mich unterwegs sehr eindringlich zur Bekehrung (d. i. zum Eintritt in den Orden) ermahnte und nichts ausrichtete, so erzählte er mir jene herrliche von einem heiligmässigen Manne beobachtete Erscheinung. Dieser sah nämlich, als einst der Convent [der Cistercienser] im Thale [5]) die Ernte hielt, die seligste Jungfrau Maria, mit der heiligen Mutter Anna und Maria Magdalena vom Berge kommend, in hellem Lichtglanz in das Thal hinabsteigen, wo sie den Mönchen den Schweiss abtrockneten, ihnen mit dem Fächer ihrer Aermel Luft zuwehten und so Aehnliches mehr. Durch diese Rede wurde ich so sehr ergriffen, dass ich dem Abte versprach, ich würde in keiner andern Absicht die Schwelle seines Hauses überschreiten, als nur um Aufnahme im Orden zu finden, wofern mir Gott den Willen dazu einflössen würde. Ich war damals mit dem Gelübde einer Wallfahrt zur Mutter Gottes in Rocamadour [6]) verstrickt, welche mich am meisten zurückhielt. Als ich die Wallfahrt nach Verlauf dreier Monate ausgeführt hatte, kam ich ohne Vorwissen irgend eines Freundes, lediglich durch die zuvorkommende und hülfreiche

---

[1]) Zwischen Brühl und Walberberg. — [2]) gelber, kurzer Rock. — [3]) bei Brühl.
[4]) St. Jodocus. — [5]) Clara-vallis, Kloster des h. Bernhard zu Clairvaux.
[6]) Rocamadour == Rupes Amatoris bei Gourdon. Dieser Heilige hatte daselbst eine Kirche zu Ehren der seligsten Jungfrau erbaut.

Erbarmung Gottes nach St. Peters Thal (in Heisterbach). und was ich im Worte vorgenommen, das habe ich als Novize durch die That gezeigt.

Von einer Wittwe, welche im Novizengewande aus Köln nach Walberberg zog.

Lib. I, dist. 1, c. 41.

Eine angesehene Frau aus Köln, reich und blühend, wurde, da sie nach dem Tode ihres Mannes Christum zu ihrem Bräutigam erwählte, durch Einschüchterung von Freunden an der Ausführung ihres frommen Vorhabens verhindert. Daher legte sie auf den Rath des Abtes Karl von Vilare [1]) eine Novizenkleidung an, verliess in Begleitung desselben die Stadt und wurde Klosterschwester in Walberberg.

Von der Schwester Christina, welche sah, wie Maria am Feste ihrer Himmelfahrt eine Krone über dem Convent in St. Peters Thal (Heisterbach) herabließ.

Eine andere Erscheinung. — Lib. II, dist. 7, c. 21.

In unserm Kloster zu Walberberg, zwei Meilen von Köln, ist vor wenigen Jahren eine Nonne gestorben Namens Christina. Ihr hatte unser Herr und Seine allerseligste Mutter sehr viele Geheimnisse geoffenbart, deren ich dir einige, nicht der Ordnung nach, sondern nach Gelegenheit, mittheilen will. Als an einem Himmelfahrtsfeste der glorreichen lieben Frau unser Pater Eustachius [2]) uns besuchte, und auch mehrere Aebte anwesend waren, hatte genannte Jungfrau in jener hochheiligen Nacht folgende Erscheinung. Nachdem das Evangelium verlesen war, sah dieselbe, während der Abt das Te Deum anstimmte, in geistiger Verzückung, über unserer Congregation den Himmel offen. Und obschon damals unser Oratorium ganz aus Holz gezimmert war, so erblickte sie die beiden Vorderseiten desselben in Gold. Sie erhebt die Augen, schaut in den Himmel hinauf und sieht die Gottesmutter, die glorwürdigste Patronin unseres ganzen Ordens, auf glanzvollstem Sitze thronend, und ringsum eine grosse Schaar von Heiligen, anscheinend im Alter von etwa fünfundzwanzig Jahren. Als aber der Chor der Mönche, sich andächtig verbeugend, das „Sanctus, sanctus, sanctus Dominus Deus Sabaoth" erschallen liess, gab die seligste Jungfrau ihr Wohlgefallen an ihrer Andacht zu erkennen, indem sie eine Krone von wunderbarer Schönheit an einer goldenen Kette auf die Versammlung herabliess. Den Knopf (nodus) der Krone bildete ein überaus kostbarer, glänzender Edelstein, worauf die Worte „o gütige, o milde, o süsse Jungfrau Maria" standen. Von dem Edelsteine gingen drei kleine Arme aus, welche die schwebende Krone im Gleichgewicht hielten. Im Umkreise waren die Namen der Mönche eingegraben, welche sich zu jener Stunde im Chor befanden. Von dem Namen „Maria" gingen Strahlen aus, welche die Namen der Mönche erleuchteten. Unter diesen Namen war grosse Verschiedenheit, sowohl in der Darstellung als in der Glanzeshelle. Je grösser das Verdienst, desto heller war der Glanz des Namens, und Einzelne, welche erst kürzlich in den Orden getreten waren, schienen solche zu übertreffen, welche schon lange in demselben gearbeitet hatten. Hieraus ersieht man, dass die Verdienste nicht nach der Dauer der Arbeit, auch nicht nach dem Grade der körperlichen Anstrengung bemessen werden, sondern vielmehr nach der innern Gluth des Eifers und der Frömmigkeit.

Als man an die Stelle: „In te, Domine, speravi, non confundar in aeternum" gekommen war, zog Maria die Krone in den Himmel zurück, klar und vernehmlich sprechend: So wie ich heute in der Herrlichkeit bin, werden alle hier An-

---

[1]) Cistercienser-Abtei bei Metz. — [2]) „visitator noster" ist im Text beigefügt.

wesenden bei mir sein in Ewigkeit. Da bei uns (in Heisterbach) nichts von dieser Erscheinung bekannt war, so ging Bruder Theoderich von Lüreke morgens früh zum Abt Heinrich und beklagte sich, dass er in jener hochheiligen Nacht gar keine Andacht verspürt habe bis zum Sanctus, sanctus. sanctus, Dominus Deus Sabaoth.

Als Schwester Christina bereits eine erwachsene Jungfrau, aber noch nicht im Orden war, und sie eines Tages der h. Messe beiwohnte, verliess der Glöckner nach dem Evangelium die Kirche in der irrigen Meinung, er werde vor dem Sanctus wieder zur Stelle sein. Als nun der Priester nach den stillen Gebeten das „Dominus vobiscum, sursum corda" u. s. w. sprach, so antwortete das Bild der Mutter Gottes von der Höhe des Altars herab auf jedes Einzelne. Christina, auf den ungewöhnlichen Laut der Stimme aufmerkend, gewahrte die Abwesenheit des Glöckners und erkannte für gewiss, dass die glorwürdigste Jungfrau durch den Mund ihres Bildes geantwortet habe. Hieraus können wir entnehmen, wie beschämend es sei, wenn wir träge und nachlässig erfunden werden, während die Heiligen, des hehren Dienstes waltend, das hochheilige Sacrament verehren.

Wie Schwester Christina den Engel sieht, der Gott die Seelen vorstellt.
Noch eine andere Erscheinung. Lib. II, dist. 8, c. 45.

Die vorhin erwähnte Schwester Christina von Vollmuntstein [1]) im Kloster zu Berge war so weit in der Vollkommenheit fortgeschritten, dass das gegenwärtige Leben ihr Ekel einflösste und der Tod ihr erwünscht schien. Einst in der Fastenzeit vermeinend, dass sie mit Ostern sterben würde, sah sie in der Ekstase sich an einen überaus wonnigen Ort, zweifelsohne das Paradies, versetzt. Daselbst erblickte sie einen wunderbar prächtigen Altar und vor dem Altare eine ehrfurchtgebietende Person von unbeschreiblicher Schönheit. Auf die Frage, wer sie wäre und wessen Amtes sie walte, gab sie zur Antwort: Ich bin der Erzengel, welcher Gott die Seelen vorstellt. Sprach Christina: Stellst du, mein Herr, auch Seelen aus unserm Orden vor? Darauf jener: Ganz gewiss die Seelen derer, so in deinem Orden ein tugendhaftes Leben führen, der Mönche, wie der Nonnen und der Novizen, sie alle geleite ich zu Gott. Und er fügte hinzu: „Du wirst jetzt noch nicht sterben, sondern am nächstfolgenden Osterfeste. So geschah es auch. Als sie nämlich einige Tage krank lag und fast täglich communicirte, verlangte sie, dem Tode nahe, die h. Wegzehrung, und kaum versehen, schwang sich ihr Geist zum Himmel empor.

Während die ehrwürdige Jungfrau Christina noch in vorgemeldeter Verzückung war, sah sie über dem Altare eine reichgeschmückte Mitra schweben. Und als sie nun den Engel fragte, wie es mit der Seele eines gewissen Priesters stehe, den sie besonderer Hochachtung werth hielt, so gab jener zur Antwort: Mit dieser Mitra geschmückt werde ich denselben nach dem Verscheiden dem Herrn darstellen.

Novize[2]): Welcher Engel, meinst du, wird das gewesen sein?

Mönch: Der h. Michael, der, wie ein angesehener Schriftsteller sagt, der Vorsteher (praepositus) des Paradieses ist. Denn er wacht mit grösserer Sorg-

---

1) Vgl. S. 296.
2) Mönch und Novize pflegen am Ende eines Capitels jedesmal ein Zwiegespräch zum Zweck der Erläuterung und der praktischen Anwendung, wie hier vorstehend, zu führen, daher der Titel „Dialogus". In den meisten Fällen habe ich dasselbe als nicht zur Geschichte gehörig weggelassen.

falt über das Menschengeschlecht als die andern Engel. Daher wird er bei
Daniel der Fürst der Kinder Israels genannt. Darum wollte er auch im An-
denken der Menschen bleiben, erkannt, geliebt und im Gehorsam verehrt von
Allen, um deren Heil er Sorge trägt.

Novize: Wie aber, wenn er an einem seiner Fürsorge anvertrauten Orte
weniger verehrt würde?

Mönch: Dort wird man auch geringerer Wohlthaten theilhaftig. so dass es
bisweilen scheint, als habe er sich von jenem Orte zurückgezogen.

Wie Schwester Christina das Christkind mit der Mutter und dem h. Joseph sah.

Lib. II, dist. 8, c. 3.

Da unser Herr die ehrwürdige Jungfrau Christina, Klosterschwester zu Berge.
durch die Vision seiner Geburt erfreuen wollte, so erschien er derselben mit der
Mutter und dem h. Joseph, in Windeln eingewickelt und in der Krippe liegend.
Die Bekleidung war von Wollenstoff und von weisser Farbe. Die Binde. womit
die Glieder umwickelt waren, schien grau zu sein. Du siehst, welche Demuth.
welche Liebe dem Sohne Gottes innewohnt. Er bekleidete sich, wie mit dem
Gewande des Ordens, damit jene Selige sich ihrer Einkleidung erfreute.

Von der seligen Richmudis[1]), welche am Epiphanienfeste Christum in der Krippe sah und die Stimme des himmlischen Vaters vernahm.

Lib. II. dist. 8. c. 7.

In den letzten drei Jahren ist eine Jungfrau Namens Richmudis gestorben.
die zwar weltlichen Standes, aber ihrem gottesfürchtigen Leben gemäss wahrhaft
geistlich gesinnt war. Unablässig dem Fasten und Beten obliegend, ward sie
sehr oft den Sinnen entrückt und in überirdische Geheimnisse eingeweiht, so dass
sie vielfach den König sammt den Heerschaaren des Himmels erschaute. Als
sie einst nächtlicher Weile der Matutin beiwohnte und die Abtissin das zwölfte
Responsorium „In columbae specie" anstimmte, erblickte Richmudis, aus glü-
hendster Andacht in Ekstase versetzt, Christus als Kind in Windeln gewickelt
in der Krippe und um das göttliche Kind einen ehernen Thron in Gestalt des
Regenbogens. Zu beiden Seiten des Heilandes war eine Schaar von Engeln in
Anbetung versunken, mit ausgespannten Händen und unverwandten Blicken. Kein
Wunder. Denn „Er ist der Schönste von Gestalt unter allen Menschenkindern",
den, wie der Apostel bezeugt, „selbst Engel zu schauen gelüstet".

Als man an die Stelle gekommen war: „Die Stimme des Vaters erscholl."
so vernahm die Jungfrau, da sie den Sinnen entrückt war, nicht Worte des
Convents, sondern die Stimme des himmlischen Vaters selber. sprechend: „Dieser
ist Mein geliebter Sohn, an dem Ich Mein Wohlgefallen habe". Und dieser
Gottes- und Menschensohn war von solcher Schönheit, und die Stimme des
Vaters klang so lieblich, dass Richmudis ausser Stande war, es mir in Worten
auszusprechen. Auf mein Befragen, wie die Gestalt der Engel beschaffen gewesen. gab sie zur Antwort: Sie haben die Gestalt der Menschen, Gesichter
ähnlich den Jungfrauen, Wangen wie blühende Rosen, sind übrigens blendend
weiss, weisser als der Schnee. Noch andere Erscheinungen theilte sie mir mit.
worüber ich gehörigen Ortes berichten werde.

---

[1]) Vgl. S. 296.

Novize: Ich glaube, dass derartige Offenbarungen die Frucht grossen Gebetseifers sind.

Mönch: Das unterliegt keinem Zweifel.

Wie Richmudis den Herrn sah im Haufe des Hohenprieſters unter den Verfolgern.
Lib. II, dist. 8, c. 9.

Vorbenannte Richmudis wurde einst, ich glaube in der Passionszeit, als sie in der Betrachtung des bittern Leidens von ungewöhnlicher Rührung ergriffen war, plötzlich im Geiste in ein grosses, winterliches Haus versetzt, wo sie den Erlöser mit blossen Füssen als Gefangenen stehen sah, ringsum eine Schaar von Juden. Er stand gesenkten Blickes, nur mit der Tunika (Leibrock) bekleidet, ohne Gürtel, auch die Hände waren gesenkt. Die Tunika schien von gelber Farbe zu sein. Und wie sie mir mittheilte, standen in verschiedenen Winkeln des Hauses je zehn oder zwölf Juden nach Art der Störche zusammen und verhandelten mit einander flüsternd über Seinen Tod. Es war nämlich im Hause des Hohenpriesters, wo sich dasselbe nach der Schrift zugetragen hat, was dieser Dienerin Gottes im Geiste gezeigt wurde.

Wie Richmudis bei der Elevation die Hoſtie nach Art des Kryſtalls leuchten ſah.
Lib. II, dist. 9, c. 33.

Während ein Priester zu Walberberg die h. Messe celebrirte, sah die fromme Jungfrau Richmudis, hinter ihm stehend, die emporgehobene Hostie so leuchtend, und durchsichtig, als wäre sie von Krystall, und von Sonnenstrahlen erhellt. Auch die Daumen, womit der Priester die Hostie hielt, hinderten durchaus nicht den Lichtschein, weil sie ebenmässig erleuchtet waren. Der Priester hiess Wilhelm, war Profess an einer Kapelle bei Neuss, an Jahren zwar jung, aber seinem Lebenswandel gemäss ein echter Klostermann.

Dieses Gesicht hat Richmudis selbst unserm Subprior Gerlach mitgetheilt und dieser erzählte es mir.

Von der Andacht der Richmudis bei der h. Communion und von dem übernatürlichen Lichte, welches ſie beim Canon über dem Altare ſah.
Lib. II, dist. 9, c. 34.

Als dieselbe Richmudis, so habe ich aus ihrem Munde vernommen, in vorgenannter Kirche nächtlicher Weile der h. Messe beiwohnte, gewahrte sie während des Canons das h. Sacrament von dem hellsten Glanze umstrahlt. Anfangs glaubend, dass ein durch das Fenster einfallender Sonnenstrahl den Altar erhelle, trat sie näher, und siehe, der Lichtschein entschwand allmälig ihren Augen. Da erkannte sie sofort, dass jenes Licht nicht von der natürlichen Sonne herkam, denn die war noch lange nicht aufgegangen, sondern von dem verklärten Leibe Christi.

Von derselben Richmudis und von ihrer Andacht zum h. Sacrament werde ich noch Wunderbares erzählen.

Wenn sie aber an den Altar trat, um die h. Communion zu empfangen, so wurde sie bald vor, bald nach dem Genusse niedergeworfen, gehoben, hingerissen, jetzt in Ekstase versetzt, dann von den Kräften des Körpers verlassen, so dass sie mit dem Propheten Jeremias sagen konnte: „Es ward in meinen Gebeinen wie loderndes Feuer, ich war kraftlos und konnte es nicht ertragen." Die Priester, welche dieses sahen, wurden betroffen, und die Umstehenden geriethen in Verwunderung.

Von der Äbtissin Sophia, welcher dünnes Bier in Wein verwandelt wurde.

Lib II, dist. 10, c. 16.

Zu Hoven in dem Hause der Schwestern unseres Ordens, welches unserm Abte untergeordnet war, ist im vorigen Jahre eine Äbtissin Namens Sophia[1] gestorben. Sie war so eifrig und hielt so streng auf Disciplin, dass die Schwestern ihr diese Tugend als Fehler deuteten. Einst wurde ihr dünnes Bier in Wein verwandelt. Auch geschah es, dass ein Engel des Herrn, a's sie nächtlicher Weile nach dem Gebete der Matutino sich entfernte, ihr mit der Laterne voranschritt. Diese beiden Wunder hat sie am Ende ihres Lebens unserm Abt Herrn Heinrich bekannt. Als dieser an der Kirche zu Bonn Canonicus und selbe (Sophia) Nonne zu Dietkirchen war, einem Haus vom schwarzen Orden[2]), so verliess derselbe auf göttliche Einsprechung alles, was er hatte, und fand Aufnahme in unserm Kloster, jene aber flehte aus allen Kräften zum Herrn für ihn um die Gnade der Beharrlichkeit. Nach Verlauf weniger Tage wurde er von seinen leiblichen Brüdern vor der Einkleidung heimgeführt, weshalb Sophia jede Hoffnung aufgab und ihre Fürbitte einstellte. Er aber sprach ihr darob im Schlafe seinen Tadel aus, und zur Wiederaufnahme der Gebete sie ermahnend, fügte er hinzu: Meine erste Messe wirst du im Cistercienser-Orden hören. So geschah es auch auf Gottes Geheiss. Denn er selbst kehrte zu uns zurück, und sie wechselte das Ordenskleid; und so hörte sie zu Walberberg, wo sie damals Priorin war, seine erste Messe.

Tod der Schwester Udelloldis[3]).

Lib. II, dist. 11 c. 31.

Zu Walberberg war eine Nonne Namens Udelloldt, eine gute und eifrig-fromme Klosterschwester. Als sie in den letzten Zügen lag, streckte sie, wie ich von Schwestern als Augenzeugen gehört habe, ihre Hand gegen die Thüre aus, sprechend: Seht, da draussen steht der Bote Gottes, der meine Seele erwartet. So gab sie über ein Kleines den Geist auf, um von dem Engel in das Paradies eingeführt zu werden.

IX.

Urkunden die Burg Rösberg betreffend.

1. Ferdinand von Baiern überträgt dem Grafen Adam von Schwarzenburg durch Pfandverschreibung Dorf und Herrschaft Rösberg.

d. d. Bonn 15. Dezember 1603.

(Aus dem Archiv des Freiherrn von Weichs zu Rösberg)[4]).

Von Gottes Gnaden Wir Ferdinand erwählter und bestättigter zum Coadjutoren und Administrator der Chur- Erz- und Stifturnus Köllen, Lüttich, Berdolsgaden und Stabel, Pfalzgraf bei Rhein, Herzog in Ober und Niederbayern etc. etc. thun bekennen hiermit öffentlich jedem männiglich vor uns, unsern nachkommen und erzstift, bezeugend, als wir unlängst zur nutz und pestens bemelten erzstifts das

---

[1]) S. oben l. c. — [2]) Der Benedictinerinnen. — [3]) S. oben l. c. (S. 296). [4]) Originalurkunde sehr schön auf Pergament.

demselben angehörige und dem grave von Neuenahr von unsern vorfahren zur
lehen angesetztes dorf Rösberg mit desselben angehörigen und verleihter herrlichkeit, recht und gerechtigkeit von unserm lieben und getreuen Wilhelmen und
Johann von Ketler gebrüder zu Nesselradt, denen der hochwürdig in Gott Vater-
und durchlauchtiger fürsten, unser besonders auch freundlicher geliebter herr
vetter und vater des herrn Churfürstl. zu Köllen Liebden und wir verstattet,
solches lehen an sich von der frühe verstorbene greffin von Neuenahr Walburgis,
vorbehaltlich uns und unserm erzstift der hohen- und lehnsgerechtigkeit zu
kaufen, um 12000 goldgulden erblich an uns und demselben erzstift gebracht
haben, und dann uns der wohlgeboren unser lieber getreuer Adam Graf von
Schwarzenburg obgemelte Summa der 12000 goldgulden, jeden zu vierzehn mark
zu obangemel und gütlich dargestreckt und geleihet hat, die wir auch also in
einer völliger und ungetheilter summen von ihme graven empfangen und zur
ablegung der gelder gebraucht haben. Daher wir dann ihn graven und seine
erben von berührter summen der 12000 goldgulden queit und ledig halten, dass
wir demnach mit wohlbedachtem gemüth und zeitlichen rath, auch mit vorwissen
und consens der würdig und edeln unser lieben und andächtigen dechandt und
kapitul der thumkirchen zu Köllen mehrgedachten graven von Schwarzenburg
vor sich, seine erben und nachkommen gegen obgemelte 12000 gfl. [1]) gedachtes
dorf und herrschaft Rösberg mit allen derselben recht und gerechtigkeit, wie von
alters her durch den von Neuenahr hergebracht, fort andern ihren zugehören, es
sei an pfacht, zinsen, diensten, gülden, renten, brüchten, gefällen, fischerei, wein
und äckergewächs, sammt der hohen und kleinen jagd, wie das alles nahmen,
und solches dorf Rösberg einkommen haben mögten; deßwegen dann ein sonderbar
urbar und verzeichnifs unter des erzstifts serret verfertigt und ihm graven zuge-
stelt worden, dergestalt dass er dem graven von Schwarzenburg und seine erben
und helter dieses briefs, der doch kein fürst sein soll, solche herrschaft Rösberg
mit allen seinen zugehörigen, nun hinführo unberechnet einhaben nutzen, niessen
und gebrauchen sollen, ohne einigen abschlags oder abkürzung der 12000 gfl.
hauptsummen, bis so lang ihm graven zur Schwarzenburg und seinen erben oder
heltern dieser pfandverschreibung von uns oder unsern nachkommen vorgemelte
12000 gfl. oder deren werth dafür, jeden zu vierzehn Mark gerechnet, in einer
allinger summen wieder in der stadt Köllen erlegt und bezahlt ist, welche
ablösung doch von niemand anders als von uns und unsern nachkommen geschehen
soll, doch dass zuvor ihm graven und seinen erben dieselbe ein viertel jahrs
zuvor auf Rösberg durch unsern oder unseres nachkommen brief verkündigt
werde. Inmafsen er auch schuldig sein soll, sobald ihm die verkündigung
geschehen, und ihm nach verlauf des viertel jahrs die 12000 gfl. in einer alling
unzertheilten summen, wie obgemelt, binnen Köllen völlig erlegt, gestrackts die
herrschaft Rösberg abgetretten, und uns oder unsern nachkommen dieselbe wiederum allerdings unbeschwert, gleich als er die von uns eingehabte, eingeräumte,
ohne einig ufzug oder exception, wie die nahmen haben, oder erdacht werden
mögten, der sich dann gedachte graf vor sich, seine erben und helter dieses
briefs hiermit wohlbedächtiglich verzichten und begeben, auch eingeräumt und
gewilligt hat, vor sich, seine erben oder helter dieser pfandverschreibung einiger
gestalt darin verweigern würden, dass wir und unsere nachkommen bemelte
summe binnen Köllen offeriren, consigniren und deponiren, darauf vielgemeltes

---

[1]) gfl. = goldflorin.

dorf und herrschaft propria authoritate einnehmen mögen, an uns und unser erzstift mit allen seinen nutzbarkeit und zugehör, zinsen, damit thun und walten mögen, gleich andern des erzstifts angehörigen dörfern und gütern. Wir haben auch bei dieser pfandverschreibung und einräumung für uns und unsere nachkommen die landesherrliche hoch- und oberkeit und was der superiorität und landesfürstlichen amt angehörig, samt der geistlichen jurisdiktion dazu die reichs- und landessteuer, wie die jetzt oder hernach aufgesetzt werden mögten, ausdrücklich vorbehalten. Hingegen hat gedachter graf von Schwarzenburg vor sich und seine erben und heltern uns zugesagt und versprochen, obgemolte herrschaft Rösberg bei ihrem alten herkommen, rechten, gerechtigkeiten und grenzen, wie auch die katholische Religion und keine andere darin zu erhalten, und durch die benachbarte oder sonsten, darin, wie auch den einkommen keinen einbruch gestatten, oder jehe was davon entfremden oder eingehen, auch die unterthanen wider gebühr und von alters hergebrachter schuldigkeit nicht beschweren zu lassen. Es soll auch der graf zur Schwarzenburg das gewälds nicht beschädigen. sondern in seinem esse erhalten, darin weiter nichts als das schlachtholz und windschlacht zu seiner zeit und mit seiner ordnung, wie hauens rechten, zu seiner hausnothdurft, damit das gewälds nicht in abgang gerathe, gebrauchen, und ohne unser und unser nachkommen und capitul vorwissen, keinen bau vornehmen. Wofern aber wir, unser nachkommen und capitul ihme graven oder seinen erben einigen bau verwilligen würden, solle nur aus den gewälds nothdürftiges bauholz verstattet werden.

Hierauf so haben wir uns ausdrücklich verwillkürt vor uns und unsern nachkommen am erzstift Köllen wider vor inserirte punkten und dieser pfandverschreibung uns keines rechtens geistlich oder weltlich zu gebrauchen. Dann mir auch dieselbe wie auch alle andere, so zu unserm erzstift und nachkommen zum besten, ihm graven zu Schwarzenburg aber und seinen erben oder heltern zum nachtheil gereichen mögt, vereinig und kraft dieses briefs verzeigen und uns dessen gänzlich begeben haben ohne arglist und geführte, das zur mehrer urkund haben wir uns mit eigenen Händen unterschrieben und vor uns und unsern nachkommen d kurfürstl. segel wissentlich heran hängen lassen; und förders die würdige und edele auch liebe andächtige dechant und capitul der thumkirchen in Köllen ersucht, diese pfandverschreibung neben uns zu versiegeln, und weil dann alle sachen wie vorgemelt mit unserm capitul und unserm dechant im thum zu Köllen mit wissen und willen zugegangen und geschehen seyn, so haben wir auf gesinnen hochdenselben gnädigsten herrn unser capitulsiegel, ad causas genant, an diesen brief zur verzeugniss neben d kurfürstl. Siegel thun hangen.

Gegeben Bonn d 15. Dezembris 1603.

L. S.   Ferdinand Kurfürst.

2. **Graf Adam von Schwarzenberg überträgt Dorf und Herrschaft Rösberg gegen Erlegung der Pfandsumme an das Jesuitencollegium zu Köln 1605, dieses dem churfürstlichen Oberjägermeister Freiherrn Gaudenz von und zu Weichs. 3. November 1623.**

(Urkunde im Archiv des Freiherrn von Weichs zu Rösberg.)

Wir rektor und collegium der societät Jesu in Cölln thun khunt und bekennen vor menniglichem. Demnach wir . . . im jahr tausend sechshundert und fünff uff gnädigste bewilligung des hochwürdigsten in Gott durchlauchtigsten fürsten und herrn herrn Ferdinand Erzbischoven zu Köln und Churfürsten Bischoven zu Paderborn, Lüttig und Münster, Administratoren dero stifter Hildesheim, Berchtesgaden und Stabul. Pfalzgraven bei Rhein, herzogen in Ob- und Nieder-bayern, Westphalen, Engern und Bullion, Markgraven zu Frauchimont, unseres gnädigsten herrn, alsolche zwölftausend goldgulden, damitten herr Adam Graff von Schwarzenberg die herrlichkeit und herrschaft Röfsberg . . . und hingegen pfandweifs eingehabt, wir ihme herrn grave wiederumb geschossen und darmit alsolche pfandtschaft uff uns gebracht, und anhero mit allen ihren intraden, ein-kümbsten, gefäll, renthen und zinsen possedirt, uns nunmehr mit unserm guoten willen und belieben von dem woledeln und gestrengen herrn Gaudentzen von und zu Weix, hoechstgedachter ihrer churf. D(urchlaucht) Kämmerern und Obristen-Rheinischen jägermeistern, sampt noch zweytausend dreyhondert sechs und siebentzig gulden sieben alb, sechs heller, oder fünffhundert neuntzig vier gold-flor, sieben alb, sechs heller mit ihrer Churf. Drl. vorgangenen allergnädigsten consens angewandten und liquidirten pawkosten, und also zusammen zwölfftausend fünfhondert neuntzig vier goldf 7 alb. 6 h. voll und richtig bezahlt, von welchem jetzgl uns wiederabgelegt 12594 goldf. 7 alb. 6 hllr. wie wolgemelltem herrn jägermeister und, wehr dessolben vonnöthen, aller bester gestalt hiermit quittiren und guter beschehener zahlung bedanken, nitt weniger ihme herrn jägermeistern obgem. pfandtschaft undt herrlichkeit Röfsberg in krafft dieses wirklich cediren, gutwillig abtretten und einräumen. Zu dessen urkundt haben wir unser gemeines einsiegel ad causas hieran wissentlich thun hangen und durch mich rektoren mit aigenen händten unterschrieben. Geschehen den dritten Novembris des tausend sechshondert drey und zwanzigsten — Jarfs.

L. S.   Henricus Scherenus.

3. Transfixbrief auf Gaudenz von Weichs zu der Pfandverschreibung vom 15. December 1603, von demselben 3. November 1623.

(Aus dem Archiv des Freiherrn von Weichs.)

Von Gottes Gnaden Wir Ferdinand Ertzbischove zu Köln und Churfürst (u. s. w.) thun kundt und bekennen hiermit für uns und unser nachkommen ahm erzstift zu Köln: Obwol wir in vorigen zeiten dem wolge-borenen lieben getreuen graven zu Schwarzenburg gegen erlegung alsolcher 12000 goldgulden kauffschillings, damitten wir die herrschafft undt dorff Roefsberg aus handen der geprüder Ketteler ahn uns undt unser erzstifft gepracht, demselben itzernannte herrschafft sampt ihrem zubehör auff sichern pfandtweifs und wieder-kauff lauth und inhalts darüber aufgerichteter pfandtverschreibung, dem dieser unser will und helderschaftsbrieff transfigirt ist, eingeräumbt und verschrieben folgends auch denkwürdig und geistlich unserm lieben andächtigen rectoren und collegio der Societät Jesu in unserer Stadt Köln gegen gleichmäfsige Darschiefsung obenannten pfandschillings und dannoch 2376 fl. 7 alb. 6 heller oder fünffhondert vier und neuntzig goldgl. 7 alb. 6 h. über alsolcher gewährter pfandtschafft auf-gewehnter und von uns gnädigst gestatteter und liquidirter pawkosten, bifs zur wiederlofs, zu ihrem niefslichen prauch verlesen, dafs wir dannoch unserm kämmerer und obrist-rheinischen jägermeistern lieben getreuen Gaudentzen von und zu Weix wegen seiner uns lange jahr geleisteten treuen diensten aus gnedigster affektion gnädigst zugelassen und gestattet, nach wirklicher erlegung obbesagter res, ektive pfandtschillings undt pawkosten vorangedeutte herrschafft und dorf Röfsberg mit allen daran klebenden recht und gerechtigkeit, jurisdiktion undt pottmäfsigkeit, vort andern zinsen, pfachten, diensten, brüchten, klein und grob

jagden. fischereien, weinen, holtz und eckergowächs aller gestalt und mafsen, wie
solche herrschaft renthen und gefällen, fürhero aus deren von Neuenahr in der
geprüder Ketteler, und von denen mit unserm gnedigsten consens in des graven
von Schwarzenbergs handen undt geprauch gewesen, nichts davon ausgeschieden,
für sich, seine erben an sich zu zu bringen, einzutretten, zu besitzen und zu ge-
niefsen. Inmafsen dann alsolche erlegung vorgedachten pfandtschillings sowohl
als auch der pawkosten von ihme jägermeistern realiter beschehen, darauff wir
dann in krafft dieses brieffs ihn für wahrhaften und wirklichen besitzer, posses-
soren und helder der obgedeuten herrschaft Röfsbergs samst allen dazu gehörigen
rhonten, nutzbarkeiten und appartenentien erklären, gestalt er damitten nunmehr
und hinführo auff ebene condition und weiss, wie zu vorzeiten obgemelter graff
von Schwarzenburg von uns und unsern nachkommen auch menniglich von
unsertwegen unbeeinträchtigt und unbehindert schalten und walten möge. Dabey
wir uns und unsern nachkommen vorbehalten, die obangenante herrlichkeit und
dorf Röfsberg sampt allem seinen zubehör nach eins jahrs vorhergangener los-
kündigung wiederumb ahn uns und unser erzstifft pringen und lössen mögen.
uff welchem pfall er seine erben oder helder dieses hergegen die herrlichkeit
und dorf Röfsberg gegen empfahung des völligen pfandtschillings und vorgem.
pawkosten abzutrotten schuldig und gehalten sein soll. Endlich so globen undt
versprechen wir die in gegenwärtigen transfixbrieff begriffene punkte, nichts zu
handlen noch zu thun, vil weniger, dass solches von unsertwegen beschehe, zu
erstatten, und haben damach diesen transfixbrieff mit eigenen handten under-
zeichnet, auch mit unserm churf. serret wolbedechtlich befestigen lassen. Gegeben
in unser Stadt Bonn ahn dritten Novembris eintausend sechshondert drey undt
zwanzigsten Jahr.

L. S.   Ferdinand mpr.

X.

Confecration der Pfarrkirche zu Merten am 27. October 1867.

Joannes Antonius Fridericus Baudri,

Miseratione divina et sanctae sedis apliae gratia oppus Arethusinus i. p. i.
et suffraganeus Coloniensis, sanctitatis suae summi pontificis Pii P. P. IX.,
praelatus domesticus et pontificio solio assistens, vicarius in spiritualibus generalis et ecclesiae metropolitanae decanus:

Omnibus visuris has litteras salutem in Domino!

Vetus ecclesia parochialis pagi Merten, decanatus Hersel, cum fidelium vix
tertiam capere posset partem atquo insuper vetustate adeo esset labofacta, ut
ejusdem, choro tantum excepto, ruina immineret, fabricae magistri amplioris
splendidiorisque templi aedificandi consilium iniere. Communitas Merten jam
anno Dni MDCCCLX tria emptione acquisivit praedia et aliud quartum donatione,
in quibus nova extrueretur ecclesia, terrao spatium in media parochia situm,
idque propo scholas elementarias, quao vocantur, insuper tam amplum, ut ne
ecclesia aliis domibus circa eam aedificandis luce unquam privari valeat. Quam
ob causam quum ecclesiae fabrica exeunte anno MDCCCLXIII summam decem
milium et octoginta paene thalerorum jam contineret, quae quidem parsimonia,
magna ex parte R. Dni Abels parochi industria eo collecta est, quod parochus
vicarii munere triginta fere per annos per semet ipsum fungeretur, et spes afful-
geret, fore, ut summa ista infra duorum annorum spatium ad duodecim milia

thalerorum augeretur, provisores ecclesiae Merten die XIV. Martii MDCCCLXV ecclesiae gothica forma exstruendae transmiserunt nobis figuram, a domino Vincentio Statz dioeceseos nostrae artifice exaratam, rogantes, ut eam approbare dignaremur. Cuius figurae approbationem die XI. Aprilis ejusdem anni lubentissime concessimus, simulque, quum civium communitas tria milia et quadringentos thaleros, qui adhuc deerant, ad summam necessariam se allaturam esse polliceretur, ecclesiae novae aedificandae licentiam in Dno̅ concessimus. Anno Du̅i MDCCCLXVI. die X. Maji a. R. Du̅o Abels loci parocho magno sub cleri fideliumque concursu lapis primarius solemniter est positus; inde ab hac die opus tam feliciter successit, ut ipsae ecclesiae aedes usque ad superiorem partem turris tegendam fueriut, anno vix elapso, confectae. Insuper quum jam tria in ecclesia essent altaria, nihil jam visum est superesse, nisi ut ecclesia, consecratione peracta, divino cultui traderetur. Quare hanc ipsam novam ecclesiam petentibus a nobis fabricae magistris, die XXVII. Octobris festo septem dolorum B. M. V. sub titulo S. Martini, Eppi̅ et confessoris unaque tria, in honorem B. M. V., S. Martini et S. Rochi altaria, inclusis in eis reliquiis S. Mathiae Apli̅. et M., s. Gregorii Spoletani et ss. V. V. M. M e societate s. Ursulae, ritu solemni in pontificali Romano praescripto consecravimus. Cuius in fidem hoc documentum perficiendum curavimus et sigillo nostro munitum manu propria subscripsimus. Coloniae Agrippinae, die IV. Decembris 1867.

L. S.   Baudri, V. G. suffr. Colon.

XI.

Zur Geschichte von Brenig.

Gegen einen groben Unfug [1]) in der Kirche zu Brenig erließ der Voigt von Bornheim am 24. December 1725 folgendes Verbot:

„Es hatt von einigen iahren hero die erfahrens gezeigt, wie dass auff den allerheiligsten geburtstag unsers eintzigen erlösers und seligmachers Jesu Christi nach einem vielleicht alten, iedoch bösen und ärgerlichen mifsbrauch in und ausser der kirche mit vielen äpffeln ausgeworffen, dadurch ein grofses gelächter. tumult, schandal, auch wohl einige unglücker verursacht, folglich auch dieser aller ehren und frohlockens würdigste festtag verunehret worden Von nun an aber solches keineswegs zu dulden, sondern vielmehr durch unausbloibliche scharffe straff zu verhindern sein will. Alfs wird hiermit und krafft dieses allen und ieden solches bey vermeidung einer straff von 10 Pfd. wachs, auch willkührlichen brüchten mit der ausdrücklichen warnung untersagt und verbotten. dafs derienige, so aufser so wohl als in der kirchen nur einen apffel zum auswerffen in die hant nehmen oder an sich sehen lassen wird, gleichfalls in ietzgemelte straff verfallen und den ersten nach diesen feyertägen folgenden tag alles einwendens ungehindert würcklich dafür exequirt werden solle. Sign. Bornheim d. 24. Xbris 1625.

Carl Joseph Bergrath, voigt zu Bornheim mpp.

---

[1]) Das Aepfelwerfen am Weihnachtsfeste scheint in älterer Zeit vielfach verbreitet gewesen zu sein. Man erinnert sich deffen u. A. noch in Eich, im Kreise Rheinbach, wo es auf dem Kirchwege geschah, und in Berrendorf, Decanat Bergheim, wo man in Ermangelung von Aepfeln auch Rüben zum Werfen verwendete.

XII.

Zwei Inschriftsteine aus Wesseling im Provincial=Museum zu Bonn. (Bonner Jahr=
bücher LXXIV. 199.)

1) Kleine Ara von rothem Sandstein, 56 cm hoch.

IVNONBVS
C. DOMITI
VS. QVIETVS
IMP. IP. L.

Vollständig: Junonibus Cajus Domitius Quietus imperio ipsius lubens.

An jeder der schmalen Seitenflächen findet sich ein flach sculpirter Baum, oben eine
aufliegende Traube.

2) Aehnliche, 64 cm hohe Ara von Jurakalk.

MATRONS
AFLIMS . M
IVLLONVS
/// AGILIS
V. S. L. M.

Vollständig: Matronis Aflims[1]) Marcus Jullionius . . . Agilis votum solvit
libens merito.

Oben auf liegt ein Kranz. Ein Baum befindet sich nur an der Schmalseite rechts
vom Beschauer.

Anmerkung des Verfassers. Beide Inschriften sind keltischen oder ubischen Matronen
als Local=Schutzgottheiten gewidmet. Ihre specielle Beziehung würde sich erst ergeben,
wenn die betreffenden Ortschaften festgestellt werden könnten, was im vorliegenden Falle
äußerst schwer sein dürfte.

XIII.

Münz=Verhältnisse.

1. Nach fränkischem Münzfuß.

1 Mark = 12 Schillinge (solidi).
1 Schilling = 12 Denare (= 9¹⁄₂ Stüber).
Im Jahre 1467 waren 9 Schillinge = ¹⁄₂ kurkölnischen Reichsgulden.

2. Nach kurkölnischem Münzfuß.

1 Speciesthaler = 60 Stüber = 80 Albus.
1 Reichsthaler = 58¹⁄₂ Stüber = 78 Albus.
1 Speciesgulden (Dahler) = 40 Stüber.
1 Herrengulden (Dahler Cour) = 39 Stüber[2]).

---

[1]) Für Aflims findet sich die Form Afliis, beides vom Nominativ Afliae. Bei
Brambach (Corpus inscriptionum Rhen. no. 338) kommt „matronis afliabus" vor,
was vielleicht mit Aflims identisch ist.

[2]) Vgl. S. 43, Note 1.

1 Kölner Gulden = 18 Stüber = 24 Albus.

1 Blaffert = 3 Stüber = 4 Albus.

1 Schilling = 7½ Stüber = 10 Albus.

1 Stüber = 16 Heller = 5 alte (preußische) Pfennige.

1 Albus = 12 Heller.

Anmerkung ad 1. Im Jahre 1245 berechnete man gemäß Vertrag der Abtei Kloster-rath und dem Cassiusstift (vgl. S. 128) die Mark zu 8 Reichsthalern, also bedeutend höher, als zu 12 Schillingen. Ueberhaupt ist es kaum möglich, über den alten Münzwerth etwas Genaues festzustellen, weil nicht nur der Werth in den verschiedenen Territorien ein verschiedener ist, sondern auch die Quellenangaben von einander abweichen. Besonders zu beachten ist dieses, daß die fränkischen und kurkölnischen Münzen bei gleichen Namen doch nicht gleichwerthig sind. Die Verwirrung wird noch größer dadurch, daß verschiedene Benennungen, wie Gulden und Dahler, nicht selten für dieselbe Münze gebraucht werden.

Im 18. Jahrhundert war der Kronenthaler sehr beliebt. Sein Werth variirte von 1737—1780 von 91 bis zu 115 Stüber. Daher mußte derselbe bei Verträgen jedesmal in der betreffenden Urkunde angegeben werden.

Namen-Register.

[1]) Altenbiesen war 1482 Besitzthum des Erbkämmerers Johann v. Hemberg, welcher es seiner Gattin Maria von Verge gen. Trips als Witthum aussetzte. Vgl. S. 97.

¹) Dümpelfeld bildete die südlichste Spitze des Aargauer Dekanats, was mit Bezugnahme auf die ältere Pfarre Kesseling (S. 7) ergänzend bemerkt wird.

²) „Der Pfarrer Gobelin von Sechtem, sowie die Schöffen und Pfarrgeseffenen daselbst beurkunden (5. April 1289), daß Elias und Margaretha von Sechtem vor ihnen allen Ansprüchen an Köln entsagt haben." Dr. Höhlbaum, Mittheilungen, Heft 4, S. 24.

---

[1]) Seite 290 ist Helwich statt Helmich zu lesen.
[2]) Die Silbe „Heim" scheint die dem Namen zu Grunde liegende Bedeutung anzugeben und deutet auf fränkischen Ursprung.
[3]) „Rudolphus advocatus de Himberg 1163" (Günther I. 379).

---

¹) Johann Peter von Krane, kurfürstlicher Legitionsrath, heirathet Maria Adelheid von Meierhofen am 4. Oct. 1687 (Copulationsbuch von Sechtem).

¹) Gemahlin: Eleonore Elisabeth Louise Carolina geb. Freiin v. Plettenberg.
²) Ophoven = Erhöhung, daher Maria Ophoven für M.=Himmelfahrt. Die Kirche zu Ophoven, Dekanat Waffenberg, ist der Himmelfahrt Maria's geweiht.

---

¹) Die Angabe des Geburtsortes (Hemmerich) S. 119 ist zweifelhaft.

---

¹) Schöneden, Kreis Prüm.

²) 25. Oct. 1687 obiit praen. dna Catharina von Haarmann dicta de Siegen in Sechtem in prima puerperia. — Praenobilis Dna Bonifacia a Siegen obiit 5. Febr. 1688 Coloniae, sepulta est in sacello sti. Nicolai in Sechtem. (Aus dem Sterberegister von Sechtem.) Vgl. hierzu S. 224 u. 239.

³) In der Diöcese Linz an der Donau.

---

¹) Verfasser der „Bönnschen Chorographie".

Wortregister.

Annus gratiae 362.

Annuus canon. Jahresrente 274.

Bitze, Pflanz= oder Gartengrund am Dorf 240.

Cantor = Chorbischof 320.

Curmede, (Curmuth), Kurmut, Kurmuth f. S. 74 Note.

Dingstul, ein dem Amte untergeordnetes kurfürstliches Gericht 87, 261, 301.

Geding = Gericht.

Herrengeding, mit einer adeligen Herrschaft verbundenes Gericht 52, 202.

Hofgericht 74, 143, 250, 272, 339.

Höfstatt = Hovestatt = Hausplaß.

Mansus, Ackergut mit Wohnung (mansio), im Allgemeinen einer Hufe gleich, d. i. so viel als mit einem Gespann Ochsen beackert werden kann, im Kurkölnischen 40—60, bei Crefeld 30, im Trierschen bis zu 160 Morgen. Letzteres weicht also sehr von der Hufe ab [1]).

Personat 241.

vorehure (vorehure), Geschenk oder Abgabe bei Erledigung einer Stelle (z. B. im Kloster) 338.

Weisthum, geschriebenes Recht eines Dorfes, Hofes, einer Herrschaft 52, 74, 142, 203, 250, 273, 339.

Zeitrechnung nach dem französischen Revolutions=Kalender.

Der Kalender umfaßt 13 Jahre, 3 Monate, 9 Tage. Das Jahr besteht aus 12 Monaten zu 30 Tagen oder 3 Dekaden, und 5, im Schaltjahr 6 Ergänzungstagen.

Die Monate heißen: 1. Vendémiaire Weinlesemonat, 2. brumaire Nebelmonat, 3. frimaire Reifmonat, 4. nivöse Schneemonat, 5. pluviöse Regenmonat, 6. ventöse Windmonat, 7. germinal Keimmonat, 8. floréal Blüthenmonat, 9. prairial Wiesenmonat, 10. messidor Erntemonat, 11. thermidor Hißemonat, 12. fructidor Früchtemonat.

Das erste Jahr, oder der Monat vendémiaire des ersten Jahres beginnt mit dem 21. September 1792. Mit demselben Tage die Jahre 1793, 1794, 1796, 1797 und 1798. Dagegen 1795, 1799, 1800, 1801, 1802, 1804 und 1805 mit dem 22. September; 1803 mit dem 23. September. Ten genannten Tagen gingen die Ergänzungen vorher, sie bildeten also den Schluß des Jahres. Die Schalttage fielen in das dritte (1794—1795), siebente (1798—1799) und elfte (1802—1803) Jahr.

Das dreizehnte Jahr schließt mit dem 22. September 1805. Der Kalender endigte laut Senatsbeschluß vom 8. September 1805 mit dem 31. December desselben Jahres [2]).

---

[1]) Vrgl. Lacomblet II 1. Beyer, Mittelrh. Urkunden 1 144. Giersberg, Geschichte der Pfarreien des Delanates Grevenbroich, S. 135, Note 3.

[2]) Kalender-Compendium von Oscar Fleischhauer.

Berichtigungen.

Seite 4, Note 8 statt Archiv der Stadt Köln lies Gymnasialbibliothek an St. Gereon.
„ 54 Zeile 1 nach 1279 Punkt statt Komma.
„ 55 Note 1 lies du statt de.
„ 115 Zeile 5 von unten statt Burghofs lies Severinshofs; daselbst Burgherr zu streichen.
„ 126 Note 8 Zeile 4 von unten statt schrevon lies schrevon.
„ 133 in der Mitte statt Lamberg lies Lambertz.
„ 179 Zeile 5 von unten statt Ecclesia lies Ecclesiae
„ 209 in der Mitte statt Renard lies Renaud.
„ 230 Zeile 14 von oben statt Hamberts lies Hamberto.
„ 233 Zeile 5 von unten statt (gekauft) lies (war schuldig).
„ 309 Inschrift 1 statt Renand lies Renaud.
„ 317 Zeile 9 (Text) von unten nach Gaudenz Osten zu setzen: „als Herrn Fundatoris Bruder und Agnes Bröhers Eheleute".